로스쿨 상법사례연습

로스쿨 상법 사례 연습

이철기 편저

율곡미디어

머리말

로스쿨이 도입된 지 몇 해가 지났다. 우리나라의 로스쿨이나 학부과정 법학과에서도 이제 미국의 로스쿨처럼 case method에 의해서 법학을 학습하는 것이 보편화된 듯하다.

이와 같이 case method에 의해서 법학을 공부함에 있어서 가상의 fact를 구성하여 접근하는 것은 법 논리의 충실성 측면에서 아무래도 한계가 있을 터이므로, 실제로 소송화되었던 사례를 중심으로 legal mind를 익히는 것이 가장 바람직하다고 할 것이다.

한편, 이와 같이 사례에 접근하여 법학을 공부하는 절차적인 방법론으로는, 쟁점들의 파악(Issues), 이러한 쟁점들에 대한 관련 法理의 파악(Rules), 그러한 法理의 특정 사례에의 적용(Application), 결론의 도출(Conclusion)의 순서에 의함이 일반적인데, 미국에서는 학생들에게 이를 IRAC(이락)이라고 약칭하여 가르치기도 한다.

그런데 기존에 출간되었던 상법사례 문제집들은 교재 집필의 편의상 사실관계(fact)를 대폭 간략화하여 취급하고 있는 것이 대부분으로 보이는데, 이와 같이 간략화하여 다루게 되면 경우에 따라서는 판례에서의 결론에 이르기까지의 논리적 연결과정이 자연스럽지 못하거나 또는 논리의 비약이 이루어진 듯한 느낌이 드는 경우도 적지 않은 것 같다.

또한, 상법상의 쟁점들에 관하여 소송화되었던 실제 사례들은 대부분의 경우에 상법상의 쟁점들만 제기된 것이 아니라 민법, 민사소송법 등의 쟁점들도 함께 다루어졌던 것이 일반적이라고 할 것이다.

편저자는 위와 같은 점들에 대한 문제의식을 가지고 상법상의 주요쟁점들에 대해서 다루어졌던 판례 케이스들을 다루되, 다음과 같은 방향성을 가지고 집필에 임하였다.

첫째, 가급적이면 사실관계들을 판례상의 그것을 '있는 그대로' 소개하여 실무적으로 어떠한 내용들에 대해서 소송화되고 있는지에 대해서 학생들이 날것 그대로 풍부하게 이해할 수 있도록 하고자 노력하였는데, 그렇더라도 불필요하게 너무 많이 소개하지는 않고 그 당해 소송에서의 법적 결론을 이해하는 데 도움이 되는 합리적인 수준을 넘지 않도록 주의를 하였다.

둘째, 실제 사례에서 제기된 주요 쟁점들에 대한 관련 법리(Rules)에 대한 판례의 입장에 대해서도 함께 공부할 수 있도록 가능하면 이에 관한 판례들을 직접인용 방식으로 충실히 소개하고자 하였는데, 이는 동시에 상법을 공부하고자 하는 학생들이 판례의 입장을 '있는 그대로' 이해할 수 있도록 함에도 그 의도가 있다. 또한 관련 법리(Rules)에 대한 판례의 입장 등을 소개하는 방식도 학생들이 참고로 하는 많은 참고서와 동일한 방식을 택하지 않고 먼저 관련 법조문을 소개한 다음에 거기에 각주를 기재하는 형식으로 하여 학생들이 상법에 대한 공부의 진행 정도에 따라서 선택적으로 공부할 수 있도록 배려하였다.

셋째, 사실관계(fact)에 기재된 사실들 중에서 상법상의 주요쟁점이 아니거나 또는 상법 이외의 이슈에 관련되는 것들에 대해서도 각주의 형식이나 별도의 설문을 설정하여 학습할 수 있도록 하였는데, 이는 법학을 공부하는 학생들이 보다 종합적이고 포괄적으로 실제 사례들에 대한 법적인 의미를 파악할 수 있도록 하기 위함이다.

아무쪼록 본서를 통하여 학생들이 상법에 대한 보다 깊은 이해를 할 수 있기를 희망하고, 꾸준히 본서에 대한 수정 작업 등을 통하여 알찬 교재로 만들어 나갈 것을 약속드린다.

끝으로, 본서를 집필하는 과정에서 끊임없이 용기와 조언을 주신 경원대학교 법과대학 학장님이신 서완석 교수님께 진심으로 감사를 드리고, 따뜻한 시선으로 잘 이해해 주고 기다려준 가족들과 아들 진현이에게 사랑하고 고맙다는 말을 전한다.

편저자 이철기

차례

[사례 01]

개업준비행위/상사 매매/보조참가

다음과 같은 사실관계 하에서 아래의 각 질의에 대해 답하시오.[1]

A는 상가건물(이하, "본건 건물")[2]을 신축하여 자신의 명의로 소유권보존등기절차를 경료한 후 B에게 매각하였고, B는 본건 건물을 임대목적물로 하여 임차인들(이하, "본건 임차인들")에게 임대하는 방법으로 부동산임대업을 영위하였다.

한편, 그 후 C는 본건 건물에서 거주할 의사는 없이 단지 이를 임대할 목적으로 B로부터 본건 건물을 매수하면서 B의 본건 임차인들에게 임대차보증금반환채무도 모두 인수하였고, 본건 건물의 인도를 받은 후, 업태를 부동산업, 종목을 비주거용 건물임대업으로 하여 사업자등록을 마쳤다.

C는 본건 건물을 매수한 이래 본건 임차인들에게 임대해 준 상태로 아무런 사고없이 사용해 오고 있었는데, B로부터 매수하여 인도받은 날로부터 약 3년이 지난 시점에, D가 본건 건물과 길 하나를 사이에 두고 4.5m가량 이격된 대지 위에 건물을 신축하기 위하여 구옥(舊屋)을 철거할 무렵부터 비로소 본건 건물의 곳곳에 균열 및 누수 등의 현상이 나타나기 시작함에 따라 D에게 D의 건물철거로 인하여 본건 건물에 상당한 피해가 발생하였다는 취지의 통보를 하면서 본건 건물에 생긴 피해에 대한 배상을 청구하였고, 그러한 청구로부터 약 7개월이 지난 시점에 B에게 본건 건물의 하자로 인하여 건물의 안전에 문제가 발생하였음을 통보하였다.

한편, 그로부터 약 3개월 후에 C는 D와 본건 건물에 발생한 피해에 대하여 D로부터 예치금으로 금 2,500만원을 지급받고, 차후 건축사협회의 감정결과 또는 법원의 판결에 따라 그 피해보상금액을 최종 확정하기로 합의하였다.

---

1. 본 사례는 대법원 1999. 1. 29. 선고 98다1584판결을 기초로 하여 작성된 것이다.

2. 본 사례에서의 건물은 상가건물이므로 상가건물임대차보호법 제2조 소정의 적용범위에 속하는 경우에는 동법이 적용될 것이나, 동법은 본 사례에서의 질의의 해결에는 직접적인 관계가 없다.

설문 1 C가 임대차보증금반환채무 인수 행위의 법적 성질은 무엇인가?

설문 2 C가 B에게 손해배상을 청구하면 승소할 수 있겠는가?

설문 3 만약 C가 B에게 손해배상을 청구하는 제1심 소송을 제기하면, D가 그 소송에 참가할 수 있는 방법이 있는가?

[설문 1] 채무인수, 이행인수

본 사례와 같이 매매의 목적물이 된 부동산과 관련하여 임대차보증금반환채무 등이 있는 경우에는 매도인과 매수인이 매매계약을 체결함에 있어서 매수인이 매매 목적물에 관한 채무를 인수하는 한편 그 채무액을 매매대금에서 공제하기로 약정하는 경우가 많다. 이러한 약정은 특별한 사정이 없는 한 매도인을 면책시키는 채무인수가 아니라 이행인수로 보아야 한다는 것이 대법원판례의 입장이다.[3,4]

이러한 이행인수는 채무자와 인수인 사이의 계약에 의해서 성립하는데, 그에 따른 주요 법적 효과는 다음과 같다.[5]

첫째, 이행인수가 있었다고 해서 채무자가 채권자에 대한 관계에서 채무를 면하

---

3. 대법원 2007. 9. 21. 선고 2006다69479,69486 판결 등.

4. 다만, 경우에 따라서는 병존적 채무인수로 보아야 할 경우도 있다고 한다. 대법원 2008. 3. 13. 선고 2007다54627 판결(사업이나 부동산을 매수하는 사람이 근저당채무 등 그 부동산에 결부된 부담을 인수하고 그 채무액만큼 매매대금을 공제하기로 약정하는 경우에, 매수인의 그러한 채무부담의 약정이 이행인수에 불과한지 아니면 병존적 채무인수, 즉 제3자를 위한 계약인지를 구별하는 판별 기준은, 계약 당사자에게 제3자 또는 채권자가 계약 당사자 일방 또는 채무인수인에 대하여 직접 채권을 취득케 할 의사가 있는지 여부에 달려 있다. 구체적으로는 계약 체결의 동기, 경위 및 목적, 계약에 있어서의 당사자의 지위, 당사자 사이 및 당사자와 제3자 사이의 이해관계, 거래 관행 등을 종합적으로 고려하여 그 의사를 해석하여야 하는 것인데, 인수의 대상으로 된 채무의 책임을 구성하는 권리관계도 함께 양도한 경우이거나 채무인수인이 그 채무부담에 상응하는 대가를 얻을 때에는 특별한 사정이 없는 한 원칙적으로 이행인수가 아닌 병존적 채무인수로 보아야 한다).

5. 대법원 2009. 6. 11. 선고 2008다75072 판결(이행인수는 인수인이 채무자에 대하여 그 채무를 이행할 것을 약정하는 채무자와 인수인 간의 계약으로서, 인수인은 채무자와 사이에 채권자에게 채무를 이행할 의무를 부담하는 데 그치고 직접 채권자에 대하여 채무를 부담하는 것이 아니므로 채권자는 직접 인수인에게 채무를 이행할 것을 청구할 수 없으나, 채무자는 인수인이 그 채무를 이행하지 아니하는 경우 인수인에 대하여 채권자에게 이행할 것을 청구할 수 있고, 그에 관한 승소의 판결을 받은 때에는 금전채권의 집행에 관한 규정을 준용하여 강제집행을 할 수도 있다. 이러한 채무자의 인수인에 대한 청구권은 그 성질상 재산권의 일종으로서 일신전속적 권리라고 할 수는 없으므로, 채권자는 채권자대위권에 의하여 채무자의 인수인에 대한 청구권을 대위행사할 수 있다).

는 것이 아니므로, 채무자는 자기채무를 이행하여 채무를 면하게 해달라고 이행인수인에게 청구할 수는 있지만, 이행인수인이 이행인수했음을 주장하여 채권자에게 대항할 수는 없다.

둘째, 이행인수가 있었다고 해서 인수인이 채권자에 대한 관계에서 직접 채무자가 되는 것은 아니므로, 채권자는 이행인수인에게 직접 이행을 청구할 수는 없고 여전히 채무자에게만 이행을 청구할 수 있을 뿐이다.

셋째, 인수인은 민법 제481조[6] 소정의 "변제할 정당한 이익이 있는 자"에 해당하므로 인수인이 채권자에게 채무를 이행하게 되면 채무자의 채권자에 대한 채무가 소멸하고, 이에 따라 인수인은 채무자에게 구상권 및 변제자의 법정대위권을 가지게 된다.[7]

결국, 본 사례에서 C는 매매계약시 인수한 채무를 현실적으로 변제할 의무를 부담하는 것은 아니며, 특별한 사정이 없는 한 C는 매매대금에서 그 채무액을 공제한 나머지를 지급함으로써 잔금지급의 의무를 다하였다 할 것이므로, 설사 C가 위 채무를 현실적으로 변제하지 아니하였다 하더라도 그와 같은 사정만으로는 B는 매매계약을 해제할 수 없는 것이지만, C가 인수채무를 이행하지 아니함으로써 매매대금의 일부를 지급하지 아니한 것과 동일하다고 평가할 수 있는 특별한 사정이 있을 때에는 B는 매매계약을 해제할 수 있게 된다.

한편, 이러한 경우에 위와 같은 특별한 사정이 있는지의 여부는, 매매계약의 당사자들이 그러한 내용의 매매계약에 이르게 된 경위, 매수인의 인수채무 불이행으로 인하여 매도인이 입게 되는 구체적인 불이익의 내용과 그 정도 등 제반 사정을 종합적으로 고려하여 매매대금의 일부를 지급하지 아니한 것과 동일하다고 평가할 수 있는 경우에 해당하는지 여부를 판단하게 된다.[8]

---

6. 민법 제481조(변제자의 법정대위): [변제할 정당한 이익이 있는 자는 변제로 당연히 채권자를 대위한다] ; 민법 제482조(변제자대위의 효과, 대위자간의 관계) 제1항: [전2조의 규정에 의하여 채권자를 대위한 자는 자기의 권리에 의하여 구상할 수 있는 범위에서 채권 및 그 담보에 관한 권리를 행사할 수 있다].

7. 지원림, 『민법강의』(제8판), 2010, 제1259면 참조.

8. 대법원 2007. 9. 21. 선고 2006다69479,69486 판결.

[설문 2] 상사 매매

(1) 문제의 소재

본 사례에서 주어진 바와 같이, 본건 건물은 설계도와 달리 일부 층의 기둥과 각 층에서 1개씩의 보가 누락되고, 벽돌이 제대로 쌓이지 않는 등 전반적으로 부실시공됨으로 인하여 D의 건물철거 및 신축공사로 인한 다소간의 충격을 받고 건물 전체에 균열과 누수가 발생하게 되었고, 특히 2층 천장에 설치되어야 할 보가 누락시공됨으로 인하여 3, 4층의 과다하중을 받는 스라브가 밑으로 처지게 되어 강판 및 철골로써 기둥과 보를 시급히 보강하여야 할 필요가 발생한 상황이므로, 매매의 목적물인 본건 건물에 "거래 통념상 기대되는 객관적 성질 · 성능을 결여하거나, 당사자가 예정 또는 보증한 성질을 결여"[9]한 것이라고 볼 수 있어 특정물[10]인 본건 건물에 하자가 발견된 상황이다.[11]

한편, 매도인과 매수인 사이의 매매계약에 이와 같은 하자가 발견되더라도 담보책임을 면하기로 한 특약을 하였다면 원칙적으로 그러한 특약은 유효한 것으로 취급되나,[12] 본 사례에서는 그러한 특약은 없었다.

또한 C는 본건 건물을 매수한 이래 본건 임차인들에게 임대해 준 상태로 아무런 사고없이 사용해 오고 있었는데, B로부터 매수하여 인도받은 날로부터 약 3년이 지

9. 대법원 2000. 1. 18. 선고 98다18506판결(매매의 목적물이 거래통념상 기대되는 객관적 성질 · 성능을 결여하거나, 당사자가 예정 또는 보증한 성질을 결여한 경우에 매도인은 매수인에 대하여 그 하자로 인한 담보책임을 부담한다 할 것이고, 한편 건축을 목적으로 매매된 토지에 대하여 건축허가를 받을 수 없어 건축이 불가능한 경우, 위와 같은 법률적 제한 내지 장애 역시 매매목적물의 하자에 해당한다 할 것이나, 다만 위와 같은 하자의 존부는 매매계약 성립시를 기준으로 판단하여야 할 것이다).

10. 특정물과 불특정물(종류물)의 구별은 당사자의 의사에 따른 주관적인 것으로서 "특정물은 급부의 목적물이 개별적으로 지정된 것을 말하고, 불특정물은 급부의 목적물이 종류로만 지정된 것을 말한다." 지원림, 『민법강의』(제8판), 2010, 제164면 참조.

11. 지원림, 『민법강의』(제8판), 2010, 제1420면은 "하자란 매매목적물에 존재하는 물질적인 결함(품질, 성능, 내력, 안전성 등 물건의 교환가치나 사용가치를 하락시키는 일체의 불완전성), 즉 실제 있는 상태와 있어야 하는 상태의 불일치를 말한다"고 서술하고 있다.

12. 다만, 민법은 다음과 같은 규정들을 두어 일정한 경우에는 그러한 특약의 효력을 배제하고 있다. 민법 제584조(담보책임면제의 특약): [매도인은 전15조에 의한 담보책임을 면하는 특약을 한 경우에도 매도인이 알고 고지하지 아니한 사실 및 제3자에게 권리를 설정 또는 양도한 행위에 대하여는 책임을 면하지 못한다], 민법 제672조(담보책임면제의 특약): [수급인은 제667조, 제668조의 담보책임이 없음을 약정한 경우에도 알고 고지하지 아니한 사실에 대하여는 그 책임을 면하지 못한다].

난 시점에, D가 본건 건물과 길 하나를 사이에 두고 4.5m가량 이격된 대지 위에 건물을 신축하기 위하여 구옥(舊屋)을 철거할 무렵부터 비로소 본건 건물의 곳곳에 균열 및 누수 등의 현상이 나타나기 시작했다고 하고 있으므로, 이와 같은 하자는 일응 B와 C 간의 매매계약 체결시점에 이미 존재하였고[13] 이에 대하여 일응 D의 불법행위[14]가 가미된 상황임을 알 수 있다.

위와 같은 사실관계를 전제로 하여, 이하에서는, C가 본건 건물에 대한 위와 같은 하자와 관련하여 B에게 손해배상청구권[15]을 행사할 수 있는지에 대해서 살펴보기로 한다.

(2) 설문의 해결

(가) 채무불이행책임 검토

대법원판례는 담보책임과 채무불이행책임이 서로 별개의 권원에 의한 것이므로 각자의 규정이 성립요건들을 구비하는 한 2개의 책임이 모두 다 성립하여 경합하는 관계에 있다고 하나,[16] 청구권을 행사하는 자의 입장에서는 아무래도 담보책임보다는 채무불이행책임을 청구하는 것이 더 유리하므로,[17] 먼저 C가 B에게 채무불이행에

---

13. 하자의 존재여부는 매매계약 성립시점을 기준으로 하여 판단한다. 대법원 2000. 1. 18. 선고 98다18506 판결 참조.

14. 민법 제750조(불법행위의 내용): [고의 또는 과실로 인한 위법행위로 타인에게 손해를 가한 자는 그 손해를 배상할 책임이 있다].

15. 본 사례에서의 C의 손해의 내역으로는, 일응 [하자보수비, 구조보강비, 응급복구비]를 생각해 볼 수 있을 것이다. 본 사례에 관한 대법원 1999. 1. 29. 선고 98다1584 판결 참조.

16. 특히, 본 사례와 관련이 있는 이른바 불완전이행으로서의 채무불이행으로 인한 손해배상책임과 민법 제580조 소정의 하자담보책임이 경합적으로 인정된다는 것과 관련해서는, 대법원 2004. 7. 22. 선고 2002다51586 판결 참조.

17. 채무불이행책임의 경우에는 통상손해 이외에도 특별손해도 배상범위에 포함될 수 있는 반면에(민법 제393조), 담보책임의 경우에는 원칙적으로는 통상손해를 한도로 이행이익의 배상을 청구할 수 있고 그것을 초과하는 손해는 예외적으로 채무자의 귀책사유가 있어야만 배상범위에 포함될 뿐이라는 점 및 기타 그 성립요건들을 종합하면, 매도인의 담보책임이 성립하는 경우라도 대부분의 경우에는 매수인은 매도인에게 담보책임이 아니라 채무불이행책임을 청구하는 것이 더 유리한 경우가 일반적이다. 민법 제393조(손해배상의 범위): [제1항: 채무불이행으로 인한 손해배상은 통상의 손해를 그 한도로 한다. 제2항: 특별한 사정으로 인한 손해는 채무자가 그 사정을 알았거나 알 수 있었을 때에 한하여 배상의 책임이 있다] ; 대법원 2003. 7. 22. 선고 2002다35676 판결(매매목적물의 하자로 인한 확대손해에 대하여 매도인에게 배상책임을 지우기 위해서는 하자 없는 목적물을 인도하지 못한 의무위반 사실 외에 그러한 의무위반에 대하여 매도인에게 귀책사유가 있어야 한다). 김형배 · 김규완 · 김명숙 공저, 『민법

따른 손해배상청구권을 행사할 수 있는지를 검토해 보기로 한다.

검토컨대, 본 사례에서 B는 본건 건물의 매매와 관련하여 C에게 이행지체나 이행불능에 빠진 것은 아닌 것으로 보이고, B는 단지 본건 건물을 하자 있는 상태로 C에게 이행하여 불완전이행을 하였을 뿐이므로 불완전이행에 따른 손해배상청구권을 검토해 볼 수 있을 것이다.

그러나 불완전이행도 채무불이행의 일종인 이상 그로 인한 손해배상책임이 발생하기 위해서는 하자 있는 상태로 매도인으로서의 채무를 이행한 채무자인 B에게 그에 대한 귀책사유(고의 또는 과실)가 있어야 할 터인데, 본 사례의 경우에는 하자의 발생 자체는 오히려 본건 건물 신축자인 A의 귀책사유에 기인한 것으로 보이고, 또한 하자 있는 상태로서의 채무이행과 관련하여서도 B는 이를 알지 못하였고 알지 못하는 것에 주의의무를 위반한 것으로 보이지는 않으므로, 결국 본건 건물의 하자와 관련하여 매도인인 B에게 채무불이행에 따른 손해배상책임이 있다고 하기는 어렵다고 할 것이다.

한편, 본 사례의 경우에는 위와 같은 전반적인 부실시공이라는 하자 그 자체와는 별개로 본건 건물의 곳곳에 균열 및 누수 등의 현상이라는 확대손해 내지 2차손해가 발생한 상황인데,[18] 이러한 확대손해와 관련하여서도 B에게 채무불이행책임을 묻기 위해서는 어찌되었든 B에게 귀책사유가 있어야만 하는바,[19] 본 사례에서는 그 점과 관련하여서는 B가 아니라 오히려 일응 D에게 귀책사유로 있다고 보여지므로, 결국 C는 B에게 채무불이행책임의 일종으로서의 불완전이행에 따른 손해배상청구권을 가진다고 할 수는 없는 것으로 보인다.[20]

학강의』(제9판), 2010, 제1311면도 이와 같은 점을 설명하고 있다.

18. 대법원 2004. 7. 22. 선고 2002다51586 판결(토지 매도인이 성토작업을 기화로 다량의 폐기물을 은밀히 매립하고 그 위에 토사를 덮은 다음 도시계획사업을 시행하는 공공사업시행자와 사이에서 정상적인 토지임을 전제로 협의취득절차를 진행하여 이를 매도함으로써 매수자로 하여금 그 토지의 폐기물처리비용 상당의 손해를 입게 하였다면 매도인은 이른바 불완전이행으로서 채무불이행으로 인한 손해배상책임을 부담하고, 이는 하자 있는 토지의 매매로 인한 민법 제580조 소정의 하자담보책임과 경합적으로 인정된다).

19. 대법원 2003. 7. 22. 선고 2002다35676 판결(매매목적물의 하자로 인한 확대손해에 대하여 매도인에게 배상책임을 지우기 위해서는 하자 없는 목적물을 인도하지 못한 의무위반 사실 외에 그러한 의무위반에 대하여 매도인에게 귀책사유가 있어야 한다).

20. 마찬가지 이유로, B에게 민법 제750조상의 불법행위에 따른 손해배상책임도 인정되지 않는다고 할 것이다.

(나) 하자담보책임 검토

그렇다면 매도인인 B에게 본건 건물의 부실시공이라는 하자 자체에 대하여 고의, 과실이 없는 것으로 보이는데, 그와 같이 매도인이 무과실인 경우에도 매도인에게 손해배상책임을 물을 수 있는 경우로서, C가 B에게 하자담보책임을 청구할 수 있는지에 대하여 검토해 보기로 하자. 먼저 관련 법령을 살펴보면 다음과 같다.

민법 제580조(매도인의 하자담보책임) **제1항**
매매의 목적물에 하자가 있는 때에는 제575조 제1항의 규정을 준용한다. 그러나 매수인이 하자 있는 것을 알았거나 과실로 인하여 이를 알지 못한 때에는 그러하지 아니하다.

민법 제582조(전2조의 권리행사기간)
전2조에 의한 권리는 매수인이 그 사실을 안 날로부터 6월 내에 행사하여야 한다.

민법 제575조(제한물권 있는 경우와 매도인의 담보책임) **제1항**
매매의 목적물이 지상권, 지역권, 전세권, 질권 또는 유치권의 목적이 된 경우에 매수인이 이를 알지 못한 때에는 이로 인하여 계약의 목적을 달성할 수 없는 경우에 한하여 매수인은 계약을 해제할 수 있다. 기타의 경우에는 손해배상만을 청구할 수 있다.

민법 제575조(제한물권 있는 경우와 매도인의 담보책임) **제3항**
전2항의 권리는 매수인이 그 사실을 안 날로부터 1년 내에 행사하여야 한다.

상법 제69조(매수인의 목적물의 검사와 하자통지의무) **제1항**
상인간의 매매에 있어서 매수인이 목적물을 수령한 때에는 지체없이 이를 검사하여야 하며 하자 또는 수량의 부족을 발견한 경우에는 즉시 매도인에게 그 통지를 발송하지 아니하면 이로 인한 계약해제, 대금감액 또는 손해배상을 청구하지 못한다. 매매의 목적물에 즉시 발견할 수 없는 하자가 있는 경우에 매수인이 6월 내에 이를 발견한 때에도 같다.

상법 제69조 제2항
전항의 규정은 매도인이 악의인 경우에는 적용하지 아니한다.

위의 관련규정에서 알 수 있듯이, 상법 제69조에서는 상사매매의 경우에 당사자간의 법률관계에 대한 분쟁을 신속히 매듭짓기 위하여 민법상의 하자담보책임에 관한 특칙을 규정하여 일정한 요건 하에 매수인에게 검사 · 통지 의무를 부과하고 매수인이 이러한 검사의무 또는[21] 통지의무를 이행하지 않는 경우에는 매도인에게 하자담보책임으로서의 손해배상을 청구할 수 없도록 하고 있는바,[22] 본 사례의 경우에도 만약 위와 같은 상법상의 특칙이 적용된다면 민법의 하자담보책임 규정은 적용되지 않으므로,[23] 먼저 본조가 적용되기 요건을 본 사례와 관련 있는 범위 내에 한정하여 살펴보면 다음과 같다.

첫째, 상인간의 매매이어야 하므로 당사자의 일방만이 상인인 경우에는 상법 제69조는 적용되지 않는다.[24]

둘째, 매도인이 매매목적물을 인도할 당시에 하자가 있다는 점에 대하여 알고 있는 경우에는(즉, 악의) 상법 제69조는 적용되지 않는다.[25]

셋째, 매수인은 원칙적으로 수령 후 지체없는 검사의무와 하자발견 즉시 통지 발송의무[26]를 이행해야 하고, 다만 예외적으로 즉시 발견할 수 없는 하자의 경우에는

---

21. 상법 제69조의 전체적인 취지가 매수인은 신속히 검사하여 매도인에게 통지하라는, 즉 종국적으로는 매도인에게 통지하라는 점에 있다고 할 것이고, 검사의무는 결국 통지의무의 이행을 전제로 해서만 온전한 법적 의미가 있다고 할 것이므로, 만약 매수인이 검사의무를 이행하지 않았는데도 어떠한 사정에 의해 하자의 존재를 알게 되었고 이를 매도인에게 통지했다면, 매수인이 비록 실제적으로는 검사의무를 이행한 적이 없다고 하더라도, 매수인은 본조상의 검사의무 및 통지의무를 모두 이행한 것으로 해석함이 상당할 것이다. 정찬형, 『상법강의(상)』(제11판), 제229면 참조.

22. 상법에서 그와 같이 규정하고 있는 취지에 대해서는 대법원 1987. 7. 21. 선고 86다카2446 판결 참조(상법 제69조 제1항의 매수인의 목적물의 검사와 하자통지의무에 관한 규정의 취지는 상인간의 매매에 있어 그 계약의 효력을 민법 규정과 같이 오랫동안 불안정한 상태로 방치하는 것은 매도인에 대하여는 인도 당시의 목적물에 대한 하자의 조사를 어렵게 하고 전매의 기회를 잃게 될 뿐만 아니라, 매수인에 대하여는 그 기간 중 유리한 시기를 선택하여 매도인의 위험으로 투기를 할 수 있는 기회를 주게 되는 폐단 등이 있어 이를 막기 위하여 하자를 용이하게 발견할 수 있는 전문적 지식을 가진 매수인에게 신속한 검사와 통지의 의무를 부과함으로써 상거래를 신속하게 결말짓도록 한 것이다).

23. 상법 제1조(상사적용법규): [상사에 관하여 본법에 규정이 없으면 상관습법에 의하고 상관습법이 없으면 민법의 규정에 의한다].

24. 대법원 1993. 6. 11. 선고 93다7174,7181(반소) 판결(… 중간 생략 … 상법 제69조의 규정은 상인간의 매매에 적용되는 것임이 그 문면에 의하여 명백하고, 소론과 같이 매수인이 상인인 한 매도인이 상인인지 여부를 불문하고 위 규정이 적용되어야 한다고 볼 여지는 없으므로 … 이하 생략 …).

25. 상법 제69조 제2항: [전항의 규정은 매도인이 악의인 경우에는 적용하지 아니한다].

26. 매수인의 통지의무와 관련하여 상법은 이와 같이 발송주의를 채택하고 있는데, 통지를 발송했다는 사실에 대해서는 매수인이 입증책임을 부담한다. 대법원 1990. 12. 21. 선고 90다카28498,28504(반소) 판결(상법 제69조는 상인간의 매매에 있어서는 매수인의 매매목적물에 대한 검사와 하자통지의무를 매수인이 매도인에 대하여 매매목적물에 관한 하자담보책임을 묻기 위한 전제요건으로 삼고 있음이 분명하므로 그와 같은 하자담보책임의 전제요건, 즉 매수인이 목적물을 수령한 때에 지체없이 그 목적물을 검사하여 즉시 매도인에게 그 하자를 통지한 사실, 만약 매매의 목적물에 즉시 발견할 수 없는 하자가 있는 경우에는 6월 내에 이를 발견하여 즉시 통지한 사실 등에 관한 입증책임은 매수인에게 있다).

수령 후 6개월 이내에 발견한 경우이든 6개월 이내에 발견할 수 없는 경우이든 불문하고[27,28] 수령일로부터 6개월이 경과하면 상법 제69조에 따른 손해배상청구를 하지 못하는데, 이와 같은 법리는 매수인의 과실 유무를 불문하고[29] 동일하다.

검토컨대, 본 사례의 경우에는 매도인인 B가 본건 건물의 하자의 존재를 알고 있었다는 사정(즉, 악의)은 엿보이지 않고, C는 본건 건물을 매수한 이래 본건 임차인들에게 임대해 준 상태로 아무런 사고없이 사용해 오고 있다가 B로부터 매수하여 인도받은 날로부터 약 3년이 지난 시점에, 본건 건물의 곳곳에 균열 및 누수 등의 현상이 나타나기 시작하였으므로 본건 건물에 대한 전반적인 부실시공이라는 하자는 육안으로 쉽게 확인될 수 있는 성질의 것이 아니고 발견하기 어려운 성질의 숨은 하자[30]라고 할 수 있어 즉시 발견할 수 없는 하자라고 할 수 있는데, C는 B로부터 본건 건물을 수령한 날, 즉 받은 날로부터 6개월이 훨씬 도과한 시점에야 비로소 B에게 하자의 존재를 통지하였으므로, 결국 B와 C 간의 본건 건물의 매매가 상인간의 매매에 해당하기만

---

27. 상법 제69조 제1항 제2문은 "매매의 목적물에 즉시 발견할 수 없는 하자가 있는 경우에 매수인이 6월 내에 이를 발견한 때에도 같다"라고 하여, "즉시 발견할 수 없는 하자가 있는 경우"에 매수인이 6개월 내에 발견을 못한 경우에는 어떠한 법률효과가 발생하는지에 대하여 의문이 제기될 수도 있으나, 대법원판례는 이러한 점을 분명히 하고 있다. 대법원 1999. 1. 29. 선고 98다1584 판결(상법 제69조는 상거래의 신속한 처리와 매도인의 보호를 위한 규정인 점에 비추어 볼 때, 상인간의 매매에 있어서 매수인은 목적물을 수령한 때부터 지체없이 이를 검사하여 하자 또는 수량의 부족을 발견한 경우에는 즉시 매도인에게 그 통지를 발송하여야만 그 하자로 인한 계약해제, 대금감액 또는 손해배상을 청구할 수 있고, 설령 매매의 목적물에 상인에게 통상 요구되는 객관적인 주의의무를 다하여도 즉시 발견할 수 없는 하자가 있는 경우에도 매수인은 6월 내에 그 하자를 발견하여 지체없이 이를 통지하지 아니하면 매수인은 과실의 유무를 불문하고 매도인에게 하자담보책임을 물을 수 없다고 해석함이 상당하다).

28. 반면에, 이철송, 『상법총칙 · 상행위』(제9판), 2010, 제347면은 "이 제도는 목적물에 하자가 있을 경우 민법에 따라 해결할 경우의 불공평을 제거하고자 하는 취지에서 둔 제도이지 매도인을 특히 보호하기 위한 제도가 아니"라고 하면서, "6월 내에 발견할 수 없는 하자가 있는 경우까지 본조를 적용한다면 물건의 성질에 따라서는 매도인의 담보책임 자체를 면제하는 것과 같으므로 부당하다", "본조는 목적물을 검사한다면 즉시 또는 6월 내에 하자를 발견할 수 있는 경우에 한해 적용된다고 할 것이다", "6월 내에 발견할 수 없는 하자가 있는 경우에까지 본조를 적용한다면 물건의 성질에 따라서는 매도인의 담보책임 자체를 면제하는 것과 같으므로 부당하다", "이러한 하자에 대해서는 매수인의 검사의무가 생기지 않고 민법의 일반원칙에 따라 담보책임을 물을 수 있다고 본다"라고 반대견해를 제시하고 있다.

29. 앞의 판결 참조.

30. 대법원 1993. 6. 11. 선고 93다7174,7181(반소) 판결은, 사과의 매매 사안에서, 사과의 과심이 썩은 하자는 상법 제69조 제1항 소정의 "즉시 발견할 수 없는 하자"에 해당한다라고 판시하면서, 그 이유를 "위와 같은 하자는 육안으로 쉽게 확인될 수 있는 성질의 것이 아니고 위 사과를 쪼개어 보지 않으면 발견하기 어려운 성질의 숨은 하자"라고 설시하여, 즉시 발견할 수 없는 하자의 개념에 대하여 일응의 판단기준을 제시하고 있다.

하면 C는 B에게 하자담보책임으로서의 손해배상청구를 할 수 없게 된다.

따라서 본 사례에 있어서 매도인인 B와 매수인인 C가 각각 상인에 해당하는지 여부가 관건이 되는바, 이에 대하여 살펴보기로 한다.

먼저, 매도인 B는 본건 건물을 임대목적물로 하여 본건 임차인들에게 임대하는 방법으로 부동산임대업을 영위하는 도중에 매수인 C에게 본건 건물을 매도하였으므로, 본건 건물의 매도 시점에 이미 상법 제4조상의 "자기명의[31]로 상행위[32,33]를 하는 자"에 포섭되어 당연상인에 해당한다. 왜냐하면, 매도인 B는 매수인 C에게 매도하는 시점에 이미 자기 스스로 권리의무의 귀속 주체가 되어 상법 제46조(기본적 상행위) 제2호("동산, 부동산, 유가증권 기타의 재산의 임대차")상의 기본적 상행위로서의 부동산의 임대차라는 동종의 상행위를 영리를 목적으로 계속 반복적으로 하고 있었기 때문이다.

다음으로, 매수인 C가 본건 건물의 매수와 관련하여 상인의 자격을 구비하였는지를 살펴본다.

검토컨대, 매수인 C의 본건 건물의 매수는 매수 이후의 부동산 임대차라는 기본적 상행위를 하기 위한 개업준비행위의 일환으로서 행하여졌으므로 엄격히 판단하면 본건 건물의 매수 시점 기준으로는 당연상인의 요건을 구비하지 못하였다고 할 수 있으나(즉, C는 본건 건물에서 거주할 의사는 없이 단지 이를 임대할 목적으로 B로부터 본건 건물을 매수하여 인도를 받은 후에야 비로소 건물임대업으로 사업자등록을 마치고 본건 임차인들에게의 임대를 계속하였음), "영업의 목적인 기본적 상행위를 개시하기 전에 영업을 위한 준비행위를 하는 자는 영업으로 상행위를 할 의사를 실현하는 것이므로 그 준비행위를 한 때 상인자격을 취득"하는 것이고 또한 "점포구입 · 영업양수 · 상업사용인의 고용 등 그 준비행위의 성질로 보아 영업의사를 상대방이 객관적으로 인식할 수 있으면 당해 준비행위는 보조적 상행위로서 여기에 상행위에 관한 상법의 규정이 적용"되므로, "부동

---

31. 여기에서 "자기명의"는 "자기가 그 (상)행위에서 생기는 권리의무의 귀속의 주체가 된다"라는 의미를 가진다. 정찬형, 『상법강의(상)』(제11판), 제53면.

32. 여기에서 "상행위"는 상법 제46조에 한정적으로 열거된 기본적 상행위와 특별법에서 상행위로 인정하고 있는 것으로서 영업성(상법 제46조 본문: [영업으로 하는 다음의 행위를 상행위라 한다])과 기업성(상법 제46조 단서: [그러나 오로지 임금을 받을 목적으로 물건을 제조하거나 노무에 종사하는 자의 행위는 그러하지 아니하다])을 가진 것만을 가리킨다. 정찬형, 『상법강의(상)』(제11판), 제54면 참조.

33. 한편, 이러한 영업성 의미에 대해서는 대법원 1994. 4. 29. 선고 93다54842 판결 참조(… 중간 생략 … 여기서 영업으로 한다고 함은 영리를 목적으로 동종의 행위를 계속 반복적으로 하는 것을 의미하는바, … 이하 생략 …).

산임대업을 개시할 목적으로 그 준비행위의 일환으로 당시 같은 영업을 하고 있던 자로부터 건물을 매수한 경우, 위 매수행위는 보조적 상행위로서의 개업준비행위에 해당하므로 위 개업준비행위에 착수하였을 때 상인 자격을 취득한다"[34]고 할 수 있다.[35]

따라서 매수인 C의 본건 매수행위는 영업으로 상행위를 할 의사를 실현하는 것이라고 할 수 있어 B는 본건 건물의 매수라는 개업준비행위를 한 때 상인자격을 취득하였고, 또한 본건 건물이 부동산임대업에 적합한 상가건물이기도 하거니와 C는 B로부터 본건 건물을 매수하면서 B의 본건 임차인들에 임대차보증금반환채무도 모두 인수하였다는 사실관계로 파악하여 볼 때 상대방인 매도인 B가 C의 영업의사를 객관적으로 인식하였음이 분명하므로 결국 상행위에 관한 상법의 규정들의 하나인 상법 제69조가 적용된다고 할 것이다.

그렇다면 매도인 B와 매수인 C와의 본건 건물의 매매는 상법 제69조에서 정한 요건들을 모두 구비하여 본 사례에는 동조가 적용된다고 할 것인데(따라서 민법의 하자담보책임에 관한 일반조항들은 적용되지 아니함), C는 B로부터 본건 건물을 수령한 날, 즉 점유를 이전받은 날[36]로부터 6개월이 훨씬 도과한 시점에야 비로소 B에게 하자의 존재를 통지하였으므로, 결국 C는 B에게 하자담보책임으로서의 손해배상을 청구하는 제1심 소송을 제기하더라도 승소할 수 없을 것이다.[37,38]

---

34. 이상의 판시사항에 대해서는 본 사례에 관한 대법원 1999. 1. 29. 선고 98다1584 판결 참조. 그러나 동 판례는 "이와 같은 개업준비행위는 반드시 상호등기 · 개업광고 · 간판부착 등에 의하여 영업의사를 일반적 · 대외적으로 표시할 필요는 없다"고 판시하고 있다.

35. 최준선, 『상법총칙 · 상행위법』(제6판), 2010, 제106면 내지 제107면은, "개업준비행위는 전형적인 보조적 상행위"이고 "회사 이외의 법인이나 자연인이 보조적 상행위를 하면 그때부터 상인자격을 취득"하는데, "어느 시점에서 개업준비행위가 있다고 인정할 것인가 하는 점"과 관련하여 일본에서는 획일적 결정설("일정한 개업준비행위를 하면 그때에 누구에 대하여든지 절대적으로 상인자격을 취득한다"는 견해), 단계적 결정설("개업의사가 구체적으로 전개하는 준비행위의 각 단계에 따라 그 보조적 상행위성을 주장하는 각 당사자의 구체적 사정을 참작하여 상대적으로 결정하려는 이론")로 학설이 나뉘어지고 있으며 획일적 결정설은 다시 개업의사 표백설("상호의 등기, 개업광고, 간판의 게양 등 특별한 방법으로 일반적 · 대외적으로 개업의 의사를 표백하는 행위를 하여야만 개업준비행위로 인정할 수 있고, 이때 상인자격을 취득한다"는 견해), 개업의사 주관적 실현설("특별한 의사표백을 하지 않더라도 용도불명의 차금을 한다든지 토지를 매입한다든가 하여 개업의사를 주관적으로 실현하는 행위가 있으면 된다"는 견해), 개업의사 객관적 인식가능설("개업준비행위에 의하여 개업의사가 주관적으로 실현되는 것만으로는 부족하고, 영업용 기계를 구입한다든가 공장을 임차한다든가 하여 상대방에 의하여 개업의사가 객관적으로 인식될 수 있어야 한다"는 견해)로 나뉘어지고 있다고 기술하고 있다.

36. 대법원 1999. 1. 29. 선고 98다1584 판결도 상법 제69조상의 "수령"의 의미를 이와 같이 해석하고 있다.

(다) 결어

따라서 채무불이행책임에 의하든 불법행위책임에 의하든 또는 하자담보책임에 의하든, C가 B에게 손해배상을 청구하는 제1심 소송을 제기하는 경우에 C는 승소할 수 없을 것이다.

[설문 3] 보조참가

(1) 문제의 소재

[설문 2]에서 살펴본 바와 같이 C가 B에게 손해배상을 청구하면 결과적으로 C는 승소할 수 없을 것인데, 그럼에도 불구하고 C가 B에게 손해배상을 청구하는 제1심 소송을 제기하는 경우에 D가 그 소송에 참가할 수 있는 방법이 있는지 여부를 검토해 보기로 한다.

C가 B에게 손해배상을 청구하는 제1심 소송을 제기하는 경우에 D는 그러한 소송의 당사자가 아니므로 제3자에 해당하는데, 이와 같이 소송의 당사자가 아닌 제3자가 특정의 소송에 참가하는 것을 일반적으로 제3자의 소송참가라고 칭한다.

---

37. 매매가격이 상당히 큰 대형건물의 매매에 있어서는, 실무적으로, 매수인이 매매대금 잔금의 지급 이전에 일정한 기간 동안 건물의 현황이나 하자의 존재여부 등에 대하여 실사(Due Diligence)하여 매매대금을 조정(감액)할 수 있는 기회를 가지고, 대신에 매도인의 담보책임은 면제하기로 하는 특약을 두어, 매도인과 매수인의 이해관계를 합리적으로 조정하여 본 사례와 같은 문제상황을 사전에 피하는 방법을 사용하기도 하는데, 이러한 특약은 유효하다. 대법원판례도 상법 제69조를 임의규정이라고 해석하고 있다. 대법원 2008. 5. 15. 선고 2008다3671 판결(… 중간 생략 … 상법 제69조 제1항은 민법상의 매도인의 담보책임에 대한 특칙으로 전문적 지식을 가진 매수인에게 신속한 검사와 통지의 의무를 부과함으로써 상거래를 신속하게 결말짓도록 하기 위한 규정으로서 그 성질상 임의규정으로 보아야 할 것이고 따라서 당사자간의 약정에 의하여 이와 달리 정할 수 있다고 할 것이다).

38. 상법 제69조상의 6개월이라는 기간이 소멸시효기간인지 아니면 제소기간인지에 대해서는 아직까지는 대법원판례가 없는 듯 하나, 동일한 법적 성질인 하자담보책임에 관한 6개월의 권리행사기간에 대해서는[민법 제582조: (전2조에 의한 권리는 매수인이 그 사실을 안 날로부터 6월 내에 행사하여야 한다)] 대법원은 제소기간으로 파악하고 있는 것으로 보인다. 대법원 2003. 6. 27. 선고 2003다20190 판결(민법 제582조 소정의 매수인의 권리행사기간은 재판상 또는 재판 외에서의 권리행사에 관한 기간이므로 매수인은 소정 기간 내에 재판 외에서 권리행사를 함으로써 그 권리를 보존할 수 있고, 재판 외에서의 권리행사는 특별한 형식을 요구하는 것이 아니므로 매수인이 매도인에 대하여 적당한 방법으로 물건에 하자가 있음을 통지하고, 계약의 해제나 하자의 보수 또는 손해배상을 구하는 뜻을 표시함으로써 충분하다).

한편 이러한 제3자의 소송참가의 형태에는 보조참가(민사소송법 제71조), 공동소송적 보조참가(민사소송법 제78조), 소송고지(민사소송법 제84조), 독립당사자참가(민사소송법 제79조), 공동소송참가(민사소송법 제83조) 등이 있는데,[39] 본 설문의 경우에는 특히 보조참가(민사소송법 제71조)의 가능 여부가 문제된다.

(2) 설문의 해결

보조참가란 타인간의[40] 소송계속 중[41] 소송결과[42]에 이해관계[43]가 있는 제3자가

39. 상세히는, 이시윤, 『신민사소송법』(제3판), 제680면 이하 참조.

40. 따라서 소송의 일방 당사자는 자기 소송의 상대방을 위해서는 보조참가를 할 수 없다.

41. 상고심에서도 보조참가가 허용되고[다만, 민사소송법 제76조 제1항 단서에 따른 제약은 있을 수 있다— 민사소송법 제76조 제1항: (참가인은 소송에 관하여 공격 · 방어 · 이의 · 상소, 그 밖의 모든 소송행위를 할 수 있다. 다만, 참가할 때의 소송의 진행정도에 따라 할 수 없는 소송행위는 그러하지 아니하다)], 여기서의 소송에는 대립당사자 구조가 아닌 결정절차는 포함되지 않는다. 대법원 1994. 1. 20. 자 93마1701결정(대립하는 당사자구조를 갖지 못한 결정절차에 있어서는 보조참가를 할 수 없다).

42. 따라서 "참가인의 법적 지위가 본소송의 결과인 승패, 즉 판결주문에서 판단되는 소송물인 권리관계의 존부에 의하여 직접적으로 영향을 받는 관계"에 있어야 한다. 이시윤, 『신민사소송법』(제3판), 제682면. 대법원 1982. 2. 23. 선고 81누42 판결[사찰이 상위종단에 종속되어 그 재산의 처분에 대하여 종단의 승인을 받아야 하는 관계 등은 종단과 사찰 간의 계약의 존부 및 그 내용에 의하여 결정되는 것이고 원고가 경상북도 지사를 상대로 제기한 사찰등록(원고 사찰의 소속중단을 태고종으로 하는 사찰등록) 처분의 무효확인 소송의 결과에 의하여 좌우되는 것이 아니므로 종단은 피고 경상북도 지사를 위하여 보조참가할 법률상 이해 관계를 갖지 아니한다] ; 대법원 2001. 1. 19. 선고 99두9674 판결(관할청인 교육부장관이 학교법인의 이사 및 이사장에 대한 학교법인 이사 및 이사장 취임승인을 취소하는 처분을 한 후, 학교법인의 결의에 의하여 후임 이사 겸 이사장이 선임된 경우, 학교법인 이사 및 이사장 취임승인취소처분이 취소되어 종전의 이사 및 이사장이 그 지위를 회복하게 되면 학교법인으로서는 결과적으로 그 의사와 관계없이 법인 이사회의 구성원과 대표자가 변경되는 관계에 있다고 할 것이고, 이는 소송의 결과에 의하여 그 법률상 지위가 결정되는 관계로서 보조참가의 요건인 법률상 이해관계에 해당한다).

43. 여기서의 "이해관계"는 법률상의 이해관계를 말한다. 대법원 1999. 7. 9. 선고 99다12796 판결(특정 소송사건에서 당사자의 일방을 보조하기 위하여 보조참가를 하려면 당해 소송의 결과에 대하여 이해관계가 있어야 하고, 여기에서 말하는 이해관계라 함은 사실상, 경제상 또는 감정상의 이해관계가 아니라 법률상의 이해관계를 가리킨다) ; 대법원 1997. 12. 26. 선고 96다51714 판결(피고 보조참가인들의 보조참가신청 이유에 의하면, 이 사건 소송에서 대학입시 합격자인 원고의 피고에 대한 등록금 환불 청구가 인용되면 피고와 마찬가지로 사립대학을 경영하고 있는 위 보조참가인들에게도 위 소송의 간접적 영향으로서 파급효가 미치게 되어 위 보조참가인들의 교육 재정의 대부분을 차지하는 등록금제도 운영에 차질이 생기게 되므로 보조참가의 이유가 있다는 것이나, 위 보조참가인들이 위와 같은 파급효를 받게 된다는 사정만으로는 이 사건 소송의 결과에 법률상 이해관계가 있다고 할 수 없고, 그 주장하는 다른 사정들도 사실상, 경제상의 이해관계에 지나지 아니하는 것으로 보이므로, 결국 위 보조참가인들의 이 사

한쪽 당사자의 승소를 돕기 위하여 그 소송에 참가하는 것을 말하는데,[44] 이와 관련하여 민사소송법 제71조는 "소송결과에 이해관계가 있는 제3자는 한쪽 당사자를 돕기 위하여 법원에 계속중인 소송에 참가할 수 있다. 다만, 소송절차를 현저하게 지연시키는 경우[45]에는 그러하지 아니하다"라고 규정하고 있다.

본 설문의 경우에는 일응 C의 재산상손해에 상당인과관계 있는[46] 배상책임을 부담하게 될 자로 B와 D를 생각해 볼 수 있으므로, C의 B에 대한 손해배상청구소송의 결과에 따라서 D의 C에 대한 불법행위에 근거한 손해배상 여부 및 손해배상금액이 영향을 받을 수밖에 없는 상황이다.

그런데 본 설문의 경우에 C의 재산상손해에 누구의 귀책사유가 얼마나 있는지 여부는 판결주문이 아니라 판결이유에서 중요 쟁점으로 취급되어 판단되게 될 것인데, 이와 같이 "참가인의 법적 지위가 본소송의 결과인 승패, 즉 판결주문에서 판단되는 소송물인 권리관계의 존부에 의하여 직접적으로 영향을 받는 관계"에 있는 것이 아니라 판결이유 속에서 중요 쟁점에 의하여 영향을 받는 것에 그치는 경우에도 보조참가가 허용되는지 여부가 문제된다.

검토컨대, 이러한 경우에는 보조참가가 허용되지 않는다는 것이 통설의 입장이라고 하고 이를 지지하는 견해가 있으나,[47] 본 설문과 유사한 사안에서 보조참가가 허용되는 범위를 넓혀서 "불법행위로 인한 손해배상책임을 지는 자는 피해자가 다른

건 보조참가 신청은 모두 참가의 요건을 갖추지 못한 부적법한 것이라고 할 것이다) ; 대법원 2000. 9. 8. 선고 99다26924 판결(어업권의 명의신탁은 타인이 사실상 당해 어업의 경영을 지배할 의도로 어업권자의 명의로 어업의 면허를 받아 어업권자를 배제하고 사실상 당해 어업의 경영을 지배하는 것이므로 수산업법 제10조, 제11조, 제13조, 제18조, 제32조, 제35조 및 제95조의 규정들에 비추어 무효라고 할 것이어서, 어업권에 관한 명의신탁 관계는 보조참가의 요건으로서 요구되는 법률상의 이해관계에 해당하는 것이라 할 수 없다).

44. 이시윤, 『신민사소송법』(제3판), 제680면 내지 제681면.

45. 이러한 소극적 요건을 둔 취지는 "이 제도를 남용하여 소송지연책으로 삼는 것을 방지하기 위함"이고, 따라서 "공익적 요건으로 직권조사사항으로" 보아야 한다고 하고(이시윤, 『신민사소송법』(제3판), 제683면), 그 예로는 "재판을 지연하거나 심리를 방해할 목적으로 통상의 법정에서는 재판을 할 수 없을 정도의 다수인이 보조참가신청을 하는 경우나 피고와 통모하여 소송절차를 지연시킬 의도로 뒤늦게 보조참가신청을 하는" 경우가 있다(이시윤, 『신민사소송법』(제3판), 제683면에서 법원실무제요, 『민사소송(I)』, 제304면을 재인용함).

46. 채무불이행에 의하든 불법행위에 의하든 손해배상책임의 범위는 원칙적으로 상당인과관계가 인정되는 범위에 국한된다는 것이 기본적인 대법원판례의 입장이다. 지원림, 『민법강의』(제8판), 2010, 제1074면, 제1757면.

47. 이시윤, 『신민사소송법』(제3판), 제683면.

공동불법행위자들을 상대로 제기한 손해배상청구소송의 결과에 대하여 법률상의 이해관계를 갖는다고 할 것이므로, 위 소송에 원고를 위하여 보조참가를 할 수가 있다"고 판시한 대법원판례가 있으므로,[48] 본 설문의 경우에도 D는 C의 B에 대한 손해배상청구소송에서 C가 승소할 수 있도록 도와주기 위해 보조참가를 신청하는 것[49]을 해볼 만하다고 할 것이다.

다만, 소송당사자인 B나 C는 D의 보조참가신청이 참가이유(소송결과에 대하여 이해관계가 있을 것)가 없음을 주장하여 법원에 이의를 신청하여 법원의 판단을 받아볼 수 있을 것인데, 이와 관련한 민사소송법 규정은 다음과 같다.

| 민사소송법 제73조(참가허가여부에 대한 재판) **제1항**

당사자가 참가에 대하여 이의를 신청한 때에는 참가인은 참가의 이유를 소명하여야 하며, 법원은 참가를 허가할 것인지 아닌지를 결정하여야 한다. **제2항**: 법원은 직권으로 참가인에게 참가의 이유를 소명하도록 명할 수 있으며, 참가의 이유가 있다고 인정되지 아니하는 때에는 참가를 허가하지 아니하는 결정을 하여야 한다. **제3항**: 제1항 및 제2항의 결정에 대하여는 즉시항고를 할 수 있다.

| 민사소송법 제74조(이의신청권의 상실)

당사자가 참가에 대하여 이의를 신청하지 아니한 채 변론하거나 변론준비기일에서 진술을 한 경우에는 이의를 신청할 권리를 잃는다.

| 민사소송법 제75조(참가인의 소송관여)

제1항: 참가인은 그의 참가에 대한 이의신청이 있는 경우라도 참가를 허가하지 아니하는 결정이 확정될 때까지 소송행위를 할 수 있다.

제2항: 당사자가 참가인의 소송행위를 원용(援用)한 경우에는 참가를 허가하지 아니하는 결정이 확정되어도 그 소송행위는 효력을 가진다.

---

48. 대법원 1999. 7. 9. 선고 99다12796 판결. 동 판례에서는 이어서 "피해자인 원고가 패소판결에 대하여 상소를 하지 않더라도 원고의 상소기간 내라면 보조참가와 동시에 상소를 제기할 수도 있다"라고 판시하고 있다.

49. 민사소송법 제72조(참가신청의 방식): [제1항: 참가신청은 참가의 취지와 이유를 밝혀 참가하고자 하는 소송이 계속된 법원에 제기하여야 한다. 제2항: 서면으로 참가를 신청한 경우에는 법원은 그 서면을 양쪽 당사자에게 송달하여야 한다. 제3항: 참가신청은 참가인으로서 할 수 있는 소송행위와 동시에 할 수 있다].

[사례 02]

부분적 포괄대리권을 가진 사용인/표현대리/사용자책임

다음과 같은 사실관계 하에서, 아래의 각 질의에 대해 답하시오.[1]

A회사는 컴퓨터 하드웨어 및 소프트웨어의 개발과 판매를 영위하는 회사이고, B회사는 유무선기간통신사업 및 부가통신사업을 영위하는 회사이다.

A회사는 2003. 11. 12. B회사의 대리인임을 자처하던 자로부터 B회사의 강남지사 영업팀장이라고 기재된 명함을 교부받고(그러나 사실은 그 자는 강남지사의 영업팀장이 아니라 영업과장임이 사후에 밝혀졌음. 이하, 그 자를 "본건 과장"이라 함) 본건 과장과 B회사의 강남지사에서 아래와 같은 내용의 물품구매계약서(이하, "본건 매매계약")를 체결하였다.

(1) A회사는 B회사에게 일정한 기능을 가진 단말기 4,000대(이하, "본건 단말기")를 매매대금 27억원(이하, "본건 매매대금")에 매도하고, A회사는 2003. 11. 14.까지 B회사가 지정하는 장소에 본건 단말기를 납품한다.

(2) B회사는 본건 단말기를 검수한 날로부터 60일 이내에 A회사에게 본건 매매대금을 지급한다.

그런데 본건 매매계약에 따라 A회사는 본건 과장이 지정한 장소에 본건 단말기를 납품하였으나, B회사는 본건 매매계약상의 지급조건이 충족되었음에도 불구하고 본건 매매대금을 A회사에게 지급하지 않고 있다.

한편, 본건 사실관계와 관련하여 추가적으로 밝혀진 사실들은 다음과 같다.

(1) 본건 과장은 1987. 1. 1.에 B회사에 입사하여 2002. 12. 24.부터 B회사 강남지사의 영업2팀에서 과장으로 불리며 근무하던 3급사원으로서, B회사의 거래처를 정기적으

---

1. 본 사례는 대법원 2007. 8. 23. 선고 2007다23425 판결을 기초로 하여 작성된 것이다.

로 방문하여 거래처의 새로운 통신수요를 파악하고 이에 맞는 통신서비스를 제안하여, 그에 따라 거래처가 새로운 통신서비스의 제공을 원하는 경우 이에 관한 사항을 사업추진보고서로 작성하여 영업2팀장(이하, "본건 팀장")에게 보고하는 업무를 담당하였을 뿐, 스스로 B회사를 대리하여 영업과 관련된 계약을 체결할 권한을 가지지는 않았다.

(2) B회사의 2003년 당시 영업계약관리기준에 의하면 본건 팀장도 1,000만원 이상의 거래시에는 담당임원이나 대표이사의 결재를 받아야 계약을 체결할 수 있도록 되어 있다.

(3) B회사가 A회사에게 "본건 과장에게 본건 매매계약 체결에 관한 대리권을 수여하였다"는 직접적인 의사표시를 하였다고 인정할 증거는 없다.

(4) 위 (1) 내지 (3)을 제외하고는, 본건 매매계약의 체결과 관련하여 B회사 내부에서의 수권절차에는 아무런 법적 하자가 없다.

(5) 본건 매매계약 체결 이전에, A회사는 본건 과장과 한번도 거래한 적이 없다.

위와 같은 사실관계 하에서, A회사는 다음과 같은 법리들을 근거로 하여 B회사에게 본건 매매대금 또는 본건 매매대금에 상당하는 금액의 손해배상의 지급을 청구할 수 있는가?

설문 1 상법 제15조(부분적 포괄대리권을 가진 사용인)의 적용
설문 2 상법 제14조(표현지배인)의 유추적용
설문 3 민법상의 표현대리 규정들(제125조, 제126조, 제129조)의 적용
설문 4 민법 제756조(사용자의 배상책임)의 적용

[설문 1] 상법 제15조(부분적 포괄대리권을 가진 사용인)의 적용

(1) 문제의 소재

상법 제15조 제1항은 "영업의 특정한[2] 종류 또는 특정한 사항에 대한 위임을 받

2. 부분적 포괄대리권을 가진 사용인은 영업의 일부분에 한정하여 대리권을 가지는 반면에, 지배인은 영업 전부에 대해서 대리권을 가지는 차이점이 있다. 상법 제11조 제1항: [지배인은 영업주에 갈음하여 그 영

은[3] 사용인[4]은 이에 관한 재판 외[5]의 모든[6,7] 행위를 할 수 있다"라고 하여 부분적 포괄대리권을 가진 사용인[8]이라는 제도를 인정하고 있다. 이는, 영업을 하는 상인(특히,

---

업에 관한 재판상 또는 재판 외의 모든 행위를 할 수 있다].

3. 즉, 위임이 있어야만 부분적 포괄대리권을 가진 사용인의 성립이 가능한데, 여기에서의 "위임"은 민법 소정의 계약으로서의 위임이 아니라 일종의 수권을 의미하는 것이다. 이철송, 『상법총칙 · 상행위』(제9판), 2010, 제116면.

4. 그러나 본래의 지위가 피용자가 아닌 이사(예: 경리담당 이사)라 하더라도 부분적 포괄대리권을 가진 사용인의 지위를 겸하는 것도 가능하다. 대법원 1968. 7. 23. 선고 68다442 판결(주식회사의 기관인 상무이사가 같은 회사의 사용인을 겸할 수 있는 것이며 그와 같은 경리사무에 관한 포괄적 대리권을 가진 위 사용인을 겸한 상무이사가 개인적으로 쓰기 위하여 동회사 대표이사의 도장을 위조하여 약속어음을 발행한 경우 수취인이 그러한 사정을 알았다고 볼만한 입증이 없는 이상 회사는 그 어음에 대한 책임을 면할 수 없다) ; 대법원 1996. 8. 23. 선고 95다39472 판결(소외인은 1981. 7. 14. 원고 회사에 경리부 차장으로 입사하여 경리업무를 담당하여 오다가 1990.경 경리담당 상무이사로 승진하였으며, 1990. 6.경 원고가 피고 은행 퇴계로 지점과 이 사건 어음수탁보관거래계약을 체결하고 계속적으로 어음수탁보관거래를 함에 있어 위 소외인이 원고의 대리인으로서 대부분의 어음을 자신이 직접 피고에게 위탁한 사실 등"이 인정되므로 "위 소외인은 원고의 기관인 상무이사이기는 하지만 이 사건 어음수탁보관거래에 관하여는 부분적 포괄대리권을 가진 사용인으로서 겸임"하는 것으로 인정된다).

5. 부분적 포괄대리권을 가진 사용인은 "재판 외"의 행위에 대해서만 대리권을 가지는 반면에, 지배인은 "재판상" 및 "재판 외"의 행위에 대해서 대리권을 가지는 차이점이 있다.

6. 즉, 재판 외의 "모든" 행위를 할 수 있는 "대리권"이 있어야 부분적 포괄대리권을 가진 사용인이 성립하므로, "이에 해당하기 위해서는 그 사용인의 업무 내용에 영업주를 대리하여 법률행위를 하는 것이 당연히 포함되어 있어야" 한다. 본 사례에 관한 대법원 2007. 8. 23. 선고 2007다23425 판결 참조. 이철송, 『상법총칙 · 상행위』(제9판), 2010, 제117면도 "영업의 특정한 종류 또는 특정한 사항에 대한 위임이란 법률행위를 할 수 있는 권한을 수여하는 것을 의미한다"라고 설명하고 있다.

7. 이와 같이 부분적 포괄대리권을 가진 사용인은 포괄대리권을 가진다는 점에, 일반적인 대리의 경우와 다르다. 이와 같은 포괄대리권의 의미에 대해서는 대법원 1994. 10. 28. 선고 94다22118 판결 참조(가. 오피스텔 건물의 분양사업을 영위하는 자의 위임을 받아 관리부장 또는 관리과장의 직책에 기하여 실제로 오피스텔 건물에 관한 분양계약의 체결 및 대금수령, 그리고 그 이행책임을 둘러싼 계약상대방의 이의제기에 따른 분쟁관계의 해결 등 일체의 분양관련 업무를 처리하여 온 자들은 특히, 그 업무의 수행이 단지 일회적으로 그치게 되는 것이 아니라 당해 오피스텔 건물의 분양이 완료될 때까지 계속적으로 반복되는 상행위인 성질에 비추어 볼 때, 상법 제15조 소정의 영업의 특정된 사항에 대한 위임을 받은 사용인으로서 그 업무에 관한 부분적 포괄대리권을 가진 상업사용인으로 봄이 타당하다. 나. '가' 항의 분양관련 업무를 처리해 온 자들의 업무의 범위 속에는 오피스텔 건물에 관한 분양계약의 체결은 물론이고, 기존 분양계약자들과의 분양계약을 합의해제하거나 해제권 유보에 관한 약정을 체결하고, 나아가 그에 따른 재분양계약을 체결하는 일체의 분양거래행위도 당연히 포함되는 것이라고 봄이 상당하고, 이러한 건물의 일반분양업무는 통상 개별적인 분양계약의 체결에 그치지 않고, 사정에 따라 그 일부 분양의 취소 내지 해제와 이에 따른 보완적인 재분양계약의 체결 등의 거래행위가 순차적 · 계속적으로 수행되는 것이므로 일반 거래상대방의 보호를 위하여는 이러한 모든 행위가 일률적으로 그 업무범위 내에 속한다고 보아야지, 그중에서 분양계약의 취소 · 해제만을 따로 떼어 그 업무는 본인이 이를 직접 수행하든지 분양업무를 맡은 사용인에게 별도의 특별수권을 하여야 한다고 새겨서는 안 될 것이다).

8. 예로써, 종합상사에서의 자금조달업무 담당의 자금부장, 백화점에서의 상품 구매업무 담당의 구매과장을

회사)의 입장에서는 특정 업무에 관하여 포괄대리권을 가진 자를 둠으로써 영업의 편의를 도모함과 동시에 영업 전부에 대하여 포괄대리권을 부여하는 지배인 제도의 위험을 피할 수 있는 장점이 있고, 그러한 사용인과 거래하는 상대방은 일일이 대리권을 확인할 필요가 없게 됨으로써, 결국 상사거래의 신속성 · 안전성을 확보할 수 있게 하는 것에 그 취지가 있다.[9]

본건의 경우에 본건 과장은 B회사 강남지사의 영업2팀에서 과장으로 불리며 근무하던 3급사원으로서 본건 매매계약의 내용과 같은 업무를 처리해 오던 자이므로, 본건 과장은 B회사의 영업에 관한 부분적 포괄대리권을 가진 사용인이라고 할 수 있는지, 따라서 본건 매매계약은 본건 과장이 적법한 권한에 기하여 체결된 유효한 계약이어서 A회사는 B회사에게 본건 매매대금의 지급을 청구할 권리를 가지는지가 문제된다.

(2) 설문의 해결

검토컨대, 상법 제15조 제1항은 "영업의 특정한 종류 또는 특정한 사항"에 대하여 "위임"을 하였는지를 부분적 포괄대리권을 가진 사용인의 성립요건으로 규정하고 있으므로(즉, 부분적 포괄대리권을 가진 사용인은 영업의 특정한 종류 또는 특정한 사항에 관한 재판외의 "모든" 행위를 할 수 있는 대리권을 가진 상업사용인을 말하는 것이므로), 이에 해당하기 위해서는 그 사용인의 업무 내용에 영업주를 대리하여 법률행위를 할 수 있는 권한이 당연히 포함되어 있어야 한다.[10]

그러나 본건의 경우에는, 본건 매매계약 당시 B회사 강남지사 영업2팀의 팀장은 본건 팀장이고, 본건 과장은 B회사 강남지사의 영업2팀에서 과장으로 불리며 근무

들 수 있다. 이철송, 『상법총칙 · 상행위』(제9판), 2010, 제115면. 한편, 부분적 포괄대리권을 가진 사용인의 선임 및 종임은 등기사항이 아닌 반면에, 지배인의 선임 및 종임은 등기사항이다(실제로, 실무에서도 재판에 출석하는 등 재판을 진행하기 위한 목적으로 지배인을 선임하여 등기하는 경우가 있다). 상법 제13조 제1문[상인은 지배인의 선임과 그 대리권의 소멸에 관하여 그 지배인을 둔 본점 또는 지점 소재지에서 등기하여야 한다] 각 참조. 한편 "지배인의 권한은 영업거래에 한정되지만 대표이사의 권한은 영업거래뿐 아니라 회사의 내부조직상의 권한(예: 재무제표의 작성, 제출[상법 제447조~제449조] 등) 및 영업과 관계없는 회사의 대외적 행위(예: 신주 발행)에 관해서도 대표권을 가진다는 점 등에서 다르다." 이철송, 『상법총칙 · 상행위』(제9판), 제95면.

9. 이철송, 『상법총칙 · 상행위』(제9판), 2010, 제116면.

10. 대법원 2002. 1. 25. 선고 99다25969 판결 등 참조.

하던 3급사원으로서, B회사의 거래처를 정기적으로 방문하여 거래처의 새로운 통신 수요를 파악하고 이에 맞는 통신서비스를 제안하여, 그에 따라 거래처가 새로운 통신서비스의 제공을 원하는 경우 이에 관한 사항을 사업추진보고서로 작성하여 영업2팀장인 본건 팀장에게 보고하는 업무를 담당하였을 뿐, 스스로 B회사를 대리하여 영업과 관련된 법률행위, 즉 본건 매매계약을 체결할 권한을 가지지는 않았으므로(즉, 이에 관하여는 회사로부터 수권을 받은 적이 없으므로), 결국 본건 과장은 B회사의 영업에 관하여 부분적 포괄대리권을 가진 사용인이라고 보기 어렵다고 할 것이다.

따라서 본건의 경우에 A회사는 부분적 포괄대리권을 가진 사용인의 법리에 기해서 B회사에게 본건 매매대금의 지급을 청구할 권리를 가지는 것은 아니라고 할 것이다.[11]

[설문 2] 상법 제14조(표현지배인)의 유추적용

(1) 문제의 소재

위에서 살펴본 바와 같이 본건 과장은 "부분적 포괄대리권을 가진 사용인"에 해당하지 아니하나, 본건 과장은 2003. 11. 12. 본건 매매계약을 체결할 때에 A회사에게 자신이 마치 B회사에서 "부분적 포괄대리권을 가진 사용인"에 해당하는 표현적 명칭인 강남지사 영업팀장임을 자처하고 영업팀장이라고 기재된 명함을 교부하였으며, 이에 대하여 A회사는 본건 과장이 영업팀장이 아님을 알지 못하였던 것으로(즉,

11. 한편, 본 사례에 관한 대법원 2007. 8. 23. 선고 2007다23425 판결에서는 본건의 경우에 부분적 포괄대리권이 있는 사용인의 법리가 적용되지 않는 또 하나의 근거로서 "B회사의 2003년 당시 영업계약관리기준에 의하면 영업팀장인 본건 팀장도 1,000만원 이상의 거래시에는 담당임원이나 대표이사의 결재를 받아야 계약을 체결할 수 있도록 되어 있는 사실"도 들고 있으나, 회사 내부적으로 상사의 사전 결제를 받게 되어 있다는 사정은 부분적 포괄대리권이 있는 사용인의 법리의 적용 여부에 직접적인 관련은 없다. 대법원 1989. 8. 8. 선고 88다카23742 판결[… 중간 생략 … 피고 회사의 영업5부장인 김종훈과 농수산과 과장대리인 안재호가 이 사건 입고보관증 발행 당시 거래선 선정 및 계약체결, 담보설정, 어물구매, 어물판매, 어물재고의 관리 등의 업무에 종사하고 있었다면 비록 상무, 사장 등의 결재를 받아 위 업무를 시행하였다 하더라도 상법 제15조 소정의 "영업의 특정한 종류 또는 특정한 사항에 대한 위임을 받은 사용인"으로서 위 업무에 관한 부분적 포괄대리권을 가진 사용인이라 할 것이나(대법원 1974. 6. 11. 선고 74다492 판결 참조) … 이하 생략 …]. 이철송, 『상법총칙 · 상행위』(제9판), 2010, 제118면.

A회사는 "악의"가 없었던 것으로) 보인다.

그런데 "지배인"의 경우에는 상법 제 14조에서 "표현지배인" 제도를 두어서 지배인으로 오인될 만한 표현적 명칭 사용이라는 외관을 신뢰한 선의의 거래상대방을 보호하고 있으나(제14조 제1항: [본점 또는 지점[12]의 본부장, 지점장, 그 밖에 지배인으로 인정될 만한 명칭[13]을 가진 사용인은 본점 또는 지점의 지배인과 동일한 권한이 있는 것으로 본다. 그러나 재판상의 행위에 관하여는 그러하지 아니하다] ; 제14조 제2항: [전항의 규정은 상대방이 악의인 경우에는 적용하지 아니한다]), "부분적 포괄대리권을 가진 사용인"의 경우에는 이와 유사한 취지의 규정이 없는바, "부분적 포괄대리권을 가진 사용인"으로 오인될 만한 표현적 명칭의 사용이라는 외관을 신뢰한 선의의 거래상대방을 보호하기 위하여 상법 제14조를 유추적용할 수 있는지 따라서 선의의 거래상대방인 A회사는 B회사에게 본건 매매대금의 지급을 청구할 권리를 가지는지가 문제된다.

(2) 설문의 해결

검토컨대 첫째, 부분적 포괄대리권을 가진 사용인의 경우에는 상법은 그러한 사용인으로 오인될 만한 유사한 명칭에 대한 거래상대방의 신뢰를 보호하는 취지의 규정을 따로 두지 않고 있는바, 그 대리권에 관하여 지배인과 같은 정도의 획일성, 정형성이 인정되지 않는 부분적 포괄대리권을 가진 사용인들에 대해서까지 그 표현적 명칭의 사용에 대한 거래상대방의 신뢰를 무조건적으로 보호한다는 것은 오히려 영업주의 책임을 지나치게 확대하는 것이 될 우려가 있고, 둘째, 부분적 포괄대리권을

---

12. 여기서의 "본점 또는 지점"은 영업소로서의 실체를 가지는 것이어야 한다. 대법원 1978. 12. 13. 선고 78다1567 판결(표현지배인으로서 본조를 적용하려면 당해 사용인의 근무장소가 상법상의 영업소인 "본점 또는 지점"의 실체를 가지고 어느 정도 독립적으로 영업활동을 할 수 있는 것임을 요한다 할 것이다. 그런데 기록에 의하면 피고회사는 보험업법의 규제를 받는 보험사업자로서 보험계약의 체결, 보험료의 영수 및 보험금의 지급을 그 기본적 업무로 하고 있음이 분명하며 피고회사 부산영업소의 업무내용은 본점 또는 지점의 지휘감독 아래 보험의 모집, 보험료의 입금과 송금, 보험계약의 보전 및 유지관리, 보험모집인의 인사관리 및 교육 출장소의 관리감독 기타 본·지점으로부터 위임받은 사항으로 되어 있음이 또한 뚜렷하므로 이에 의하면 위 부산영업소는 피고회사의 기본적 업무를 독립하여 처리할 수는 없고 다만 본·지점의 지휘감독 아래 기계적으로 제한된 보조적 사무만을 처리하는 것으로밖에 볼 수 없으니 이는 상법상의 영업소인 본점·지점에 준하는 영업장소라고 볼 수 없어 부산영업소 권영진을 위 법조에서 말하는 표현지배인이라고 볼 수 없다고 할 것이다).

13. 기존에는 "영업주임 기타 유사한 명칭"으로 되어 있다가 2010. 5. 14. 개정에 의해 "본부장, 지점장, 그 밖에 지배인으로 인정될 만한 명칭"으로 변경되었고 공포 후 6개월이 경과한 후부터 시행된다.

가진 사용인에 해당하지 않는 사용인이 그러한 사용인과 유사한 명칭을 사용하여 법률행위를 한 경우 그 거래상대방은 민법 제125조의 표현대리나 민법 제756조의 사용자책임 등의 규정에 의하여 보호될 수 있다고 할 것이므로, 결국 부분적 포괄대리권을 가진 사용인의 경우에도 표현지배인에 관한 상법 제14조의 규정이 유추적용되어야 한다고 할 수는 없다.[14]

[설문 3] 민법상의 표현대리 규정들(제125조, 제126조, 제129조)의 적용

(1) 문제의 소재

위에서 살펴본 바와 같이 본건 과장의 위와 같은 표현적 명칭 사용행위에 대하여 상법 제14조(표현지배인)의 유추적용이 원천적으로 부정된다면, 본건의 경우에 민법의 표현대리 규정들[15]의 적용가능성이 있는지 따라서 A회사는 이에 기하여 B회사(본인)에게 본건 매매대금의 지급을 청구할 권리를 가지는지가 문제된다.[16]

(2) 설문의 해결

먼저, A회사는 A회사가 본건 과장에게 대리권이 있다고 믿었고 그와 같이 믿은

14. 본 사례에 관한 대법원 2007. 8. 23. 선고 2007다23425 판결. 그러나 상법의 명문규정이 없어서 상법 제14조의 유추적용을 조심스럽게 판단해야 한다는 기본적인 전제는 타당하다고 하더라도, 민법 제125조나 제126조의 표현대리, 민법 제756조의 사용자책임은 각각의 고유한 성립요건들이 있는바, "부분적 포괄대리권을 가진 사용인"으로 오인될 만한 표현적 명칭의 사용이라는 상황에서 그러한 고유한 성립요건들이 충족되지 않아 선의의 거래상대방이 보호되지 않는 경우도 있을 수 있으므로 상법 제14조의 유추적용을 긍정함이 타당하다고 본다.

15. 민법 제125조(대리권수여의 표시에 의한 표현대리): [제3자에 대하여 타인에게 대리권을 수여함을 표시한 자는 그 대리권의 범위 내에서 행한 그 타인과 그 제3자간의 법률행위에 대하여 책임이 있다. 그러나 제3자가 대리권없음을 알았거나 알 수 있었을 때에는 그러하지 아니하다] ; 민법 제126조(권한을 넘은 표현대리): [대리인이 그 권한외의 법률행위를 한 경우에 제3자가 그 권한이 있다고 믿을 만한 정당한 이유가 있는 때에는 본인은 그 행위에 대하여 책임이 있다] ; 민법 제129조(대리권소멸 후의 표현대리): [대리권의 소멸은 선의의 제3자에게 대항하지 못한다. 그러나 제3자가 과실로 인하여 그 사실을 알지 못한 때에는 그러하지 아니하다].

16. 그러나 본건의 경우는 본건 과장에게 대리권이 존재하다가 후에 소멸했던 경우가 아님은 분명하므로, 민법 제129조(대리권소멸 후의 표현대리)의 적용가능성은 검토하지 않는다.

데에 정당한 이유가 있었으므로 본건 과장의 행위는 민법 제126조의 표현대리에 해당하여 A회사는 B회사에게 본건 매매대금의 지급을 청구할 권리가 있다고 주장할 여지가 있는지를 살펴본다.

검토컨대, 민법 제126조의 권한을 넘은 표현대리가 성립하려면, 대리인이라 칭하는 자에게 기본대리권이 있어야 하고 상대방에게 그 권한이 있다고 믿을 만한 정당한 이유가 있어야 하므로, 위에서 살펴본 바와 같이 본건 과장은 스스로 B회사를 대리하여 영업과 관련된 계약을 체결할 권한을 가지지는 않았으므로 본건 과장에게 B회사를 대리할 기본대리권이 없었으므로 A회사에게 정당한 이유가 있는지 여부를 검토할 필요없이, 본건 과장의 본건 매매계약 체결행위는 민법 제126조의 표현대리에 해당하지 아니한다.[17]

다음으로, A회사가 민법 제125조의 "대리권 수여의 표시에 의한 표현대리"임을 주장하여 B회사에게 본건 매매대금의 지급을 청구할 권리가 있다고 주장할 여지가 있는지를 살펴본다.

검토컨대, 민법 제125조는 본인(B회사)과 대리행위를 한 자(본건 과장) 사이의 기본적인 법률관계의 성질이나 그 효력의 유무와는 관계없이 어떤 자(본건 과장)가 본인(B회사)을 대리하여 제3자(A회사)와 법률행위를 함에 있어 본인(B회사)이 제3자(A회사)에게, 그 자(본건 과장)에게 대리권을 수여하였다는 표시를 한 경우에 성립하는 것인바, 본건의 경우에는 B회사가 A회사에게 본건 과장에게 본건 매매계약 체결에 관한 대리권을 수여하였다는 직접적인 의사표시를 하였다고 인정할 증거를 찾을 수 없으므로, 민법 제125조의 표현대리는 적용되지 않는다.[18]

한편, 본건 매매계약의 체결일인 2003. 11. 12. 본건 과장이 B회사의 대리인임을 자처하면서 A회사에게 B회사의 강남지사 영업팀장이라고 기재된 명함을 교부한 행위가 위와 같은 "대리권을 수여하였다는 표시"에 해당하는지 여부가 문제될 수 있을 것이나, 본인을 대리한다고 하는 자인 본건 과장이 거래상대방인 A회사에게 교부한 것이 고작 영업팀장이라고 기재된 명함에 불과한 반면에, 본건 매매계약은 매매대금이 27억원에 달하는 거액의 규모이고, 본건 매매계약 체결 이전에 A회사와 본건 과장은 한 번도 거래한 적이 없었다는 점 등을 종합하여 보면, 단순히 명함을 교부한 행위만으로는 대리권 수여를 "표시"하였다고 평가하기는 어려울 것으로 보인

---

17. 본 사례에 관한 대법원 2007. 8. 23. 선고 2007다23425 판결.

18. 본 사례에 관한 대법원 2007. 8. 23. 선고 2007다23425 판결.

다.[19]

결국 민법의 표현대리 규정들은 본건의 경우에 적용되지 않으므로, A회사는 이에 기하여는 B회사(본인)에게 본건 매매대금의 지급을 청구할 권리를 가지지 못한다고 할 것이다.

[설문 4] 민법 제756조(사용자의 배상책임)의 적용

(1) 문제의 소재

A회사가, B회사는 본건 과장의 사용자로서 본건 과장의 불법행위(민법 제750조[20])를 방조한 과실이 있음을 주장하여 A회사가 입은 본건 매매대금 상당액의 손해를 청구할 권리를 가지는지가 문제된다.

이와 관련하여, 민법 제756조(사용자의 배상책임) 제1항은 "타인을 사용하여[21] 어느 사무[22]에 종사하게 한 자는 피용자가 그 사무집행에 관하여[23] 제3자[24]에게 가한

19. 대법원 2001. 8. 21. 선고 2001다31264 판결(민법 제125조가 규정하는 대리권 수여의 표시에 의한 표현대리는 본인과 대리행위를 한 자 사이의 기본적인 법률관계의 성질이나 그 효력의 유무와는 관계가 없이 어떤 자가 본인을 대리하여 제3자와 법률행위를 함에 있어 본인이 그 자에게 대리권을 수여하였다는 표시를 제3자에게 한 경우에 성립하는 것이고, 이때 서류를 교부하는 방법으로 민법 제125조 소정의 대리권 수여의 표시가 있었다고 하기 위하여는 본인을 대리한다고 하는 자가 제출하거나 소지하고 있는 서류의 내용과 그러한 서류가 작성되어 교부된 경위나 형태 및 대리행위라고 주장하는 행위의 종류와 성질 등을 종합하여 판단하여야 할 것이다).

20. 민법 제750조(불법행위의 내용): [고의 또는 과실로 인한 위법행위로 타인에게 손해를 가한 자는 그 손해를 배상할 책임이 있다].

21. 실질적으로 지휘 · 감독하는 관계에 있어야 한다. 대법원 1999. 10. 12. 선고 98다62671 판결(… 중간 생략 … 사용자책임이 성립하려면 사용자와 불법행위자 사이에 사용관계, 즉 사용자가 불법행위자를 실질적으로 지휘 · 감독하는 관계에 있어야 한다).

22. "사무"의 개념은 폭넓게 인정된다. 대법원 1989. 10. 10. 선고 89다카2278 판결(민법 제756조가 규정하고 있는 사용자책임의 요건으로서의 사용자의 사무라 함은 법률적 · 계속적인 것에 한하지 않고 사실적 · 일시적 사무라도 무방한 것이므로 … 이하 생략 …).

23. 사무집행관련성은 외형이론에 따른다. 대법원 1984. 2. 28. 선고 82다카1875 판결(민법 제756조 소정의 "피용자가 그 사무집행에 관하여"라 함은 사용자의 사업집행 자체 또는 이에 필요한 행위뿐만 아니라 이에 상당한 견련관계에 있는 행위도 포함되는 것이고, 또 피용자가 사용자의 이익을 도모할 의사없이 사리를 취하기 위하여 그 권한을 남용하여 한 행위라도 외형상 피용자의 직무범위에 속한다고 볼 수 있는 경우에는 이에 포함된다고 할 것이다).

24. 피해자에게 고의 또는 중과실이 있으면 피해자는 본조에 따른 책임을 청구할 수 없다. 대법원 2003. 1.

손해[25]를 배상할 책임이 있다. 그러나 사용자가 피용자의 선임 및 그 사무감독에 상당한 주의를 한 때 또는 상당한 주의를 하여도 손해가 있을 경우[26]에는 그러하지 아니하다"라고 규정하고 있으므로, 본건의 경우에 이러한 성립요건이 구비되었는지 등을 검토하여 보기로 한다.[27]

(2) 설문의 해결

검토컨대, 본건 단말기는 무선통신에 이용되는 장치로서 B회사의 사업범위 및 본건 과장의 업무범위에 포함된다고 할 것이고, 본건 과장은 B회사로부터 아무런 권한을 위임받지 아니하고 B회사의 사용인감을 남용하여 본건 매매계약을 체결한 불

10. 선고 2000다34426 판결(피용자의 불법행위가 외관상 사무집행의 범위 내에 속하는 것으로 보이는 경우에도 피용자의 행위가 사용자나 사용자에 갈음하여 그 사무를 감독하는 자의 사무집행 행위에 해당하지 않음을 피해자 자신이 알았거나 또는 중대한 과실로 알지 못한 경우에는 사용자 또는 사용자에 갈음하여 그 사무를 감독하는 자에 대하여 사용자책임을 물을 수 없다 할 것인데, … 이하 생략 …).

25. 사용자책임이 성립하려면, 피용자의 제3자에 대한 민법 제750조 소정의 불법행위책임 요건을 충족해야 한다. 대법원 1981. 8. 11. 선고 81다298 판결[책임무능력자(국민학교 1학년생)의 대리감독자(담임교사)에게 민법 제755조 제2항에 의한 배상책임이 있다고 하여 위 대리감독자의 사용자 또는 사용자에 갈음한 감독자(위 학교를 설립 경영하는 지방자치단체)에게 당연히 민법 제756조에 의한 사용자책임이 있다고 볼 수는 없으며, 책임무능력자의 가해행위에 관하여 그 대리감독자에게 고의 또는 과실이 인정됨으로써 별도로 불법행위의 일반 요건을 충족한 때에만 위 대리감독자의 사용자 또는 사용자에 갈음한 감독자는 민법 제756조의 사용자책임을 지게 된다].

26. 이 점에 대해서는 사용자가 주장 및 입증책임을 부담한다. 대법원 1998. 5. 15. 선고 97다58538 판결(민법 제756조 제1항 및 제2항의 책임에 있어서 사용자나 그에 갈음하여 사무를 감독하는 자는 그 피용자의 선임과 사무감독에 상당한 주의를 하였거나 상당한 주의를 하여도 손해가 있을 경우에는 손해배상의 책임이 없으나, 이러한 사정은 사용자 등이 주장 및 입증을 하여야 한다).

27. 민법 제756조(사용자의 배상책임) 제3항은 "전2항의 경우에 사용자 또는 감독자는 피용자에 대하여 구상권을 행사할 수 있다"고 규정하고 있으나, 신의칙상 구상권행사가 허용되지 않는 경우가 있다. 대법원 1994. 12. 13. 선고 94다17246 판결(가. 일반적으로 사용자가 피용자의 업무수행과 관련하여 행해진 불법행위로 인하여 직접 손해를 입었거나 그 피해자에게 사용자로서의 손해배상책임을 부담한 결과로 손해를 입게 된 경우에 있어서 사용자는 그 사업의 성격과 규모, 시설의 현황, 피용자의 업무내용, 근로조건이나 근무태도, 가해행위의 상황, 가해행위의 예방이나 손실의 분산에 관한 사용자의 배려 정도, 기타 제반 사정에 비추어 손해의 공평한 분산이라는 견지에서 신의칙상 상당하다고 인정되는 한도 내에서만 피용자에 대하여 그 구상권을 행사할 수 있다고 보아야 할 것이다. 나. 사용자와 피용자 쌍방의 과실의 경중, 곤돌라 기사인 피용자의 근무조건과 그러한 근무조건이 사고발생에 미친 영향의 정도, 피해자가 사고를 당하게 된 경위, 사용자의 노무자에 대한 인력관리상황, 사고 후 피용자가 실형을 복역한 후 현재 면직되어 있음에 반하여, 사용자는 국내 유수의 공동주택관리업체로서의 지위를 그대로 유지하고 있는 점 등 제반 사정을 참작하여 사용자의 피용자에 대한 구상권 행사가 신의칙에 반하여 허용되지 아니한다고 한 사례).

법행위자라 할 것이며(민법 제750조), 본건 과장은 B회사의 대리인이라고 자처하면서 B회사의 사용인감을 도용하여 B회사 명의로 본건 매매계약일 이전인 2002. 10. 30. 다른 특정 회사로부터 본건 단말기를 구입하여 2003. 2. 19. 또 다른 특정회사에게 이를 매도한 사실, B회사는 뒤늦게 위와 같은 사실을 알고 2003. 6. 2. 본건 과장에게 서면으로 경고를 한 사실 등이 있다.[28]

그러므로 결국 B회사는 본건 과장이 본건 매매계약 이전에 이미 업무상의 임무에 위반하여 B회사의 사용인감을 도용하여 다른 회사와 계약을 체결한 사실이 있는데도 본건 과장에 대한 감독 및 사용인감에 대한 관리를 철저히 하여야 할 주의의무를 위반하여 본건 과장이 본건 매매계약을 체결하도록 방치한 과실이 있다고 할 것이다.

따라서 B회사는 본건 과장의 사용자로서 본건 과장의 사무집행과 관련된 위 불법행위로 인하여 A회사가 입은 손해(일응, 본건 매매대금 상당액)을 배상할 책임이 있다고 할 것이다.[29,30]

다만, A회사로서도 본건 매매계약 체결시 본건 과장에게 B회사를 대리하여 본건 매매계약을 체결할 권한이 있는지 여부를 조사 · 확인하지 않은 등의 과실이 있다고 할 것이므로, B회사는 이와 같은 A회사의 과실에 대하여 과실상계[31] 주장을 할

---

28. 이러한 사용인감의 도용, 본건 매매계약 이전의 또 다른 본건 단말기 매입사실 및 본건 과장에게의 서면 경고 사실은 본 사례에 관한 1심판결에서 인정이 되었고 그 후 항소심과 상고심에서는 더 이상 다툼의 대상이 되지 않은 것으로 보인다. 본 사례를 구성함에 있어서는 이러한 사실들을 일부러 포함시키지 않았는데, 그 이유는 본 사례에 관한 사실관계에 이 점을 포함시키면 [설문 1] 내지 [설문 3]의 해결에 있어서 너무 도드라진 사실관계를 부여하는 것 같았기 때문이다.

29. 본 사례에 관한 대법원 2007. 8. 23. 선고 2007다23425 판결 및 그 하급심 판결들 참조.

30. 본건 과장의 민법 제750조에 기한 불법행위 손해배상채무와, B회사의 사용자책임에 기한 손해배상채무는, 동일한 사실관계에 기한 손해를 수인이 각자의 입장에서 전보해 주어야 할 의무를 부담하는 부진정연대채무의 관계이다. 지원림, 『민법강의』(제8판), 2010, 제1189면. 한편, 이 점에 대하여 직접적으로 판시한 대법원판례는 없는 것으로 보인다. 대법원 2000. 3. 14. 선고 99다67376 판결도 "자금 입출금 등의 업무를 담당하는 회사의 재무과장이 제3자(주: 차주)를 위한 회사 명의의 근보증서와 이사회입보결의서 및 약속어음 배서를 위조하여 금융기관에 제출하고 이를 믿은 금융기관이 제3자(주: 차주)에게 대출함으로써 손해를 입은 경우", "피고(주: 그 회사)의 사용자책임으로 인한 위 손해배상채무와 쌍성레미콘(주: 차주)의 위 대출금채무는 서로 별개의 원인으로 발생한 독립된 채무이나 동일한 경제적 목적을 가진 채무로서 서로 중첩되는 부분에 관하여는 일방의 채무가 변제 등으로 소멸하면 타방의 채무도 소멸하는 이른바 부진정연대의 관계에 있다"는 내용의 판결이다.

31. 사용자책임을 비롯한 불법행위 책임에서도, 피해자의 가해자에 대한 손배배상청구시에 가해자는 과실상계 주장을 할 수 있다. 민법 제763조(준용규정): [제393조, 제394조, 제396조, 제399조의 규정은 불법행위로 인한 손해배상에 준용한다] ; 민법 제396조(과실상계): [채무불이행에 관하여 채권자에게 과

수 있을 것이다.[32]

실이 있는 때에는 법원은 손해배상의 책임 및 그 금액을 정함에 이를 참작하여야 한다].

32. 대법원 2002. 1. 8. 선고 2001다62251,62268 판결(법행위로 인한 손해배상사건에서 과실상계 사유에 관한 사실인정이나 그 비율을 정하는 것은 그것이 형평의 원칙에 비추어 현저히 불합리하다고 인정되지 않는 한 사실심의 전권사항에 속한다).

[사례 03]

표현지배인

다음과 같은 사실관계 하에서, 아래의 각 질의에 대해 답하시오.[1]

(1) 피고회사는 약품을 제조, 판매하는 회사로서 본사 이외에 지방 주요도시에 설치한 분실을 통하여 약국 등 거래처에 약품을 공급하고 그 대금을 수금하거나 거래처에서 받은 어음 등을 피고회사 명의로 배서·양도하여 할인하는 방법으로 자금조달을 하였다.

(2) 부산 일원의 약국 등과 거래하는 피고회사 부산분실은 피고회사에서 임명하는 분실장을 비롯하여 영업소장 2인과 병원담당과장 1인 및 직원 14명 정도로 구성되어 있다.

(3) C는 피고회사의 부산분실에서 약 18년 동안 근무해 왔는데, 약 10년 전부터는 분실장으로서 피고회사가 제조한 약품을 약국 등 거래처에 공급하고, 그 약품대금을 수금하는 업무 및 일부 약국 등에서 수금한 약속어음 등을 피고회사의 배서 하에 다른 약국 등으로부터 할인받아 이를 피고회사에 입금시키는 업무를 담당하여 왔는바, 피고회사로부터 지배인으로 선임 및 등기된 적은 없다.[2]

(4) C는 피고회사의 부산분실장으로 근무하여 오던 중, [발행인[3] A(이하 "본건 발행인"),

1. 본 사례는 대법원 1998. 8. 21. 선고 97다6704 판결을 기초로 하여 작성된 것이다.

2. 지배인 제도의 존재의미는, 상인이 지배인을 선임함으로써 자기의 분신을 두어 영업활동의 범위를 확대하는 측면과, 지배인의 권한이 상법상 정형화됨으로써(상법 제11조 제1항: [지배인은 영업주에 갈음하여 그 영업에 관한 재판상 또는 재판 외의 모든 행위를 할 수 있다]) 거래상대방이 대리권의 유무, 범위를 일일이 확인하지 않아도 되어 상거래의 신속, 안전을 도모할 수 있다는 2가지에 있다. 이철송, 『상법총칙·상행위』(제9판), 2010, 제95면 내지 제96면. 한편, 지배인은 영업주인 상인의 의사표시인 선임에 의해 지위를 취득하고 지배인을 둔 본점 또는 지점의 소재지에 등기하게끔 되어 있다(상법 제10조: [상인은 지배인을 선임하여 본점 또는 지점에서 영업을 하게 할 수 있다] ; 상법 제13조: [상인은 지배인의 선임과 그 대리권의 소멸에 관하여 그 지배인을 둔 본점 또는 지점소재지에서 등기하여야 한다. 전조 제1항에 규정한 사항과 그 변경도 같다]).

3. 약속어음의 경우에는 그 성질상 발행인이 지급인을 겸하므로 지급인의 명칭은 어음의 필요적 기재사항

발행일 1994. 12. 1., 발행지 및 지급지[4] 각 부산시, 지급기일[5] 1995. 4. 30., 지급장소 농협중앙회 부산시 부전동[6]지점, 수취인 B, 액면금 2천만원]으로 된 약속어음 1장(이하, "본건 약속어음")을 거래처 B(이하, "제1배서인")로부터 제1배서하여 양도 받는 형태로 수금하여[7] 소지하고 있었는데, 그러던 중 C는 본건 약속어음을 개인적인 용도로 사용하기로 마음먹고 그 제2배서인란에 피고회사 명의의 배서를 위조[8]한 다음 원고에게 교부하고 원고로부터 금원을 할인받아[9] 개인적인 용도에 사용하였다.

(어음요건)이 아니다.

4. 위와 같이 약속어음의 경우에는 지급인의 명칭은 어음의 필요적 기재사항(어음요건)이 아니지만 지급지는 어음요건으로서 반드시 기재되어야 한다(어음법 제75조 제4호). 그러나 지급지가 기재되어 있지 않더라도 발행지가 기재되어 있다면 그 발행지를 지급지로 보아 약속어음의 효력이 인정된다(어음법 제76조: [제75조 각 호의 사항을 적지 아니한 증권은 약속어음의 효력이 없다. 그러나 다음 각 호의 경우에는 그러하지 아니하다. 2. 지급지가 적혀 있지 아니한 경우: 발행지를 지급지 및 발행인의 주소지로 본다]).

5. 이와 같은 지급기일을 만기 또는 만기일이라고도 하는데, 본건과 같이 만기가 확정된 날인 어음을 확정일출급어음이라고 한다. 만기는 어음 자체에 의해 확정할 수 있어야 하고 어음 외의 사정에 의해 확정할 수 있는 날이어서는 안 된다. 정찬형, 『상법강의(하)』(제11판), 제203면.

6. 따라서 본건의 경우에 지급장소는 지급지인 부산시내의 장소인바, 지급제시는 그 지급장소에 해야만 적법한 효력이 있다. 정찬형, 『상법강의(하)』(제11판), 제319면.

7. 이와 같이 약속어음은, 실무적으로 국내거래에서, 상품을 외상으로 판매한 매도인이 매수인으로부터 약속어음을 피배서인이나 수취인의 자격으로 취득하여(신용창조기능) 자기의 거래은행 등으로부터 할인받아 매매대금을 추심하는 방법으로(추심기능 및 지급기능) 많이 활용되고 있다. 정찬형, 『상법강의(하)』(제11판), 제37면 내지 제38면.

8. 어음의 위조란 "권한 없는 자가 타인의 기명날인 또는 서명을 위작하여 마치 그 타인이 어음행위를 한 것과 같은 외관을 만드는 것"을 말하는바, 위조의 대상에는 제한이 없으므로 모든 어음행위(발행, 배서, 보증, 인수, 참가인수, 지급보증 등)에 대해 위조가 가능하다는 것이 통설의 입장이다. 정찬형, 『상법강의(하)』(제11판), 제109면~제110면.

9. 어음의 할인은 그 거래의 실태와 당사자의 의사에 따라 어음의 매매 또는 소비대차로서의 법적 성질을 가진다. 대법원 2002. 9. 24. 선고 2000다49374 판결(어음할인의 성질이 소비대차에 해당하는지 아니면 어음의 매매에 해당하는 것인지 여부는 그 거래의 실태와 당사자의 의사에 의하여 결정되어야 한다) ; 대법원 2000. 12. 12. 선고 99다13669 판결(은행이 갑의 연대보증 하에 을과 사이에 어음할인거래약정을 체결한 후 타인 발행의 약속어음을 배서양도받고 할인금을 지급하였는데, 위 약정에 적용되는 약관에는 어음할인을 의뢰하여 할인금을 지급받은 채무자가 거래정지처분 등을 받은 경우에는 어음의 환매채무를 지고 어음금액을 변제하는 것으로 규정된 경우, 위 어음할인거래는 어음의 매매로서 위 약속어음은 거래의 목적물에 불과하므로 은행이 위 약속어음을 부적법하게 지급제시를 한 채 지급제시기간을 넘겨 을의 소구권을 상실시켰더라도 보증채무를 이행한 갑에 대한 관계에서 민법 제485조의 담보 상실 내지 감소에 해당하지 않는다고 한 사례) ; 대법원 2002. 4. 12. 선고 2001다55598 판결([1] 통상 어음할인이라 함은, 아직 만기가 도래하지 아니한 어음의 소지인이 상대방에게 어음을 양도하고 상대방이 어음의 액면금액에서 만기까지의 이자 기타 비용을 공제한 금액을 할인의뢰자에게 교부하는 거래를 말하는 것인데, 수표의 경우에는 만기가 없으므로 어음할인과 같은 엄격한 의미에서의 수표할인은 존재할 수 없으나 특

(5) 원고는 C로부터 지급거절증서 작성시 면제된 채로[10,11] 배서 · 양도받아 소지하던 중 그 최종소지인으로서 지급기일(1995. 4. 30.)에 지급장소(농협중앙회 부산시 부전동 지점)에 지급제시하였으나[12,13] 지급거절[14]되었고, 이에 따라 원고는 피고회사에게 위 약속어음금 2천만원 및 이에 대한 만기 이후의 이자와 지연손해금을 지급하라고 청

정기일 전까지 지급제시를 하지 않기로 하고 수표금액에서 그 기간까지의 이자를 공제하는 방법에 의한 수표할인은 가능한바, 그와 같은 형태의 어음 또는 수표의 할인이 금융기관이 아닌 사인 간에 이루어진 경우 그 성질이 소비대차에 해당하는 것인지 아니면 어음의 매매에 해당하는 것인지의 여부는 그 거래의 실태와 당사자의 의사에 의하여 결정되어야 할 것이다. [2] 금융기관이 아닌 사인이 거래관계로 알게 된 상대방으로부터 자금의 융통을 요청받고는 거의 대부분 그 상대방이 발행인으로 된 융통어음과 수표를 교부받으면서 그 액면금액에서 만기 등까지의 이자를 공제한 나머지의 금액을 그 상대방에게 교부하였고, 소외 회사가 발행한 어음에 대하여도 그 상대방이 발행한 어음이나 수표와 같은 형태로 할인거래가 이루어졌다면 그 사인으로서는 그 어음 또는 수표 자체의 가치에 중점을 두고 이를 매수한 것이 아니라 어음 또는 수표의 할인의뢰인인 그 상대방의 신용이나 자력을 믿고서 그 상대방에게 어음 또는 수표를 담보로 금전을 대여하여 주었다고 봄이 상당하므로 그 사인과 그 상대방 간에는 어음 및 수표의 액면 상당 금액에 대한 원인관계인 계약이 체결되고, 그 어음 및 수표는 그와 같은 각 계약상의 채무를 담보하기 위하여 교부된 것으로 볼 여지가 많아 보인다고 한 사례).

10. 약속어음의 배서인도 지급거절증서작성을 면제하는 문구를 기재할 수 있는데, 이로써 소구의무자는 거절증서작성비용의 부담을 면할 수 있고 또한 지급거절의 사실이 공표되는 것을 방지할 수 있는 실익이 있어 실제거래에서 많이 활용되고 있는바, 이 경우에는 그 면제의 효력은 그 배서인에 대해서만 미친다(상법 제77조 제1항 제4호, 제46조).

11. 본 사례에서는 지급제시기간의 준수, 지급제시의 방법, 지급거절증서의 작성 등 지급제시에 관한 법적 요건 · 절차는 모두 구비했음을 전제로 한다.

12. 지급거절증서작성면제의 경우에도 지급제시는 해야 한다(어음법 제46조 제2항 제1문, 제77조 제1항 제4호). 한편, 본건과 같이 어음소지인이 지급장소인 은행에 가서 지급제시를 하는 것을 창구제시라고 하고, 어음소지인이 자기의 거래은행을 통하여 이러한 지급은행에 지급제시를 하는 것을 교환제시라고 하는데, 은행은 과실로 지급하는 것을 피하기 위하여 가능한 창구지급을 피하고 있고, 교환제시의 구체적인 방법으로는 어음소지인이 어음에 (숨은) 추심위임배서를 하여 거래은행에 추심을 위임하거나 또는 양도배서를 하여 거래은행에 있는 자신의 예금계좌에 입금시키는 것 등이 이용되고 있다고 한다. 정찬형, 『상법강의(하)』(제11판), 제320면.

13. 확정일출급약속어음의 경우, 주채무자(발행인)에 대한 지급제시기간은 만기의 날로부터 3년간이고(어음법 제70조 제1항, 제77조 제1항 제8호), 소구권보전을 위한 지급제시기간은 지급을 할 날 또는 이에 이은 2거래일 내이다(어음법 제38조 제1항, 제77조 제1항 제3호). 대법원 1971. 7. 20. 선고 71다1070 판결(약속어음의 발행인은 환어음의 인수인과 같이 어음금액을 절대적으로 지급할 채무를 부담하는 자이고 상환의무자가 아니므로 소지인이 발행인에 대하여 지급을 위한 어음제시를 하지 아니하였다 하여도 어음금액을 청구할 수 있는 것이고 어음법 제77조 제1항 제3호에 의한 지급을 위한 제시의 규정은 약속어음 발행인에게는 적용될 수 없다 할 것인바, … 이하 생략 …).

14. 지급거절의 개념에는, 지급인이 적극적으로 지급을 거절한 경우 이외에도 소극적인 사유로 어음소지인이 지급을 받을 수 없게 된 경우(예: 지급인의 소재불명, 부재, 지급인이 사망하고 상속이 불명한 경우 등)까지 포함된다. 정찬형, 『상법강의(하)』(제11판), 제347면.

구하고자 한다.[15,16,17]

설문 1 원고는 피고회사에 대한 본건 약속어음금 반환청구소송의 청구원인으로서 어떠한 법리를 주장하는 것이 가능한가?

설문 2 본건 약속어음금 반환채무와 관련하여, 본건 발행인과 제1배서인 및 피고회사(제2배서인)의 원고에 대한 채무의 법적 성질은?

설문 3 원고가 본건 약속어음금 반환청구소송을 제기하는 경우의 제1심의 사물관할은?

[설문 1] 피위조자의 법적 책임

(1) 문제의 소재

본 사례에서 피고회사는 배서의 피위조자인바, 피고회사는 스스로 배서라는 어음행위를 한 것도 아니고 또한 위조자인 C에게 대행권한을 부여한 것도 아니므로,

---

15. 물론, 원고는 위조자인 C에게 민법 제750조의 불법행위책임을 주장하여 할인금액 상당액의 손해배상을 청구할 수 있다. 대법원 1992. 6. 23. 선고 91다43848 전원합의체 판결(위조된 수표를 할인에 의하여 취득한 사람이 그로 인하여 입게 되는 손해액은 특별한 사정이 없는 한 그 위조수표를 취득하기 위하여 현실적으로 출연한 할인금에 상당하는 금액이지, 그 수표가 진정한 것이었더라면 그 수표의 소지인이 지급받았을 것으로 인정되는 그 수표의 액면에 상당하는 금액이 아니라고 봄이 상당한바, 위조수표의 액면에 상당하는 금액은, 그 수표가 위조된 것이 계기가 되어 그 소지인이 그 금액을 얻을 수 있으리라는 기대를 갖게 되는 이익에 지나지 아니할 뿐, 수표의 위조라는 불법행위가 없었더라면 그 소지인이 원래 얻을 수 있었던 것으로서 그 수표의 위조행위로 말미암아 얻을 수 없게 된 이익은 아니라고 할 것이므로, 그 소지인이 그 액면에 상당하는 금액을 지급받지 못하게 된 것이 불법행위로 인한 소극적 손해에 해당한다고 볼 수 없기 때문이다).

16. 어음의 위조와 관련하여, 어음소지인이 그 기명날인, 서명이 진정한 것임에 대해 입증책임을 부담한다. 대법원 1993. 8. 24. 선고 93다4151 전원합의체 판결([다수의견] 어음에 어음채무자로 기재되어 있는 사람이 자신의 기명날인이 위조된 것이라고 주장하는 경우에는 그 사람에 대하여 어음채무의 이행을 청구하는 어음의 소지인이 그 기명날인이 진정한 것임을 증명하지 않으면 안 된다).

17. 한편, 위조자가 민법 제750조의 불법행위 책임, 형법 제214조에 의한 유가증권위조죄의 책임을 각각 부담하는 것과 별개로, 위조자가 어음상의 책임을 부담하는지에 대해서는 어음의 문언증권성(위조자는 어음상에 자기의 성명을 표시하는 형태의 어음행위를 한 것이 아니다)에 중점을 둔 부정설과 어음의 유통증권성(위조자의 어음상책임을 긍정하는 것이 유통증권으로서의 어음의 선의의 소지인 보호에 충실하다)에 중점을 둔 긍정설이 대립하고 있으나 현재까지는 이에 관한 대법원판례는 없는 것으로 보인다.

원칙적으로 선의[18]의 어음소지인을 포함하여 누구에 대해서도 어음상의 책임을 부담하지 않는다(물적 항변).

그러나 예외적으로 피위조자가 추인[19]을 한 경우나 피위조자에게 표현책임[민법 제125조(대리권수여의 표시에 의한 표현대리), 제126조(권한을 넘은 표현대리)[20], 제129조(대리권 소멸 후의 표현대리) 및 상법 제14조(표현지배인)[21], 제395조(표현대표이사의 행위와 회사의 책임)[22]]이 인정되는 경우에는 피위조자는 어음상의 책임[23]을 부담하고, 피위조자에게 사

---

18. 대법원 1965. 10. 19. 선고 65다1726 판결(약속어음을 다른 사람이 위조하여 발행한 경우에 피위조자는 그 어음을 선의로 양수한 제3자에 대하여도 발행인으로서의 의무를 부담하지 않는다).

19. 대법원 1998. 2. 10. 선고 97다31113 판결(… 중간 생략 … 권한 없이 기명날인을 대행하는 방식에 의하여 약속어음을 위조한 경우에 피위조자가 이를 묵시적으로 추인하였다고 인정하려면 추인의 의사가 표시되었다고 볼 만한 사유가 있어야 한다).

20. 대법원 1969. 9. 30. 선고 69다964 판결(그렇다면 원심이 위와 같은 사실에 의하여, 위 오남룡은 피고회사 대표이사 명의의 본건 약속어음을 발행할 권한이 없다 하더라도 동인은 피고 회사의 경리담당 상무이사로서의 지위와 권한에 비추어 피고 대표이사에게 총괄되어 있는 피고 회사의 대내적 업무 중 경리사무에 관하여는 대표이사를 대리하여 업무처리를 하고 있다고 봄이 상당하고 위에서 말한 바와 같은 소외 이윤천을 통하여 이루어진 수많은 어음거래에 비추어 위 오남룡이 경리담당 상무이사로서 피고 대표이사 명의의 약속어음을 발행할 수 있는 권한이 있는 것으로 신용한 위 이윤천 또는 원고들에게는 그 믿음에 있어서 정당한 이유가 있다고 보는 것이 상당하다고 판단하였음에 위법이 있다 할 수 없다).

21. 본 사례에 관한 대법원 1998. 8. 21. 선고 97다6704 판결(제약회사의 지방 분실장이 자신의 개인적 목적을 위하여 권한 없이 대표이사의 배서를 위조하여 어음을 할인한 경우, 표현지배인의 성립을 인정한 사례).

22. 대법원 1968. 7. 30. 선고 68다127 판결(원판결은, 증거에 의하여, 이 사건 약속어음은 피고회사 상무이사 소외 1이 피고회사 대표이사 소외 2의 인장을 위조한 후 자의로 피고회사 대표이사 소외 2명의로 소외 3에게 발행한 약속어음이고, 소외 3은 이를 원고에게 배서양도한 사실을 인정하고, 그렇다면 비록 소외 1에게 당시 회사의 기채권이나, 회사명의 어음의 발행권 등의 대표권이 없었다 하더라도 피고 회사는 상법 제395조의 규정한 바에 따라 선의의 제3자인 소외 3에 대하여 소외 1의 어음발행 행위에 대한 책임을 면할 수 없을 것인즉, 소외 3은 위 약속어음을 유효하게 교부받았다 할 것이고, 따라서 원고 역시 위 약속어음의 적법한 소지인으로서 피고 회사에 대하여 어음금의 청구를 할 수 있다 할 것이라고 판단하였다. 그러나 상법 제395조는 상무이사 기타 회사를 대표할 권한이 있는 것으로 인정될 만한 명칭을 사용한 이사의 행위에 대하여는 그 이사가 회사를 대표할 권한이 없는 경우에도 회사는 선의의 제3자에게 대하여 책임을 진다는 것이고 대표권이 없는 상무이사가 회사 대표이사를 대리하여 법률행위를 한 경우에는 상법 제395조는 적용되지 아니하고, 대리에 관한 규정이 적용된다 할 것이다) ; 대법원 1988. 10. 25. 선고 86다카1228 판결(원심은 피고회사의 경리담당 상무이사 소외 이상화가 피고회사의 자금관리업무를 담당하면서 구체적인 수권없이 소외 세영컴퓨터주식회사가 발행한 액면 2,489만원의 약속어음 이면에 피고회사 대표이사 명의로 백지식 배서를 하여 소외 망 이종태를 통하여 소외 정낙준에게 어음할인을 요청하고 정낙준은 위 이상화가 피고회사의 경리담당 상무로서 어음배서 등의 방법으로 자금조달을 하여 오고 있는 사정을 알고 있는 터라서 이 사건 어음도 위 이상화가 피고회사를 위하여 그 명의로 배서한 것이라는 위 이종태의 말을 믿고 그의 중개로 어음할인을 해주고 어음을 양

용자책임(민법 제756조)[24]이 인정되는 경우에는 피위조자는 불법행위에 따른 손해액[25]에 대하여 배상책임이 발생한다.[26]

본건의 경우에는 특히 민법 제126조(권한을 넘은 표현대리)와 상법 제14조(표현지배인) 및 민법 제756조(사용자책임)의 규정에 의하여, 피위조자인 피고회사가 어음금지급채무 또는 손해배상채무를 각각 부담하는지 여부가 문제된다.

도받아 1984. 9. 7.에 그 어음을 원고에게 양도하여 원고가 그 어음의 최종소지인이 된 사실을 인정한 다음 피고는 이 사건 어음의 배서인으로서 원고에게 어음금액과 어음법 소정의 이자를 지급할 의무가 있다고 판시하고 있는바, 원심판시의 사실인정 과정에 소론과 같은 심리미진, 판단유탈의 위법이 있다 할 수 없고 채증법칙위반이나 입증책임을 전도한 위법이 있다고 할 수도 없다).

23. 본건 약속어음의 지급거절로 인한 제2배서인으로서의 소구의무를 의미한다.

24. 대법원 1994. 11. 8. 선고 93다21514 전원합의체 판결(어음이 위조된 경우에 피위조자는 민법상 표현대리에 관한 규정이 유추적용될 수 있다는 등의 특별한 경우를 제외하고는 원칙적으로 어음상의 책임을 지지 아니하나, 피용자가 어음위조로 인한 불법행위에 관여한 경우에 그것이 사용자의 업무집행과 관련한 위법한 행위로 인하여 이루어졌으면 그 사용자는 민법 제756조에 의한 손해배상책임을 지는 경우가 있고, 이 경우에 사용자가 지는 책임은 어음상의 책임이 아니라 민법상의 불법행위책임이므로 그 책임의 요건과 범위가 어음상의 그것과 일치하는 것이 아니다. 따라서 민법 제756조 소정의 사용자 책임을 논함에 있어서는 어음소지인이 어음법상 소구권을 가지고 있느냐는 등 어음법상의 권리 유무를 따질 필요가 없으므로, 어음소지인이 현실적으로 지급제시를 하여 지급거절을 당하였는지의 여부가 어음배서의 위조로 인한 손해배상책임을 묻기 위하여 필요한 요건이라고 할 수 없고, 어음소지인이 적법한 지급제시기간 내에 지급제시를 하지 아니하여 소구권 보전의 절차를 밟지 않았다고 하더라도 이는 어음소지인이 이미 발생한 위조자의 사용자에 대한 불법행위책임을 묻는 것에 장애가 되는 사유라고 할 수 없다).

25. 대법원 1994. 11. 8. 선고 93다21514 전원합의체 판결(위조된 약속어음을 취득함으로써 입은 손해는 다른 특별한 사정이 없는 한 이를 취득하기 위하여 현실적으로 출연한 할인금 상당액일 뿐, 그 어음이 진정한 것이었다면 어음소지인이 지급받았을 것이라고 인정되는 그 어음액면 상당액이라고는 할 수 없다).

26. 이러한 경우에도, 학설상으로는 피위조자의 위조항변이 신의성실원칙(민법 제2조)에 반하는 경우에는 피위조자는 어음상의 책임을 져야 한다거나, 피위조자가 위조인 줄 알면서(악의) 어음금액을 지급한 경우에는 법정추인(민법 제145조 제1호)이 되어 그 지급이 유효하게 된다는 견해가 제시되고 있다. 정찬형, 『상법강의(하)』(제11판), 제116면 및 제117면. 그러나 피위조자가 선의로 어음소지인에게 어음금액을 지급한 경우에는 피위조자는 어음소지인에게 부당이득반환청구권을 행사할 수 있다. 대법원 1992. 7. 28. 선고 92다18535 판결(갑이 배서한 것으로 되어 있는 약속어음을 을이 소지하고 있다가 갑을 상대로 약속어음금청구 등의 소송을 제기하여 그 소송이 진행되던 중 갑은 위 약속어음의 배서부분이 위조된 것이었는데도 이를 알지 못하고 진정하게 이루어진 것으로 오인한 나머지 을에게 위 약속어음금의 원리금을 지급하기로 약정하고 이자 명목의 금원은 현금으로 지급하고 원금에 대하여는 그 지급을 위하여 수표를 발행해 주고 위 약속어음을 반환받은 다음 위 약속어음 등의 배서부분이 위조된 것을 알았으나 위 수표가 부도되면 형사책임을 질 것을 우려하여 어쩔 수 없이 위 수표금을 결제하였다면 을은 아무런 원인 없이 이득을 보았고 그 때문에 갑이 피해를 입었으므로 그로 인한 부당이득반환의무가 있다고 한 사례).

(2) 설문의 해결

(가) 민법 제126조(권한을 넘은 표현대리)의 적용여부[27]

민법 제126조는 "대리인이 그 권한[28] 외의 법률행위[29]를 한 경우에 제3자가 그 권한이 있다고 믿을 만한 정당한 이유[30]가 있는 때에는 본인은 그 행위에 대하여 책

27. 설령, 상법에 표현지배인(제14조) 규정이 없다고 하더라도 본 사례에서의 원고(거래상대방)는 민법의 표현대리규정의 적용을 주장해 볼 수 있다. "상법에 별도로 표현지배인에 관한 규정을 둔 것은 상거래에서 빈번하게 생겨나는 명칭의 남용을 표현지배인으로 정형화시켜 놓음으로써 그에 관한 분쟁을 간명하게 해결하기 위함이다." 이철송, 『상법총칙 · 상행위』(제9판), 2010, 제109면.

28. 따라서 본조가 적용되기 위해서는 대리인으로 행위하는 자에게 기본대리권이 있어야 하는데[대법원 1992. 5. 26. 선고 91다32190 판결(민법 제126조의 표현대리가 성립하기 위하여는 무권대리인에게 법률행위에 관한 기본대리권이 있어야 하는바, 증권회사로부터 위임받은 고객의 유치, 투자상담 및 권유, 위탁매매약정실적의 제고 등의 업무는 사실행위에 불과하므로 이를 기본대리권으로 하여서는 권한초과의 표현대리가 성립할 수 없다)], 이러한 기본대리권에는 임의대리권뿐만 아니라 법정대리권도 포함되고[대법원 1997. 6. 27. 선고 97다3828 판결(민법 제126조 소정의 권한을 넘는 표현대리 규정은 거래의 안전을 도모하여 거래상대방의 이익을 보호하려는 데에 그 취지가 있으므로 법정대리라고 하여 임의대리와는 달리 그 적용이 없다고 할 수 없고, 따라서 한정치산자의 후견인이 친족회의 동의를 얻지 않고 피후견인의 부동산을 처분하는 행위를 한 경우에도 상대방이 친족회의 동의가 있다고 믿은 데에 정당한 사유가 있는 때에는 본인인 한정치산자에게 그 효력이 미친다)], 사법상의 대리권뿐만 아니라 공법상의 대리권(예: 등기의 신청)도 포함된다. 대법원 1991. 2. 12. 선고 88다카21647 판결(본인이 그 직원에게 자동차 소유권이전등록을 위임하면서 인감을 교부하는 한편 부동산의 2분의 1 지분에 관한 등기권리증과 나머지 2분의 1 지분에 대하여 본인 앞으로 지분이전등기를 경료할 수 있는 인낙조서등본을 교부하였다면 동 부동산에 관한 지분 이전등기를 신청하는 데 필요한 대리권을 수여하였다고 보아야 할 것이고, 가등기담보권의 설정은 채무자뿐만 아니라 제3자가 물상보증을 위하여도 할 수 있는 것으로서, 위 직원이 동 부동산에 대한 가등기담보설정계약 당시 권리증서와 인감 및 인감증명, 위임장 등 동 부동산의 처분에 필요한 모든 서류를 소지하고 있었다면 비록 그 인감과 인감증명이 그 용도가 다르거나 부당히 작성된 것이라도 동 직원에게 위 부동산에 대한 가등기담보설정계약을 체결할 대리권이 있는 것으로 믿을 만한 정당한 이유가 있다고 보아야 할 것이다).

29. 이를 월권행위라고 하는데, 기본대리권의 내용과 동종 내지 유사할 것이 요구되지 않는다. 대법원 1969. 7. 22. 선고 69다548 판결(피고 1 들이 피고 11에게 그들이 거주하는 부락의 지역사회개발 관계서류에 사용하라고 하여 그들의 인장을 임치하였다면 다른 특별한 사정이 없는 한 피고 1 들은 피고 11에게 그들이 하여야 할 지역사회개발 관계행위의 대리권을 부여하였다고 볼 것이며 피고 11이 이러한 대리권의 범위를 넘어서 피고 1들 명의의 이 사건 양곡 교환신청서, 상환각서 등을 작성 사용하여 원고로부터 이 사건 양곡을 수령하고 원고가 피고 11에게 이러한 대리권이 있다고 믿을 만한 정당한 이유가 있다면 이는 민법 제126조 소정의 권한을 넘은 표현 대리행위에 해당한다 할 것이며 정당하게 부여받은 대리권의 내용되는 행위와 표현 대리행위는 반드시 같은 종류의 행위에 속할 필요는 없다 할 것이니 … 이하 생략 …).

30. 정당한 이유의 유무는 대리행위 당시를 기준으로 판단하고, 대법원판례의 주류는 정당한 이유의 의미를 선의 · 무과실로 이해하고 있으나[대법원 1997. 6. 27. 선고 97다3828 판결(거래상대방이 후견인으로서 상당기간 피후견인의 재산을 관리하여 왔다고 할지라도 후견인을 상대로 중요한 재산적 가치를 가지는

임이 있다"라고 규정하고 있다.

검토컨대, C는 "피고회사의 부산분실에서 약 10년 전부터 분실장으로서 피고회사가 제조한 약품을 약국 등 거래처에 공급하고, 그 약품대금을 수금하는 업무 및 일부 약국 등에서 수금한 약속어음 등을 피고회사의 배서 하에 다른 약국 등으로부터 할인받아 이를 피고회사에 입금시키는 업무를 담당"하여 왔으므로 기본대리권의 존재는 인정되고, 본건 약속어음의 배서 위조 및 할인이라는 월권행위를 하였는바, 만약 거래상대방인 원고가 그와 같은 C의 월권행위가 유권대리행위라고 믿었고 그와 같이 믿은 데 과실이 없다면, 원고는 피고회사에게 민법 제126조의 표현대리에서의 본인으로서의 책임을 청구할 수 있을 것이다.

(나) 상법 제14조(표현지배인)의 적용여부

상법 제14조는 "표현지배인" 제도에 대하여 다음과 같이 규정하여 지배인으로 오인될 만한 표현적 명칭 사용이라는 외관을 신뢰한 선의의 거래상대방을 보호하고 있으므로, 본건의 경우에도 이러한 표현지배인 제도가 적용될 수 있는지를 살펴본다.

한정치산자의 부동산을 매수하는 자로서는 친족회의 동의가 있었는지 여부를 확인하였어야 할 것인데도 막연히 부동산 중개업자를 통하여 거래상대방이 후견인으로 선임된 후 1년 이상 부동산의 관리를 전담하여 온 사실만을 확인하였을 뿐 친족회의 동의에 관하여는 전혀 확인하지 아니하였다면, 매수인은 후견인을 상대로 거래하는 자로서 마땅히 해야 할 주의를 다하지 못한 과실이 있다고 하지 않을 수 없으며, 또한 권한을 넘은 표현대리에 있어서 정당한 이유의 유무는 대리행위 당시를 기준으로 하여 판정하여야 하고 매매계약 성립 이후의 사정은 고려할 것이 아니므로, 피후견인이 위 매매로 인한 소유권이전등기를 경료하기에 앞서 그 거래에 관한 친족회원의 선임 및 친족회의 소집에 관한 법원의 심판을 받았고 그에 따라 작성된 친족회 의사록을 후견인으로부터 교부받았다고 할지라도 이로써 후견인이 매매 당시 친족회의 동의를 받았다고 믿을 만한 정당한 이유가 된다고 볼 수 없다고 한 사례)], 정당한 이유의 의미에 대해서는 다른 취지의 판례도 있다[대법원 2000. 2. 11. 선고 99다47525 판결([1] 민법상의 표현대리에 관한 규정이 어음행위의 위조에 관하여 유추적용되기 위하여서는 상대방이 위조자에게 어음행위를 할 권한이 있다고 믿거나 피위조자가 진정하게 당해 어음행위를 한 것으로 믿은 것만으로는 부족하고, 그와 같이 믿은 데에 정당한 사유가 있어야 하는바, 이러한 정당한 사유는 어음행위 당시에 존재한 여러 사정을 객관적으로 관찰하여 보통인이면 유효한 행위가 있었던 것으로 믿는 것이 당연하다고 보여지면 이를 긍정할 수 있지만, 어음 자체에 위조자의 권한이나 어음행위의 진정성을 의심하게 할 만한 사정이 있는데도 불구하고 그 권한 유무나 본인의 의사를 조사·확인하지 아니하였다면 상대방의 믿음에 정당한 사유가 있다고 하기 어렵다. [2] 액면금 30억원의 위조어음의 발행인 인영 부분에 인영 전사 수법으로 종종 사용되는 스카치테이프가 붙어 있고 어음용지책에서 어음용지를 떼어낼 때 통상적으로 하는 이른바 꼭지 간인이 되어 있지 않았음에도 발행인에게 아무런 확인을 하지 않은 경우, 위조어음이 진정한 것이라고 믿은 데에 정당한 사유가 있다고 할 수 없어 민법상 표현대리의 규정이 유추적용되지 않는다고 한 사례)].

제1항: 본점 또는 지점[31]의 본부장, 지점장, 그 밖에 지배인으로 인정될 만한 명칭[32,33]을 가진[34] 사용인[35]은 본점 또는 지점의 지배인과 동일한 권한[36]이 있는 것으로 본다. 그러나 재판상의 행위[37]에 관하여는 그러하지 아니하다.

---

31. 여기서의 "본점 또는 지점"은 영업소로서의 실체를 가지는 것이어야 한다. 대법원 1978. 12. 13. 선고 78다1567 판결(표현지배인으로서 본조를 적용하려면 당해 사용인의 근무장소가 상법상의 영업소인 "본점 또는 지점"의 실체를 가지고 어느 정도 독립적으로 영업활동을 할 수 있는 것임을 요한다 할 것이다. 그런데 기록에 의하면 피고회사는 보험업법의 규제를 받는 보험사업자로서 보험계약의 체결, 보험료의 영수 및 보험금의 지급을 그 기본적 업무로 하고 있음이 분명하며 피고회사 부산영업소의 업무내용은 본점 또는 지점의 지휘감독 아래 보험의 모집, 보험료의 집금과 송금, 보험계약의 보전 및 유지관리, 보험모집인의 인사관리 및 교육 출장소의 관리감독 기타 본 · 지점으로부터 위임받은 사항으로 되어 있음이 또한 뚜렷하므로 이에 의하면 위 부산영업소는 피고회사의 기본적 업무를 독립하여 처리할 수는 없고 다만 본 · 지점의 지휘감독 아래 기계적으로 제한된 보조적 사무만을 처리하는 것으로밖에 볼 수 없으니 이는 상법상의 영업소인 본점 · 지점에 준하는 영업장소라고 볼 수 없어 부산영업소 권영진을 위 법조에서 말하는 표현지배인이라고 볼 수 없다고 할 것이다).

32. 기존에는 "영업주임 기타 유사한 명칭"으로 되어 있다가 2010. 5. 14. 개정에 의해 "본부장, 지점장, 그 밖에 지배인으로 인정될 만한 명칭"으로 변경되었고 공포 후 6개월이 경과한 후부터 시행된다. 그러나 본 사례는 1994년에 행해졌던 케이스이다.

33. 기존의 규정상의 영업주임이든 개정된 규정상의 본부장, 지점장이든 이는 예시에 불과하고, 결국 지배인으로 인정될 만한 명칭이어야 하므로, 지점 차장이나 지점장 대리는 그 명칭 자체로부터 상위직의 사용인의 존재를 추측할 수 있는 것이므로, 본조 소정의 표현적 명칭에 포함되지 않는다. 대법원 1993. 12. 10. 선고 93다36974 판결(지점 차장이라는 명칭은 그 명칭 자체로서 상위직의 사용인의 존재를 추측할 수 있게 하는 것이므로 상법 제14조 제1항 소정의 영업주임 기타 이에 유사한 명칭을 가진 사용인을 표시하는 것이라고 할 수 없고, 따라서 표현지배인이 아니다) ; 대법원 1994. 1. 28. 선고 93다49703 판결(일반적으로 증권회사의 지점장대리는 그 명칭 자체로부터 상위직의 사용인의 존재를 추측할 수 있게 하는 것이므로, 상법 제14조 소정의 영업주임 기타 이에 유사한 명칭을 가진 사용인이라고 할 수는 없고, 단지 같은 법 제15조 소정의 영업의 특정한 종류 또는 특정한 사항에 대한 위임을 받은 사용인으로서 그 업무에 관한 부분적 포괄대리권을 가진 사용인으로 봄이 타당하다).

34. 표현지배인 제도는 영업주에게 사실과 다른 외관을 작출한 것에 대하여 책임을 묻는 것이므로, 영업주가 이러한 표현적 명칭 사용을 허락했어야 하는데, 명칭 사용을 묵시하는 것도 허락에 포함된다고 함이 통설의 입장이다. 또한, "표현적 명칭은 거래상대방의 오인의 원인이 되어야 하므로 대외적으로 표시되어야 한다." 각각, 이철송, 『상법총칙 · 상행위』(제9판), 2010, 제111면.

35. 부분적 포괄대리권을 가진 사용인(상법 제15조) 또는 물건판매점포의 사용인(상법 제16조)으로서 일정한 대리권을 가진 상업사용인만을 의미하는 것은 아니다. 왜냐하면, 이 점은 "거래상대방의 신뢰형성에 하등 영향을 주는 바 없기 때문이다." 이철송, 『상법총칙 · 상행위』(제9판), 2010, 제111면.

36. 표현지배인의 대리행위는 지배인의 통상적인 대리권한 내의 행위로 인정되는 것이어야 한다. 본 사례에 관한 대법원 1998. 8. 21. 선고 97다6704 판결(지배인의 행위가 영업주의 영업에 관한 것인가의 여부는 지배인의 행위 당시의 주관적인 의사와는 관계없이 그 행위의 객관적 성질에 따라 추상적으로 판단하여야 할 것인바, 지배인이 영업주 명의로 한 어음행위는 객관적으로 영업에 관한 행위로서 지배인의 대리권의 범위에 속하는 행위라 할 것이므로 지배인이 개인적 목적을 위하여 어음행위를 한 경우에도 그 행위의 효력은 영업주에게 미친다 할 것이고, 이러한 법리는 표현지배인의 경우에도 동일하다).

37. 표현지배인 제도는 외관을 신뢰하여 이루어진 거래를 보호하고자 함에 그 취지가 있는데, "재판상 행

제2항: 전항의 규정은 상대방이 악의[38]인 경우에는 적용하지 아니한다.

검토컨대 첫째, 피고회사 부산분실은 본점의 지휘·감독 아래 기계적으로 제한된 보조적 사무만을 처리하는 것이 아니라, 본점으로부터 어느 정도 독립하여 독자적으로 약품의 판매 여부에 관한 결정을 하고 그 결정에 따라 판매행위를 하는 등 영업활동을 하여 왔으므로, 표현지배인에 관한 규정이 적용되기 위한 상법상 지점으로서의 실체, 즉 일정한 범위 내에서 본점으로부터 독립하여 독자적으로 영업활동에 관한 결정을 하고 대외적인 거래를 할 수 있는 조직을 갖추었다고 보이고, 둘째, 본건 배서 및 할인행위는 거래의 일종으로 재판상의 행위가 아님이 분명할 뿐만 아니라 지배인의 통상적인 권한 내의 행위로 보이고("지배인의 행위가 영업주의 영업에 관한 것인가의 여부는 지배인의 행위 당시의 주관적인 의사와는 관계없이 그 행위의 객관적 성질에 따라 추상적으로 판단하여야 할 것인바, 지배인이 영업주 명의로 한 어음행위는 객관적으로 영업에 관한 행위로서 지배인의 대리권의 범위에 속하는 행위라 할 것이므로 지배인이 개인적 목적을 위하여 어음행위[39]를 한 경우에도 그 행위의 효력은 영업주에게 미친다 할 것이고, 이러한 법리는 표현지배인의 경우에도 동일하다"), 셋째, 분실장이라는 명칭은 지배인으로 인정될 만한 명칭으로 인정할 수 있고 또한 그 명칭 자체로부터 상위직의 사용인의 존재를 추측할 수도 없으며, 넷째, 원고에게 악의 또는 중과실이 있다는 특별한 사정도 엿보이지 않고, 다섯째, C는 피고회사의 부산분실에서 약 10년 전부터 분실장으로서 업무를 처리해 왔으므로 피고회사(영업주)가 이러한 명칭 사용에 대하여 허락한 것으로 보이고, 여섯째, 정황상 C의 명칭 사용이 거래상대방인 원고에게 표시된 것으로 보이므로, 결국 피고회사는 원고에게 상법 제14조에 따른 법적 책임을 부담하게 될 것이다.

(다) 민법 제756조(사용자책임)의 적용여부

민법 제756조(사용자의 배상책임) 제1항은 "타인을 사용하여[40] 어느 사무[41]에 종사

위"는 거래가 아니고(이철송, 『상법총칙 · 상행위』(제9판), 2010, 제114면), "재판에 있어서는 실체적 진실이 요구되기 때문이다(최준선, 『상법총칙 · 상행위법』(제6판), 2010, 제129면)."

38. 중과실의 경우에도 악의와 동일하게 취급되고, 악의의 유무는 거래 당시를 기준으로 판단해야 한다는 것이 통설이다. 이철송, 『상법총칙 · 상행위』(제9판), 2010, 제115면.

39. 예컨대, 어음의 발행, 배서, 보증 등을 의미한다.

40. 실질적으로 지휘 · 감독하는 관계에 있어야 한다. 대법원 1999. 10. 12. 선고 98다62671 판결(… 중간

하게 한 자는 피용자가 그 사무집행에 관하여[42] 제3자[43]에게 가한 손해를 배상할 책임이 있다. 그러나 사용자가 피용자의 선임 및 그 사무감독에 상당한 주의를 한 때 또는 상당한 주의를 하여도 손해가 있을 경우[44]에는 그러하지 아니하다"라고 규정하고 있으므로, 본건의 경우에 이러한 성립요건이 구비되었는지 등을 검토하여 보기로 한다.[45]

검토컨대, 피고회사와 C는 실질적인 지휘 · 감독 관계가 인정됨이 확실하고, 본건 약속어음의 배서 및 할인행위는 외관상 C의 본래의 사무와 관련성이 있다고 할

생략 … 사용자책임이 성립하려면 사용자와 불법행위자 사이에 사용관계, 즉 사용자가 불법행위자를 실질적으로 지휘 · 감독하는 관계에 있어야 한다).

41. "사무"의 개념은 폭넓게 인정된다. 대법원 1989. 10. 10. 선고 89다카2278 판결(민법 제756조가 규정하고 있는 사용자책임의 요건으로서의 사용자의 사무라 함은 법률적 · 계속적인 것에 한하지 않고 사실적 · 일시적 사무라도 무방한 것이므로 … 이하 생략 …).

42. 사무집행관련성은 외형이론에 따른다. 대법원 1984. 2. 28. 선고 82다카1875 판결(민법 제756조 소정의 "피용자가 그 사무집행에 관하여"라 함은 사용자의 사업집행 자체 또는 이에 필요한 행위뿐만 아니라 이에 상당한 견련관계에 있는 행위도 포함되는 것이고, 또 피용자가 사용자의 이익을 도모할 의사 없이 사이를 취하기 위하여 그 권한을 남용하여 한 행위라도 외형상 피용자의 직무범위에 속한다고 볼 수 있는 경우에는 이에 포함된다고 할 것이다).

43. 피해자에게 고의 또는 중과실이 있으면 피해자는 본조에 따른 책임을 청구할 수 없다. 대법원 2003. 1. 10. 선고 2000다34426 판결(피용자의 불법행위가 외관상 사무집행의 범위 내에 속하는 것으로 보이는 경우에도 피용자의 행위가 사용자나 사용자에 갈음하여 그 사무를 감독하는 자의 사무집행 행위에 해당하지 않음을 피해자 자신이 알았거나 또는 중대한 과실로 알지 못한 경우에는 사용자 또는 사용자에 갈음하여 그 사무를 감독하는 자에 대하여 사용자책임을 물을 수 없다 할 것인데, …이하 생략…).

44. 이 점에 대해서는 사용자가 주장 및 입증책임을 부담한다. 대법원 1998. 5. 15. 선고 97다58538 판결(민법 제756조 제1항 및 제2항의 책임에 있어서 사용자나 그에 갈음하여 사무를 감독하는 자는 그 피용자의 선임과 사무감독에 상당한 주의를 하였거나 상당한 주의를 하여도 손해가 있을 경우에는 손해배상의 책임이 없으나, 이러한 사정은 사용자 등이 주장 및 입증을 하여야 한다).

45. 민법 제756조(사용자의 배상책임) 제3항은 "전2항의 경우에 사용자 또는 감독자는 피용자에 대하여 구상권을 행사할 수 있다"고 규정하고 있으나, 신의칙상 구상권행사가 허용되지 않는 경우가 있다. 대법원 1994. 12. 13. 선고 94다17246 판결(가. 일반적으로 사용자가 피용자의 업무수행과 관련하여 행해진 불법행위로 인하여 직접 손해를 입었거나 그 피해자에게 사용자로서의 손해배상책임을 부담한 결과로 손해를 입게 된 경우에 있어서 사용자는 그 사업의 성격과 규모, 시설의 현황, 피용자의 업무내용, 근로조건이나 근무태도, 가해행위의 상황, 가해행위의 예방이나 손실의 분산에 관한 사용자의 배려 정도, 기타 제반 사정에 비추어 손해의 공평한 분산이라는 견지에서 신의칙상 상당하다고 인정되는 한도 내에서만 피용자에 대하여 그 구상권을 행사할 수 있다고 보아야 할 것이다. 나. 사용자와 피용자 쌍방의 과실의 경중, 곤돌라 기사인 피용자의 근무조건과 그러한 근무조건이 사고발생에 미친 영향의 정도, 피해자가 사고를 당하게 된 경위, 사용자의 노무자에 대한 인력관리상황, 사고 후 피용자가 실형을 복역한 후 현재 면직되어 있음에 반하여, 사용자는 국내 유수의 공동주택관리업체로서의 지위를 그대로 유지하고 있는 점 등 제반 사정을 참작하여 사용자의 피용자에 대한 구상권 행사가 신의칙에 반하여 허용되지 아니한다고 한 사례).

것이므로, 달리 피해자인 원고가 C의 본건 약속어음의 배서 및 할인행위가 피고회사의 사무집행 행위에 해당하지 않았음에 대하여 고의 또는 중과실이 있다거나 또는 피고회사가 C의 선임 및 그 사무감독에 상당한 주의를 했다는 점에 대한 입증에 성공하였다든가 하는 특별한 사정이 없다면, 피고회사는 원고에게 민법 제756조에 따른 법적 책임을 부담하게 될 것이다.

다만, 이 경우 피고회사는 원고에게도 본건 약속어음의 할인과 관련하여 C와 거래를 함에 있어서 필요한 주의의무를 다하지 않았다는 과실이 있음을 주장, 입증하여 원고의 과실에 대하여 과실상계[46] 주장을 해볼 필요가 있을 것이다.[47]

[설문 2] 약속어음금반환채무의 법적 성질

(1) 문제의 소재

위에서 살펴본 바와 같이, 피고회사가 상법 제14조의 표현지배인 규정이나 민법 제126조의 권한을 넘은 표현대리 규정에 의해서 원고(최종 소지인)에게 본건 약속어음금반환채무를 부담하는 경우, 본건 약속어음금의 발행인과 제1배서인 및 제2배서인(피고회사)의 원고(최종 소지인)에 대한 어음금채무는 상호 어떠한 관계에 있는지가 문제된다.

(2) 설문의 해결

어음법 제47조(어음채무자의 합동책임)는 환어음에 대하여 다음과 같이 규정하고 있고, 이러한 규정은 동법 제77조(환어음에 관한 규정의 준용) 제1항(약속어음에 대하여는 약속

46. 사용자책임을 비롯한 불법행위 책임에서도, 피해자의 가해자에 대한 손배배상청구시에 가해자는 과실상계 주장을 할 수 있다. 민법 제763조(준용규정) : [제393조, 제394조, 제396조, 제399조의 규정은 불법행위로 인한 손해배상에 준용한다] ; 민법 제396조(과실상계) : [채무불이행에 관하여 채권자에게 과실이 있는 때에는 법원은 손해배상의 책임 및 그 금액을 정함에 이를 참작하여야 한다].

47. 대법원 2002. 1. 8. 선고 2001다62251,62268 판결(법행위로 인한 손해배상사건에서 과실상계 사유에 관한 사실인정이나 그 비율을 정하는 것은 그것이 형평의 원칙에 비추어 현저히 불합리하다고 인정되지 않는 한 사실심의 전권사항에 속한다).

어음의 성질에 상반되지 아니하는 한도에서 다음 각 호의 사항에 관한 환어음에 대한 규정을 준용한다) 제4호[지급거절로 인한 상환청구(제43조부터 제50조까지, 제52조부터 제54조까지)]에 의해서 준용되고 있다.

제1항: 환어음의 발행, 인수, 배서 또는 보증을 한 자는 소지인에 대하여 합동으로 책임을 진다.
제2항: 소지인은 제1항의 어음채무자에 대하여 그 채무부담의 순서에도 불구하고 그중 1명, 여러 명 또는 전원에 대하여 청구할 수 있다.[48]
제3항: 어음채무자가 그 어음을 환수한 경우에도 제2항의 소지인과 같은 권리가 있다.
제4항: 어음채무자 중 1명에 대한 청구는 다른 채무자에 대한 청구에 영향을 미치지 아니한다. 이미 청구를 받은 자의 후자(後者)에 대하여도 같다.

따라서 본건 약속어음의 경우에 주채무자인 발행인과 소구의무자인 제1배서인 및 제2배서인(피고회사)는 합동하여 원고(최종 소지인)에게 본건 약속어음금채무를 부담하게 되는데, 이러한 어음채무자의 합동책임[49]은 채무자 상호간에 책임발생원인[50] 및 책임범위[51]가 다르고, 소구의무자의 채무의 이행은 그 전자(소구의무자)와 주채무자(약속어음의 발행인)의 채무에 영향이 없으며(어음법 제47조 제3항), 채무자 1인에 이행청구는 다른 채무자에 영향이 없고(어음법 제47조 제4항)[52], 어음채무자 상호간에는 부담부분이 없다[53]는 점 등에서, 민법에서 규정하고 있는 연대채무와 다르다.[54]

---

48. 이 점은 민법상의 연대채무의 경우와 유사하다. 민법 제414조(각연대채무자에 대한 이행청구): [채권자는 어느 연대채무자에 대하여 또는 동시나 순차로 모든 연대채무자에 대하여 채무의 전부나 일부의 이행을 청구할 수 있다].

49. 소장의 청구취지에도 '합동하여'라는 문구를 기재한다.

50. 예컨대, 본건 약속어음의 주채무자(발행인)와 소구의무자(제1배서인 및 제2배서인)의 경우.

51. 주채무자의 책임범위는 어음금액이 될 것이고, 소구의무자의 책임범위(소구금액)는 어음법 제48조, 제77조 제1항 제4호(준용규정)에 서 규정하고 있다. 어음법 제48조(상환청구금액) ; [제1항: 소지인은 상환청구권에 의하여 다음 각 호의 금액의 지급을 청구할 수 있다. 1. 인수 또는 지급되지 아니한 어음금액과 이자가 적혀 있는 경우 그 이자 2. 연 6퍼센트의 이율로 계산한 만기 이후의 이자 3. 거절증서의 작성비용, 통지비용 및 그 밖의 비용. 제2항: 만기 전에 상환청구권을 행사하는 경우에는 할인에 의하여 어음금액을 줄인다. 그 할인은 소지인의 주소지에서 상환청구하는 날의 공정할인율(은행률)에 의하여 계산한다].

52. 민법 제416조(이행청구의 절대적 효력): [어느 연대채무자에 대한 이행청구는 다른 연대채무자에게도 효력이 있다].

53. 민법 제424조(부담부분의 균등): [연대채무자의 부담부분은 균등한 것으로 추정한다].

【설문 3】 사물관할

사물관할이라 함은 제1심 소송 사건을 다루는 지방법원 단독판사와 지방법원 합의부 사이에서 사건의 경중을 표준으로 재판권의 분담관계를 정해 놓은 것을 말한다(제1심 사건 중 어떤 종류의 사건을 지법단독판사가 담당하고 나머지를 합의부가 담당하느냐의 문제).[55]

그런데 본건과 같은 어음금이나 수표금의 청구소송의 경우에는 소가(원고가 소로써 달하려는 목적이 갖는 경제적 이익을 화폐단위로 평가하는 금액)의 높고 낮음을 불문하고 지방법원 단독판사에게 사물관할이 있는데,[56] 그와 같이 한 것은 "사안이 일반적으로 단순하다는 것과 유통증권임에 비추어 권리의 신속한 실현이 요청"[57]된다는 점에 그 취지가 있다.

---

54. 정찬형, 『상법강의(하)』(제11판), 제75면.

55. 이시윤, 『신민사소송법』(제3판), 제84면.

56. 민사 및 가사소송의 사물관할에 관한 규칙 제2조(지방법원 및 그 지원 합의부의 심판범위) ; [지방법원 및 지방법원지원의 합의부는 소송목적의 값이 1억원을 초과하는 민사사건 및 민사소송등인지법 제2조 제4항의 규정에 해당하는 민사사건을 제1심으로 심판한다. 다만, 다음 각호의 1에 해당하는 사건을 제외한다. 1. 수표금 · 약속어음금 청구사건 2. 은행 · 농업협동조합 · 수산업협동조합 · 축산업협동조합 · 산림조합 · 신용협동조합 · 신용보증기금 · 기술신용보증기금 · 지역신용보증재단 · 새마을금고 · 상호저축은행 · 종합금융회사 · 시설대여회사 · 보험회사 · 신탁회사 · 증권회사 · 신용카드회사 · 할부금융회사 또는 신기술사업금융회사가 원고인 대여금 · 구상금 · 보증금 청구사건 3. 자동차손해배상보장법에서 정한 자동차 · 원동기장치자전거 · 철도차량의 운행 및 근로자의 업무상 재해로 인한 손해배상 청구사건과 이에 관한 채무부존재확인사건 4. 단독판사가 심판할 것으로 합의부가 결정한 사건].

57. 이시윤, 『신민사소송법』(제3판), 제86면.

[사례 04]

명의대여자의 책임

다음과 같은 사실관계 하에서, 아래의 각 질의에 대해 답하시오.[1]

A는 B와 상호출자하여 '신라원'이라는 상호의 한식갈비집(음식점)을 동업으로 운영하기로 하는 동업계약(이하, "본건 동업계약" 또는 "동업계약")[2,3,4]을 체결하여, A와 B를 '신

---

1. 본 사례는 대법원 2008. 1. 24. 선고 2006다21330 판결을 기초로 하여 사실관계를 약간 변형하여 작성된 것이다.
2. 이와 같이 2인 이상이 상호출자하여(즉, 각자 출자하여) 특정사업을 공동경영하기로 하는 약정은 민법상의 조합에 해당되는데(민법 제703조: [제1항: 조합은 2인 이상이 상호출자하여 공동사업을 경영할 것을 약정함으로써 그 효력이 생긴다. 제2항: 전항의 출자는 금전 기타 재산 또는 노무로 할 수 있다 ; 민법 제704조: 조합원의 출자 기타 조합재산은 조합원의 합유로 한다]), 이 경우 조합활동으로 취득한 재산 및 조합채무는 합유라는 형태로 조합원 전원에게 귀속된다.
3. 그러나 공동의 목적 달성이라는 정도만으로는 민법상의 조합에 해당하지 않는다. 대법원 2007. 6. 14. 선고 2005다5140 판결([2] 민법상 조합계약은 2인 이상이 상호 출자하여 공동으로 사업을 경영할 것을 약정하는 계약으로서, 특정한 사업을 공동경영하는 약정에 한하여 이를 조합계약이라 할 수 있고, 공동의 목적 달성이라는 정도만으로는 조합의 성립요건을 갖추었다고 할 수 없다. [3] 수인이 부동산을 공동으로 매수한 경우, 매수인들 사이의 법률관계는 공유관계로서 단순한 공동매수인에 불과할 수도 있고, 그 수인을 조합원으로 하는 동업체에서 매수한 것일 수도 있는바, 공동매수의 목적이 전매차익의 획득에 있을 경우 그것이 공동사업을 위해 동업체에서 매수한 것이 되려면, 적어도 공동매수인들 사이에서 그 매수한 토지를 공유가 아닌 동업체의 재산으로 귀속시키고 공동매수인 전원의 의사에 기해 전원의 계산으로 처분한 후 그 이익을 분배하기로 하는 명시적 또는 묵시적 의사의 합치가 있어야만 할 것이고, 이와 달리 공동매수 후 매수인별로 토지에 관하여 공유에 기한 지분권을 가지고 각자 자유롭게 그 지분권을 처분하여 대가를 취득할 수 있도록 한 것이라면 이를 동업체에서 매수한 것으로 볼 수는 없다. [4] 부동산의 공동매수인들이 전매차익을 얻으려는 공동의 목적 달성을 위해 상호 협력한 것에 불과하고 이를 넘어 공동사업을 경영할 목적이 있었다고 인정되지 않는 경우, 이들 사이의 법률관계는 공유관계에 불과할 뿐 민법상 조합이 아니라고 한 사례).
4. 한편, 2인 이상이 법인이 아닌 형태로 공동사업을 하는 경우로는 익명조합도 있다. 익명조합은 익명조합원이 영업자의 영업을 위해 출자할 의무와 이익을 분배받을 권리를 가지고, 영업자는 익명조합원이 출자한 재산을 가지고 자기의 영업을 할 권리 · 의무와 익명조합원에게 이익을 분배할 의무를 부담하는 형태로서 대외적으로는 영업자의 단독기업으로 나타난다(상법 제78조: [익명조합은 당사자의 일방이 상대방의 영업을 위하여 출자하고 상대방은 그 영업으로 인한 이익을 분배할 것을 약정함으로써 그 효력이 생긴다] ; 상법 제80조: [익명조합원은 영업자의 행위에 관하여서는 제3자에 대하여 권리나 의무가 없다]).

라원'의 공동명의로 하여 사업자등록을 한 후 영업을 영위하여 오면서 정육점을 운영하던 C로부터 소고기를 공급받아 왔다. 그와 같이 음식점을 영위해 오던 중 A는 B와의 동업관계를 해소하기로 합의하여 본건 동업계약을 합의해지하여 공동사업자 탈퇴신고[5]를 하였는데 그럼에도 불구하고 '신라원'의 사업자등록은 계속해서 A와 B의 공동명의가 유지되었다.

한편, B는 그와 같은 합의해지 이후로부터 약 8개월 동안 종전과 같은 장소에서 '신라원'이라는 상호를 계속 사용하여 음식점영업을 하면서 C로부터 금 2억원 상당의 소고기를 공급받아 왔는데 그중에서 금 1억원(이하, "본건 판매대금")을 C에게 변제하지 못하고 있다.

한편, 본건에 대하여 추가적으로 확인된 사실관계들은 다음과 같다.

(1) 본건 동업계약의 합의해지 및 A의 공동사업자 탈퇴신고가 있기 이전에도, A는 '신라원'의 경영에 실제로 관여한 바가 전혀 없다.
(2) C는 본건 동업계약의 합의해지 이전에 '신라원'의 사업자등록이 A와 B의 공동명의로 되어 있는 사실을 알고 있었고, 또한 C는 본건 동업계약이 합의해지되고 A의 공동사업자 탈퇴신고가 된 이후에도 계속 '신라원'의 사업자등록이 A와 B의 공동명의로 되어 있는 것으로 알고 있었다.
(3) 본건 동업계약이 합의해지된 이후에, A는 B에게 종전에 사용하던 '신라원'이라는 상호를 계속 사용하는 것에 대하여 이의를 한 적이 없다.

그러나 익명조합은 민법상의 조합에 대외적 법률관계에 관해 상법적 가공을 한 것이므로 익명조합원과 영업자의 내부관계에 대해서는 민법상의 조합에 관한 규정이 유추적용된다(통설). 이철송, 『상법총칙 · 상행위』(제9판), 2010, 제372면.

5. 이와 같이 민법상의 조합으로부터 임의탈퇴하는 것은 다른 조합원 전원에 대한 의사표시로 해야 하는데, 조합은 단순한 계약이 아니라 1개의 단체이므로 조합원 일부가 탈퇴하더라도 조합은 나머지 조합원 사이에 동일성을 유지한 채 계속하여 존속하고, 탈퇴한 조합원은 탈퇴시부터 조합원으로서의 권리 · 의무를 상실하므로 원칙적으로 본건과 같은 탈퇴 후의 조합채무에 대해서는 책임이 없으나 탈퇴 전의 조합채무에 대해서는 책임을 져야 한다. 지원림, 『민법강의』(제8판), 2010, 제1577면, 제1578면. 대법원 2007. 11. 15. 선고 2007다48370,48387 판결(민법 제716조에 의하면 조합원은 조합의 존속기간이 정하여져 있지 아니한 때에는 조합원은 원칙적으로 언제든지 탈퇴할 수 있고, 존속기간의 정함이 있는 때에도 부득이한 사유가 있을 경우에 탈퇴할 수 있도록 되어 있는바, 여기서 조합의 탈퇴라 함은 특정 조합원이 장래에 향하여 조합원으로서의 지위를 벗어나는 것으로서, 이 경우 조합 그 자체는 나머지 조합원에 의해 동일성을 유지하며 존속하는 것이므로 결국 탈퇴는 잔존 조합원이 동업사업을 계속 유지 · 존속함을 전제로 하는 것이라 할 것이다).

위와 같은 사실관계 하에서, C는 다음과 같은 법리들을 근거로 하여 A에게 본건 판매대금 또는 본건 판매대금에 상당하는 금액의 손해배상의 지급을 청구할 수 있는가?

설문 1 상법 제24조(명의대여자의 책임)의 적용

설문 2 민법 제125조(대리권수여의 표시에 의한 표현대리)의 적용

설문 3 민법 제756조(사용자의 배상책임)의 적용

[설문 1] 상법 제24조(명의대여자의 책임)의 적용

(1) 문제의 소재

상법 제24조(명의대여자의 책임)[6]는 "타인[7]에게 자기[8]의 성명 또는 상호[9]를 사용하여

---

6. 일상생활에서 가장 흔히 발생하는 형태는, 면허없는 자가 약사면허, 공인중개사면허, 건축사면허 등을 차용하여 면허받은 자의 명의로 영업을 하는 경우이다.

7. 명의차용자라 하고 영업을 전제로 하므로 상인(당연상인, 의제상인을 모두 다 포함함)이어야 한다. 이철송, 『상법총칙 · 상행위』(제9판), 2010, 제182면, 제183면. 그러나 이에 대해서는 반대견해가 있다(정동윤). 한편, 명의차용자의 피용자가 명의차용자의 승낙을 받아 명의차용자의 영업범위 내에서 거래를 한 경우에도 본조가 적용되는지에 대해서는 대법원판례가 엇갈리고 있으나 최근의 판례는 부정하고 있는 것으로 보인다. 대법원 1970. 9. 29. 선고 70다1703 판결(타인에 대하여 자기사업을 자기이름으로 대행할 것을 허용한 사람은 그 사업을 대행한 사람 또는 그 피용자가 그 사업에 관하여서 한 법률행위에 관하여 제3자에게 책임이 있다) ; 대법원 1989. 9. 12. 선고 88다카26390 판결(상법 제24조의 명의대여자의 책임규정은 거래상의 외관보호와 금반언의 원칙을 표현한 것으로서 명의대여자가 영업주(여기의 영업주는 상법 제4조 소정의 상인보다는 넓은 개념이다)로서 자기의 성명이나 상호를 사용하는 것을 허락했을 때에는 명의차용자가 그것을 사용하여 법률행위를 함으로써 지게 된 거래상의 채무에 대하여 변제의 책임이 있다는 것을 밝히고 있는 것에 그치는 것이므로 여기에 근거한 명의대여자의 책임은 명의의 사용을 허락받은 자의 행위에 한하고 명의차용자의 피용자의 행위에 대해서까지 미칠 수는 없다).

8. 명의대여자라 하고 상인임을 요하지 않고 인천직할시와 같은 공공기관도 포함된다. 영업주체를 오인할 수 있는 외관의 작출은 누구든지 가능하기 때문이다. 이철송, 『상법총칙 · 상행위』(제9판), 2010, 제182면, 대법원 1987. 3. 24. 선고 85다카2219 판결[… 중간 생략 … 그 명의대여자가 상인이 아니거나, 명의차용자의 영업이 상행위가 아니라 하더라도 위 법리를 적용하는 데에 아무런 영향이 없다 할 것이므로, 같은 취지에서 원심이 소외 사단법인 한국병원관리연구소에게 피고(주: 인천직할시)의 명칭을 부가한 인천직할시립병원이라는 이름을 사용하여 병원업을 경영할 것을 승낙한 피고(주: 인천직할시)는 특단의 사정이 없는 한 위 법리에 따라 위 병원을 피고(주: 인천직할시)가 경영하는 것으로 믿고 의약품을 납품한 원고에 대하여 그 대금을 변제할 책임이 있다고 판단하고 상법 제24조의 적용범위가 상인 또는 사법인에 한정하여 적용되는 것은 아니라 하여 이 점에 대한 피고(주: 인천직할시)의 주장을 배척하였음은

영업을 할 것을 허락[10]한 자는 자기를 영업주[11]로 오인[12]하여 거래[13]한 제3자[14]에 대

정당하고 … 이하 생략 …].

9. 예시에 불과하므로 아호, 예명, 약칭, 통칭도 포함되고(이철송, 『상법총칙 · 상행위』(제9판), 2010, 제77면), 성명, 상호에 "타인의 영업을 종속적으로 표시"하는 명칭(예: 지점, 영업소, 현장사무소)을 부가하는 것도 포함되나 그렇지 않은 명칭(예: 대리점)은 포함되지 않는다. 한편 사업자등록증(구 납세번호증) 사본은 거래시의 세무처리를 위한 서류에 불과하므로 포함되지 않는다. 대법원 1957. 6. 27. 선고 4290민상178(대한여행사가 타인에게 대한여행사 외국부 국제항공권판매처라는 간판하에 항공권판매행위를 그에게 대행 혹은 대리케 한 경우는 [타인에게 자기상호를 사용하여 영업을 할 것을 허락한 자]에 해당한다) ; 대법원 1973. 11. 27. 선고 73다642 판결(피고 회사가 수급받은 공사를 소외 "갑"에게 하도급을 주어 그로 하여금 그 공사를 시행케 함에 있어 원도급인 기타 대외관계에 있어서는 "갑"을 피고 회사에서 파견한 현장소장인 양 표시하여 행동케 함으로써 원고가 위 "갑"을 피고 회사의 현장대리인이라고 오인하고 그로부터 공사를 하수급하는 하도급계약을 체결하였다면, 피고 회사와 위 "갑"과의 관계는 상호대여자와 상호사용자의 관계에 있는 것으로 볼 것인즉 원고에 대한 위 "갑"의 채무를 피고는 위 "갑"과 연대하여 변제할 책임이 있다) ; 대법원 1976. 9. 28. 선고 76다955 판결(대한통운주식회사가 소외인과 동 회사 신탄진출장소 운영에 관한 계약을 체결하고 출장소장으로 임명하여 현장에서 자기의 상호를 사용하여 그의 목적사업인 운송업을 하도록 하여왔다면 위 회사는 특별한 사정이 없는 한 그 사업에 관하여 자기가 책임을 부담할 지위에 있음을 표시한 것이라 볼 수 있으므로 상법 제24조 소정의 명의대여자의 책임에 따라 위 회사를 영업주로 오인하고 거래한 제3자에 대하여 소외인이 부담한 대여금채무를 지급할 의무가 있다) ; 대법원 1989. 10. 10. 선고 88다카8354 판결(일반거래에 있어서 실질적인 법률관계는 대리상, 특약점 또는 위탁매매업 등이면서도 두루 대리점이란 명칭으로 통용되고 있는 데다가 타인의 상호 아래 대리점이란 명칭을 붙인 경우는 그 아래 지점, 영업소, 출장소 등을 붙인 경우와는 달리 타인의 영업을 종속적으로 표시하는 부가부분이라고 보기도 어렵기 때문에 제3자가 자기의 상호 아래 대리점이란 명칭을 붙여 사용하는 것을 허락하거나 묵인하였더라도 상법상 명의대여자로서의 책임을 물을 수는 없다) ; 대법원 1978. 6. 27. 선고 78다864 판결(타인간의 거래에 있어 단지 세무회계상의 필요로 자기의 납세번호증을 이용하게 한 사실만으로서는 그 거래에 관한 대리권을 수여하였음을 표시하였거나 또는 자기의 명의(상호)를 대여하였다고 보기 어렵다).

10. 명의대여자와 명의차용자 사이의 대여계약의 형태뿐만 아니라, 명의대여자의 일방적인 동의, 승인의 형태로도 가능하고, 대리상계약 등과 더불어 행해질 수도 있으며, 대가의 유무나 적법여부도 불문하며, 묵시적인 형태(예: 명의 사용사실을 알고도 방치하는 것)로도 가능하나, 단지 상점, 전화, 창고 등을 몇 회에 걸쳐서 사용하게 한 것은 포함되지 않는다. 이철송, 『상법총칙 · 상행위』(제9판), 2010, 제179면. 대법원 1988. 2. 9. 선고 87다카1304 판결(가. 농약관리법 제10조에 의하면 농약판매업을 하고자 하는 자는 일정한 자격과 시설을 갖추어 등록을 하도록 되어 있는바, 이는 농약의 성질로 보아 무자격자가 판매업을 할 경우, 국민보건에 위해를 끼칠 염려가 있기 때문이며 따라서 그 등록명의를 다른 사람에게 빌려준다든지 하는 일은 금지된다. 나. 농약판매등록명의자가 그 등록명의를 대여하였다거나 그 명의로 등록할 것을 다른사람에게 허락하였다면 농약의 판매업에 관한 한 등록명의자 스스로 영업주라는 것을 나타낸 것이라 할 것이므로 상법 제24조에 의한 명의대여자로서 농약거래로 인하여 생긴 채무를 변제할 책임이 있다) ; 대법원 1967. 10. 25. 선고 66다2362 판결(피고는 용당정미소라는 상호를 가지고 경영하던 정미소를 갑에게 임대하고 갑은 같은 상호를 그대로 사용하면서 그 정미소를 경영할 경우 갑이 그 정미소를 경영하는 동안에 원고로부터 백미를 보관하고 보관전표를 발행한 것이며 그 때에 원고가 피고를 용당정미소의 영업주로 오인하였다는 사실이 인정된다면 피고는 그 백미보관으로 인한 책임을 면할 수 없다) — 묵시적 허락 ; 대법원 1977. 7. 26. 선고 77다797 판결(회사가 같은 업종에 종사하는 타인에게 회사의 사무실 내에서 같은 사업을 경영할 수 있도록 허용하여 왔다면 거래 상대방이 별

개의 업체임을 알면서 거래를 하였다고 인정된 자료가 없는 한 회사는 명의대여자로서의 책임을 면하기 어렵다) — 묵시적 허락 ; 대법원 1982. 12. 28. 선고 82다카887 판결(묵시적 명의대여자의 책임을 인정하기 위하여는 영업주가 자기의 성명 또는 상호를 타인이 사용하는 것을 알고 이를 저지하지 아니하거나 자기의 성명 또는 상호를 타인이 사용함을 묵인한 사실 및 제3자가 타인의 성명 또는 상호를 사용하는 자를 영업주로 오인하여 거래를 한 사실이 인정되어야 할 것이므로, 영업주가 자기의 상점, 전화, 창고 등을 타인에게 사용하게 한 사실은 있으나 그 타인과 원고와의 거래를 위하여 영업주의 상호를 사용한 사실이 없는 경우에는 영업주가 자기의 상호를 타인에게 묵시적으로 대여하여 원고가 그 타인을 영업주로 오인하여 거래하였다고 단정하기에 미흡하다고 할 것이다).

11. 여기의 영업주는 상법 제4조 소정의 상인보다는 넓은 개념이다. 대법원 1989. 9. 12. 선고 88다카26390 판결.

12. 따라서 명의차용자와 거래한 상대방은 선의일 것이 요구되고, 거래상대방에게 중과실이 있는 경우에는 악의와 동일하게 취급되며, 이와 같은 거래상대방의 악의 또는 중과실에 대해서는 명의대여자가 입증책임을 부담한다. 대법원 1991. 11. 12. 선고 91다18309 판결(상법 제24조의 규정에 의한 명의대여자의 책임은 명의자를 영업주로 오인하여 거래한 제3자를 보호하기 위한 것이므로 거래 상대방이 명의대여사실을 알았거나 모른 데에 대하여 중대한 과실이 있는 때에는 명의대여자는 책임을 지지 않는다) ; 대법원 2008. 1. 24. 선고 2006다21330 판결(상법 제24조에서 규정한 명의대여자의 책임은 명의자를 사업주로 오인하여 거래한 제3자를 보호하기 위한 것이므로 거래 상대방이 명의대여사실을 알았거나 모른 데 대하여 중대한 과실이 있는 때에는 책임을 지지 않는바, 이때 거래의 상대방이 명의대여사실을 알았거나 모른 데 대한 중대한 과실이 있었는지 여부에 대하여는 면책을 주장하는 명의대여자가 입증책임을 부담한다) ; 대법원 1979. 12. 26. 선고 79다757 판결(피고가 관광사업허가를 받은 호텔의 나이트클럽을 피고로부터 임차하여 경영하는 사람과 원고가 위와 같은 임대경영사실을 알고 거래한 경우, 관광사업의 임대경영이 관광사업법 제6조의 규정에 위배되어 무효라고 하여도, 임대인 피고가 임차인의 거래상의 채무에 책임이 있는 것은 아니고 또한 원고가 피고를 경영주로 오인하여 거래하지 않은 이상 피고에게 상법 제24조에 의한 명의대여자 책임도 없다).

13. 차용한 명의에서 허락된 영업의 범위 내의 거래행위에 한정된다. 이러한 성격을 구비하는 한 명의차용자의 보조적 상행위 및 어음행위도 포함되나, 불법행위는 오인과 피해의 발생 사이에 인과관계가 없으므로 포함되지 않는다. 대법원 2008. 10. 23. 선고 2008다46555 판결[… 중간 생략 … 이에 따르면 명의대여자는 명의차용자가 영업거래를 수행하는 과정에서 부담하는 채무를 연대하여 변제할 책임이 있다. 그리고 건설업 면허를 대여한 자는 자기의 성명 또는 상호를 사용하여 건설업을 할 것을 허락하였다고 할 것인데, 건설업에서는 공정에 따라 하도급거래를 수반하는 것이 일반적이어서 특별한 사정이 없는 한 건설업 면허를 대여받은 자가 그 면허를 사용하여 면허를 대여한 자의 명의로 하도급거래를 하는 것도 허락하였다고 봄이 상당하므로, 면허를 대여한 자를 영업의 주체로 오인한 하수급인에 대하여도 명의대여자로서의 책임을 지고, 면허를 대여받은 자를 대리 또는 대행한 자가 면허를 대여한 자의 명의로 하도급거래(주: 보조적 상행위)를 한 경우에도 마찬가지이다] ; 대법원 1998. 3. 24. 선고 97다55621 판결(… 중간 생략 … 불법행위의 경우에는 설령 피해자가 명의대여자를 영업주로 오인하고 있었더라도 그와 같은 오인과 피해의 발생 사이에 아무런 인과관계가 없으므로, 이 경우 신뢰관계를 이유로 명의대여자에게 책임을 지워야 할 이유가 없다) ; 대법원 1983. 3. 22. 선고 82다카1852 판결(… 중간 생략 … 명의대여자의 책임은 제3자가 명의대여자를 영업주로 오인하고 그 영업의 범위 내에서 명의사용자와 거래한 제3자에 대한 책임이므로, 정미소의 임차인이 임대인의 상호를 계속 사용하는 경우에 있어서 임대인이 대여한 상호에 의하여 표상되는 영업은 정미소 영업이 분명하니, 임차인이 정미소 부지 내에 있는 창고 및 살림집을 제3자에게 임대한 행위는 설령 명의사용자가 임대행위의 목적이 정미소 창고 건축비용을 조달키 위함이라고 말하였다고 하더라도 위 정미소 영업범위 외의 거래이므로 그

하여 그 타인과 연대하여[15] 변제할 책임이 있다"라고 규정하고 있는데, 그 취지는 금반언의 법리 및 외관주의의 법리에 따라 타인에게 명의를 대하여 영업을 하게 한 경우 그 명의대여자가 영업주인 줄로 알고 거래한 선의의 제3자를 보호하기 위하여 그 거래로 인하여 발생한 명의차용자의 채무에 대하여는 그 외관을 만드는 데에 원인을 제공한 명의대여자에게도 명의차용자와 같이 변제책임을 지우자는 것에 있다.[16]

본건의 경우에도 A가 명의대여자로서 본건 판매대금에 대하여 B의 거래상대방인 C에게 B와의 부진정연대책임을 부담하는지가 문제된다.

(2) 설문의 해결

검토컨대 첫째, A와 B는 '신라원'을 동업으로 운영하기로 하는 동업계약을 체결하고, A와 B를 '신라원'의 공동사업자로 하여 사업자등록을 하였고, 둘째, 위 동업계약이 해지된 이후에도 B는 종전과 같은 장소에서 종전에 사용하던 '신라원'이라는 상호를 계속 사용하면서 영업을 하였으며, 셋째, C는 '신라원'의 사업자등록이 A와 B 공동명의로 되어 있는 사실을 알고 있었고 위 동업계약이 해지되고 A의 공동사업자 탈퇴신고가 된 이후에도 계속 '신라원'의 사업자등록이 A와 B 공동명의로 되어 있는 것으로 알고 있었으며, 넷째, 위 동업계약이 해지된 이후에 B가 종전에 사용하던 '신라원'이라는 상호를 계속 사용하는 것에 대하여 A가 이의를 한 적이 없다.

따라서 위 동업계약이 해지되고 A의 공동사업자 탈퇴신고가 있기 이전에는 비록 피고가 '신라원'의 경영에 실제로 관여한 바가 전혀 없다고 하더라도, A는 B가

에 관하여 명의대여자에게 책임을 물을 수 없다) ; 대법원 1969. 3. 31. 선고 68다2270 판결(갑이 약속어음을 발행할 때 주소를 대한교육보험주식회사 부산지사라고 표시하고 지사장이라고 기재하지 않았다 해도 그 성명 아래에는 개인도장 외에 동 회사 부산지사장이라는 직인을 찍은 것이므로 특별한 사정이 없는 한 이는 동인이 위 회사 부산지사장이라는 대표자격을 표시한 것이라 할 것이고 또 동 회사는 갑에게 부산지사라는 상호를 사용하여 보험가입자와 회사 간의 보험계약체결을 알선할 것을 허락하였고 갑은 동 지사 사무실비품대금 조달을 위하여 을에게 약속어음을 발행하여 병이 그 소지인이 된 것이며 을이 갑의 위 어음발행행위의 주체를 위 회사로 오인한 데에 중대한 과실이 있다고 보여지지 않으므로 동 회사는 명의대여자로서 그 외관을 신뢰한 갑과의 거래에 대하여 본조에 의한 책임을 져야 한다).

14. 명의차용자와 거래한 직접의 상대방만을 가리키고 그 이외의 자(예: 전득자)는 포함되지 않는다. 이철송, 『상법총칙 · 상행위』(제9판), 2010, 제187면.

15. 부진정연대책임으로 이해하는 데 견해가 일치한다고 한다. 이철송, 『상법총칙 · 상행위』(제9판), 2010, 제193면.

16. 대법원 1987. 3. 24. 선고 85다카2219 판결.

A의 명의를 사용하여 '신라원'을 운영하는 것을 허락하였다고 볼 것이고, 위 동업계약이 해지되고 A의 공동사업자 탈퇴신고가 있은 이후에는 A는 B가 종전과 같은 장소에서 종전에 사용하던 '신라원'이라는 상호를 계속 사용하면서 영업을 하는 것을 허락하였거나 묵시함으로써 C에 대하여 종전과 같이 '신라원'이 A와 B의 동업으로 계속 운영되고 있는 것과 같은 영업상의 외관을 유지시켰으며, C로서는 A도 '신라원'의 공동 영업주인 것으로 오인하여 거래행위를 한 것으로 평가되고, 기타 달리 상법 제24조의 책임 성립요건을 충족하지 못하는 사정이 발견되지 않으므로, 결국 A는 명의대여자로서 본건 판매대금에 대하여 B의 거래상대방인 C에게 B와의 부진정연대책임을 부담하게 될 것이다.[17]

부진정연대책임이라는 것은, 동일한 경제적 목적을 가지는 급부에 관하여 수인의 채무자가 각자 독립하여 전부의 급부를 하여야 할 채무를 부담하고(각자의 채무의 발생원인이나 액수가 동일해야 하는 것은 아님),[18] 그중 1인의 이행으로 모든 채무자의 채무가 소멸하는(절대적 효력) 다수당사자의 채권관계로서 연대채무에 속하지 않는[19] 것을 말하는데, 원칙적으로는 각 채무자 사이에 구상관계가 존재하지 않으며, 채무자 1인과 채권자 사이에 발생한 사유 중 변제 또는 이에 준하는 사유[20](절대적 효력)를 제외한 나머지 사유는 다른 채무자에게 영향을 미치지 않으므로(상대적 효력), 부진정연대채무에서의 채권자의 지위는 연대채무자에서의 경우보다 강하다고 할 수 있다.[21]

한편, 이와 같은 A와 B의 책임의 형태인 부진정연대책임은 판례에 의해서 형성

---

17. 한편, "명의자가 타인과 동업계약을 체결하고 공동명의로 사업자등록을 한 후 타인으로 하여금 사업을 운영하도록 허락하였고, 거래상대방도 명의자를 위 사업의 공동사업주로 오인하여 거래를 하여온 경우에는, 그 후 명의자가 동업관계에서 탈퇴하고 사업자등록을 타인 단독 명의로 변경하였다 하더라도 이를 거래상대방에게 알리는 등의 조치를 취하지 아니하여 여전히 공동사업주인 것으로 오인하게 하였다면 명의자는 탈퇴 이후에 타인과 거래상대방 사이에 이루어진 거래에 대하여도 상법 제24조에 의한 명의대여자로서의 책임을 부담한다." 본 사례에 관한 대법원 2008. 1. 24. 선고 2006다21330 판결.

18. 대법원 2009. 3. 26. 선고 2006다47677 판결(부진정연대채무 관계는 서로 별개의 원인으로 발생한 독립된 채무라 하더라도 동일한 경제적 목적을 가지고 있고 서로 중첩되는 부분에 관하여 일방의 채무가 변제 등으로 소멸할 경우 타방의 채무도 소멸하는 관계에 있으면 성립할 수 있고, 반드시 양 채무의 발생원인, 채무의 액수 등이 서로 동일할 것을 요한다고 할 수는 없다. 그리고 부진정연대채무의 관계에 있는 채무자들을 공동피고로 하여 이행의 소가 제기된 경우 그 공동피고에 대한 각 청구가 서로 법률상 양립할 수 없는 것이 아니므로 그 소송을 민사소송법 제70조 제1항 소정의 예비적·선택적 공동소송이라고 할 수 없다).

19. 부진정연대채무에서는, 연대채무에서와는 달리, 채무자 사이에 연대의 특약이 존재하지 않는다.

20. 예컨대 대물변제, 공탁, 상계. 대법원 2010. 9. 16. 선고 2008다97218 판결.

21. 지원림, 『민법강의』(제8판), 2010, 제1189면.

된 것이므로, 이를 이해하는 데 도움이 될 만한 중요한 대법원판례를 소개하면 다음과 같다.

▌대법원 2006. 1. 27. 선고 2005다19378 판결

[1] 이른바 부진정연대채무의 관계에 있는 복수의 책임주체 내부관계에 있어서는 형평의 원칙상 일정한 부담부분이 있을 수 있으며, 그 부담부분은 각자의 고의 및 과실의 정도에 따라 정하여지는 것으로서 부진정연대채무자 중 1인이 자기의 부담부분 이상을 변제하여 공동의 면책을 얻게 하였을 때에는 다른 부진정연대채무자에게 그 부담부분 비율에 따라 구상권을 행사할 수 있다.

[2] 부진정연대채무자 상호간에 있어서 채권의 목적을 달성시키는 변제와 같은 사유는 채무자 전원에 대하여 절대적 효력을 발생하지만 그 밖의 사유는 상대적 효력을 발생하는 데에 그치는 것이므로 피해자가 채무자 중의 1인에 대하여 손해배상에 관한 권리를 포기하거나 채무를 면제하는 의사표시를 하였다 하더라도 다른 채무자에 대하여 그 효력이 미친다고 볼 수는 없다 할 것이고, 이러한 법리는 채무자들 사이의 내부관계에 있어 1인이 피해자로부터 합의에 의하여 손해배상채무의 일부를 면제받고도 사후에 면제받은 채무액을 자신의 출재로 변제한 다른 채무자에 대하여 다시 그 부담부분에 따라 구상의무를 부담하게 된다 하여 달리 볼 것은 아니다.

▌대법원 1994. 5. 27. 선고 93다21521 판결

부진정연대채무에 있어서 부진정연대채무자 1인이 한 상계가 다른 부진정연대채무자에 대한 관계에 있어서도 공동면책의 효력 내지 절대적 효력이 있는 것인지는 별론으로 하더라도, 부진정연대채무자 사이에는 고유의 의미에 있어서의 부담부분이 존재하지 아니하므로 위와 같은 고유의 의미의 부담부분의 존재를 전제로 하는 민법 제418조 제2항[22]은 부진정연대채무에는 적용되지 아니하는 것으로 봄이 상당하고, 따라서 부진정연대채무에 있어서는 한 부진정연대채무자가 채권자에 대하여 상계할 채권을 가지고 있음에도 상계를 하지 않고 있다 하더라도 다른 부진정연대채무자가 그 채권을 가지고 상계를 할 수는 없는 것으로 보아야 한다.

▌대법원 2010. 9. 16. 선고 2008다97218 판결

부진정연대채무자 중 1인이 자신의 채권자에 대한 반대채권으로 상계를 한 경우에도 채

22. 민법 제418조(상계의 절대적 효력): [제1항: 어느 연대채무자가 채권자에 대하여 채권이 있는 경우에 그 채무자가 상계한 때에는 채권은 모든 연대채무자의 이익을 위하여 소멸한다. 제2항: 상계할 채권이 있는 연대채무자가 상계하지 아니한 때에는 그 채무자의 부담부분에 한하여 다른 연대채무자가 상계할 수 있다].

권은 변제, 대물변제, 또는 공탁이 행하여진 경우와 동일하게 현실적으로 만족을 얻어 그 목적을 달성하는 것이므로, 그 상계로 인한 채무소멸의 효력은 소멸한 채무 전액에 관하여 다른 부진정연대채무자에 대하여도 미친다고 보아야 한다. 이는 부진정연대채무자 중 1인이 채권자와 상계계약을 체결한 경우에도 마찬가지이다. 나아가 이러한 법리는 채권자가 상계 내지 상계계약이 이루어질 당시 다른 부진정연대채무자의 존재를 알았는지 여부에 의하여 좌우되지 아니한다. 이와 달리 부진정연대채무자 중 1인이 자신의 채권자에 대한 반대채권으로 상계하더라도 그 상계의 효력이 다른 부진정연대채무자에 대하여 미치지 아니한다는 취지의 대법원 1989. 3. 28. 선고 88다카4994 판결, 대법원 1996. 12. 10. 선고 95다24364 판결, 대법원 2008. 3. 27. 선고 2005다75002 판결의 견해는 이와 저촉되는 한도에서 변경하기로 한다.

▌대법원 1998. 6. 26. 선고 98다5777 판결

민법 제426조[23]가 연대채무에 있어서의 변제에 관하여 채무자 상호간에 통지의무를 인정하고 있는 취지는, 연대채무에 있어서는 채무자들 상호간에 공동목적을 위한 주관적인 연관관계가 있고 이와 같은 주관적인 연관관계의 발생 근거가 된 대내적 관계에 터잡아 채무자 상호간에 출연분담에 관한 관련관계가 있게 되므로, 구상관계에 있어서도 상호 밀접한 주관적인 연관관계를 인정하고 변제에 관하여 상호 통지의무를 인정함으로써 과실 없는 변제자를 보다 보호하려는 데 있으므로, 이와 같이 출연분담에 관한 주관적인 밀접한 연관관계가 없고 단지 채권만족이라는 목적만을 공통으로 하고 있는 부진정 연대채무에 있어서는 그 변제에 관하여 채무자 상호간에 통지의무 관계를 인정할 수 없고, 변제로 인한 공동면책이 있는 경우에 있어서는 채무자 상호간에 어떤 대내적인 특별관계에서 또는 형평의 관점에서 손해를 분담하는 관계가 있게 되는 데 불과하다고 할 것이므로, 부진정연대채무에 해당하는 공동불법행위로 인한 손해배상채무에 있어서도 채무자 상호간에 구상요건으로서의 통지에 관한 민법의 위 규정을 유추적용할 수는 없다.

---

23. 민법 제426조(구상요건으로서의 통지): [제1항: 어느 연대채무자가 다른 연대채무자에게 통지하지 아니하고 변제 기타 자기의 출재로 공동면책이 된 경우에 다른 연대채무자가 채권자에게 대항할 수 있는 사유가 있었을 때에는 그 부담부분에 한하여 이 사유로 면책행위를 한 연대채무자에게 대항할 수 있고 그 대항사유가 상계인 때에는 상계로 소멸할 채권은 그 연대채무자에게 이전된다. 제2항: 어느 연대채무자가 변제 기타 자기의 출재로 공동면책되었음을 다른 연대채무자에게 통지하지 아니한 경우에 다른 연대채무자가 선의로 채권자에게 변제 기타 유상의 면책행위를 한 때에는 그 연대채무자는 자기의 면책행위의 유효를 주장할 수 있다].

[설문 2] 민법 제125조(대리권수여의 표시에 의한 표현대리)의 적용

(1) 문제의 소재

민법 제125조(대리권수여의 표시에 의한 표현대리)는 “제3자에 대하여[24] 타인에게 대리권을 수여함을 표시[25,26]한 자는 그 대리권의 범위 내[27]에서 행한 그 타인과 그 제3자[28]간의 법률행위에 대하여 책임이 있다. 그러나 제3자가 대리권 없음을 알았거나 알 수 있었을 때[29]에는 그러하지 아니하다”라고 규정하고 있으므로, 본건의 경우

---

24. 본인이 직접 제3자(대리인의 거래상대방)에게 수권표시를 하는 것 이외에, 본인이 대리인을 통하여 제3자(대리인의 거래상대방)에게 수권표시를 하는 것도 포함된다. 지원림, 『민법강의』(제8판), 2010, 제319면.

25. 수권표시는 수권행위가 있었음을 알리는 이른바 관념의 통지라고 함이 다수설이고, 수권표시의 방법에는 서면, 구술, 신문광고 등이 모두 포함되나 서류를 교부하는 방식의 경우에는 제반사정을 종합하여 표시가 있었는지를 판단하며, 반드시 대리권이나 대리인이라는 말이나 문자를 사용한 경우뿐만 아니라 대리권을 추단케 하는 일정한 직함, 명칭, 상호 등의 사용의 허락 · 묵인도 포함된다. 지원림, 『민법강의』(제8판), 2010, 제318면, 제319면. 대법원 2001. 8. 21. 선고 2001다31264 판결(민법 제125조가 규정하는 대리권 수여의 표시에 의한 표현대리는 본인과 대리행위를 한 자 사이의 기본적인 법률관계의 성질이나 그 효력의 유무와는 관계없이 어떤 자가 본인을 대리하여 제3자와 법률행위를 함에 있어 본인이 그 자에게 대리권을 수여하였다는 표시를 제3자에게 한 경우에 성립하는 것이고, 이때 서류를 교부하는 방법으로 민법 제125조 소정의 대리권 수여의 표시가 있었다고 하기 위하여는 본인을 대리한다고 하는 자가 제출하거나 소지하고 있는 서류의 내용과 그러한 서류가 작성되어 교부된 경위나 형태 및 대리행위라고 주장하는 행위의 종류와 성질 등을 종합하여 판단하여야 할 것이다) ; 대법원 1998. 6. 12. 선고 97다53762 판결([1] 민법 제125조가 규정하는 대리권 수여의 표시에 의한 표현대리는 본인과 대리행위를 한 자 사이의 기본적인 법률관계의 성질이나 그 효력의 유무와는 직접적인 관계가 없이 어떤 자가 본인을 대리하여 제3자와 법률행위를 함에 있어 본인이 그 자에게 대리권을 수여하였다는 표시를 제3자에게 한 경우에는 성립될 수가 있고, 또 본인에 의한 대리권 수여의 표시는 반드시 대리권 또는 대리인이라는 말을 사용하여야 하는 것이 아니라 사회통념상 대리권을 추단할 수 있는 직함이나 명칭 등의 사용을 승낙 또는 묵인한 경우에도 대리권 수여의 표시가 있은 것으로 볼 수 있다. [2] 호텔 등의 시설이용 우대회원 모집계약을 체결하면서 자신의 판매점, 총대리점 또는 연락사무소 등의 명칭을 사용하여 회원모집 안내를 하거나 입회계약을 체결하는 것을 승낙 또는 묵인하였다면 민법 제125조의 표현대리가 성립할 여지가 있다는 이유로, 위 모집계약을 준위탁매매의 위임으로, 그 입회계약을 준위탁매매로 단정한 원심을 법리오해 및 심리미진으로 파기한 사례).

26. 따라서 본조는 임의대리의 경우에만 적용되고 법정대리의 경우에는 적용되지 않는다는 것이 통설이다. 지원림, 『민법강의』(제8판), 2010, 제321면.

27. 수권표시의 객관적 범위를 넘는 행위를 한 경우에는 그 초과부분에 관해서는 민법 제126조(권한을 넘은 표현대리)가 성립될 수는 있다. 지원림, 『민법강의』(제8판), 2010, 제320면.

28. 수권표시를 받은 자에 한정된다. 지원림, 『민법강의』(제8판), 2010, 제320면.

29. 따라서 상대방은 무권대리임에 대하여 선의이고 무과실이어야 하는데, 이 점은 대리행위 당시를 기준으로 하여 판단한다. 대법원 2009. 5. 28. 선고 2008다56392 판결(… 중간 생략 … 원고로서는 이 사건

에 이러한 성립요건이 구비되었는지 등을 검토하여 보기로 한다.

(2) 설문의 해결

검토컨대, 본건의 경우에 'C에 대하여 B에게 대리권을 수여함을 표시했는지' 라는 요건 등 본조의 성립요건의 거의 모두의 경우에 그 충족 여부가 문제될 수 있을 것이나, 본건의 사실관계만으로 볼 때 일응 이러한 요건들을 구비하지 못한 것으로 보인다.

아무튼 C의 입장에서는, 상법 제24조에서는 명의대여라는 형태로 민법 제125조의 대리권수여의 표시의 구체적 형태를 정형화시켜 놓음으로써 요건의 성립을 입증하기가 보다 간명하다는 점, 상법 제24조에서는 A와 B의 부진정연대책임을 인정하여 민법 제125조에서 본인(A)이 단독책임을 부담하는 것보다 C에게 보다 유리하다는 점, 민법 제125조에서와는 달리 상법 제24조의 경우에는 C가 B를 명의대여자(A) 자체로 오인하는 경우까지 C의 권리구제가 가능하다는 점에서, 상법 제24조에 의한 책임추궁이 민법 제125조에 의한 책임추궁보다 유리한 측면이 있을 것이다.[30]

[설문 3] 민법 제756조(사용자의 배상책임)의 적용

(1) 문제의 소재

명의대여의 경우에 민법 제756조의 사용자책임이 성립하는 경우가 있는데, 민법 제756조(사용자의 배상책임) 제1항은 "타인을 사용하여[31] 어느 사무[32]에 종사하게 한 자는 피용자가 그 사무집행에 관하여[33] 제3자[34]에게 가한 손해[35]를 배상할 책임이 있

매매계약에 있어서 의당 소외 1의 대리권에 대하여 의심을 가지고 직접 피고 본인 또는 소외 2에게 소외 1의 대리권의 존부를 확인하는 등으로 적절한 조사를 하여 보았어야 할 것임에도 불구하고 이에 나아가지 아니하고 막연히 소외 1 또는 공인중개사의 말이나 소외 1 앞으로의 공장설립승인만을 믿고 이 사건 매매계약을 체결하였다 할 것이므로, 원고는 대리인을 상대로 이 사건 매매계약을 체결함에 있어 마땅히 하여야 할 주의를 다하지 못한 과실이 있다고 할 것이다).

30. 이철송, 『상법총칙 · 상행위』(제9판), 2010, 제193면, 제194면.

31. 실질적으로 지휘 · 감독하는 관계에 있어야 한다. 대법원 1999. 10. 12. 선고 98다62671 판결(… 중간 생략 … 사용자책임이 성립하려면 사용자와 불법행위자 사이에 사용관계, 즉 사용자가 불법행위자를 실

다. 그러나 사용자가 피용자의 선임 및 그 사무감독에 상당한 주의를 한 때 또는 상당한 주의를 하여도 손해가 있을 경우[36]에는 그러하지 아니하다"라고 규정하고 있으므로, 본건의 경우에 이러한 성립요건이 구비되었는지 등을 검토하여 보기로 한다.[37]

질적으로 지휘 · 감독하는 관계에 있어야 한다).

32. "사무"의 개념은 폭넓게 인정된다. 대법원 1989. 10. 10. 선고 89다카2278 판결(민법 제756조가 규정하고 있는 사용자책임의 요건으로서의 사용자의 사무라 함은 법률적 · 계속적인 것에 한하지 않고 사실적 · 일시적 사무라도 무방한 것이므로 … 이하 생략 …).

33. 사무집행관련성은 외형이론에 따른다. 대법원 1984. 2. 28. 선고 82다카1875 판결(민법 제756조 소정의 "피용자가 그 사무집행에 관하여"라 함은 사용자의 사업집행 자체 또는 이에 필요한 행위뿐만 아니라 이에 상당한 견련관계에 있는 행위도 포함되는 것이고, 또 피용자가 사용자의 이익을 도모할 의사 없이 사이를 취하기 위하여 그 권한을 남용하여 한 행위라도 외형상 피용자의 직무범위에 속한다고 볼 수 있는 경우에는 이에 포함된다고 할 것이다).

34. 피해자에게 고의 또는 중과실이 있으면 피해자는 본조에 따른 책임을 청구할 수 없다. 대법원 2003. 1. 10. 선고 2000다34426 판결(피용자의 불법행위가 외관상 사무집행의 범위 내에 속하는 것으로 보이는 경우에도 피용자의 행위가 사용자나 사용자에 갈음하여 그 사무를 감독하는 자의 사무집행 행위에 해당하지 않음을 피해자 자신이 알았거나 또는 중대한 과실로 알지 못한 경우에는 사용자 또는 사용자에 갈음하여 그 사무를 감독하는 자에 대하여 사용자책임을 물을 수 없다 할 것인데, … 이하 생략 …).

35. 사용자책임이 성립하려면, 피용자의 제3자에 대한 민법 제750조 소정의 불법행위책임 요건을 충족해야 한다. 대법원 1981. 8. 11. 선고 81다298 판결[책임무능력자(국민학교 1학년생)의 대리감독자(담임교사)에게 민법 제755조 제2항에 의한 배상책임이 있다고 하여 위 대리감독자의 사용자 또는 사용자에 갈음한 감독자(위 학교를 설립 경영하는 지방자치단체)에게 당연히 민법 제756조에 의한 사용자책임이 있다고 볼 수는 없으며, 책임무능력자의 가해행위에 관하여 그 대리감독자에게 고의 또는 과실이 인정됨으로써 별도로 불법행위의 일반 요건을 충족한 때에만 위 대리감독자의 사용자 또는 사용자에 갈음한 감독자는 민법 제756조의 사용자책임을 지게 된다].

36. 이 점에 대해서는 사용자가 주장 및 입증책임을 부담한다. 대법원 1998. 5. 15. 선고 97다58538 판결(민법 제756조 제1항 및 제2항의 책임에 있어서 사용자나 그에 갈음하여 사무를 감독하는 자는 그 피용자의 선임과 사무감독에 상당한 주의를 하였거나 상당한 주의를 하여도 손해가 있을 경우에는 손해배상의 책임이 없으나, 이러한 사정은 사용자 등이 주장 및 입증을 하여야 한다).

37. 민법 제756조(사용자의 배상책임) 제3항은 "전2항의 경우에 사용자 또는 감독자는 피용자에 대하여 구상권을 행사할 수 있다"고 규정하고 있으나, 신의칙상 구상권행사가 허용되지 않는 경우가 있다. 대법원 1994. 12. 13. 선고 94다17246 판결(가. 일반적으로 사용자가 피용자의 업무수행과 관련하여 행해진 불법행위로 인하여 직접 손해를 입었거나 그 피해자에게 사용자로서의 손해배상책임을 부담한 결과로 손해를 입게 된 경우에 있어서 사용자는 그 사업의 성격과 규모, 시설의 현황, 피용자의 업무내용, 근로조건이나 근무태도, 가해행위의 상황, 가해행위의 예방이나 손실의 분산에 관한 사용자의 배려 정도, 기타 제반 사정에 비추어 손해의 공평한 분산이라는 견지에서 신의칙상 상당하다고 인정되는 한도 내에서만 피용자에 대하여 그 구상권을 행사할 수 있다고 보아야 할 것이다. 나. 사용자와 피용자 쌍방의 과실의 경중, 곤돌라 기사인 피용자의 근무조건과 그러한 근무조건이 사고발생에 미친 영향의 정도, 피해자가 사고를 당하게 된 경위, 사용자의 노무자에 대한 인력관리상황, 사고 후 피용자가 실형을 복역한 후 현재 면직되어 있음에 반하여, 사용자는 국내 유수의 공동주택관리업체로서의 지위를 그대로

(2) 설문의 해결

검토컨대, A의 사용자책임이 인정되기 위해서는 무엇보다도 B가 C에 대하여 민법 제750조 소정의 불법행위책임을 부담해야 하는데, 본건의 경우에 본건 판매대금을 변제하지 않고 있는 행위는 채무불이행이지 불법행위라고 평가할 수는 없다고 할 것이므로, 결국 A의 사용자책임은 성립하지 않는다고 할 것이다.

참고로, 대법원판례는 명의대여의 경우에도 사용자책임의 성립가능성을 인정하고 있는바,[38] 특히 주목할 만한 것은 "타인을 사용하여"라는 의미를 "실제적으로 지휘 · 감독을 하였느냐의 여부에 관계없이 객관적 · 규범적으로 보아 사용자가 그 불법행위자를 지휘 · 감독해야 할 지위에 있었느냐의 여부를 기준으로 결정하여야 한다"[39]라고 파악하고 있다는 점이다.

유지하고 있는 점 등 제반 사정을 참작하여 사용자의 피용자에 대한 구상권 행사가 신의칙에 반하여 허용되지 아니한다고 한 사례).

38. 대법원 2001. 8. 21. 선고 2001다3658 판결(타인에게 어떤 사업에 관하여 자기의 명의를 사용할 것을 허용한 경우에 그 사업이 내부관계에 있어서는 타인의 사업이고 명의자의 고용인이 아니라 하더라도 외부에 대한 관계에 있어서는 그 사업이 명의자의 사업이고 또 그 타인은 명의자의 종업원임을 표명한 것과 다름이 없으므로, 명의사용을 허용받은 사람이 업무수행을 함에 있어 고의 또는 과실로 다른 사람에게 손해를 끼쳤다면 명의사용을 허용한 사람은 민법 제756조에 의하여 그 손해를 배상할 책임이 있다).

39. 대법원 2001. 8. 21. 선고 2001다3658 판결.

[사례 05]

상호전용권(商號專用權)

다음과 같은 사실관계 하에서, 아래의 각 질의에 대해 답하시오.[1]

(1) A는 1968. 4. 1.경부터 충주시 금릉동에서 '합동공업사'라는 상호로 자동차정비공장을 시작하여 1977. 2. 9. 자동차관리사업(1급 자동차정비업) 허가를 받아 영업을 하고 있으며, 1989. 9.과 1991. 12. 레커차를 1대씩 구입하여 견인작업을 함께 하고 있다가 1994. 7. 12.경 견인차량 3대를 추가로 구입하여 레커사업 등록을 하고 합동특수레카라는 상호로 자동차견인업을 시작하였다.

(2) 신청 외 1은 신청 외 2의 명의를 빌려 1991. 1. 7. 자동차운송사업등록을 마치고 1991. 1. 14. 특수자동차운송약관 인가를 받아 그 무렵부터 충주시에서 레커차 2대로 '충주합동레카'라는 상호로 차량견인 영업을 해왔는데, 신청 외 1은 견인된 차량을 주로 A의 '합동공업사'에 견인해 줌으로써 신청인과는 별다른 문제가 없이 지내왔으나, 1994. 1.경 신청 외 홍진방이 대교공업사를 개업하자 그 사람과의 친분을 이유로 그 후부터는 주로 대교공업사로 견인해 주었다.

(3) 이에 A는 신청 외 2를 부정경쟁방지법위반죄로 고소를 제기하였는바, 부정경쟁방지법 위반은 무혐의 처리되었으나, 수사 도중에 신청 외 2가 등록명의를 신청 외 1에게 대여한 사실이 드러나 1994. 6. 25. 신청 외 2와 신청 외 1이 자동차운수사업법 위반죄로 약식기소[2]되고, 충주시에서도 위와 같은 자동차운수사업법 위반을 이유로 1994. 8. 22. 사업등록을 취소하고, 레커차량등록도 모두 취소하였다.

---

1. 본 사례는 대법원 1996. 10. 15. 선고 96다24637 판결을 기초로 하여 작성된 것이다.

2. 자동차운수사업법은 1997. 12. 13. 폐지되고 여객자동차운수사업법으로 새로이 제정되었다. 한편, 약식기소란 약식절차(지방법원의 관할사건에 대하여 검사의 청구가 있는 때에 공판절차를 거치지 않고 검사가 제출한 자료만을 조사하여 약식명령으로 피고인에게 벌금, 과료, 또는 몰수의 형을 과하는 간이한 공판절차)에 따른 공소제기를 말한다. 형사소송법 제448조(약식명령을 할 수 있는 사건): [제1항: 지방법원은 그 관할에 속한 사건에 대하여 검사의 청구가 있는 때에는 공판절차없이 약식명령으로 피고인을 벌금, 과료 또는 몰수에 처할 수 있다. 제2항: 전항의 경우에는 추징 기타 부수의 처분을 할 수 있다].

(4) B는 신청 외 1과 신청 외 2로부터 등록취소된 사업(상호 및 영업장소와 시설물 일체)과 등록취소된 레커차량 2대를 양도받아(즉, '충주합동레카'의 영업을 사실상 양도받아) 1994. 9. 4.경 자동차운송사업등록 및 특수자동차운송약관 인가를 받아 충주시에서 '충주합동레카'라는 상호로 레커업을 계속하였는데, 영업소간판과 레커차량의 표면 및 전화번호부에는 종전대로 '합동레카'로 표기하였다.

위와 같은 사실관계 하에서, 1996. 10. 15.[3]을 판단의 기준시점으로 하여 아래의 질의에 답하시오.

설문 1 A는 B를 상대로 상법 제23조 제2항(상호전용권)의 권리를 행사할 수 있는가?

설문 2 B는 부정경쟁방지 및 영업비밀보호에 관한 법률(이하, "부정경쟁방지법") 제2조 제1호 나.목 위반의 법적 책임을 지는가?[4]

설문 3 상법 제23조(주체를 오인시킬 상호의 사용금지)에서의 "부정한 목적"이라는 요건에 대해서는 누가 입증책임을 부담하는가?

【설문 1】 상호전용권

(1) 문제의 소재

상법 제23조(주체를 오인시킬 상호의 사용금지)는 다음과 같이 규정하고 있는바, A는 B를 상대로 상법 제23조 제2항(상호전용권)의 권리를 행사할 수 있는지 여부를 검토하여 보기로 한다.

제1항: 누구든지[5] 부정한 목적[6]으로 타인[7]의 영업[8]으로 오인[9]할 수 있는 상호[10]를 사용하지

---

3. 본 사례에 관한 법리판단의 편의를 위하여, 본 사례에 관한 대법원판결의 선고시점을 기준으로 한 것이다.

4. 실무적으로는, 피해자는 권리의 신속한 구제를 위하여 상법 제23조 제2항이나 부정경쟁방지법 제2조 제1호에 근거하여 가처분신청의 형태로 소송을 제기하는 것이 일반적이다.

5. 누구든지라고 표현되고 있지만 실질적으로는 상인을 예상하고 있다. 왜냐하면, 본조는 상인이 상호자유주의[상법 제18조(상호선정의 자유): (상인은 그 성명 기타의 명칭으로 상호를 정할 수 있다)]를 악용하여 타인이 쌓은 신용과 사회적 지명도를 해하는 것을 방지하는 데 그 취지가 있기 때문이다. 이철송, 『상법총칙 · 상행위』(제9판), 제145면.

6. "부정한 목적"은 영업을 오인시킴으로써 타인의 사회적 신용을 자신의 영업에 유리하게 이용하려는 목적을 의미하므로 타인의 상호권을 침해하려는 의사나 "부정경쟁"목적(부정경쟁방지및영업비밀보호에관한법률 제2조 제1호)이 있음을 요하지 않고, 뒤에서 보는 영업주체 오인 가능성과 마찬가지로 영업의 종류, 규모, 지역성 등 제반사정을 종합하여 판단한다. 이철송, 『상법총칙 · 상행위』(제9판), 제159면.

7. 상인뿐만 아니라 비상인도 포함된다. 예컨대, 상인이 비상인인 국립도서관의 영업으로 오인할 수 있는 국립도서관 직영서점이라는 상호를 사용하는 것은 허용되지 않는다. 이철송, 『상법총칙 · 상행위』(제9판), 제145면.

8. 타인의 영업과 동종영업인 경우뿐만 아니라 이종영업인 경우에도 본항이 적용될 수 있다. 대법원 2002. 2. 26. 선고 2001다73879 판결.

9. 이러한 영업주체, 오인 가능성은 상호가 동일한 경우는 물론이고 유사한 경우에도 인정될 수 있는바, 양 상호 전체를 비교 관찰하여 일반 수요자들의 입장에서 판단하되, 앞에서 본 "부정한 목적"과 마찬가지로 영업의 종류, 규모, 지역성 등 제반사정을 종합하여 판단한다. 대법원 1976. 2. 24. 선고 73다1238 판결(보령제약주식회사 "갑"이 "을" 명의로 서울에 개설한 "보령약국"과 "병"이 수원에 개설한 "수원보령약국"은 영업의 종류, 범위, 시설 및 규모 등 그 영업의 양상은 물론 고객도 서로 달리하고 있어서 "갑"의 고객이 수원에 있는 "병"경영의 위 약국을 서울에 있는 "갑"경영의 위 양국의 영업으로 혼동 오인하게 될 염려는 없다 할 것이므로 "보령"이라는 상호가 공통된다 해도 "병"경영의 위 약국의 영업상 이익을 침해하는 것, 즉 "보령"이라는 상호가 "갑"이 부정경쟁방지법에 의하여 보호를 구할 수 있는 정당한 영업상의 이익이라고 할 수 없다) ; 대법원 1964. 4. 28. 선고 63다811 판결("뉴 서울 사장"이라는 상호 옆에 혹은 아래에 작은 글자로 "전 허바허바 개칭"이라고 기재하였다면 이는 "허바허바 사장"이라는 상호를 사용한 것으로 볼 것이며 원판결이 채무자의 상호간판 "뉴 서울 사장"의 위 또는 아래와 옆에 작은 글씨로 "전 허바허바 개칭" 또는 "허바허바 사장 개칭"이라고 덧붙여서 사용한 것은 비록 작은 글씨라 할지라도 같은 서울특별시 내에서 같은 사진영업을 하면서 다른 사람의 등기한 상호를 1958년 이래 사용하고 있는 것은 부정한 목적으로 다른 사람의 영업으로 오인할 수 있는 상호를 사용하고 있는 것이라 할 것이다고 판시한 것은 적법하다) ; 대법원 2002. 2. 26. 선고 2001다73879 판결([1] 상법 제23조 제1항은 누구든지 부정한 목적으로 타인의 영업으로 오인할 수 있는 상호를 사용하지 못한다고 규정하고 있는바, 타인의 영업으로 오인할 수 있는 상호는 그 타인의 영업과 동종 영업에 사용되는 상호만을 한정하는 것은 아니라고 할 것이나, 어떤 상호가 일반 수요자들로 하여금 영업주체를 오인 · 혼동시킬 염려가 있는 것인지를 판단함에 있어서는, 양 상호 전체를 비교 관찰하여 각 영업의 성질이나 내용, 영업방법, 수요자층 등에서 서로 밀접한 관련을 가지고 있는 경우로서 일반 수요자들이 양 업무의 주체가 서로 관련이 있는 것으로 생각하거나 또는 그 타인의 상호가 현저하게 널리 알려져 있어 일반 수요자들로부터 기업의 명성으로 인하여 절대적인 신뢰를 획득한 경우에 해당하는지 여부를 종합적으로 고려하여야 한다. [2] 상호를 먼저 사용한 자(선사용자)의 상호와 동일 · 유사한 상호를 나중에 사용하는 자(후사용자)의 영업규모가 선사용자보다 크고 그 상호가 주지성을 획득한 경우, 후사용자의 상호사용으로 인하여 마치 선사용자가 후사용자의 명성이나 소비자 신용에 편승하여 선사용자의 상품의 출처가 후사용자인 것처럼 소비자를 기망한다는 오해를 받아 선사용자의 신용이 훼손된 때 등에 있어서는 이를 이른바 역혼동에 의한 피해로 보아 후사용자의 선사용자에 대한 손해배상책임을 인정할 여지가 전혀 없지는 않다고 할 것이나, 상호를 보호하는 상법과 부정경쟁방지및영업비밀보호에관한법률의 입법 취지에 비추어, 선사용자의 영업이 후사용자의 영업과 그 종류가 다른 것이거나 영업의 성질이나 내용, 영업방법, 수요자층 등에서 밀접한 관련이 없는 경우 등에 있어서는 위와 같은 역혼동으로 인한 피해를 인정할 수 없다).

10. 타인의 상호뿐만 아니라 타인의 성명, 명칭, 상표를 이용한 상호도 해당된다(예: 농협공판장, OB시음장). 이철송, 『상법총칙 · 상행위』(제9판), 제155면. 또한 앞에서 본 바와 같이, 상호가 동일한 경우는 물론이고 유사한 경우에도 오인가능성이 있는 한 포함된다.

못한다.

제2항: 제1항의 규정에 위반하여 상호를 사용하는 자가 있는 경우에 이로 인하여 손해를 받을 염려가 있는 자 또는[11] 상호를 등기한 자는 그 폐지[12]를 청구[13]할 수 있다.

제3항: 제2항의 규정은 손해배상의 청구에 영향을 미치지 아니한다.[14]

제4항: 동일한 특별시 · 광역시 · 시 · 군에서 동종영업으로 타인이 등기한 상호를 사용하는 자는 부정한 목적으로 사용하는 것으로 추정[15]한다.

(2) 설문의 해결

본건의 경우에, A는 자동차정비업으로서 '합동공업사'라는 상호를, 자동차견인업으로서 '합동특수레카'라는 상호를 각각 사용하고 있고, B는 등록된 상호로서 '충주합동레카'라는 상호를 사용하고 있으나 실제로는 '합동레카'라는 상호를 사용하고 있으므로, B의 위와 같은 상호의 사용이 A의 위와 같은 2개의 상호의 사용권을 각각 침해하는지를 개별적으로 검토해 보아야 한다.

(가) A의 '합동특수레카'(자동차견인업) vs B의 '충주합동레카' 및 '합동레카'(각 자동차견인업)

검토컨대, 이러한 상호사용은 각각 자동차견인업에 관한 것들이므로 문제될 수 있으나, 신청 외 2는 1991. 1. 14. 무렵부터 '충주합동레카' 또는 '합동레카'라는 상호를 사용하기 시작했는데 이는 A의 '합동특수레카'라는 상호 사용시점(1994. 7. 12. 경) 보다 앞선 시점이고, B는 신청 외 2로부터 위 '충주합동레카'의 영업과 상호를

---

11. 따라서 청구권자는 "손해를 받을 염려가 있는 자"와 "상호를 등기한 자"이다. 한편, "손해를 받을 염려가 있는 자"가 본항의 청구권을 행사하기 위해서 자신에게 상호권이 있다는 사실 이외에 손해를 받을 염려가 있다는 사실까지도 증명해야만 하는지에 대해서는 견해가 대립하고 있다. 이철송, 『상법총칙 · 상행위』(제9판), 제162면.

12. 구체적인 형태로는, 앞으로의 거래시에 그 상호로 자신을 나타내지 않는 것, 간판의 철거, 인쇄물 폐기 등이 있다. 이철송, 『상법총칙 · 상행위』(제9판), 제162면.

13. 제4항의 추정규정이 적용되는 경우를 제외하고는, 피해자인 상호권자가 청구권이 성립한다는 점에 대한 입증책임을 진다. 이철송, 『상법총칙 · 상행위』(제9판), 제161면.

14. 피해자는 상호폐지와는 별도로 당연히 불법행위에 기한 손해배상청구도 가능한데, 본항은 이와 같은 당연한 법리를 주의적으로 규정한 것이다. 이철송, 『상법총칙 · 상행위』(제9판), 제162면.

15. 이와 같은 추정을 법률상의 사실추정이라고 한다. 이시윤, 『신민사소송법』(제3판), 제485면. 따라서 이 경우에는 부정한 목적이라는 요건에 대한 입증책임이 상대방(B)에게 전환된다.

실질적으로 양수하였다.

따라서 이와 같이 먼저 사용하기 시작한 상호나 이를 승계사용하는 B인에게는 부정한 목적이 인정되지 않는다 할 것이므로, 결국 A의 합동특수레카(자동차견인업) vs B의 '충주합동레카' 및 '합동레카'(각 자동차견인업)과 관련해서는 A는 B를 상대로 상법 제23조 제2항(상호전용권)의 권리를 행사할 수 없다.[16]

(나) A의 '합동공업사'(자동차정비업) vs B의 '충주합동레카'(자동차견인업의 등록상호)

A의 상호인 '합동공업사'와 B의 상호인 '충주합동레카'가 표상하는 영업의 종류는 전자는 자동차정비업인 데 비하여 후자는 자동차견인업이어서 그 업종이 서로 다르다. 그러나 상법 제23조 제1항에서의 타인의 영업으로 오인할 수 있는 상호에는 그 타인의 영업과 동종 영업에 사용되는 상호만을 한정하는 것은 아니고, 각 영업의 성질이나 내용, 영업방법, 수요자층 등에서 서로 밀접한 관련을 가지고 있는 경우로서 일반 수요자들이 양 업무의 주체가 서로 관련이 있는 것으로 생각하거나, 또는 그 타인의 상호가 현저하게 널리 알려져 있어 일반 수요자들로부터 기업의 명성으로 인하여 절대적인 신뢰를 획득한 경우에는 영업의 종류와 관계없이 일반 수요자로 하여금 영업주체에 대한 오인·혼동의 염려가 있다 할 것이다.

검토컨대, 본건의 각 상호와 관련된 영업인, 자동차견인업과 자동차정비업은 그 성질이나 내용상 서로 밀접한 관련이 있는 영업이고, 자동차정비업자 중의 상당수가 견인업을 겸업하고 있으며, 일반인들 또한 그렇게 생각하는 경향이 많으므로, A의 '합동공업사'와 B의 '충주합동레카'는 그 요부인 합동이 동일하여 일단은 영업주체에 대한 오인·혼동의 우려가 있는 상호라고 볼 여지도 있다.

그러나 영업주체에 대한 오인가능성이 인정되어 상법 제23조 제2항(상호전용권)의 권리가 인정되기 위해서는 상호가 최소한 유사할 것이 요구되는바, '합동공업사'와 '충주합동레카'는 그 칭호(稱號)와 외관 및 관념을 일반 수요자의 입장에서 전체적·객관적으로 관찰할 경우 서로 유사하지 아니하므로, 결국 A의 '합동공업사'(자동차정비업) vs B의 '충주합동레카'(자동차견인업의 등록상호)는 영업주체에 대한 오인·혼동의 우려가 없다고 할 것이고, 따라서 A는 B를 상대로 상법 제23조 제2항(상호

---

16. 본 사례에 관한 대법원 1996. 10. 15. 선고 96다24637 판결 참조.

전용권)의 권리를 행사할 수 없다.[17]

(다) A의 '합동공업사'(자동차정비업) vs B의 '충주합동레카'(자동차견인업의 실제 상호)

검토컨대, 자동차정비업과 자동차견인업은 영업의 종류가 서로 다르고 그 영업의 성질과 내용이 서로 달라서 비교적 서비스의 품위에 있어서 관련성이 적은 점, 자동차를 견인할 경우 견인장소(주로 정비소일 것임)를 차량 소유자가 지정할 수 있는 점, 운수관련 업계에서 합동이라는 용어가 일반적으로 널리 사용되고 있어 그 식별력이 그다지 크지 아니한 점, A와 B측의 신뢰관계(신청 외 1은 견인된 차량을 주로 A의 '합동공업사'에 견인해 줌으로써 신청인과는 별다른 문제가 없이 지내오기도 한 과거가 있음), A도 견인작업을 하고 있었고 그 후 별도의 견인업 등록을 한 점, B가 정비업을 하고 있지 아니한 점, B의 영업 방법이나 그 기간(약 2년에 불과함) 등을 고려할 때, 양 상호 중의 요부인 합동이 동일하고 B가 등록한 상호인 '충주합동레카'를 사용하지 아니하고 '합동레카'를 사용하였다고 하더라도 B가 부정한 목적으로 위 상호를 사용하였다고 할 수 없다.[18]

따라서 A의 '합동공업사'(자동차정비업) vs B의 '충주합동레카'(자동차견인업의 실제 상호)와 관련해서는, A는 B를 상대로 상법 제23조 제2항(상호전용권)의 권리를 행사할 수 없다.

【설문 2】 부정경쟁방지법 위반

(1) 문제의 소재

부정경쟁방지법 제2조 제1호 나.목은 다음과 같이 규정하고 있는바, B가 부정경쟁방지 및 영업비밀보호에 관한 법률(이하, "부정경쟁방지법") 제2조 제1호 나.목 위반의 법적 책임을 지는지 여부를 검토하여 보기로 한다.[19]

---

17. 본 사례에 관한 대법원 1996. 10. 15. 선고 96다24637 판결 참조.

18. 본 사례에 관한 대법원 1996. 10. 15. 선고 96다24637 판결 참조.

19. 이 경우에는 형사처벌이 뒤따르고 일정한 요건이 충족되는 경우에는 사법적 구제도 가능하다. 동법 제

제2조 제1호 나.목

이 법에서 사용하는 용어의 뜻은 다음과 같다.

1. "부정경쟁행위"란 다음 각 목의 어느 하나에 해당하는 행위를 말한다.

나. 국내에 널리 인식된[20] 타인의 성명, 상호, 표장, 그 밖에 타인의 영업임을 표시하는 표지와 동일하거나 유사한 것을 사용하여 타인의 영업상의 시설 또는 활동과 혼동하게 하는 행위

(2) 설문의 해결

검토컨대, 부정경쟁방지법에서 국내에 널리 알려져 인식된 상표, 상호라 함은 국내 전역에 걸쳐 모든 사람들에게 주지되어 있음을 요하는 것이 아니고, 국내의 일정한 지역적 범위 안에서 거래자 또는 수요자들 사이에 알려진 정도로써 족한 것은 사실이다.

그러나 단지 A가 충주시에서 28년간 '합동공업사'를 경영해 오고 있다는 점만으로는 A의 상호가 충주시 일원에서 수요자들 사이에서 널리 알려져 있다고 할 수 없으므로, A의 상호는 부정경쟁방지법 제2조 제1호에서 보호하는 상호의 요건을 충족하지 못한다고 할 것이고, 따라서 B는 부정경쟁방지법 제2조 제1호 나.목 위반의 법적 책임을 지지 않는다.[21]

18조(벌칙): [제3항 제1호: 다음 각 호의 어느 하나에 해당하는 자는 3년 이하의 징역 또는 3천만원 이하의 벌금에 처한다. 1. 제2조 제1호(아목 및 자목은 제외한다)에 따른 부정경쟁행위를 한 자]. 동법 제4조(부정경쟁행위의 금지청구권 등), 제5조(부정경쟁행위에 대한 손해배상책임), 제6조(부정경쟁행위로 실추된 신용의 회복) 참조.

20. 대법원 1995. 7. 14. 선고 94도399 판결(부정경쟁방지법 제2조 제1호 (가)목 소정의 "국내에 널리 인식된 타인의 상호, 상표"라 함은 국내 전역에 걸쳐 모든 사람들에게 주지되어 있음을 요하는 것이 아니고, 국내의 일정한 지역적 범위 안에서 거래자 또는 수요자들 사이에 알려진 정도로써 족하고 또 그 상표 등의 등록 여부와 관계없다).

21. 본 사례에 관한 대법원 1996. 10. 15. 선고 96다24637 판결 참조.

[설문 3] 상법 제23조의 "부정한 목적"의 입증책임

(1) 문제의 소재

상법 제23조(주체를 오인시킬 상호의 사용금지)는 제1항에서 "누구든지 부정한 목적으로 타인의 영업으로 오인할 수 있는 상호를 사용하지 못한다"라고 규정하고 있고, 제2항에서 "제1항의 규정에 위반하여 상호를 사용하는 자가 있는 경우에 이로 인하여 손해를 받을 염려가 있는 자 또는 상호를 등기한 자는 그 폐지를 청구할 수 있다"라고 규정하고 있으며, 제4항에서 "동일한 특별시 · 광역시 · 시 · 군에서 동종영업으로 타인이 등기한 상호를 사용하는 자는 부정한 목적으로 사용하는 것으로 추정한다"라고 규정하고 있다.

따라서 A가 B를 상대로 상호폐지청구권을 가지기 위해서는 그 성립요건으로서 부정한 목적이 있어야 하는바, 이러한 요건에 대해서 A와 B 중에서 누가 입증책임을 부담하는지에 대해서 검토해 보기로 한다.

(2) 설문의 해결

입증책임(증명책임)[22]이라는 것은, 소송상 어느 요증사실(要證事實)의 존부가 확정되지 않을 때에 당해 사실이 존재하지 않는 것으로 취급되어 법률판단을 받게 되는 당사자 일방의 위험 또는 불이익을 말한다.[23]

한편, 이와 같은 입증책임의 분배(요증사실의 진위 여부가 불명한 경우에 당사자 중 누구에게 불이익을 돌릴 것인가의 문제)는, 증명이라는 것이 "법관이 요증사실의 존재에 대하여 확신을 얻은 상태"를 의미하여, 피보전권리의 존부를 확정하는 것이 아니고 그 집행보전을 위하여 잠정적(暫定的)인 조치를 취함에 불과하며 긴급히 재판해야 할 필요성

---

22. 판례에서는 때로는 거증책임이라는 단어를 사용하기도 한다. 대법원 1986. 2. 25. 선고 85다카1891 판결(취득시효제도는 법률관계의 안정을 기하기 위하여 일정한 사실상태가 상당기간 계속된 경우에 그 사실상태가 진실한 권리관계와 일치하느냐의 여부를 따지지 아니하고 그 사실상태를 존중하여 이를 진실한 권리관계로 인정하려는 제도로서 민법 제197조 제1항이 점유자는 소유의 의사로 선의, 평온 및 공연하게 점유하는 것으로 추정한다고 규정하고 있는 터이므로 점유자의 시효취득을 막으려는 자에게 이와 같은 점을 증명할 거증책임이 돌아간다).

23. 이시윤, 『신민사소송법』(제3판), 제478면.

이 있는 보전처분(가압류, 가처분)[24]의 경우에 요구되는 소명(법관이 일응 확실할 것이라는 추측을 얻은 상태)[25]의 경우[26]보다 높은 심증형성을 요구하는 것임을 감안하면,[27] 사실상 본안소송의 승패를 좌우하는 경우가 많아서 실무상 매우 중요한 문제로 인식되고 있는바,[28] 현재로서는 증명책임의 분배를 법규의 구조나 형식에서 찾아야 한다는 법률요건분류설 내지 규범설(각 당사자는 자기에게 유리한 법규의 요건사실의 존부에 대해 증명책임을 부담한다는 입장)이 판례, 통설이다.[29]

이러한 견해에 따르고, 권리를 주장하는 자가 원고이고 이를 다투는 자가 피고임을 전제로 하면, 원고가 권리발생사실에 대해, 그리고 피고가 권리의 장애,[30] 멸각,[31] 저지[32] 사실에 대하여 각각 증명책임을 부담하게 된다.[33]

---

24. 민사집행법 제276조(가압류의 목적): [제1항: 가압류는 금전채권이나 금전으로 환산할 수 있는 채권에 대하여 동산 또는 부동산에 대한 강제집행을 보전하기 위하여 할 수 있다. 제2항: 제1항의 채권이 조건이 붙어 있는 것이거나 기한이 차지 아니한 것인 경우에도 가압류를 할 수 있다]. 동법 제300조(가처분의 목적): [제1항: 다툼의 대상에 관한 가처분은 현상이 바뀌면 당사자가 권리를 실행하지 못하거나 이를 실행하는 것이 매우 곤란할 염려가 있을 경우에 한다. 제2항: 가처분은 다툼이 있는 권리관계에 대하여 임시의 지위를 정하기 위하여도 할 수 있다. 이 경우 가처분은 특히 계속하는 권리관계에 끼칠 현저한 손해를 피하거나 급박한 위험을 막기 위하여, 또는 그 밖의 필요한 이유가 있을 경우에 하여야 한다].

25. 민사집행법 제279조(가압류신청) 제2항: [청구채권과 가압류의 이유는 소명하여야 한다] ; 동법 제301조(가압류절차의 준용): [가처분절차에는 가압류절차에 관한 규정을 준용한다. 다만, 아래의 여러 조문과 같이 차이가 나는 경우에는 그러하지 아니하다].

26. 실무상, 보전소송(가압류, 가처분)이 본안소송의 경우보다 대개의 경우에 더 인용되는 확률이 높은 주요한 이유이다.

27. 이시윤, 『신민사소송법』(제3판), 제408면.

28. "증명책임은 민사소송의 척추이다"라는 법언이 있을 정도로, 증명책임이 민사소송에서 담당하는 역할은 크다. 이시윤, 『신민사소송법』(제3판), 제480면.

29. 이시윤, 『신민사소송법』(제3판), 제481면.

30. 예컨대 불공정한 법률행위, 선량한 풍속 위반, 통정허위표시, 비진의의사표시 등. 이시윤, 『신민사소송법』(제3판), 제482면. 대법원 1991. 5. 28. 선고 90다19770 판결(매도인측에서 매매계약이 불공정한 법률행위로서 무효라고 하려면 객관적으로 매매가격이 실제가격에 비하여 현저하게 헐값이고 주관적으로 매도인이 궁박, 경솔, 무경험 등의 상태에 있었으며, 매수인측에서 위와 같은 사실을 인식하고 있었다는 점을 주장입증하여야 한다) ; 대법원 1992. 5. 22. 선고 92다2295 판결(어떠한 의사표시가 비진의 의사표시로서 무효라고 주장하는 경우에 그 입증책임은 그 주장자에게 있다).

31. 예컨대 변제, 공탁, 상계, 소멸시효완성, 사기, 강박에 의한 취소, 계약의 해제, 권리의 포기, 소멸 등. 이시윤, 『신민사소송법』(제3판), 제482면. 대법원 1994. 2. 8. 선고 93다50291,50307 판결(가. 기존채무에 관하여 채무자가 제3채무자에 대하여 가지고 있는 채권을 기존채무의 채권자에게 양도한 경우 그들 사이에 특별한 의사표시가 없는 이상 기존채무의 변제를 위하여 또는 그 담보조로 양도한 것이라고 추정하여야 한다. 나. 위 "가"항의 경우 기존채무의 채무자는 채권자가 양도받은 채권을 변제받음으로써 그 범위 안에서 면책되므로 양도채권의 변제에 관하여는 기존채무의 채무자에게 주장, 입증책임이

예컨대, 채무불이행책임에 관한 민법 제390조("채무자가 채무의 내용에 좇은 이행을 하지 아니한 때에는 채권자는 손해배상을 청구할 수 있다. 그러나 채무자의 고의나 과실없이 이행할 수 없게 된 때에는 그러하지 아니하다")에서는 법규의 구조나 형식상 채무자의 귀책사유(고의, 과실)가 본문이 아니라 단서에 규정되어 있으므로, 채권자는 일응 채무자의 귀책사유(고의, 과실)에 대한 주장 없이도 채무자에게 손해배상을 청구할 수 있고, 다만 채무자가 자신의 귀책사유(고의, 과실)가 없음을 주장 및 입증하여 채무불이행책임을 면할 수 있는 반면에,[34] 불법행위책임에 관한 일반조항인 민법 제750조(고의 또는 과실로 인한 위법행위로 타인에게 손해를 가한 자는 그 손해를 배상할 책임이 있다)에서는 법규의 구조나 형식상 불법행위의 가해자의 귀책사유(고의, 과실)가 본문에 규정되어 있으므로, 원칙적으로 불법행위의 피해자가 가해자의 귀책사유(고의, 과실)를 주장 및 입증하여야만 가해자에게 불법행위에 기한 손해배상책임을 청구할 수 있게 된다.

본건에 대하여 검토컨대, A가 B를 상대로 상호폐지청구권이라는 법률효과를 가지기 위해서는 상법 제23조 제1항의 법률요건들이 충족되어야 하는바, 그러한 법률요건들 중의 하나가 부정한 목적이므로 이는 권리발생사실에 해당하고 또한 이는 A에게 유리한 법률요건이므로, 결국 A가 이에 대하여 입증책임을 부담한다.

다만, 동조 제4항은 "동일한 특별시 · 광역시 · 시 · 군에서 동종영업으로 타인이 등기한 상호를 사용하는 자는 부정한 목적으로 사용하는 것으로 추정한다"라고 규정

있다) ; 대법원 1992. 6. 9. 선고 91다43640 판결(하천에 인접한 토지가 홍수로 인한 하천류수의 범람으로 침수되어 토지가 황폐화되거나 물밑에 잠기거나 항시 물이 흐르고 있는 상태가 계속되고 그 원상복구가 사회통념상 불가능하게 되면 소위 포락으로 인하여 소유권은 영구히 소멸되는 것이고, 이와 같은 사정은 사권의 소멸을 주장하는 자가 입증하여야 한다).

32. 예컨대 기한의 유예, 정지조건의 존재, 동시이행항변권이나 유치권의 원인사실, 한정승인 등. 이시윤, 『신민사소송법』(제3판), 제482면. 대법원 1993. 9. 28. 선고 93다20832 판결(어떠한 법률행위가 조건의 성취시 법률행위의 효력이 발생하는 소위 정지조건부 법률행위에 해당한다는 사실은 그 법률행위로 인한 법률효과의 발생을 저지하는 사유로서 그 법률효과의 발생을 다투려는 자에게 주장입증책임이 있다).

33. 그러나 소극적 확인소송에서는 통상의 경우와는 달리 증명책임이 역으로 바뀐다. 이시윤, 『신민사소송법』(제3판), 제482면. 대법원 1998. 3. 13. 선고 97다45259 판결(금전채무부존재확인소송에 있어서는, 채무자인 원고가 먼저 청구를 특정하여 채무발생원인사실을 부정하는 주장을 하면 채권자인 피고는 권리관계의 요건사실에 관하여 주장 · 입증 책임을 부담한다).

34. 대법원 1994. 10. 14. 선고 94다38182 판결(임차인의 임차물반환채무가 이행불능이 된 경우에 임차인이 그 이행불능으로 인한 손해배상책임을 면하려면 그 이행불능이 임차인의 귀책사유로 말미암은 것이 아님을 입증할 책임이 있으며, 임차건물이 그 건물로부터 발생한 화재로 소실된 경우에 있어서 그 화재의 발생원인이 불명인 때에도 임차인이 그 책임을 면하려면 그 임차건물의 보존에 관하여 선량한 관리자의 주의의무를 다하였음을 입증하여야 한다).

하고 있으므로, A는 어렵게 부정한 목적(추정사실)이라는 B의 주관적 의사를 입증하는 대신에 자신의 상호가 동일한 특별시 · 광역시 · 시 · 군에서 동종영업으로 등기한 상호(전제사실)라는 객관적 사실을 입증[35]하는 보다 용이한 방법을 선택하여 상호폐지 청구권의 발생을 주장할 수도 있다.

35. 이를 증명주제의 선택이라고 하는데(이시윤, 『신민사소송법』(제3판), 제485면), 이 경우 B는 자신에게 부정한 목적이 없음(부존재)을 증명함으로써 추정을 번복할 수 있다. 이러한 면에서 부정한 목적의 입증책임이 A에서 B로 전환된다고 평가할 수 있다. 이시윤, 『신민사소송법』(제3판), 제485면.

사례 06

부실등기의 효력

다음과 같은 사실관계 하에서, 아래의 각 질의에 대해 답하시오.[1]

(1) 원고 회사의 설립 당시의 상황

A와 B는 50:50으로 지분을 보유하여 주식회사를 설립하기로 합의하여 회사(이하, "원고회사")를 설립하였는바, 당초 원고회사의 주주명부에는 B의 아들인 B′가 30%, B의 딸인 B″가 20%를 각 보유하고, A가 20%, A의 며느리인 A′가 30%의 지분을 각 보유하고 있는 것으로 기재되어 있었고, 설립 당시 A′가 원고회사의 대표이사로 선임[2]되어 그 선임등기[3]를 마쳤다.

(2) 그 후, 2002. 9. 13.

B는 원고회사의 주주명부를 변조하고 개최하지도 않은 임시주주총회의 의사록을 허위로 작성하여 X를 대표이사로 선임하는 주주총회결의의 외관을 현출시키고, 이에 기하여 X에 대해 대표이사 선임등기를 마쳤다.

(3) 2002. 10. 7.경

피고는, 원고회사의 대표이사로 자처하는 X와의 사이에, 원고회사 소유의 부동산에 관하여 [채무자를 원고회사, 채권자를 피고]로 하는 근저당권설정계약을 체결하고 그에 기하여 근저당권설정등기(이하, "본건 근저당권설정등기")를 경료한 후, 원고회사에 대한 대출금 명목으로 X에게 2천만원을 교부(이하, "본건 대출")하였다.

---

1. 본 사례는 대법원 2008. 7. 24. 선고 2006다24100 판결을 기초로 하여 작성된 것이다.
2. 대표이사는 원칙적으로 이사회에서 선임하나, 정관에서 주주총회에서 선임하는 것으로 규정할 수 있다. 상법 제389조 제1항(회사는 이사회의 결의로 회사를 대표할 이사를 선정하여야 한다. 그러나 정관으로 주주총회에서 이를 선정할 것을 정할 수 있다).
3. 상법 제317조(설립의 등기) 제2항(제1항의 설립등기에 있어서는 다음의 사항을 등기하여야 한다) 제9호(9. 회사를 대표할 이사의 성명 · 주민등록번호 및 주소).

(4) 2004. 6. 29.

위 주주총회결의에 대하여 주주총회결의 부존재확인판결[4,5,6]이 선고되고, 그 무렵 이 판결이 확정[7]되었다.[8]

설문 1 원고회사의 주주들은 누가 되는가?

설문 2 원고회사는 피고를 상대로 근저당권말소청구를 할 수 있는가?

---

4. 주주총회결의의 성립과정에서의 하자가 현저하게 중대하여 결의의 존재조차 인정할 수 없을 경우에 인정되고, 원고는 확인의 이익이라는 소의 이익이 있는 한 누구라도 될 수 있으며 피고는 당해 회사가 된다. 상법 제380조(결의무효 및 부존재확인의 소): [제186조 내지 제188조, 제190조 본문, 제191조, 제377조와 제378조의 규정은 총회의 결의의 내용이 법령에 위반한 것을 이유로 하여 결의무효의 확인을 청구하는 소와 총회의 소집절차 또는 결의방법에 총회결의가 존재한다고 볼 수 없을 정도의 중대한 하자가 있는 것을 이유로 하여 결의부존재의 확인을 청구하는 소에 이를 준용한다].

5. 대표이사 지위의 부존재와 관련해서는 유의해야 할 판결이 있다. 대법원 1985. 12. 10. 선고 84다카319 판결(주식회사의 이사 및 대표이사 선임결의가 부존재임을 주장하여 생긴 분쟁 중에 그 결의부존재 등에 관하여 주식회사를 상대로 제소하지 아니하기로 하는 부제소 약정을 함에 있어서 주식회사를 대표할 자는 현재 대표이사로 등기되어 그 직무를 행하는 자라 할 것이고 그 대표이사가 부존재라고 다투어지는 대상이 된 결의에 의하여 선임되었다 할지라도 위 약정에서 주식회사를 대표할 수 있는 자임에 틀림없다).

6. 주주총회결의의 효력을 다투는 소송의 형태에는 취소소송(상법 제376조), 무효확인소송(상법 제380조), 부존재확인소송(상법 제380조), 부당결의 취소 · 변경 소송(상법 제381조) 등이 있으나, 우리나라의 비상장법인의 대부분이 가족 중심의 폐쇄적인 회사로서 상법상의 기관운영절차를 아예 무시한채 운영되고 있는 실정이기도 하고, 또한 부존재확인소송은 취소소송과는 달리 제소기간이나 제소권자에 제한이 없으므로(제소권자는 소의 이익이 있으면 누구라도 가능함), 실무적으로는 부존재확인소송이 가장 빈도 높게 이용되고 있다. 이철송, 『회사법강의』, 제502면.

7. 주주총회결의 부존재확인판결은 원고(제소자)와 피고(당해 회사) 이외에도 그 밖의 제3자에게도 그 효력이 미치고(대세적 효력/이유—주주총회결의는 그에 의해 다수인이 회사와 동종의 법률관계를 맺게 되는 단체법적 특성을 가지므로 이를 모두에게 획일적으로 확정할 필요가 있다. 이철송, 『회사법강의』, 제512면), 또한 당해 주주총회결의시로 소급하여 효력이 미친다(소급효). 이 점은 주주총회결의부존재확인소송에 관한 근거규정인 상법 제380조에서 상법 제190조 본문(설립무효의 판결 또는 설립취소의 판결은 제3자에 대하여도 그 효력이 있다)만을 준용하고 그 단서(그러나 판결확정 전에 생긴 회사와 사원 및 제3자 간의 권리의무에 영향을 미치지 아니한다)는 준용하고 있지 않다는 것에서 확인된다. 참고로 1995년의 회사법개정 이전에는 상법 제190조 단서도 준용되고 있었는바, 본 사례는 이와 같은 개정 이후에 있었던 것임을 확인해 둔다.

8. 따라서 원고회사는 새로운 적법한 대표이사(본 사례에서는 A′)에 대하여 다시 등기를 해야 하는데, 이를 게을리하면 등기할 사항을 등기하지 않는 것이므로 상법 제37조가 적용되게 된다. 상법 제37조(등기의 효력): [제1항: 등기할 사항은 이를 등기하지 아니하면 선의의 제3자에게 대항하지 못한다. 제2항: 등기한 후라도 제3자가 정당한 사유로 인하여 이를 알지 못한 때에는 제1항과 같다]. 이와 같이 상법 제37조는 등기를 게을리한 점, 즉 소극적오류에 대해 책임을 묻는 것이다. 이철송, 『상법총칙 · 상행위』, 제229면.

[설문 1] 주주의 확정

(1) 문제의 소재

본 사례에서 원고회사의 설립시 발행되는 신주를 인수함에 있어서 A와 A′의 관계, B와 B′, B″의 관계에 관한 사실관계가 명확한 것은 아니나, A와 B 사이에 50:50으로 지분을 보유하기로 합의하였으나 원고회사의 주주명부에는 B′가 30%, B″가 20%, A가 20%, A′가 30%의 지분을 각 보유하고 있는 것으로 기재[9]되어 있었다.

따라서 본 사례의 경우에는 원고회사가 설립된 이후까지의 사건전개를 다루고 있으므로 일응 신주의 인수대금은 원고회사에 전액 납입된 것으로 보이고, 또한 상호간의 관계가 며느리(A′), 아들(B′), 딸(B″)의 관계임을 감안하면 A, B가 그들의 승낙을 얻어서 신주를 인수한 것으로 보이지만, 만약 납입이 완료되지 않은 상태라면 신주 인수대금의 납입의무와 관련해서는 상법 제332조에 의해서 처리되게 될 것이다.

상법 제332조(가설인, 타인의 명의에 의한 인수인의 책임)

제1항: 가설인의 명의로 주식을 인수하거나 타인의 승락없이 그 명의로 주식을 인수한 자[10]는 주식인수인으로서의 책임[11]이 있다.

제2항: 타인의 승락을 얻어 그 명의로 주식을 인수한 자[12]는 그 타인[13]과 연대하여 납입할 책임이 있다.

---

9. 주주명부에의 기재가 권리를 창설하는 효력이 있는 것은 아니므로, 실체법상 주식을 취득하지 못한 자가 명의개서를 했다고 해서 주주권을 취득하는 것은 아니고, 그가 무권리자라는 사실이 증명되면 당연히 그의 주주권이 부인된다. 대법원 1989. 7. 11. 선고 89다카5345 판결(상법상 주권의 점유자는 적법한 소지인으로 추정하고 있으나(제336조 제2항) 이는 주권을 점유하는 자는 반증이 없는 한 그 권리자로 인정된다는 것, 즉 주권의 점유에 자격수여적 효력을 부여한 것이므로 이를 다투는 자는 반대사실을 입증하여 반증할 수 있고, 또한 등기주식의 이전은 취득자의 성격과 주소를 주주명부에 기재하여야만 회사에 대하여 대항할 수 있는바(제337조 제1항), 이 역시 주주명부에 기재된 명의상의 주주는 실질적 권리를 증명하지 않아도 주주의 권리를 행사할 수 있게 한 자격수여적 효력만을 인정한 것뿐이지 주주명부의 기재에 창설적 효력을 인정하는 것이 아니므로 반증에 의하여 실질상 주식을 취득하지 못하였다고 인정되는 자가 명의개서를 받았다 하여 주주의 권리를 행사할 수 있는 것은 아니다).

10. 실질적인 주식인수인(즉, 명의차용인, 실질주주)을 의미한다.

11. 동조 제2항과 마찬가지로, 신주인수대금의 납입책임을 의미한다.

12. 실질적인 주식인수인(즉, 명의차용인, 실질주주)을 의미한다.

13. 명의상의 주식인수인(즉, 명의대여자, 명의주주)을 의미한다.

그런데 본 사례는 일응 납입의무는 모두 이행된 것으로 보이므로, 그 이후의 문제, 즉 누가 원고회사의 주주로 되어 주주권(구체적으로 이익배당청구권, 신주인수권, 의결권 등)을 행사하는지(주주의 확정)라는 문제가 제기될 수 있는데, 이에 대해서는 상법 제332조가 타인 명의의 주식인수도 유효함을 전제로 직접적으로는 인수대금의 납입의무에 대해서만 규정하고 있으므로 견해가 대립되고 있다.[14,15]

(2) 설문의 해결

검토컨대, 본 사례의 경우에 사실관계가 상세히 밝혀지지 않는 상황이어서 A와 A′의 관계, B와 B′, B″의 관계가 명의대여의 경우인지, 아니면 명의신탁인 경우인지 불명한 상황이기는 하나, 앞에서 살펴본 바와 같이 특단의 사정이 없는 한 명의대여의 경우에는 실질주주[16](즉, 실제로 주식을 인수하여 그 대금을 납입한 명의차용인/본 사례의

14. 실질주주가 주주가 된다는 견해의 논거: [사실상 행위를 한 자가 권리, 의무의 주체가 되는 것이 타당하다(의사주의)/상법 제332조 제1항의 경우 실질주주만 납입책임을 부담하므로 주주지위도 실질주주가 취득한다/상법 제332조 제2항의 경우에도 동조 제1항의 해석과 균형있게 해석해야 한다]. 이철송, 『회사법강의』, 제251면.

15. 명의주주가 주주가 된다는 견해의 논거: [회사법상의 행위는 집단적으로 행해지므로 법적 안정성이 강하게 요청된다/회사 입장에서는 실질주주의 조사가 불가능하다/명의주주로부터 주식을 양수한 자, 질권을 취득한 자, 압류채권자 등의 제3자가 보호되어야 주식의 유통성이 저해받지 않는다/명의대차와 그 목적, 외관에서 유사한 명의신탁에서도 명의주주를 주주로 보고 있는데, 이와의 균형있는 해석이 타당하다. 이철송, 『회사법강의』, 제251면, 제252면. 대법원 1989. 10. 24. 선고 88다카15505 판결(명의신탁의 경우 대외적 관계에 있어서는 수탁자에게 소유명의가 있고 그에게 소유권이 귀속되는 것이나 신탁자와 수탁자와의 대내적 관계에 있어서는 신탁자가 소유권을 보유하고 이를 관리하며 사용 수익하는 것이므로 수탁자는 명의신탁계약에 의하여 신탁자로부터 당해 권리를 대외적으로 이전받음에 있어 그 대가를 지급할 성질의 것이 아니라고 할 것이며, 만일 매수명의인이 당해 권리를 취득함에 있어 그 대가를 지급하였다면 특별한 사정이 없는 한 당해 권리는 그 매수인의 소유로 귀속되는 것이지 명의신탁을 받은 것은 아니라고 보아야 할 것이므로, 모기업인 갑회사가 소유하고 있는 자회사의 주식을 위장분산시켜 둘 목적으로 자회사인 을, 병회사에 각각 돈을 대여하고 자회사들로 하여금 다른 자회사의 주식을 갑회사로부터 매수하도록 하였더라도 사실은 갑회사가 돈을 대여해 주지 않으면서 대여한 것처럼 가정하거나 후에 자회사들이 이를 변제하지 않고서도 변제한 것처럼 가정하기로 한 것이거나 그 밖에 특별한 사정이 없는 한 자회사들이 매수한 주식이 명의신탁된 것이라고 할 수는 없다).

16. 대법원 1980. 9. 19. 자 80마396 결정(타인의 승락을 얻어 그 명의를 빌려서 주식을 인수하고 그 대금을 납입한 경우에는 그 명의 차용인만이 실질상의 주식인수인으로서 주주가 되는 것이고 단순한 명의대여인은 주주가 될 수 없다) ; 대법원 1998. 9. 8. 선고 96다45818 판결([1] 주식회사가 주주명부상의 주주에게 주주총회의 소집을 통지하고 그 주주로 하여금 의결권을 행사하게 하면, 그 주주가 단순히 명의만을 대여한 이른바 형식주주에 불과하여도 그 의결권 행사는 적법하지만, 주식회사가 주주명부상의 주주가 형식주주에 불과하다는 것을 알았거나 중대한 과실로 알지 못하였고 또한 이를 용이하게 증명

경우에는 실제로 주식을 인수하고 납입을 한 자가 누구인지가 불명확함)가, 그리고 명의신탁[17]인 경우에는 명의주주[18](즉, 명의수탁자/본 사례의 경우에는 A′, B′, B″)가 각각 주주명부에 보유한 것으로 기재된 주식비율에 관해서는 주주가 된다고 할 것이다.

[설문 2] 근저당권 말소청구

(1) 문제의 소재

앞에서 살펴본 바와 같이, 주주총회결의 부존재확인판결은 원고(제소자)와 피고(당

하여 의결권 행사를 거절할 수 있었음에도 의결권 행사를 용인하거나 의결권을 행사하게 한 경우에는 그 의결권 행사는 위법하게 된다. [2] 주주명부상의 주주가 실질주주가 아님을 회사가 알고 있었고 이를 용이하게 증명할 수 있었는데도 위 형식주주에게 소집통지를 하고 의결권을 행사하게 한 잘못이 인정된다는 이유로 그 주주총회결의를 취소할 수 있다고 본 사례) ; 대법원 2004. 3. 26. 선고 2002다29138 판결(… 중간 생략 … 주식을 인수함에 있어 타인의 승낙을 얻어 그 명의로 출자하여 주식대금을 납입한 경우에는 실제로 주식을 인수하여 그 대금을 납입한 명의차용인만이 실질상의 주식인수인으로서 주주가 된다고 할 것이고 단순한 명의대여인은 주주가 될 수 없다).

17. 실무적으로, 신탁자가 주식의 명의신탁을 해지하면서 수탁자에게 주식의 반환을 청구하는데 수탁자가 이를 거부하여 신탁자가 승탁자를 상대로 주식의 반환을 청구하는 소송이 꽤 있다. 이때 수탁자의 주요한 주장은 주식이 명의신탁된 것이 아니라 주식을 증여받았다고 하는 것이다. 이러한 소송은, 부가 자녀가 어렸을 때 이러저러한 사정 때문에 자녀의 명의로 주식을 취득해 놓았는데, 그 주식발행회사가 급성장하여 주식가치가 높아지고, 부모의 이혼 등의 사유로 부와 자녀와의 사이가 소원해지는 경우에도 제기되기도 한다. 이 경우, 주식이 신탁된 것인지 증여된 것인지, 이를 입증할 명백한 서면증거(예: 계약서)가 있으면 판단이 비교적 용이할 것이나, 부와 어린 자녀 사이에 관계가 좋았을 때 이러한 서면증거를 미리 구비해 놓는 경우는 그리 많지 않다. 아무튼, 이 경우에는 주주명부에 주주로 등재되게 된 경위, 배당금을 실제로 누가 수령해 왔는지, 주주총회, 이사회 등에 출석을 해왔는지 등 사실상 주주권을 누가 행사해 왔는지가 중요한 판단기준으로 작용하고 있는 것으로 보인다. 서울고등법원 1994. 4. 28. 선고 93나29732 판결 참조.

18. 대법원 1989. 10. 24. 선고 88다카15505 판결(명의신탁의 경우 대외적 관계에 있어서는 수탁자에게 소유명의가 있고 그에게 소유권이 귀속되는 것이나 신탁자와 수탁자와의 대내적 관계에 있어서는 신탁자가 소유권을 보유하고 이를 관리하며 사용 수익하는 것이므로) ; 대법원 1992. 10. 27. 선고 92다16386 판결(주주명의를 신탁한 사람이 수탁자에 대하여 명의신탁계약을 해지하면 바로 주주의 권리가 명의신탁자에게 복귀하는 것이지 주식의 양도를 위하여 새로 법률행위를 하여야 하는 것은 아니다) ; 대법원 1983. 8. 23. 선고 83누42 판결(소유권의 명의만이 이전되는 소위 명의신탁은 신탁법상의 신탁이 아니므로 신탁재산인 사실을 등기, 등록하지 아니하였다 하더라도 수탁자에게 증여된 것이라고 볼 수 없는 바이니, 주식을 증자발행함에 있어서 세제상의 혜택을 얻으려고 소지하고 있는 타인의 인장을 이용하여 사전승인이나 동의없이 주식을 그 타인 명의로 주주명단에 등재하였다면 주식을 증여하였다거나 신탁을 설정했다고 볼 수 없다).

해회사) 이외에도 그 밖의 제3자에게도 그 효력이 미치고(대세적 효력) 또한 당해 주주총회결의시로 소급하여 효력이 미치므로(소급효), 이러한 주주총회결의를 전제로 진행된 대표이사(X)의 선임 및 그 대표이사(X)가 행한 과거의 법률관계, 특히 본 사례의 피고로부터의 2천만원의 본건 대출 및 원고회사 부동산에 대한 본건 근저당권설정등기와 같은 대외적인 거래 역시 전부 다 무효가 된다. 따라서 원칙적으로 원고회사는 피고에 대하여 소급하여 무효로 된 본건 근저당권설정등기의 말소를 청구할 수가 있게 된다.

이와 같이 거래상대방(피고)이 피해를 보게 되는 경우에는 거래의 안전을 해하게 되는바, 이를 구제하기 위해서 원용될 수 있는 제도로서 상법 제39조의 부실등기와 상법 제395조의 표현대표이사가 있는바, 본 사례의 경우에도 이와 같은 제도가 적용되어 피고(거래 상대방)가 보호될 수 있는 여지가 있는지, 다시 말하면 원고회사가 피고에 대하여 본건 근저당권설정등기의 말소청구를 할 수 없는 것은 아닌지를 살펴보기로 한다.

(2) 상법 제39조의 적용가능성

상법 제39조(부실의 등기)는 "고의 또는 과실[19]로 인하여 사실과 상위한 사항[20]을 등기한[21] 자[22]는 그 상위를 선의[23]의 제3자에게 대항하지 못한다"[24]라고 규정하고 있

19. 등기신청인의 귀책사유(고의, 과실)만을 의미하므로, 그 이외의 자(예: 등기공무원, 제3자)의 귀책사유로 인한 경우에는 본조가 적용되지 않는다. 한편, 등기신청인이 회사인 경우(예: 대표이사의 선임등기)의 귀책사유 유무는 대표기관(예: 대표이사)을 기준으로 하여 판단한다. 대법원 1981. 1. 27. 선고 79다1618,1619 판결(합명회사에 있어서 상법 제39조 소정의 부실등기에 대한 고의 과실의 유무는 그 대표사원을 기준으로 판정하여야 하고 대표사원의 유고로 회사정관에 따라 업무를 집행하는 사원이 있다고 하더라도 그 사원을 기준으로 판정하여서는 아니 된다).

20. 등기부에 등기해야 하는 등기사항(예: 지배인, 대표이사)만이 본조의 적용대상이 된다.

21. 따라서 본조는 당초에는 등기신청인이 적극적으로 허위사항을 등기신청하는 경우(적극적 오류)를 예상한 규정이다. 그러나 제3자가 신청한 경우라도 등기신청인이 이에 관여하거나 알고 방치한 경우에도 본조가 유추적용되는데(판례 및 통설의 입장), 과실로 방치한 경우에도 유추적용되는지에 대해서는 기존의 판례와 본 사례에 관한 판례가 상충하는 듯한 느낌이 없지 않은데 이러한 판례들을 차례대로 소개한다. 이철송, 『상법총칙 · 상행위』, 제230면. 대법원 1975. 5. 27. 선고 74다1366 판결(부실등기의 효력을 규정한 상법 제39조는 등기신청권자 아닌 제3자의 문서위조 등의 방법으로 이루어진 부실등기에 있어서는 등기신청권자에게 그 부실등기의 경료 및 존속에 있어서 그 정도가 어떠하건 과실이 있다는 사유만 가지고는 회사가 선의의 제3자에게 대항할 수 없음을 규정한 취지가 아니다) ; 대법원 2008. 7. 24. 선고 2006다24100 판결[등기신청권자에 대하여 상법 제39조에 의한 불실등기(부실등기) 책임을 묻

으므로, 본 사례의 경우에도 이 규정이 적용되는지를 검토하여 본다.

검토컨대, 등기신청권자에 대하여 상법 제39조에 의한 불실등기(부실등기) 책임을 묻기 위해서는, 원칙적으로 그 등기가 등기신청권자에 의하여 마쳐진 것임을 요하지만, 등기신청권자가 스스로 등기를 하지 아니하였다 하더라도 그의 책임있는 사유로 그 등기가 이루어지는 데에 관여하거나 그 불실등기의 존재를 알고 있음에도 이를 시정하지 않고 방치하는 등 등기신청권자의 고의 또는 과실로 불실등기를 한 것과 동일시할 수 있는 특별한 사정이 있는 경우에는, 그 등기신청권자에 대하여 상법 제39조에 의한 불실등기 책임을 물을 수 있다고 할 것이다.

그런데 등기신청권자 아닌 자가 주주총회의사록 및 이사회의사록 등을 허위로 작성하여 주주총회결의 및 이사회결의 등의 외관을 만들고 이에 터잡아 대표이사 선임등기를 마친 경우에는, 주주총회의 개최와 결의가 존재하나 무효 또는 취소사유가 있는 경우와는 달리, 그 대표이사 선임에 관한 주식회사 내부의 의사결정은 존재하지 아니하여 등기신청권자인 회사가 그 등기가 이루어지는 데에 관여할 수 없었을 것이므로, 달리 회사의 적법한 대표이사가 그 불실등기가 이루어지는 것에 협조·묵인하는 등의 방법으로 관여하였다거나 회사가 그 불실등기의 존재를 알고 있음에도 시정하지 않고 방치하는 등 이를 회사의 고의 또는 과실로 불실등기를 한 것과 동일시할 수 있는 특별한 사정이 없는 한 회사에 대하여 상법 제39조에 의한 불실등기 책임을 물을 수 없다고 할 것이고, 이 경우 위와 같이 허위의 주주총회결의 등의 외관을 만들어 불실등기를 마친 자가 회사의 상당한 지분을 가진 주주라고 하더라도 그러한 사정만으로는 회사의 고의 또는 과실로 불실등기를 한 것과 동일시할 수는

기 위하여는 원칙적으로 그 등기가 등기신청권자에 의하여 마쳐진 것임을 요하지만, 등기신청권자가 스스로 등기를 하지 아니하였다 하더라도 그 등기가 이루어지는 데 관여하거나 그 불실등기의 존재를 알고 있음에도 이를 시정하지 않고 방치하는 등 등기신청권자의 고의 또는 과실로 불실등기를 한 것과 동일시할 수 있는 특별한 사정이 있는 경우에는 그 등기신청권자에 대하여 상법 제39조에 의한 불실등기 책임을 물을 수 있다].

22. 등기신청인의 허위등기에 동의한 자도 본조에 따른 책임을 진다. 이철송, 『상법총칙·상행위』, 제231면.

23. 선의이기는 하나 중과실 있는 제3자도 본조에 의한 보호를 받는지에 대해서는 견해가 대립하고 있고, 여기서의 제3자는 등기신청인과의 직접의 거래상대방뿐만 아니라 이해관계인 일반(예: 허위 지배인으로부터 어음을 수취한 자로부터 배서에 의해 취득한 자)도 포함된다. 이철송, 『상법총칙·상행위』, 제232면.

24. 등기신청인이, 자신에게 귀책사유(고의, 과실)가 없다는 점이나 제3자가 악의라는 점에 대해서 입증책임을 부담한다. 물론, 등기신청인이 아닌 제3자가 허위등기임을 주장하는 것은 가능하다. 이철송, 『상법총칙·상행위』, 제232면.

없다 할 것이다.

결국 본 사례의 경우에는, X를 원고회사의 대표이사로 선임하는 데 대한 원고회사의 주주총회결의 또는 이사회결의와 같은 내부 의사결정은 전혀 존재하지 아니하였고, 원고회사의 적법한 대표이사(A')가 B의 위와 같은 행위에 관여하거나 X의 대표이사 선임등기의 존재를 알고도 이를 묵인·방치하였다고 인정할 만한 자료를 찾아볼 수 없으므로, B가 그 아들, 딸을 통하여 원고회사 발행 주식의 50%에 상당하는 권리를 행사할 수 있었다는 사정만으로는 사실과 다른 X의 대표이사 선임등기를 원고 회사가 한 등기와 동일시할 수 있는 특별한 사정이 있다고 보아 원고회사가 X와 피고 사이에 체결된 근저당권설정계약에 대하여 상법 제39조에 의한 불실등기 책임을 져야 한다고 할 수는 없다.[25]

(3) 상법 제395조의 적용가능성

상법 제395조(표현대표이사의 행위와 회사의 책임)[26]는 "사장, 부사장, 전무, 상무[27] 기타 회사를 대표[28]할 권한이 있는 것으로 인정될 만한 명칭[29]을 사용[30,31]한 이사[32]

---

25. 본 사례에 관한 대법원 2008. 7. 24. 선고 2006다24100 판결 참조.

26. 본조의 취지에 대하여 판례는 다음과 같이 설시하고 있다. 대법원 1988. 10. 11. 선고 86다카2936 판결(상법 제395조의 표현대표이사책임에 관한 규정의 취지는 회사의 대표이사가 아닌 이사가 외관상 회사의 대표권이 있는 것으로 인정될 만한 명칭을 사용하여 거래행위를 하고 이러한 외관상 회사의 대표행위에 대하여 회사에게 귀책사유가 있는 경우에 그 외관을 믿은 선의의 제3자를 보호함으로써 상거래의 신뢰와 안전을 도모하려는 데에 있다).

27. 표현대표이사의 명칭을 예시한 것에 불과하다. 대법원 1999. 11. 12. 선고 99다19797 판결(상법 제395조는 표현대표이사의 명칭을 예시하면서 사장, 부사장, 전무, 상무 등의 명칭을 들고 있는바).

28. 공동대표이사에 불과한 자가, 단독대표권이 있는 것 같은 명칭을 사용하는 경우(예: 사장, 대표이사사장)뿐만 아니라 단지 대표이사라는 명칭만을 사용하는 경우에도, 본조는 적용될 수 있다. 대법원 1993. 12. 28. 선고 93다47653 판결(회사가 수인의 대표이사가 공동으로 회사를 대표할 것을 정하고 이를 등기한 경우에도, 공동대표이사 중의 1인이 대표이사라는 명칭을 사용하여 법률행위를 하는 것을 용인하거나 방임한 때에는, 그 공동대표이사가 단독으로 회사를 대표하여 한 법률행위에 관하여 회사가 선의의 제3자에 대하여 상법 제395조에 따른 책임을 진다) ; 대법원 1992. 10. 27. 선고 92다19033 판결(회사가 공동대표이사에게 단순한 대표이사라는 명칭을 사용하여 법률행위를 하는 것을 용인 내지 방임한 경우에도 회사는 상법 제395조에 의한 표현책임을 면할 수 없다).

29. 이러한 표현적 명칭에 해당하는지 여부는 사회 일반의 거래통념에 따라 결정하는바, 경리담당이사는 해당되지 않는다. 대법원 2003. 2. 11. 선고 2002다62029 판결(경리담당이사는 회사를 대표할 권한이 있는 것으로 인정될 만한 명칭에 해당한다고 볼 수 없다고 하여 상법 제395조에 따른 회사의 책임을 부정한 사례).

의 행위[33,34]에 대하여는 그 이사가 회사를 대표할 권한이 없는 경우에도 회사는 선

30. 표현적 명칭의 사용에 대하여 회사가 명시적 허용을 한 경우에만 본조가 적용되나, 소극적 묵인의 경우에도(예: 알면서도 방치하는 것) 유추적용된다. 다만, 알면서 방치하는 것이 아니라 과실에 의해 방치하는 경우에는 적용은 물론 유추적용되지도 않는다. 대법원 1998. 3. 27. 선고 97다34709 판결(상법 제395조가 회사를 대표할 권한이 있는 것으로 인정될 만한 명칭을 사용한 이사의 행위에 대한 회사의 책임을 규정한 것이어서, 표현대표이사가 이사의 자격을 갖출 것을 요건으로 하고 있으나, 이 규정은 표시에 의한 금반언의 법리나 외관이론에 따라 대표이사로서의 외관을 신뢰한 제3자를 보호하기 위하여 그와 같은 외관의 존재에 대하여 귀책사유가 있는 회사로 하여금 선의의 제3자에 대하여 그들의 행위에 관한 책임을 지도록 하려는 것이므로, 회사가 이사의 자격이 없는 자에게 표현대표이사의 명칭을 사용하게 허용한 경우는 물론, 이사의 자격이 없는 사람이 임의로 표현대표이사의 명칭을 사용하고 있는 것을 회사가 알면서도 아무런 조치를 취하지 아니한 채 그대로 방치하여 소극적으로 묵인한 경우에도 위 규정이 유추적용되는 것으로 해석함이 상당하다) ; 대법원 2005. 9. 9. 선고 2004다17702 판결[이사 또는 이사의 자격이 없는 자가 임의로 표현대표자의 명칭을 사용하고 있는 것을 회사가 알면서 이에 동조하거나 아무런 조치를 취하지 아니한 채 그대로 방치하는 경우, 회사가 표현대표자의 명칭 사용을 묵시적으로 승인한 것으로 볼 수 있는지 여부(적극)] ; 대법원 1975. 5. 27. 선고 74다1366 판결(상법 제395조에 의하여 표현대표자의 행위에 대하여 회사가 책임을 지는 것은 회사가 표현대표자의 명칭 사용을 명시적으로나 묵시적으로 승인할 경우에만 한하는 것이고 회사의 명칭 사용 승인없이 임의로 명칭을 잠칭한 자의 행위에 대하여는 비록 그 명칭 사용을 알지 못하고 제지하지 못한 점에 있어서 회사에게 과실이 있다고 할지라도 그 회사의 책임으로 돌려 선의의 제3자에 대하여 책임을 지게 하는 취지가 아니다).

31. 명칭 사용 허용주체에 대해서는 일정한 제한이 있다. 대법원 1992. 9. 22. 선고 91다5365 판결(회사가 표현대표를 허용하였다고 하기 위하여는 진정한 대표이사가 이를 허용하거나, 이사 전원이 아닐지라도 적어도 이사회의 결의의 성립을 위하여 회사의 정관에서 정한 이사의 수, 그와 같은 정관의 규정이 없다면 최소한 이사 정원의 과반수의 이사가 적극적 또는 묵시적으로 표현대표를 허용한 경우이어야 할 것이므로).

32. 그러나 이사자격이 없는 자의 표현대표행위에도 본조는 유추적용된다. 바로 위 판례 참조.

33. 표현대표행위에는 대표이사의 권한 내에 해당하는(따라서 사전에 이사회결의나 주주총회결의가 필요한 경우에는 그러한 절차까지 완료해야 함) 대외적인 대표행위만 포함되고(대표행위를 대리하는 행위는 포함되지 않음), 거래행위이어야 하므로 불법행위와 소송행위는 여기에 포함되지 않는다는 것이 일반적인 견해인 듯하나(이철송, 『회사법강의』, 제594면), 소취하(항고심판 취하서의 제출)가 표현대표행위에 포함된다는 판례가 있다. 대법원 1998. 3. 27. 선고 97다34709 판결(표현대표이사의 행위와 이사회의 결의를 거치지 아니한 대표이사의 행위는 모두 본래는 회사가 책임을 질 수 없는 행위들이지만 거래의 안전과 외관이론의 정신에 입각하여 그 행위를 신뢰한 제3자가 보호된다는 점에 공통되는 면이 있으나, 제3자의 신뢰의 대상이 전자에 있어서는 대표권의 존재인 반면, 후자에 있어서는 대표권의 범위이므로 제3자가 보호받기 위한 구체적인 요건이 반드시 서로 같다고 할 것은 아니고, 따라서 표현대표이사의 행위로 인정이 되는 경우라고 하더라도 만일 그 행위에 이사회의 결의가 필요하고 거래의 상대방인 제3자의 입장에서 이사회의 결의가 없었음을 알았거나 알 수 있었을 경우라면 회사로서는 그 행위에 대한 책임을 면한다) ; 대법원 2003. 2. 11. 선고 2002다62029 판결(상법 제395조에 정한 표현대표이사의 행위로 인한 회사의 책임이 성립하기 위하여는 회사의 대표이사가 아닌 이사가 외관상 회사의 대표권이 있는 것으로 인정될 만한 명칭을 사용하여 거래행위를 하여야 하고) ; 대법원 1970. 6. 30. 선고 70후7 판결["주식회사(유한회사)의 전무이사의 자격으로서 한 소송행위는 이사의 등기가 되어 있지 않더라도 유효하다", "소론은 첫째, 심판청구인 한국스레트공업주식회사의 전무이사인 소외 1이 금강스레

의[35,36,37,38]의 제3자[39]에 대하여 그 책임을 진다"라고 규정하고 있으므로, 본 사례의

트 공업주식회사의 대표이사 사장 소외 2가 본건 특허권의 전용실시권의 일부를 양도한다고 감언이설로 꼬여서 이에 넘어가 심판청구인 회사의 대표기관의 동의도 없이 자의적으로 이 사건 항고심판청구 취하서를 제출하게 된 것으로 아무런 권한 없는 자의 행위로서 그 취하는 무효라는 것이나 소외 1이 심판청구인 회사를 대표할 권한이 있는 것으로 인정될 만한 전무이사직(상법 제395조 참조)에 있었음은 심판청구인이 스스로 주장하는 바이고 등기되어 있지 않은 이사라 하더라도 이는 심판청구인 회사의 내부적 사정에 불과한 것이고"] ; 대법원 1968. 7. 30. 선고 68다127 판결(대표권이 없는 상무이사가 대표이사를 대리하여 법률행위를 한 경우에는 본조는 적용되지 아니하고 대리에 관한 규정이 적용된다 할 것이다).

34. 표현대표이사가 자기의 명칭이 아닌 다른 대표이사(예: 진정한 대표이사)의 명칭을 사용한 경우에도 본조는 적용된다. 대법원 1998. 3. 27. 선고 97다34709 판결(상법 제395조는 표현대표이사가 자기의 명칭을 사용하여 법률행위를 한 경우는 물론이고 자기의 명칭을 사용하지 아니하고 다른 대표이사의 명칭을 사용하여 행위를 한 경우에도 적용된다).

35. 그러나 중과실이 있는 제3자는 본조에 의한 보호를 받지 못하는바, 중과실은 거래통념상 요구되는 주의의무에 현저히 위반하는 것으로서, 공평의 관점에서 제3자를 구태여 보호할 필요가 없다고 봄이 상당하다고 인정되는 상태를 말한다. 대법원 1999. 11. 12. 선고 99다19797 판결(상법 제395조가 규정하는 표현대표이사의 행위로 인한 주식회사의 책임이 성립하기 위하여 법률행위의 상대방이 된 제3자의 선의 이외에 무과실까지도 필요로 하는 것은 아니지만, 그 규정의 취지는 회사의 대표이사가 아닌 이사가 외관상 회사의 대표권이 있는 것으로 인정될 만한 명칭을 사용하여 거래행위를 하고, 이러한 외관이 생겨난 데에 관하여 회사에 귀책사유가 있는 경우에 그 외관을 믿은 선의의 제3자를 보호함으로써 상거래의 신뢰와 안전을 도모하려는 데에 있다 할 것인바, 그와 같은 제3자의 신뢰는 보호할 만한 가치가 있는 정당한 것이어야 할 것이므로 설령 제3자가 회사의 대표이사가 아닌 이사가 그 거래행위를 함에 있어서 회사를 대표할 권한이 있다고 믿었다 할지라도 그와 같이 믿음에 있어서 중대한 과실이 있는 경우에는 회사는 그 제3자에 대하여는 책임을 지지 아니한다) ; 대법원 2003. 9. 26. 선고 2002다65073 판결(여기서 제3자의 중대한 과실이라 함은 제3자가 조금만 주의를 기울였더라면 표현대표이사의 행위가 대표권에 기한 것이 아니라는 사정을 알 수 있었음에도 만연히 이를 대표권에 기한 행위라고 믿음으로써 거래통념상 요구되는 주의의무에 현저히 위반하는 것으로서, 공평의 관점에서 제3자를 구태여 보호할 필요가 없다고 봄이 상당하다고 인정되는 상태를 말한다).

36. 제3자의 선의·중과실의 유무는, 거래통념에 비추어 개별적·구체적으로 판단한다. 대법원 1999. 11. 12. 선고 99다19797 판결(상법은 모든 이사에게 회사의 대표권을 인정하지 아니하고, 이사회 또는 주주총회에서 선정한 대표이사에게만 회사 대표권을 인정하고 있으며, 그와 같은 제도는 상법이 시행된 이후 상당한 기간 동안 변함없이 계속하여 시행되어 왔고, 그동안 국민 일반의 교육수준도 향상되고 일반인들이 회사 제도와 대표이사 제도를 접하는 기회도 현저하게 많아졌기 때문에 일반인들도 그와 같은 상법의 대표이사 제도를 보다 더 잘 이해하게 되었으며, 적어도 직제상 사장, 부사장, 전무, 상무 등의 직책을 두고 있는 주식회사의 경우라면 상법상 대표이사에게는 사장 등의 직책과는 별도로 대표이사라는 명칭을 사용하도록 하고 상법상 대표이사가 아닌 이사에게는 대표이사라는 명칭을 사용하지 못하도록 하고 있으며, 또한 규모가 큰 주식회사의 경우 직제상 사장의 직책을 가지는 이사는 대표이사로 선정되어 있는 경우가 많은 반면, 직제상 전무 또는 상무의 직책을 가지는 이사는 반드시 그러하지는 아니하고, 전무 또는 상무의 직책을 가지면서 동시에 대표이사로 선정되어 있는 이사들은 대표이사 전무, 대표이사 상무 등의 명칭을 사용하는 것이 현재 우리나라 경제계의 실정이고, 따라서 상법 제395조가 표현대표이사의 명칭으로 사장, 부사장, 전무, 상무 등의 명칭을 나란히 예시하고 있다 하더라도 그 각 명칭에 대하여 거래통념상 제3자가 가질 수 있는 신뢰의 정도는 한결같다고 할 수 없으므로 위

경우에도 이 규정이 적용되는지를 검토하여 본다.

검토컨대, 이사를 선임한 주주총회결의가 취소, 무효, 부존재인 경우에는 그 이사들이 구성한 이사회에서 선정된 대표이사도 표현대표이사에 해당될 수 있고,[40] 이와 같은 논리는 이사를 선임한 주주총회결의에 아무런 흠이 없으나 그 후 대표이사를 선임한 이사회결의에 하자가 있을 경우에도 같은 논리가 적용된다.

본 사례의 경우에는 X를 대표이사로 선임하는 주주총회결의에 대하여 부존재하다는 것이 판결에 의해 확정되었는바, 역시 위에서 설시한 법리에 의해서 표현대표이사의 법리가 적용될 수 있다. 그런데 앞서 살펴본 바와 같이 표현적 명칭의 사용에 대하여 원고회사가 명시적 허용을 하거나 적어도 알면서도 방치하는 소극적 묵인이 있어야만 표현대표이사 법리가 적용 또는 유추적용될 수 있는데, 본 사례의 경우에는 X를 원고회사의 대표이사로 선임하는 데 대한 원고회사의 주주총회결의 또는 이사회결의와 같은 내부 의사결정은 전혀 존재하지 아니하였고, 원고회사의 적법한 대표이사(A′)가 B의 위와 같은 행위 및 X의 대표행위(본건 대출 및 본건 근저당권설정행위)에 대하여 명시적으로 허용하였거나 알고도 방치하는 소극적 묵인도 하지 아니하였다.

와 같은 각 명칭에 대하여 제3자가 그 명칭을 사용한 이사가 회사를 대표할 권한이 있다고 믿었는지 여부, 그와 같이 믿음에 있어서 중과실이 있는지 여부 등은 거래통념에 비추어 개별적·구체적으로 결정하여야 할 것이며, 특히 규모가 큰 주식회사에 있어서 대표이사 전무 또는 대표이사 상무 등의 명칭을 사용하지 아니하고, 단지 전무이사 또는 상무이사 등의 명칭을 사용하는 이사에 대하여는 제3자가 악의라거나 중과실이 있다는 회사측의 항변을 배척함에 있어서는 구체적인 당해 거래의 당사자와 거래 내용 등에 관하여 신중한 심리를 필요로 하고, 함부로 그 항변을 배척하여서는 아니 된다).

37. 회사가 제3자의 악의에 대한 입증책임을 부담한다. 대법원 1971. 6. 29. 선고 71다946 판결[그렇다면 원심이 소외 김희철에게 외관상 피고회사의 대표권이 있었다고 보여지는 이 사건에 있어서 소외 김금자(주: 거래상대방)가 악의였다는 입증이 없으니 피고회사는 상법 제395조의 규정에 의하여 소외 김희철의 행위에 대하여 책임이 있다고 판시한 판결이유는 정당하고 논지는 이유 없다].

38. 표현대표이사에게 대표권이 없음을 알지 못한 것을 말한다. 대법원 1998. 3. 27. 선고 97다34709 판결(상법 제395조 소정의 선의란 표현대표이사가 대표권이 없음을 알지 못한 것을 말하는 것이지 반드시 형식상 대표이사가 아니라는 것을 알지 못한 것에 한정할 필요는 없다).

39. 표현대표이사의 행위의 직접의 거래상대방뿐만 아니라 표현적 명칭을 신뢰한 모든 사람을 포함한다. 대법원 2003. 9. 26. 선고 2002다65073 판결(회사를 대표할 권한이 없는 표현대표이사가 다른 대표이사의 명칭을 사용하여 어음행위를 한 경우, 회사가 책임을 지는 선의의 제3자의 범위에는 표현대표이사로부터 직접 어음을 취득한 상대방뿐만 아니라, 그로부터 어음을 다시 배서양도받은 제3취득자도 포함된다).

40. 주주총회에서 이사로 선임된 자가 이사회에서 대표이사로 선임되었으나, 이사를 선임한 주주총회결의가 부존재한 것으로 된 경우, 그 대표이사가 행했던 대표행위를 표현대표이사의 행위로 인정한 판례로는 대법원 1992. 9. 22. 선고 91다5365 판결, 대법원 1992. 7. 28. 선고 91다35816 판결 참조.

따라서 본 사례의 경우에는 원고회사는 피고에 대하여 상법 제395조에 따른 책임을 지지 않는다 할 것이다.

(4) 결론

그렇다면 본 사례의 경우에는 상법 제39조 및 상법 제395조에 따른 원고회사의 피고에 대한 책임이 각 부정된다고 할 것이므로, 결국 원고회사는 피고를 상대로 근저당권말소청구를 할 수 있을 것이다.

[사례 07]

상호속용 영업양수인의 책임

다음과 같은 사실관계 하에서, 아래의 각 질의에 대해 답하시오?[1]

1993. 8. 2. 주식회사 파주레미콘(이하, "파주레미콘")는 파주콘크리트 주식회사(이하, "파주콘크리트")에게 1993. 7. 19. 매매를 원인으로 하여 공장건물 등에 관하여 소유권이전등기를 넘겨주는 등 영업에 필요한 시설 등을 양도(이하, "본건 양도")하였다.
그 후, 파주레미콘의 이사 3인 중 2인이 파주콘크리트의 이사로 등기되었고, 파주레미콘의 직원 중 일부가 파주콘크리트로 옮겨 그대로 근무하고 있으며, 파주콘크리트는 파주레미콘의 채무에 관하여 파주레미콘을 대신하여 변제하거나 파주콘크리트 명의의 약속어음을 발행하여 주고, 파주레미콘의 종전 거래처들과 거래관계를 계속적으로 유지하면서 기존 거래처들에게 그 양수한 공장에서 생산한 레미콘을 계속 공급하고 있다.
한편, 파주콘크리트의 주된 영업목적은 파주레미콘과 유사하고, 파주콘크리트의 등기부상 주소는 파주레미콘과 동일한 상황이다.

설문 1 본건 양도 당시 파주레미콘의 영업과 관련하여 파주레미콘에 대하여 수표금 지급채권을 가지고 있던 "원고"는, 파주콘크리트에게도 수표금의 지급을 청구할 수 있는가?(수표금지급청구권과 관련하여 수표 그 자체와 관련한 특별한 법적 문제는 없는 것으로 전제함)

설문 2 위 **설문 1**에서 파주콘크리트의 원고에 대한 지급의무가 인정되는 경우, 파주레미콘과 파주콘리트의 원고에 대한 각 책임의 관계는?

---

1. 본 사례는 대법원 1998. 4. 14. 선고 96다8826 판결을 기초로 하여 작성된 것이다.

[설문 1] 상호속용 영업양수인의 책임

(1) 문제의 소재

상법 제42조 내지 제45조는 아래와 같이 규정하고 있는바, 본 사례의 경우에 특히 상법 제42조에 의하여 파주콘크리트가 원고에게 수표금을 지급할 의무가 있는지를 검토해 본다.

제42조(상호를 속용하는 양수인의 책임)

제1항: 영업양수인[2,3]이 양도인의 상호[4]를 계속 사용[5,6]하는 경우에는 양도인의 영업으로 인

---

2. 영업양도 해당여부는 조직적 · 기능적인 측면에서 파악하고, 영업양도계약은 묵시적으로도 가능하다. 대법원 2009. 1. 15. 선고 2007다17123,17130 판결(상법상의 영업양도는 일정한 영업목적에 의하여 조직화된 업체, 즉 인적 · 물적 조직을 그 동일성은 유지하면서 일체로서 이전하는 것을 의미하고, 영업양도가 이루어졌는가의 여부는 단지 어떠한 영업재산이 어느 정도로 이전되어 있는가에 의하여 결정되어야 하는 것이 아니고 거기에 종래의 영업조직이 유지되어 그 조직이 전부 또는 중요한 일부로서 기능할 수 있는가에 의하여 결정되어야 하므로, 영업재산의 일부를 유보한 채 영업시설을 양도했어도 그 양도한 부분만으로도 종래의 조직이 유지되어 있다고 사회관념상 인정되면 그것을 영업의 양도라 볼 수 있고, 이러한 영업양도는 반드시 영업양도 당사자 사이의 명시적 계약에 의하여야 하는 것은 아니며 묵시적 계약에 의하여도 가능하다).

3. 영업이 양도되는 경우뿐만 아니라 영업이 출자(현물출자)되는 경우도 포함된다. 대법원 1989. 3. 28. 선고 88다카12100 판결(피고 박실상이가 '남성사'라는 상호로 볼트, 넛트 등의 제조판매업을 하다가 피고 '남성정밀공업주식회사'를 설립하여 스스로 피고 회사의 대표이사가 되었고 피고 회사 설립 후에도 같은 장소에서 같은 공장 기계설비와 같은 종업원을 데리고 그대로 종전의 영업을 계속하고 있으며 종전 공장의 건물 및 대지에 대하여 피고 회사 명의로 소유권이전등기를 경료하여 주었다는 것이고 상법 제42조 제1항에는 영업양수인이 양도인의 상호를 계속 사용하는 경우에는 양도인의 영업으로 인한 제3자의 채권에 대하여 양수인도 변제할 책임이 있다고 규정되어 있는바, 첫째, 영업을 출자(주: 현물출자)하여 주식회사를 설립하고 그 상호를 계속 사용하는 경우에는 영업의 양도는 아니지만 출자의 목적이 된 영업의 개념이 동일하고 법률행위에 의한 영업의 이전이란 점에서 영업의 양도와 유사하며 채권자의 입장에서 볼 때는 외형상 양도와 출자를 구분하기가 어려우므로 새로 설립된 법인은 출자자의 채무를 변제할 책임이 있다 할 것이고).

4. 상호 자체가 아닌 옥호(屋號)나 영업표식도 포함된다. 2010. 9. 30. 선고 2010다35138 판결(상호 자체가 아닌 옥호(屋號) 또는 영업표식인 때에도 그것이 영업주체를 나타내는 것으로 사용되는 경우에는 영업상의 채권자가 영업주체의 교체나 채무승계 여부 등을 용이하게 알 수 없다는 점에서 일반적인 상호속용의 경우와 다를 바 없으므로, 양수인은 특별한 사정이 없는 한 상법 제42조 제1항의 유추적용에 의하여 그 채무를 부담한다고 봄이 상당하다 — 주: 교육시설인 "서울종합예술원"을 양수한 후 계속 사용한 경우임) ; 대법원 2009. 1. 15. 선고 2007다17123,17130 판결("영업양도인이 자기의 상호를 동시에 영업 자체의 명칭 내지 영업표식으로서도 사용하여 왔는데, 영업양수인이 자신의 상호를 그대로 보유 · 사용하면서 영업양도인의 상호를 자신의 영업 명칭 내지 영업표식으로서 속용하고 있는 경우에는 영업상의 채권

자가 영업주체의 교체나 채무승계 여부 등을 용이하게 알 수 없다는 점에서 일반적인 상호속용의 경우와 다를 바 없으므로, 이러한 경우도 상법 제42조 제1항의 상호속용에 포함된다", "원심이 확정한 사실관계에 의하면, 소외 1 주식회사가 상호인 소외 1 주식회사는 'ㅁㅁ익스프레스', 'ㅁㅁ'이라는 명칭에 관하여 서비스표 등록을 마치는 등 자신의 상호 또는 그 약칭을 영업 명칭 내지 영업 표지로서도 사용함으로써 소외 1 주식회사의 영업이 타인의 영업과 식별되도록 하여 온 점, 피고의 상호는 피고 주식회사이지만 피고는 전화 안내나 인터넷 홈페이지에 소외 1 주식회사가 등록하여 사용하던 상호 내지 그 약칭인 'ㅁㅁ익스프레스', 'ㅁㅁ'을 사용하여 자신을 칭하여 온 점, 피고의 직원들은 고객들에게 피고와 소외 1 주식회사가 실질적으로 동일 법인이라는 취지로 전화응답을 하거나 피고가 소외 1 주식회사의 상호만을 변경한 법인인 것처럼 보이도록 대외적으로 광고하였던 점 등을 알 수 있다. 사정이 이와 같다면 피고는 자신의 상호를 사용하는 이외에도 소외 1 주식회사의 상호 또는 그 약칭이 영업 명칭 내지 영업 표지로서 갖는 고객흡인력을 피고의 영업활동에 이용하기 위하여 이를 피고 자신의 영업 명칭 내지 영업 표지로서 속용한 것이라 할 것이므로, 앞에서 본 법리에 비추어 볼 때 피고는 소외 1 주식회사의 상호를 속용한 것이라고 봄이 상당하다").

5. 계속 사용을 속용(續用)이라고 하는데, 동일하거나 주요부분이 공통되면 충분하고, 속용(續用)이라는 사실만 있으면 족하고 반드시 권원이 있을 필요는 없다. 대법원 1989. 12. 26. 선고 88다카10128 판결("상법 제42조 제1항에서 말하는 상호의 계속 사용은 일반적으로 영업양도인이 사용하던 상호와 그 양수인이 사용하는 상호가 전혀 동일할 필요까지는 없고, 다만 전후의 상호가 주요부분에 있어서 공통되기만 하면 된다고 볼 것이다", "이 사건 영업의 양도인인 소외 김종모가 사용한 상호는 '삼정장여관'이었다는 것이고 피고가 영업의 양수를 한 무렵부터 같은 건물에 사용한 상호는 '삼정호텔'이었다는 것이며 '삼정장여관'이나 '삼정호텔'이라는 상호는 사회통념상 동일성이 있다고 인정되므로 피고가 그와 같은 상호를 계속사용하면서 위 김종모의 과거 영업을 그대로 이어 경영하고 있으므로 피고는 영업양수인으로서 양도인인 위 김종모가 위 영업 중에 원고에 대하여 부담하는 이 사건 채무를 변제할 책임이 있다고 설시하고 있는바, 이와 같은 원판결 판단은 위에서 본 법리에 비추어 옳고") ; 대법원 1989. 3. 28. 선고 88다카12100 판결(양수인이 계속 사용하는 상호는 형식상 양도인의 상호와 전혀 동일한 것임을 요하지 않고, 양도인의 상호 중 그 기업주체를 상징하는 부분을 양수한 영업의 기업주체를 상징하는 것으로 상호 중에 사용하는 경우는 이에 포함된다고 할 것이고, 그 동일여부는 명칭, 영업목적, 영업장소이사의 구성이 동일한지 등을 참작하여 결정하여야 할 것인바, 원심이 인정한 사실에 비추어 피고 '남성정밀공업주식회사'는 '남성사'란 상호를 계속 사용한다고 보아야 할 것이며) ; 대법원 2009. 1. 15. 선고 2007다17123,17130 판결(상호를 속용하는 영업양수인의 책임을 정하고 있는 상법 제42조 제1항의 취지에 비추어 보면, 상호를 속용하는 영업양수인에게 책임을 묻기 위해서는 상호속용의 원인관계가 무엇인지에 관하여 제한을 둘 필요는 없고 상호속용이라는 사실관계가 있으면 충분하다. 따라서 상호의 양도 또는 사용허락이 있는 경우는 물론 그에 관한 합의가 무효 또는 취소된 경우라거나 상호를 무단 사용하는 경우도 상법 제42조 제1항의 상호속용에 포함된다).

6. 특별법에 의해서 상호속용과는 무관하게 영업양수인의 채무승계가 인정되는 경우도 있다. 예컨대, 골프장 등의 체육시설의 영업양도의 경우가 그러하다. 체육시설의 설치 · 이용에 관한 법률 제27조(체육시설업 등의 승계) : [제1항 : 체육시설업자가 사망하거나 그 영업을 양도한 때 또는 법인인 체육시설업자가 합병한 때에는 그 상속인, 영업을 양수한 자 또는 합병 후 존속하는 법인이나 합병에 따라 설립되는 법인은 그 체육시설업의 등록 또는 신고에 따른 권리 · 의무(제17조에 따라 회원을 모집한 경우에는 그 체육시설업자와 회원 간에 약정한 사항을 포함한다)를 승계한다. 제2항 : 다음 각 호의 어느 하나에 해당하는 절차에 따라 문화체육관광부령으로 정하는 체육시설업의 시설 기준에 따른 필수시설을 인수한 자에게는 제1항을 준용한다. 1. 「민사집행법」에 따른 경매 2. 「채무자 회생 및 파산에 관한 법률」에 따른 환가 3. 「국세징수법」 · 「관세법」 또는 「지방세기본법」에 따른 압류 재산의 매각 4. 그 밖에 제1호부터 제3호

한 제3자의 채권[7,8,9]에 대하여 양수인도 변제할 책임[10,11,12]이 있다.

까지의 규정에 준하는 절차, 제3항: 제12조에 따른 사업계획 승인의 승계에 관하여는 제1항과 제2항을 준용한다]. 실무상, 금융기관이 골프장의 건설에 대하여 대출을 하고자 하는 경우(이와 같은 대출을 보통 Project Financing이라고 함), 대주인 금융기관으로서는 차주인 골프장 건설업주(부동산시행업자)가 대출을 변제하지 못한 경우에 금융기관이 대출을 하면서 담보롤 잡은 저당권을 경매를 통하여 실행하여 대출금을 얼마나 용이하게 회수할 수 있을지를 고려할 수밖에 없을 것인바, 금융기관으로서는 위와 같은 특별법 규정 때문에 그와 같은 경매가 원만하게 낙찰되지 않을 risk가 있음을, 그로 인하여 대출금회수에 불편이 따를 수도 있음을 검토하게 된다.

7. 양도인의 영업으로 인한 것에 한정되나 그와 같은 채권은 영업양도 전에 발생한 것이면 족하고, 어음, 수표와 같은 채권도 포함된다(본 사례에 관한 대법원 1998. 4. 14. 선고 96다8826 판결). 2010. 9. 30. 선고 2010다35138 판결(상법 제42조 제1항에 의하여 상호를 속용하는 영업양수인의 변제책임을 지는 양도인의 제3자에 대한 채무는, 양도인의 영업으로 인한 채무로서 영업양도 전에 발생한 것이면 족하고, 반드시 영업양도 당시의 상호를 사용하는 동안 발생한 채무에 한하는 것은 아니라고 할 것이므로).

8. 영업상의 활동으로 인한 것이기만 하면 되고(영업활동과 무관한 것은 포함되지 않음) 그 밖에 채무의 성격은 불문한다. 즉, 어음, 수표와 같은 채권도 포함된다(본 사례에 관한 대법원 1998. 4. 14. 선고 96다8826 판결). 대법원 1989. 3. 28. 선고 88다카12100 판결(영업으로 인하여 발생한 채무란 영업상의 활동에 관하여 발생한 모든 채무를 말하는 것이므로 불법행위로 인한 손해배상채무도 이에 포함된다) ; 대법원 2002. 6. 28. 선고 2000다5862 판결[상법 제42조 제1항은 영업양수인이 양도인의 상호를 계속 사용하는 경우에는 양도인의 영업으로 인한 제3자의 채권에 대하여 양수인도 변제할 책임이 있다고 규정하고 있고, 이때 양도인의 영업으로 인한 채무란, 영업상의 활동에 관하여 발생한 채무를 말하는 것으로서(대법원 1989. 3. 28. 선고 88다카12100 판결 참조), 양도인이 주식회사인 경우에는 회사에게 사적인 생활이 존재하지 아니한 관계로 주식회사의 명의로 한 행위는 반증이 없는 한 일단 회사의 영업을 위하여 하는 행위로 추정되며(대법원 1967. 10. 31. 선고 67다2064 판결 참조), 따라서 그로 인하여 회사가 부담하는 채무도 영업으로 인한 채무로 추정된다고 할 것이지만, 반증에 의하여 그 채무가 영업으로 인한 채무가 아니라는 점이 밝혀지는 경우 그러한 추정은 복멸될 수 있을 것이다. 그런데 기록에 의하면, 파주레미콘이 원고에 대하여 부담하는 이 사건 약속어음금채무 및 연대보증채무는 파주레미콘의 사실상의 소유주라는 윤희남이 파주레미콘의 목적사업이나 영업과는 전혀 무관하게 개인적으로 주유소영업을 하기 위하여 원고로부터 주유소부지 등을 매입한 후 그 대금지급을 위하여 마침 보관 중이던 파주레미콘의 명판과 대표이사 인감도장을 이용하여 이 사건 약속어음 및 당좌수표를 발행함으로써 결국, 파주레미콘이 부담하게 된 어음금채무 또는 그 원인관계상의 연대보증채무라는 점을 알 수 있다(원고 역시 이 사건 약속어음과 당좌수표를 주유소 매매대금의 담보로 교부받았다고 하면서, 자신의 채권이 파주레미콘의 영업과 관련 있는 채권이 아니라는 점을 적극적으로 다투지 아니하고 있다). 그렇다면 원고의 위 채권은 파주레미콘의 영업활동과는 전혀 무관한 것으로서 양도인의 영업으로 인한 채권으로 볼 수 없으므로, 상호 속용 영업양수인에 대하여 그 이행책임을 물을 수 없다고 할 것임에도, 이와 결론을 달리하여 원고의 피고에 대한 청구를 인용한 원심판결에는 상호 속용 영업양수인의 책임에 관한 법리를 오해한 위법이 있다고 할 것이다].

9. 명문의 규정은 없으나 본항은 채권자를 외관신뢰를 보호하고자 함에 그 취지가 있으므로 채권자는 반드시 채무승계가 되지 않았음에 대하여 선의이어야 하는데(다만, 영업양도사실에 대하여 악의라 하더라도 채권자는 본항의 보호를 받을 수 있음), 양수인이 채권자의 악의에 대한 주장 · 입증 책임을 부담한다. 2010. 9. 30. 선고 2010다35138 판결(상법 제42조 제1항에 의하여 상호를 속용하는 영업양수인의 변제책임을 지는 양도인의 제3자에 대한 채무는, 양도인의 영업으로 인한 채무로서 영업양도 전에 발생한 것이면 족하고, 반드시 영업양도 당시의 상호를 사용하는 동안 발생한 채무에 한하는 것은 아니라고 할 것

제2항: 전항의 규정은 양수인이 영업양도를 받은 후 지체없이 양도인의 채무에 대한 책임이 없음을 등기한 때에는 적용하지 아니한다. 양도인과 양수인이 지체없이 제3자에 대하여 그 뜻을 통지한 경우에 그 통지를 받은 제3자에 대하여도 같다.[13]

제43조(영업양수인에 대한 변제)

전조 제1항의 경우에 양도인의 영업으로 인한 채권에 대하여 채무자가 선의이며 중대한 과실없이 양수인에게 변제한 때에는 그 효력이 있다.

이므로) ; 대법원 2009. 1. 15. 선고 2007다17123,17130 판결(상호를 속용하는 영업양수인의 책임은 위와 같이 채무승계가 없는 영업양도에 의하여 자기의 채권추구의 기회를 빼앗긴 채권자의 외관신뢰를 보호하기 위한 것이므로, 영업양도에도 불구하고 채무승계의 사실 등이 없다는 것을 알고 있는 악의의 채권자가 아닌 한, 당해 채권자가 비록 영업의 양도가 이루어진 것을 알고 있었다고 하더라도 그러한 사정만으로 보호의 적격이 없다고는 할 수 없고, 이 경우 당해 채권자가 악의라는 점에 대한 주장 · 증명책임은 상법 제42조 제1항에 의한 책임을 면하려는 영업양수인에게 있다).

10. 영업상의 채권자에게 채권추구의 기회를 상실시키는 것과 같은 영업양도의 방법이 채용된 경우에, 영업상의 채권자의 외관신뢰를 보호하고자 함에 그 취지가 있다. 대법원 2009. 1. 15. 선고 2007다17123, 17130 판결(상호를 속용하는 영업양수인의 책임을 정하고 있는 상법 제42조 제1항은, 일반적으로 영업상의 채권자의 채무자에 대한 신용은 채무자의 영업재산에 의하여 실질적으로 담보되어 있는 것이 대부분인데도 실제 영업의 양도가 이루어지면서 채무의 승계가 제외된 경우에는 영업상의 채권자의 채권이 영업재산과 분리되게 되어 채권자를 해치게 되는 일이 일어나므로 영업상의 채권자에게 채권추구의 기회를 상실시키는 것과 같은 영업양도의 방법, 즉 채무를 승계하지 않았음에도 불구하고 상호를 속용함으로써 영업양도의 사실이 대외적으로 판명되기 어려운 방법 또는 영업양도에도 불구하고 채무의 승계가 이루어지지 않은 사실이 대외적으로 판명되기 어려운 방법 등이 채용된 경우에 양수인에게도 변제의 책임을 지우기 위하여 마련된 규정이라고 해석된다) ; 대법원 2009. 1. 15. 선고 2007다17123, 17130 판결(상호를 속용하는 영업양수인의 책임은 위와 같이 채무승계가 없는 영업양도에 의하여 자기의 채권추구의 기회를 빼앗긴 채권자의 외관신뢰를 보호하기 위한 것이므로).

11. 제44조의 경우와 마찬가지로 제42조 제1항의 경우에도, 영업양도인과 영업양수인의 채권자에 대한 각각의 책임관계는 부진정연대채무이고, 채권자가 이들에 대한 채권을 양도함에 있어서는 각각 대항요건을 구비해야 한다고 해석해야 한다. 이철송, 『상법총칙 · 상행위』, 제266면.

12. 본항에 의해서 영업양수인의 책임이 인정되더라도, 영업양수인이 영업양도인의 채무를 승계한 것으로 취급되는 것은 아니다. 대법원 1967. 10. 31. 선고 67다1102 판결(상법 제42조에는 영업 양수인이 양도인의 상호를 계속 사용하는 경우에는 양도인의 영업으로 인한 제3자의 채권에 대하여 양수인도 변제의 책임이 있다고 규정되어 있을 뿐이고, 양도인에 대한 채무명의로서 바로 양수인의 소유재산을 강제집행할 근거는 되지 못한다) ; 대법원 1979. 3. 13. 선고 78다2330 판결(확정판결의 변론종결 후 동 확정판결상의 채무자로부터 영업을 양수하여 양도인의 상호를 계속 사용하는 영업양수인은 상법 제42조 제1항에 의하여 그 양도인의 영업으로 인한 채무를 변제할 책임이 있다 하여도, 그 확정판결상의 채무에 관하여 이를 면책적으로 인수하는 등 특별사정이 없는 한, 그 영업양수인을 곧 민사소송법 제204조의 변론종결 후의 승계인에 해당된다고 할 수 없다).

13. 제2항에서는 영업양수인이 상호를 속용하는 경우에도 면책될 수 있는 경우를 규정함으로써, 제1항과의 균형을 맞추고 있다. 이철송, 『상법총칙 · 상행위』, 제260면.

▌**제44조**(채무인수를 광고한 양수인의 책임)

영업양수인이 양도인의 상호를 계속 사용하지 아니하는 경우에 양도인의 영업으로 인한 채무를 인수할 것을 광고[14]한 때에는 양수인도 변제할 책임[15]이 있다.

▌**제45조**(영업양도인의 책임의 존속기간)

영업양수인이 제42조 제1항 또는 전조의 규정에 의하여 변제의 책임이 있는 경우에는 양도인[16]의 제3자에 대한 채무는 영업양도 또는 광고 후 2년[17]이 경과하면 소멸한다.

(2) 설문의 해결

상법 제42조(상호를 속용하는 양수인의 책임) 제1항의 영업이란 일정한 영업목적에 의하여 조직화된 유기적 일체로서의 기능적 재산을 말하고,[18] 여기서 말하는 유기적 일체로서의 기능적 재산이란 영업을 구성하는 유형 · 무형의 재산과 경제적 가치를 갖는 사실관계가 서로 유기적으로 결합하여 수익의 원천으로 기능한다는 것과 이와 같이 유기적으로 결합한 수익의 원천으로서의 기능적 재산이 마치 1개의 재화와 같이

---

14. 채무인수를 광고한 경우뿐만 아니라 채권자에게 통지한 경우도 포함된다. 대법원 2008. 4. 11. 선고 2007다89722 판결(양도인의 상호를 계속 사용하지 아니하는 영업양수인에 대해서도 양도인의 영업으로 인한 채무를 인수할 것을 광고한 때에는 그 변제책임을 인정하는 상법 제44조의 법리는, 영업양수인이 양도인의 채무를 받아들이는 취지를 광고에 의하여 표시한 경우에 한하지 않고, 양도인의 채권자에 대하여 개별적으로 통지를 하는 방식으로 그 취지를 표시한 경우에도 적용되어, 그 채권자와의 관계에서는 위 채무변제의 책임이 발생한다).

15. 영업양도인과 영업양수인의 채권자에 대한 각각의 책임관계는 부진정연대채무이고, 채권자가 이들에 대한 채권을 양도함에 있어서는 각각 대항요건을 구비해야 한다. 대법원 2009. 7. 9. 선고 2009다23696 판결(이 경우 영업양도인의 영업으로 인한 채무와 영업양수인의 상법 제44조에 따른 채무는 같은 경제적 목적을 가진 채무로서 서로 중첩되는 부분에 관하여는 일방의 채무가 변제 등으로 소멸하면 다른 일방의 채무도 소멸하는 이른바 부진정연대의 관계에 있지만, 채권자의 영업양도인에 대한 채권과 영업양수인에 대한 채권은 어디까지나 법률적으로 발생원인을 달리하는 별개의 채권으로서 그 성질상 영업양수인에 대한 채권이 영업양도인에 대한 채권의 처분에 당연히 종속된다고 볼 수 없다. 따라서 채권자가 영업양도인에 대한 채권을 타인에게 양도하였다는 사정만으로 영업양수인에 대한 채권까지 당연히 함께 양도된 것이라고 단정할 수 없고, 함께 양도된 경우라도 채권양도의 대항요건은 채무자별로 갖추어야 한다).

16. 본항이 적용되는 경우 양도인의 채무가 소멸하게 되므로, 그 후로는 양수인의 책임만이 존속한다. 이철송, 『상법총칙 · 상행위』, 제269면.

17. 제소기간이므로 중단, 정지가 있을 수 없는바, 이와 같이 단기의 제척기간을 둔 것은 양수인의 책임이 인정되므로 굳이 양도인의 지위를 장기간 불안하게 할 필요가 없고, 양수인으로 하여금 신속히 양도인과의 구상관계를 매듭지으라는 데에 그 취지가 있다고 한다. 이철송, 『상법총칙 · 상행위』, 제269면.

18. 대법원 1989. 12. 26. 선고 88다카10128 판결.

거래의 객체가 된다는 것을 뜻하는 것이므로, 결국 영업양도가 있다고 볼 수 있는지의 여부는 양수인이 유기적으로 조직화된 수익의 원천으로서의 기능적 재산을 이전받아 양도인이 하던 것과 같은 영업적 활동을 계속하고 있다고 볼 수 있는지의 여부에 따라 판단된다.[19]

그런데 본 사례의 경우에는, 파주콘크리트는 파주레미콘으로부터 공장건물 등을 매수하였을 뿐만 아니라, 파주레미콘의 이사 3인 중 2인이 파주콘크리트의 이사로 등기되었고, 파주레미콘의 직원 중 일부가 파주콘크리트로 옮겨 그대로 근무하고 있으며, 파주콘크리트는 파주레미콘의 채무에 관하여 파주레미콘을 대신하여 변제하거나 파주콘크리트 명의의 약속어음을 발행하여 주고, 파주레미콘의 종전 거래처들과 거래관계를 계속적으로 유지하면서 기존 거래처들에게 그 양수한 공장에서 생산한 레미콘을 계속 공급하고 있고, 또한 파주콘크리트의 주된 영업목적이 파주레미콘과 유사하고, 파주콘크리트의 등기부상 주소가 파주레미콘과 동일한 것 등을 종합적으로 고려하면, 파주콘크리트는 파주레미콘으로부터 유기적으로 조직화된 수익의 원천으로서의 기능적 재산을 이전받아 파주레미콘이 하던 것과 같은 영업적 활동을 계속하고 있다고 평가할 수 있어, 결국 본건 양도는 상법 제42조(상호를 속용하는 양수인의 책임) 제1항에서의 영업양도에 해당하는 것으로 보인다.

한편, 위 조항이 상호를 계속 사용하는 영업양수인에게 양도인의 영업으로 인한 채무에 대하여도 변제할 책임이 있다고 규정하고 있는 것은, 일반적으로 채무자의 영업상 신용은 채무자의 영업재산에 의하여 실질적으로 담보되는 것이 대부분인데, 채무가 승계되지 아니함에도 상호를 계속 사용함으로써 영업양도의 사실이, 또는 영업양도에도 불구하고 채무의 승계가 이루어지지 않은 사실이 대외적으로 판명되기 어렵게 되어 채권자에게 채권 추구의 기회를 상실시키는 경우 양수인에게도 변제의 책임을 지우기 위한 것이라 할 것이므로, 영업양도인이 사용하던 상호와 양수인이 사용하는 상호가 동일할 것까지는 없고, 다만 전후의 상호가 주요부분에 있어서 공통되기만 하면 상호를 계속 사용한다고 볼 수 있다.[20]

그런데 본 사례의 경우에는 상호의 동일성 인식의 주된 부분인 파주라는 명칭이 공통되므로 파주콘크리트는 파주레미콘의 상호를 계속 사용하고 있다고 볼 수 있어, 달리 특단의 사정이 없는 한 상법 제42조 제1항의 요건들이 모두 다 충족되었다고 할

19. 대법원 1997. 11. 25. 선고 97다35085 판결.

20. 대법원 1989. 12. 26. 선고 88다카10128 판결.

것이므로, 파주콘크리트는 원고에게 수표금을 지급할 의무가 있다고 할 것이다.[21]

[설문 2] 상호속용 영업양수인과 영업양도인의 책임의 관계

(1) 문제의 소재

상법 제44조(영업양수인이 양도인의 상호를 계속 사용하지 아니하는 경우에 양도인의 영업으로 인한 채무를 인수할 것을 광고한 때에는 양수인도 변제할 책임이 있다)에 의하여 영업양수인의 영업양도인에 대한 채권자(이하, "채권자")에 대한 책임이 인정되는 경우에, 그러한 영업양도인과 영업양수인의 채권자에 대한 각 책임의 관계는 부진정연대채무의 관계에 있다.[22]

그러나 상법 제42조 제1항(영업양수인이 양도인의 상호를 계속 사용하는 경우에는 양도인의 영업으로 인한 제3자의 채권에 대하여 양수인도 변제할 책임이 있다)에 의해 영업양수인의 채권자에 대한 책임이 인정되는 경우의, 양도인과 영업양수인의 채권자에 대한 각 책임의 관계에 대해서는 아직까지는 대법원판례가 없는 것으로 보인다.

(2) 설문의 해결

그러나 영업양수인의 책임을 규정한 상법 제42조와 제44조는 외관주의라는 동일한 취지에 입각한 제도로 이해함이 타당하다고 할 것이고,[23] 상법 제42조 제1항의 상호 속용과 제44조의 광고는 외관이라는 측면에서 등가의 개념이라고 할 것이므로,

---

21. 이상의 결론 내용에 대해서는 본 사례에 관한 대법원 1998. 4. 14. 선고 96다8826 판결 참조.

22. 대법원 2009. 7. 9. 선고 2009다23696 판결(이 경우 영업양도인의 영업으로 인한 채무와 영업양수인의 상법 제44조에 따른 채무는 같은 경제적 목적을 가진 채무로서 서로 중첩되는 부분에 관하여는 일방의 채무가 변제 등으로 소멸하면 다른 일방의 채무도 소멸하는 이른바 부진정연대의 관계에 있지만, 채권자의 영업양도인에 대한 채권과 영업양수인에 대한 채권은 어디까지나 법률적으로 발생원인을 달리하는 별개의 채권으로서 그 성질상 영업양수인에 대한 채권이 영업양도인에 대한 채권의 처분에 당연히 종속된다고 볼 수 없다. 따라서 채권자가 영업양도인에 대한 채권을 타인에게 양도하였다는 사정만으로 영업양수인에 대한 채권까지 당연히 함께 양도된 것이라고 단정할 수 없고, 함께 양도된 경우라도 채권양도의 대항요건은 채무자별로 갖추어야 한다).

23. 이철송, 『상법총칙 · 상행위』, 제260면.

결국 상법 제42조 제1항에 의해 영업양수인의 채권자에 대한 책임이 인정되는 경우에 양도인과 영업양수인의 채권자에 대한 각 책임의 관계 역시 부진정연대채무의 관계에 있다고 평가함이 타당한 것으로 보인다.[24]

부진정연대책임이라는 것은, 동일한 경제적 목적을 가지는 급부에 관하여 수인의 채무자가 각자 독립하여 전부의 급부를 하여야 할 채무를 부담하고(각자의 채무의 발생원인이나 액수가 동일해야 하는 것은 아님),[25] 그중 1인의 이행으로 모든 채무자의 채무가 소멸하는(절대적 효력) 다수당사자의 채권관계로서 연대채무에 속하지 않는[26] 것을 말하는데, 원칙적으로는 각 채무자 사이에 구상관계가 존재하지 않으며, 채무자 1인과 채권자 사이에 발생한 사유 중 변제 또는 이에 준하는 사유[27](절대적 효력)를 제외한 나머지 사유는 다른 채무자에게 영향을 미치지 않으므로(상대적 효력), 부진정연대채무에서의 채권자의 지위는 연대채무자에서의 경우보다 강하다고 할 수 있다.[28]

한편, 이와 같은 부진정연대책임은 판례에 의해서 형성된 것이므로, 이를 이해하는 데 도움이 될 만한 중요한 대법원판례를 소개하면 다음과 같다.

▮ 대법원 2006. 1. 27. 선고 2005다19378 판결

[1] 이른바 부진정연대채무의 관계에 있는 복수의 책임주체 내부관계에 있어서는 형평의 원칙상 일정한 부담부분이 있을 수 있으며, 그 부담부분은 각자의 고의 및 과실의 정도에 따라 정하여지는 것으로서 부진정연대채무자 중 1인이 자기의 부담부분 이상을 변제하여 공동의 면책을 얻게 하였을 때에는 다른 부진정연대채무자에게 그 부담부분 비율에 따라 구상권을 행사할 수 있다.

[2] 부진정연대채무자 상호간에 있어서 채권의 목적을 달성시키는 변제와 같은 사유는 채무자 전원에 대하여 절대적 효력을 발생하지만 그 밖의 사유는 상대적 효력을 발생하는 데에 그치는 것이므로 피해자가 채무자 중의 1인에 대하여 손해배상에 관한 권리를 포기

---

24. 이철송, 『상법총칙 · 상행위』, 제266면.

25. 대법원 2009. 3. 26. 선고 2006다47677 판결(부진정연대채무 관계는 서로 별개의 원인으로 발생한 독립된 채무라 하더라도 동일한 경제적 목적을 가지고 있고 서로 중첩되는 부분에 관하여 일방의 채무가 변제 등으로 소멸할 경우 타방의 채무도 소멸하는 관계에 있으면 성립할 수 있고, 반드시 양 채무의 발생원인, 채무의 액수 등이 서로 동일할 것을 요한다고 할 수는 없다. 그리고 부진정연대채무의 관계에 있는 채무자들을 공동피고로 하여 이행의 소가 제기된 경우 그 공동피고에 대한 각 청구가 서로 법률상 양립할 수 없는 것이 아니므로 그 소송을 민사소송법 제70조 제1항 소정의 예비적 · 선택적 공동소송이라고 할 수 없다).

26. 부진정연대채무에서는, 연대채무에서와는 달리, 채무자 사이에 연대의 특약이 존재하지 않는다.

27. 예컨대 대물변제, 공탁, 상계. 대법원 2010. 9. 16. 선고 2008다97218 판결.

28. 지원림, 『민법강의』(제8판), 2010, 제1189면.

하거나 채무를 면제하는 의사표시를 하였다 하더라도 다른 채무자에 대하여 그 효력이 미친다고 볼 수는 없다 할 것이고, 이러한 법리는 채무자들 사이의 내부관계에 있어 1인이 피해자로부터 합의에 의하여 손해배상채무의 일부를 면제받고도 사후에 면제받은 채무액을 자신의 출재로 변제한 다른 채무자에 대하여 다시 그 부담부분에 따라 구상의무를 부담하게 된다 하여 달리 볼 것은 아니다.

▌대법원 1994. 5. 27. 선고 93다21521 판결

부진정연대채무에 있어서 부진정연대채무자 1인이 한 상계가 다른 부진정연대채무자에 대한 관계에 있어서도 공동면책의 효력 내지 절대적 효력이 있는 것인지는 별론으로 하더라도, 부진정연대채무자 사이에는 고유의 의미에 있어서의 부담부분이 존재하지 아니하므로 위와 같은 고유의 의미의 부담부분의 존재를 전제로 하는 민법 제418조 제2항[29]은 부진정연대채무에는 적용되지 아니하는 것으로 봄이 상당하고, 따라서 부진정연대채무에 있어서는 한 부진정연대채무자가 채권자에 대하여 상계할 채권을 가지고 있음에도 상계를 하지 않고 있다 하더라도 다른 부진정연대채무자가 그 채권을 가지고 상계를 할 수는 없는 것으로 보아야 한다.

▌대법원 2010. 9. 16. 선고 2008다97218 판결

부진정연대채무자 중 1인이 자신의 채권자에 대한 반대채권으로 상계를 한 경우에도 채권은 변제, 대물변제, 또는 공탁이 행하여진 경우와 동일하게 현실적으로 만족을 얻어 그 목적을 달성하는 것이므로, 그 상계로 인한 채무소멸의 효력은 소멸한 채무 전액에 관하여 다른 부진정연대채무자에 대하여도 미친다고 보아야 한다. 이는 부진정연대채무자 중 1인이 채권자와 상계계약을 체결한 경우에도 마찬가지이다. 나아가 이러한 법리는 채권자가 상계 내지 상계계약이 이루어질 당시 다른 부진정연대채무자의 존재를 알았는지 여부에 의하여 좌우되지 아니한다. 이와 달리 부진정연대채무자 중 1인이 자신의 채권자에 대한 반대채권으로 상계하더라도 그 상계의 효력이 다른 부진정연대채무자에 대하여 미치지 아니한다는 취지의 대법원 1989. 3. 28. 선고 88다카4994 판결, 대법원 1996. 12. 10. 선고 95다24364 판결, 대법원 2008. 3. 27. 선고 2005다75002 판결의 견해는 이와 저촉되는 한도에서 변경하기로 한다.

---

29. 민법 제418조(상계의 절대적 효력): [제1항: 어느 연대채무자가 채권자에 대하여 채권이 있는 경우에 그 채무자가 상계한 때에는 채권은 모든 연대채무자의 이익을 위하여 소멸한다. 제2항: 상계할 채권이 있는 연대채무자가 상계하지 아니한 때에는 그 채무자의 부담부분에 한하여 다른 연대채무자가 상계할 수 있다].

대법원 1998. 6. 26. 선고 98다5777 판결

민법 제426조[30]가 연대채무에 있어서의 변제에 관하여 채무자 상호간에 통지의무를 인정하고 있는 취지는, 연대채무에 있어서는 채무자들 상호간에 공동목적을 위한 주관적인 연관관계가 있고 이와 같은 주관적인 연관관계의 발생 근거가 된 대내적 관계에 터잡아 채무자 상호간에 출연분담에 관한 관련관계가 있게 되므로, 구상관계에 있어서도 상호 밀접한 주관적인 연관관계를 인정하고 변제에 관하여 상호 통지의무를 인정함으로써 과실 없는 변제자를 보다 보호하려는 데 있으므로, 이와 같이 출연분담에 관한 주관적인 밀접한 연관관계가 없고 단지 채권만족이라는 목적만을 공통으로 하고 있는 부진정연대채무에 있어서는 그 변제에 관하여 채무자 상호간에 통지의무 관계를 인정할 수 없고, 변제로 인한 공동면책이 있는 경우에 있어서는 채무자 상호간에 어떤 대내적인 특별관계에서 또는 형평의 관점에서 손해를 분담하는 관계가 있게 되는 데 불과하다고 할 것이므로, 부진정연대채무에 해당하는 공동불법행위로 인한 손해배상채무에 있어서도 채무자 상호간에 구상요건으로서의 통지에 관한 민법의 위 규정을 유추적용할 수는 없다.

---

30. 민법 제426조(구상요건으로서의 통지): [제1항: 어느 연대채무자가 다른 연대채무자에게 통지하지 아니하고 변제 기타 자기의 출재로 공동면책이 된 경우에 다른 연대채무자가 채권자에게 대항할 수 있는 사유가 있었을 때에는 그 부담부분에 한하여 이 사유로 면책행위를 한 연대채무자에게 대항할 수 있고 그 대항사유가 상계인 때에는 상계로 소멸할 채권은 그 연대채무자에게 이전된다. 제2항: 어느 연대채무자가 변제 기타 자기의 출재로 공동면책되었음을 다른 연대채무자에게 통지하지 아니한 경우에 다른 연대채무자가 선의로 채권자에게 변제 기타 유상의 면책행위를 한 때에는 그 연대채무자는 자기의 면책행위의 유효를 주장할 수 있다].

[사례 08]

매수인의 검사 · 통지 의무

다음과 같은 사실관계 하에서, 아래의 질의에 대해 답하시오.[1]

(1) 1990. 12. 31.

B가 서울 중구 중림동에서 충남상회라는 상호로 청과류 도매업에 종사하면서 그 주소지에서 사과를 재배하는 A로부터 그의 창고에 적치된 사과 21 내지 22킬로그램 들이 1,300상자(이하, "본건 사과")를 금 2,100만원에 매수하기로 하는 매매계약(이하, "본건 매매계약")을 체결하고, A에게 당일 계약금으로 금 600만원을 지급하였다.

(2) 1991. 1. 24.

B는 잔금 금 1,500만원을 A에게 지급하고, A로부터 본건 사과를 인도받았다.

(3) 1991. 2. 2.부터 1991. 2. 6.까지 사이

B는 B의 직원 2명을 포함한 작업원 약 12명을 투입하여 A 주소지에 있는 A의 창고에서 본건 사과 1,300상자를 해체하여 15킬로그램 들이 1,650상자로 다시 포장한 다음 그 중 1,510상자를 B의 충남상회로 운반하여 B의 점포 내 창고에 보관하거나, 또는 위탁판매상인인 X 경영의 서울 영등포 소재 충남상회 점포에 운반하여 그 점포의 창고에 보관하면서, 그 무렵부터 본건 사과를 각 거래처에 판매하거나 위탁판매하였다. 그러나 본건 사과들 중 일부는 외관상 정상품질의 사과와 아무런 차이가 없었으나 이를 매수할 당초부터 그 과심(果心)부위가 썩어 있었거나 시간이 경과함에 따라 그 부위가 점차 썩어들어 가는 하자(이하, "본건 하자")가 있었고, B로서는 그러한 하자에 대하여 육안으로 쉽게 확인할 수 없었다.

(4) 그 이후, 1991. 2.경

B는 사과전문 소매상인 Y에게 위 15킬로그램 들이 사과 30상자를 판매하였고, 같은 일시경 위 청과위탁판매상인 X에게 위 사과 507상자를 판매위탁하였으나, 위와 같은 하

---

1. 본 사례는 대법원 1993. 6. 11. 선고 93다7174,7181(반소) 판결을 기초로 하여 작성된 것이다.

자로 말미암아 위 사과들 전량(537상자, 이하 "본건하자 사과")을 반품받았으며 뒤에 이를 판매할 수 없어 그 전량(537상자)을 폐기하였는바, B는 그와 같은 폐기 후 즉시 A에게 그러한 사실들을 통지하였다.

위와 같은 본건 하자 사과의 폐기 당시 위 15킬로그램 들이 사과 1상자의 도매시가는 금 17,000원이어서, B는 결국 합계 금 9,129,000원(17,000원 × 537상자)의 손해(이하, "본건 손해액")를 입게 되었다.

설문 B가 A에게 위 손해액에 대한 배상을 청구할 수 있는 법적 근거조항은 무엇인가?(단, A와 B 사이의 사과 매매계약시에 과심이 썩어 있음이 발견된 경우의 처리방안에 대해서 특별한 약정은 없었다고 전제함[2])

(1) 문제의 소재

매도인 A와 매수인 B 사이의 본건 사과에 대한 본건 매매계약을 체결하였으므로, 매수인 B가 과심이 썩어 있음이 발견되어 폐기된 본건하자 사과로 인한 손해액

---

2. 이는, 본 사례에서 문제되는 하자담보책임에 관한 법규정들이 당사자들 간의 약정에 의해서 적용을 배제할 수 있는 임의규정이므로, 본 사례에서는 그와 같은 임의규정의 적용을 배제하는 내용의 A, B 간의 합의가 없었음을 분명히 해두려는 의도에서 명기한 것이다. 민법 제584조(담보책임면제의 특약): [매도인은 전15조에 의한 담보책임을 면하는 특약을 한 경우에도 매도인이 알고 고지하지 아니한 사실 및 제3자에게 권리를 설정 또는 양도한 행위에 대하여는 책임을 면하지 못한다]. 대법원 2008. 5. 15. 선고 2008다3671 판결(상법 제69조 제1항은 민법상의 매도인의 담보책임에 대한 특칙으로 전문적 지식을 가진 매수인에게 신속한 검사와 통지의 의무를 부과함으로써 상거래를 신속하게 결말짓도록 하기 위한 규정으로서 그 성질상 임의규정으로 보아야 할 것이고 따라서 당사자간의 약정에 의하여 이와 달리 정할 수 있다고 할 것이다) ; 대법원 2002. 9. 4. 선고 2002다11151 판결(매매의 목적이 된 부동산에 설정된 저당권의 행사로 인하여 매수인이 취득한 소유권을 잃은 때에는 매수인은 민법 제576조 제1항의 규정에 의하여 매매계약을 해제할 수 있지만, 매수인이 매매목적물에 관한 근저당권의 피담보채무를 인수하는 것으로 매매대금의 지급에 갈음하기로 약정한 경우에는 특별한 사정이 없는 한, 매수인으로서는 매도인에 대하여 민법 제576조 제1항의 담보책임을 면제하여 주었거나 이를 포기한 것으로 봄이 상당하므로, 매수인이 매매목적물에 관한 근저당권의 피담보채무 중 일부만을 인수한 경우 매도인으로서는 자신이 부담하는 피담보채무를 모두 이행한 이상 매수인이 인수한 부분을 이행하지 않음으로써 근저당권이 실행되어 매수인이 취득한 소유권을 잃게 되더라도 민법 제576조 소정의 담보책임을 부담하게 되는 것은 아니다).

에 대하여 매도인 A에게 손해배상을 청구할 수 있는 법적인 근거로 먼저 생각해 볼 수 있는 것은 매도인 A의 채무불이행책임일 것이다.

그러나 채무불이행책임은 과실책임[3]이므로 매도인 A에게 본건 하자의 발생, 존재에 대하여 귀책사유(고의, 과실)가 있어야 하는데, 본건 하자의 내용이 사과의 과심이 썩는 것임을 감안하면 매도인 A에게 그와 같은 귀책사유를 찾기가 용이하지 않음을 알 수 있으므로, 결국 B가 채무불이행책임을 법적 근거로 하여 손해배상을 청구하는 것은 어렵다고 판단된다(아래의 논의에서도, 매도인인 A에게 본건 하자에 대한 고의나 과실이 없다고 가정하기로 한다).[4]

그렇다면 매도인 A에게 귀책사유(고의, 과실)가 없더라도 B가 A에게 본건 손해에 대한 배상을 청구할 수 있는 법리로는 무과실책임으로서의 하자담보책임 밖에 없는데, 이와 관련해서는 민법 제581조(종류매매[5]와 매도인의 담보책임)의 규정 이외에도 상법 제69조(매수인의 목적물의 검사와 하자통지의무)에 상사매매시의 특칙조항[6]이 있으므로, 각각의 조항의 본 사례에의 적용가능성을 검토해 보기로 한다.

(2) 설문의 해결

(가) 관련 규정의 검토

본 사례에 적용가능성이 있는 상법 제69조와 민법 제581조의 규정을 살펴보면 다음과 같은데, 이와 같이 상법 제69조에서 특칙을 둔 취지는 "상인간의 매매에 있어 그 계약의 효력을 민법규정과 같이 오랫동안 불안정한 상태로 방치하는 것은 매

---

3. 민법 제39조(채무불이행과 손해배상): [채무자가 채무의 내용에 좇은 이행을 하지 아니한 때에는 채권자는 손해배상을 청구할 수 있다. 그러나 채무자의 고의나 과실 없이 이행할 수 없게 된 때에는 그러하지 아니하다].
4. 설령 불법행위책임을 법적 근거로 삼을 수 있다고 하더라도, 앞에서 본 채무불이행책임의 경우와 결론이 동일하다. 민법 제750조(불법행위의 내용): [고의 또는 과실로 인한 위법행위로 타인에게 손해를 가한 자는 그 손해를 배상할 책임이 있다].
5. 특정물은 급부의 목적물이 개별적으로 지정된 것을, 불특정물(종류물)은 급부의 목적물이 종류로만 지정된 것을 각각 의미하는데, 이러한 구별은 당사자의 의사에 따른 주관적인 것이다(지원림, 『민법강의』(제8판), 2010, 제164면). 검토컨대, 본건 사과는 "A의 창고에 적치된" "사과 21 내지 22킬로그램 들이 1,300상자"이므로 종류물로 파악하는 것이 합리적인 판단이라 할 것이다.
6. 동일한 법률관계에 대하여 민법과 상법 모두에 규정이 있는 경우에는, 특별법인 상법규정이 우선하여 적용된다[상법 제1조(상사적용법규): (상사에 관하여 본법에 규정이 없으면 상관습법에 의하고 상관습법이 없으면 민법의 규정에 의한다)].

도인에 대하여는 인도 당시의 목적물에 대한 하자의 조사를 어렵게 하고 전매[7]의 기회를 잃게 될 뿐만 아니라, 매수인에 대하여는 그 기간 중 유리한 시기를 선택하여 매도인의 위험으로 투기를 할 수 있는 기회를 주게 되는 폐단 등이 있어 이를 막기 위하여 하자를 용이하게 발견할 수 있는 전문적 지식을 가진 매수인에게 신속한 검사와 통지의 의무를 부과함으로써 상거래를 신속하게 결말짓도록 한 것"에 있다.[8]

상법 제69조(매수인의 목적물의 검사와 하자통지의무)

제1항: 상인간[9]의 매매[10,11,12]에 있어서 매수인이 목적물[13]을 수령[14]한 때에는 지체없이 이를

---

7. 즉, 매도인이 신속히 목적물을 회수하여 제3자에게 전매함으로써 손해를 줄일 기회를 주는 것도, 본조의 중요한 취지 중의 하나이다.

8. 대법원 1987. 7. 21. 선고 86다카2446 판결.

9. 따라서 매도인과 매수인 둘 다 상인이어야 한다.

10. 본조는 매매 이외의 경우(예: 임대차)에는 적용되지 않는바, 민법규정에 따른 하자담보책임의 경우에는 매매 이외의 유상계약에도 준용됨에 유의해야 한다. 대법원 1995. 7. 14. 선고 94다38342 판결(상사매매에 관한 상법 제69조는, 민법의 매매에 관한 규정이 민법 제567조에 의하여 매매 이외의 유상계약에 준용되는 것과 달리, 상법에 아무런 규정이 없는 이상 상인간의 수량을 지정한 건물의 임대차계약에 준용될 수 없다). 민법 제567조(유상계약에의 준용): [본절의 규정은 매매 이외의 유상계약에 준용한다. 그러나 그 계약의 성질이 이를 허용하지 아니하는 때에는 그러하지 아니하다].

11. 부대체물에 대한 제작물공급계약은 물건의 공급보다는 제작이 계약의 주목적이 되어 도급의 성질을 강하게 띠게 되므로, 매매임을 전제로 하는 본조가 적용되지 않는 경우도 있다. 대법원 1987. 7. 21. 선고 86다카2446 판결("당사자의 일방이 상대방의 주문에 따라 자기 소유의 재료를 사용하여 만든 물건을 공급할 것을 약정하고 이에 대하여 상대방이 대가를 지급하기로 약정하는 이른바 제작물공급계약은 그 제작의 측면에서는 도급의 성질이 있고 공급의 측면에서는 매매의 성질이 있어 이러한 계약은 대체로 매매와 도급의 성질을 함께 가지고 있는 것으로서 그 적용법률은 계약에 의하여 제작 공급하여야 할 물건이 대체물인 경우에는 매매로 보아서 매매에 관한 규정이 적용된다고 할 것이나 물건이 특정의 주문자의 수요를 만족시키기 위한 부대체물인 경우에는 당해 물건의 공급과 함께 그 제작이 계약의 주목적이 되어 도급의 성질을 강하게 띠고 있다 할 것이므로 이 경우에는 매매에 관한 규정이 당연히 적용된다고 할 수 없다", "이 사건 포장지는 피고의 주문에 따른 일정한 무늬와 규격으로 인쇄되어 있고 더구나 그 포장지에는 피고회사 이름까지 인쇄되어 있어 피고만이 이를 사용할 수 있고 원고나 피고로서는 이를 타에 매각처분하기가 곤란하거나 불가능한 사실이 엿보이는바, 이러한 사정 하에서라면 원고가 공급한 이 사건 포장지는 부대체물에 해당할 것이고, 이러한 경우 상법 제69조 제1항에 따라 그 거래관계를 보다 신속하게 결말지을 필요가 절실히 요구된다고 할 수도 없을 것이다").

12. 유의할 점은, 상인간이라고 하더라도 위탁매매의 경우에는 매수위탁의 경우에 한정하여 상법 제69조가 적용될 수 있다는 점이다[상법 제110조(매수위탁자가 상인인 경우): (상인인 위탁자가 그 영업에 관하여 물건의 매수를 위탁한 경우에는 위탁자와 위탁매매인 간의 관계에는 제68조 내지 제71조의 규정을 준용한다)]. 본 사례는 A, B 간에 체결된 법률관계가 위탁매매가 아니라 매매라는 점에 유의하시기 바란다.

13. 부동산, 동산, 특정물, 불특정물, 대체물, 불대체물 등 그 종류를 불문하나(이철송, 『상법총칙 · 상행위』, 제344면), 부대체물에 관한 제작물공급계약의 경우에는 앞에서 살펴본 바와 같이 유의사항이 있다.

검사하여야 하며 하자[15,16] 또는 수량의 부족을 발견한 경우에는 즉시 매도인에게 그 통지를 발송[17]하지 아니하면 이로 인한 계약해제, 대금감액 또는 손해배상을 청구하지 못한다. 매매의 목적물에 즉시 발견할 수 없는[18] 하자가 있는 경우[19]에 매수인이 6월 내에 이를 발견한

---

14. 목적물이 현실로 매수인의 점유하에 놓이는 현실의 인도를 의미한다. 이철송, 『상법총칙·상행위』, 제344면. 판례에는 점유이전일이라는 표현을 사용하기도 한다(대법원 1999. 1. 29. 선고 98다1584 판결).

15. 원칙적으로 통상적으로 갖추어야 할 품질, 성능을 갖추지 못한 것을 말하고(예외 ; 카탈로그와 검사성적서에 일정한 품질, 성능이 보증된 경우), 원칙적으로 계약성립시를 기준으로 하여 하자 유무를 판단함이 판례의 입장인 것으로 보이나 이를 일반화하기에는 문제가 없지 않다고 한다. 지원림, 『민법강의』(제8판), 2010, 제1421면. 대법원 2003. 6. 27. 선고 2003다20190 판결(표고버섯 종균을 접종한 표고목의 발아율이 일률적으로 정상적인 발아율의 1/100에도 미치지 못하는 현상이 발생한 경우, 종균을 생산한 회사의 대표가 관리를 잘못하여 종균에 문제가 있다고 말한 사실, 다른 구입처에서 구입한 종균을 동일한 통상의 접종 및 재배조건에서 접종한 표고목에서는 종균이 정상적으로 발아한 사실 등 제반 사정에 비추어, 그 종균은 종균으로서 통상적으로 갖추어야 할 품질이나 특성을 갖추지 못한 하자가 있음을 인정할 수 있다고 판단한 사례) ; 대법원 2000. 10. 27. 선고 2000다30554,30561 판결(매도인이 매수인에게 공급한 기계가 통상의 품질이나 성능을 갖추고 있는 경우, 그 기계에 작업환경이나 상황이 요구하는 품질이나 성능을 갖추고 있지 못하다 하여 하자가 있다고 인정할 수 있기 위하여는, 매수인이 매도인에게 제품이 사용될 작업환경이나 상황을 설명하면서 그 환경이나 상황에 충분히 견딜 수 있는 제품의 공급을 요구한 데 대하여, 매도인이 그러한 품질과 성능을 갖춘 제품이라는 점을 명시적으로나 묵시적으로 보증하고 공급하였다는 사실이 인정되어야만 할 것임은 물론이나, 매도인이 매수인에게 기계를 공급하면서 당해 기계의 카탈로그와 검사성적서를 제시하였다면, 매도인은 그 기계가 카탈로그와 검사성적서에 기재된 바와 같은 정도의 품질과 성능을 갖춘 제품이라는 점을 보증하였다고 할 것이므로, 매도인이 공급한 기계가 매도인이 카탈로그와 검사성적서에 의하여 보증한 일정한 품질과 성능을 갖추지 못한 경우에는 그 기계에 하자가 있다고 보아야 한다) ; 대법원 2000. 1. 18. 선고 98다18506 판결(매매의 목적물이 거래통념상 기대되는 객관적 성질·성능을 결여하거나, 당사자가 예정 또는 보증한 성질을 결여한 경우에 매도인은 매수인에 대하여 그 하자로 인한 담보책임을 부담한다 할 것이고, 한편 건축을 목적으로 매매된 토지에 대하여 건축허가를 받을 수 없어 건축이 불가능한 경우, 위와 같은 법률적 제한 내지 장애 역시 매매목적물의 하자에 해당한다 할 것이나, 다만 위와 같은 하자의 존부는 매매계약 성립시를 기준으로 판단하여야 할 것이다).

16. 물리적 하자만을 의미하고, 권리의 하자는 제외된다. 권리의 하자는 목적물을 검사한다고 해서 발견할 수 있는 것이 아니므로 매수인에게 검사의무를 과하기가 적당하지 않기 때문이다. 이철송, 『상법총칙·상행위』, 제346면.

17. 발송주의를 채택하고 있는바, 발송에 대해서는 매수인이 증명책임을 부담한다. 대법원 1990. 12. 21. 선고 90다카28498,28504(반소) 판결(상법 제69조는 상인간의 매매에 있어서는 매수인의 매매목적물에 대한 검사와 하자통지의무를 매수인이 매도인에 대하여 매매목적물에 관한 하자담보책임을 묻기 위한 전제요건으로 삼고 있음이 분명하므로 그와 같은 하자담보책임의 전제요건, 즉 매수인이 목적물을 수령한 때에 지체없이 그 목적물을 검사하여 즉시 매도인에게 그 하자를 통지한 사실, 만약 매매의 목적물에 즉시 발견할 수 없는 하자가 있는 경우에는 6월 내에 이를 발견하여 즉시 통지한 사실 등에 관한 입증책임은 매수인에게 있다).

18. 하자의 성질상 즉시 발견되지 않는 경우를 말한다. 본 사례에 관한 1993. 6. 11. 선고 93다7174,7181(반소) 판결("사과에 과심이 썩은 하자가 있었다고 인정한 데에 소론과 같은 채증법칙위배로 인한 사실오인의 위법이 있다고 할 수 없으므로, 논지들은 모두 이유가 없다", "원심이, 위와 같은 하자는 육안으로

때에도 같다.

제2항: 전항의 규정은 매도인이 악의[20]인 경우에는 적용하지 아니한다.

▌민법 제581조(종류매매와 매도인의 담보책임)

제1항: 매매의 목적물을 종류로 지정한 경우에도 그 후 특정된 목적물에 하자가 있는 때에는 전조의 규정을 준용한다.

제2항: 전항의 경우에 매수인은 계약의 해제 또는 손해배상의 청구를 하지 아니하고 하자없는 물건을 청구할 수 있다.

▌민법 제580조(매도인의 하자담보책임) **제1항**

매매의 목적물에 하자가 있는 때에는 제575조 제1항의 규정을 준용한다. 그러나 매수인이 하자 있는 것을 알았거나 과실로 인하여 이를 알지 못한 때에는 그러하지 아니하다.

▌민법 제582조(전2조의 권리행사기간)

전2조에 의한 권리는 매수인이 그 사실을 안 날로부터 6월 내에 행사하여야 한다.

(나) 민법 제581조의 적용가능성

검토컨대, 본건 하자 사과는 이를 매수할 당초부터 그 과심부위가 썩어 있었거나 시간이 경과함에 따라[21] 그 부위가 점차 썩어들어 가서 결국 폐기될 수밖에 없었는데, 그렇다면 이는 종류물매매로서 특정된 이후에 통상적으로 사과로서 갖추어야

쉽게 확인될 수 있는 성질의 것이 아니고 위 사과를 쪼개어 보지 않으면 발견하기 어려운 성질의 숨은 하자라고 판단한 데에 소론과 같은 위법이 없으므로").

19. 이와 같은 경우(즉, 통상 요구되는 객관적인 주의의무를 다하여도 즉시 발견할 수 없는 경우)라도, 매수인은 6월 내에 하자를 발견해서 지체없이 매도인에게 통지해야만 하고, 그렇지 않으면 설령 매수인에게 과실이 없더라도 본조에 따른 권리를 행사할 수 없다. 대법원 1999. 1. 29. 선고 98다1584 판결(상법 제69조는 상거래의 신속한 처리와 매도인의 보호를 위한 규정인 점에 비추어 볼 때, 상인간의 매매에 있어서 매수인은 목적물을 수령한 때부터 지체없이 이를 검사하여 하자 또는 수량의 부족을 발견한 경우에는 즉시 매도인에게 그 통지를 발송하여야만 그 하자로 인한 계약해제, 대금감액 또는 손해배상을 청구할 수 있고, 설령 매매의 목적물에 상인에게 통상 요구되는 객관적인 주의의무를 다하여도 즉시 발견할 수 없는 하자가 있는 경우에도 매수인은 6월 내에 그 하자를 발견하여 지체없이 이를 통지하지 아니하면 매수인은 과실의 유무를 불문하고 매도인에게 하자담보책임을 물을 수 없다고 해석함이 상당하다).

20. 하자 있음에 대하여 목적물의 수령 당시에 알고있는 것을 의미하는데, 이 경우에는 매도인을 굳이 보호할 필요가 없기 때문에 민법의 일반원칙에 따라 해결된다. 이철송, 『상법총칙 · 상행위』, 제346면.

21. 시간이 경과함에 따라 과심부위가 썩었다는 부분은, 판례의 기본입장처럼 하자유무를 판단하는 기준시점이 매매계약시라는 점에 충실하면 하자로 평가하는 데 어려움이 있을 수는 있을 것이다.

할 품질, 성능을 갖추지 못한 것이 틀림없고, 또 이러한 하자에 대하여 매수인인 B는 알았거나 알 수 있었던 사정이 보이지 않으며(민법 제581조 제1항, 제580조 단서), 하자를 알고서 폐기한 후 즉시(민법 제582조) A에게 통지해서 손해배상을 요구하였으므로, 결국 B로서는 A에게 민법 제581조에 따른 하자담보책임의 일종으로서 본건 손해액에 대한 배상청구를 할 수는 있을 것으로 판단된다.

(다) 상법 제69조의 적용가능성

문제는, 본 사례의 경우에 혹시나 상법 제69조가 적용되어서 B의 이와 같은 권리행사가 부정될 수도 있다는 점에 있으므로, 이하에서는 상법 제69조의 적용가능성을 검토해 보기로 한다.

본 사례의 경우에 기초사실관계를 보면 상법 제69조의 일정한 요건들(즉, 매매일 것, 매매계약체결시점을 기준으로 하자가 존재할 것, 목적물의 수령일로부터 6월 내에 통지했을 것)이 충족된다는 점은 확실하나, 본건 하자(사과의 과심이 썩은 것)가 즉시 발견할 수 없는 하자인지 여부와 A, B의 사이가 상인간인지 여부는 일견 불확실한데 이를 살펴본다(상법 제69조의 규정은 상인간의 매매에 적용되는 것임이 그 문면에 의하여 명백하고, 매수인이 상인인 한 매도인이 상인인지 여부를 불문하고 위 규정이 적용되어야 한다고 볼 여지는 없다[22]).

먼저, 본건 하자(사과의 과심이 썩은 것)는 그 성질상 육안으로 쉽게 확인될 수 있는 성질의 것이 아니고 사과를 해체하여 보지 않으면 발견하기 어려운 성질의 숨은 하자라고 할 것이므로 상법 제69조 소정의 즉시 발견할 수 있는 하자에 해당된다고 할 것이다.[23]

다음으로, A, B의 사이가 상인간의 개념에 포섭이 되려면 A, B 모두 다 상인에 해당되어야 하는바, 이를 검토하기 위해서 먼저 상법에서 상인의 개념에 대하여 규정하고 있는 조문을 살펴보기로 한다.

▎상법 제4조(상인-당연상인)
자기 명의[24]로 상행위[25,26]를 하는 자를 상인이라 한다.

---

22. 본 사례에 관한 대법원 1993. 6. 11. 선고 93다7174,7181(반소) 판결 참조.

23. 본 사례에 관한 대법원 1993. 6. 11. 선고 93다7174,7181(반소) 판결 참조.

24. 자기 명의란, 자신이 직접 법률행위의 당사자가 되고 따라서 그 행위로부터 생기는 권리, 의무의 주체가 됨을 뜻하므로 "명의"라는 것은 "사법적인 권리의무의 귀속점"을 의미한다. 이철송, 『상법총칙 · 상행위』, 제71면. 반면에 누군가의 계산으로 한다는 것은 법률행위의 경제적 효과를 그 누구에게 귀속시

▍상법 제5조(동전-의제상인)

제1항: 점포 기타 유사한 설비[27]에 의하여 상인적 방법[28]으로 영업을 하는 자는 상행위[29]를 하지 아니하더라도 상인[30,31]으로 본다.

제2항: 회사는 상행위[32]를 하지 아니하더라도 전항과 같다.[33]

킴을 뜻한다. 이러한 개념의 구별은 위탁매매인(자기 명의로 타인의 계산으로 물건 또는 유가증권의 매매를 영업으로 하는 자, 상법 제101조)의 경우에 특히 중요한 의미를 가지게 된다.

25. 상법 제46조의 각호에서 인정하고 있는 기본적 상행위("제한적 열거")와 특별법에서 상행위로 인정한 것[예: 신탁법 제4조(신탁영업) — 신탁의 인수를 업으로 하는 때에는 이를 상행위로 한다]을 말한다. 상법 제46조는 다음과 같이 규정하고 있다: [영업으로 하는 다음의 행위를 상행위라 한다. 그러나 오로지 임금을 받을 목적으로 물건을 제조하거나 노무에 종사하는 자의 행위는 그러하지 아니하다. 1. 동산, 부동산, 유가증권 기타의 재산의 매매 2. 동산, 부동산, 유가증권 기타의 재산의 임대차 3. 제조, 가공 또는 수선에 관한 행위 4. 전기, 전파, 가스 또는 물의 공급에 관한 행위 5. 작업 또는 노무의 도급의 인수 6. 출판, 인쇄 또는 촬영에 관한 행위 7. 광고, 통신 또는 정보에 관한 행위 8. 수신·여신·환 기타의 금융거래 9. 공중(公衆)이 이용하는 시설에 의한 거래 10. 상행위의 대리의 인수 11. 중개에 관한 행위 12. 위탁매매 기타의 주선에 관한 행위 13. 운송의 인수 14. 임치의 인수 15. 신탁의 인수 16. 상호부금 기타 이와 유사한 행위 17. 보험 18. 광물 또는 토석의 채취에 관한 행위 19. 기계, 시설, 그 밖의 재산의 금융리스에 관한 행위 20. 상호·상표 등의 사용허락에 의한 영업에 관한 행위 21. 영업상 채권의 매입·회수 등에 관한 행위 22. 신용카드, 전자화폐 등을 이용한 지급결제 업무의 인수]. 이철송, 『상법총칙·상행위』, 제67면.

26. 상법 제46조에서 "영업으로 하는"은, "영리를 목적으로 동종의 행위를 계속 반복적으로 하는 것"을 의미하여 계속성·반복성이 있어야 하므로, 점포나 사무실, 상호, 간판 등의 어느 정도 고정된 시설을 통해 공개적으로, 외부적으로 행해져야 한다. 대법원 1994. 4. 29. 선고 93다54842 판결[어느 행위가 상법 제46조 소정의 기본적 상행위에 해당하기 위하여는 영업으로 같은 조 각호 소정의 행위를 하는 경우이어야 하고, 여기서 영업으로 한다고 함은 영리를 목적으로 동종의 행위를 계속 반복적으로 하는 것을 의미하는바, 구 대한광업진흥공사법(1986. 5. 12. 법률 제3834호로 전문 개정되기 전의 것)의 제반 규정에 비추어 볼 때 대한광업진흥공사가 광업자금을 광산업자에게 융자하여 주고 소정의 금리에 따른 이자 및 연체이자를 지급받는다고 하더라도, 이와 같은 대금행위는 같은 법 제1조 소정의 목적인 민영광산의 육성 및 합리적인 개발을 지원하기 위하여 하는 사업이지 이를 영리를 목적으로 하는 행위라고 보기는 어렵다]. 이철송, 『상법총칙·상행위』, 제70면.

27. 바로 뒤에서 규정되고 있는 상인적 방법의 예시에 불과하다. 이철송, 『상법총칙·상행위』, 제73면.

28. "당연상인이 영업을 하는 것과 같은 방법", 즉 점포나 사무실과 같은 고정적인 장소를 갖고, 상업사용인을 두고 상업장부를 작성하며, 대외적인 홍보활동을 하는 등 사회통념상 당연상인의 경영방법이라고 생각되는 방법을 좇아 영업을 하는 것을 말한다. 이철송, 『상법총칙·상행위』, 제73면.

29. 상법 제46조의 기본적 상행위를 말하므로, 결국 본항에 의한 상인(설비상인)은 상법 제46조 이외의 행위를 영업으로 하는 자를 말한다. 이철송, 『상법총칙·상행위』, 제72면.

30. 이를 "설비상인"이라고 하는데, 그 취지는 경제가 발전함에 따라 새로운 유형의 영업행위(예: 경영자문업, 결혼상담업, 연예인의 송출업, 흥행업)가 생겨나서 기업화할 경우가 많은데, 이와 같은 것도 상인으로 취급할 필요성이 있기 때문이다. 이철송, 『상법총칙·상행위』, 제72면.

31. 변호사, 법무사는 이에 해당하지 않는다. 대법원 2007. 7. 26. 자 2006마334 결정(변호사의 영리추구 활동을 엄격히 제한하고 그 직무에 관하여 고도의 공공성과 윤리성을 강조하는 변호사법의 여러 규정에 비추어 보면, 위임인·위촉인과의 개별적 신뢰관계에 기초하여 개개 사건의 특성에 따라 전문적인

검토컨대, 우선 B는 서울 중구 중림동에서 충남상회라는 상호로 청과류 도매업에 종사하면서 적어도 직원 2명을 고용하고 있고 영업을 위하여 점포 및 창고를 운영하고 있으므로, 상법 제46조의 제1호(동산, 부동산, 유가증권 기타의 재산의 매매)의 상행위를 영업으로 하고 있다고 인정되는바, 결국 상법 제4조의 "자기 명의로 상행위를 하는 자"인 당연상인에 해당하는 것으로 볼 수 있을 것이다. 즉, 위 제1호의 매매의 의미에 대해서 매수와 매도로 이해하는 견해(매수와 매도는 서로 내면적인 관련을 가지고 물건 등을 사서 파는 영업을 구성해야 상행위성이 인정된다는 견해)와 매수 또는 매도로 이해하는 견해(매수나 매도, 어느 한쪽만 하더라도 상행위성이 인정된다는 견해)가 대립하고 있으나, 본 사례에서의 B는 A로부터 본건 사과를 매수하기도 했고 사과전문 소매상인 Y에게 위 15킬로그램 들이 사과 30상자를 판매하기도 했으므로, 어느 견해에 의하더라도 위 제1호의 동산(사과)의 매매라는 기본적 상행위를 하였음이 분명하다.

법률지식을 활용하여 소송에 관한 행위 및 행정처분의 청구에 관한 대리행위와 일반 법률사무를 수행하는 변호사의 활동은, 간이 · 신속하고 외관을 중시하는 정형적인 영업활동을 벌이고, 자유로운 광고 · 선전활동을 통하여 영업의 활성화를 도모하며, 영업소의 설치 및 지배인 등 상업사용인의 선임, 익명조합, 대리상 등을 통하여 인적 · 물적 영업기반을 자유로이 확충하여 효율적인 방법으로 최대한의 영리를 추구하는 것이 허용되는 상인의 영업활동과는 본질적으로 차이가 있다 할 것이고, 변호사의 직무 관련 활동과 그로 인하여 형성된 법률관계에 대하여 상인의 영업활동 및 그로 인한 형성된 법률관계와 동일하게 상법을 적용하지 않으면 아니 될 특별한 사회경제적 필요 내지 요청이 있다고 볼 수도 없다. 따라서 근래에 전문직업인의 직무 관련 활동이 점차 상업적 성향을 띠게 됨에 따라 사회적 인식도 일부 변화하여 변호사가 유상의 위임계약 등을 통하여 사실상 영리를 목적으로 그 직무를 행하는 것으로 보는 경향이 생겨나고, 소득세법이 변호사의 직무수행으로 인하여 발생한 수익을 같은 법 제19조 제1항 제11호가 규정하는 사업서비스업에서 발생하는 소득으로 보아 과세대상으로 삼고 있는 사정 등을 감안한다 하더라도, 위에서 본 변호사법의 여러 규정과 제반 사정을 참작하여 볼 때, 변호사를 상법 제5조 제1항이 규정하는 상인적 방법에 의하여 영업을 하는 자라고 볼 수는 없다 할 것이므로, 변호사는 의제상인에 해당하지 아니한다) ; 대법원 2008. 6. 26. 자 2007마996 결정(법령에 의하여 상당한 정도로 그 영리추구 활동이 제한됨과 아울러 직무의 공공성이 요구되는 법무사의 활동은 상인의 영업활동과는 본질적인 차이가 있고, 법무사의 직무 관련 활동과 그로 인하여 형성된 법률관계에 대하여 상인의 영업활동 및 그로 인하여 형성된 법률관계와 동일하게 상법을 적용하지 않으면 안 될 특별한 사회 · 경제적 필요 내지 요청이 있다고 볼 수도 없으므로, 법무사를 상법 제5조 제1항이 규정하는 상인적 방법에 의하여 영업을 하는 자라고 볼 수는 없다. 따라서 법무사의 상호등기 신청을 각하한 등기관의 처분은 정당하고, 법무사 합동법인의 경우 법무사법 제33조 이하에서 그 명칭의 등기를 허용하고 있다거나, 상호의 등기를 허용하는 다른 일부 전문 직종에서 관계 법령에 공익적 목적의 제한규정을 두고 있는 경우가 있다는 사정만으로 부당한 차별에 해당하여 위법하다고 볼 수는 없다).

32. 상법 제46조의 기본적 상행위를 말하고, 본항은 특히 제1항의 설비상인의 요건을 구비하지 못한 회사의 경우에도 제2항에 의해서 상인으로 본다는 점에 그 의미가 있다. 이철송, 『상법총칙 · 상행위』, 제74면.

33. 회사는 가장 합리적인 기업조직으로서 상인으로서의 성격을 농후하게 지녔음을 고려한 규정이다. 이철송, 『상법총칙 · 상행위』, 제74면.

그러나 A는 사과를 재배하는 자로서 자신의 주소지에 단순히 사과 보관용 창고를 운영하고 있는바, 자기가 재배한 농산물을 매도하는 행위도 이를 영업으로 할 경우에는 상행위에 해당한다고 볼 수 있겠으나, A는 약 5,000평의 사과나무 과수원을 경영하면서 그중 약 2,000평 부분의 사과나무에서 사과를 수확하여 이를 대부분 대도시의 사과판매상에 위탁판매한다는 것이어서 A가 영업으로 사과를 판매하는 것으로는 볼 수 없으니 상법 제46조 각호의 어느 행위에도 포섭하기가 어려워[34] 결국 A는 당연상인이 아니라고 할 것이고, 또한 단순히 사과 보관용 창고를 운영하고 있다는 사실만으로는 "점포 기타 유사한 설비"로 평가하기에는 부족한 것으로 보이고 A의 이 같은 행위는 "상인적 방법으로 영업"을 하는 것(즉 당연상인이 영업을 하는 것과 같은 방법, 즉 점포나 사무실과 같은 고정적인 장소를 갖고, 상업사용인을 두고 상업장부를 작성하며, 대외적인 홍보활동을 하는 등 사회통념상 당연상인의 경영방법이라고 생각되는 방법을 좇아 영업을 하는 것)으로 평가하기도 어려울 것으로 보여 설비상인으로 평가하기도 어려울 것으로 판단된다.[35]

(라) 결어

그렇다면 A가 상인이 아니므로 A, B의 사이는 상법 제69조의 상인간에 해당하지 아니고, 따라서 본 사례에는 상법 제69조가 적용되지 않고 B는 A에게 일반법인 민법 제581조에 따른 하자담보책임의 일종으로서 본건 손해액에 대한 배상청구를 해야 할 것이다.

---

34. 본 사례에서 A는 약 5,000평의 사과나무 과수원을 경영하면서 그중 약 2,000평 부분의 사과나무에서 사과를 수확하여 이를 대부분 대도시의 사과판매상에 위탁판매하였다고 하므로 일응 상법 제46조 제12호(위탁매매 기타의 주선에 관한 행위)에 해당하는지 여부가 검토대상이 될 수는 있으나, 이는 위탁매매인(제101조), 준위탁매매인(제113조), 운송주선인(제114조) 등을 가리키는 것으로서 A는 이에 해당하지 않고, 또한 본 사례에서 A와 B의 관계가 매매가 아니라 위탁매매라고 하더라도 A는 위탁매매인이 아니라 위탁자이므로, 결국 A는 위 제12호의 기본적 상행위를 한 것이 아니다. 참고로, 위탁매매인이 영업으로 하는 것은 매매의 주선을 인수하는 것(즉, 위탁자로부터 보수를 받고 위탁매매를 수탁하는 것)이고, 매매 자체는 그 이행행위로서 보조적 상행위에 불과하며, 위탁자는 상인일 수도 있고 아닐 수도 있다. 이철송, 『상법총칙 · 상행위』, 제419면.

35. 이상에 대해서는 본 사례에 관한 대법원 1993. 6. 11. 선고 93다7174,7181(반소) 판결 참조.

[사례 09]

상인의 보수청구권

다음과 같은 사실관계 하에서, 아래의 각 질의에 대해 답하시오.[1]

(1) 당사자들의 지위

A증권회사는 유가증권의 매매 및 위탁매매 등을 주된 업무로 하면서 부수적으로 증권업과 관련하여 유가증권 및 지분의 평가 또는 분석 및 기업의 신용조사와 평가업무, 기업의 경영, 구조조정 및 금융에 대한 상담 또는 조력업무를 영위하는 증권회사이다.

B회사는 전기전자 부품의 제조 및 매매 등을 주된 업무로 하는 주식회사인데, 2003년 경 매출액 및 이익의 감소로 회사 경영이 곤란해지고 이에 따른 회사 주가의 급락으로 인하여 증권거래소 상장이 폐지될 상황에 처하자 회사 경영권 양도를 수반한 외부로부터의 투자유치를 통하여 회사의 갱생을 모색하기로 하였다.

(2) 2003. 7. 2.(투자 유치에 관한 용역계약의 체결)

A증권회사와 B회사는, B회사가 추진하던 국내 · 외 신규 투자 유치(유상증자, 전환사채 또는 신주인수권부사채 발행 등의 방법을 포함)와 관련하여 아래와 같은 내용의 용역계약(이하, "본건 용역계약")[2]을 체결하였다.

(가) 업무범위: A증권회사는 B회사를 위해, ① 투자가의 발굴 · 유치, ② 기업소개서의 작성, ③ 투자가와의 협상과 관련된 재무자문의 제공과 협상추진의 지원, ④ 기타 투자 유치과정에서 양 당사자가 필수 불가결하다고 합의한 사항 등의 업무를 수행하되, A회사가 제공하는 용역의 범위는 진행과정에 따라 상호 합의에 의하여 조정할 수 있음.

---

1. 본 사례는 대법원 2007. 9. 20. 선고 2006다15816 판결을 기초로 하여 작성된 것이다.
2. 보수에 대하여 성공을 조건으로 지급약정을 하였으므로 도급의 성격이 일부 가미되어 있다고도 할 수 있을 여지도 있을 것이나, 기본적인 성격은 위임이라고 해석함이 타당할 것이다. 민법 제680조(위임의 의의): [위임은 당사자일방이 상대방에 대하여 사무의 처리를 위탁하고 상대방이 이를 승낙함으로써 그 효력이 생긴다] ; 민법 제664조(도급의 의의): [도급은 당사자일방이 어느 일을 완성할 것을 약정하고 상대방이 그 일의 결과에 대하여 보수를 지급할 것을 약정함으로써 그 효력이 생긴다].

(나) 용역기간: 본건 용역계약 체결일로부터 투자금 납입일까지로 하되 그 기간을 6개월로 하며, 용역 진행과정에 따라 상호 합의에 의하여 조정할 수 있음.

(다) 보수지급: 용역보수는 성공보수[3]로 하여 A증권회사의 노력에 의해 유치한 금액의 4%에 해당하는 금액을 투자금 납입일 다음 날에 지급함.

(라) 비용부담: 용역보수에 따른 부가가치세는 별도로 지급하며, A증권회사의 업무수행 중 발생하는 법률자문, 출장, 용역보고서 작성 등에 따른 비용을 B회사가 부담하되, A증권회사는 B회사로부터 이에 관한 사전동의를 받아 집행하기로 함.

(3) 1차 투자유치의 시도 및 실패

(가) 2003. 7.경(용역 제공의 시작)

A증권회사는 B회사의 경영상태를 분석하여 적절한 투자유치방안으로 기존 자본금 대부분에 관한 감소절차를 거친 후 제3자배정[4]의 유상증자를 통하거나 또는 전환사채를 발행하는 방식을 추진하기로 하고, B회사의 기업소개서를 작성하여 전망 있는 투자자들과 접촉하였음.

(나) 2003. 9.경(투자자의 발굴)

A증권회사는 X 등을 외부 투자가로 발굴하여 그로부터 제3자배정의 유상증자방식으로 투자금을 납입받기로 하고 이를 위한 후속 절차를 진행시켰음(이하, "1차 투자유치").

(다) 2003. 10. 13.(본건 용역계약의 변경)

A증권회사와 B회사는 ① A증권회사의 업무범위에 B회사의 유상증자에 관한 유가증권신

---

3. 실무적으로 통상 success fee라고 하고 있으나, 경우에 따라서는 contingent fee, contingency fee라고도 한다.

4. 기존주주가 아닌 자(즉, 제3자)에게 신주나 전환사채, 신주인수권부사채에 대한 인수권을 부여하여 그러한 제3자가 인수하게 되는 것을 말한다. 그러나 이는 주주의 신주인수권(preemptive right)[상법 제418조(신주인수권의 내용 및 배정일의 지정 · 공고) 제1항: (주주는 그가 가진 주식 수에 따라서 신주의 배정을 받을 권리가 있다)]에 대한 중대한 제한이므로, 정관에 근거규정이 있거나 주주총회의 특별결의가 있을 것, 합리적인 사유, 필요성이 있을 것(신기술의 도입, 재무구조 개선 등), 발행가가 공정할 것 등의 요건이 충족된 경우에 한정해서만 가능하다. 이철송, 『회사법강의』, 제716면 내지 제721면. 상법 제418조(신주인수권의 내용 및 배정일의 지정 · 공고) 제2항: [회사는 제1항의 규정에 불구하고 정관에 정하는 바에 따라 주주 외의 자에게 신주를 배정할 수 있다. 다만, 이 경우에는 신기술의 도입, 재무구조의 개선 등 회사의 경영상 목적을 달성하기 위하여 필요한 경우에 한한다]. 이러한 신주에 관한 법리는 전환사채, 신주인수권부사채에도 그대로 동일한데, 실무적으로 주식의 방식으로 투자하는 것을 euity 투자라고 하는 경우가 있는 반면에, 전환사채(Convertible Bond)나 신주인수권부사채(Bond With Warranties)는 euity 그 자체는 아니나 잠재적인 성격의 전환권이나 신주인수권이 실제로 실현되면 euity 성격이 현출이 되므로 이와 같은 투자 형식을 Mezzanine 투자라고 하기도 한다.

고서 작성에 대한 지원을 추가하고, ② 용역보수를 종전과는 달리 2억원 정액 지급방식(이하, "본건 성공보수금")으로 하는 내용으로 본건 용역계약을 일부 변경[5]하였음.

(라) 2003. 11. 21. ~ 2004. 1. 15.(1차 투자유치의 실패)

B회사는 A증권회사가 제안한 제3자배정의 유상증자방식으로 X 등으로부터 투자금을 유치하기 위하여 임시주주총회를 개최하여 자본감소에 관한 결의를 하고, X측의 X′를 대표이사로 선임하는 등 경영진을 개편하였으며, X 등의 요구에 따라 그에게 기준주가보다 할인된 발행가로 신주를 배정하기로 하고 2004. 1. 8. 금융감독위원회에 위와 같은 내용의 유가증권신고서를 제출하였으나, 2004. 1. 15. 금융감독원장은 기준주가보다 할인된 발행가의 주식을 제3자에게 발행하는 내용의 위와 같은 유상증자는 관련 법규정에 부합하지 아니하다는 이유로 B회사에게 유가증권신고서의 정정제출을 명함으로써 B회사의 X 등으로부터의 투자 유치는 차질을 빚게 되었고, 이와 더불어 X 등도 개인적인 사정을 이유로 B회사에 대한 투자의사를 중도에 철회함으로써 1차 투자유치는 실패로 종결되었음.

(마) A증권회사의 용역제공 내용

A증권회사는, 1차 투자유치 과정에서, X 등을 발굴하였던 것 외에도, ① X 등의 B회사에 대한 투자의향서[6] 제출, B회사의 X 등에 대한 신용조사의 실시 등을 대행, 중개하였고, ② B회사와 X 등 사이의 투자약정서 초안을 검토, 확정하였으며, ③ 제3자배정의 유상증자 추진일정표 및 금융감독위원회에 제출될 B회사의 유가증권신고서를 작성해 주었고, ④ 위 유상증자에 관한 B회사의 이사회 결의, 주주총회 결의, 법인등기 등의 절차에서 필요한 B회사의 자문에 응하였음.

(3) 2차 투자유치의 성공

(가) 2004. 2. 초순경 ~ 2004. 3. 26.

B회사는 2004. 2. 초순경 투자유치의 기본방향을 기존주주 배정의 유상증자방식으로 전환하되 주주에게 배정된 신주 중에서 발생될 실권주[7]를 외부투자자에게 추가로 배정하

---

5. 2003. 7. 2.자의 본건용역의 체결 및 2003. 10. 13.자의 본건 용역계약의 일부 변경 합의 그 자체는, 양 당사자들 모두 다 계약의 체결에 필요한 내부 · 외부의 수권절차(예: 이사회 결의)를 이행하여 적법 · 유효하게 체결되었다고 전제한다.

6. 실무상, 통상적으로 이러한 문서를 L.O.I.(Letter Of Intent)라고 칭하는데, 상호간에 부담을 줄이기 위하여 L.O.I.에 본 투자의향서는 법적 구속력이 없다고 명기하는 경우도 있다.

7. 실권주는 신주인수권자가 청약기일에 청약을 하지 아니하거나(상법 제419조 제4항) 또는 신주인수인이 납입기일에 납입하지 않는 경우(상법 제423조 제2항)에 발생하는데, 신주발행시에는 자본의 전액확정을

여 나머지 투자금을 조달하는 것으로 수정하기로 결정하고, 실권주를 인수할 외부투자자로서 Y 등을 직접 발굴하였으며(이하 "2차 투자유치"), 2004. 3. 26. 기존주주로부터 약 30억원, Y 등으로부터 약 110억원 등 합계 140억원 상당의 주금을 납입받음으로써 당초 계획하였던 신규 투자유치를 완결하였고, 이로써 Y 등이 B회사의 경영권을 취득하게 되었음.

(나) 2차 투자유치 과정에서의, A증권회사의 용역제공 내용

B회사는 2차 투자유치 과정에서 A증권회사에 갈음하여 그와 유사한 다른 외부자문기관의 도움을 받음은 없이, 또한 A증권회사와의 본건 용역계약을 해지하지 아니한 채 지속적으로 A증권회사의 조력만을 받았는데, A증권회사는 B회사에게 ① B회사가 주주배정의 유상증자방식을 대안으로 선택함에 있어 필요한 자료 및 조언을 제공하고, ② 그에 관한 B회사의 이사회 결의 및 주주총회 결의내용의 결정이나 후속절차로서 거래소 공시, 신주발행공고, 관계기관과의 사전협의, 청약절차의 진행 등에 관한 B회사의 자문에 응하며, ③ 유가증권신고서 및 그 유가증권정정신고서의 작성, 제출에 관여하고, ④ 2004. 2. 5.경 B회사와 신주인수권증서 매매 및 중개를 위한 협약(위 협약에서 A증권회사는 신주인수권증서[8] 매매 및 중개에 따른 수수료로 매매금액의 1% 상당액을 지급받기로 약정하였으나 실제로 신주인수권증서가 거래된 바는 없음)을 체결하는 등 용역을 제공하였음.

요하지 않으므로 미발행 부분으로 유보해도 관계없으나 이사회결의로 제3자에게 배정할 수도 있는바(통설, 이철송, 『회사법강의』, 제730면), 이 경우 발행조건(예: 발행가)을 변경하지 않아도 된다. 상법 제419조(신주인수권자에 대한 최고) 제4항: [제1항의 통지 또는 제2항의 공고에도 불구하고 그 기일까지 주식인수의 청약을 하지 아니한 때에는 신주의 인수권을 가진 자는 그 권리를 잃는다], 상법 제423조(주주가 되는 시기, 납입해태의 효과) 제2항: [신주의 인수인이 납입기일에 납입 또는 현물출자의 이행을 하지 아니한 때에는 그 권리를 잃는다]. 대법원 2009. 5. 29. 선고 2007도4949 전원합의체 판결[다수의견](상법상 전환사채를 주주배정방식에 의하여 발행하는 경우에도 주주가 그 인수권을 잃은 때에는 회사는 이사회의 결의에 의하여 그 인수가 없는 부분에 대하여 자유로이 이를 제3자에게 처분할 수 있는 것인데).

8. 주주의 신주인수권을 표창한 유가증권인데, 이는 이사회가 신주인수권을 양도할 수 있다고 정한 경우(상법 제416조 제5호), 그 이전에 확실하게 공시방법을 갖추게 하고 유통성을 강화해 주기 위해 발행된다. 이철송, 『회사법강의』, 제724면. 상법 제416조(발행사항의 결정): [회사가 그 성립 후에 주식을 발행하는 경우에는 다음의 사항으로서 정관에 규정이 없는 것은 이사회가 이를 결정한다. 그러나 본법에 다른 규정이 있거나 정관으로 주주총회에서 결정하기로 정한 경우에는 그러하지 아니하다. 5. 주주가 가지는 신주인수권을 양도할 수 있는 것에 관한 사항].

설문 1 A증권회사는 본건 용역계약에 근거하여 B회사에게 본건 성공보수금(금 2억원)의 지급을 청구할 수 있는가?

설문 2 (**설문 1**에서의 지급청구가 부정된다는 것을 전제로 하여) A증권회사는 상법 제61조에 근거하여 B회사에게 용역제공에 상당한 보수의 지급을 청구할 수 있는가?

설문 3 2차 투자유치의 방식[즉, 기존주주 배정의 유상증자를 하되 기존주주가 인수하지 않은 신주(즉, 실권주)를 기존주주 이외의 제3자에게 배정하여 인수하게 하는 방식]은 주주배정인가? 아니면 제3자배정인가?

[설문 1] 본건 성공보수금의 지급청구

(1) 문제의 소재

본건 용역계약은 A증권회사가 투자자의 발굴부터 투자자와의 협상, 투자방식의 설계, 실제 투자의 집행에 이르는 투자 유치의 전 과정에 걸쳐 B회사의 요청 사항에 대하여 자문 등을 행하는 용역을 제공해 주고 그 결과 투자자 유치에 성공하면 일정한 보수를 지급받는 것을 내용으로 하는데, B회사는 A증권회사로부터 자문을 받아 합계 140억원 상당의 투자금을 유치하는 데에 성공하였으며, 가사 최종적으로 유치된 투자자인 Y 등을 B회사가 직접 발굴한 것이라 하더라도 전체로서 투자 유치과정이 A증권회사의 자문 아래 성공적으로 종결된 이상 A증권회사가 직접 발굴, 유치한 투자자에 의하여 투자 유치가 성공한 것과 마찬가지로 보아, A증권회사는 본건 용역계약에 근거하여 B회사에게 본건 성공보수금(금 2억원)의 지급을 청구할 수 있는지 여부가 문제된다.

(2) 설문의 해결

처분문서[9]의 진정성립[10]이 인정되면 법원은 그 기재 내용을 부인할 만한 분명하

9. 처분문서란 증명하고자 하는 처분(법률적 행위)이 그 문서 자체에 의해 이루어진 경우의 문서를 말하고 (예: 계약서, 차용증서, 어음 · 수표 등의 유가증권, 유언서 등), 반면에 보고문서란 작성자가 듣고 보

고도 수긍할 수 있는 반증이 없는 한 원칙적으로 그 처분문서에 기재되어 있는 문언대로의 의사표시의 존재와 내용[11]을 인정하여야 하고, 당사자 사이에 계약의 해석을 둘러싸고 이견이 있어 처분문서에 나타난 당사자의 의사해석이 문제되는 경우에는 그 문언의 내용, 그러한 약정이 이루어진 동기와 경위, 그 약정에 의하여 달성하려는 목적, 당사자의 진정한 의사 등을 종합적으로 고찰하여 논리와 경험적에 따라 합리적으로 해석하여야 한다.[12]

검토컨대, 본건 용역계약에 성공보수라고 명기[13]하고 있고 그 지급시기도 투자금 납입일 다음 날로 하고 있으므로 본건 용역계약의 보수지급약정은 증권업을 영위하면서 투자자들에 대한 정보에 정통한 A증권회사가 B회사를 위하여 신규 투자자를 발굴, 유치하여 실제로 그로부터 투자를 이끌어낼 것을 조건으로 하여 비로소 발생[14]하는 이른바 성공보수금이라고 해석함이 상당하고, 비록 결과적으로 B회사가 Y 등으로부터 신규로 투자금을 유치하였고 A증권회사가 그 과정에서 유상증자절차에서 요구되는 여러 가지 용역을 제공하여 그 성공에 기여한 바 있다 할지라도 조건으로서의 투자자인 Y 등의 발굴, 유치 자체가 B회사에 의하여 이루어졌을 뿐 A증권회사에 의한 것이 아니었으며, 나아가 양 당사자들 사이에 B회사가 유치한 투자가에 의하여 최종적으로 투자가 이루어진 경우에도 이를 A증권회사가 발굴한 투자자에 의한 것과 마찬가지로 취급하여 본건 용역계약에 따른 성공보수를 지급하기로 하였다는 사정[15]도 없다.[16]

고 느끼고 판단한 바를 기재한 문서(예: 일기, 상업장부, 진단서 등)를 말한다. 처분문서의 경우에는 그 문서로서 처분 등 법률행위가 이루어졌으므로 진정성립(형식적 증거력)이 인정되면 원칙적으로 당연히 증거가치(실질적 증거력, 즉 그 기재내용대로 법률행위의 존재 및 내용이 인정되는 것)가 인정된다. 이시윤, 『신민사소송법』, 제459면 내지 제452면.

10. 이를 문서의 형식적 증거력이라고 한다. 이시윤, 『신민사소송법』, 제451면.

11. 이를 문서의 증거가치(실질적 증거력)라고 한다. 이시윤, 『신민사소송법』, 제454면.

12. 대법원 2005. 5. 27. 선고 2004다60065 판결 등 참조.

13. 따라서 조건의사가 외부에 표시되어 법률행위의 동기가 아니라 법률행위의 부관으로서의 조건에 해당됨에 의문이 없다. 대법원 2003. 5. 13. 선고 2003다10797 판결(조건은 법률행위의 효력의 발생 또는 소멸을 장래의 불확실한 사실의 성부에 의존케 하는 법률행위의 부관으로서 당해 법률행위를 구성하는 의사표시의 일체적인 내용을 이루는 것이므로, 의사표시의 일반원칙에 따라 조건을 붙이고자 하는 의사, 즉 조건의사와 그 표시가 필요하며 조건의사가 있더라도 그것이 외부에 표시되지 않으면 법률행위의 동기에 불과할 뿐이고 그것만으로는 법률행위의 부관으로서의 조건이 되는 것은 아니다).

14. 법률행위의 효력의 발생을 장래의 불확실한 사실에 의존케 하고 있으므로, 조건 중에서도 정지조건에 해당한다. 민법 제147조(조건성취의 효과) 제1항: [정지조건 있는 법률행위는 조건이 성취한 때로부터 그 효력이 생긴다] 참조.

따라서 본건 용역계약에 따른 성공보수금 청구를 위한 조건은 성취되지 못한 것이므로 A증권회사는 본건 용역계약에 근거하여 B회사에게 본건 성공보수금(금 2억원)의 지급을 청구할 수 없다.[17]

[설문 2] 상법 제61조에 의한 상당한 보수의 지급청구

(1) 문제의 소재

A증권회사는 상법 제61조(상인의 보수청구권)[18]에 근거하여 B회사에게 용역제공에 상당한 보수의 지급을 청구할 수 있는가와 관련하여, 먼저 상법 제61조의 내용 및 법리에 대해서 검토해 보기로 한다.

상법 제61조(상인의 보수청구권)[19]

상인[20]이 그 영업범위 내[21]에서 타인[22]을 위하여[23] 행위[24]를 한 때에는 이에 대하여 상당한

---

15. 실무적으로 본건 용역계약과 같은 계약을 광의로 컨설팅(Consulting) 계약이라고 하는데, 이러한 계약에는 통상적으로 용역제공자의 독점적 지위가 보장되고 있고 또한 일정한 event가 발생하는 경우(예: 위임철회, 계약해지, 용역제공의뢰자가 직접 용역을 수행한 경우 등)에는 용역제공자가 용역을 성공적으로 제공한 것으로 간주하는 내용들이 규정되는 경우가 많다. 예컨대, ["갑"(주: 용역제공 의뢰자)은 "을"(주: 용역제공자)에게 본건 용역을 독점적으로 위임하며, "을" 이외의 제3자에게 본건 용역을 위임하지 아니하기로 한다. 만일 "갑"이 위임을 회복하거나, 계약을 해지하거나, 제1조에서 규정된 업무들이 "을"을 통하지 아니하고 "갑"에 의해 직접 수행되거나 혹은 제3자를 통하여 수행된 경우에는 "을"이 본건 용역을 수행한 것으로 간주하고 "갑"은 본건 계약에서 정한 보수를 "을"에게 지급하기로 한다].

16. 본 사례에 관한 대법원 2007. 9. 20. 선고 2006다15816 판결에서는 마치 "양 당사자들 사이에 B회사가 유치한 투자가에 의하여 최종적으로 투자가 이루어진 경우에도 이를 A증권회사가 발굴한 투자자에 의한 것과 마찬가지로 취급하여 본건 용역계약에 따른 성공보수를 지급하기로 하였다는 사정"이 있으면, 그 경우에는 성공보수금 지급청구가 가능하다는 뉘앙스를 풍기고 있는바, 그 이유에 대해서 더 이상 설시하고 있지는 않으나, 일종의 손해배상액의 예정[민법 제398조(배상액의 예정) 제1항: (당사자는 채무불이행에 관한 손해배상액을 예정할 수 있다)]으로 이해할 수 있지 않을까 생각해 본다.

17. 이상의 내용에 대해서는 본 사례에 관한 대법원 2007. 9. 20. 선고 2006다15816 판결 참조.

18. 상인의 영리성을 보장하기 위해서 상법이 민법에 대한 특칙규정을 둔 것 중의 하나인데, 그중에서 가장 중요한 의미를 가지는 조항이다. 이는 상인이 영업활동 중에 흔히 타인을 위해 기울이는 노력과 비용을 보상해 주기 위한 것에 그 취지가 있다. 이철송, 『상법총칙 · 상행위』, 제317면.

19. 본조와 같이 "타인을 위하여 행위를 한 때"의 전형적인 경우로는 위임(본 사례와 같은 용역계약의 경우임), 임치를 들 수 있을 것이다. 그러나 이 경우 별도의 보수약정이 없다면, 민법의 일반원칙에 따르면 비용만을 청구할 수 있을 뿐인데, 본조에 따르면 상당한 보수를 청구할 수 있다는 점에 차이가 있

보수[25]를 청구할 수 있다.

(2) 설문의 해결

본 사례에서 항소심 판결(서울고등법원 2005나20479 판결)은 다음과 같이 설시하면서, A증권회사[26]가 상법 제61조(상인의 보수청구권)에 근거하여 B회사에게 용역제공에 상당한 보수의 지급을 청구하는 것을 인용하였다.[27]

다. 민법 제686조 (수임인의 보수청구권) 제1항: [수임인은 특별한 약정이 없으면 위임인에 대하여 보수를 청구하지 못한다], 민법 제688조(수임인의 비용상환청구권 등) 제1항: [수임인이 위임사무의 처리에 관하여 필요비를 지출한 때에는 위임인에 대하여 지출한 날 이후의 이자를 청구할 수 있다], 민법 제701조(준용규정): [제682조, 제684조 내지 제687조 및 제688조 제1항, 제2항의 규정은 임치에 준용한다].

20. 공인중개사도 상인이므로 본조에 의해 보호받을 수 있다. 대법원 1968. 7. 24. 선고 68다955 판결(복덕방에 상호를 내걸고 부동산 매매 등의 소개업을 하는 자는 본조 제11호, 본법 제4조에 의하여 상인임이 명백하고 상인인 위 소개업자가 그 영업범위 내에서 타인을 위하여 행위를 한 이상 특별한 약정이 없다 하여도 본법 제61조에 의하여 소개를 부탁한 상대방에 대하여 상당한 보수를 청구할 수 있다 할 것이고 이 경우에는 소개요금액이 상당한 범위 내의 보수에 해당되는가의 여부에 대하여 직권으로라도 증거조사를 하여 심리판단해야 한다). 상법 제4조(상인-당연상인): [자기 명의로 상행위를 하는 자를 상인이라 한다], 상법 제46조(기본적 상행위): [영업으로 하는 다음의 행위를 상행위라 한다. 그러나 오로지 임금을 받을 목적으로 물건을 제조하거나 노무에 종사하는 자의 행위는 그러하지 아니하다. 11. 중개에 관한 행위].

21. 그 의미에 대해서는 넓게 해석된다. 즉, 기본적 상행위뿐만 아니라 보조적 상행위도 포함된다(통설). 이철송, 『상법총칙 · 상행위』, 제319면.

22. 타인 및 거래상대방 모두 다 상인일 필요는 없다. 이철송, 『상법총칙 · 상행위』, 제318면.

23. 타인을 "위하여"는 타인의 "이익을 위하여"의 의미를 가진다. 즉, 중개인이 매도인의 이익을 위해서가 아니라 매수인의 이익을 위하여 부동산매매를 중개하였다면, 중개인은 매도인에게는 본조의 권리를 행사하지 못한다. 대법원 1977. 11. 22. 선고 77다1889 판결(부동산소개업자라도 부동산매매중개에 있어서 계약당사자의 일방인 피고의 이익을 위하여 행위한 사실이 인정되지 않는 이상 그 당사자에 대하여는 보수청구권이 없다).

24. 법률행위, 사실행위 등 행위의 종류도 불문한다. 다만 불법행위는 제외된다. 이철송, 『상법총칙 · 상행위』, 제310면.

25. 설령, 본조에 의해 보수를 청구하는 상인이 주장하고 있는 보수청구액에 대한 입증을 하지 않더라도, 법원은 이에 대하여 직권증거조사하여야 한다. 대법원 1968. 7. 24. 선고 68다955 판결(원심은 원고청구의 소개료 금액이 상당한 범위 내의 보수에 해당되는가의 여부에 대하여, 직권으로라도 증거조사를 하여 심리판단을 하여야 함에도 불구하고, 원심이 원고에게 그 주장과 같은 금액에 대한 입증이 없다 하여 원고청구를 배척하였음은 상인보수에 관한 법리를 오해한 위법이 있다 아니할 수 없으므로).

26. A증권회사가 상인에 해당됨은 명확하다. 적어도 상법 제5조(동전-의제상인) 제2항: [회사는 상행위를 하지 아니하더라도 전항과 같다]에 해당된다.

27. 독자의 편의를 위해, 당사자 명칭 및 계약서 명칭 등은 본 사례에서 제시했던 것과 동일하게 수정하였다.

[본건 용역계약상 보수지급 약정이 A증권회사가 위 약정에 따른 보수의 지급을 구할 수 없는 경우에 다른 법적 근거에 의하여 보수청구를 하는 것까지 사전에 모두 배제하려는 취지라고 해석하기는 어렵고, 앞서 본 바와 같이 상인인 A증권회사가 B회사의 투자 유치과정에서 B회사를 위하여 A증권회사의 업무범위 안에서 여러 가지 용역을 제공한 이상 B회사는 A증권회사에게 상당한 보수를 지급할 의무가 있다고 할 것이다.

나아가 그 상당한 보수액에 관하여 보건대, B회사가 A증권회사에게 지급할 보수액은 A증권회사가 제공한 자문 용역의 내용 및 전문성, 용역의 제공기간, A증권회사가 들인 노력의 정도, B회사가 유치한 투자금의 규모 및 그에 대하여 A증권회사가 기여한 이익의 정도, 일반적인 상거래에서 위와 같은 용역에 대한 보수율 등 제반사정을 고려하여 법원이 직권으로 상당한 가액을 정할 수 있다.

그러므로 살피건대, ① A증권회사가 B회사의 1, 2차 투자 유치를 위해 직·간접적으로 관여한 기간이 2003. 7. 2.경부터 2004. 3. 26.경까지 약 9개월 정도로 장기간이었던 점, ② A증권회사는 B회사의 기본적인 투자유치전략 수립에 필요한 자료와 근거를 제시하였고, 당초 본건 용역계약에서 정한 A증권회사의 투자자 발굴, 유치 임무를 제외하더라도 A증권회사가 위 기간 중 B회사를 위하여 제공한 각종 용역의 내용을 보면, 전체 투자유치일정의 구상은 물론, B회사 내부의 의사결정절차에 대한 조언, 관계기관과의 협의 및 조정, 전문적인 지식과 경험을 요하는 각종 서류 및 자료의 마련 등 종국적인 투자 유치 성공에 이르기까지 필수적으로 거쳐야 할 각종의 세부적 절차에 걸쳐 있는바, A증권회사가 B회사의 투자유치 성공에 상당한 정도 기여한 것으로 평가되는 점, ③ B회사가 1차 투자 유치가 좌절된 후에도 종전과 비슷한 정도로 A증권회사의 자문을 받아 2차 투자유치를 추진하였고, 결과적으로 약 140억원에 이르는 거액의 투자금 유치에 성공하여 증권거래소에서의 상장이 폐지될 위기에서 벗어나고 새로운 경영주 아래에서 정상적으로 회사를 운영할 토대를 마련하게 된 점, ④ A증권회사는 B회사 이외에도 모주식회사 등 그 무렵 유상증자를 추진하던 여러 회사와 유상증자의 성공 여부와는 무관하게 그에 따른 관련서류의 작성 등에 관한 자문약정을 체결하였는데, 그 보수액만도 25,000,000원 내지 35,000,000원 정도인 점, ⑤ 본건 용역계약을 체결하면서 보수액에 대한 부가가치세는 별도로 지급하기로 한 점 기타 이 사건 변론에 나타난 모든 사정을 참작하면, A증권회사가 이 사건에 관하여 B회사를 위하여 사무처리를 한 데에 따른 보수는 당초 A증권회사의 주도에 의하여 전체 투자 유치가 성공적으로 완결되었을 경우를 전제로 한 앞서의 성공보수금 2억원 중 약 1/3인 60,000,000원에 A증권회사가 납부할 세율 10%의 부가가치세 6,000,000원(= 60,000,000원 × 0.1)을 합산한 66,000,000원(= 60,000,000원 + 6,000,000원)으로 정함이 상당하다고 할 것이다].

그러나 상법 제61조는 상인이 그 영업범위 내에서 타인을 위하여 행위를 한 때에는 이에 대하여 상당한 보수를 청구할 수 있다고 규정하고 있는바, 이는 타인을 위하여 어떠한 행위를 하여도 특약이 없으면 보수를 청구할 수 없다는 민법 제686조, 제701조의 규정과 달리, 상인의 행위는 영리를 목적으로 하고, 영업범위 내에서 타인을 위하여 노력을 제공한 때에는 그 보수를 기대하고, 이로 인하여 이익을 얻은 자는 응분의 보수를 지급하는 것이 상거래의 통념에 부합한다고 보아서 인정되는 규정이므로, 당사자 사이에 이를 배제하는 특약이 있는 경우에는 그 적용이 없다[28]고 할 것이다.

그런데 본건 용역계약의 보수지급약정은 일정한 조건 성취를 전제로 한 성공보수금 약정이므로 그 조건이 성취되지 아니하여 A증권회사가 B회사에게 성공보수금의 청구를 할 수 없는 이상 별도의 보수도 청구할 수 없다고 해석함이 위 보수지급약정의 반대해석에 비추어 당연하고, 따라서 당사자 사이의 이와 같은 성공보수약정은 상법 제61조에 의한 상인의 보수청구권을 배제하는 특약으로 봄이 상당하다 할 것이므로,[29] 결국 A증권회사는 상법 제61조(상인의 보수청구권)에 근거하여 B회사에게 용역제공에 상당한 보수의 지급을 청구할 수 없다.[30]

---

28. 즉, 상법 제61조는 당사자간의 특약에 의해 그 적용을 배제할 수 있는 임의규정이라고 할 것이다.

29. 즉, 본 사례에 관한 대법원판결은 항소심 판결이 처분문서의 일종인 본건 용역계약에 대한 해석을 잘못했다고 지적하고 있는 것이고, 또한 대법원판결은 이와 같은 배제 특약의 존부에 대해서도 명시적인 배제 특약이 없더라도 배제 특약이 있었다고 해석함으로써 다소 너그럽게 해석하고 있음을 알 수 있다.

30. 이상의 내용에 대해서는 본 사례에 관한 대법원 2007. 9. 20. 선고 2006다15816 판결 참조.

[설문 3] 주주배정과 제3자배정의 구별

(1) 문제의 소재

본 사례에서 2차 투자유치의 방식, 즉 기존주주 배정의 유상증자를 하되 기존주주가 인수하지 않은 신주(즉, 실권주)를 기존주주 이외의 제3자에게 배정하여 인수하게 하는 방식은 주주배정인가, 아니면 제3자배정인가?

이는 유상증자에 있어서(신주, 전환사채, 신주인수권부사채를 불문하고 동일함) 주주배정의 경우에는 시가보다 낮게 발행가를 정했더라도 그 발행회사의 이사(특히 대표이사)에게 업무상배임죄가 성립하지 않지만, 제3자배정의 경우에는 발행가가 시가(또는 공정한 가액)보다 현저하게 낮은 경우에는 업무상배임죄가 성립하게 되므로[31] 특히 문제가 되고 있다.

(2) 설문의 해결

대법원판례는 본 사례와 같이 기존주주들에게 신주(전환사채, 신주인수권부사채의 경우에도 동일함)를 우선적으로 인수할 기회가 주어졌다면, 그 이후에 설령 제3자에게 실권주가 배정되었다고 하더라도 이는 제3자배정이 아니라 주주배정으로 판시하고 있는데, 판례에 대한 이해의 정확성을 도모하기 위하여 그대로 소개하고자 한다.

---

31. 특별법에 의해 가중처벌되는 경우가 있다. 특정경제범죄 가중처벌 등에 관한 법률 제3조(특정재산범죄의 가중처벌) 제1항: [형법 제347조(사기) · 제350조(공갈) · 제351조(제347조 및 제350조의 상습범에 한한다) · 제355조(횡령, 배임) 또는 제356조(업무상의 횡령과 배임)의 죄를 범한 자는 그 범죄행위로 인하여 취득하거나 제3자로 하여금 취득하게 한 재물 또는 재산상 이익의 가액(이하 이 조에서 "이득액"이라 한다)이 5억원 이상인 때에는 다음의 구분에 따라 가중처벌한다. 1. 이득액이 50억원 이상인 때에는 무기 또는 5년 이상의 징역에 처한다. 2. 이득액이 5억원 이상 50억원 미만인 때에는 3년 이상의 유기징역에 처한다].

대법원 2009. 5. 29. 선고 2007도4949 전원합의체 판결【특정경제범죄가중처벌등에관한법률위반(배임)】

【판결요지】

[1][32] **[다수의견]** 주주는 회사에 대하여 주식의 인수가액에 대한 납입의무를 부담할 뿐 인수가액 전액을 납입하여 주식을 취득한 후에는 주주 유한책임의 원칙에 따라 회사에 대하여 추가 출자의무를 부담하지 않는 점, 회사가 준비금을 자본으로 전입하거나 이익을 주식으로 배당할 경우에는 주주들에게 지분비율에 따라 무상으로 신주를 발행할 수 있는 점 등에 비추어 볼 때, 회사가 주주배정의 방법, 즉 주주가 가진 주식 수에 따라 신주, 전환사채나 신주인수권부사채(이하 신주 등[33]이라 한다)의 배정을 하는 방법으로 신주 등을 발행하는 경우에는 발행가액 등을 반드시 시가에 의하여야 하는 것은 아니다. 따라서 회사의 이사로서는 주주배정의 방법으로 신주를 발행하는 경우 원칙적으로 액면가를 하회하여서는 아니 된다는 제약 외에는 주주 전체의 이익, 회사의 자금조달의 필요성, 급박성 등을 감안하여 경영판단에 따라 자유로이 그 발행조건을 정할 수 있다고 보아야 하므로, 시가보다 낮게 발행가액 등을 정함으로써 주주들로부터 가능한 최대한의 자금을 유치하지 못하였다고 하여 배임치의 구성요건인 임무위배, 즉 회사의 재산보호의무를 위반하였다고 볼 것은 아니다. 그러나 주주배정의 방법이 아니라 제3자에게 인수권을 부여하는 제3자배정방법의 경우, 제3자는 신주 등을 인수함으로써 회사의 지분을 새로 취득하게 되므로 그 제3자와 회사와의 관계를 주주의 경우와 동일하게 볼 수는 없다. 제3자에게 시가보다 현저하게 낮은 가액으로 신주 등을 발행하는 경우에는 시가를 적정하게 반영하여 발행조건을 정하거나 또는 주식의 실질가액을 고려한 적정한 가격에 의하여 발행하는 경우와 비교하여 그 차이에 상당한 만큼 회사의 자산을 증가시키지 못하게 되는 결과가 발생하는데, 이 경우에는 회사법상 공정한 발행가액과 실제 발행가액과의 차액에 발행주식수를 곱하여 산출된 액수만큼 회사가 손해를 입은 것으로 보아야 한다. 이와 같이 현저하게 불공정한 가액으로 제3자배정방식에 의하여 신주 등을 발행하는 행위는 이사의 임무위배행위에 해당하는 것으로서 그로 인하여 회사에 공정한 발행가액과의 차액에 상당하는 자금을 취득하지 못하게 되는 손해를 입힌 이상 이사에 대하여 배임죄의 죄책을 물을 수 있다. 다만, 회사가 제3자배정의 방법으로 신주 등을 발행하는 경우에는 회사의 재무구조, 영업전망과 그에 대한 시장의 평가, 주식의 실질가액, 금융시장의 상황, 신주의 인수가능성 등 여러 사정을 종합적으로 고려하여, 이사가 그 임무에 위배하여 신주의 발행가액 등을 공정한 가액보다 현저히 낮추어 발행한 경우에 해당하는지를 살펴 이사의 업무상배임죄의 성립 여부를 판단하여야 한다.

---

32. 발행가액의 공정하지 못한 경우에(특히, 시가보다 낮거나 현저히 낮은 경우에), 주주배정과 제3자배정의 각각의 경우에 그 발행회사의 이사의 (업무상)배임죄 성립가능성을 판시하고 있다.

33. 이 판례에서는 신주, 전환사채, 신주인수권부사채를 총칭하여 신주 등이라고 표기하여, 3가지 모두의 경우에 동일한 법리를 판시하고 있음을 알 수 있다.

[대법관 양승태의 별개의견] 회사에 자금이 필요한 때에는 이사는 가능한 방법을 동원하여 그 자금을 형성할 의무가 있다 할 것이나, 이사는 회사에 필요한 만큼의 자금을 형성하면 될 뿐 그 이상 가능한 한 많은 자금을 형성하여야 할 의무를 지는 것은 아니고, 또 회사에 어느 정도 규모의 자금이 필요한지, 어떠한 방법으로 이를 형성할 것인지는 원칙적으로 이사의 경영판단에 속하는 사항이다. 그런데 신주발행에 의한 자금형성의 과정에서 신주를 저가 발행하여 제3자에게 배정하게 되면 기존 주주의 지분율이 떨어지고 주식가치의 희석화로 말미암아 구 주식의 가치도 하락하게 되어 기존 주주의 회사에 대한 지배력이 그만큼 약화되므로 기존 주주에게 손해가 발생하나, 신주발행을 통하여 회사에 필요한 자금을 형성하였다면 회사에 대한 관계에서는 임무를 위배하였다고 할 수 없고, 신주발행으로 인해 종전 주식의 가격이 하락한다 하여 회사에 손해가 있다고 볼 수도 없으며, 주주의 이익과 회사의 이익을 분리하여 평가하는 배임죄의 원칙상 이를 회사에 대한 임무위배로 볼 수 없어, 배임죄가 성립한다고 볼 수 없다.

[2][34] **[다수의견]** 신주 등[35]의 발행에서 주주 배정방식과 제3자배정방식을 구별하는 기준은 회사가 신주 등을 발행하는 때에 주주들에게 그들의 지분비율에 따라 신주 등을 우선적으로 인수할 기회를 부여하였는지 여부에 따라 객관적으로 결정되어야 할 성질의 것이지, 신주 등의 인수권을 부여받은 주주들이 실제로 인수권을 행사함으로써 신주 등을 배정받았는지 여부에 좌우되는 것은 아니다. 회사가 기존 주주들에게 지분비율대로 신주 등을 인수할 기회를 부여하였는데도 주주들이 그 인수를 포기함에 따라 발생한 실권주 등을 제3자에게 배정한 결과 회사 지분비율에 변화가 생기고, 이 경우 신주 등의 발행가액이 시가보다 현저하게 낮아 그 인수권을 행사하지 아니한 주주들이 보유한 주식의 가치가 희석되어 기존 주주들의 부가 새로이 주주가 된 사람들에게 이전되는 효과가 발생하더라도, 그로 인한 불이익은 기존 주주들 자신의 선택에 의한 것일 뿐이다. 또한, 회사의 입장에서 보더라도 기존 주주들이 신주 등을 인수하여 이를 제3자에게 양도한 경우와 이사회가 기존 주주들이 인수하지 아니한 신주 등을 제3자에게 배정한 경우를 비교하여 보면 회사에 유입되는 자금의 규모에 아무런 차이가 없을 것이므로, 이사가 회사에 대한 관계에서 어떠한 임무에 위배하여 손해를 끼쳤다고 볼 수는 없다.

[대법관 김영란, 대법관 박시환, 대법관 이홍훈, 대법관 김능환, 대법관 전수안의 반대의견] 신주 등의 발행이 주주 배정방식인지 여부는, 발행되는 모든 신주 등을 모든 주주가 그 가진 주식 수에 따라서 배정받아 이를 인수할 기회가 부여되었는지 여부에 따라 결정되어야 하고, 주주에게 배정된 신주 등을 주주가 인수하지 아니함으로써 생기는 실권주의 처리에 관하

---

34. 주주배정과 제3자배정의 구별기준을, 기존 주주가 신주 등을 우선적으로 인수할 기회를 가졌는지라고 제시하고 있다.

35. 앞에서와 마찬가지로 신주, 전환사채, 신주인수권부사채의 3가지 모두의 경우에 동일한 법리를 판시하고 있음을 알 수 있다.

여는 상법에 특별한 규정이 없으므로 이사는 그 부분에 해당하는 신주 등의 발행을 중단하거나 동일한 발행가액으로 제3자에게 배정할 수 있다. 그러나 주주 배정방식으로 발행되는 것을 전제로 하여 신주 등의 발행가액을 시가보다 현저히 저가로 발행한 경우에, 그 신주 등의 상당 부분이 주주에 의하여 인수되지 아니하고 실권되는 것과 같은 특별한 사정이 있는 때에는, 그와 달리 보아야 한다. 주주 배정방식인지 제3자배정방식인지에 따라 회사의 이해관계 및 이사의 임무 내용이 달라지는 것이므로, 회사에 대한 관계에서 위임의 본지에 따른 선관의무상 제3자배정방식의 신주 등 발행에 있어 시가발행의무를 지는 이사로서는, 위와 같이 대량으로 발생한 실권주에 대하여 발행을 중단하고 추후에 그 부분에 관하여 새로이 제3자배정방식에 의한 발행을 모색할 의무가 있고, 그렇게 하지 아니하고 그 실권주를 제3자에게 배정하여 발행을 계속할 경우에는 그 실권주를 처음부터 제3자배정방식으로 발행하였을 경우와 마찬가지로 취급하여 발행가액을 시가로 변경할 의무가 있다고 봄이 상당하다. 이와 같이 대량으로 발생한 실권주를 제3자에게 배정하는 것은, 비록 그것이 주주 배정방식으로 발행한 결과라고 하더라도, 그 실질에 있어 당초부터 제3자배정방식으로 발행하는 것과 다를 바 없고, 이를 구별할 이유도 없기 때문이다. 그러므로 신주 등을 주주 배정방식으로 발행하였다고 하더라도, 상당 부분이 실권되었음에도, 이사가 그 실권된 부분에 관한 신주 등의 발행을 중단하지도 아니하고 그 발행가액 등의 발행조건을 제3자배정방식으로 발행하는 경우와 마찬가지로 취급하여 시가로 변경하지도 아니한 채 발행을 계속하여 그 실권주 해당 부분을 제3자에게 배정하고 인수되도록 하였다면, 이는 이사가 회사에 대한 관계에서 선관의무를 다하지 아니한 것에 해당하고, 그로 인하여 회사에 자금이 덜 유입되는 손해가 발행하였다면 업무상배임죄가 성립한다.

[3][36] **[다수의견]** 상법상 전환사채를 주주 배정방식에 의하여 발행하는 경우에도 주주가 그 인수권을 잃은 때에는 회사는 이사회의 결의에 의하여 그 인수가 없는 부분에 대하여 자유로이 이를 제3자에게 처분할 수 있는 것인데, 단일한 기회에 발행되는 전환사채의 발행조건은 동일하여야 하므로, 주주배정으로 전환사채를 발행하는 경우에 주주가 인수하지 아니하여 실권된 부분에 관하여 이를 주주가 인수한 부분과 별도로 취급하여 전환가액 등 발행조건을 변경하여 발행할 여지가 없다. 주주배정의 방법으로 주주에게 전환사채인수권을 부여하였지만 주주들이 인수청약하지 아니하여 실권된 부분을 제3자에게 발행하더라도 주주의 경우와 같은 조건으로 발행할 수밖에 없고, 이러한 법리는 주주들이 전환사채의 인수청약을 하지 아니함으로써 발생하는 실권의 규모에 따라 달라지는 것은 아니다.

---

36. 기존 주주에게 우선적으로 인수할 기회를 부여하였음에도 실권처리된 주식을 이사회결의로 제3자에게 배정하는 것도 제3자배정이 아니라 주주배정이므로, 결국 기존 주주에게 제시되었던 최초의 발행가액이 비록 시가보다 현저히 낮았다고 하더라도 제3자에게 실권주를 배정시에 이를 조정하지 않고 최초의 발행가액 그대로 했다고 하더라도, 형사적으로 (업무상)배임죄가 성립하지 않는다는 취지의 판시이다.

[대법관 김영란, 대법관 박시환, 대법관 이홍훈, 대법관 김능환, 대법관 전수안의 반대의견]
상법에 특별한 규정은 없지만, 일반적으로 동일한 기회에 발행되는 전환사채의 발행조건은 균등하여야 한다고 해석된다. 그러나 주주에게 배정하여 인수된 전환사채와 실권되어 제3자에게 배정되는 전환사채를 동일한 기회에 발행되는 전환사채로 보아야 할 논리필연적인 이유나 근거는 없다. 실권된 부분의 제3자 배정에 관하여는 다시 이사회 결의를 거쳐야 하는 것이므로, 당초의 발행결의와는 동일한 기회가 아니라고 볼 수 있다. 그 실권된 전환사채에 대하여는 발행을 중단하였다가 추후에 새로이 제3자배정방식으로 발행할 수도 있는 것이므로, 이 경우와 달리 볼 것은 아니다. 그리고 주주 각자가 신주 등의 인수권을 행사하지 아니하고 포기하여 실권하는 것과 주주총회에서 집단적 의사결정 방법으로 의결권을 행사하여 의결하는 것을 동일하게 평가할 수는 없는 것이므로, 대량의 실권이 발생하였다고 하여 이를 전환사채 등의 제3자배정방식의 발행에 있어서 요구되는 주주총회의 특별결의가 있었던 것으로 간주할 수도 없다.

[4] 전환사채 발행을 위한 이사회 결의에는 하자가 있었다 하더라도 실권된 전환사채를 제3자에게 배정하기로 의결한 이사회 결의에는 하자가 없는 경우, 전환사채의 발행절차를 진행한 것이 재산보호의무 위반으로서의 임무위배에 해당하지 않는다고 한 사례.

[5] 이사가 주식회사의 지배권을 기존 주주의 의사에 반하여 제3자에게 이전하는 것은 기존 주주의 이익을 침해하는 행위일 뿐 지배권의 객체인 주식회사의 이익을 침해하는 것으로 볼 수는 없는데, 주식회사의 이사는 주식회사의 사무를 처리하는 자의 지위에 있다고 할 수 있지만 주식회사와 별개인 주주들에 대한 관계에서 직접 그들의 사무를 처리하는 자의 지위에 있는 것은 아니고, 더욱이 경영권의 이전은 지배주식을 확보하는 데 따르는 부수적인 효과에 불과한 것이어서, 회사 지분비율의 변화가 기존 주주 자신의 선택에 기인한 것이라면 지배권 이전과 관련하여 이사에게 임무위배가 있다고 할 수 없다.

[사례 10]

고가물 운송인의 손해배상책임

다음과 같은 사실관계 하에서, 아래의 본건 기계가 상법 제136조 소정의 "고가물"에 해당된다고 전제하여 아래의 각 질의에 대해 답하시오.[1]

(1) 1987. 11. 26.(보험계약의 체결)

A수입회사는 스웨덴으로부터 직지제조용 조직기를 수입하면서 D보험회사와 위 조직기에 관하여 보험금을 금 2,157,646,887원으로 하는 전 위험[2] 담보조건 및 내륙운송연장[3] 담보조건의 해상적하 보험계약을 체결하였다.

(2) 1987. 12.경(운송계약의 체결)

A수입회사와 B운수회사는, B운수회사가 위 조직기를 부산항에서 A수입회사의 조치원공장까지 운송 및 하역하여 주기로 하는 내용의 운송계약(이하, "본건 운송계약")을 체결하였고, 이 과정에서 A수입회사는 B운수회사에게 운송물의 종류와 가액에 대하여 알려주었다.

(3) 1988. 1. 2.~1988. 1. 8.(부산 도착 및 운송 완료)

1988. 1. 2. 흡입압착롤(이하, "본건 기계")을 포함한 위 조직기 부품이 부산에 도착한 후, B운수회사는 1988. 1. 8. 위 각 부품을 적재한 콘테이너 5개를 부산에서 조치원공장 앞까지 운송하였고, B운수회사는 콘테이너의 하역작업을 위하여 C중기회사에게 크레인 1대와 운전기사를 조치원공장으로 보내줄 것을 의뢰하고, C중기회사는 자신의 직원인 C′(중기 운전과 관련하여 면허와 전문적 지식을 가지고 있음)로 하여금 C중기회사 소유의 크레인을 운전하여 하역작업을 하게 하였다.

---

1. 본 사례는 대법원 1991. 1. 11. 선고 90다8947 판결을 기초로 하여 작성된 것이다.
2. 이를 All Risks라고 한다.
3. 이를 Inland Transit Extension이라고 한다.

(4) 1988. 1. 8. 15:30경(하역 작업 중 보험사고의 발생)

C′는 위 조치원공장에서 A수입회사와 B운수회사의 작업지시를 받으면서 하역작업을 하던 중 브레이크 페달을 잘못 건드리는 바람에 30kg킬로그램인 보조후크가 본건 기계위에 떨어졌고(이하, "본건 보험사고"), 이에 따라 본건 기계는 수리할 수 없을 정도로 손상되었다.

(5) 1988. 3. 8.

D보험회사는 본건 보험사고로 인한 A수입회사의 손해액은 금 1억원으로 산정이 되었고, 이에 따라 D보험회사는 A수입회사에게 금 1억원 전액을 보험금으로 지급하였다.

(6) 보험금 지급 이후

D보험회사는 금 1천만원을 지급받고 본건 기계를 A수입회사에게 매도하였다.

설문 1 보험금 지급 이전 단계에서, A수입회사는 B운수회사 및 C중기회사에게 각각 어떠한 근거에 의해서 손해배상청구권을 가지는가?

설문 2 보험금 지급 이후 단계에서, D보험회사는 어떠한 법적 근거에 의해서 B운수회사 및 C중기회사에게 무슨 권리를 가지는가?

설문 3 만약, 본건 운송계약에서 B운수회사의 면책을 특별히 규정한 특약이 있다면, 이러한 면책특약은 어떠한 범위에서 의미를 가지는가?

[설문 1] 고가물 운송인의 손해배상책임, 사용자책임

(1) 문제의 소재

먼저, C중기회사의 A수입회사에 대한 책임과 관련해서는, C중기회사가 자신의 직원인 C′의 불법행위(민법 제750조[4])(하역 작업을 하던 중의 브레이크 페달을 잘못 건드리는 과실로 A수입회사 소유의 재산인 본건 기계를 수리할 수 없을 정도로 손상시킨 행위)에 대하여 민법 제756조(사용자의 배상책임) 제1항에 따라 책임을 부담하는지가 문제되는바, 이와 관련된 법리를 살펴보면 다음과 같다.

---

4. 민법 제750조(불법행위의 내용): [고의 또는 과실로 인한 위법행위로 타인에게 손해를 가한 자는 그 손해를 배상할 책임이 있다].

민법 제756조(사용자의 배상책임) **제1항**

타인을 사용하여[5] 어느 사무[6]에 종사하게 한 자는 피용자가 그 사무집행에 관하여[7] 제3자[8]에게 가한 손해[9]를 배상할 책임이 있다. 그러나 사용자가 피용자의 선임 및 그 사무감독에 상당한 주의를 한 때 또는 상당한 주의를 하여도 손해가 있을 경우[10]에는 그러하지 아니하다.[11]

---

5. 실질적으로 지휘·감독하는 관계에 있어야 한다. 대법원 1999. 10. 12. 선고 98다62671 판결(… 중간 생략 … 사용자책임이 성립하려면 사용자와 불법행위자 사이에 사용관계, 즉 사용자가 불법행위자를 실질적으로 지휘·감독하는 관계에 있어야 한다).

6. "사무"의 개념은 폭넓게 인정된다. 대법원 1989. 10. 10. 선고 89다카2278 판결(민법 제756조가 규정하고 있는 사용자책임의 요건으로서의 사용자의 사무라 함은 법률적·계속적인 것에 한하지 않고 사실적·일시적 사무라도 무방한 것이므로 … 이하 생략 …).

7. 사무집행관련성은 외형이론에 따른다. 대법원 1984. 2. 28. 선고 82다카1875 판결(민법 제756조 소정의 "피용자가 그 사무집행에 관하여"라 함은 사용자의 사업집행 자체 또는 이에 필요한 행위뿐만 아니라 이에 상당한 견련관계에 있는 행위도 포함되는 것이고, 또 피용자가 사용자의 이익을 도모할 의사없이 사리를 취하기 위하여 그 권한을 남용하여 한 행위라도 외형상 피용자의 직무범위에 속한다고 볼 수 있는 경우에는 이에 포함된다고 할 것이다).

8. 피해자에게 고의 또는 중과실이 있으면 피해자는 본조에 따른 책임을 청구할 수 없다. 대법원 2003. 1. 10. 선고 2000다34426 판결(피용자의 불법행위가 외관상 사무집행의 범위 내에 속하는 것으로 보이는 경우에도 피용자의 행위가 사용자나 사용자에 갈음하여 그 사무를 감독하는 자의 사무집행 행위에 해당하지 않음을 피해자 자신이 알았거나 또는 중대한 과실로 알지 못한 경우에는 사용자 또는 사용자에 갈음하여 그 사무를 감독하는 자에 대하여 사용자책임을 물을 수 없다 할 것인데, … 이하 생략 …).

9. 사용자책임이 성립하려면, 피용자의 제3자에 대한 민법 제750조 소정의 불법행위책임 요건을 충족해야 한다. 대법원 1981. 8. 11. 선고 81다298 판결[책임무능력자(국민학교 1학년생)의 대리감독자(담임교사)에게 민법 제755조 제2항에 의한 배상책임이 있다고 하여 위 대리감독자의 사용자 또는 사용자에 갈음한 감독자(위 학교를 설립 경영하는 지방자치단체)에게 당연히 민법 제756조에 의한 사용자책임이 있다고 볼 수는 없으며, 책임무능력자의 가해행위에 관하여 그 대리감독자에게 고의 또는 과실이 인정됨으로써 별도로 불법행위의 일반 요건을 충족한 때에만 위 대리감독자의 사용자 또는 사용자에 갈음한 감독자는 민법 제756조의 사용자책임을 지게 된다].

10. 이 점에 대해서는 사용자가 주장 및 입증책임을 부담한다. 대법원 1998. 5. 15. 선고 97다58538 판결(민법 제756조 제1항 및 제2항의 책임에 있어서 사용자나 그에 갈음하여 사무를 감독하는 자는 그 피용자의 선임과 사무감독에 상당한 주의를 하였거나 상당한 주의를 하여도 손해가 있을 경우에는 손해배상의 책임이 없으나, 이러한 사정은 사용자 등이 주장 및 입증을 하여야 한다).

11. 민법 제756조(사용자의 배상책임) 제3항은 "전2항의 경우에 사용자 또는 감독자는 피용자에 대하여 구상권을 행사할 수 있다"고 규정하고 있으나, 신의칙상 구상권행사가 허용되지 않는 경우가 있다. 대법원 1994. 12. 13. 선고 94다17246 판결(가. 일반적으로 사용자가 피용자의 업무수행과 관련하여 행해진 불법행위로 인하여 직접 손해를 입었거나 그 피해자에게 사용자로서의 손해배상책임을 부담한 결과로 손해를 입게 된 경우에 있어서 사용자는 그 사업의 성격과 규모, 시설의 현황, 피용자의 업무내용, 근로조건이나 근무태도, 가해행위의 상황, 가해행위의 예방이나 손실의 분산에 관한 사용자의 배려 정도, 기타 제반 사정에 비추어 손해의 공평한 분산이라는 견지에서 신의칙상 상당하다고 인정되는 한도 내에서만 피용자에 대하여 그 구상권을 행사할 수 있다고 보아야 할 것이다. 나. 사용자와 피용자 쌍방의 과실의 경중, 곤돌라 기사인 피용자의 근무조건과 그러한 근무조건이 사고발생에 미친 영향의 정도, 피해자가 사고를 당하게 된 경위, 사용자의 노무자에 대한 인력관리상황, 사고 후 피용자가 실형을

다음으로, B운수회사의 A수입회사에 대한 책임과 관련해서는, 두 회사 모두 다 상인으로서 물품운송계약[12]을 체결한 당사자들인데, 본건 보험사고를 직접적으로 저지른 자는 C중기회사인데도 불구하고(C중기회사가 피용자인 C′의 민법 제750조의 불법행위책임에 대하여 A수입회사에 대하여 민법 제756조의 사용자책임을 진다고 전제함) B운수회사가 이에 대하여 책임을 져야 하는지가 문제된다.

이와 관련해서는 민법 제391조(이행보조자의 고의, 과실)가 문제되고, 한편 본건 기계는 상법 제136조 소정의 "고가물"에 해당하여 그 규정의 적용가능성이 있는바, 이와 관련된 법리들을 차례로 살펴보면 다음과 같다.

민법 제391조(이행보조자의 고의, 과실)

채무자[13]의 법정대리인이 채무자를 위하여 이행[14]하거나 채무자가 타인을 사용[15]하여 이행하

복역한 후 현재 면직되어 있음에 반하여, 사용자는 국내 유수의 공동주택관리업체로서의 지위를 그대로 유지하고 있는 점 등 제반 사정을 참작하여 사용자의 피용자에 대한 구상권 행사가 신의칙에 반하여 허용되지 아니한다고 한 사례).

12. 운임은 어떠한 기준에 의하든 상관없다. 즉, 물품의 수나 중량, 운송시간, 거리 등 모두 다 허용된다. 대법원 1963. 4. 18. 63다126 판결(물품운송계약이란 당사자의 일방에 물품을 한 장소로부터 다른 장소로 이동할 것을 약속하고 상대방이 이에 대하여 일정한 보수를 지급할 것을 약속함으로써 성립하는 계약을 말하는 것이며 일정한 시간 또는 일정한 장소 사이를 일정한 화주물품을 운송하기 위하여 자동차가 제공되고 그에 대한 보수가 개개의 물품에 대하여 정하여지지 아니하고 일정한 시간 또는 일정한 장소 사이의 운행을 기준으로 하여 정하여지는 소위 대절계약인 경우에 있어서도 화주가 차량소유자에게 지급되는 금원이 운송에 대한 보수로서의 운임의 성질을 가진 것이며 화주에 대하여 운전수의 고용 및 자동차 사용을 목적으로 하는 법률관계를 인정할 수 없는 만큼 운송계약인 성격에 변동이 없으며 차량에 의하여 운송된 화주들의 물품의 운행중 보관은 사실상 그 적재하차가 누구에 의하든 차량소유회사에 의하여 된 것이라 할 것이다).

13. 따라서 본조가 적용되기 위해서는, 채권자와 채무자 사이에 이미 현존하는 채무관계가 있어야만 한다. 지원림, 『민법강의』, 제1086면.

14. 본조에서 이행에 해당하려면, 이행보조자(법정대리인, 피용자)의 행위가 채무자의 채권자에 대한 이행업무와 객관적 · 외형적인 관련성을 가지면 족한데, 이 점은 민법 제756조의 사용자책임의 경우와 유사하다. 대법원 2008. 2. 15. 선고 2005다69458 판결(이행보조자의 행위가 채무자에 의하여 그에게 맡겨진 이행업무와 객관적 · 외형적으로 관련을 가지는 경우에는 채무자는 그 행위에 대하여 책임을 져야 하고, 채무의 이행에 관련된 행위이면 가사 이행보조자의 행위가 채권자에 대한 불법행위가 된다고 하더라도 채무자가 면책될 수는 없다).

15. 이행보조자가 채무자에 대하여 종속적인지, 독립적인 지위를 가지는지는 불문한다. 참고로, 본조에서와 같이 "타인을 사용하여"라는 문구는 민법 제756조의 사용자책임에서도 사용되고 있는데 그 조문에서는 "실질적인 지휘 · 감독 관계"가 있어야만 인정된다는 점에서는, 두 제도가 상이(相異)하다. 대법원 2008. 2. 15. 선고 2005다69458 판결(민법 제391조의 이행보조자로서의 피용자라 함은 일반적으로 채무자의 의사관여 아래 그 채무의 이행행위에 속하는 활동을 하는 사람이면 족하고, 반드시 채무자의 지시 또는

는 경우에는 법정대리인 또는 피용자의 고의나 과실은 채무자의 고의나 과실로 본다.[16]

▌상법 제136조(고가물에 대한 책임)

화폐, 유가증권 기타의 고가물[17]에 대하여는 송하인이 운송을 위탁할 때에 그 종류와 가액을 명시[18]한 경우에 한하여[19] 운송인이 손해를 배상할 책임[20]이 있다.[21,22]

감독을 받는 관계에 있어야 하는 것은 아니므로 채무자에 대하여 종속적인가 또는 독립적인 지위에 있는가는 문제되지 않는다) ; 대법원 2002. 7. 12. 선고 2001다44338 판결([1] 민법 제391조에서의 이행보조자로서의 피용자라 함은 일반적으로 채무자의 의사관여 아래 그 채무의 이행행위에 속하는 활동을 하는 사람이면 족하고, 반드시 채무자의 지시 또는 감독을 받는 관계에 있어야 하는 것은 아니므로 채무자에 대하여 종속적인가 독립적인 지위에 있는가는 문제되지 않는다. [2] 임대인이 임차인과의 임대차계약상의 약정에 따라 제3자에게 도급을 주어 임대차목적 시설물을 수선한 경우에는 그 수급인도 임대인에 대하여 종속적인지 여부를 불문하고 이행보조자로서의 피용자라고 보아야 할 것이고, 이러한 수급인이 시설물 수선 공사 등을 하던 중 수급인의 과실로 인하여 화재가 발생한 경우에는 임대인은 민법 제391조에 따라 위 화재발생에 귀책사유가 있다 할 것이어서 임차인에 대한 채무불이행상의 손해배상책임이 있다).

16. 결국, 타인을 사용하여 이익을 얻은 채무자가 이에 대한 위험이나 불이익도 감수해야 한다는 논리인데, 이행보조자의 불법행위책임과 채무자의 채무불이행책임은, 각각 채권자에 대한 관계에서 부진정연대채무의 관계에 있다. 지원림, 『민법강의』, 제1086면. 대법원 1994. 11. 11. 선고 94다22446 판결(임대인인 피고 갑은 이행보조자인 피고 을이 임차물인 점포의 출입을 봉쇄하고 내부시설공사를 중단시켜 임차인인 원고로 하여금 그 사용 · 수익을 하지 못하게 한 행위에 대하여 임대인으로서의 채무불이행으로 인한 손해를 배상할 의무가 있고, 또한 피고 을이 원고가 임차인이라는 사정을 알면서도 위와 같은 방법으로 원고로 하여금 점포를 사용 · 수익하지 못하게 한 것은 원고의 임차권을 침해하는 불법행위를 이룬다고 할 것이므로 피고 을은 원고에게 불법행위로 인한 손해배상의무가 있다고 할 경우, 피고 갑의 채무불이행책임과 피고 을의 불법행위책임은 동일한 사실관계에 기한 것으로 부진정연대채무관계에 있다).

17. 부피, 무게 등에 비추어 다른 물건보다 현저히 가격이 비싼 물건을 말하는데(예: 귀금속, 보석, 골동품, 반도체칩 등), 그때그때의 시세와 사회통념에 따라 판단하되, 취득했던가격이 아니라 현재의 가치를 기준으로 한다(예: 귀금속을 결혼선물로 받은 경우, 그 귀금속은 고가물에 해당함). 이철송, 『상법총칙 · 상행위』, 제450면. 대법원 1963. 4. 18. 63다126 판결(견직물은 오늘날 사회경제 및 거래상태로 보아 본조 소정의 고가물이라 볼 수 없으므로 그 종류와 가격을 명시하지 아니하였다 하여도 운송인은 손해배상책임을 면할 수 없다) ; 대법원 1977. 2. 8. 선고 75다1732 판결(결혼식장에서 선물로 교환된 물건이라고 하여서 반드시 가격을 밝힐 수 없다고도 할 수 없고 부로바시계 1개 시가 64,000원 상당 옥토시계 1개 시가 25,000원 상당 백금부착 3푼짜리 다이아반지 1개 시가 150,000원 상당과 백금부착 1푼짜리 다이아 목거리 1개 시가 70,000원 상당은 상법 제153조 소정의 고가물에 해당한다).

18. 명시의 상대방은 운송인 또는 그 대리인에 한정된다. 따라서 송하인은 그 밖의 자(예: 운송인으로부터 하도급을 받아 운송하는 자)에게는 명시하지 않아도 된다. 대법원 1991. 1. 11. 선고 90다8947 판결(기계의 소유자가 기계의 운송 및 하역을 운수회사에게 맡기면서 그 운송물의 내용을 알렸는데 운수회사의 의뢰를 받아 크레인으로 위 기계의 하역작업을 하던 중기회사의 크레인 운전업무상 과실로 기계가 파손된 경우 소유자는 중기회사에 대하여까지 위 기계가 고가물임을 알릴 의무가 있다 할 수 없으므로 이를 이유로 내세운 과실상계항변은 이유 없다).

19. 이와 같이 종류, 가액을 명시한 경우에 한정하는 것은, 송하인이 고가물임을 명시하지 않고 보통물에 대한 운임만 지급한 상황에서 운송인에게 고가물에 상응하는 주의의무를 요구하는 것은 매우 불공평하고

▌참고: 상법 제135조(손해배상책임)

운송인은 자기 또는 운송주선인이나 사용인, 그 밖에 운송을 위하여 사용한 자가 운송물의 수령, 인도, 보관 및 운송에 관하여 주의를 게을리 하지 아니하였음을 증명하지 아니하면 운송물의 멸실, 훼손 또는 연착으로 인한 손해를 배상할 책임이 있다.

▌참고: 상법 제137조(손해배상의 액)

제1항: 운송물이 전부멸실 또는 연착된 경우의 손해배상액은 인도한 날의 도착지의 가격에 의한다.

제2항: 운송물이 일부멸실 또는 훼손된 경우의 손해배상액은 인도한 날의 도착지의 가격에 의한다.

신의칙에 어긋나고, 또한 사전에 고가물에 대한 명시를 유도함으로써 손해를 미연에 방지하려는 데 그 취지가 있다. 이철송, 『상법총칙 · 상행위』, 제450면.

20. 본조에서의 책임은 채무불이행책임만을 의미하고, 불법행위책임은 본조와는 관계가 없다. 즉, 송하인이 운송인에게 고가물임을 명시하든 명시하지 않든 불문하고, 운송인이나 그 피용자의 불법행위로 인하여 고가물이 멸실, 훼손된 경우에는, 운송인은 송하인에게 고가물에 대한 손해액 전액을 배상해야 한다. 대법원 1977. 12. 13. 선고 75다107 판결(운송약관상의 채무불이행 책임과 불법행위로 인한 책임이 병존하는 경우에 상법상 소정의 단기소멸시효나 고가물 불고지에 따른 면책 등의 규정 또는 운송약관규정은 운송계약상의 채무불이행으로 인한 청구에만 적용되고 불법행위로 인한 손해배상청구에는 그 적용이 없다) ; 대법원 1991. 8. 23. 선고 91다15409 판결(상법 제136조와 관련되는 고가물불고지로 인한 면책규정은 일반적으로 운송인의 운송계약상의 채무불이행으로 인한 청구에만 적용되고 불법행위로 인한 손해배상청구에는 그 적용이 없으므로 운송인의 운송이행업무를 보조하는 자가 운송과 관련하여 고의 또는 과실로 송하인에게 손해를 가한 경우 동인은 운송계약의 당사자가 아니어서 운송계약상의 채무불이행으로 인한 책임은 부담하지 아니하나 불법행위로 인한 손해배상책임을 부담하므로 위 면책규정은 적용될 여지가 없다). 민법 제763조(준용규정): [제393조, 제394조, 제396조, 제399조의 규정은 불법행위로 인한 손해배상에 준용한다], 민법 제393조(손해배상의 범위) 제1항: [채무불이행으로 인한 손해배상은 통상의 손해를 그 한도로 한다. 제2항: 특별한 사정으로 인한 손해는 채무자가 그 사정을 알았거나 알 수 있었을 때에 한하여 배상의 책임이 있다].

21. 종합해서 요약하면 다음과 같다. 첫째, 명시하지 않는 경우에, 운송인이 보통물에 대한 주의를 기울였으면 보통물로서의 책임도 지지 않고, 다만 보통물에 대한 주의조차 기울이지 않은 경우에는 견해가 대립하나 보통물로서의 책임도 지지 않는다고 함이 다수설이며(이유: 고가물을 보통물로 치환하여 가액을 산정하기 어렵고, 송하인으로 하여금 명시하는 것을 촉구하기 위함), 운송인이 우연히 고가물임을 알게된 경우의 운송인의 책임에 대해서는 아무런 책임도 지지 않는다는 견해, 고가물로서의 책임을 진다는 견해 등이 대립하고 있다. 둘째, 명시한 경우에는 고가물로서의 책임을 부담하여 결국 운송인은 명시가액을 최고한도로 하여 송하인의 실제손해를 배상해야 하고, 다만 언제까지 명시해야 하는지에 대해서는 견해가 대립하나 운송계약 성립시가 아니라 실제로 운송물을 인도할 때까지라는 것이 다수설이다. 이철송, 『상법총칙 · 상행위』, 제451면, 제452면.

22. 증명책임과 관련해서는, 송하인이 아니라 운송인이 본조의 법률요건에 해당하여 책임을 지지 않는다는 점에 대해서 입증을 해야 한다고 하는데(이철송, 『상법총칙 · 상행위』, 제452면), 상법 제135조의 규정 형식을 참조하면 이러한 견해는 타당하다고 판단된다.

제3항: 운송물의 멸실, 훼손 또는 연착이 운송인의 고의나 중대한 과실로 인한 때에는 운송인은 모든 손해를 배상하여야 한다.

제4항: 운송물의 멸실 또는 훼손으로 인하여 지급을 요하지 아니하는 운임 기타 비용은 전 3항의 배상액에서 공제하여야 한다.

(2) 설문의 해결

(가) C′의 불법행위(민법 제750조) 성립 여부

검토컨대, C′는 하역 작업을 하던 중 브레이크 페달을 잘못 건드리는 과실로 A수입회사 소유의 재산인 본건 기계를 수리할 수 없을 정도로 손상시켰으므로 일응 민법 제750조의 불법행위책임을 진다고 할 것이다.

(나) C중기회사의 사용자책임(민법 제756조) 성립 여부

검토컨대, C중기회사는 자신의 피용자인 C′의 불법행위와 관련하여 민법 제756조상의 책임이 성립하기 위한 요건들, 즉 사용자관계(실질적인 지휘·감독 관계)도 인정되고, C′의 행위는 C중기회사의 객관적·외형적으로 보았을 때 사업집행 자체 또는 이에 필요한 행위나 이에 상당한 견련관계에 있는 행위도 넉넉히 포함된다고 할 것이며, 본 사례의 주어진 사실관계를 보면 이와 달리 사용자(C중기회사)가 피용자(C′)의 선임 및 그 사무감독에 상당한 주의를 하였다는 등의 사용자책임의 성립을 부정할 만한 요소도 보이지 않으므로, C중기회사는 A수입회사에 대하여 민법 제756조의 사용자책임을 부담한다고 할 것인바, 이와 같은 C중기회사의 사용자책임과 C′의 불법행위책임은 상호간에 부진정연대채무관계에 있게 된다.[23]

한편, C′가 조치원공장에서 하역작업을 하면서 A수입회사와 B운수회사의 작업지시를 받았다고 하더라도, C′는 중기 운전과 관련하여 면허와 전문적 지식을 가지고 있는 자이므로, 결국 이 같은 사정도 C중기회사의 사용자책임을 인정하는 데 장애가 되지 않는다고 할 것이다.[24]

---

23. 지원림, 『민법강의』, 제1189면. 대법원 2000. 3. 14. 선고 99다67376 판결.

24. 본 사례에 관한 항소심 판결(서울고등법원 1990. 8. 28. 선고 89나34683 판결) 참조.

(다) B운수회사의 채무불이행책임 성립 여부

검토컨대, B운수회사는 자신의 A수입회사에 대한 채무(조직기를 부산항에서 A수입회사의 조치원공장까지 운송 및 하역하여 주기로 하는 것) 중의 일부인 콘테이너의 하역작업을 위하여 C중기회사를 사용하였는바, 앞에서도 살펴본 것처럼 민법 제391조의 이행보조자로서의 피용자라 함은 일반적으로 채무자의 의사관여 아래 그 채무의 이행행위에 속하는 활동을 하는 사람이면 족하고, 반드시 채무자의 지시 또는 감독을 받는 관계에 있어야 하는 것은 아니므로 채무자에 대하여 종속적인가 또는 독립적인 지위에 있는가는 문제되지 않는다는 점을 감안하면, 본 사례와 같이 B운수회사와 C중기회사의 계약관계가 도급이나 위임으로 해석될 가능성이 높은 법률관계에서도 민법 제391조는 적용된다고 할 것이다.

다만, 상법 제136조(고가물에 대한 책임)와 관련하여 본건 기계의 소유자인 A수입회사가 본건 기계를 포함한 조직기의 운송 및 하역을 B운수회사에 맡기면서 그 운송물의 종류와 가액에 대하여 알렸고 C중기회사는 B운수회사의 의뢰를 받고 본건 하역작업을 하게 되었다면 A수입회사는 C중기회사에 대하여까지 본건 기계가 고가물임을 알릴 의무는 없으므로, 결국 이러한 사정도 B운수회사의 A수입회사에 대한 채무불이행책임 성립을 인정함에 있어서 장애가 되지 않는다.[25,26]

따라서 B운수회사는 C중기회사가 과실에 의해 사용자책임(불법행위책임의 일종임)을 부담하는 상황에 대해서도 민법 제391조에 따라 A수입회사에 대하여 채무불이행책임을 부담하게 되는바, 앞에서 살펴본 것처럼 이행보조자(C중기회사)의 불법행위책임과 채무자(B운수회사)의 채무불이행책임은 각각 채권자(A수입회사)에 대한 관계에서 부진정연대채무관계에 있게 된다.

---

25. 본 사례에 관한 대법원 1991. 1. 11. 선고 90다8947 판결 참조.

26. 한편, B운수회사가 C중기회사에게 고가물(본건 기계)의 종류와 가액을 고지했는지 여부는, B운수회사와 C중기회사 사이의 내부적 책임비율을 정하는 데 있어서는 참작이 될 수도 있을 것이다. 본 사례에 관한 항소심 판결(서울고등법원 1990. 8. 28. 선고 89나34683 판결) 참조.

[설문 2] 보험자대위권

(1) 문제의 소재

D보험회사가 A수입회사에게 본건 보험사고와 관련하여 보험금을 지급하였다면, D보험회사는 본건 보험계약과 같이 손해보험의 경우에 적용되는 상법 제681조(보험목적에 관한 보험대위) 및 제682조(제3자에 대한 보험대위)에 의해서 보험자대위권[27]을 행사할 수 있는지 여부가 문제되므로, 이에 대한 법리에 대하여 살펴보기로 한다.

▌상법 제681조(보험목적에 관한 보험대위)[28]
보험의 목적[29]의 전부[30]가 멸실[31]한 경우에 보험금액의 전부를 지급한 보험자는 그 목적에 대한 피보험자의 권리를 취득[32,33]한다. 그러나 보험가액의 일부를 보험에 붙인 경우에는 보험자가 취득할 권리는 보험금액의 보험가액에 대한 비율에 따라 이를 정한다.

---

27. 피보험자로 하여금 2중의 이득을 얻지 못하도록 하기 위해 민법상 손해배상자의 대위(민법 제399조)와 같은 취지로 인정된다(통설). 정찬형, 『상법강의(하)』, 제621면.

28. 이를 잔존물 대위라고도 한다.

29. 예: 화재보험에서의 타지 않은 석재(石材), 기계보험에서의 파손된 기계, 해상보험에서의 침몰선 등. 정찬형, 『상법강의(하)』, 제622면.

30. 이와 같이 전부 멸실된 경우(즉, 전손)의 경우에만 본조가 적용되므로, 분손의 경우에는 적용되지 않는다.

31. 전부 멸실이란 잔존물의 일부가 남아 있는 경우에도 경제적인 관념에서 그 이용이 불가능한 경우를 포함한다. 정찬형, 『상법강의(하)』, 제622면.

32. 이와 같은 취득은, 피보험자의 의사표시 없이 법률의 규정에 의하여 당연히 이루어지는 것이므로, 민법상 물권변동을 위한 제반 절차나 요건이 필요하지 않다.

33. 다만, 경우에 따라서는 보험자가 잔존물에 대한 권리를 취득함과 동시에 이에 부수하는 의무를 부담할 수밖에 없는 경우가 있을 수 있는바(예: 선박보험에 의해 보험자가 난파선에 대하여 대위권을 취득하는 경우, 보험자는 그 난파선의 제거의무를 부담하게 됨. 개항질서법 제26조), 난파선 제거비용이 난파선 가액을 초과하게 되면 보험자가 오히려 불이익을 받게 되므로, 보험자는 대위권을 포기할 수 있다고 해석함이 통설이다. 정찬형, 『상법강의(하)』, 제623면. 개항질서법 제26조(장해물 등의 제거): [제1항: 지방해양항만청장은 물건의 소유자 또는 점유자가 개항의 항계 안 또는 항계 부근에서 선박의 항행을 방해하거나 항행에 위험을 미칠 우려가 있는 표류물 · 침몰물 등의 물건을 발견한 경우에는 그 물건의 소유자 또는 점유자에게 그 제거를 명할 수 있다. 제2항: 지방해양항만청장은 제1항에 따른 명령을 이행하지 아니하거나 그 물건의 소유자 또는 점유자를 알 수 없는 경우에는 대통령령으로 정하는 바에 따라 그 물건을 제거할 수 있다. 이 경우 제거에 들어간 비용은 그 물건의 소유자 또는 점유자의 부담으로 하되, 그 물건의 소유자 또는 점유자를 알 수 없는 경우에는 대통령령으로 정하는 바에 따라 그 물건을 처분하여 비용에 충당한다].

| 상법 제682조(제3자에 대한 보험대위)[34,35]
손해가 제3자[36]의 행위[37]로 인하여 생긴 경우에 보험금액을 지급[38]한 보험자는 그 지급한 금액의 한도에서 그 제3자에 대한 보험계약자 또는 피보험자의 권리[39]를 취득[40]한다. 그러나 보험자가 보상할 보험금액의 일부를 지급한 때에는 피보험자의 권리를 해하지 아니하는 범위 내에서 그 권리를 행사할 수 있다.

(2) 설문의 해결

검토컨대, 본 사례의 경우에는 본건 기계가 수리할 수 없을 정도로 손상되는 바람에 보험의 목적인 직지제조용 조직기가 잔존물의 일부가 남아 있는 경우에도 경제적인 관념에서 그 이용이 불가능한 경우라고 일응 보이므로 상법 제681조의 전부 멸실 요건을 충족하였고, 또한 D보험회사는 피보험자(A수입회사)에게 보험금 전액을 지급하였으므로, 결국 D보험회사는 보험의 목적인 직지제조용 조직기의 잔존물에 대해서 별도의 물권변동 절차를 거치지 않고도 법률의 규정상 당연히 소유권을 취득한다고 할 것이다.

이에 따라, 본 사례에서와 같이, D보험회사는 A수입회사에 보험금을 전액 지급한 이후에 보험의 목적인 직지제조용 조직기의 잔존물인 본건 기계를 금 1천만원의

---

34. 예: 피보험자의 보험의 목적이 제3자의 불법행위로 인하여 멸실된 경우에 보험자가 피보험자에게 보험금을 지급하면, 보험자는 피보험자의 제3자에 대한 불법행위에 기한 손해배상청구권을 대위하게 된다. 정찬형, 『상법강의(하)』, 제624면.

35. 피보험자가 2중의 이익을 취득하는 것을 방지하고, 또한 보험금 지급으로 제3자가 불법행위에 기한 손해배상책임을 면하는 것을 방지함에, 그 취지가 있다. 정찬형, 『상법강의(하)』, 제624면.

36. 보험계약자와 피보험자 이외의 자를 말하는바, 1인이든 수인이든 불문한다. 정찬형, 『상법강의(하)』, 제624면.

37. 불법행위(예: 방화), 채무불이행(예: 임차인의 선화) 이외에 적법행위(예: 선장의 공동해손 처분행위, 상법 제865조)도 포함된다. 정찬형, 『상법강의(하)』, 제627면. 상법 제865조(공동해손의 요건): [선박과 적하의 공동위험을 면하기 위한 선장의 선박 또는 적하에 대한 처분으로 인하여 생긴 손해 또는 비용은 공동해손으로 한다].

38. 적법하게 지급한 것만을 의미한다. 대법원 1994. 4. 12. 선고 94다200 판결(보험약관상 보험자가 면책되는 무면허운전시에 생긴 사고에 대한 보험회사의 보험금지급은 보험약관을 위배하여 이루어진 것으로 적법하지 아니하므로, 보험자대위의 법리상 보험회사는 구상권을 대위행사할 수 없다).

39. 보통은, 피보험자가 제3자에 대해 가지는 불법행위나 채무불이행으로 인한 손해배상청구권이 되는 경우가 많다. 정찬형, 『상법강의(하)』, 제629면.

40. 법률의 규정에 의해 당연히 취득하는 것이므로, 당사자간의 별도의 의사표시나 대항요건을 불필요하다. 정찬형, 『상법강의(하)』, 제629면.

매매대금에 A수입회사에게 매도하는 것이 가능하였음을 알 수 있다.

한편, A수입회사의 본건 재산상 손해는 제3자(B운수회사, C중기회사)의 채무불이행 행위 또는 불법행위로 인하여 생겼는데, D보험회사가 A수입회사에게 보험금액을 적법하게 지급한 것이므로, 결국 D보험회사(보험자)는 상법 제682조에 의해서 그 지급한 보험금액의 한도에서 피보험자(A수입회사)의 제3자(B운수회사, C중기회사)에 대한 손해배상청구권을 채권의 양도절차 등을 거치지 않고도 법률의 규정상 당연히 취득하게 된다.

결국, B운수회사와 C중기회사는 연대하여 D보험회사에게 1억원을 지급할 채무가 있다고 할 것이나, D보험회사가 본건 보험사고로 손상된 본건 기계를 A수입회사에게 금 1천만원에 매도하였으므로 이 금액을 공제하면, B운수회사와 C중기회사가 연대하여 D보험회사에게 지급해야 할 최종 금액은 금 9천만원이 된다.

[설문 3] 면책 특약의 효력

(1) 문제의 소재

만약, 본건 운송계약에서 B운수회사의 면책을 특별히 규정한 특약이 있다면, 이러한 면책특약은 운송계약의 당사자들 사이에서 어떠한 법적 의미를 가지는가에 대해서는, 중요한 대법원판례들이 형성되어 있으므로 이하에서는 그 판례들을 그대로 소개하고자 한다.

(2) 설문의 해결

대법원 1977. 12. 13. 선고 75다107 판결

원심은 송하인이 동시에 그 화물의 소유자인 경우 그 화물이 운송인의 고의나 과실로 인하여 멸실훼손된 때에는 그 운송계약상의 채무불이행책임과 소유자에 대한 불법행위책임이 동시에 성립 병존하는 것이며 그때 권리자는 그 어느 쪽의 청구권도 이를 행사할 수 있는 것이라고 전제한 다음, 상법소정의 1년의 단기 소멸시효나 고가물 불고지에 따른 면책 또는 선박소유자의 유한책임 한도에 관한 각 규정들은 운송계약 불이행으로 인한 손해배상청구권에만 적용되고, 선박소유자인 피고의 일반불법행위로 인한 손해배상을 구하는 이건에 있어서는 적용이 없는 것이며, 피고가 내세운 이건 운송약관은 원 피고간의 운송계약상의 채무불이행으로 인한 청구에만 적용될 것이라고 보아야 할 것이므로 피고의 불법행위로 인한 손해배상을 구하는 이 사건에 있어서는 그 주장의 약관을 들어 책임을 면할 수는 없다고 하였는바, 이는 모두 정당하고 거기에 상사시효나 고가물에 대한 책임의 법리 오해 또는 위 운송약관에 관한 법리적용을 오해한 위법이 없고.

▎대법원 1977. 12. 13. 선고 75다107 판결

운송약관상의 채무불이행책임과 불법행위로 인한 책임이 병존하는 경우에 상법상 소정의 단기소멸시효나 고가물 불고지에 따른 면책 등의 규정 또는 운송약관규정은 운송계약상의 채무불이행으로 인한 청구에만 적용되고 불법행위로 인한 손해배상청구에는 그 적용이 없다.

▎대법원 1983. 3. 22. 선고 82다카1533 전원합의체 판결

마. 해상운송인이 운송 도중 운송인이나 그 사용인 등의 고의 또는 과실로 인하여 운송물을 감실 훼손시킨 경우, 선하증권 소지인은 운송인에 대하여 운송계약상의 채무불이행으로 인한 손해배상청구권과 아울러 소유권 침해의 불법행위로 인한 손해배상 청구권을 취득하며 그중 어느 쪽의 손해배상 청구권이라도 선택적으로 행사할 수 있다.

바. 운송계약상의 채무불이행 책임에 관하여 법률상 면책의 특칙이 있거나 또는 운송계약에 그와 같은 면책특약을 하였다고 하여도 일반적으로 이러한 특칙이나 특약은 이를 불법행위책임에도 적용하기로 하는 명시적 또는 묵시적 합의가 없는 한 당연히는 불법행위책임에 적용되지 않는 것이나, 운송물의 권리를 양수하여 선하증권을 교부받아 그 소지인이 된 자는 운송계약상의 권리를 취득함과 동시에 목적물의 점유를 인도받은 것이 되어 운송물의 소유권을 취득하여 운송인에 대하여 채무불이행책임과 불법행위책임을 아울러 추궁할 수 있게 되는 점에 비추어 볼 때 운송인이 선하증권에 기재한 면책약관은 채무불이행책임만을 대상으로 한 것이고 당사자 사이에 불법행위책임은 감수할 의도였다고 볼 수 없으므로 불법행위책임에 적용키로 하는 별도의 명시적 · 묵시적 합의가 없더라도 당연히 불법행위책임에도 그 효력이 미친다.

사. 선하증권에 기재된 면책약관이라 할지라도 고의 또는 중대한 과실로 인한 재산권 침해에 대한 불법행위책임에는 적용되지 않을 뿐만 아니라 이 약관의 상법 제787조 내지 제789조의 규정에 저촉되는 경우에는 불법행위책임에도 적용되지 않는다.

사례 11

공중접객업자의 대물적 손해에 대한 책임

다음과 같은 사실관계 하에서, 아래의 질의에 대해 답하시오.[1]

(1) 1996. 9. 5. 21:00경

A는 B가 경영하는 '동원장'이라는 상호의 여관에 투숙하면서 여관 건물 바로 옆에 위치한 위 여관 부설주차장에 A소유의 차량(이하, "본건 차량")을 주차시켜 놓았다.

(2) 주차 이후

위 차량은 위 주차장에서 주차되어 있는 동안 도난당하였고, 그 차량에 대한 C보험회사는 보험계약상의 보험사고에 해당하는 본건 도난과 관련하여 A에게 보험금 전액을 적법하게 지급하였다.

한편, 위의 사실관계와 관련하여 추가적으로 밝혀진 사실들은 다음과 같다.

(1) 위 주차장은 승용차 20대 이상이 주차할 수 있는 비교적 넓은 공간을 차지하고 있고, 그 입구에는 '동원장 주차장'이라고 쓰여진 입간판이 설치되어 있으며 그 외부는 담장으로 둘러싸여 있었고, 주차장의 일부를 감시할 수 있는 감시카메라가 설치되어 있었다.

(2) 그러나 위 주차장에는 출입문 등 차량 출입을 통제할 만한 시설이나 인원을 따로 두지는 않고 있었다.

(3) A는 '동원장' 여관에 투숙시 여관 관리인에게 주차사실을 알리지도 않았고 차량열쇠를 맡기지도 않았다.

(4) 위 주차 장소는 위 감시카메라의 감시영역 밖에 위치하였기 때문에 여관관리인 등 B측으로서는 위 주차사실에 대하여 전혀 알 수가 없었다.

---

1. 본 사례는 대법원 1998. 12. 8. 선고 98다37507 판결을 기초로 하여 작성된 것이다.

설문 C보험회사는 B에게, A의 B에 대한 상법 제152조에 기한 손배배상청구권에 대하여 상법 제682조상의 보험자대위권을 행사할 수 있는가?

(1) 문제의 소재

본 사례에서 C보험회사는 상법 제682조(제3자에 대한 보험대위)에 의한 권리를 행사하고자 하므로, 먼저 그러한 보험자대위권의 법리를 살펴보기로 한다.

상법 제682조(제3자에 대한 보험대위)[2,3]
손해가 제3자[4]의 행위[5]로 인하여 생긴 경우에 보험금액을 지급[6]한 보험자는 그 지급한 금액의 한도에서 그 제3자에 대한 보험계약자 또는 피보험자의 권리[7]를 취득[8]한다. 그러나 보험자가 보상할 보험금액의 일부를 지급한 때에는 피보험자의 권리를 해하지 아니하는 범위 내에서 그 권리를 행사할 수 있다.

그런데 본 사례의 경우에, C보험회사는 A에게 보험금액을 전액 적법하게 지급하였으므로, C보험회사가 위의 상법 제682조(제3자에 대한 보험대위)이 충족되었음을

2. 예: 피보험자의 보험의 목적이 제3자의 불법행위로 인하여 멸실된 경우에 보험자가 피보험자에게 보험금을 지급하면, 보험자는 피보험자의 제3자에 대한 불법행위에 기한 손해배상청구권을 대위하게 된다. 정찬형, 『상법강의(하)』, 제624면.
3. 피보험자가 2중의 이익을 취득하는 것을 방지하고, 또한 보험금 지급으로 제3자가 불법행위에 기한 손해배상책임을 면하는 것을 방지함에, 그 취지가 있다. 정찬형, 『상법강의(하)』, 제624면.
4. 보험계약자와 피보험자 이외의 자를 말하는바, 1인이든 수인이든 불문한다. 정찬형, 『상법강의(하)』, 제624면.
5. 불법행위(예: 방화), 채무불이행(예: 임차인의 실화) 이외에 적법행위(예: 선장의 공동해손 처분행위, 상법 제865조)도 포함된다. 정찬형, 『상법강의(하)』, 제627면. 상법 제865조(공동해손의 요건): [선박과 적하의 공동위험을 면하기 위한 선장의 선박 또는 적하에 대한 처분으로 인하여 생긴 손해 또는 비용은 공동해손으로 한다].
6. 적법하게 지급한 것만을 의미한다. 대법원 1994. 4. 12. 선고 94다200 판결(보험약관상 보험자가 면책되는 무면허운전시에 생긴 사고에 대한 보험회사의 보험금지급은 보험약관을 위배하여 이루어진 것으로 적법하지 아니하므로, 보험자대위의 법리상 보험회사는 구상권을 대위행사할 수 없다).
7. 보통은, 피보험자가 제3자에 대해 가지는 불법행위나 채무불이행으로 인한 손해배상청구권이 되는 경우가 많다. 정찬형, 『상법강의(하)』, 제629면.
8. 법률의 규정에 의해 당연히 취득하는 것이므로, 당사자간의 별도의 의사표시나 대항요건을 불필요하다. 정찬형, 『상법강의(하)』, 제629면.

주장하여 B에게 보험자대위권을 행사할 수 있으려면, A가 그러한 본건 차량의 도난으로 인한 A의 재산상손해에 대하여 상법 제152조에 기해 B에게 손해배상청구권을 행사할 수 있다는 점만 확인이 되면 된다.

왜냐하면, 이와 같은 보험회사의 보험자대위권은 법률의 규정에 의해 당연히 취득하는 것이므로, 당사자간의 별도의 의사표시나 대항요건(즉, A와 C보험회사 사이의 B에 대한 손해배상청구권에 관한 양도의 합의, 또는 이러한 채권양도에 대하여 채무자인 B에게 통지하거나 B로부터 승낙을 받는 것)[9]은 필요하지 않기 때문이다.

(2) 설문의 해결

(가) 상법 제152조상의 손해배상청구권의 법리 검토

B는 "공중이 이용하는 시설"[10]에 의한 "거래"[11]를 영업으로 하는 자이므로 상법 제151조상의 공중접객업자[12]에 해당하는 당연상인[13]인바, 본 사례에서는 A가 B에게 상법 제152조상의 손해배상청구권[14]을 가지는지가 문제되므로 아래에서는 상법 제152조의 법리에 대해서 살펴보기로 한다.

---

9. 원래 채권양도시에는 채무자나 제3자에게 대항력을 취득하기 위해서는 통지, 승낙이나 확정일자 있는 통지, 승낙이 필요하다. 민법 제450조(지명채권양도의 대항요건): [제1항: 지명채권의 양도는 양도인이 채무자에게 통지하거나 채무자가 승낙하지 아니하면 채무자 기타 제3자에게 대항하지 못한다. 제2항: 전항의 통지나 승낙은 확정일자 있는 증서에 의하지 아니하면 채무자 이외의 제3자에게 대항하지 못한다] 참조.

10. "공중이 이용하는 시설"이란, 불특정 다수인이 모여 특정한 목적을 위해 이용할 수 있도록 제공된 인적 · 물적 설비 및 장소를 의미한다. 이철송, 『상법총칙 · 상행위』, 제496면.

11. 유상으로 그 시설을 이용하게 하거나 서비스를 제공하는 행위를 말한다. 이철송, 『상법총칙 · 상행위』, 제496면.

12. 예컨대, 커피숍, 목욕탕, 독서실, 이발소 등이다. 상법 제151조(의의): [극장, 여관, 음식점, 그 밖의 공중이 이용하는 시설에 의한 거래를 영업으로 하는 자를 공중접객업자라 한다].

13. 상법 제4조(상인-당연상인): [자기 명의로 상행위를 하는 자를 상인이라 한다], 상법 제46조(기본적 상행위): [영업으로 하는 다음의 행위를 상행위라 한다. 그러나 오로지 임금을 받을 목적으로 물건을 제조하거나 노무에 종사하는 자의 행위는 그러하지 아니하다. 9. 공중이 이용하는 시설에 의한 거래].

14. 공중접객시설을 이용하는 자(고객)가 공중접객업자를 상대로 손해배상을 청구하는 근거로, 위와 같은 상법 제152조 이외에도 상법 제153조(고가물에 대한 책임)도 있고 본 사례의 경우처럼 차량인 경우에는 고가물에 해당하여 상법 제153조도 적용 가능한 경우도 있을 것인데, 상법 제153조가 적용되는 경우에는 고객은 고가물의 종류와 가액을 명시해야 하므로 상법 제152조의 경우보다 공중접객업자를 상대로 손해배상을 청구하는 것이 상대적으로 더 어렵다. 상법 제153조(고가물에 대한 책임): [화폐, 유가증권, 그 밖의 고가물에 대하여는 고객이 그 종류와 가액을 명시하여 임치하지 아니하면 공중접객업자는 그 물건의 멸실 또는 훼손으로 인한 손해를 배상할 책임이 없다].

▌**상법 제152조**(공중접객업자의 책임)

제1항: 공중접객업자는 자기 또는 그 사용인[15]이 고객[16]으로부터 임치[17]받은 물건의 보관에 관하여 주의를 게을리하지 아니하였음을 증명[18]하지 아니하면 그 물건의 멸실 또는 훼손으로 인한 손해를 배상할 책임이 있다.

제2항: 공중접객업자는 고객으로부터 임치받지 아니한 경우에도 그 시설 내에 휴대[19]한 물건이 자기 또는 그 사용인의 과실로 인하여 멸실 또는 훼손되었을 때에는 그 손해를 배상할 책임[20]이 있다.

제3항: 고객의 휴대물에 대하여 책임이 없음을 알린 경우[21]에도 공중접객업자는 제1항과 제

---

15. 민법 제391조의 이행보조자의 개념과 유사하게 이해하면 될 것이다. 이철송, 『상법총칙 · 상행위』, 제497면. 민법 제391조(이행보조자의 고의, 과실): [채무자의 법정대리인이 채무자를 위하여 이행하거나 채무자가 타인을 사용하여 이행하는 경우에는 법정대리인 또는 피용자의 고의나 과실은 채무자의 고의나 과실로 본다].

16. 본조 제1항 및 제2항에서의 고객은, 반드시 공중이 이용하는 시설을 이용하는 계약이 성립된 자에 한하지 않고 널리 그 시설을 이용할 의사를 가지고 그 시설 내에 소재한 자(예: 음식점에서 빈 좌석을 기다리다가 그냥 나온 자)까지 포함하는 개념이다. 이철송, 『상법총칙 · 상행위』, 제499면.

17. 보수를 받았는지 여부는 불문하나, 임치는 계약의 일종이므로[민법 제693조(임치의 의의): (임치는 당사자일방이 상대방에 대하여 금전이나 유가증권 기타 물건의 보관을 위탁하고 상대방이 이를 승낙함으로써 효력이 생긴다)] 물건 보관에 관한 명시적 또는 묵시적 합의가 있어야 한다. 이철송, 『상법총칙 · 상행위』, 제497면. 대법원 1992. 2. 11. 선고 91다21800 판결(국화장 주차장 판결): [가. 상법 제152조 제1항의 규정에 의한 임치가 성립하려면 우선 공중접객업자와 객 사이에 공중접객업자가 자기의 지배영역 내에서 목적물 보관의 채무를 부담하기로 하는 명시적 또는 묵시적 합의가 있음을 필요로 한다. 나. 여관 부설주차장에 시정장치가 된 출입문이 설치되어 있거나 출입을 통제하는 관리인이 배치되어 있거나 기타 여관측에서 그 주차장에의 출입과 주차사실을 통제하거나 확인할 수 있는 조치가 되어 있다면, 그러한 주차장에 여관 투숙객이 주차한 차량에 관하여는 명시적인 위탁의 의사표시가 없어도 여관업자와 투숙객 사이에 임치의 합의가 있은 것으로 볼 수 있으나, 위와 같은 주차장 출입과 주차사실을 통제하거나 확인하는 시설이나 조치가 되어 있지 않은 채 단지 주차의 장소만을 제공하는 데에 불과하여 그 주차장 출입과 주차사실을 여관측에서 통제하거나 확인하지 않고 있는 상황이라면, 부설주차장 관리자로서의 주의의무 위배 여부는 별론으로 하고 그러한 주차장에 주차한 것만으로 여관업자와 투숙객 사이에 임치의 합의가 있은 것으로 볼 수 없고, 투숙객이 여관측에 주차사실을 고지하거나 차량열쇠를 맡겨 차량의 보관을 위탁한 경우에만 임치의 성립을 인정할 수 있다].

18. 본조 제1항의 경우에는 임치계약이 성립한 상황이고 물건이 공중접객업자의 점유하에 있으므로, 공중접객업자가 자기측의 무과실에 대한 증명책임을 부담하는 것이고, 반면에 본조 제2항의 경우에는 임치계약이 성립하지 않은 상황이므로(즉, 물건을 고객의 점유하에 있는 상황임) 고객이 공중접객업자측의 과실에 대한 증명책임을 부담하는 것으로 되어 있음을 유의해야 한다.

19. 이와 같이 고객이 점유하는 물건에 대해서까지 공중접객업자의 과실책임을 인정한 이유는, "업소 내에서의 안전 및 질서유지는 공중접객업자의 책임에 속하기 때문이다." 이철송, 『상법총칙 · 상행위』, 제499면.

20. 본조 제1항의 책임은 임치계약에 따른 통상의 과실책임인 반면에, 본조 제2항의 책임(임치계약이 성립하지 않은 경우임)은 계약책임이나 불법행위책임이 아니라 상법이 특별히 인정한 법정책임이라고 하는데(통설, 이철송, 『상법총칙 · 상행위』, 제498면, 제499면), 실무적으로 큰 의미가 있는 것은 아니다.

2항의 책임을 면하지 못한다.

(나) 본 사례의 경우

먼저, 상법 제152조(공중접객업자의 책임)의 제1항과 제2항 중에서 어떠한 조항이 적용 가능한지는 A와 B 사이에 본건 차량에 대하여 임치계약이 성립했는지에 따라서 달라지므로 이 점에 대해서 우선적으로 검토한다.

검토컨대, 공중접객업자와 고객 사이에 임치관계가 성립하려면 그들 사이에 공중접객업자가 자기의 지배영역 내에 목적물 보관의 채무를 부담하기로 하는 명시적 또는 묵시적 합의가 있어야 하는바, 여관 부설주차장에 시정장치가 된 출입문이 설치되어 있거나 출입을 통제하는 관리인이 배치되어 있는 등 여관 측에서 그 주차장에의 출입과 주차시설을 통제하거나 확인할 수 있는 조치가 되어 있다면, 그러한 주차장에 여관투숙객이 주차한 차량에 관하여는 명시적인 위탁의 의사표시가 없어도 여관업자와 투숙객 사이에 묵시적인 임치의 합의가 있는 것으로 볼 수 있다.

그런데 본 사례의 경우에는, B측이 위 주차장의 출입차량을 통제하거나 감시할 수 있는 시설이 설치되어 있지도 않고 그러한 일을 하는 관리인도 따로 두지 않아 위 주차장은 단지 투숙객의 편의를 위하여 주차 장소로 제공된 것에 불과한 것으로 보여지므로, 그러한 주차장에 주차한 것만으로는 여관업자인 B와 위 A 사이에 본건 차량에 관하여 묵시적인 임치의 합의가 있었다고 볼 수 없다고 할 것이고, 따라서 본 사례에는 상법 제152조(공중접객업자의 책임) 제1항은 적용되지 않는다.

그렇다면 상법 제152조(공중접객업자의 책임) 제2항에 따라서 A가 B측의 과실을 증명하여 B에게 손해배상청구권을 가질 수 있는지 여부가 문제된다.

검토컨대, 공중접객업자가 이용객들의 차량을 주차할 수 있는 주차장을 설치하면서 그 주차장에 차량출입을 통제할 시설이나 인원을 따로 두지 않았다면, 그 주차장은 단지 이용객의 편의를 위한 주차장소로 제공된 것에 불과하고, 공중접객업자와 이용객 사이에 통상 그 주차차량에 대한 관리를 공중접객업자에게 맡긴다는 의사까지는 없다고 봄이 상당하므로, 공중접객업자에게 차량시동 열쇠를 보관시키는 등의 명시적이거나 묵시적인 방법으로 주차차량의 관리를 맡겼다는 등의 특수한 사정이 없는 한, 공중접객업자에게 선량한 관리자의 주의로써 주차차량을 관리할 책임이 있다고 할 수 없다.

---

21. 이를 면책약관이라고 한다.

따라서 본 사례에서 B에게 본건 차량에 대한 관리의무를 다하지 못한 과실이 있다고도 할 수 없으므로, 결국 A는 상법 제152조(공중접객업자의 책임) 제1항이나 제2항 어느 것에 의해서도 B에게 손해배상청구권을 가진다고 할 수 없다.

그렇다면 결국 C보험회사는 B에게, A의 B에 대한 상법 제152조에 기한 손배배상청구권에 대하여 상법 제682조상의 보험자대위권을 행사할 수 없을 것이다.[22,23]

---

22. 이상의 결론에 대해서는 본 사례에 관한 대법원 1998. 12. 8. 선고 98다37507 판결 참조.

23. 앞서 소개한 '국화장' 주차창에 판례도 본 사례에서의 사실관계가 유사한데 본 사례와 동일한 법리를 판시하고 있다. '국화장' 주차창에 판례에 대한 사실관계의 이해를 위하여 판결이유 부분을 소개한다. 대법원 1992. 2. 11. 선고 91다21800 판결(1. 원심판결 이유에 의하면 원심은 그 거시증거에 의하여 소외 최중성은 1990. 2. 5. 23:40부터 그 다음 날 08:40경까지 피고가 경영하는 국화장여관에 투숙하면서 위 여관건물 정면 길(노폭 6미터)건너편에 있는 주차장에 그 소유의 소나타 승용차를 주차시켜 놓았다가 도난당하였는데 투숙할 때에 여관 종업원에게 주차사실을 고지하지 않았던 사실, 위 주차장은 피고가 위 여관의 부대시설의 하나로 설치한 것으로서 그 출입구가 위 여관의 계산대에서 마주볼 수 있는 위치에 있기는 하나 시정장치가 부착된 출입문을 설치하거나 도난방지를 위한 특별한 시설을 하지 아니한 채 그 입구에 국화장주차장이라는 간판을 세우고, 그 외곽은 천으로 된 망을 쳐놓고, 차를 세울 부분에 비와 눈에 대비한 지붕을 설치하여 만든 것에 불과한 것이고, 또한 위 주차장에 주차된 차량을 경비하는 일을 하는 종업원이 따로 있지도 아니한 사실을 인정한 다음, 위 인정사실에 의하면 소외 최중성이 피고 경영의 위 여관에 투숙하기 위하여 위 여관 주차장에 그가 타고 온 승용차를 주차시킨 후 위 여관에 투숙함으로써 공중접객업자인 피고는 객인 위 최중성으로부터 위 승용차를 임치받았다고 할 것이므로, 피고로서는 상법 제152조 제1항에 따라 위 도난사고가 불가항력으로 인한 것임을 입증하지 못하고 있는 이 사건에 있어서 위 승용차의 소유자인 위 최중성에게 그로 말미암은 손해를 배상할 책임이 있다고 판단하였다. 2. 그러나 상법 제152조 제1항의 규정에 의한 임치가 성립하려면 우선 공중접객업자와 객 사이에 공중접객업자가 자기의 지배영역 내에서 목적물 보관의 채무를 부담하기로 하는 명시적 또는 묵시적 합의가 있음을 필요로 하는바, 여관 부설주차장에 시정장치가 된 출입문이 설치되어 있거나 출입을 통제하는 관리인이 배치되어 있거나 기타 여관측에서 그 주차장에의 출입과 주차사실을 통제하거나 확인할 수 있는 조치가 되어 있다면, 그러한 주차장에 여관 투숙객이 주차한 차량에 관하여는 명시적인 위탁의 의사표시가 없어도 여관업자와 투숙객 사이에 임치의 합의가 있은 것으로 볼 수 있으나, 위와 같은 주차장 출입과 주차사실을 통제하거나 확인하는 시설이나 조치가 되어 있지 않은 채 단지 주차의 장소만을 제공하는 데에 불과하여 그 주차장 출입과 주차사실을 여관측에서 통제하거나 확인하지 않고 있는 상황이라면, 부설주차장 관리자로서의 주의의무 위배 여부는 별론으로 하고 그러한 주차장에 주차한 것만으로 여관업자와 투숙객 사이에 임치의 합의가 있은 것으로 볼 수 없고, 투숙객이 여관측에 주차사실을 고지하거나 차량열쇠를 맡겨 차량의 보관을 위탁한 경우에만 임치의 성립을 인정할 수 있을 것이다. 그런데 원심확정사실에 의하면 이 사건 주차장에 시정장치가 된 출입문을 설치하거나 주차된 차량을 경비하는 종업원이 배치되어 있지 않음을 알 수 있고, 또 주차장의 출입구가 위 여관의 계산대에서 마주볼 수 있는 위치에 있기는 하나 이곳에서 주차장 출입차량을 일일이 통제하거나 확인할 수 있을 정도는 아닌 사실이 엿보이므로, 위 원심확정사실만으로는 주차사실을 전혀 고지하지 아니한 소외 최중성과 피고 사이에 주차차량에 관한 임치의 합의가 있었던 것으로 보기 어렵다).

사례 12

법인격 부인론

다음과 같은 사실관계 하에서, 아래의 질의에 대해 답하시오.[1]

1. 보증금반환청구권의 발생

K주식회사(이하, "K사")는 1998. 2. 28.에 A주식회사(이하 "A사") 소유의 건물의 일부를 보증금 7천만원(이하, "본건 보증금")을 지급하고 2순위 전세권설정등기를 마쳤으나, 그 후 A사는 파산되었고, 위 건물에 1순위 저당권을 가진 은행의 경매신청에 의한 낙찰로 인해 전세권설정등기는 말소되었으나 본건 보증금을 반환받지 못해 보증금반환소송을 제기하여 2000. 3. 9. 전부승소 판결이 확정되었다.

2. T사와 A사의 관계

(1) A사의 파산 이후인 1998. 3. 12. A사에 비해 직원 수 등 그 규모가 작은 T사가 설립되었는데, T사의 상징은 파란색의 정사각형 안에 오른쪽 위 꼭지점부터 왼쪽 아래 꼭지점까지 대각선으로 흰색의 타원형이 있는 모양으로서 A사의 상징과 완전히 동일하고, T사의 상호는 "토탈미디어A"로서 A사의 상호와 중요부분이 일치하며, A사는 A사라는 상호 위에 작은 글씨로 타임미디어(TIME MEDIA)라고 표기하였는데 T사는 상호 중 토탈미디어(TOTAL MEDIA) 부분을 역시 상호 위에 작은 글씨로 표기하여 A사의 상호와 구분하기가 쉽지 않다.

(2) T사의 설립 당시 A사의 임원진은 대표이사 안용석, 안도식, 이사 오정상, 김양숙, 감사 안기장이었고, T사의 임원진은 대표이사 김성수, 이사 안용석, 안도식, 한상성, 감사 최상곤이었다. 그런데 T사의 대표이사 김성수는 소외 안용석의 처조카사위로서 A사의 디자인실 차장으로 근무하다가 T사에서도 동일한 직함을 사용하고 있고, 한상성은 A사의 총무부장으로 재직하던 자이며, 안용석은 T사에서도 여전히 회사홍보자료와 명함 등에서 대표자 회장이라는 직함을 사용하고 있다.

---

1. 본 사례는 대법원 2004. 11. 12. 선고 2002다66892 판결을 기초로 하여 작성된 것이다.

(3) T사의 설립 당시 A사의 주식은 안용석(80.4%), 안도식(안용석의 동생, 9%), 김양숙(안용석의 배우자, 2.2%), 안소영(안용석의 동생, 1.2%) 등이 보유하고 있었고, T사의 주식은 김성수(안용석의 처조카사위, 40%), 안용석(10%), 안도식(10%), 최상곤(안용석의 친척, 40%)이 보유하고 있었다.

(4) A사의 영업목적은 1. 박물관, 과학관, 전시설계 및 전시물 제작사업, 2. 박람회 기획, 설계 및 이벤트 행사 기획사업, 3. 분화재 복원, 복제사업, 4. 박물관 진열장 설계, 제작, 시공사업, 5. 영상기획, 제작, 시청각 영상기자재 제작판매사업(영화제작 및 수입업), 6. 산업프랜트, 동작, 건축, 기타 각종 모형전시물, 제조설치사업, 7. 조명기기 설계, 제작설치 및 판매업, 8. 과학시험기기, 특수효과기기, 제어시스템 제작설치 및 수입판매업, 9. 음향기기, 무대장치, 설계제작설치업, 10. 로봇, 애니매이션 제작설치업(테마파크), 11. 건설업(실내장식, 인테리어, 디스플레이업), 12. 광고물, 투시도, 조감도 제작업, 13. 기술연구용역업, 14. 수출입, 무역업(과학기기), 15. 의장공사업, 16. 부동산매매 및 임대업, 17. 가구제조판매, 가구디자인, 가구수출, 수입업, 18. 각호에 관련된 부대사업이고, T사의 영업목적은 A사 영업목적의 1 내지 6, 8, 11항과 같다.

(5) T사의 설립당시 T사의 본점은 A사의 신사동지점과 동일한 곳이었고, 그 후 A사는 1999. 6. 30.부터 8. 22.까지 기간 및 1999. 11. 10.부터 2000. 1. 11.까지 기간 T사와 함께 위 신사동지점에 주소를 두기도 하였다.

(6) T사는 인쇄된 홍보자료나 인터넷 홈페이지에서 T사가 1970. 3. 15.(A사의 설립시기) 설립된 것으로 하고 있고, T사가 설립등기를 한 시기인 1998. 3. 12.은 A사에서 단지 상호와 대표이사만 변경한 것처럼 하고 있으며, A사의 영업실적을 T사의 영업실적으로 홍보하고 있다.

(7) A사는 독일 회사의 독점공급권을 가지고 있었는데, T사 역시 그 독일 회사의 독점공급권을 갖고 있는 한국총판대리점이고, A사와 T사의 업무제휴 해외업체는 모두 동일하다.

(8) A사는 1999. 10. 20. T사에게 실내건축 공사업이라는 건설업 자체를 양도(이하, "본건 건설업 양수도")하였고, 이에 대한 관계법령에 따라 T사는 A사의 건설업자로서의 지위를 승계하고 A사가 시공중인 공사의 도급계약에 관한 권리·의무와 완성된 공사의 하자보수에 관한 권리·의무를 양도받았다.

(9) A사가 1997. 6. 18.부터 10. 20.까지 수행한 S공사에 대하여 T사가 그 하자보수 공

사를 시행하였고, R공사는 A사가 그 공사를 시행하고자 하도급업자로부터 견적서를 수령하였다가 A사의 부도 후 T사가 위 공사를 수행하였다.

한편, 본 사례와 관련하여 추가적으로 확인된 사실관계는 다음과 같다.

(1) T사에서 안용석은 개인 집무실을 사용하고 있는 반면에, 김성수는 직원들과 사무실을 같이 사용하고 있다.
(2) T사는 A사로부터의 본건 건설업 양수도 이전인 1998. 7. 21.에 R공사를, 1998. 8. 14.경에 U공사를 각 도급받아 착공하였다.
(3) 그 후 안용석의 아들인 '안곤'이, K사가 T사를 상대로 본건 보증금의 반환을 청구한 소송(이하, "본건 소송")의 1번 승소판결이 선고된 2001. 8. 23.부터 얼마 지나지 않은 2001. 9. 4. M주식회사(이하, "M사")라는 T사 또는 A사와 비슷한 영업목적을 가진 회사를 설립하였는데, 안곤은 대표이사로서 29%의 주식을 가지고 있고, 안용석의 딸인 '안난'은 이사로서 20%의 주식을 가지고 있다.
(4) M사는 2002. 3. 20. 조달청이 발주하고 T사가 기획총괄을 맡고 있는 G공사 중 동상 및 벽화 제작공사를 각 하도급받아 이를 시공하였는데, 위 공사의 제1차부터 제8차까지의 자문회의에 T사의 안용석, 김만수, 노옥경이 T사의 대표 또는 M사의 대표로, 김성수는 M사의 대표로 각 참가하였으나, 안곤은 참석하지 아니하였다.

설문 위와 같은 사실관계 하에서 K사가 T사를 상대로 본건 보증금의 반환을 청구한 본건 소송에서 K사는 최종적으로 승소할 수 있겠는가?

(1) 문제의 소재

본건 보증금의 지급의무에 대한 채권 · 채무 관계는 전세권설정자인 A사와 전세권자인 K사이므로 A사가 K사에게 본건 보증금의 지급의무를 부담하는 것은 당연하다.

그러나 설문에서의 A사는 본건 보증금의 지급의무를 이행하기에는 재무적인 상황이 여의치 않은 상황으로 보이므로, K사는 지급능력이 되어 보이는 T사를 상대로 본건 보증금의 반환을 청구하는 본건 소송을 제기하였는바 K사는 최종적으로 승소할 수 있겠는가를 묻고 있다.

원칙적으로 A사와 T사는 별개의 법인격을 가지고 있으므로 T사가 A사의 채무나 책임에 대하여 책임을 지지 않는 것이 근대법의 기본원칙인데, 이에 대한 중대한 수정이 소위 법인격 부인론(disregard of the corporate fiction ; piercing the corporate veil)이다.[2]

법인격 부인론(disregard of the corporate fiction ; piercing the corporate veil)이란, 회사(주식회사 등 그 형태는 불문함)가 사원(주식회사의 경우에는 주주를 의미하는데, 그 주주는 자연인뿐만 아니라 법인도 포함함)으로부터 독립한 실체를 갖지 못한 경우에 회사 외 특정의 제3자간의 문제된 법률관계에 있어서만은 회사의 법인격을 부인하고 회사와 사원을 동일시하여 회사의 책임을 사원에게 묻는 것을 말하는데, 이는 주로 주식회사에 있어서 주주가 유한책임 제도를 악용함으로써 생겨나는 폐단을 해결하기 위하여 발전된 이론이다.[3]

(2) 설문의 해결

(가) 우리나라의 판례의 변천과정

먼저, 법인격 부인론의 적용을 긍정한 주요 대법원판례들을 시간적인 순서대로 살펴봄으로써, 우리나라에서의 동 이론이 실제적으로 어떻게 활용되고 있는지를 검토한다.[4]

---

2. 19세기 후반부터 미국의 판례에 의해서 생성, 발전되었는바 미국에서 그 이론적 근거에 대해서는 agency rules, instrumentality rules, alter ego rules, identity rules 등이 제시되고 있고, 독일에서는 투시이론(Durchgriffslehre), 일본에서는 형해론이라는 이름으로 유사하게 처리되고 있다고 한다. 이철송, 『회사법강의』, 제44면.

3. 그러나 법인격 부인의 요건이 구비된 경우라 하더라도, 회사에 대한 승소판결의 기판력과 집행력이 지배주주에게 미치는 것은 아니다. 대법원 1995. 5. 12. 선고 93다44531 판결(갑 회사와 을 회사가 기업의 형태 · 내용이 실질적으로 동일하고, 갑 회사는 을 회사의 채무를 면탈할 목적으로 설립된 것으로서 갑 회사가 을 회사의 채권자에 대하여 을 회사와는 별개의 법인격을 가지는 회사라는 주장을 하는 것이 신의성실의 원칙에 반하거나 법인격을 남용하는 것으로 인정되는 경우에도, 권리관계의 공권적인 확정 및 그 신속 · 확실한 실현을 도모하기 위하여 절차의 명확 · 안정을 중시하는 소송절차 및 강제집행절차에 있어서는 그 절차의 성격상 을 회사에 대한 판결의 기판력 및 집행력의 범위를 갑 회사에까지 확장하는 것은 허용되지 아니한다).

4. 판례에서 보듯이, 법인격 부인론이 적용되기 위해서는, 객관적 요건으로서 지배의 완전성, 재산의 혼용

▍대법원 1988. 11. 22. 선고 87다카1671 판결[5]

가. 선박회사인 갑, 을, 병이 외형상 별개의 회사로 되어 있지만 갑회사 및 을회사는 선박의 실제상 소유자인 병회사가 자신에 소속된 국가와는 별도의 국가에 해운기업상의 편의를 위하여 형식적으로 설립한 회사들로서[6] 그 명의로 선박의 적(籍)을 두고 있고(이른바 편의치적[7]), 실제로는 사무실과 경영진 등이 동일하다면 이러한 지위에 있는 갑회사가 법률의 적용을 회피하기 위하여 병회사가 갑회사와는 별개의 법인격을 가지는 회사라는 주장을 내세우는 것은 신의성실의 원칙에 위반하거나 법인격을 남용하는 것으로 허용될 수 없다.

1. 원심판결 이유에 의하면, 원심은 거시증거에 의하여, 원고는 몬로비아 브로드 스트리트 80에 주사무소를 둔 리베리아회사로서 1981. 4. 1. 역시 리베리아 회사로서 주사무소를 원고와 같이하는 소외 토우체스트 쉽핑 리미티드(Touchest Shipping Ltd.)와의 사이에 이건 선박에 관한 선박관리 계약을 체결하면서 원고를 대표하여 다니엘 푸치에 리가, 토우체스트 쉽핑 리미티드를 대표하여 데니스 푸핑리가 각 서명하였고, 같은 날 토우체스트 쉽핑 리미티드는 같은 선박에 관하여 홍콩 케네디로드 17 호프웰센터 36층에 사무소를 둔 위 칩스테드 리미

이, 그리고 주관적 요건으로서 지배주주의 법인격 의사가 필요하다는 것이 현재까지의 입장인 것으로 보인다.

5. 법인격부인론을 받아들인 최초의 대법원판례인데 현대미포조선이 화물선박에 대하여 수리비채권을 주장하여 수리대상이었던 선박을 가압류하자, 그 선박의 형식상 소유자인 paper company가 제3자이의의 소를 제기하였던 사안인데, 대법원은 그 paper company의 법인격을 부인하고 실제로 수리를 맡긴 회사를 실제의 선박소유자로 인정하였다. 이 판결은 첫째, 법인격부인론은 회사의 법인격을 부인하고 지배주주로 하여금 책임을 지게 하는 것이 통상적인 경우인데, 이 판결은 회사와 지배주주 간의 관계가 아니라 동일한 지배주주를 가진 별개의 법인격을 가진 회사들간의 관계에 대해 법인격부인론을 적용했다는 점, 둘째, 법인격부인론의 이론적 근거에 대해서 신의성실원칙과 법인격남용론을 제시하고 있다는 점, 셋째, 본안소송이 아니라 제3자이의소송에서의 case였다는 점, 넷째, 선박에 대한 수리비채권이라는 채무불이행책임에 대한 판결이라는 점 등에서 특색이 있다고 할 것이다. 민사집행법 제48조(제3자이의의 소): [제1항: 제3자가 강제집행의 목적물에 대하여 소유권이 있다고 주장하거나 목적물의 양도나 인도를 막을 수 있는 권리가 있다고 주장하는 때에는 채권자를 상대로 그 강제집행에 대한 이의의 소를 제기할 수 있다. 다만, 채무자가 그 이의를 다투는 때에는 채무자를 공동피고로 할 수 있다. 제2항: 제1항의 소는 집행법원이 관할한다. 다만, 소송물이 단독판사의 관할에 속하지 아니할 때에는 집행법원이 있는 곳을 관할하는 지방법원의 합의부가 이를 관할한다. 제3항: 강제집행의 정지와 이미 실시한 집행처분의 취소에 대하여는 제46조 및 제47조의 규정을 준용한다. 다만, 집행처분을 취소할 때에는 담보를 제공하게 하지 아니할 수 있다].

6. 이와 같이 회사로서의 실체가 전혀 없는 회사를 paper company라고 하는데, 형식상의 회사, 명목상의 회사, 서류상의 회사, 간판회사 등으로 번역되어 활용되고 있는 것으로 보인다. 이와 유사한 개념으로 실무적으로 SPC(Special Purpose Company)라는 개념이 활용되는데, 이는 회사의 설립목적이 일반회사와는 달리 어떠한 특수한 목적을 가지고 설립된 회사라는 정도의 개념에 불과하다. 즉, paper company와 SPC는 존재의 평면을 달리하는 개념이라, SPC가 paper company인 것처럼 운영이 될 수도, 그렇지 않을 수도 있다.

7. flag of convenience라고 한다.

티드와 선박관리복대리 계약을 체결하면서 토우체스트쉽핑 리미티드를 대표하여 데니스 푸핑 리가, 칩스테드 리미티드를 대표하여 앞서 원고의 대표자로 서명한 다니엘 푸치에 리가 각 서명한 사실, 토우체스트 쉽핑 리미티드의 사실상의 주소지는 칩스테드 리미티드 방으로 칩스테드 리미티드와 주소가 같을 뿐 아니라 전화번호, 텔렉스번호도 같으며 토우체스트쉽핑 리미티드의 회장은 데니스 푸핑 리, 사장은 원고 회사의 총무이사인 다니엘 푸치에 리이고 칩스테드 리미티드의 이사는 다니엘 푸치에 리와 데니스 푸핑 리이고, 원고의 사장은 데니스 푸핑 리이었는데, 이들 두 사람은 형제간인 사실, 이건 선박의 선장인 추이 윙 첸은 칩스테드 리미티드의 홍콩 본사로부터 이건 선박을 피고 현대미포조선소에서 수리하라는 지시를 받고 1985. 4. 1. 이건 선박을 울산항에 입항시키면서 입항신고시 소유자를 칩스테드 홍콩으로 기재하였고, 칩스테드 리미티드의 동경지사장 소외 이석록도 1985. 6. 10. 위 피고 회사와의 사이에 선박수리비에 관한 대금결제계약소를 작성함에 있어서 이건 선박소유자를 칩스테드 리미티드로 기재하므로 위 피고는 이건 선박을 칩스테드 리미티드의 소유로 알고 수리해 준 사실, 국제외항해운에 종사하는 선박소유자나 기업은 자신이 소속된 국가 또는 실제로 선박의 운항에 관하여 기업의 중추가 되는 회사가 소지하는 국가와는 별도의 국가인 파나마, 리베리아 등에 해운기업상 편의를 위하여 형식적으로 개인 명의 또는 회사를 설립하여 그 명의로 선박의 적(籍)을 두고(이른바 편의치적) 그 나라의 국기를 게양하여 항해하며 실제소유자는 이와는 별도의 명의로 위 이름뿐인 회사 등과 관리계약을 체결하여 마치 선박관리만을 담당하는 기업인 것처럼 행세함으로써 선박소유자가 자국과 선적국과의 사이에 발생하는 재무 · 노무 · 금융 등 각 부문의 수준차를 이용하고 기타 사회제조건의 차이 및 행정상의 법령 · 규칙 · 단속감독의 정도차를 이용하여 자유롭게 해운기업을 경영하는 방편으로 이용하는 경우가 많으며 피고 회사들뿐 아니라 다른 수리조선소나 기타 선박관련 사업자들도 편의치적선의 경우 형식상의 소유자를 따지지 않고 실제의 소유자인 관리회사와 모든 계약을 체결하고 대금을 받는 것이 통례로 되어 있는 사실을 인정하고 있는바 원심이 위 사실을 인정함에 있어 거친 증거의 취사과정을 기록에 비추어 살펴보아도 정당하고 거기에 소론이 지적하는 채증법칙이나 이유모순의 위법이 있다 할 수 없다.

2. 사실관계가 원심이 확정한 바와 같다면 원고 및 토우체스트 쉽핑 리미티드와 칩스테드 리미티드는 외형상 별개의 회사로 되어 있으나 원고 및 토우체스트 쉽핑 리미티드는 이건 선박의 실제상 소유자인 칩스테드 리미티드가 편의치적을 위하여 설립한 회사들로서 실제로는 사무실과 경영진 등이 동일하므로 이러한 지위에 있는 원고가 법률의 적용을 회피하기 위하여 별개의 법인격을 가지는 회사라는 주장을 내세우는 것은 신의성실의 원칙에 위반하거나 법인격을 남용하는 것으로서 허용되어서는 아니 된다 할 것이다. 원심이 위와 같은 취지에서 편의치적을 위하여 설립된 회사에 불과한 원고가 이건 선박의 소유자라고 주장하여 이건 가압류집행의 불허를 구하는 것은 선박의 편의치적이라는 일종의 편법행위가 용인되는 한계를 넘어서 채무면탈이라는 불법목적을 달성하려고 함에 지나지 아니하여 신의칙상 허용

될 수 없다고 판단하였음은 정당하고 거기에 소론과 같은 판단유탈의 위법이 있음을 찾아 볼 수 없다.

▌대법원 1989. 9. 12. 선고 89다카678 판결[8]

선박을 편의치적시켜 소유, 운영할 목적으로 설립한 형식상의 회사(Paper Company)가 그 선박의 실제소유자와 외형상 별개의 회사이더라도 그 선박의 소유권을 주장하여 그 선박에 대한 가압류집행의 불허를 구하는 것은 편의치적이라는 편법행위가 용인되는 한계를 넘어서 채무를 면탈하려는 불법목적을 달성하려고 함에 지나지 아니하여 신의칙상 허용될 수 없다.

▌대법원 2001. 1. 19. 선고 97다21604 판결[9]

회사는 그 구성원인 사원과는 별개의 법인격을 가지는 것이고, 이는 이른바 1인회사라 하여도 마찬가지이다.

그러나 회사가 외형상으로는 법인의 형식을 갖추고 있으나 이는 법인의 형태를 빌리고 있는 것에 지나지 아니하고 그 실질에 있어서는 완전히 그 법인격의 배후에 있는 타인의 개인기업에 불과하거나 그것이 배후자에 대한 법률적용을 회피하기 위한 수단으로 함부로 쓰여지는 경우에는 비록 외견상으로는 회사의 행위라 할지라도 회사와 그 배후자가 별개의 인격체임을 내세워 회사에게만 그로 인한 법적 효과가 귀속됨을 주장하면서 배후자의 책임을 부정하는 것은 신의성실의 원칙에 위반되는 법인격의 남용으로서 심히 정의와 형평에 반하여 허용될 수 없다 할 것이고, 따라서 회사는 물론 그 배후자인 타인에 대하여도 회사의 행위에 관한 책임을 물을 수 있다고 보아야 할 것이다.

기록에 의하면, 피고 이정수는 종전부터 욱일팔래스유통 주식회사, 전일산업 주식회사 등 여러 회사를 사실상 지배하면서 이들 회사를 내세워 그 회사 명의로 또는 자신의 개인 명의로 빌딩 또는 오피스텔 등의 분양사업을 하여 왔고, 이러한 사업의 일환으로 이 사건 건물의 분양 및 관리를 위하여 1991. 5. 3. 피고 회사 전 대표이사인 소외 최일형으로부터 피고 회사

---

8. 위의 대법원 1988. 11. 22. 선고 87다카1671 판결과 유사한 내용에서의 동일한 취지의 판례이다.

9. 분양회사와 분양계약을 체결하였던 수분양자가 분양계약서의 상대방이었던 분양회사가 자산이 없자 분양회사의 지배주주를 상대로 "채무불이행책임"에 기하여 분양계약에 해제에 따른 분양대금반환청구소송이라는 본안소송을 제기하였던 사안에서, 대법원은 법인격부인론의 적용을 긍정하여 그 자연인으로서의 지배주주에게 분양대금의 반환을 이행하라고 판시하였다. 본 판결은 첫째, 법인격부인론의 적용을 긍정한 최초의 본안소송이었다는 점, 둘째, 법인격부인론이 적용되는 가장 전형적인 경우(회사의 법인격을 부인하고 그 지배주주에게 책임을 지라는 것)에 대한 판시였다는 점, 셋째, "채무불이행책임"에 대한 사례였다는 점, 넷째, 회사와 그 배후에 있는 지배주주가 실질적으로 동일한 것으로 판단하는 구체적인 기준으로서 "피고 이정수의 피고 회사 주식양수 경위, 피고 이정수의 피고 회사에 대한 지배의 형태와 정도, 피고 이정수와 피고 회사의 업무와 재산에 있어서의 혼융 정도, 피고 회사의 업무실태와 지급받은 분양대금의 용도, 피고 회사의 오피스텔 신축 및 분양사업의 규모와 그 자산 및 지급능력에 관한 상황 등 제반 사정"을 제시했다는 점 등에서 특색이 있다고 할 것이다.

의 주식을 양수한 다음 자신이 피고 회사의 대표이사로 취임한 사실, 피고 회사 주식은 모두 5,000주인데 현재 외형상 피고 이정수 등 4인 명의로 분산되어 있으나 실질적으로는 피고 이정수가 위 주식의 대부분을 소유하고 있고, 주주총회나 이사회의 결의 역시 외관상 회사로서의 명목을 갖추기 위한 것일 뿐 실질적으로는 이러한 법적 절차가 지켜지지 아니한 채 피고 이정수 개인의 의사대로 회사 운영에 관한 일체의 결정이 이루어져 온 사실, 피고 회사 사무실은 현재 폐쇄되어 그곳에 근무하는 직원은 없고, 피고 회사가 수분양자들로부터 지급받은 분양대금 약 78억원 중 30억원 가량은 피고 이정수가 임의로 자신의 명의로 위 최일형으로부터 이 사건 건물의 부지인 이 사건 대지를 매입하는 자금으로 사용하였고 회사채권자들에 의한 강제집행에 대비하여 위 대지에 관하여 제3자 명의로 가등기를 경료하였다가 이를 말소하는 등 피고 회사의 재산과 피고 이정수 개인 재산이 제대로 구분되어 있지도 아니한 사실, 피고 회사가 시행하는 이 사건 공사는 공사 발주금액만도 166억원 가량에 이르는 대규모 공사이고 이 사건 건물의 분양대금도 수백억원에 이르는 데에 반하여 피고 회사의 자본금은 5,000만원에 불과할 뿐만 아니라 이마저도 명목상의 것에 불과하고 위 분양대금으로 매수한 이 사건 대지는 피고 이정수 개인 명의로 소유권이전등기가 경료되어 있고 나머지 분양대금 역시 그 용도가 명확히 밝혀지지 아니한 채 모두 사용되어 버려 피고 회사의 실제 자산은 사실상 전혀 없다시피 한 사실을 인정할 수 있다.

이와 같은 피고 이정수의 피고 회사 주식양수 경위, 피고 이정수의 피고 회사에 대한 지배의 형태와 정도, 피고 이정수와 피고 회사의 업무와 재산에 있어서의 혼융 정도, 피고 회사의 업무실태와 지급받은 분양대금의 용도, 피고 회사의 오피스텔 신축 및 분양사업의 규모와 그 자산 및 지급능력에 관한 상황 등 제반 사정에 비추어 보면 피고 회사는 형식상은 주식회사의 형태를 갖추고 있으나 이는 회사의 형식을 빌리고 있는 것에 지나지 아니하고 그 실질은 배후에 있는 피고 이정수의 개인기업이라 할 것이고 따라서 피고 회사가 분양사업자로 내세워져 수분양자들에게 이 사건 건물을 분양하는 형식을 취하였다 할지라도 이는 외형에 불과할 뿐이고 실질적으로는 위 분양사업이 완전히 피고 이정수의 개인사업과 마찬가지라고 할 것이다.

그런데 피고 이정수는 아무런 자력이 없는 피고 회사가 자기와는 별개의 독립한 법인격을 가지고 있음을 내세워 이 사건 분양사업과 관련한 모든 책임을 피고 회사에게만 돌리고 비교적 자력이 있는 자신의 책임을 부정하고 있음이 기록상 명백한바, 이는 신의성실의 원칙에 위반되는 법인격의 남용으로서 심히 정의와 형평에 반하여 허용될 수 없다 할 것이고, 따라서 피고 회사로부터 이 사건 오피스텔을 분양받은 원고로서는 피고 회사는 물론 피고 회사의 실질적 지배자로서 그 배후에 있는 피고 이정수에 대하여도 위 분양계약의 해제로 인한 매매대금의 빈환을 구할 수 있다 할 것이다.

▌대법원 2006. 7. 13. 선고 2004다36130 판결[10]

기존회사가 채무를 면탈할 목적으로 기업의 형태 · 내용이 실질적으로 동일한 신설회사를 설립하였다면, 신설회사의 설립은 기존회사의 채무면탈이라는 위법한 목적달성을 위하여 회사제도를 남용한 것이므로, 기존회사의 채권자에 대하여 위 두 회사가 별개의 법인격을 갖고 있음을 주장하는 것은 신의성실의 원칙상 허용될 수 없다 할 것이어서 기존회사의 채권자는 위 두 회사 어느 쪽에 대하여서도 채무의 이행을 청구할 수 있다(대법원 1995. 5. 12. 선고 93다44531 판결, 2004. 11. 12. 선고 2002다66892 판결 등 참조).

기록에 의하면, 피고 회사는 소외 1 회사의 지배주주이자 실 경영주이며 대표이사이던 소외 2를 비롯한 이사 및 직원들이 소외 1 회사의 부도로 더 이상 일양약품 사옥 신축공사의 전기공사(이하 전기공사라고 한다)를 시공할 수 없게 되자 도급회사인 소외 3 주식회사(이하 소외 3 회사이라 한다)의 권유 및 독촉을 받고 위 전기공사를 이어 받아 시공할 목적으로 설립한 회사로서, 그 모든 주주 및 이사는 소외 1 회사의 이사이거나 직원이었던 자(그중 한 사람은 소외 2의 아들이다)로 구성되었고, 위 소외 2는 피고 회사의 배후에서 이를 실질적으로 운영하면서 위 전기공사뿐 아니라 소외 1 회사가 소외 3 회사로부터 하도급 받아 시공하던 여타의 공사, 즉 천안임대아파트 현장, 포항장성아파트 현장의 잔여 공사까지 모두 피고 회사 이름으로 수주하여 그 공사현장을 지휘 · 감독하여 시공하였으며, 부도 전 소외 1 회사가 공사할 때나 그 부도 후 피고 회사가 공사할 때나 소외 3 회사로부터 받은 공사대금은 사실상 위 소외 2가 관리 · 집행하였는데, 그 과정에서 소외 1 회사가 부도로 인해 소외 3 회사에 반환하지 못한 선급금 상당액을 피고가 소외 3 회사로부터 받을 공사대금채권에서 공제하기도 한 사실을 인정할 수 있는바, 이러한 사실관계에 위 법리를 덧붙여 보면, 소외 1 회사의 대표이사 등은 소외 1 회사의 채무초과로 인한 부도발생으로 같은 회사 명의로 더 이상 전기공사를 수행할 수 없게 되자 기존 공사를 승계받아 이를 계속 수행하되 채무는 면할 목적으로 소외 1 회사와 실질적으로 동일한 회사로서 외형상 전혀 별개의 새로운 회사를 설립하였다고 할 것이니 피고 회사가 원고에 대하여 소외 1 회사와 별개의 법인격임을 내세워 그 책임을 부정하는 것은 신의성실의 원칙에 반하거나 법인격을 남용하는 것으로 허용할 수 없다. 따라서 원고는 소외 1 회사뿐만 아니라 피고 회사에 대하여도 전기공사의 일부인 원심 판시 시스템박스 공사대금의 지급을 청구할 수 있다 할 것이므로 이와 같은 취지의 원심 판단은 수긍이 가고, 거기에 상고이유 주장과 같은 법인격부인에 관한 법리오해나 채증법칙 위반 등의 위법이 없다.

---

10. 본 판결은 기존회사가 채무를 면할 목적으로 신설회사를 설립한 case에 대한 판결인데, 지배주주의 동일성, 임원진의 동일성, 사업의 승계 등의 요소를 검토기준으로 하여, 기존회사와 신설회사의 동일성을 인정한 특색이 있는바, 본 사례와 유사한 case에 대한 판결이다.

▌대법원 2006. 8. 25. 선고 2004다2619 판결[11]

친자회사는 상호간에 상당 정도의 인적·자본적 결합관계가 존재하는 것이 당연하므로, 자회사의 임·직원이 모회사의 임·직원 신분을 겸유(兼有)하고 있었다거나 모회사가 자회사의 전 주식을 소유하여 자회사에 대해 강한 지배력을 가진다거나 자회사의 사업 규모가 확장되었으나 자본금의 규모가 그에 상응하여 증가하지 아니한 사정 등만으로는 모회사가 자회사의 독자적인 법인격을 주장하는 것이 자회사의 채권자에 대한 관계에서 법인격의 남용에 해당한다고 보기에 부족하고, 적어도 자회사가 독자적인 의사 또는 존재를 상실하고 모회사가 자신의 사업의 일부로서 자회사를 운영한다고 할 수 있을 정도로 완성한 지배력을 행사하고 있을 것이 요구되며, 구체적으로는 모회사와 자회사 간의 재산과 업무 및 대외적인 기업거래활동 등이 명확히 구분되어 있지 않고 양자가 서로 혼용되어 있다는 등의 객관적 지표가 있어야 하며, 자회사의 법인격이 모회사에 대한 법률 적용을 회피하기 위한 수단으로 사용되거나 채무면탈이라는 위법한 목적 달성을 위하여 회사제도를 남용하는 등의 주관적 의도 또는 목적이 인정되어야 한다.

▌대법원 2006. 10. 26. 선고 2004다27082 판결[12]

2. 법인격부인 여부에 대하여 원심이, 소외 데인트 쉽핑 엔터프라이즈 리미티드(이하 데인트 쉽핑이라 한다)는 해상운송에서 운송인의 책임을 부당하게 회피할 목적으로 피고[13]와 영업상 실질이 동일함에도 불구하고 형식상으로만 브리티쉬 버진 아일랜드에 설립된 회사(소위 paper company)로서 피고와 동일한 법인격처럼 운영되어 왔다고 인정한 다음, 이 사건 제2운송계약이 외견상 원고와 데인트 쉽핑 사이에 체결되었다고 하더라도 데인트 쉽핑의 배후자인 피고는 데인트 쉽핑과 별개의 법인격임을 주장하며 이 사건 제2운송계약에 따른 채무가 데인트 쉽핑에만 귀속된다고 주장할 수는 없고, 피고 역시 이 사건 제2운송계약에 따른 채무를 부담한다고 판단한 조치는 기록에 비추어 정당하다. 원심판결에 상고이유의 주장과 같은 채증법칙 위반으로 인한 사실오인 내지는 심리미진 등의 위법이 없다.

---

11. 본 판결은 모자회사의 경우에 법인격부인론이 적용되기 위한(즉, 모회사가 자회사의 독자적인 법인격을 주장하는 것이 자회사의 채권자에 대한 관계에서 법인격의 남용에 해당한다고 보기 위한) 요건을 설시한 면에서 의미가 있는 판결이고, 특히 자회사의 법인격이 모회사에 대한 법률 적용을 회피하기 위한 수단으로 사용되거나 채무면탈이라는 위법한 목적 달성을 위하여 회사제도를 남용하는 등의 "주관적 의도 또는 목적"이 있을 것을 요구한 점에서 특색이 있다.

12. 운송계약의 당사자였던 브리티쉬 버진 아일랜드에 설립된 회사(해외 자회사)의 채무불이행에 대한 손해배상청구소송에서, 국내 모회사에게 책임을 인정한 사례이다. 본 판례는 첫째, 법인격 부인론이 적용되어 책임을 지게 되는 지배주주가 개인(자연인)이 아니라 회사라는 점, 둘째, 채무불이행책임에 관한 사례라는 점 등에서 특색이 있다고 할 것이다.

13. '주식회사 씨앤해운'이라는 회사이고 개인(자연인)이 아니다.

▌대법원 2008. 8. 21. 선고 2006다24438 판결[14]

기존회사가 채무를 면탈하기 위하여 기업의 형태 · 내용이 실질적으로 동일한 신설회사를 설립하였다면, 신설회사의 설립은 기존회사의 채무면탈이라는 위법한 목적 달성을 위하여 회사제도를 남용한 것에 해당한다. 이러한 경우에 기존회사의 채권자에 대하여 위 두 회사가 별개의 법인격을 갖고 있음을 주장하는 것은 신의성실의 원칙상 허용될 수 없으므로, 기존회사의 채권자는 위 두 회사 어느 쪽에 대하여서도 채무의 이행을 청구할 수 있다고 할 것인바(대법원 2004. 11. 12. 선고 2002다66892 판결 참조), 여기에서 기존회사의 채무를 면탈할 의도로 신설회사를 설립한 것인지 여부는 기존회사의 폐업 당시 경영상태나 자산상황, 신설회사의 설립시점, 기존회사에서 신설회사로 유용된 자산의 유무와 그 정도, 기존회사에서 신설회사로 이전된 자산이 있는 경우, 그 정당한 대가가 지급되었는지 여부 등 제반 사정을 종합적으로 고려하여 판단하여야 한다.

원심판결 이유 및 기록에 의하면, 소외 1 주식회사는 그 대표이사인 소외 2가 사주인 의약품 제조업체로서, 이 사건 대출금을 포함하여 다수의 채무를 부담하고 있는 상태에서 1997. 6.경 부도가 난 사실, 피고 회사는 2000. 5. 9. 소외 1 주식회사와 같은 주소지인 안성시 신소현동(지번 생략)에서 상호를 "피고 주식회사"로 하여 의약품 제조 및 판매 등을 목적으로 설립된 회사로서 소외 1 주식회사의 주소지와 영업 목적이 동일하고, 임원진과 주주 등이 소외 1 주식회사의 대표이사이던 소외 2의 처 또는 자녀이거나 그의 부하직원인 관계에 있는 사실, 피고 회사는 위 주소지상에 있는 소외 1 주식회사의 부동산과 기계류 등에 관한 수원지방법원 평택지원 99타경12114호 부동산 임의경매절차에서 2000. 12. 8. 위 부동산과 기계류 등을 10억 4,500만원에 낙찰받아 2001. 11. 20. 그 대금을 완납함으로써 소유권을 취득하였는데, 위 낙찰대금 중 579,374,450원은 피고 회사가 서울저축은행으로부터 대출받은 금원으로, 258,445,600원은 위 부동산 등에 관하여 근저당권을 설정해 주고 소외 3으로부터 차용한 금원으로 지급한 사실, 또한 피고 회사는 2001. 12. 17. 소외 1 주식회사와 사이에 소외 1 주식회사의 제조시설 및 품질관리시설과 제조에 관한 모든 제법 등 일체, 의약품 제조업 허가증 및 의약품 제조품목허가(신고)증 일체, 등록 및 인 · 허가 등에 관한 일체의 자료, 권리와 의무를 대금 1억 5천만원에 양수하기로 하는 양도 · 양수 계약을 체결하고, 위 양도 · 양수 계약을 기초로 식품의약품안전청장으로부터 의약품 제조업 변경허가를 받았는데, 위 대금 중 7,500만원만을 소외 1 주식회사가 의약품제조와 관련하여 부과받았던 과징금을 소외 1 주식회사 대신 납부하는 방식으로 지급하고, 나머지 대금은 면제받은 사실, 피

14. 본 판결은 기존회사가 채무를 면할 목적으로 신설회사를 설립한 case에 대한 판결인데, 결과적으로 법인격부인론의 적용을 부정하는 결론을 내렸지만, 채무면탈 목적으로 신설회사를 설립했는지에 대한 객관적기준으로서 "기존회사의 폐업 당시 경영상태나 자산상황, 신설회사의 설립시점, 기존회사에서 신설회사로 유용된 자산의 유무와 그 정도, 기존회사에서 신설회사로 이전된 자산이 있는 경우, 그 정당한 대가가 지급되었는지 여부 등 제반 사정을 종합적으로 고려하여 판단하여야 한다"고 설시한 점에 특색이 있다.

고 회사는 소외 1 주식회사의 근로자들을 대부분 그대로 승계하고, 특히 약사 자격이 있는 소외 2를 품질관리자(나중에 제조관리자로 변경등록하였다)로 하여 소외 1 주식회사가 생산하던 것과 동일한 다수의 의약품을 생산하고 있는 사실, 한편 소외 1 주식회사의 경리과장으로서 소외 2의 부하직원이었던 소외 4는 별다른 자금력이 없는데도 주도적으로 피고 회사를 설립하여 앞서 본 바와 같이 소외 1 주식회사 등의 재산을 낙찰받고 그 경영권을 공익근무 중인 소외 2의 아들 소외 5에게 모두 넘겨주었는데, 위 부동산 등에 대한 위 낙찰대금 중 은행 대출금을 제외한 나머지 경매비용이나, 피고 회사의 법인 설립비용 등 일련의 과정에서 소요된 자금과 관련하여 소외 4의 자금출처가 분명하지 아니하며, 소외 4를 제외한 나머지 주주들은 모두 소외 2의 처 또는 자녀로서, 당시 별다른 수입원이 있었다고 보이지 않는 사실을 알 수 있다.

위 사실에 의하면, 이 사건에서 피고 회사는 소외 1 주식회사와 기업의 형태 · 내용이 같고 모두 소외 2에 의하여 지배되고 있는 회사라고 할 것이지만, 앞서 본 바와 같이 소외 1 주식회사의 부동산 등에 대한 낙찰대금 10억 4,500만원 중 837,820,050원이 피고 회사 명의로 대출받거나 차용한 금원으로 지급되었고, 또한 피고 회사가 이 사건 의약품 제조 허가권 등과 관련하여 소외 1 주식회사에게 7,500만원을 대금으로 지급한 사실을 알 수 있으므로, 이에 불구하고 피고 회사가 소외 1 주식회사의 채무를 면탈하기 위하여 신설된 것이라고 인정하려면, 이 사건 의약품 제조 허가권 등에 대한 가액 평가나 대금의 일부 면제가 부당하게 이루어졌거나, 거래처를 비롯한 영업권이 아무런 대가 없이 이전되었거나, 그 밖에 소외 1 주식회사의 자산이 피고 회사의 설립비용 등의 자금으로 유용되었다는 사실 등 소외 1 주식회사의 채권자에게 불리한 결과를 초래하는 채무면탈에 관한 사정이 인정될 수 있어야 한다.

그런데도 원심은 이와 같은 채무면탈에 관한 사정을 충분히 고려하지 아니한 채 원심 판시와 같이 피고 회사의 설립비용 등의 자금이 실질적으로 소외 2로부터 나왔다고 보인다는 점 등을 주된 논거로 삼아, 소외 1 주식회사를 지배하고 있던 소외 2가 다시 그가 지배하는 피고 회사를 설립하였다는 사정에 기초하여 소외 2가 소외 1 주식회사의 채무를 면탈할 목적으로 피고 회사를 설립하였다고 판단하고 말았으니, 이러한 원심판결에는 채무를 면탈할 목적으로 새로운 회사를 설립하는 경우의 법인격 남용에 관한 법리를 오해하여 판결 결과에 영향을 미친 위법이 있다고 할 것이다. 이 점에 관한 상고이유의 주장은 이유 있다.

| 대법원 2008. 9. 11. 선고 2007다90982 판결[15]

여기서 회사가 그 법인격의 배후에 있는 사람의 개인기업에 불과하다고 보려면, 원칙적으로 문제가 되고 있는 법률행위나 사실행위를 한 시점을 기준으로 하여, 회사와 배후자 사이에

15. 본 판결은 법인격부인론이 적용되기 위한 객관적 요건들(지배의 완전성, 재산의 혼용 등)이 구비되어야 하는 기준시점을, "회사가 채무를 부담한 시점"으로 제시하였다는 점에서 의미가 있다. 이철송, 『회사법강의』, 제50면.

재산과 업무가 구분이 어려울 정도로 혼용되었는지 여부, 주주총회나 이사회를 개최하지 않는 등 법률이나 정관에 규정된 의사결정절차를 밟지 않았는지 여부, 회사 자본의 부실 정도, 영업의 규모 및 직원의 수 등에 비추어 볼 때, 회사가 이름뿐이고 실질적으로는 개인 영업에 지나지 않는 상태로 될 정도로 형해화(形骸化)되어야 한다. 또한, 위와 같이 법인격이 형해화될 정도에 이르지 않더라도 회사의 배후에 있는 자가 회사의 법인격을 남용한 경우, 회사는 물론 그 배후자에 대하여도 회사의 행위에 관한 책임을 물을 수 있으나, 이 경우 채무면탈 등의 남용행위를 한 시점을 기준으로 하여, 회사의 배후에 있는 사람이 회사를 자기 마음대로 이용할 수 있는 지배적 지위에 있고, 그와 같은 지위를 이용하여 법인 제도를 남용하는 행위를 할 것이 요구되며, 위와 같이 배후자가 법인 제도를 남용하였는지 여부는 앞서 본 법인격 형해화의 정도 및 거래상대방의 인식이나 신뢰 등 제반 사정을 종합적으로 고려하여 개별적으로 판단하여야 한다.

그러나 앞서 본 법리와 같이 법인격 남용을 이유로 소외 2 주식회사의 법인격을 부정하려면 그와 같은 사정들만으로는 부족하고 피고가 자신에 대한 법률적용을 회피하기 위한 수단으로 소외 2 주식회사의 법인 형식을 이용함으로써 그에 대한 법적 효과의 귀속을 부당하게 벗어나려고 하는 법인격 남용행위가 인정되어야 할 것인바, 주식회사의 물적 · 유한 책임성에 비추어 채권자를 해하는 경우가 아니라면 영업이 부진한 주식회사를 폐업하고 채권 · 채무를 청산한 다음 신규자본을 투입하여 새로운 회사를 설립하고 운영하는 것 자체를 위법하다고는 할 수 없으므로 위 1항의 (6)과 같이 피고가 소외 1 주식회사나 소외 2 주식회사를 폐업하면서 거래처의 물품대금을 20 내지 30%만 지급하고 나머지를 면제받아 소외 2 주식회사나 소외 6 주식회사를 설립하여 운영하였다는 것 자체가 법인격을 부정할 만한 남용행위에 관한 사정이라고 단정하기 어렵고, 앞서 본 바와 같은 피고의 소외 2 주식회사에 대한 지배의 정도 등을 참작한다고 하더라도 소외 2 주식회사와 피고 사이의 재산혼용 정도에 비추어 볼 때, 피고가 그에 대한 법적 책임을 회피하기 위한 수단으로 법인제도를 남용하였다고 보기 부족하다.

‖ 부산지방법원 1997. 8. 20. 선고 96가합23873[16]

위 인정 사실에 의하면 소외 회사는 그 지배주주인 소외 임재윤과 피고 회사의 지배주주인 소외 임우근 형제 일가의 비상장, 가족회사로서 전형적인 폐쇄회사이고, 피고 회사 역시 위 임재윤, 임우근 형제 일가가 전체주식의 과반수 이상을 소유함으로써 지배권을 갖고 있는 회사라 할 것인바, 피고 회사는 그 지배주주인 소외 임우근 일가가 소외 회사 발행주식 전부를 소유하고 있음을 기화로 피고 회사의 임직원으로 하여금 소의 회사의 대표이사, 이사 내

16. 법인격 부인론이 채무불이행책임 이외에 불법행위책임에도 적용되는지에 대해서는 논란이 있으나, 본 하급심 판결에서는 산업재해라는 불법행위에 기한 손해배상청구권의 경우에도 법인격 부인론의 적용을 긍정하였다는 점에서 특색이 있다.

지 감사 등을 겸임하도록 하여 소외 회사의 의사결정을 좌우하는 방법으로 소외 회사를 지배하고, 또한 피고 회사는 독자적인 자금조달능력이 없는 소외 회사를 위하여 자금 및 인적·물적 담보를 제공하여 소외 회사로 하여금 선박을 소유케 하고 그 소유 선박으로 수산업을 영위케 하면서 자신이 제공한 자금과 그에 대한 이익 내지는 이자를 어획물판매대금에서 우선하여 회수해감으로써 소외 회사의 기업경영상의 수익을 사실상 그대로 차지하면서도 소외 회사가 위와 같이 수산업을 운영하는 과정에서 부담하게 되는 이 사건 손해배상채권과 같은 채무에 대하여는 소외 회사와의 별개의 법인격을 내세워 소외 회사 소유 선박에 대하여 설정한 근저당권(그것도 위 부산고등법원 판결의 선고일로부터 19일 후에 설정한 것임은 앞서 본 바와 같다)을 근거로 피고 회사가 소외 회사에 제공한 자금 및 그에 대한 이자 내지 이익을 소외 회사의 재산에 대한 경매절차에서 우선적으로 배당받음으로써 원고들이 이 사건 손해배상채권을 변제받지 못하는 결과를 초래함으로써 불법한 목적으로 회사의 법인격을 이용하는 행위를 하였다 할 것이다.

(2) 그렇다면 위 강제경매절차에서 소외 회사와 피고 회사가 별개의 법인격을 가진 서로 독립된 2개의 회사로서 피고 회사가 소외 회사 소유의 위 칠성 1호에 대하여 근저당권을 갖고 있는 것으로 보고 산업재해를 원인하여 발생한 원고들의 이 사건 손해배상채권에 대한 배당에 앞서 피고 회사의 위 대여금 채권 등에 대하여 우선 배당한다면, 그러한 결과는 사회적으로 존재하는 단체에 대하여 그 가치를 평가하고 그것이 권리주체로서 대접할 만한 가치가 있다고 인정될 때 법인격을 부여한다고 하는 법인제도의 근본취지에 비추어 볼 때 법인격이 그 본래의 부여 목적에서 벗어나 무의미하게 될 뿐만 아니라 오히려 사회적 혼란을 야기하게 되고 결국 회사라는 법형식의 남용으로서 법이 추구하는 구체적·실질적 정의에 반함과 아울러 신의성실의 원칙에도 위배되는 것이어서 이는 용납될 수 없다 할 것이다.

(나) 본건 소송의 경우

본건 소송의 경우에는 A사와 T사가 법인격 부인론이 적용되는 전형적인 경우라 할 수 있는 회사와 지배주주의 관계가 아니라, 단지 지배주주가 실질적으로 동일하다고 할 수 있는 별개의 회사관계라고 할 수 있으므로, 그와 같은 경우에도 A사와 T사가 실질적으로 동일하다고 평가하여 법인격 부인론이 확대 적용될 수 있겠는지가 문제된다.

검토컨대 본건 소송의 경우와 관련해서는, 기존회사가 "채무를 면탈할 목적으로 기업의 형태·내용이 실질적으로 동일한 신설회사를 설립"하였다면, 신설회사의 설립은 기존회사의 채무면탈이라는 위법한 목적달성을 위하여 회사제도를 남용한 것이므로, 기존회사의 채권자에 대하여 위 두 회사가 별개의 법인격을 갖고 있음을 주장하는 것은 신의성실의 원칙상 허용될 수 없다 할 것이어서 기존회사의 채권자는 위 두 회사 어느 쪽에 대하여서도 채무의 이행을 청구할 수 있고,[17] 이와 같은 법리를 법인격 부인론이라고 하는바, 본건 소송의 경우에도 기존회사인 A사가 K사에 대한 본건 보증금채무를 면탈할 목적으로 기업의 형태 · 내용이 실질적으로 동일한 신설회사인 T사를 설립하였다고 평가할 수 있는지(즉, 본건 소송의 경우에도 법인격 부인론이 적용될 수 있는지) 여부가 문제된다.

그런데 "채무면탈 목적기업의 형태 · 내용이 실질적으로 동일한 신설회사를 설립"했는지에 대한 기준은 "기존회사의 폐업 당시 경영상태나 자산상황, 신설회사의 설립시점, 기존회사에서 신설회사로 유용된 자산의 유무와 그 정도, 기존회사에서 신설회사로 이전된 자산이 있는 경우, 그 정당한 대가가 지급되었는지 여부 등 제반 사정"이므로,[18] 이와 같은 관점에서 본 사례의 경우에도 이러한 경우에 해당하는지를 검토해야 할 것이다.

본건 소송에 대한 사실관계를 살펴보면, T사는 A사와 상호, 상징, 영업목적, 주소, 해외제휴업체 등이 동일하거나 비슷하다는 점, A사와 일부 다른 T사의 주요 이사진이나 주주 대부분이 A사의 지배주주로서 대표이사였던 안용석의 친 · 인척이거나 A사에서 안용석의 직원이었던 점, T사는 대외적으로 영업 등을 하면서 A사와 동일한 회사인 양 홍보하였으며, 위 안용석과 T사의 대표이사인 김성수도 A사에서의 직책대로 활동한 점, 그에 따라 T사가 외부에서 A사와 동일한 회사로 인식된 채로 공사 등을 수주한 점, T사 내부적으로도 여전히 안용석이 회장으로서 역할을 수행하고 있는 것으로 보이는 점, 본건 소송에 대한 제1심판결로 T사가 A사의 채무를 부담하게 되는 상황이 되자 이번에는 안용석의 아들 등이 M사를 설립하여 T사와 관련된 공사를 수주한 점 등이 인정된다.

따라서 위와 같은 제반 사정에 비추어 보면, T사는 A사에 비해 직원 수 등 그 규모는 줄어들었으나 A사와 실질적으로 동일한 회사로서 A사의 채무를 면탈할 목적으로 A사와 별개의 새로운 회사를 설립하는 형식만 갖춘 것이라 할 것이어서, T사가 K사에 대하여 A사와 별개의 법인격임을 내세워 그 책임을 부정하는 것은 신의성실의 원칙에 반하거나 법인격을 남용하는 것으로서 허용될 수 없다 할 것이므로, K사는 A사 뿐만 아니라 T사에 대하여도 본건 보증금의 지급을 청구할 수 있다고 할

17. 대법원 2001. 1. 19. 선고 97다21604 판결 등.
18. 대법원 2008. 8. 21. 선고 2006다24438 판결.

것이다.

특히, A사는 1999. 10. 20. T사에게 실내건축 공사업이라는 건설업 자체를 양도하는 본건 건설업 양수도를 하였고, 이에 대한 관련법령에 따라 T사는 A사의 건설업자로서의 지위를 승계하고 A사가 시공중인 공사의 도급계약에 관한 권리·의무와 완성된 공사의 하자보수에 관한 권리·의무를 양도받았다는 사실까지 종합하여 보면, A사가 채무를 면탈할 목적으로 기업의 형태·내용이 실질적으로 동일한 T사 회사를 설립한 것으로 충분히 인정할 수 있다고 할 것이다.[19]

---

19. 이상의 결론에 대해서는 본 사례에 관한 대법원 2004. 11. 12. 선고 2002다66892 판결 및 그 하급심 판결 참조.

[사례 13]

1인회사

다음과 같은 사실관계 하에서, 아래의 각 질의에 대해 답하시오.[1]

(1) B주식회사의 설립

"갑"의 주도로 가족회사인 B주식회사(이하, "B회사")가 설립되었는데, 실질적 1인주주인 "갑"과 그 자녀들인 "을", "병", "정" 및 "갑"이 경영하는 X주식회사(대표이사는 "을")가 약 98%의 주식을 소유하고 있으나(나머지 약 2%의 주식은 미국의 M회사가 가짐), "갑"은 B회사의 이사로 등기하지 아니하고 "을", "병"과 "병의 처"를 이사로 등기하였다.

(2) 설립 이후, 1993. 9. 6.(A의 대표이사 취임)

A가 전문경영인으로 B회사의 대표이사에 취임한 이후 계속 연임하여 2002. 1. 15. 현재시점까지 연임되어 대표이사로 재직하고 있다.

(3) 1996. 2. 29.(임원퇴직금 지급규정의 작성)

A는 상근임원이 퇴직하는 경우에 [재직기간 매 1년당, 대표이사 사장의 경우에는 월 급여액의 4개월분 이내, 부사장 및 전무의 경우에는 월 급여액의 3개월분 이내, 상무 및 이사의 경우에는 월 급여액의 2.5개월분 이내][2]로 계산한 퇴직금을 지급하는 내용의 임원퇴직금 지급규정(이하, "본건 퇴직금규정")을 작성하였으나, "갑"은 이를 결재·승인하지 아니하였고, 퇴직금규정 작성에 관하여 따로 주주총회의사록이 작성되거나 주주총회 결의가 이루어진 것은 아니다.

(4) 1999. 8.경

B회사는 당시 상근 임원이던 "병", "을" 등이 비상근 임원으로 변경되자 본건 퇴직금규정에서 정한 것과 동일한 지급률을 적용하여 계산한 퇴직금 지급에 관한 품의서를 작성하여 "갑"의 결재를 받아 각 퇴직금을 지급하였다.

---

1. 본 사례는 대법원 2004. 12. 10. 선고 2004다25123 판결을 기초로 하여 작성된 것이다.
2. 금액의 크기 등을 보건대 퇴직시에 일시금으로 지급하는 소위 퇴직위로금으로 파악된다.

(5) 2000. 3.경

B회사는 당시 상근 임원이던 "병의 처"가 비상근 임원으로 변경되자 본건 퇴직금규정에서 정한 것과 동일한 지급률을 적용하여 계산한 퇴직금 지급에 관한 품의서를 작성하여 "갑"의 결재를 받아 퇴직금을 지급하였다.

(6) 2002. 1. 15. 현재 시점

B회사의 이사회는 A를 대표이사(상근)에서 해임하고 비상근이사로 변경하는 결의를 하였다.

한편, 그 후에 밝혀진 추가 사실관계는 다음과 같다.

(1) B회사의 정관에 이사는 3인 이상으로 하고 그 임기는 3년으로 한다고 규정되어 있는데, 그중 대표이사만 유급이고 나머지 이사는 무보수, 비상근으로 B회사의 업무집행에 관한 이사회의 결의에만 관여하여 왔음.

(2) B회사의 정관에는, [이사의 보수는 주주총회의 결의에 의하고, 이사의 퇴직금은 별도로 정하는 임원퇴직금지급규정에 의한다]고 규정되어 있다.

(3) B회사는 정관의 규정에 따른 주주총회의 소집 · 의결은 하지 아니하여 왔고, 다만 주주총회의 결의가 필요한 중요 업무사항에 대하여는 그 의안에 관한 품의서 등 서면을 작성하여 "을"(전무이사로서 주주이며, 다른 한편 법인주주인 C주식회사의 대표이사), "병"(상무이사로서 주주)의 서면결재를 거쳐 B회사의 회장직을 맡고 있는 "갑"의 결재를 받는 방식으로 주주총회의 결의에 갈음하여 왔고(대외적으로 필요한 경우에만 주주총회의사록을 작성하였음), A가 B회사의 대표이사로 재직하는 동안에도 실제로 정관의 규정에 따른 주주총회를 소집한 적이 없었다.

설문 1 A가 대표이사(상근)에서 해임되고 비상근이사로 변경된 것과 관련하여, A는 B회사에게 "본건 퇴직금규정"에 따른 임원퇴직금(퇴직위로금)의 지급을 청구할 수 있는가?

설문 2 A가 대표이사(상근)에서 해임되고 비상근이사로 변경된 것과 관련하여, A는 B회사에게 "상법 제385조 제1항"에 따른 손해배상을 청구할 수 있는가?

설문 3 (본 사례와는 관계없이) 상법상의 규정이 1인회사(주주가 1인인 회사)의 경우에 수정되어 적용되는 예를 설명하라.

[설문 1] 임원퇴직금의 청구

(1) 문제의 소재

상법 제388조(이사의 보수)는 다음과 같이 규정하고 있다.

이사의 보수[3,4,5]는 정관[6]에 그 액을 정하지 아니한 때에는 주주총회의 결의로 이를 정한다.[7,8,9,10]

---

3. 보수라 함은 월급, 상여금, 연봉 등 명칭여하를 불문하고 회사의 직무수행에 대한 대한 보상으로 지급되는 일체의 대가를 뜻하며, 정기적이든 부정기적이든 불문하며, 타인에 대한 이익의 제공이라도(예: 회사가 대표이사의 사저에서 일하는 일꾼들에게 급여를 준 경우) 궁극적으로 이사의 이익으로 귀속되면 본조의 보수에 포함된다. 대법원 2007. 10. 11. 선고 2007다34746 판결(원심은, 위 사저 근무자들에 대한 동아건설의 급여 지급은 동아그룹의 총수인 피고 1에 대한 예우 및 의전의 차원에서 위 피고에게 제공된 것이므로, 피고들의 행위가 이사로서의 임무 해태에 해당한다고 할 수 없다는 피고 1의 주장에 대하여, 위 피고의 사적 피고용인들에 대한 동아건설의 급여 지급이 동아그룹의 총수인 위 피고에 대한 예우 내지 의전의 차원에서 행해진 측면이 있다고 하더라도, 그러한 급여 지급의무를 동아건설이 부담하도록 동아건설의 정관에 규정하거나 주주총회의 결의로 정한 바 없는 이상, 이를 이사로서의 임무 해태에 해당하지 않는다고 할 수 없다는 이유로 위 주장을 배척하였다. 위 피고에 대한 위와 같은 금전적 이익의 제공은 결국 위 피고에 대한 특별한 보수에 해당한다 할 것인바, "이사의 보수는 정관에 그 액을 정하지 아니한 때에는 주주총회의 결의로 이를 정한다"고 한 상법 제388조의 규정 내용 및 기록에 비추어 살펴보면, 원심의 이러한 조치는 옳은 것으로 수긍이 가고).
4. 이사의 퇴직시에 일시금으로 지급되는 퇴직위로금도 여기의 보수개념에 포함된다. 대법원 1977. 11. 22. 선고 77다1742 판결(이사의 퇴직위로금은 상법 제388조에 규정된 보수에 포함된다 할 것이므로) ; 대법원 1999. 2. 24. 선고 97다38930 판결(상법 제388조, 제415조에 의하면, 주식회사의 이사와 감사의 보수는 정관에 그 액을 정하지 아니한 때에는 주주총회의 결의로 이를 정한다고 되어 있고, 이사 또는 감사에 대한 퇴직위로금은 그 직에서 퇴임한 자에 대하여 그 재직 중 직무집행의 대가로써 지급되는 보수의 일종으로서 상법 제388조에 규정된 보수에 포함된다). 상법 제415조(준용규정): [제382조 제2항, 제382조의4, 제385조, 제386조, 제388조, 제400조, 제401조와 제403조 내지 제407조의 규정은 감사에 준용한다].
5. 본조의 보수에 해당하지 아니하여 본조가 적용되지 않는 경우라도 본조가 준용 내지 유추적용되는 경우가 있다. 대법원 2006. 11. 23. 선고 2004다49570 판결(주식회사와 이사 사이에 체결된 고용계약에서 이사가 그 의사에 반하여 이사직에서 해임될 경우 퇴직위로금과는 별도로 일정한 금액의 해직보상금을 지급받기로 약정한 경우, 그 해직보상금은 형식상으로는 보수에 해당하지 않는다 하여도 보수와 함께 같은 고용계약의 내용에 포함되어 그 고용계약과 관련하여 지급되는 것일 뿐 아니라, 의사에 반하여 해임된 이사에 대하여 정당한 이유의 유무와 관계없이 지급하도록 되어 있어 이사에게 유리하도록 회사에 추가적인 의무를 부과하는 것인바, 보수에 해당하지 않는다는 이유로 주주총회 결의를 요하지 않는다고 한다면, 이사들이 고용계약을 체결하는 과정에서 개인적인 이득을 취할 목적으로 과다한 해직보상금을 약정하는 것을 막을 수 없게 되어, 이사들의 고용계약과 관련하여 그 사익 도모의 폐해를 방지하여 회사와 주주의 이익을 보호하고자 하는 상법 제388조의 입법 취지가 잠탈되고, 나아가 해직보상금액이 특히 거액일 경

우 회사의 자유로운 이사해임권 행사를 저해하는 기능을 하게 되어 이사선임기관인 주주총회의 권한을 사실상 제한함으로써 회사법이 규정하는 주주총회의 기능이 심히 왜곡되는 부당한 결과가 초래되므로, 이사의 보수에 관한 상법 제388조를 준용 내지 유추적용하여 이사는 해직보상금에 관하여도 정관에서 그 액을 정하지 않는 한 주주총회 결의가 있어야만 회사에 대하여 이를 청구할 수 있다).

6. 정관에 일정 범위를 정하여 퇴직금 지급근거 규정을 두고 구체적인 금액은 이사회에 위임할 수도 있으나, 이 경우에 이사회는 아예 퇴직금지급청구권을 소멸시키는 행위는 원칙적으로 할 수 없다. 대법원 2006. 5. 25. 선고 2003다16092,16108 판결(회사가 정관에서 퇴직하는 이사에 대한 퇴직금액의 범위를 구체적으로 정한 다음, 다만 재임 중 공로 등 여러 사정을 고려하여 이사회가 그 금액을 결정할 수 있도록 하였다면, 이사회로서는 퇴직한 이사에 대한 퇴직금액을 정하면서, 퇴임한 이사가 회사에 대하여 배임행위 등 명백히 회사에 손해를 끼쳤다는 등의 특별한 사정이 없는 한, 재임 중 공로의 정도를 고려하여 정관에서 정한 퇴직금액을 어느 정도 감액할 수 있을 뿐 퇴직금청구권을 아예 박탈하는 결의를 할 수는 없으므로, 이사회가 퇴직한 이사에 대한 퇴직금을 감액하는 등의 어떠한 결의도 하지 않았을 경우 회사로서는 그와 같은 이사회 결의가 없었음을 이유로 퇴직한 이사에 대하여 정관에 구체적으로 정한 범위 안에서의 퇴직금 지급을 거절할 수는 없다).

7. 이사와 회사의 관계는 위임이므로(상법 제382조 제2항 : [회사와 이사의 관계는 「민법」의 위임에 관한 규정을 준용한다]) 무상이 원칙이어서(민법 제686조 제1항 : [수임인은 특별한 약정이 없으면 위임인에 대하여 보수를 청구하지 못한다]) 이사가 회사에 대하여 당연히 보수청구권을 가지는 것은 아니나, 정관이나 주주총회결의가 없다고 하더라도 근로기준법에 따라 퇴직금을 청구할 수 있는 경우도 있다. 대법원 2000. 9. 8. 선고 2000다22591 판결([1] 근로기준법의 적용을 받는 근로자에 해당하는지 여부는 계약의 형식에 관계없이 그 실질에 있어서 임금을 목적으로 종속적인 관계에서 사용자에게 근로를 제공하였는지 여부에 따라 판단하여야 할 것이므로, 회사의 이사라 하더라도 회사로부터 위임받은 사무를 처리하는 외에 사장 등의 지휘 · 감독 하에 일정한 노무를 담당하고 그 대가로 일정한 보수를 지급받는 관계에 있었다면 근로기준법상 근로자에 해당한다. [2] 회사의 공장장으로 근무하던 중 이사대우로 승진하였는데 승진 후에도 매일 그 공장에 출근하여 종전부터 하여 온 공장장으로서의 업무를 처리하면서 그 대가로 일정한 보수를 받은 경우, 근로기준법상의 근로자에 해당한다고 본 사례).

8. 본조는 강행규정이므로(이철송, 『회사법강의』, 제542면) 첫째, 정관이나 주주총회 결의가 아닌 다른 것에 근거해서는 지급할 수 없고, 둘째, 정관에서 주주총회결의로 이사의 보수를 결정한다고 규정하고 있으면 이제는 반드시 주주총회 결의가 있어야만 청구할 수 있으며, 셋째, 일단 정관이나 주주총회 결의로 보수가 결정되면 당해 이사에 관한 한 정관변경이나 주주총회결의로 박탈, 감액할 수 없다. 한편, 정관으로 퇴직금을 정했는데 이사의 재임 중 정관이 변경되면 퇴직시의 정관규정에 따라 지급된다. 대법원 1979. 11. 27. 선고 79다1599 판결(회사의 정관에 이사의 보수 및 퇴직금은 주주총회의 결의에 의하여 정하게 되어 있는 경우, 동 회사의 대표이사가 이사에 대한 보수 및 퇴직금에 관하여 한 약정은 그 대표이사가 동 회사의 전 주식 3,000주 중 2,000주를 가지고 있더라도 주주총회의 결의가 없는 이상 동 회사에 대하여 효력이 있다고 할 수 없다) ; 대법원 1992. 12. 22. 선고 92다28228 판결(정관 및 관계법규상 이사의 보수 또는 퇴직금에 관하여 주주총회의 결의로 정한다고 규정되어 있는 경우 금액, 지급방법, 지급시기 등에 관한 주주총회의 결의가 있었음을 인정할 증거가 없는 한 이사의 보수나 퇴직금청구권을 행사할 수 없다) ; 대법원 2006. 5. 25. 선고 2003다16092,16108 판결(이사의 퇴직금은 상법 제388조에 규정된 보수에 포함되어 정관으로 정하거나 주주총회의 결의에 의하여 정할 수 있고 이러한 퇴직금 청구권은 이사가 퇴직할 때 유효하게 적용되는 정관의 퇴직금 규정에 의하거나 주주총회의 퇴직금 지급결의가 있을 때 비로소 발생하는 것인바, 회사가 정관으로 퇴직하는 이사에 대한 퇴직금의 구체적 액수를 일정 범위의 퇴직 당시 급여액과 지급률, 근속연수를 기초로 산정하도록 정하였다가 그 정관을 변경하여 지급률을 감축한 경우라도, 퇴직하는 이사에 대한 퇴직금을 산출할 때에는 전체 근속 기간에 대하여

검토컨대, A가 대표이사(상근)에서 해임되고 비상근이사로 변경된 것과 관련하여 B회사에게 "본건 퇴직금규정"에 따른 청구가능한지가 문제되고 있는 금원은 퇴직시에 일시금으로 지급하는 소위 퇴직위로금으로 해석된다.

그런데 대표이사에 대한 퇴직위로금은 그 직에서 퇴임한 자에 대하여 그 재직 중 직무집행의 대가로 지급되는 보수의 일종으로서 상법 제388조에 규정된 보수에 포함되고, 정관 등에서 이사의 보수 또는 퇴직금에 관하여 주주총회의 결의로 정한다고 규정되어 있는 경우 그 금액 · 지급방법 · 지급시기 등에 관한 주주총회의 결의가 있었음을 인정할 증거가 없는 한 이사의 보수나 퇴직금청구권을 행사할 수 없는바,[11] 본 사례의 경우에도 B회사의 정관에서 [이사의 보수는 주주총회의 결의에 의하고, 이사의 퇴직금은 별도로 정하는 임원퇴직금지급규정에 의한다]고 규정되어 있으므로, 결국 본건 퇴직금규정에 대하여 B회사의 주주총회 결의가 있었는지 여부가 문제된다.

(2) 설문의 해결

검토컨대, 주식회사에 있어서 회사가 설립된 이후 총 주식을 한 사람이 소유하게 된 이른바 1인회사의 경우에는 그 주주가 유일한 주주로서 주주총회에 출석하면 전원 총회로서 성립하고 그 주주의 의사대로 결의가 될 것임이 명백하므로[12] 따로 총회소집절차가 필요없고, 실제로 총회를 개최한 사실이 없었다 하더라도 그 1인주주에 의하여 의결이 있었던 것으로 주주총회의사록이 작성되었다면 특별한 사정이 없

퇴직 당시 적법하게 변경된 정관의 퇴직금 규정에 따른 지급률을 적용하여야 하지 퇴직금에 관한 정관 규정 변경 전후의 기간을 나누어서 변경 전 근속 기간에 대하여 변경 전의 정관 규정에 따른 지급률을 적용할 것은 아니다).

9. 실무적으로는 정관이나 주주총회에서는 보수의 총액만을 정하고 개인별 지급금액은 이사회에 위임하는 경우가 많다.

10. 이사의 보수를 정관이나 주주총회 결의로 정하게 한 것은 "이사가 스스로 보수를 정할 경우 우려되는 사익추구를 막기 위함이다." 이철송, 『회사법강의』, 제543면.

11. 대법원 1992. 12. 22. 선고 92다28228 판결(정관 및 관계법규상 이사의 보수 또는 퇴직금에 관하여 주주총회의 결의로 정한다고 규정되어 있는 경우 금액, 지급방법, 지급시기 등에 관한 주주총회의 결의가 있었음을 인정할 증거가 없는 한 이사의 보수나 퇴직금청구권을 행사할 수 없다).

12. 이와 같이, "1인회사의 경우에는 그 주주가 유일한 주주로서 주주총회에 출석하면 전원 총회로서 성립하고 그 주주의 의사대로 결의가 될 것임이 명백"하다는 점이, 대법원판례가 1인회사의 경우에 주주총회의 소집, 운영 등과 관련하여 유연한 태도를 취하는 주요 이유이다.

는 한 그 내용의 결의가 있었던 것으로 볼 수 있고,[13] 이는 실질적으로 1인회사인 주식회사의 주주총회의 경우도 마찬가지이며,[14] 그 주주총회의사록이 작성되지 아니한 경우라도 증거에 의하여 주주총회 결의가 있었던 것으로 볼 수 있다.

그런데 본 사례의 경우에는, B회사는 "갑"의 주도로 설립된 가족회사로서 실질적 1인주주인 "갑"과 그 자녀들인 "을", "병", "정" 및 "갑"이 경영하는 X주식회사(대표이사는 "을")가 약 98%의 주식을 소유하고 있는 상황이므로(나머지 약 2%의 주식은 미국의 M회사가 가짐) 실질적으로 1인회사(즉, "갑"의 "사실상 1인회사")라고 판단할 수 있을 것인데, 본건 퇴직금규정에 대하여 형식적으로는 B회사의 주주총회 결의가 있었던 것도 아니고 그에 관한 주주총회의사록이 작성된 것도 아니다.

그렇지만 실질적 1인주주인 "갑"이 1999. 8.경 및 2000. 3.경에 각각 본건 퇴직금규정에 따른 퇴직금의 지급을 각 결재 · 승인하였으므로(즉, B회사는 "병", "을", "병의 처"가 비상근 임원으로 변경되자 본건 퇴직금규정에서 정한 것과 동일한 지급률을 적용하여 계산한 퇴직금 지급에 관한 품의서를 작성하여 "갑"의 결재를 받아 각 퇴직금을 지급하였음) 본건 퇴직금규정을 묵시적으로 승인하였음이 증거에 의하여 확인되는 한 본건 퇴직금규정에 대한 주주총회 결의가 있었던 것으로 볼 수 있으므로, 결국 A는 B회사에 대하여 본건 퇴직금규정에 따른 임원퇴직금청구권을 행사할 수 있다.[15,16,17]

---

13. 대법원 1993. 6. 11. 선고 93다8702 판결(주식회사에서 총 주식을 한 사람이 소유하고 있는 1인회사의 경우에는 그 주주가 유일한 주주로서 주주총회에 출석하면 전원총회로서 성립하고 그 주주의 의사대로 결의될 것임이 명백하므로 따로이 총회소집절차가 필요없다 할 것이고, 실제로 총회를 개최한 사실이 없다 하더라도 1인주주에 의하여 의결이 있었던 것으로 주주총회 의사록이 작성되었다면 특별한 사정이 없는 한 그 내용의 결의가 있었던 것으로 볼 수 있어 형식적인 사유에 의하여 결의가 없었던 것으로 다툴 수는 없다).

14. 대법원 1992. 6. 23. 선고 91다19500 판결(실질적으로 1인회사인 주식회사의 주주총회는 그 절차상에 하자가 있다 하더라도 그 주주총회에서 어떤 결의를 한 것으로 주주총회 의사록이 작성되어 있으면 특별한 사정이 없는 한 1인주주에 의하여 그와 같은 결의가 있었던 것이라고 볼 수 있어 유효하다 할 것이다).

15. 이상의 결론에 대해서는 본 사례에 관한 대법원 2004. 12. 10. 선고 2004다25123 판결 참조.

16. 유의할 것은 1인이 98%주식을 소유한 상황에서 정관변경에 필요한 주주총회 소집 및 결의 절차가 없었음에 허위로 주주총회의사록이 작성된 경우에 그 주주총회의는 무효 내지 부존재하다고 판시한 대법원 판례가 있다는 점이다. 대법원 2007. 2. 22. 선고 2005다73020 판결[주식회사에 있어서 총 주식을 한 사람이 소유한 이른바 1인회사의 경우 그 주주가 유일한 주주로서 주주총회에 출석하면 전원 총회로서 성립하고 그 주주의 의사대로 결의가 될 것임이 명백하므로 따로 총회소집절차가 필요 없으며, 실제로 총회를 개최한 사실이 없었다 하더라도 그 1인주주에 의하여 의결이 있었던 것으로 주주총회 의사록이 작성되었다면 특별한 사정이 없는 한 그 내용의 결의가 있었던 것으로 볼 수 있고(대법원 1976. 4. 13. 선고 74다1755 판결 등 참조), 이 점은 한 사람이 다른 사람의 명의를 빌려 주주로 등재하였으나 총 주

[설문 2] 손해배상의 청구

(1) 문제의 소재

상법 제385조 제1항은 다음과 같이 규정하고 있다.[18]

▎상법 제385조 제1항

이사는 언제든지 제434조의 규정에 의한 주주총회의 결의[18]로 이를 해임할 수 있다. 그러나 이사의 임기를 정한[19] 경우에 정당한 이유[20,21] 없이 그 임기만료 전에 이를 해임[22]한 때에는 그 이사는 회사에 대하여 해임으로 인한 손해의 배상[23]을 청구할 수 있다.

식을 실질적으로 그 한 사람이 모두 소유한 경우에도 마찬가지라고 할 수 있을 것이나(대법원 1992. 6. 23. 선고 91다19500 판결 등 참조), 이와 달리 주식의 소유가 실질적으로 분산되어 있는 경우에는 상법상의 원칙으로 돌아가 실제의 소집절차와 결의절차를 거치지 아니한 채 주주총회의 결의가 있었던 것처럼 주주총회 의사록을 허위로 작성한 것이라면 설사 1인이 총 주식의 대다수를 가지고 있고 그 지배주주에 의하여 의결이 있었던 것으로 주주총회 의사록이 작성되어 있다 하더라도 도저히 그 결의가 존재한다고 볼 수 없을 정도로 중대한 하자가 있는 때에 해당하여 그 주주총회의 결의는 부존재하다고 보아야 할 것이다. 위 법리 및 기록에 비추어 살펴보면, 소외 2 주식회사(이하 소외 2 회사이라고만 한다)가 소외 1 회사 주식의 98%를 소유하고 있다고 하여도 소외 1 회사는 1인회사가 아니라고 보고, 나아가 이 사건 정관변경 결의 당시 실제의 소집절차와 결의절차를 거치지 아니한 채 주주총회의 결의가 있었던 것처럼 주주총회 의사록을 허위로 작성한 것인 이상 그 결의가 존재한다고 볼 수 없을 정도로 중대한 하자가 있는 때에 해당하여 그 주주총회의 결의는 무효 내지 부존재하다고 한 원심의 판단은 정당하고].

17. 이러한 판결에 대해서는 "이와 같이 해석하면 1인회사에서는 1인주주가 주주총회 의사록만 작성하면 또는 이를 작성할 필요도 없이 언제든지 이사 전원을 교체하거나 기타 상법상의 모든 조직법적 행위를 할 수 있다는 결과가 되어 기관의 분화는 무의미해진다"는 비판이 있다. 이철송, 『회사법강의』, 제418면.

18. 오로지 주주총회 특별결의에 의해서만 해임이 가능하므로, 정관으로 이사회나 대표이사의 결정에 의해 해임된다고 규정할 수도 없다. 이와 같이 주주총회에 이사에 대한 일방적인 해임권을 부여한 것은 첫째, 이사의 주주의 출자로 형성된 회사재산을 관리하는 자이므로 주주가 그 지위의 유지여부를 결정할 권리를 가지는 것이 타당하다는 점, 둘째, 소유와 경영의 분리원칙에서 이사가 부적정한 경영을 할 때 주주가 신속히 자기재산을 방어해야 한다는 점에, 그 취지가 있다. 이철송, 『회사법강의』, 제535면.

19. 정관 또는 주주총회의 결의로 임기를 정하고 있는 경우를 말하고, 이사의 임기를 정하지 않은 경우에는 회사는 언제나 손해배상책임을 지지 않는다. 한편 정관에서 단순히 "이사의 임기는 3년을 초과하지 못한다"고만 규정하는 경우 이는 임기를 3년으로 정한 것으로 볼 수 없다. 대법원 2001. 6. 15. 선고 2001다23928 판결(상법 제385조 제1항에 의하면 "이사는 언제든지 주주총회의 특별결의로 해임할 수 있으나, 이사의 임기를 정한 경우에 정당한 이유 없이 그 임기만료 전에 이를 해임한 때에는 그 이사는 회사에 대하여 해임으로 인한 손해의 배상을 청구할 수 있다"고 규정하고 있는바, 이때 이사의 임기를 정한 경우라 함은 정관 또는 주주총회의 결의로 임기를 정하고 있는 경우를 말하고, 이사의 임기를 정하지 않은 때에는 이사의 임기의 최장기인 3년을 경과하지 않는 동안에 해임되더라도 그로 인한 손해의 배상을

| 상법 제434조

제433조 제1항의 결의는 출석한 주주의 의결권의 3분의 2 이상의 수와 발행주식총수의 3분의 1 이상의 수로써 하여야 한다.

본 사례의 경우에는 A가 이사회의 결의에 의하여 대표이사(상근)에서 해임되고 비상근, 무보수 이사로 변경되었는바, 비록 A가 주주총회의 결의에 의하여 이사에서 해임된 것은 아니라고 하더라도 상법 제385조 제1항이 유추적용되어 A는 이사지위가 사실상의 해임당했음을 주장하여 회사에 그 조항에 따른 손해배상을 청구할 수 있는지가 문제된다.

청구할 수 없다고 할 것이고, 회사의 정관에서 상법 제383조 제2항과 동일하게 "이사의 임기는 3년을 초과하지 못한다"고 규정한 것이 이사의 임기를 3년으로 정하는 취지라고 해석할 수는 없다).

20. 부정행위, 법령 · 정관의 위반한 중대한 사실 이외에도 직무의 현저한 부적임(예: 장기적인 질병, 중대한 경영실패)도 포함된다. 대법원 2004. 10. 15. 선고 2004다25611 판결("상법 제385조 제1항에 규정된 정당한 이유란 주주와 이사 사이에 불화 등 단순히 주관적인 신뢰관계가 상실된 것만으로는 부족하고, 이사가 법령이나 정관에 위배된 행위를 하였거나 정신적 · 육체적으로 경영자로서의 직무를 감당하기가 현저하게 곤란한 경우, 회사의 중요한 사업계획 수립이나 그 추진에 실패함으로써 경영능력에 대한 근본적인 신뢰관계가 상실된 경우 등과 같이 당해 이사가 경영자로서 업무를 집행하는 데 장해가 될 객관적 상황이 발생한 경우에 비로소 임기 전에 해임할 수 있는 정당한 이유가 있다고 할 것이다", "원심은 그 채용 증거들을 종합하여 판시와 같은 사실을 인정한 다음, 원고는 피고 회사의 경영계획 중 1년 동안 어느 것 하나 제대로 실천된 것이 없을 정도로 투자유치능력이나 경영능력 및 자질이 부족하였다고 보여지고, 이로 인하여 대표이사인 원고가 피고 회사를 위하여 수임한 직무를 수행하기 곤란하게 되었을 뿐만 아니라 대표이사와 피고 회사 간의 인적 신뢰관계가 무너져 피고 회사가 대표이사인 원고를 믿고 그에게 피고 회사의 경영을 맡길 수 없는 사정이 생겼다고 봄이 상당하다는 이유로, 피고 회사가 원고를 해임한 것은 정당한 이유가 있다고 판단하였는바, 위 법리를 기록에 비추어 살펴보면, 원심의 사실인정과 상법 제385조 제1항 소정의 정당한 이유에 관한 판단은 정당하고").

21. 이에 대한 입증책임은 손해배상을 청구하는 이사에게 있다. 대법원 2006. 11. 23. 선고 2004다49570 판결[주식회사 이사의 임기를 정한 경우에 주식회사가 정당한 이유 없이 임기만료 전에 이사를 해임한 때에는 그 이사는 회사에 대하여 해임으로 인한 손해의 배상을 청구할 수 있는데(상법 제385조 제1항 후문), 이러한 경우 정당한 이유의 존부에 관한 입증책임은 손해배상을 청구하는 이사가 부담한다].

22. 주주총회가 적극적으로 해임한 경우만을 의미하고, 이사가 사임의 의사표시를 하여 이를 수리하는 뜻으로 해임하는 소극적인 경우(예: 의원면직)는 포함되지 않는다. 대법원 1993. 8. 24. 선고 92다3298 판결(상법 제385조 제1항 단서의 규정은 주식회사의 이사가 주주총회의 특별결의에 의하여 그 임기 전에 해임된 경우에 한하여 적용되고 의원면직의 형식으로 해임된 경우에는 적용되지 않는다).

23. 이사의 해임은 적법한 행위임에도 불구하고 정당한 이유가 없으면 손해배상을 하게끔 되어 있으므로, 채무불이행책임이나 불법행위책임이 아니고 상법에서 특별히 규정한 법정책임이다. 따라서 이사가 받은 정신적 고통에 대한 위자료는 배상하지 않아도 되고 과실상계 법리가 적용되지 않는다. 결국 손해배상의 범위는 재임기간에 받을 수 있는 보수라고 할 것이다. 이철송, 『회사법강의』, 제536면.

(2) 설문의 해결

검토컨대, 주식회사의 이사는 주주총회가 선임 · 해임하고 회사의 의사결정기관의 하나인 이사회의 구성원으로서 3년을 초과하지 아니하는 임기를 정할 수 있지만,[24] 대표이사는 이사회가 이사 중에서 선정 · 해임하는 것이 원칙이고 회사의 업무를 집행하고 회사를 대표하는 기관으로서 통상 별도의 임기를 정하지 아니하는 점에서[25] 이사와 대표이사는 그 지위와 성질, 권한이 다르다고 할 것이고, 더구나 대표이사는 이사회의 경영판단 등에 따라 언제든지 해임할 수 있다고 할 것이므로 주주총회의 이사 해임과 이사회의 대표이사 해임이 유사한 사실이라고 할 수 없다.

그리고 상법 제385조 제1항은 주주총회의 특별결의에 의하여 언제든지 이사를 해임할 수 있게 하는 한편, 임기가 정하여진 이사가 그 임기 전에 정당한 이유 없이 해임당한 경우에는 회사에 대하여 손해배상을 청구할 수 있게 함으로써 주주의 회사에 대한 지배권 확보와 경영자 지위의 안정이라는 주주와 이사의 이익을 조화시키려는 규정이고,[26] 이사의 보수청구권을 보장하는 것을 주된 목적으로 하는 규정이라 할 수 없으므로, 이를 이사회가 대표이사를 해임한 경우에도 유추적용할 것은 아니고, 이러한 결론은 A가 대표이사 지위의 해임으로 무보수, 비상근의 이사로 되었다고 하여 달리 볼 것도 아니다.

따라서 본 사례에서 A는 상법 제385조 제1항의 유추적용을 주장하여 손해배상을 청구하는 것 자체가 부정되므로 그러한 규정에서 정한 요건이 충족되었는지 여부(예컨대, 정당한 이유의 존부)는 더 이상 검토할 필요도 없다고 할 것이다.[27]

---

24. 상법 제382조 제1항: [이사는 주주총회에서 선임한다] ; 상법 제383조: [제1항: 이사는 3명 이상이어야 한다. 다만, 자본금 총액이 10억원 미만인 회사는 1명 또는 2명으로 할 수 있다. 제2항: 이사의 임기는 3년을 초과하지 못한다] ; 상법 제385조 제1항: [이사는 언제든지 제434조의 규정에 의한 주주총회의 결의로 이를 해임할 수 있다].

25. 상법 제389조 제1항: [회사는 이사회의 결의로 회사를 대표할 이사를 선정하여야 한다. 그러나 정관으로 주주총회에서 이를 선정할 것을 정할 수 있다].

26. 대법원 2004. 10. 15. 선고 2004다25611 판결(상법 제385조 제1항은 주주총회의 특별결의에 의하여 언제든지 이사를 해임할 수 있게 하는 한편, 임기가 정하여진 이사가 그 임기 전에 정당한 이유 없이 해임당한 경우에는 회사에 대하여 손해배상을 청구할 수 있게 함으로써 주주의 회사에 대한 지배권 확보와 경영자 지위의 안정이라는 주주와 이사의 이익을 조화시키려는 규정이라 할 것이고).

27. 이상의 결론에 대해서는 본 사례에 관한 대법원 2004. 12. 10. 선고 2004다25123 판결 참조.

[설문 3] 1인회사에 관한 주요 판례

상법상의 규정은 다수의 주주를 전제로 한 것들이 대부분이므로, 상법상의 규정 중에서 일정한 것들은 1인회사(주주가 1인인 회사)의 경우에 수정되어 적용되는바, 그러한 것들은 판례에 의해서 형성되고 있다. 아래에서는 1인회사에 관한 주요한 판례들을 검토해 본다.[28]

▎대법원 1976. 5. 11. 선고 73다52 판결(영업양도에 대한 주주총회 특별결의 case)
실질상 1인회사의 소유 재산을 그 회사의 대표이사이자 1인주주가 처분하였다면 그러한 처분 의사결정은 곧 주주총회의 특별결의에 대치되는 것이라 할 것이므로 그 재산이 회사의 유일한 영업재산[29]이라 하더라도 동 처분은 유효하다고 할 것이다.[30]

▎대법원 1989. 5. 23. 선고 89도570 판결(횡령죄 성립인정 case)
주식회사의 주식이 사실상 1인주주에 귀속하는 1인회사에 있어서도 회사와 주주는 분명히 별개의 인격이어서 1인회사의 재산이 곧바로 그 1인주주의 소유라고 볼 수 없으므로 사실상 1

---

28. 1인회사에 관한 제반 판례의 경향과 관련하여서는 "우리나라에는 1인 또는 소수의 주주로 구성된 폐쇄회사가 수적으로는 압도적이므로 판례의 해석은 회사법의 운영에 있어서 적용범위가 매우 넓은 변칙을 허용하는 결과를 낳는다"는 비판이 있다. 이철송, 『회사법강의』, 제418면.

29. 원칙적으로 영업용재산은 영업 그 자체는 아니므로 양도시에 주주총회 특별결의가 필요하지 않으나, 예외적으로 회사존속의 기초가 되는 중요재산의 양도의 경우에는 영업의 폐지나 중단을 초래하게 되므로 주주총회 특별결의가 필요하다. 대법원 1964. 7. 23. 선고 63다820 판결(본건 부동산이 원고 회사의 유일한 재산이라 하더라도 그것이 원고 회사의 영업용재산이고 또 이를 처분함으로 말미암아 원고 회사의 영업전부 또는 그 일부를 다른 사람에게 양도하거나 폐지하는 것과 같은 결과를 가져오는 것이 아니라면 그 처분에 반드시 주주총회의 특별결의가 필요하다고 할 수 없다) ; 대법원 1988. 4. 12. 선고 87다카1662 판결(가. 상법 제374조 제1호 소정의 영업의 양도란 동법 제1편 제7장의 영업양도를 가리키는 것이므로 영업용재산의 양도에 있어서는 그 재산이 주식회사의 유일한 재산이거나 중요한 재산이라 하여 그 재산의 양도를 곧 영업의 양도라 할 수는 없지만 주식회사 존속의 기초가 되는 중요한 재산의 양도는 영업의 폐지 또는 중단을 초래하는 행위로서 이는 영업의 전부 또는 일부 양도의 경우와 다를 바 없으므로 이러한 경우에는 상법 제374조 제1호의 규정을 유추적용하여 주주총회의 특별결의를 거쳐야 한다. 나. 주식회사가 회사 존속의 기초가 되는 중요한 재산을 처분할 당시에 이미 사실상 영업을 중단하고 있었던 상태라면 그 처분으로 인하여 비로소 영업의 전부 또는 일부가 폐지 또는 중단됨에 이른 것이라고는 할 수 없으므로 이러한 경우에는 주주총회의 특별결의가 없었다 하여 그 처분행위가 무효로 되는 것은 아니다).

30. 상법 제374조(영업양도, 양수, 임대 등) 제1항: [회사가 다음의 행위를 함에는 제434조에 정하는 결의가 있어야 한다. 1. 영업의 전부 또는 중요한 일부의 양도] ; 상법 제434조(정관변경의 특별결의): [제433조 제1항의 결의는 출석한 주주의 의결권의 3분의 2 이상의 수와 발행주식총수의 3분의 1 이상의 수로써 하여야 한다].

인주주라고 하더라도 회사의 금원을 임의로 처분한 소위는 횡령죄를 구성한다.[31]

대법원 2005. 10. 28. 선고 2005도4915 판결(배임죄 성립인정 case)

배임죄는 재산상 이익을 객체로 하는 범죄이므로, 1인회사의 주주가 자신의 개인채무를 담보하기 위하여 회사 소유의 부동산에 대하여 근저당권설정등기를 마쳐 주어 배임죄가 성립한 이후에 그 부동산에 대하여 새로운 담보권을 설정해 주는 행위는 선순위 근저당권의 담보가치를 공제한 나머지 담보가치 상당의 재산상 이익을 침해하는 행위로서 별도의 배임죄가 성립한다.[32]

대법원 2005. 12. 9. 선고 2004다40306 판결(자본감소절차에서의 구주권제출 공고 case)

구 상법(1991. 5. 31. 법률 제4372호로 개정되기 전의 것)상 주식병합에 있어서 일정한 기간을 두어 공고와 통지의 절차를 거치도록 한 취지는 신주권을 수령할 자를 파악하고 실효되는 구 주권의 유통을 저지하기 위하여 회사가 미리 구주권을 회수하여 두려는 데 있다 할 것인바, 사실상 1인회사에 있어서 주식병합에 관한 주주총회의 결의를 거친 경우에는 회사가 반드시 위와 같은 공고 등의 절차를 통하여 신주권을 수령할 자를 파악하거나 구주권을 회수하여야 할 필요성이 있다고 보기는 어려우므로, 주식병합에 관한 주주총회의 결의에 따라 그 변경등기가 경료되었다면 위와 같은 공고 등의 절차를 거치지 않았다고 하더라도 그 변경등기 무렵에 주식병합의 효력이 발생한다고 봄이 상당하다.[33,34]

대법원 1976. 4. 13 선고 74다1755 판결(1인주주, 주주총회의사록 작성 case)

주식회사에 있어서 회사가 설립된 이후 총주식을 한 사람이 소유하게 된 이른바 1인회사의 경우에는 그 주주가 유일한 주주로서 주주총회에 출석하면 전원 총회로서 성립하고 그 주주의 의사대로 결의가 될 것임이 명백하므로 따로이 총회소집절차가 필요없고 실제로 총회를 개최한 사실이 없었다 하더라도 그 1인주주에 의하여 의결이 있었던 것으로 주주총회 의사록이 작성되었다면 특별한 사정이 없는 한 그 내용의 결의가 있었던 것으로 볼 수 있다.

---

31. 형법 제355조 제1항: [타인의 재물을 보관하는 자가 그 재물을 횡령하거나 그 반환을 거부한 때에는 5년 이하의 징역 또는 1천 500만원 이하의 벌금에 처한다].

32. 형법 제355조 제2항: [타인의 사무를 처리하는 자가 그 임무에 위배하는 행위로써 재산상의 이익을 취득하거나 제3자로 하여금 이를 취득하게 하여 본인에게 손해를 가한 때에도 전항의 형과 같다].

33. 상법 제440조(주식병합의 절차) : [주식을 병합할 경우에는 회사는 1월 이상의 기간을 정하여 그 뜻과 그 기간 내에 주권을 회사에 제출할 것을 공고하고 주주명부에 기재된 주주와 질권자에 대하여는 각별로 그 통지를 하여야 한다].

34. 그러나 이와 같은 대법원판결이 있음에도 불구하고, 실무적으로는, 공고절차를 거치지 않고 자본감소에 따른 변경등기를 신청하면, 등기공무원이 위 판례의 설시내용은 만약 이미 "변경등기가 경료되었다면"이라는 가정적인 상황을 전제로 하는 것이므로, 공고절차를 거치지 않은 경우에는 적극적으로 변경등기를 수리해 줄 수는 없다고 거부하는 경우도 있다.

대법원 1992. 6. 23. 선고 91다19500 판결(실질적 1인주주, 주주총회의사록 작성 case)

실질적으로 1인회사인 주식회사의 주주총회는 그 절차상에 하자가 있다 하더라도 그 주주총회에서 어떤 결의를 한 것으로 주주총회의사록이 작성되어 있으면 특별한 사정이 없는 한 1인주주에 의하여 그와 같은 결의가 있었던 것이라고 볼 수 있어 유효하다 할 것이다.

대법원 2007. 2. 22. 선고 2005다73020 판결(1인이 98%주식 소유, 주주총회의사록 작성 case)

주식회사에 있어서 총 주식을 한 사람이 소유한 이른바 1인회사의 경우 그 주주가 유일한 주주로서 주주총회에 출석하면 전원 총회로서 성립하고 그 주주의 의사대로 결의가 될 것임이 명백하므로 따로 총회소집절차가 필요없으며, 실제로 총회를 개최한 사실이 없었다 하더라도 그 1인주주에 의하여 의결이 있었던 것으로 주주총회 의사록이 작성되었다면 특별한 사정이 없는 한 그 내용의 결의가 있었던 것으로 볼 수 있고(대법원 1976. 4. 13. 선고 74다1755 판결 등 참조), 이 점은 한 사람이 다른 사람의 명의를 빌려 주주로 등재하였으나 총 주식을 실질적으로 그 한 사람이 모두 소유한 경우에도 마찬가지라고 할 수 있을 것이나(대법원 1992. 6. 23. 선고 91다19500 판결 등 참조), 이와 달리 주식의 소유가 실질적으로 분산되어 있는 경우에는 상법상의 원칙으로 돌아가 실제의 소집절차와 결의절차를 거치지 아니한 채 주주총회의 결의가 있었던 것처럼 주주총회 의사록을 허위로 작성한 것이라면 설사 1인이 총 주식의 대다수를 가지고 있고 그 지배주주에 의하여 의결이 있었던 것으로 주주총회 의사록이 작성되어 있다 하더라도 도저히 그 결의가 존재한다고 볼 수 없을 정도로 중대한 하자가 있는 때에 해당하여 그 주주총회의 결의는 부존재하다고 보아야 할 것이다. 위 법리 및 기록에 비추어 살펴보면, 소외 2 주식회사(이하 소외 2 회사이라고만 한다)가 소외 1 회사 주식의 98%를 소유하고 있다고 하여도 소외 1 회사는 1인회사가 아니라고 보고, 나아가 이 사건 정관변경 결의 당시 실제의 소집절차와 결의절차를 거치지 아니한 채 주주총회의 결의가 있었던 것처럼 주주총회 의사록을 허위로 작성한 것인 이상 그 결의가 존재한다고 볼 수 없을 정도로 중대한 하자가 있는 때에 해당하여 그 주주총회의 결의는 무효 내지 부존재하다고 한 원심의 판단은 정당하고,

[사례 14]

회사의 권리능력

다음과 같은 사실관계 하에서, 아래의 각 질의에 대해 답하시오.[1]

(1) 2000. 11. 20.～2001. 1. 11.

D주식회사(이하, "D사")의 대표이사이던 이감영이 2000. 11. 20. 사망함에 따라 이감영의 처인 유호숙, 아들인 이용상 및 이용준(이하, "이용상 외 2인")은 상속재산인 ① D사의 주식, ② 성남시 소재의 대지 및 위 지상 건물(이하, "본건 부동산"), ③ 충북 옥천군 소재의 임야, ④ 골프회원권, ⑤ 은행 적금 및 ⑥ 이감영의 퇴직금 등을 공동상속하였고, 그 후 이용상은 2001. 1. 11. D사의 대표이사로 취임하였다.

(2) 2001. 5. 20.

이용상 외 2인은 관할세무서인 삼성세무서에 상속세 과세표준신고 및 자진납부계산서를 제출하면서, 신고납부세액을 4회로 분할하여 일정한 시기마다 각 납부하겠다는 내용으로 연부연납허가신청을 하였다.

(3) 2001. 5월경

"이용상 외 2인"은 삼성세무서에 상속세 연부연납허가를 받는 데 필요한 담보를 제공할 목적으로, S보험회사에게 납세보증보험증권의 발급을 청약하였는데, S보험회사의 담당직원은 인수등급을 "C급"이라고 판단하고 회사내부의 심사기준에 따라 D사의 연대보증 등이 있어야 납세보증보험계약의 체결이 가능하다고 알려주면서 납세보증보험의 체결요건으로서 D사의 연대보증이 필요하다고 요구하였고, 이에 따라 2001. 5. 21. (가) 유호숙은 S보험회사에게 자신 소유의 부동산에 근저당권을 설정해 주었고, (나) 이용상은, D사의 2001. 5. 19.자 이사회 의사록 등을 제출함으로써, D사를 대표하여 "이용상 외 2인"을 위한 연대보증(이하, "본건 연대보증")을 하였는데, 그 이사회 의사록에는 당시 D사

1. 본 사례는 대법원 2005. 5. 27. 선고 2005다480 판결을 기초로 하여 작성된 것이다.

의 6명의 이사 중 대표이사인 이용상 및 이사 조종기, 조양석, 전병욱 4인이 참석하여, 이용상 외 2명의 S보험회사와 보증보험계약 체결에 따른 연대보증만을 안건으로 하여 개최된 것으로서, 4명의 만장일치로 위 안건이 가결되었다는 내용이 기재되어 있었다.

(4) 2001. 5. 21.

S보험회사는 위 조건으로 "이용상 외 2인"과 상속세 연부연납 담보를 내용으로 하는 납세보증보험계약을 체결하고, 그 내용을 기재한 납세보증보험증권을 "이용상 외 2인"에게 발급하여 주었고, "이용상 외 2인"은 이러한 납세보증보험증권을 담보로 제공하여 삼성세무서로부터 상속세 연부연납허가를 받았다.

(5) 2002. 5. 20.

그런데 "이용상 외 2인"은 납세기한이 도래한 일정한 상속세분을 납부하지 아니하였고, 이에 삼성세무서는 S보험회사에게 이와 같은 보험사고의 발생을 통지하면서, 그 상속세 체납액을 지급하여 줄 것을 청구하였고, 이러한 청구에 따라 S보험회사는 납세보증보험의 보험자인 삼성세무서에게 보험금으로 일정한 금액을 지급하였다.

(6) 2002. 6. 27. ~ 2002. 12. 27.

2002. 6. 27. S보험회사가 "이용상 외 2인"을 위한 연대보증인인 D사에 대한 구상권을 보전할 목적으로 D사 소유의 부동산들에 관하여 가압류결정을 받았고, 이에 D사는 위 가압류를 해제받기 위하여 "이용상 외 2인"을 대위하여 S보험회사에게 2002. 12. 27.까지 7회에 걸쳐서 본건 연대보증에 포함되는 금액인 총 합계액 금 13억원(이하, "본건 연대보증금")을 지급하였다.

한편, 본 사례와 관련하여 추가적으로 밝혀진 사실들은 다음과 같다.

(1) D사의 정관에는, D사는 [영상, 음향 및 통신장비제조업, 컴퓨터제조업(DVR, 산업용), ITS사업(전기경보 및 신호장치), 정보통신 공사 및 설계업, 포장공사업 및 위 각 사업에 부대하는 일체의 사업]을 경영함을 목적으로 한다고 기재되어 있다.

(2) "이용상 외 2인"이 이감영으로부터 상속을 받을 당시, D사는 대표이사였던 이감영에 대한 가지급금 16억 6천만원 및 현금부족분 26억원 등의 부실이 있었을 뿐만 아니라 영업부진으로 인해 경영난에 처해 있었고, "이용상 외 2인"의 상속재산 중 D사의 주식을 제외한 나머지의 대부분을 차지하는 본건 부동산은 D사의 운영자금을 차용하기 위하여 담보로 제공되어 있었으며, "이용상 외 2인"의 상속세를 일시에 납부

하기 위하여 그 상속재산을 처분하여야 하는 상황이 되더라도 D사로서는 위 담보를 해제할 만한 자금이 부족하였고 달리 자금을 조달할 만한 방법도 없었다.

(3) D사의 2001. 5. 19.자 이사회는 실제로 개최된 사실이 없다.

D사는 "이용상 외 2인"을 대위하여 S보험회사에게 지급한 본건 연대보증금의 반환을 S보험회사에게 청구하려고 한다.

설문 1 본건 연대보증이 정관상의 목적범위 외의 행위이므로 무효라고 주장하여 본건 연대보증금에 대하여 부당이득반환을 청구할 수 있는가?

설문 2 본건 연대보증이 이사회 결의 없는 이사의 자기거래이므로 무효라고 주장하여 본건 연대보증금에 대하여 부당이득반환을 청구할 수 있는가?

설문 3 S보험회사의 직원에 대한 사용자책임(민법 제756조)을 주장하여 본건 연대보증금과 동일한 금액의 손해배상을 청구할 수 있는가?

[설문 1] 회사의 권리능력

(1) 문제의 소재

주식회사도 법인인 이상 그 권리능력이 정관으로 정한 목적의 범위 내로 제한되는지 만약 그렇다면, D사의 본건 연대보증 행위는 D사의 목적을 수행하는 데 있어서 필요한 범위를 벗어나는 것으로서, 회사(D사)의 권리능력 밖의 법률행위이므로 무효라고 주장하여 본건 연대보증금에 대하여 부당이득반환을 청구할 수 있는지 여부가 문제된다.

민법 제34조(법인의 권리능력)는 "법인은 법률의 규정에 좇아 정관으로 정한 목적의 범위 내에서 권리와 의무의 주체가 된다"고 규정함으로써 법인의 권리능력을 정관상의 목적범위 내로 제한하고 있는데, 상법에서는 이러한 명문의 규정을 두고 있지도 않고 또 위 민법규정을 준용하지도 않고 있으므로 견해가 대립되고 있다.[2]

2. 통설은 목적에 의한 제한을 부정하고 있으나[논거: 첫째, 상법에 민법 제34조를 준용한다는 규정이 없고, 둘째, 회사의 목적이 정관 및 법인등기부등본(현, 등기사항증명서)에 기재되지만 제3자가 확인하는 것은 용이하지 않고, 설령 확인했더라도 특정 행위가 목적 범위 내인지를 판단하기 어려워, 거래의 안전

(2) 설문의 해결

요컨대, 회사의 권리능력은 회사의 설립 근거가 된 법률과 회사의 정관상의 목적에 의하여 제한되나 첫째, 그 목적범위 내의 행위라 함은 정관에 명시된 목적 자체에 국한되는 것이 아니라 그 목적을 수행하는 데 있어 직접 · 간접으로 필요한 행위는 모두 포함되고, 둘째, 목적수행에 필요한지의 여부는 행위자의 주관적 · 구체적 의사가 아닌 행위 자체의 객관적 성질에 따라 판단하여야 할 것인데,[3] 그 판단에 있어서는 거래행위를 업으로 하는 영리법인으로서 회사의 속성과 신속성 및 정형성을 요체로 하는 거래의 안전을 충분히 고려하여야 할 것인바, 회사가 거래관계 또는 자본관계에 있는 주채무자를 위하여 보증하는 등의 행위는 그것이 상법상의 대표권 남용에 해당하여 무효로 될 수 있음은 별론으로 하더라도 그 행위의 객관적 성질에 비추어 특별한 사정이 없는 한 회사의 목적범위 내의 행위라고 봄이 상당하다 할 것이다.[4]

을 해할 염려가 있다], 제한을 긍정하는 견해도 있다[논거: 첫째, 민법 제34조는 법인 일반에 공통적으로 적용되는 원칙이고, 둘째, 회사에 출자한 주주를 보호해야 하며, 셋째, 목적이 정관 및 법인등기부등본(현, 등기사항증명서)에 기재되므로, 제3자(거래상대방)에게 예측하지 못한 손해를 주지도 않는다]. 이철송, 『회사법강의』, 제66면 내지 제67면.

3. 대법원 1988. 1. 19. 선고 86다카1384 판결[회사의 권리능력은 회사의 설립근거가 된 법률과 회사의 정관상의 목적에 의하여 제한되나 그 목적범위 내의 행위라 함은 정관에 명시된 목적 자체에 국한되는 것이 아니라 그 목적을 수행하는 데 있어 직접 또는 간접으로 필요한 행위는 모두 포함되고 목적수행에 필요한지의 여부는 행위의 객관적 성질에 따라 판단할 것이고, 행위자의 주관적 · 구체적 의사에 따라 판단할 것이 아니므로(당원 1987. 9. 8 선고 86다카1349 판결 및 앞서의 판결 등 참조), 원심이 같은 취지에서 피고회사 대표자의 이 사건 어음보증행위가 피고회사의 목적범위 내에 포함되는 것으로 판단한 조치는 정당하고] ; 대법원 1991. 11. 22. 선고 91다8821 판결[나. 법인의 권리능력은 법인의 설립근거가 된 법률과 정관상의 목적에 의하여 제한되나 그 목적범위 내의 행위라 함은 법률이나 정관에 명시된 목적 자체에 국한되는 것이 아니라 그 목적을 수행하는 데 있어 직접 · 간접으로 필요한 행위는 모두 포함되는 것이다. 다. 구 신용협동조합법(1988. 12. 31. 법률 제4070호로 개정되기 전의 것) 제70조에 규정된 신용협동조합연합회의 업무 범위에 조합원과의 거래가 포함되어 있지 않다고 하더라도 신용협동조합연합회는 위 법조에 의하여 조합에 대한 자금의 대출 등을 할 수 있게 되어 있으므로 조합을 통한 조합원과의 거래를 당연히 예상하고 있는 것이라고 볼 수 있을 뿐만 아니라 조합에 대한 대여금 채권의 확보행위는 그 목적수행에 필요한 것이므로 위 "가"항과 같은 변제약정은 그 목적범위 내의 행위에 속한다].

4. 대법원 1987. 9. 8. 선고 86다카1349 판결(가. 회사의 권리능력은 회사의 설립근거가 된 법률과 회사의 정관상의 목적에 의하여 제한되나 그 목적범위 내의 행위라 함은 정관에 명시된 목적 자체에 국한되는 것이 아니고 그 목적을 수행하는 데 있어 직접 또는 간접으로 필요한 행위는 모두 포함되며 목적수행에 필요한지 여부도 행위의 객관적 성질에 따라 추상적으로 판단할 것이지 행위자의 주관적 · 구체적 의사에 따라 판단할 것은 아니다. 나. 단기금융업을 영위하는 회사로서 회사의 목적인 어음의 발행, 할인, 매매, 인수, 보증, 어음매매의 중개를 함에 있어서 어음의 배서는 행위의 객관적 성질상 위 목적수행에 직접 · 간접으로 필요한 행위라고 하여야 할 것이다) ; 대법원 1999. 10. 8. 선고 98다2488 판결[회사의 권

본 사례에 관하여 검토컨대, D사의 정관에는 [영상, 음향 및 통신장비제조업, 컴퓨터제조업(DVR, 산업용), ITS사업(전기경보 및 신호장치), 정보통신 공사 및 설계업, 포장공사업 및 위 각 사업에 부대하는 일체의 사업]을 경영함을 목적으로 한다고 기재되어 있으나, "이용상 외 2인"이 이감영으로부터 상속을 받을 당시, D사는 대표이사였던 이감영에 대한 가지급금 16억 6천만원 및 현금부족분 26억원 등의 부실이 있었을 뿐만 아니라 영업부진으로 인해 경영난에 처해 있었고, "이용상 외 2인"의 상속재산 중 D사의 주식을 제외한 나머지의 대부분을 차지하는 본건 부동산은 D사의 운영자금을 차용하기 위하여 담보로 제공되어 있었으며, "이용상 외 2인"의 상속세를 일시에 납부하기 위하여 그 상속재산을 처분하여야 하는 상황이 되더라도 D사로서는 위 담보를 해제할 만한 자금이 부족하였고 달리 자금을 조달할 만한 방법도 없었다.

따라서 위의 사정을 종합하여 보면, D사로서는 원활한 사업수행을 위하여 "이용상 외 2인"의 상속세연납이 가능하도록 S보험회사에 대하여 본건 연대보증을 한 다음 "이용상 외 2인"으로부터 그 상속재산을 담보로 계속 제공받아 자금을 조달받는 방법을 선택할 수도 있었다고 보이므로, D사의 본건 연대보증은 "이용상 외 2인"만을 위한 것이 아니라 "D사"를 위한 것이라고도 볼 수 있고, 또한 회사와 거래관계 또는 자본관계가 있는 주채무자를 위하여 보증하는 경우와 유사하다 할 것이어서, D사의 본건 연대보증은 D사의 정관에 명시된 목적 그 자체는 아니라 하더라도 그 연

리능력은 회사의 설립근거가 된 법률과 회사의 정관상의 목적에 의하여 제한되나 그 목적범위 내의 행위라 함은 정관에 명시된 목적 자체에 국한되는 것이 아니라, 그 목적을 수행하는 데 있어 직접·간접으로 필요한 행위는 모두 포함되고 목적수행에 필요한지의 여부는 행위의 객관적 성질에 따라 판단할 것이고 행위자의 주관적·구체적 의사에 따라 판단할 것은 아니다(대법원 1988. 1. 19. 선고 86다카1384 판결, 1991. 11. 22. 선고 91다8821 판결 등 참조). 원심이 같은 취지에서 이 사건 연대보증행위가 정리회사의 목적범위 내에 포함되는 것으로 판단한 조치는 정당하고] ; 대법원 1975. 12. 23. 선고 75다1479 판결("원심은 증거에 의하여 피고회사 대표이사 서봉수가 피고회사를 대표하여 원판시 소외 김규환(1심공동피고)의 원고로부터의 극장위탁경영으로 인한 손해배상의무를 연대보증한 사실을 인정하고 이는 피고회사의 사업목적범위에 속하지 아니하는 행위로서 피고회사를 위하여 효력이 있는 적법한 보증으로 되지 아니한다고 하였는바 기록에 대조하여 살펴보면 정당하고", "피고회사의 주주 및 이사들이 이 사건 보증의 결의를 하였다 함은 피고회사가 한 보증이라 함을 말하는 것으로 볼 것인바 그렇더라도 적법한 보증의 효력이 없다 함은 앞에서 본 바이고") ; 대법원 2009. 12. 10. 선고 2009다63236 판결(회사의 권리능력은 회사의 설립근거가 된 법률과 회사의 정관상의 목적에 의하여 제한되나 그 목적범위 내의 행위라 함은 정관에 명시된 목적 자체에 국한되는 것이 아니라 그 목적을 수행하는 데 있어 직접·간접으로 필요한 행위는 모두 포함되고 목적수행에 필요한지의 여부는 행위의 객관적 성질에 따라 판단할 것이고 행위자의 주관적·구체적 의사에 따라 판단할 것은 아니다).

대보증 행위의 객관적 성질에 비추어 보아 그 목적을 수행하는 데 있어 간접적으로 필요한 행위라 할 것이다.

그렇다면 D사의 본건 연대보증은 D사의 목적범위 내의 행위라고 봄이 상당하므로, D사는 본건 연대보증이 정관상의 목적범위 외의 행위이므로 무효라고 주장하여 본건 연대보증금에 대하여 S보험회사에게 부당이득반환을 청구할 수는 없다고 할 것이다.[5]

〖설문 2〗 이사의 자기거래

(1) 문제의 소재

D사의 본건 연대보증 행위는 대표이사인 이용상 개인에게는 이익이 되나 회사에게는 불이익을 주는 행위로서 상법 제398조 소정의 이사의 자기거래행위라 할 것이고, 이러한 이사의 자기거래는 상법상 이사회의 결의로 승인을 받아야 할 것인데, D사의 2001. 5. 19.자 이사회는 실제로 개최되지 아니하였고, 나아가 S보험회사는 위와 같은 D사의 본건 연대보증행위가 이사의 자기거래행위에 해당한다는 점을 잘 알면서도 이용상에게 먼저 D사의 연대보증을 요구하는 한편, 이용상이 제출한 이사회의사록을 열람하여 D사의 이사회 결의가 존재하지 아니하거나 위와 같은 하자로 인하여 무효라는 점을 알았거나 알 수 있었다고 할 것이므로, D사의 본건 연대보증은 무효라고 주장하여 본건 연대보증금에 대하여 부당이득반환을 청구할 수 있는지의 여부가 문제된다.

(2) 설문의 해결

상법 제398조는 다음과 같이 규정하고 있는바, 먼저 관련 법리를 살펴본다.

5. 이상의 결론에 대해서는 본 사례에 관한 대법원 2005. 5. 27. 선고 2005다480 판결 참조.

▌상법 제398조(이사와 회사 간[6]의 거래)[7]

이사[8]는 이사회[9]의 승인[10,11,12,13]이 있는 때에 한하여 자기 또는 제3자의 계산[14]으로 회사와 거래[15]를 할 수 있다.[16] 이 경우에는 민법 제124조[17]의 규정을 적용하지 아니한다.[18]

---

6. 2개의 회사의 대표이사를 겸하고 자가 "2개의 회사간의 계약"을 체결하는 경우와 "어느 회사가 다른 회사의 채무를 보증한 경우"도 각각 포함하고, 회사의 거래로 인한 결과적인 이득이 이사에게 귀속되는 소위 간접거래도 포함한다. 대법원 1969. 11. 11. 선고 69다1374 판결(형식상 전연 별개회사의 대표이사를 겸하고 있는 자가 그 양회사를 대표하여 어느 일방회사에 불리한 내용의 협약을 체결할려면 그 불리한 입장에 있는 회사의 이사회의 승인을 받아야만 한다) ; 대법원 1996. 5. 28. 선고 95다12101,12118 판결[이 사건 토지 및 건물에 관하여 피고 회사 또는 피고 회사의 전신인 주식회사 현대양행(1980. 9. 13. 피고 회사로 상호가 변경되었다) 명의로 경료된 각 소유권이전등기의 원인이 된 한라건설 주식회사(후에 소외 현대도시개발 주식회사를 흡수합병하였고 1986. 11. 28.에는 원고 회사로 상호가 변경되었다)와 주식회사 현대양행 사이의 매매계약은 당시 위 양 회사의 대표이사를 겸하고 있던 소외 정인영에 의하여 체결된 것인바, 위 매매계약은 이른바 이사의 자기거래에 해당한다 할 것이고, 달리 특별한 사정이 없는 한 이는 한라건설 주식회사와 그 이사인 정인영과 사이에 이해충돌의 염려 내지 한라건설 주식회사에 불이익을 생기게 할 염려가 있는 거래에 해당한다 할 것인데 위 거래에 대하여 한라건설 주식회사 이사회의 승인이 없었음을 알 수 있으므로 위 매매계약의 효력은 한라건설 주식회사에 대한 관계에 있어서 무효라고 할 것이다] ; 대법원 1984. 12. 11. 선고 84다카1591 판결(상법 제398조에서 말하는 거래에는 이사와 회사 사이에 직접 성립하는 이해상반하는 행위뿐만 아니라 이사가 회사를 대표하여 자기를 위하여 자기 개인 채무의 채권자인 제3자와의 사이에 자기개인채무의 연대보증을 하는 것과 같은 이사개인에게 이익이 되고 회사에 불이익을 주는 행위도 포함하는 것이라 할 것이므로 별개 두 회사의 대표이사를 겸하고 있는 자가 어느 일방 회사의 채무에 관하여 나머지 회사를 대표하여 연대보증을 한 경우에도 역시 상법 제398조의 규정이 적용되는 것으로 보아야 한다) ; 대법원 1973. 10. 31. 선고 73다954 판결(본건에 있어서 소외 남상설과 안성화 양인이 개인자격으로 원고에 대한 자기의 채무에 대하여 그들이 피고회사의 대표이사, 이사가 된 뒤에 피고회사를 대표하여 그 채무의 인수를 한 것이고, 그 인수행위는 피고회사 이외의 제3자와의 간에서, 이사가 회사를 대표하여 자기를 위하여 한 것으로 상법 제398조의 거래에 해당함이 변론의 전취지로 인정될 수 있으니).

7. 회사와 이사의 이익이 충돌되어 회사의 이익이 희생되는 것을 막아서(회사재산을 건전하게 지켜서) 주주와 회사채권자를 보호하고자 함에 그 취지가 있다. 이철송, 『회사법강의』, 제648면. 대법원 1988. 9. 13. 선고 88다카9098 판결(상법 제398조의 취지는 이사가 회사의 이익을 희생으로 하여 자기 또는 제3자의 이익을 도모할 염려가 있기 때문에 이를 방지하여 회사의 이익을 보호하려는 데 목적이 있는 것이므로).

8. 상근, 비상근을 불문한 모든 이사, 이사와 같은 지위를 가지는 퇴임이사(제386조 제1항), 일시이사(제386조 제2항), 직무대행자(제407조 제1항)를 모두 포함하나, 일단 이사의 지위에서 물러난 자는 포함되지 않는다. 이철송, 『회사법강의』, 제649면. 대법원 1988. 9. 13. 선고 88다카9098 판결[상법 제398조의 취지는 이사가 회사의 이익을 희생으로 하여 자기 또는 제3자의 이익을 도모할 염려가 있기 때문에 이를 방지하여 회사의 이익을 보호하려는 데 목적이 있는 것이므로 여기에서 이사라 함은 거래 당시의 이사와 이에 준하는 자(이사직무대행자, 청산인 등)에 한정할 것이고 거래 당시 이사의 직위를 떠난 사람은 여기에 포함되지 않는다 할 것이며 이사가 회사에 투자를 하였다가 위 투자금을 반환받는 거래의 경우에도 마찬가지다].

9. 승인 주체와 관련하여, 정관의 규정에 의해서 주주총회의 결의사항으로 할 수도 있고, 1인주주나 총주주의 동의가 있으면 이사회 승인이 없더라도 자기거래가 가능하다. 대법원 2007. 5. 10. 선고 2005다4284

판결(이사와 회사 사이의 이익상반 거래에 대한 승인은 주주 전원의 동의가 있다거나 그 승인이 정관에 주주총회의 권한사항으로 정해져 있다는 등의 특별한 사정이 없는 한 이사회의 전결사항이라 할 것이므로, 이사회의 승인을 받지 못한 이익상반 거래에 대하여 아무런 승인 권한이 없는 주주총회에서 사후적으로 추인 결의를 하였다 하여 그 거래가 유효하게 될 수는 없다) ; 대법원 1992. 3. 31. 선고 91다16310 판결(회사의 이사에 대한 채무부담행위가 상법 제398조 소정의 이사의 자기거래에 해당하여 이사회의 승인을 요한다고 할지라도, 위 규정의 취지가 회사 및 주주에게 예기치 못한 손해를 끼치는 것을 방지함에 있다고 할 것이므로, 그 채무부담행위에 대하여 사전에 주주 전원의 동의가 있었다면 회사는 이사회의 승인이 없었음을 이유로 그 책임을 회피할 수 없다).

10. 승인 시기와 관련하여, 사전승인뿐만 아니라 사후승인(추인)도 가능하다. 한편, 묵시적 추인도 가능하나 이에는 일정한 제한(이해관계 및 중요사실의 지득 등)이 따른다. 대법원 2007. 5. 10. 선고 2005다4284 판결("상법 제398조 전문이 이사와 회사 사이의 거래에 관하여 이사회의 승인을 얻도록 규정하고 있는 취지는, 이사가 그 지위를 이용하여 회사와 거래를 함으로써 자기 또는 제3자의 이익을 도모하고 회사 나아가 주주에게 불측의 손해를 입히는 것을 방지하고자 함에 있는바, 이사회의 승인을 얻은 경우 민법 제124조의 적용을 배제하도록 규정한 상법 제398조 후문의 반대해석상 이사회의 승인을 얻지 아니하고 회사와 거래를 한 이사의 행위는 일종의 무권대리인의 행위로 볼 수 있고 무권대리인의 행위에 대하여 추인이 가능한 점에 비추어 보면, 상법 제398조 전문이 이사와 회사 사이의 이익상반거래에 대하여 이사회의 사전 승인만을 규정하고 사후 승인을 배제하고 있다고 볼 수는 없다", "회사가 이익상반거래를 묵시적으로 추인하였다고 보기 위해서는 그 거래에 대하여 승인 권한을 갖고 있는 이사회가 그 거래와 관련된 이사의 이해관계 및 그와 관련된 중요한 사실들을 지득한 상태에서 그 거래를 추인할 경우 원래 무효인 거래가 유효로 전환됨으로써 회사에 손해가 발생할 수 있고 그에 대하여 이사들이 연대책임을 부담할 수 있다는 점을 용인하면서까지 추인에 나아갔다고 볼 만한 사유가 인정되어야 한다").

11. 승인 방법과 관련하여, 자기거래를 하고자 하는 이사는 사전에 이해관계 및 중요사실에 대한 개시할(disclose) 의무가 있고, 이를 위반하면 이사회승인이 없는 것으로 처리된다. 대법원 2007. 5. 10. 선고 2005다4284 판결(이사와 회사 사이의 이익상반거래가 비밀리에 행해지는 것을 방지하고 그 거래의 공정성을 확보함과 아울러 이사회에 의한 적정한 직무감독권의 행사를 보장하기 위해서는 그 거래와 관련된 이사는 이사회의 승인을 받기에 앞서 이사회에 그 거래에 관한 자기의 이해관계 및 그 거래에 관한 중요한 사실들을 개시하여야 할 의무가 있고, 만일 이러한 사항들이 이사회에 개시되지 아니한 채 그 거래가 이익상반거래로서 공정한 것인지 여부가 심의된 것이 아니라 단순히 통상의 거래로서 이를 허용하는 이사회의 결의가 이루어진 것에 불과한 경우 등에는 이를 가리켜 상법 제398조 전문이 규정하는 이사회의 승인이 있다고 할 수는 없다).

12. 승인 요건은 이사회의 통상의 결의방법(상법 제391조 제1항)에 의한다. 상법 제391조(이사회의 결의방법) 제1항: [이사회의 결의는 이사 과반수의 출석과 출석이사의 과반수로 하여야 한다. 그러나 정관으로 그 비율을 높게 정할 수 있다]. 이철송, 『회사법강의』, 제652면.

13. 자기거래의 당사자인 이사는 특별한 이해관계가 있는 자이므로 이사회에서 의결권을 행사하지 못한다(통설). 이철송, 『회사법강의』, 제652면. 상법 제391조(이사회의 결의방법: [제1항: 이사회의 결의는 이사 과반수의 출석과 출석이사의 과반수로 하여야 한다. 그러나 정관으로 그 비율을 높게 정할 수 있다. 제3항: 제368조 제4항 및 제371조 제2항의 규정은 제1항의 경우에 이를 준용한다] ; 상법 제368조(총회의 결의방법과 의결권의 행사) 제4항: [총회의 결의에 관하여 특별한 이해관계가 있는 자는 의결권을 행사하지 못한다].

14. 따라서 회사의 거래상대방이 누구의 명의로 되어 거래되는지는 문제되지 않는다.

15. 거래의 성질상 회사와 이사의 이익이 충돌될 염려가 없는 거래는 이사회 승인이 필요 없다. 예컨대, 회사에 대한 부담없는 증여, 채무의 이행, 약관에 의해 정형적으로 체결되는 거래(예: 보험) 등. 그러나 어

음행위는 원인관계와는 다른 새로운 채무를 발행시키고, 항변의 절단, 채무의 독립성 등으로 더욱 엄격한 책임이 따르므므로 이사회 승인이 필요하다. 이철송, 『회사법강의』, 제651면 내지 제652면. 대법원 2004. 3. 25. 선고 2003다64688 판결(피고 회사가 원고 은행에 대하여 어음금채무를 부담하여야 할 아무런 원인관계가 없이 단지 대표이사인 위 이명휴의 개인채무를 담보하기 위하여 이 사건 어음을 위 대표이사 앞으로 발행하여 원고 은행에게 배서·양도하게 한다는 사정을 알면서도 이사회의 승인이 있었는지 여부를 확인해 보지도 않고 취득하였다고 할 것이므로, 원고 은행은 이 사건 어음을 취득함에 있어 피고 회사의 이사회 승인이 없음을 알았거나 또는 적어도 이를 알지 못한 데 중대한 과실이 있었다고 할 것이다. 가사 원고 은행의 주장과 같이, 원고 은행이 어음문면상 발행인란에 종전 대표이사의 명판이 날인되어 대표이사의 이름이 이두헌이라고 기재되어 있고, 수취인란에는 현 대표이사인 이명휴라고 기재되어 있었다는 점 때문에 이사와 회사 간의 거래에 해당하지 아니하여 이사회의 승인이 필요 없는 것으로 생각하였다고 하더라도, 원고 은행은 위 어음의 발행 당시 이명휴가 피고 회사의 대표이사라는 사정과 실질적으로 피고 회사가 그 대표이사인 이명휴의 개인채무를 담보하기 위하여 이명휴 앞으로 위 어음을 발행한다는 사정을 잘 알고 있었던 만큼, 원고 은행으로서는 위 어음의 발행이 이사와 회사 간의 거래에 해당하여 이사회의 승인이 필요하다는 점을 충분히 알 수 있었다고 할 것이므로, 이 사건 어음을 취득함에 있어 피고 회사의 이사회 승인을 얻었는지 여부를 확인해 보지 않은 데에 중대한 과실이 있었다고 하지 않을 수 없다. 원심이 같은 취지에서 피고 회사는 이 사건 어음 발행의 무효로써 이 사건 어음의 지급을 구하는 원고 은행에게 대항할 수 있다고 판단한 것은 정당하고) ; 대법원 1994. 10. 11. 선고 94다24626 판결["소외 이석기는 피고 회사의 대표이사로 재직하는 동안에 이 사건 각 수표에 배서함에 있어서 피고 회사의 대표이사의 자격으로 '삼양제지공업주식회사, 이석기'라고만 기재하고, 그 기명 옆에는 '삼양제지공업주식회사 대표이사'라고 조각된 인장을 날인하였다는 것인바, 위와 같은 사실 인정의 토대 위에서 결국 이 사건 각 수표의 피고 회사 명의의 배서는 소외 이석기가 피고 회사를 대표한다는 뜻이 표시되어 있다고 판단한 원심판결은 정당하고(당원 1969. 9. 23. 선고 69다930 판결 참조), 여기에 회사대표의 법률행위에 대한 법리오해가 있다고 할 수 없다", "회사의 대표이사가 한 이사회의 승인이 없는 자기거래행위는 회사와 이사 간에는 무효이지만 제3자에 대하여는 그 거래의 무효임을 주장하는 회사가 제3자의 악의를 입증하여야 할 것인바(당원 1978. 3. 28. 선고 78다4 판결 참조), 소외 이석기에 의한 이 사건 각 수표에의 배서에 대한 이사회의 승인이 없었음을 원고가 알았다고 인정할 아무런 증거가 없다고 하여 이점에 관한 피고의 항변을 배척한 원심판결은 정당하여 여기에 자기거래행위에 관한 법리오해가 있다고 할 수 없으며"].

16. 이사회 승인이 없는 자기거래의 효과와 관련해서는, "회사와 이사 간에는 무효이나 선의의 제3자와의 사이에서는 유효"라는 상대적 무효설이 판례 및 통설이고, 거래상대방의 중과실은 악의와 동일시되며, 회사가 이사회승인이 없었다는 점과 상대방의 악의나 중과실에 대하여 입증책임을 부담한다. 다만, 학설상으로는 유효설(논거: 상법 제398조는 효력규정이 아니라 명령적 규정이다), 무효설(논거: 회사의 이익 보호가 우선되어야 한다)도 제기되고 있다. 이철송, 『회사법강의』, 제655면. 대법원 1973. 10. 31. 선고 73다954 판결[회사 이외의 제3자와 이사가 회사를 대표하여 자기를 위하여 거래를 한 경우에는 거래의 안전상 회사는 그 거래에 대한 이사회의 승인을 안 받은것 외에 상대방인 제3자가 악의(이사회의 승인없음을 안 것)라는 것을 주장, 입증하지 않으면 그 무효를 그 제3자에게 주장할 수 없다] ; 대법원 2004. 3. 25. 선고 2003다64688 판결(회사의 대표이사가 이사회의 승인 없이 한 이른바 자기거래행위는 회사와 이사 간에서는 무효이지만, 회사가 위 거래가 이사회의 승인을 얻지 못하여 무효라는 것을 제3자에 대하여 주장하기 위해서는 거래의 안전과 선의의 제3자를 보호할 필요상 이사회의 승인을 얻지 못하였다는 것 외에 제3자가 이사회의 승인 없음을 알았다는 사실을 입증하여야 할 것이고, 비록 제3자가 선의였다 하더라도 이를 알지 못한 데 중대한 과실이 있음을 입증한 경우에는 악의인 경우와 마찬가지라고 할 것이며, 이 경우 중대한 과실이라 함은 제3자가 조금만 주의를 기울였더라면 그 거래

요컨대, 주식회사의 대표이사가 회사를 대표하여 대표이사 개인을 위하여 그의 개인 채권자인 제3자와 사이에 연대보증계약을 체결하는 것과 같이 상법 제398조 소정의 이사의 자기거래행위에 해당하여 이사회의 결의를 거쳐야 함에도 이를 거치지 아니한 경우라 해도, 그와 같은 이사회 결의사항은 회사의 내부적 의사결정에 부과하므로 그 거래상대방이 위 이사회 결의가 없었음을 알았거나 중대한 과실로 알지 못한 경우가 아니라면 그 거래행위는 유효하다 할 것이고,[19] 이때 거래상대방이 이사회 결의가 없음을 알았거나 알 수 있었던 사정은 이를 주장하는 "회사"가 주장 · 입증하여야 할 사항에 속하므로 특별한 사정이 없는 한 거래상대방으로서는 회사의 대표자가 거래에 필요한 회사의 내부절차는 마쳤을 것으로 신뢰하였다고 보는 것이 일

가 이사와 회사 간의 거래로서 이사회의 승인이 필요하다는 점과 이사회의 승인을 얻지 못하였다는 사정을 알 수 있었음에도 불구하고, 만연히 이사회의 승인을 얻은 것으로 믿는 등 거래통념상 요구되는 주의의무에 현저히 위반하는 것으로서 공평의 관점에서 제3자를 구태여 보호할 필요가 없다고 봄이 상당하다고 인정되는 상태를 말한다).

17. 민법 제124조(자기계약, 쌍방대리): [대리인은 본인의 허락이 없으면 본인을 위하여 자기와 법률행위를 하거나 동일한 법률행위에 관하여 당사자 쌍방을 대리하지 못한다. 그러나 채무의 이행은 할 수 있다].

18. 이러한 후문의 규정은, 이사회의 추인(사후승인)이 가능하다는 논거로 활용되고 있다. 대법원 2007. 5. 10. 선고 2005다4284 판결(상법 제398조 전문이 이사와 회사 사이의 거래에 관하여 이사회의 승인을 얻도록 규정하고 있는 취지는, 이사가 그 지위를 이용하여 회사와 거래를 함으로써 자기 또는 제3자의 이익을 도모하고 회사 나아가 주주에게 불측의 손해를 입히는 것을 방지하고자 함에 있는바, 이사회의 승인을 얻은 경우 민법 제124조의 적용을 배제하도록 규정한 상법 제398조 후문의 반대해석상 이사회의 승인을 얻지 아니하고 회사와 거래를 한 이사의 행위는 일종의 무권대리인의 행위로 볼 수 있고 무권대리인의 행위에 대하여 추인이 가능한 점에 비추어 보면, 상법 제398조 전문이 이사와 회사 사이의 이익상반거래에 대하여 이사회의 사전 승인만을 규정하고 사후 승인을 배제하고 있다고 볼 수는 없다).

19. 대법원 1984. 12. 11. 선고 84다카1591 판결(가. 상법 제398조에서 말하는 거래에는 이사와 회사 사이에 직접 성립하는 이해상반하는 행위뿐만 아니라 이사가 회사를 대표하여 자기를 위하여 자기개인 채무의 채권자인 제3자와의 사이에 자기개인채무의 연대보증을 하는 것과 같은 이사개인에게 이익이 되고 회사에 불이익을 주는 행위도 포함하는 것이라 할 것이므로 별개 두 회사의 대표이사를 겸하고 있는 자가 어느 일방 회사의 채무에 관하여 나머지 회사를 대표하여 연대보증을 한 경우에도 역시 상법 제398조의 규정이 적용되는 것으로 보아야 한다. 나. 별개 두 회사의 대표이사를 겸하고 있는 자가 어느 일방 회사의 채무에 관하여 타회사를 대표하여 연대보증을 한 경우, 회사가 위 거래가 이사회의 승인을 얻지 못하여 무효라는 것을 거래의 상대방인 제3자에게 주장하기 위해서는 거래의 안전과 선의의 제3자를 보호할 필요상 이사회의 승인을 얻지 못하였다는 것 외에 거래의 상대방인 제3자가 이사회의 승인 없음을 알았다는 사실을 주장 · 입증하여야만 한다); 대법원 1996. 1. 26. 선고 94다42754 판결(주식회사의 대표이사가 이사회의 결의를 거쳐야 할 대외적 거래행위에 관하여 이를 거치지 아니한 경우라도 이와 같은 이사회 결의사항은 회사의 내부적 의사결정에 불과하다 할 것이므로 그 거래 상대방이 그와 같은 이사회 결의가 없었음을 알았거나 알 수 있었을 경우가 아니라면 그 거래행위는 유효하다 할 것이고, 이 경우 거래의 상대방이 이사회의 결의가 없었음을 알았거나 알 수 있었음은 이를 주장하는 회사측이 주장 · 입증하여야 한다).

반 경험칙에 부합하는 해석이라 할 것이다.[20]

본 사례에 관하여 검토컨대, 본건 연대보증행위 당시 그에 관한 D사의 이사회 결의가 없었음이 확인되고 있고, 위에서 살펴본 대법원판례의 입장들에 따르면 특별한 사정이 없는 한 그 거래상대방인 S보험회사가 이사회 결의가 없었음을 알았거나 중대한 과실로 알지 못했다는 점에 대한 D사의 주장 · 입증은 성공하지 못할 것으로 보이므로(즉, S보험회사가 이용상에게 납세보증보험증권의 발급조건으로 D사 회사의 연대보증을 요구하였다는 점을 주장 · 입증한 것만으로는 부족할 것임), 결국 D사가 본건 연대보증이 이사회 결의 없는 이사의 자기거래이므로 무효라고 주장하여 본건 연대보증금에 대하여 S보험회사에게 부당이득반환을 청구할 수는 없을 것이다.[21]

〖설문 3〗 사용자책임

(1) 문제의 소재

D사는, S보험회사의 담당직원이 납세보증보험 인수 업무를 처리하면서 이용상에게 적극적으로 D사의 연대보증을 종용함으로써 이용상의 D사에 대한 업무상배임행위를 공모하였거나 방조하였으므로, S보험회사는 위 직원의 사용자로서 위 직원의 불법행위(민법 제750조)에 대하여 사용자책임(민법 제756조)을 부담하여야 한다고 주장하여, 본건 연대보증금과 동일한 금액의 손해배상을 청구할 수 있는지의 여부가 문제된다.

---

20. 대법원 1990. 12. 11. 선고 90다카25253 판결(골프장 및 부대시설을 이용할 수 있는 권리자들로 모집 구성된 골프클럽의 업무도 골프장을 운영하는 피고 주식회사의 영업에 관한 것이라고 보아야 할 것인바, 회사의 업무에 관하여 포괄적 대표권을 가진 대표이사가 설사 대표권에 터잡지 아니하고 원고에게 입회를 권유하고 입회금을 받은 다음 회원증을 발급하였다고 하더라도 골프클럽의 입회절차나 자격요건은 회사내부의 준칙에 지나지 아니한다고 할 것이므로 거래상대방인 원고가 이를 알았거나 알 수 있었다는 특별한 사정이 없는 한 그 거래행위는 유효하여 원고는 회원자격을 취득한 것이라고 보아야 할 것이고, 또한 원고로서는 피고회사의 대표이사의 권유를 받고 소정의 입회금을 납부한 후 피고회사 대표이사 명의로 된 영수증과 회원증 등을 교부받은 이상 특별한 사정이 없는 한 내부절차는 피고회사가 다 마쳤으리라고 신뢰하였다고 보는 것이 경험법칙에도 합치된다).

21. 이상의 결론에 대해서는 본 사례에 관한 대법원 2005. 5. 27. 선고 2005다480 판결 참조.

(2) 설문의 해결

민법 제756조(사용자의 배상책임)는 다음과 같이 규정하고 있는바, 먼저 관련 법리를 살펴본다.

제1항: 타인을 사용하여[22] 어느 사무[23]에 종사하게 한 자는 피용자가 그 사무집행에 관하여[24] 제3자[25]에게 가한 손해[26]를 배상할 책임이 있다. 그러나 사용자가 피용자의 선임 및 그 사무감독에 상당한 주의를 한 때 또는 상당한 주의를 하여도 손해가 있을 경우[27]에는 그러하지 아니하다.

제2항: 사용자에 갈음하여 그 사무를 감독하는 자도 전항의 책임이 있다.

제3항: 전2항의 경우에 사용자 또는 감독자는 피용자에 대하여 구상권[28]을 행사할 수 있다.

---

22. 실질적으로 지휘 · 감독하는 관계에 있어야 한다. 대법원 1999. 10. 12. 선고 98다62671 판결(… 중간 생략 … 사용자책임이 성립하려면 사용자와 불법행위자 사이에 사용관계, 즉 사용자가 불법행위자를 실질적으로 지휘 · 감독하는 관계에 있어야 한다).

23. "사무"의 개념은 폭넓게 인정된다. 대법원 1989. 10. 10. 선고 89다카2278 판결(민법 제756조가 규정하고 있는 사용자책임의 요건으로서의 사용자의 사무라 함은 법률적 · 계속적인 것에 한하지 않고 사실적 · 일시적 사무라도 무방한 것이므로 … 이하 생략 …).

24. 사무집행관련성은 외형이론에 따른다. 대법원 1984. 2. 28. 선고 82다카1875 판결(민법 제756조 소정의 "피용자가 그 사무집행에 관하여"라 함은 사용자의 사업집행 자체 또는 이에 필요한 행위뿐만 아니라 이에 상당한 견련관계에 있는 행위도 포함되는 것이고, 또 피용자가 사용자의 이익을 도모할 의사 없이 사리를 취하기 위하여 그 권한을 남용하여 한 행위라도 외형상 피용자의 직무범위에 속한다고 볼 수 있는 경우에는 이에 포함된다고 할 것이다).

25. 피해자에게 고의 또는 중과실이 있으면 피해자는 본조에 따른 책임을 청구할 수 없다. 대법원 2003. 1. 10. 선고 2000다34426 판결(피용자의 불법행위가 외관상 사무집행의 범위 내에 속하는 것으로 보이는 경우에도 피용자의 행위가 사용자나 사용자에 갈음하여 그 사무를 감독하는 자의 사무집행 행위에 해당하지 않음을 피해자 자신이 알았거나 또는 중대한 과실로 알지 못한 경우에는 사용자 또는 사용자에 갈음하여 그 사무를 감독하는 자에 대하여 사용자책임을 물을 수 없다 할 것인데, … 이하 생략 …).

26. 사용자책임이 성립하려면, 피용자의 제3자에 대한 민법 제750조 소정의 불법행위책임 요건을 충족해야 한다. 대법원 1981. 8. 11. 선고 81다298 판결(책임무능력자(국민학교 1학년생)의 대리감독자(담임교사)에게 민법 제755조 제2항에 의한 배상책임이 있다고 하여 위 대리감독자의 사용자 또는 사용자에 갈음한 감독자(위 학교를 설립 경영하는 지방자치단체)에게 당연히 민법 제756조에 의한 사용자책임이 있다고 볼 수는 없으며, 책임무능력자의 가해행위에 관하여 그 대리감독자에게 고의 또는 과실이 인정됨으로써 별도로 불법행위의 일반 요건을 충족한 때에만 위 대리감독자의 사용자 또는 사용자에 갈음한 감독자는 민법 제756조의 사용자책임을 지게 된다) ; 민법 제750조(불법행위의 내용): [고의 또는 과실로 인한 위법행위로 타인에게 손해를 가한 자는 그 손해를 배상할 책임이 있다].

27. 이 점에 대해서는 사용자가 주장 및 입증책임을 부담한다. 대법원 1998. 5. 15. 선고 97다58538 판결(민법 제756조 제1항 및 제2항의 책임에 있어서 사용자나 그에 갈음하여 사무를 감독하는 자는 그 피용자의 선임과 사무감독에 상당한 주의를 하였거나 상당한 주의를 하여도 손해가 있을 경우에는 손해

위에서 살펴본 것처럼 S보험회사의 사용자책임(민법 제756조)이 성립하려면 S보험회사의 담당직원의 불법행위(민법 제750조)가 성립될 것이 요구되므로, S보험회사의 담당직원의 불법행위(민법 제750조)가 성립되는지 여부를 살펴보기로 한다.

검토컨대, 본 사례의 경우에, "이용상 외 2인"은 삼성세무서에 상속세 연부연납 허가를 받는 데 필요한 담보를 제공할 목적으로, S보험회사에게 납세보증보험증권의 발급을 청약하였는데, S보험회사의 담당직원은 인수등급을 "C급"이라고 판단하고 회사내부의 심사기준에 따라 D사의 연대보증 등이 있어야 납세보증보험계약의 체결이 가능하다고 알려주면서 납세보증보험의 체결요건으로서 D사의 연대보증이 필요하다고 요구한 사실은 있다.

그러나 S보험회사가 이용상으로부터 D사의 연대보증의사가 기재되어 있는 2001. 5. 19.자 이사회의사록을 제출받아 납세보증보험증권을 발급한 점 및 D사의 연대보증행위가 D사의 목적을 수행하는 데 있어 간접적으로 필요한 행위라는 점 등을 종합하여 보면, S보험회사가 이용상에게 납세보증보험의 체결 요건으로서 D사의 연대보증이 필요하다고 요구하였다는 사정만으로는 이용상이 D사의 이사회결의 없이 임의로 위 연대보증을 하여 D사에 대한 업무상 배임행위를 한 것에 S보험회사의 직원이 공모하였다거나 이를 방조하였다고 평가할 수는 없고, 본 사례의 사실관계상 달리 이를 인정할 만한 증거도 없으므로, S보험회사의 담당직원의 불법행위(민법 제750조)는 성립하지 않았고, 결국 D사가 S보험회사의 직원에 대한 사용자책임(민법 제756조)을 주장하여 S보험회사에게 본건 연대보증금과 동일한 금액의 손해배상을 청구할 수는 없다고 할 것이다.[29]

배상의 책임이 없으나, 이러한 사정은 사용자 등이 주장 및 입증을 하여야 한다).

28. 그러나 신의칙상 구상권행사가 허용되지 않는 경우가 있다. 대법원 1994. 12. 13. 선고 94다17246 판결(가. 일반적으로 사용자가 피용자의 업무수행과 관련하여 행해진 불법행위로 인하여 직접 손해를 입었거나 그 피해자에게 사용자로서의 손해배상책임을 부담한 결과로 손해를 입게 된 경우에 있어서 사용자는 그 사업의 성격과 규모, 시설의 현황, 피용자의 업무내용, 근로조건이나 근무태도, 가해행위의 상황, 가해행위의 예방이나 손실의 분산에 관한 사용자의 배려 정도, 기타 제반 사정에 비추어 손해의 공평한 분산이라는 견지에서 신의칙상 상당하다고 인정되는 한도 내에서만 피용자에 대하여 그 구상권을 행사할 수 있다고 보아야 할 것이다. 나. 사용자와 피용자 쌍방의 과실의 경중, 곤돌라 기사인 피용자의 근무조건과 그러한 근무조건이 사고발생에 미친 영향의 정도, 피해자가 사고를 당하게 된 경위, 사용자의 노무자에 대한 인력관리상황, 사고 후 피용자가 실형을 복역한 후 현재 면직되어 있음에 반하여, 사용자는 국내 유수의 공동주택관리업체로서의 지위를 그대로 유지하고 있는 점 등 제반 사정을 참작하여 사용자의 피용자에 대한 구상권 행사가 신의칙에 반하여 허용되지 아니한다고 한 사례).

29. 이상의 결론에 대해서는 본 사례에 관한 대법원 2005. 5. 27. 선고 2005다480 판결 참조.

[사례 15]

설립 중의 회사

다음과 같은 사실관계 하에서, 아래의 각 질의에 대해 답하시오.[1]

(1) 1979. 5. 7.(도시계획사업 인가)

충청남도는 C시에게 중소기업시범공단(이하, "본건 공단") 조성을 위해 일단의 공업용지를 조성하기 위한 도시계획사업을 실시할 것을 인가하였다.

(2) 그 후, 1979. 5경(C사단법인과 C시의 명의신탁계약 체결)[2]

C사단법인과 C시는, 위 사업에 관하여 실질적으로는 C사단법인이 사업시행자가 되어야 할 것이지만 행정, 세무, 금융 등의 편의를 위하여 C시를 사업시행자로 하기로 하고, 위 공단용지에 편입될 토지의 매입자금은 C사단법인이 부담하되 소유권 명의는 C시 명의로 하되, 향후에 어떠한 사정으로 인하여 위 사업에 필요하지 않은 토지가 생기는 경우에 그러한 토지에 대해서는 양 당사자 사이에 명의신탁하는 것으로 간주한다는 내용으로 협약을 체결하였다.

(3) 그 후(C시 명의로 소유권이전등기 경료)

C사단법인은 위 공단용지 매입의 일환으로 일정한 토지들을 일정한 매도인들로부터 매수하였는데, 1981. 5. 29. 충청남도가 위 사업내용이 일부변경하는 등의 사정으로 공단부지 면적이 축소됨에 따라 위 공단용지 조성에 필요한 토지는 그러한 매수 토지들 중

---

1. 본 사례는 대법원 1994. 1. 28. 선고 93다50215 판결을 기초로 하여 작성된 것이다.

2. 부동산의 명의신탁에 대해서는, 1995년 7월 1일부터 "부동산 실권리자명의 등기에 관한 법률"이 시행되고 있는바, 동법 제4조(명의신탁약정의 효력)는 [제1항: 명의신탁 약정은 무효로 한다. 제2항: 명의신탁 약정에 따른 등기로 이루어진 부동산에 관한 물권변동은 무효로 한다. 다만, 부동산에 관한 물권을 취득하기 위한 계약에서 명의수탁자가 어느 한쪽 당사자가 되고 상대방 당사자는 명의신탁약정이 있다는 사실을 알지 못한 경우에는 그러하지 아니하다. 제3항: 제1항 및 제2항의 무효는 제3자에게 대항하지 못한다]고 규정하고 있다. 그러나 본 사례는 "부동산 실권리자명의 등기에 관한 법률"이 시행되기 이전의 사례이므로 동법과는 관련이 없다는 것을 전제로 하고 있다.

에서 일부에 불과하여 그 일부의 토지들에 대해서만 C시 명의로 소유권이전등기를 경료하면 족한 것이었음에도 불구하고, 측량, 분할 등의 복잡한 절차를 피하는 등의 필요에서 C시와의 합의 아래 매수토지 전부를 C시 명의로 소유권이전등기를 경료하였다.

(4) 1982. 11. 30.(C사단법인과 이호성의 매매계약 체결)

S주식회사(이하, "S사")의 설립을 준비하던 설립준비위원인 이호성은, S사에 대한 정관이 작성되지도 않은 상황에서, 시 명의로 소유권이전등기가 된 토지 중에 본건 공단용지에서 제척되어 필요하지 않게 된 토지들(이하, "본건 토지")를 이호성이 C사단법인으로부터 매수하는 내용으로 매매계약서(이하, "본건 매매계약서")를 체결하였고 매매대금도 전액 지급하였다.

(5) 1983. 4. 16.(S사의 설립 및 매수인지위 변경)

S사가 1983. 4. 16. 대표이사를 이호성으로 하여 설립등기되었고, 그 후 이호성은 S사 내부의 적법한 절차를 거치고 C사단법인과 협의하여 본건 매매계약서상의 매수인 지위를 이호성으로부터 S사로 변경하는 내용으로 합의서(이하, "본건 합의서")를 체결하였다.

(6) 그 후(S사의 채권자대위소송 제기 및 소장 부본 송달)

S사는 본건 토지와 관련하여 C사단법인에 대한 소유권이전등기청구권을 보전하기 위하여 C사단법인을 대위하여 C시를 피고로 하여 "C사단법인과 C시 간의 본건 토지에 대한 명의신탁약정을 해지하고 C사단법인에게 본건 토지에 대한 소유권이전등기를 해줄 것을 요구"하는 내용의 채권자대위소송을 제기하였고(이하, "본건 채권자대위소송"), 이러한 내용을 기재한 소장 부본이 1990. 12. 27. C시에게 송달되었다.

설문 1 본건 매매계약서의 체결은 사법상 유효한가?

설문 2 본건 합의서의 체결로 S사는 C사단법인과의 관계에서 본건 토지에 대한 매수인지위를 취득하는가?

설문 3 이호성이 C사단법인에게 가지는 본건 토지에 대한 소유권이전등기청구권을 S사에게 양도하는 경우, 어떠한 요건을 구비해야 S사는 C사단법인에게 본건 토지에 대한 소유권이전등기청구권의 취득을 주장할 수 있는가?

설문 4 S사는 본건 채권자대위소송에서 승소할 수 있는가?

[설문 1] 명의신탁자의 매도행위

(1) 문제의 소재

1982. 11. 30. 명의신탁자인 C사단법인은 명의수탁자인 C시 명의로 소유권이전등기 경료된 본건 토지를 S사의 설립을 준비하던 설립준비위원인 이호성에게 매도하는 내용으로 본건 매매계약서를 체결하였고 이호성으로부터 매매대금도 전액 수령하였다.[3] 이와 같이 대외적으로 명의수탁자(C시)의 명의로 소유권등기가 되어 있고 자신 명의로 소유권등기가 되어 있지 않는 명의신탁자(C사단법인)가 그 명의신탁의 대상 부동산을 타인(이호성)에게 매도하는 내용으로 계약을 체결한다면 그러한 매매계약서는 사법상 유효한지가 문제된다.

(2) 설문의 해결

민법 제569조 내지 제571조는 타인의 권리의 매매와 관련하여 다음과 같이 규정하고 있는바, 먼저 관련 법리를 살펴본다.

민법 제569조(타인의 권리의 매매)[4]
매매의 목적이 된 권리가 타인에게 속한 경우에는 매도인은 그 권리를 취득하여 매수인에게 이전하여야 한다.[5]

---

3. 다시 한번, 본 사례는 "부동산 실권리자명의 등기에 관한 법률"이 시행되기 이전의 사례이므로 동법과는 관련이 없다는 것을 전제로 하고 있음을 밝혀둔다.

4. 본조의 타인의 권리의 매매에 해당하는지와 관련하여 대법원은 첫째, 매수인이 매수부동산을 이전등기하지 않은 채 전매하는 것은 긍정하는 판례 및 부정하는 판례가 혼동되어 있고, 둘째, 명의신탁자가 명의신탁 부동산을 매도하는 것은 부정하고 있으며, 셋째, 낙찰자가 낙찰대금의 납부 전에 낙찰 부동산을 매도하는 것은 긍정하고 있다. 대법원 1982. 1. 26. 선고 81다528 판결(피고가 매수부동산을 이전등기하지 아니한 채 원고에게 전매한 경우는 타인의 권리의 매매라고 할 것이고, 원고가 피고의 위 전매사실을 알고, 매매계약을 체결하였다면 원고는 이건 부동산의 소유권이 피고에게 속하지 아니함을 알고 있었다고 할 것이다) ; 대법원 1996. 4. 12. 선고 95다55245 판결(원심이 적법하게 확정한 사실과 같이 피고가 소외 김형옥의 이름으로 소외 주식회사 금진기업으로부터 이 사건 오피스텔을 분양받은 후 그 소유권이전등기를 하지 아니한 채 원고에게 이를 매도하였다면, 그 매도인인 피고는 이 사건 오피스텔을 사실상 처분할 수 있을 뿐 아니라 법률상으로도 처분할 수 있는 권원에 의하여 원고에게 매도한 것이므로 이를 민법 제569조 소정의 타인의 권리의 매매에 해당한다고 해석할 수는 없다 할 것인바, 같은 취지의 원심판

민법 제570조(동전-매도인의 담보책임)

전조의 경우에 매도인이 그 권리를 취득하여 매수인에게 이전할 수 없는[6,7] 때에는 매수인은 계약을 해제할 수 있다. 그러나 매수인이 계약 당시 그 권리가 매도인에게 속하지 아니함을 안 때에는 손해배상[8,9]을 청구하지 못한다.

결은 옳고) ; 대법원 1996. 8. 20. 선고 96다18656 판결(명의신탁한 부동산을 명의신탁자가 매도하는 경우에 명의신탁자는 그 부동산을 사실상 처분할 수 있을 뿐 아니라 법률상으로도 처분할 수 있는 권원에 의하여 매도한 것이므로 이를 민법 제569조 소정의 타인의 권리의 매매라고 할 수 없다) ; 대법원 2008. 8. 11. 선고 2008다25824 판결[낙찰대금의 납부 전에 체결한 낙찰받은 부동산의 매매계약이 민법 제569조에 정한 타인의 권리의 매매에 해당하는지 여부(적극)].

5. 타인의 권리를 매매한 경우도 매매당사자 사이에서 사법상 유효하고, 다만 기망행위에 해당하는 경우에는 민법 제110조에 의한 취소는 가능하다. 대법원 1993. 8. 24. 선고 93다24445 판결(민법 제569조, 제570조에 비추어 보면, 양도계약의 목적물이 타인의 권리에 속하는 경우에 있어서도 그 양도계약은 계약당사자간에 있어서는 유효하고, 그 양도계약에 따라 양도인은 그 목적물을 취득하여 양수인에게 이전하여 줄 의무가 있다). 민법 제110조(사기, 강박에 의한 의사표시) 제1항: [사기나 강박에 의한 의사표시는 취소할 수 있다].

6. 객관적 불능에 한정되지 않고 넓게 해석된다. 대법원 1982. 12. 28. 선고 80다2750 판결(민법 제570조는 타인의 권리매매에 있어서 매수인보호를 위한 규정으로 여기의 이른바 소유권의 이전불능은 채무불이행에 있어서와 같은 정도로 엄격하게 해석할 필요는 없고 사회통념상 매수인에게 해제권을 행사시키거나 손해배상을 구하게 하는 것이 형평에 타당하다고 인정되는 정도의 이행장애가 있으면 족하고 반드시 객관적 불능에 한하는 엄격한 개념은 아니다).

7. 소유권의 이전불능이 "오로지 매수인의 귀책사유"에 기인한 경우에는, 매도인은 본조에 따른 하자담보책임을 지지 않는다. 대법원 1979. 6. 26. 선고 79다564 판결(타인의 권리매매에 있어 매도인의 목적물을 매수인에게 이전할 수 없게 된 것이 오직 매수인의 귀책사유에 기인한 경우에는 매도인은 민법 제569조 하자담보책임을 지지 않는다).

8. 손해액 산정의 기준시점은 매도인의 소유권이전의무의 "이행불능 당시"이다. 대법원 1993. 4. 9. 선고 92다25946 판결(부동산을 매수하고 소유권이전등기까지 넘겨받았지만 진정한 소유자가 제기한 등기말소청구소송에서 매도인과 매수인 앞으로 된 소유권이전등기의 말소를 명한 판결이 확정됨으로써 매도인의 소유권이전의무가 이행불능된 경우, 그 손해배상액 산정의 기준시점은 위 판결이 확정된 때이다) ; 대법원 1967. 5. 18. 선고 66다2618 전원합의체 판결(타인의 권리를 매매한 자가 권리이전을 할 수 없게 된 때에는 매도인은 선의의 매수인에 대하여 불능 당시의 시가를 표준으로 그 계약이 완전히 이행된 것과 동일한 경제적 이익을 배상할 의무가 있다).

9. 따라서 매수인이 알지 못한 경우라면 매도인은 매수인에게 손해배상을 해야 하는데, 그 배상액은 이행이익이고, 매수인이 알지 못한 것에 대하여 과실이 있는 경우에는 매도인의 손해배상액수에서 과실상계된다. 대법원 1967. 5. 18. 선고 66다2618 전원합의체 판결(매매의 목적이 된 권리가 타인에게 속한 경우에 매도인이 그 권리를 취득하여 매수인에게 이전할수 없을 때에는 매매의 목적이 된 권리가 매도인에게 속하지 아니함을 알지 못한 매수인이 매도인에 대하여 손해배상을 청구함에는 매도인은 계약이 완전히 이행된 것과 동일한 경제적 이익을 배상함이 상당할 것임으로 그 손해는 매수인이 입은 손해뿐만 아니라 얻을 수 있었던 이의의 상실도 포함된다고 해석할 것이다) ; 대법원 1971. 12. 21. 선고 71다218 판결(타인의 물건의 매매에 있어서, 매수인이 그 물건의 소유권이 매도인에게 속하지 아니함을 알지 못한 것이 매수인의 과실에 기인한 경우에는 매도인의 배상액을 산정함에 있어서 이를 참작하여야 한다).

민법 제571조(동전-선의의 매도인의 담보책임)[10]

제1항: 매도인이 계약 당시에 매매의 목적이 된 권리가 자기에게 속하지 아니함을 알지 못한 경우에 그 권리를 취득하여 매수인에게 이전할 수 없는[11] 때에는 매도인은 손해를 배상하고 계약을 해제할 수 있다.

제2항: 전항의 경우에 매수인이 계약 당시 그 권리가 매도인에게 속하지 아니함을 안 때에는 매도인은 매수인에 대하여 그 권리를 이전할 수 없음을 통지하고 계약을 해제할 수 있다.

검토컨대, 명의신탁자가 명의신탁한 부동산을 매도하는 경우, 명의신탁자는 그 부동산을 사실상 처분할 수 있을 뿐 아니라 법률상으로도 처분할 수 있는 권원에 의하여 매도한 것이므로 이를 민법 제569조 소정의 타인의 권리의 매매라고 할 수 없는바,[12] 본건 매매계약서의 경우에는 대외적으로 명의수탁자(C시)의 명의로 소유권등기가 되어 있고 자신 명의로 소유권등기가 되어 있지 않는 본건 토지를 명의신탁자(C사단법인)가 타인(이호성)에게 매도하는 것이므로, 결국 민법 제569조 소정의 타인의 권리의 매매라고 할 수 없어서, 본건 매매계약서가 사법상 유효하다는 점은 분명하다고 할 것이다(설령, 매매계약의 목적물이 타인의 권리에 속하는 경우에 있어서도 그 매매계약은 계약당사자간에 있어서는 유효하고, 그 매매계약에 따라 매도인은 그 목적물을 취득하여 매수인에게 이전하여 줄 의무가 있다는 점은 앞서 살펴본 바와 같다).[13]

---

10. 본조에 따른 해제의 효과도 일반적인 해제의 경우와 동일하다. 대법원 1993. 4. 9. 선고 92다25946 판결[민법 제571조의 취지는 선의의 매도인에게 무과실의 손해배상책임을 부담하도록 하면서 그의 보호를 위하여 특별히 해제권을 부여한다는 것인바, 그 해제의 효과에 대하여 특별한 규정은 없지만 일반적인 해제와 달리 해석할 이유가 없다 할 것이므로 매도인은 매수인에게 손해배상의무를 부담하는 반면에 매수인은 매도인에게 목적물을 반환하고 목적물을 사용하였으면 그 사용이익을 반환할 의무를 부담한다 할 것이다(매도인이 목적물에 관하여 사용권한을 취득하지 아니하고 따라서 매수인이 반환한 사용이익을 궁극적으로 정당한 권리자에게 반환하여야 할 입장이라 하더라도 아무런 영향이 없다)].
11. "전부"불능만을 의미하고 "일부"불능의 경우는 제외된다. 대법원 2004. 12. 9. 선고 2002다33557 판결(민법 제571조 제1항은 선의의 매도인이 매매의 목적인 권리의 전부를 이전할 수 없는 경우에 적용될 뿐 매매의 목적인 권리의 일부를 이전할 수 없는 경우에는 적용될 수 없고, 마찬가지로 수개의 권리를 일괄하여 매매의 목적으로 정하였으나 그중 일부의 권리를 이전할 수 없는 경우에도 위 조항은 적용될 수 없다).
12. 대법원 1996. 8. 20. 선고 96다18656 판결.
13. 대법원 1993. 8. 24. 선고 93다24445 판결.

【설문 2】 설립 중의 회사 / 계약인수

(1) 문제의 소재

설립 중의 회사라 함은 주식회사의 설립과정에서 발기인(incorporator, promoter)[14]이 회사의 설립을 위하여 필요한 행위로 인하여 취득하게 된 권리의무가 회사의 설립과 동시에 그 설립된 회사에 귀속되는 관계를 설명하기 위한 강학상의 개념이다.[15]

따라서 만약에 형식적으로 이호성이 본건 매매계약서의 매수인이 되어 C사단법인과 본건 매매계약서를 체결한 시점이 S사가 설립 중의 회사라고 볼 수 있는 시점이었다면 S사의 설립과 동시에 본건 매매계약서를 체결한 것에 따른 법률효과가 S사에게 귀속이 될 것이나, 만약에 S사가 설립 중의 회사라고 볼 수 있는 시점이 아니었다면, 본건 매매계약서를 체결한 것에 따른 법률효과가 S사에게 귀속시키기 위해서는 어떠한 행위가 더 필요한 것인지, 예컨대 1983. 4. 16. 대표이사를 이호성으로 하여 설립등기된 이후에 이호성이 S사 내부의 적법한 절차를 거치고 C사단법인과 협의하여 본건 매매계약서상의 매수인 지위를 이호성으로부터 S사로 변경하는 내용으로 본건 합의서를 체결한 것으로 충분한 것인지가 문제된다.

---

14. 회사설립을 기획하고 그 절차를 주관하는 자를 말하나, 법적인 권한, 책임은 정관에 발기인으로 기재되고 기명날인(서명)한 자에 한정되므로, 결국 현실적으로 발기인의 존재는 모든 회사설립절차에 선행하나, 이론상으로는 정관작성과 동시에 생겨난다. 이철송, 『회사법강의』, 제173면. 상법 제288조(발기인): [주식회사를 설립함에는 발기인이 정관을 작성하여야 한다] ; 동법 제289조(정관의 작성, 절대적 기재사항): [제1항: 발기인은 정관을 작성하여 이에 다음의 사항을 기재하고 각 발기인이 기명날인 또는 서명하여야 한다. 8. 발기인의 성명 · 주민등록번호 및 주소].

15. 대법원 1990. 12. 26. 선고 90누2536 판결(설립 중의 회사라 함은 주식회사의 설립과정에 있어서 발기인이 회사의 설립을 위하여 필요한 행위로 인하여 취득하게 된 권리의무가 회사의 설립과 동시에 그 설립된 회사에 귀속되는 관계를 설명하기 위한 강학상의 개념으로서 정관이 작성되고 발기인이 적어도 1주 이상의 주식을 인수하였을 때 비로소 성립하는 것이고, 이러한 설립 중의 회사로서의 실체가 갖추어지기 이전에 발기인이 취득한 권리, 의무는 구체적 사정에 따라 발기인 개인 또는 발기인조합에 귀속되는 것으로서 이들에게 귀속된 권리, 의무를 설립 후의 회사에 귀속시키기 위하여는 양수나 채무인수 등의 특별한 이전행위가 있어야 할 것인바, 원고앞으로 소유권이전등기가 마쳐진 이 사건 토지에 관하여 원고가 발기인이던 회사의 장부에 원고가 토지매입자금을 입금하여 회사자금으로 이 사건 토지를 매입한 것으로 기재되었다거나 설립등기 후에 위 토지의 정지작업을 하였다는 사실만으로는 위 회사가 원고로부터 위 토지의 매수인으로서의 지위를 인수하였다고 보기는 어렵다고 할 것이다).

(2) 설문의 해결

검토컨대, 설립 중의 회사는 정관이 작성되고 발기인이 적어도 1주 이상의 주식을 인수하였을 때 비로소 성립하는 것이고,[16,17] 이러한 설립 중의 회사로서의 실체가 갖추어지기 이전에 발기인이 취득한 권리, 의무는 구체적 사정에 따라 발기인 개인 또는 발기인 조합에 귀속되는 것으로서 이들에게 귀속된 권리의무를 설립 후의 회사에 귀속시키기 위하여는 채권양도나 채무인수 등의 특별한 이전행위가 있어야 한다.

그런데 본 사례의 경우에는 본건 매매계약서를 체결한 시점이 S사에 대한 정관이 작성되지도 않은 상황이므로 S사가 설립 중의 회사라고 볼 수 있는 시점이 아니었고, 결국 이호성 개인이 본건 매매계약서 체결에 따라 취득한 본건 토지에 권리, 의무가 설립 후의 회사인 S사에 귀속되기 위해서는 채권양도 등의 특별한 이전행위가 있어야 하는데, 본 사례의 경우에는 본건 매매계약서의 당사자들인 매도인(C사단법인), 매수인(이호성), 계약인수인(S사)이 상호협의하여 계약인수[18]에 관한 합의인 본건 합의서를 체결하였고, 이러한 체결 경위에 대해서 S사의 대표이사인 이호성이 S사

---

16. 대법원 1985. 7. 23. 선고 84누678 판결(설립 중의 회사라 함은 설립등기 이전에 어느 정도 실체가 형성된 미완성의 회사를 말하는 강학상의 개념으로서 이는 정관이 작성되고 발기인이 1주 이상의 주식을 인수하였을 때 비로소 성립한다) ; 대법원 2000. 1. 28. 선고 99다35737 판결(설립 중의 회사가 성립하기 위해서는 정관이 작성되고 발기인이 적어도 1주 이상의 주식을 인수하였을 것을 요건으로 한다) ; 대법원 1990. 11. 23. 선고 90누2734 판결(원고 회사가 회사 설립단계에서 이 사건 토지를 매수하였다고 하려면 매수 당시 적어도 정관을 작성하고 발기인이 1주 이상의 주식을 인수하는 등 설립 중의 회사로서의 실체를 갖추었는지 여부를 심리 확정하여야 한다).

17. 다만, 학설상으로는 설립 중의 회사의 성립시점에 대하여, 정관작성시라는 견해, 발행주식총수가 인수된 때라는 견해 등도 제시되고 있다. 이철송, 『회사법강의』, 제177면.

18. 이와 같이 특정 계약(본 사례의 경우에는 본건 매매계약서)에 있어서 계약당사자 지위(본 사례의 경우에는 매수인 지위)를 이전하는 것을 계약인수라고 하는데, 민법상 명문의 규정은 없지만 계약자유원칙, 사법자치원칙상 당연히 허용된다. 대법원 1996. 9. 24. 선고 96다25548 판결(이른바 계약상 지위의 양도·양수, 계약인수 또는 계약가입 등은 민법상 명문의 규정이 없다고 하더라도 그 같은 계약이 인정되어야 할 것임은 계약 자유, 사법자치의 원칙에 비추어 당연한 귀결이나, 그 태양에 따라서 요건과 그 효과가 각기 다를 수 있어 이는 구체적 약관의 내용에 따라 해석하여야 한다) ; 대법원 1987. 9. 8. 선고 85다카733,734 판결(가. 계약당사자로서의 지위의 승계를 목적으로 하는 계약인수는 그로부터 발생하는 채권채무의 이전 외에 그 계약관계로부터 생기는 해제권 등 포괄적 권리의무의 양도를 포함하는 것으로서 그 계약은 양도인과 양수인 및 잔류당사자의 동시적인 합의에 의한 3면계약으로 이루어지는 것이 통상적이라고 할 수 있으나 관계당사자 3인 중 2인의 합의와 나머지 당사자가 이를 동의 내지 승낙하는 방법으로도 가능하다. 나. 위와 같은 계약인수가 적법하게 이루어지면 양도인은 계약관계에서 탈퇴하게 되고 계약인수 후에는 특별한 사정이 없는 한 잔류당사자와 양도인 사이에는 계약관계가 존재하지 않게 되며 그에 따른 채권채무관계도 소멸한다).

내부의 절차를 적법하게 거쳤다.

그렇다면 본건 매매계약서를 체결한 시점에 비록 S사가 설립 중의 회사는 아니어서 설립과 동시에 본건 매매계약서에 따른 권리, 의무가 S사에게 귀속된 것은 아니었지만, 계약인수에 관한 3명의 당사자들 간에 매수인 지위를 이호성에서 S사로 이전하기로 적법하게 합의하였으므로, 결국 S사는 본건 토지에 대한 매수인 지위를 취득하였다고 할 것이다.[19]

참고로, 본건 매매계약서 체결과 매매대금의 전액 지급 시점(1982. 11. 30.) 및 본건 합의서라는 계약인수의 시점(1983. 4. 16. 이후)이 각각 부동산 거래에 있어서 조세포탈과 투기 등을 방지하기 위하여 제정된 부동산등기 특별조치법의 시행일(1990. 9. 1.)의 이전이므로, 본 사례의 경우에는 동법 위반 여부를 검토할 필요가 없을 것이나,[20] 설령 본 사례의 경우에 동법이 적용된다고 가정하더라도 본건 합의서의 체결의 사법상 효력 및 그에 따라 S사가 C사단법인과의 관계에서 본건 토지에 대한 매수인 지위를 취득한다는 것에는 영향을 미치지 못한다고 할 것이다.[21]

---

19. 이상의 결론에 대해서는 본 사례에 관한 대법원 1994. 1. 28. 선고 93다50215 판결 참조.

20. 부동산등기 특별조치법에서는 부동산의 매매와 같이 계약당사자가 서로 대가적인 채무를 부담하는 경우에, 본 사례와 같이 매매대금을 전액 지급한 것과 같이 "반대급부의 이행이 완료된 날" "이후"에 매수인 지위를 이전하는 것과 같은 "계약인수"를 하여 계약상 지위의 양도인에로의 등기를 생략하고 계약인수인에게 직접 등기를 경료하는 것을 금지하고 있고, 만약 이러한 행위에 일정한 "목적"(조세회피, 전매이익취득, 법령제한회피)이 있는 경우에는 형사처벌(징역, 벌금)한다는 규정을 두고 있다. 부동산등기 특별조치법 제2조(소유권이전등기 등 신청의무): [제1항: 부동산의 소유권이전을 내용으로 하는 계약을 체결한 자는 다음 각호의 1에 정하여진 날부터 60일 이내에 소유권이전등기를 신청하여야 한다. 다만, 그 계약이 취소·해제되거나 무효인 경우에는 그러하지 아니하다. 1. 계약의 당사자가 서로 대가적인 채무를 부담하는 경우에는 반대급부의 이행이 완료된 날. 2. 계약당사자의 일방만이 채무를 부담하는 경우에는 그 계약의 효력이 발생한 날. 제2항: 제1항의 경우에 부동산의 소유권을 이전받을 것을 내용으로 하는 계약을 체결한 자가 제1항 각호에 정하여진 날 이후 그 부동산에 대하여 다시 제3자와 소유권이전을 내용으로 하는 계약이나 제3자에게 계약당사자의 지위를 이전하는 계약을 체결하고자 할 때에는 그 제3자와 계약을 체결하기 전에 먼저 체결된 계약에 따라 소유권이전등기를 신청하여야 한다. 제3항: 제1항의 경우에 부동산의 소유권을 이전받을 것을 내용으로 하는 계약을 체결한 자가 제1항 각호에 정하여진 날 전에 그 부동산에 대하여 다시 제3자와 소유권이전을 내용으로 하는 계약을 체결한 때에는 먼저 체결된 계약의 반대급부의 이행이 완료되거나 계약의 효력이 발생한 날부터 60일 이내에 먼저 체결된 계약에 따라 소유권이전등기를 신청하여야 한다] ; 동법 제8조(벌칙): [다음 각호의 1에 해당하는 자는 3년 이하의 징역이나 1억원 이하의 벌금에 처한다. 1. 조세부과를 면하려 하거나 다른 시점간의 가격변동에 따른 이득을 얻으려 하거나 소유권 등 권리변동을 규제하는 법령의 제한을 회피할 목적으로 제2조 제2항 또는 제3항의 규정에 위반한 때].

21. 대법원 1993. 1. 26. 선고 92다39112 판결(부동산등기특별조치법상 조세포탈과 부동산투기 등을 방지

『설문 3』 부동산에 관한 소유권이전등기청구권의 양도

(1) 문제의 소재

본건 토지에 대한 최초의 매수인인 이호성이 매도인(C사단법인)에게 가지는 소유권이전등기청구권을 S사에게 채권양도하는 경우(즉, 본 사례와 같이 계약인수가 아니라 채권양도를 하는 경우)에, 어떠한 요건을 구비해야 S사가 C사단법인에게 본건 토지에 대한 소유권이전등기청구권의 취득을 주장할 수 있는가와 관련하여서는, 이와 같은 부동산매매에 따른 소유권이전등기청구권이라는 형태의 채권의 양도의 경우에는 통상적인 지명채권의 양도의 방식과 다른 법리가 적용되는지의 여부가 문제된다.[22]

하기 위하여 위 법률 제2조 제2항 및 제8조 제1호에서 등기하지 아니하고 제3자에게 전매하는 행위를 일정 목적범위 내에서 형사처벌하도록 되어 있으나 이로써 순차매도한 당사자 사이의 중간생략등기합의에 관한 사법상 효력까지 무효로 한다는 취지는 아니다) ; 대법원 2007. 5. 11. 선고 2006도5560 판결([1] 부동산의 소유권이전을 내용으로 하는 계약을 체결한 자가 반대급부의 이행이 완료되기 전에 제3자에게 계약당사자의 지위를 이전하는 계약을 체결한 경우에는 먼저 체결된 계약에 따라 소유권이전등기신청을 하여야 할 의무가 없고, 따라서 부동산등기 특별조치법 제8조 제1호, 제2조 제3항 위반죄가 성립할 수 없다. [2] 부동산등기 특별조치법 소정의 계약당사자의 지위를 이전하는 계약은 계약당사자 중 일방이 당사자로서의 지위를 포괄적으로 제3자에게 이전하여 계약관계에서 탈퇴하고 제3자가 그 지위를 승계하는 것을 목적으로 하는 계약을 말하는 것으로, 승계되는 계약관계상의 대금 등과는 별도로 지위이전에 따른 대가로서 웃돈 내지 프리미엄의 명목으로 금원이 수수되고, 약정의 경제적 동기가 이러한 이익 등을 누리려는 데 있었다고 하더라도 그러한 사정만으로 계약의 성격이 달라지는 것은 아니다. [4] 부동산등기 특별조치법 소정의 소유권이전등기 신청의무가 있는 자로서 부동산등기 특별조치법 위반의 범죄주체가 되는 소유권이전을 내용으로 하는 계약을 체결한 자는 매매 · 교환 · 증여 등 소유권이전을 내용으로 하는 계약의 당사자를 가리키는바, 어떤 사람이 타인을 통하여 부동산을 매수함에 있어 매수인 명의를 그 타인 명의로 하기로 하였다면 이와 같은 매수인 명의의 신탁관계는 그들 사이의 내부적인 관계에 불과한 것이어서 대외적으로는 그 타인을 매매당사자로 보아야 하므로, 달리 특별한 사정이 없는 한 그 본인은 소유권이전을 내용으로 하는 계약을 체결한 자라고 볼 수 없다).

22. 부동산등기 특별조치법에서는, 부동산의 소유권을 이전받을 것을 내용으로 하는 매매계약(즉, "계약의 당사자가 서로 대가적인 채무를 부담하는 경우임)을 체결한 자(본 사례의 경우에는 이호성)가 반대급부의 이행이 완료된 날(본 사례의 경우에는, 매매대금 전액을 지급한 날) 이후에 그 부동산에 관한 "소유권"을 이전하는 내용으로 계약을 체결하는 경우, 위에서 본 바와 같이 규정하고 있으나, 같은 조건 하에서 그 부동산에 관한 "소유권"이 아니라 "소유권이전등기청구권"을 이전하는 내용으로 계약을 체결하는 경우에도 동일한 법리가 적용되어야 할 것인바, 따라서 본 [설문 3]의 질의와 관련한 부동산등기 특별조치법 위반여부 쟁점에 대해서는 위의 [설문 2]에서의 설명을 참조하기 바란다.

(2) 설문의 해결

민법 제449조 내지 제452조는 다음과 같이 규정하고 있는바, 먼저 관련 법리를 살펴본다.

민법 제449조(채권의 양도성)

제1항: 채권[23,24]은 양도할 수 있다. 그러나 채권의 성질[25,26]이 양도를 허용하지 아니하는 때에는 그러하지 아니하다.[27]

제2항: 채권은 당사자가 반대의 의사를 표시[28]한 경우에는 양도하지 못한다. 그러나 그 의사표시로써 선의[29]의 제3자에게 대항하지 못한다.

---

23. 가압류된 채권의 양도도 유효하나, 이 경우 양수인은 가압류에 의해 권리가 제한된 상태의 채권을 양수하게 되어, 나중에 채권가압류결정의 채권자가 본안소송에서 승소하는 등으로 집행권원(구 채무명의)을 취득하면, 양수인에 대한 채권양도는 무효가 된다. 대법원 2002. 4. 26. 선고 2001다59033 판결([1] 채권양도는 구 채권자인 양도인과 신 채권자인 양수인 사이에 채권을 그 동일성을 유지하면서 전자로부터 후자에게로 이전시킬 것을 목적으로 하는 계약을 말한다 할 것이고, 채권양도에 의하여 채권은 그 동일성을 잃지 않고 양도인으로부터 양수인에게 이전된다 할 것이며, 가압류된 채권도 이를 양도하는 데 아무런 제한이 없다 할 것이나, 다만 가압류된 채권을 양수받은 양수인은 그러한 가압류에 의하여 권리가 제한된 상태의 채권을 양수받는다고 보아야 할 것이고, 이는 채권을 양도받았으나 확정일자 있는 양도통지나 승낙에 의한 대항요건을 갖추지 아니하는 사이에 양도된 채권이 가압류된 경우에도 동일하다. [2] 일반적으로 채권에 대한 가압류가 있더라도 이는 채무자가 제3채무자로부터 현실로 급부를 추심하는 것만을 금지하는 것일 뿐 채무자는 제3채무자를 상대로 그 이행을 구하는 소송을 제기할 수 있고 법원은 가압류가 되어 있음을 이유로 이를 배척할 수는 없는 것이 원칙이다. 왜냐하면 채무자로서는 제3채무자에 대한 그의 채권이 가압류되어 있다 하더라도 채무명의를 취득할 필요가 있고 또는 시효를 중단할 필요도 있는 경우도 있을 것이며 또한 소송 계속 중에 가압류가 행하여진 경우에 이를 이유로 청구가 배척된다면 장차 가압류가 취소된 후 다시 소를 제기하여야 하는 불편함이 있는데 반하여 제3채무자로서는 이행을 명하는 판결이 있더라도 집행단계에서 이를 저지하면 될 것이기 때문이다. [3] 채권가압류의 처분금지의 효력은 본안소송에서 가압류채권자가 승소하여 채무명의를 얻는 등으로 피보전권리의 존재가 확정되는 것을 조건으로 하여 발생하는 것이므로 채권가압류결정의 채권자가 본안소송에서 승소하는 등으로 채무명의를 취득하는 경우에는 가압류에 의하여 권리가 제한된 상태의 채권을 양수받는 양수인에 대한 채권양도는 무효가 된다).

24. 그러나 주채권과 분리하여 보증채권만을 양도하기로 하는 약정은 보증채무의 부종성에 반하므로 무효이다. 대법원 2002. 9. 10. 선고 2002다21509 판결(주채권과 보증인에 대한 채권의 귀속주체를 달리하는 것은, 주채무자의 항변권으로 채권자에게 대항할 수 있는 보증인의 권리가 침해되는 등 보증채무의 부종성에 반하고, 주채권을 가지지 않는 자에게 보증채권만을 인정할 실익도 없기 때문에 주채권과 분리하여 보증채권만을 양도하기로 하는 약정은 그 효력이 없다).

25. 부동산의 매매에 기한 소유권이전등기청구권의 경우가, 권리의 성질상 양도가 제한되는 경우의 예이다. 대법원 2005. 3. 10. 선고 2004다67653,67660 판결[[1] 부동산의 매매로 인한 소유권이전등기청구권은 물권의 이전을 목적으로 하는 매매의 효과로서 매도인이 부담하는 재산권이전의무의 한 내용을 이

루는 것이고, 매도인이 물권행위의 성립요건을 갖추도록 의무를 부담하는 경우에 발생하는 채권적 청구권으로 그 이행과정에 신뢰관계가 따르므로, 소유권이전등기청구권을 매수인으로부터 양도받은 양수인은 매도인이 그 양도에 대하여 동의하지 않고 있다면 매도인에 대하여 채권양도를 원인으로 하여 소유권이전등기절차의 이행을 청구할 수 없고, 따라서 매매로 인한 소유권이전등기청구권은 특별한 사정이 없는 이상 그 권리의 성질상 양도가 제한되고 그 양도에 채무자의 승낙이나 동의를 요한다고 할 것이므로 통상의 채권양도와 달리 양도인의 채무자에 대한 통지만으로는 채무자에 대한 대항력이 생기지 않으며 반드시 채무자의 동의나 승낙을 받아야 대항력이 생긴다. [2] 다세대건물에 대한 분양계약상의 매수인의 지위를 양수하지 않은 이상 매수인으로부터 채권으로서의 소유권이전등기청구권을 양도받은 것만으로써는 양수인이 매도인에 대하여 그 다세대건물의 매수인임을 주장할 수 없는 것이고, 이와 같은 매수인의 지위를 양수함에 있어서는 계약의 상대방인 매도인과의 합의(승낙)가 있어야 한다].

26. 양도되는 채권은 특정되어야 하고, 한편 전세금 반환청구권, 장래채권의 양도에 대해서는 각각 유의해야 할 점들이 있다. 대법원 1998. 5. 29. 선고 96다51110 판결(채권양도에 있어서 양도채권이 사회통념상 다른 채권과 구별하여 그 동일성을 인식할 수 있을 정도로 되어 있다면 그 채권은 특정된 것으로 보아야 하고 양도채권의 종류나 금액 등이 구체적으로 적시되어 있어야 하는 것은 아니다) ; 대법원 2002. 8. 23. 선고 2001다69122 판결(전세권은 전세금을 지급하고 타인의 부동산을 그 용도에 따라 사용·수익하는 권리로서 전세금의 지급이 없으면 전세권은 성립하지 아니하는 등으로 전세금은 전세권과 분리될 수 없는 요소일 뿐 아니라, 전세권에 있어서는 그 설정행위에서 금지하지 아니하는 한 전세권자는 전세권 자체를 처분하여 전세금으로 지출한 자본을 회수할 수 있도록 되어 있으므로 전세권이 존속하는 동안은 전세권을 존속시키기로 하면서 전세금반환채권만을 전세권과 분리하여 확정적으로 양도하는 것은 허용되지 않는 것이며, 다만 전세권 존속 중에는 장래에 그 전세권이 소멸하는 경우에 전세금 반환채권이 발생하는 것을 조건으로 그 장래의 조건부 채권을 양도할 수 있을 뿐이라 할 것이다) ; 대법원 1997. 7. 25. 선고 95다21624 판결([1] 채권양도에 있어 사회통념상 양도 목적 채권을 다른 채권과 구별하여 그 동일성을 인식할 수 있을 정도이면 그 채권은 특정된 것으로 보아야 할 것이고, 채권양도 당시 양도 목적 채권의 채권액이 확정되어 있지 아니하였다 하더라도 채무의 이행기까지 이를 확정할 수 있는 기준이 설정되어 있다면 그 채권의 양도는 유효한 것으로 보아야 한다. [2] 장래 매매계약의 해제시 발생할 원상회복 채권을 채권양도 당시 특정할 수 있거나 가까운 장래에 발생할 가능성을 상당 정도 기대할 수 있었다고 본 사례).

27. 채권양도의 주목적이 소송행위를 하게 하는 것에 있는 경우에는 신탁법 제7조(소송을 목적으로 하는 신탁의 금지): [수탁자로 하여금 소송행위를 하게 하는 것을 주목적으로 하는 신탁은 무효이다]가 유추적용되어 그 채권양도는 무효가 된다. 대법원 2002. 12. 6. 선고 2000다4210 판결([1] 소송행위를 하게 하는 것을 주목적으로 채권양도 등이 이루어진 경우 그 채권양도가 신탁법상의 신탁에 해당하지 않는다고 하여도 신탁법 제7조가 유추적용되므로 무효라고 할 것이고, 소송행위를 하게 하는 것이 주목적인지의 여부는 채권양도계약이 체결된 경위와 방식, 양도계약이 이루어진 후 제소에 이르기까지의 시간적 간격, 양도인과 양수인 간의 신분관계 등 제반상황에 비추어 판단하여야 할 것이다. [2] 다수의 채권자가 채권단의 대표에게 자신들의 채권을 양도하고 그 양도된 채권을 피담보채권으로 한 근저당권을 양수인 명의로 설정받은 경우, 다수 당사자가 권리를 행사하는 불편함을 없애고 채권의 효율적인 회수를 하기 위하여 채권양도를 한 점, 채권양도 및 근저당권설정등기 일자와 근저당권에 기한 임의경매신청 일자 사이의 시간적 간격이 약 2년으로 비교적 길었던 점, 채무자들도 양도인과 양수인 사이의 위와 같은 약정을 용인하고 합의당사자가 되었던 점 등 제반 사정에 비추어 그 채권양도는 소송행위를 하게 하는 것이 주목적이었다고 볼 수 없다고 한 사례).

28. 예컨대, 예금채권의 경우가 그러하다. 대법원 2003. 12. 12. 선고 2003다44370 판결(은행거래에서 발생하는 채권인 예금채권에 관한 법률관계는 일반거래약관에 의하여 규율되어 은행은 일반거래약관인 예

민법 제450조(지명채권양도의 대항요건)[30]

제1항: 지명채권[31]의 양도는 양도인이 채무자에게 통지[32,33,34]하거나 채무자가 승낙하지 아니하면 채무자 기타 제3자[35]에게 대항하지 못한다.

제2항: 전항의 통지나 승낙은 확정일자[36,37]있는 증서[38]에 의하지 아니하면 채무자 이외의 제3자[39]에게 대항하지 못한다.

금거래기본약관에 각종의 예금채권에 대하여 그 양도를 제한하는 내용의 규정을 둠으로써 예금채권의 양도를 제한하고 있는 사실은 적어도 은행거래의 경험이 있는 자에 대하여는 널리 알려진 사항에 속한다 할 것이므로, 은행거래의 경험이 있는 자가 예금채권을 양수한 경우 특별한 사정이 없는 한 예금채권에 대하여 양도제한의 특약이 있음을 알았다고 할 것이고, 그렇지 않다 하더라도 알지 못한 데에 중대한 과실이 있다고 보아야 한다).

29. 중과실이 있는 경우도 악의와 동일시되고(즉, 경과실만 있는 제3자의 경우에는 본 단서에 의해 보호됨), 채무자가 양수인의 악의, 중과실에 대한 입증책임을 부담한다. 다만, 채무자가 사후승낙에 의해 무효인 채권양도에 대하여 추인할 수 있는데(집합채권양도의 경우에 일부 개별채권만을 추인할 수도 있음) 이때 추인의 효과는 사후승낙 시점부터 장래적으로 발생한다. 대법원 2003. 1. 24. 선고 2000다5336,5343 판결(채무자는 제3자가 채권자로부터 채권을 양수한 경우 채권양도금지 특약의 존재를 알고 있는 양수인이나 그 특약의 존재를 알지 못함에 중대한 과실이 있는 양수인에게 그 특약으로써 대항할 수 있고, 여기서 말하는 중과실이란 통상인에게 요구되는 정도의 상당한 주의를 하지 않더라도 약간의 주의를 한다면 손쉽게 그 특약의 존재를 알 수 있음에도 불구하고 그러한 주의조차 기울이지 아니하여 특약의 존재를 알지 못한 것을 말하며, 제3자의 악의 내지 중과실은 채권양도 금지의 특약으로 양수인에게 대항하려는 자가 이를 주장 · 입증하여야 한다) ; 대법원 2009. 10. 29. 선고 2009다47685 판결(당사자의 양도금지의 의사표시로써 채권은 양도성을 상실하며 양도금지의 특약에 위반해서 채권을 제3자에게 양도한 경우에 악의 또는 중과실의 채권양수인에 대하여는 채권 이전의 효과가 생기지 아니하나, 악의 또는 중과실로 채권양수를 받은 후 채무자가 그 양도에 대하여 승낙을 한 때에는 채무자의 사후승낙에 의하여 무효인 채권양도행위가 추인되어 유효하게 되며 이 경우 다른 약정이 없는 한 소급효가 인정되지 않고 양도의 효과는 승낙시부터 발생한다. 이른바 집합채권의 양도가 양도금지특약을 위반하여 무효인 경우 채무자는 일부 개별채권을 특정하여 추인하는 것이 가능하다).

30. 주채권과 보증채권이 함께 양도되는 경우에는, 주채권에 대해서만 대항요건을 구비하면 된다. 대법원 2002. 9. 10. 선고 2002다21509 판결(보증채무는 주채무에 대한 부종성 또는 수반성이 있어서 주채무자에 대한 채권이 이전되면 당사자 사이에 별도의 특약이 없는 한 보증인에 대한 채권도 함께 이전하고, 이 경우 채권양도의 대항요건도 주채권의 이전에 관하여 구비하면 족하고, 별도로 보증채권에 관하여 대항요건을 갖출 필요는 없다).

31. 지명채권은 증권적 채권이 아닌 일반채권을 말하는데, 채권자가 교체되는 것이 당연히 예정되어 있는 증권적 채권과 달리 채권자가 특정인으로 지명되어 있다고 하여 그렇게 붙여진 것이다. 지원림, 『민법강의』, 제1234면.

32. 양수인이 양도인의 사자, 대리인으로서 통지하는 것도 가능한데, 대리인이 통지하는 경우에는 민법 제114조에 의해 대리관계를 현명해야 하는데(묵시적 현명도 허용됨), 만약 현명하지 않았더라도 상대방이 알았거나 알 수 있었을 경우에는 민법 제115조 단서에 의해 통지는 유효하다. 대법원 2004. 2. 13. 선고 2003다43490 판결([1] 민법 제450조에 의한 채권양도통지는 양도인이 직접하지 아니하고 사자를 통하여 하거나 대리인으로 하여금 하게 하여도 무방하고, 채권의 양수인도 양도인으로부터 채권양도통지 권한을 위임받아 대리인으로서 그 통지를 할 수 있다. [2] 채권양도통지 권한을 위임받은 양수인이

양도인을 대리하여 채권양도통지를 함에 있어서는 민법 제114조 제1항의 규정에 따라 양도인 본인과 대리인을 표시하여야 하는 것이므로, 양수인이 서면으로 채권양도통지를 함에 있어 대리관계의 현명을 하지 아니한 채 양수인 명의로 된 채권양도통지서를 채무자에게 발송하여 도달되었다 하더라도 이는 효력이 없다고 할 것이다. [3] 대리에 있어 본인을 위한 것임을 표시하는 이른바 현명은 반드시 명시적으로만 할 필요는 없고 묵시적으로도 할 수 있는 것이고, 채권양도통지를 함에 있어 현명을 하지 아니한 경우라도 채권양도통지를 둘러싼 여러 사정에 비추어 양수인이 대리인으로서 통지한 것임을 상대방이 알았거나 알 수 있었을 때에는 민법 제115조 단서의 규정에 의하여 유효하다. [4] 채권양도통지서 자체에 양수받은 채권의 내용이 기재되어 있고, 채권양도양수계약서가 위 통지서에 첨부되어 있으며, 채무자로서는 양수인에게 채권양도통지 권한이 위임되었는지 여부를 용이하게 알 수 있었다는 사정 등을 종합하여 무현명에 의한 채권양도통지를 민법 제115조 단서에 의해 유효하다고 본 사례) ; 대법원 1997. 6. 27. 선고 95다40977,40984 판결(채권양도의 통지는 양도인이 채무자에 대하여 당해 채권을 양수인에게 양도하였다는 사실을 알리는 관념의 통지이고, 법률행위의 대리에 관한 규정은 관념의 통지에도 유추적용된다고 할 것이어서, 채권양도의 통지도 양도인이 직접 하지 아니하고 사자를 통하여 하거나 나아가서 대리인으로 하여금 하게 하여도 무방하고, 그와 같은 경우에 양수인이 양도인의 사자 또는 대리인으로서 채권양도 통지를 하였다 하여 민법 제450조의 규정에 어긋난다고 할 수 없다) ; 민법 제114조(대리행위의 효력): [제1항: 대리인이 그 권한 내에서 본인을 위한 것임을 표시한 의사표시는 직접본인에게 대하여 효력이 생긴다. 제2항: 전항의 규정은 대리인에게 대한 제3자의 의사표시에 준용한다] ; 민법 제115조(본인을 위한 것임을 표시하지 아니한 행위): [대리인이 본인을 위한 것임을 표시하지 아니한 때에는 그 의사표시는 자기를 위한 것으로 본다. 그러나 상대방이 대리인으로서 한 것임을 알았거나 알 수 있었을 때에는 전조 제1항의 규정을 준용한다].

33. 통지가 채무자에게 도달되지 않더라도 특약에 의해 도달된 것으로 처리될 수도 있다. 대법원 2008. 1. 10. 선고 2006다41204 판결(민법 제450조 제1항에서 "지명채권의 양도는 양도인이 채무자에게 통지하거나 채무자가 승낙하지 아니하면 채무자 기타 제3자에게 대항하지 못한다"고 규정하고 있으나, 위 규정이 채권자가 채권양도의 통지를 하였으나 채무자가 변동된 주소의 신고의무를 게을리하는 등의 귀책사유로 인하여 위 통지를 수령하지 못할 경우 위 통지가 채무자에게 도달한 것으로 간주하기로 하는 합의의 효력까지 부정하게 하는 것은 아니라 할 것이다).

34. 원칙적으로 사전통지는 허용되지 않는다. 대법원 2000. 4. 11. 선고 2000다2627 판결(민법 제450조 제1항 소정의 채권양도의 통지는 양도인이 채무자에 대하여 당해 채권을 양수인에게 양도하였다는 사실을 통지하는 이른바 관념의 통지로서, 채권양도가 있기 전에 미리 하는 사전통지는 채무자로 하여금 양도의 시기를 확정할 수 없는 불안한 상태에 있게 하는 결과가 되어 원칙적으로 허용될 수 없다).

35. 본조에서의 제3자는 일정한 범위로 제한된다. 대법원 2005. 6. 23. 선고 2004다29279 판결(채권양도의 대항요건의 흠결의 경우 채권을 주장할 수 없는 채무자 이외의 제3자는 양도된 채권 자체에 관하여 양수인의 지위와 양립할 수 없는 법률상 지위를 취득한 자에 한하므로, 선순위의 근저당권부채권을 양수한 채권자보다 후순위의 근저당권자는 채권양도의 대항요건을 갖추지 아니한 경우 대항할 수 없는 제3자에 포함되지 않는다).

36. 확정일자의 의미는 다음과 같다. 대법원 2000. 4. 11. 선고 2000다2627 판결(채권의 양도를 제3자에게 대항하기 위하여는 통지행위 또는 승낙행위 자체를 확정일자 있는 증서로 하여야 하는 것인데 여기서 확정일자란 증서에 대하여 그 작성한 일자에 관한 완전한 증거가 될 수 있는 것으로 법률상 인정되는 일자를 말하며 당사자가 나중에 변경하는 것이 불가능한 확정된 일자를 가리킨다).

37. 처음에는 확정일자 없는 증서에 의한 통지, 승락이 있었다가, 그러한 통지, 승락 이후에 확정일자를 얻은 경우에는, 그 일자 이후부터는 대항력을 취득한다. 대법원 2006. 9. 14. 선고 2005다45537 판결(양도통지가 확정일자 없는 증서에 의하여 이루어짐으로써 제3자에 대한 대항력을 갖추지 못하였더라도

확정일자 없는 증서에 의한 양도통지나 승낙 후에 그 증서에 확정일자를 얻은 경우 그 일자 이후에는 제3자에 대한 대항력을 취득하는 것인바).

38. 원본이나 사본을 불문하고, 확정판결, 공증인이나 법원서기의 확정일자인 있는 문서, 내용증명우편의 일자 등이 이에 해당한다. 대법원 2006. 9. 14. 선고 2005다45537 판결(확정일자 제도의 취지에 비추어 볼 때 원본이 아닌 사본에 확정일자를 갖추었다 하더라도 대항력의 판단에 있어서는 아무런 차이가 없다) ; 대법원 1999. 3. 26. 선고 97다30622 판결[확정일자에 의하지 아니한 채권양도가 있은 후 채권양수인이 채무자를 상대로 제기한 양수금 청구소송에서 승소의 확정판결을 받으면, 이로써 채권의 양도인, 양수인 및 채무자가 통모하여 통지일 또는 승낙일을 소급하여 제3자의 권리를 침해하는 것이 불가능하게 되므로, 이 경우 그 확정일자가 기재된 판결서, 즉 확정판결은 민법 제450조 제2항, 부칙(1958. 2. 22. 법률 제471호) 제3조 제4항의 확정일자 있는 증서에 해당한다] ; 민법 부칙〈제471호, 1958. 2. 22〉 제3조(공증력 있는 문서와 그 작성): [제1항: 공증인 또는 법원서기의 확정일자인 있는 사문서는 그 작성일자에 대한 공증력이 있다. 제2항: 일자확정의 청구를 받은 공증인 또는 법원서기는 확정일자부에 청구자의 주소, 성명 및 문서명목을 기재하고 그 문서에 기부번호를 기입한 후 일자인을 찍고 장부와 문서에 계인을 하여야 한다. 제3항: 일자확정은 공증인에게 청구하는 자는 법무부령이, 법원서기에게 청구하는 자는 대법원규칙이 각각 정하는 바에 의하여 수수료를 납부하여야 한다. 제4항: 공정증서에 기입한 일자 또는 공무소에서 사문서에 어느 사항을 증명하고 기입한 일자는 확정일자로 한다] ; 우편법 시행규칙 제25조(부가우편역무의 종류 등): [제1항: 법 제15조 제2항의 규정에 의한 부가우편역무의 종류는 다음 각 호와 같이 구분한다. 4. 증명취급 가. 내용증명: 등기취급을 전제로 우체국창구 또는 정보통신망을 통하여 발송인이 수취인에게 어떤 내용의 문서를 언제 발송하였다는 사실을 우체국이 증명하는 특수취급제도].

39. 2중의 채권양도가 있는 경우에는 첫째, 확정일자 있는 통지, 승락에 관련된 채권자가 확정일자 없는 통지, 승락에 관련된 채권자에 우선하고, 둘째, 같은 날 도달되면 동시에 도달된 것으로 추정된다. 한편, 2중의 채권양도가 있는 경우에 확정일자 있는 통지가 제3채무자에게 동시에 도달하면 첫째, 각 채권자는 제3채무자에게 채권 전액을 적법하게 변제받을 수 있고, 둘째, 제3채무자는 이들 중 누구에게라도 채무 전액을 변제하면 유효하게 면책되며, 셋째, 제3채무자는 송달의 전후가 불명한 경우에 준하여 채권자를 알 수 없다는 이유로 변제공탁을 할 수 있고, 넷째, 각 채권자는 공평의 원칙상 내부적으로 채권액에 안분비례하여 정산할 의무가 있다. 한편, 위와 같은 법리는 채권양도와 채권가압류, 압류명령의 사이에서도 동일하게 적용된다. 대법원 1972. 1. 31. 선고 71다2697 판결(이중의 채권양도가 있는 경우에 확정일자 있는 증서에 의한 통지를 한 채권양수인만이 채권양수에 의한 적법한 채권자가 된다 할 것이고 채무자는 위의 채권자에게만 채무변제의 의무가 있으며 그 결과 확정일자 있는 증서에 의하지 아니한 채무자의 승낙있는 채권양도에 있어서의 채권양수인에 대하여는 채무변제의 의무가 없게 되는 것이다) ; 대법원 1994. 4. 26. 선고 93다24223 전원합의체 판결(가. 채권이 이중으로 양도된 경우의 양수인 상호간의 우열은 통지 또는 승낙에 붙여진 확정일자의 선후에 의하여 결정할 것이 아니라, 채권양도에 대한 채무자의 인식, 즉 확정일자 있는 양도통지가 채무자에게 도달한 일시 또는 확정일자 있는 승낙의 일시의 선후에 의하여 결정하여야 할 것이고, 이러한 법리는 채권양수인과 동일 채권에 대하여 가압류명령을 집행한 자 사이의 우열을 결정하는 경우에 있어서도 마찬가지이므로, 확정일자 있는 채권양도 통지와 가압류결정 정본의 제3채무자(채권양도의 경우는 채무자)에 대한 도달의 선후에 의하여 그 우열을 결정하여야 한다. 나. 채권양도 통지, 가압류 또는 압류명령 등이 제3채무자에 동시에 송달되어 그들 상호간에 우열이 없는 경우에도 그 채권양수인, 가압류 또는 압류채권자는 모두 제3채무자에 대하여 완전한 대항력을 갖추었다고 할 것이므로, 그 전액에 대하여 채권양수금, 압류전부금 또는 추심금의 이행청구를 하고 적법하게 이를 변제받을 수 있고, 제3채무자로서는 이들 중 누구에게라도 그 채무 전액을 변제하면 다른 채권자에 대한 관계에서도 유효하게 면책되는 것이며, 만약 양수채권액과 가

| 민법 제451조(승낙, 통지의 효과)

제1항: 채무자가 이의를 보류하지 아니하고 전조의 승낙을 한 때에는 양도인에게 대항할 수 있는 사유[40,41]로써 양수인[42]에게 대항하지 못한다. 그러나 채무자가 채무를 소멸하게 하기 위하여 양도인에게 급여한 것이 있으면 이를 회수할 수 있고 양도인에 대하여 부담한 채무가 있으면 그 성립되지 아니함을 주장할 수 있다.

제2항: 양도인이 양도 통지만을 한 때에는 채무자는 그 통지를 받은 때까지[43] 양도인에 대하여 생긴 사유로써 양수인에게 대항할 수 있다.

압류 또는 압류된 채권액의 합계액이 제3채무자에 대한 채권액을 초과할 때에는 그들 상호간에는 법률상의 지위가 대등하므로 공평의 원칙상 각 채권액에 안분하여 이를 내부적으로 다시 정산할 의무가 있다. 다. 채권양도의 통지와 가압류 또는 압류명령이 제3채무자에게 동시에 송달되었다고 인정되어 채무자가 채권양수인 및 추심명령이나 전부명령을 얻은 가압류 또는 압류채권자 중 한 사람이 제기한 급부소송에서 전액 패소한 이후에도 다른 채권자가 그 송달의 선후에 관하여 다시 문제를 제기하는 경우 기판력의 이론상 제3채무자는 이중지급의 위험이 있을 수 있으므로, 동시에 송달된 경우에도 제3채무자는 송달의 선후가 불명한 경우에 준하여 채권자를 알 수 없다는 이유로 변제공탁을 함으로써 법률관계의 불안으로부터 벗어날 수 있다. 라. 채권양도 통지와 채권가압류결정 정본이 같은 날 도달되었는데 그 선후관계에 대하여 달리 입증이 없으면 동시에 도달된 것으로 추정한다) ; 대법원 2004. 9. 3. 선고 2003다22561 판결(확정일자 있는 채권양도 통지와 채권가압류명령이 동시에 도달됨으로써 제3채무자가 변제공탁을 하고, 그 후에 다른 채권압류 또는 가압류가 이루어졌다 하더라도 채권양수인과 선행 가압류채권자 사이에서만 채권액에 안분하여 배당하여야 한다고 한 사례).

40. 양도인에게 대항할 수 있는 사유의 의미는 다음과 같다. 대법원 1994. 4. 29. 선고 93다35551 판결(민법은 채권의 귀속에 관한 우열을 오로지 확정일자 있는 증서에 의한 통지 또는 승낙의 유무와 그 선후로써만 결정하도록 규정하고 있는 데다가, 채무자의 "이의를 보류하지 아니한 승낙"은 민법 제451조 제1항 전단의 규정 자체로 보더라도 그의 양도인에 대한 항변을 상실시키는 효과밖에 없고, 채권에 관하여 권리를 주장하는 자가 여럿인 경우 그들 사이의 우열은 채무자에게도 효력이 미치므로, 위 규정의 "양도인에게 대항할 수 있는 사유"란 채권의 성립, 존속, 행사를 저지 · 배척하는 사유를 가리킬 뿐이고, 채권의 귀속(채권이 이미 타인에게 양도되었다는 사실)은 이에 포함되지 아니한다) ; 대법원 1997. 5. 30. 선고 96다22648 판결(민법 제451조 제1항은 채무자의 승낙이라는 사실에 공신력을 주어 양수인을 보호하고 거래의 안전을 꾀하기 위한 규정으로서, 이 경우 양도인에게 대항할 수 있는 사유로서 양수인에게 대항하지 못하는 사유는 협의의 항변권에 한하지 아니하고 넓게 채권의 성립, 존속, 행사를 저지하거나 배척하는 사유를 포함하고, 이는 지명채권에 대한 질권 설정의 경우에도 같다) ; 대법원 2002. 3. 29. 선고 2000다13887 판결(민법 제349조 제1항은 지명채권을 목적으로 한 질권의 설정은 설정자가 제450조의 규정(지명채권양도의 대항요건)에 의하여 제3채무자에게 질권설정의 사실을 통지하거나 제3채무자가 이를 승낙함이 아니면 이로써 제3채무자 기타 제3자에게 대항하지 못한다고 하고, 제2항은 제451조의 규정은 전항에 준용한다고 하고 있으며, 제451조 제1항은 채무자가 이의를 보류하지 아니하고 승낙을 한 때에는 양도인에게 대항할 수 있는 사유로서 양수인에게 대항하지 못한다고 하고 있으므로, 채권양도나 채권에 대한 질권설정에 있어서 채무자가 이의를 보류하지 않은 승낙을 한 경우, 채무자는 질권설정자에게 대항할 수 있는 사유로서 질권자에게 대항할 수 없고, 이 경우 대항할 수 없는 사유는 협의의 항변권에 한하지 아니하고, 넓게 채권의 성립, 존속, 행사를 저지하거나 배척하는 사유를 포함한다).

41. 상계와 관련해서는 유의해야 할 점이 있다. 대법원 1984. 9. 11. 선고 83다카2288 판결(채무자는 채권

▌민법 제452조(양도통지와 금반언)

제1항: 양도인이 채무자에게 채권양도를 통지한 때에는 아직 양도하지 아니하였거나 그 양도가 무효인 경우에도 선의인 채무자는 양수인에게 대항할 수 있는 사유로 양도인에게 대항할 수 있다.

제2항: 전항의 통지는 양수인의 동의[44]가 없으면 철회하지 못한다.

위에서 살펴본 법리에 따라 본 사례를 검토해 보건대, 본건 매매계약서의 체결과 같이 부동산의 매매로 인한 소유권이전등기청구권은 특별한 사정이 없는 이상 그 권리의 성질상 양도가 제한되고 그 양도에 채무자의 승낙이나 동의를 요하므로 통상의 채권양도와는 달리 양도인(이호성)의 채무자(C사단법인)에 대한 통지만으로는 채무자(C사단법인)에 대한 대항력이 생기지 않으며 반드시 채무자(C사단법인)의 동의나 승낙을 받아야 채무자(C사단법인)에 대한 대항력이 생긴다고 할 것이다.[45]

양도를 승락한 후에 취득한 양도인에 대한 채권으로써 양수인에 대하여 상계로써 대항하지 못한다) ; 대법원 1999. 8. 20. 선고 99다18039 판결(승낙 당시 이미 상계를 할 수 있는 원인이 있었던 경우에는 아직 상계적상에 있지 아니하였다 하더라도 그 후에 상계적상이 생기면 채무자는 양수인에 대하여 상계로 대항할 수 있다).

42. 선의 · 무중과실인 자에 한정된다. 대법원 1999. 8. 20. 선고 99다18039 판결(채권양도에 있어서 채무자가 양도인에게 이의를 보류하지 아니하고 승낙을 하였다는 사정이 없거나 또는 이의를 보류하지 아니하고 승낙을 하였더라도 양수인이 악의 또는 중과실의 경우에 해당하는 한, 채무자의 승낙 당시까지 양도인에 대하여 생긴 사유로써 양수인에게 대항할 수 있다고 할 것인데, 승낙 당시 이미 상계를 할 수 있는 원인이 있었던 경우에는 아직 상계적상에 있지 아니하였다 하더라도 그 후에 상계적상이 생기면 채무자는 양수인에 대하여 상계로 대항할 수 있다).

43. 따라서 채무자가 통지를 받은 이후에는 양수인은 채무자의 주장으로부터 보호받는다. 대법원 1989. 4. 25. 선고 88다카4253,4260 판결(임대인이 임대차보증금반환청구채권의 양도통지를 받은 후에는 임대인과 임차인 사이에 임대차계약의 갱신이나 계약기간 연장에 관하여 명시적 또는 묵시적 합의가 있더라도 그 합의의 효과는 보증금반환채권의 양수인에 대하여는 미칠 수 없다).

44. 따라서 양수인의 동의 없이 양도통지를 철회하더라도 양수인에게 대항하지 못한다. 대법원 1978. 6. 13. 선고 78다468 판결(민법 제452조 제2항에 채권양도의 통지는 양수인의 동의가 없으면 철회하지 못한다고 규정되어 있으므로 채권양도인과 양수인과의 채권양도 계약이 해제되었고 채권양도인이 채무자에게 양도철회통지를 하였다고 하더라도 채무자는 이것을 채권양수인에게 대항할 수는 없다) ; 대법원 1993. 7. 13. 선고 92다4178 판결(채권양도인이 양수인에게 전대차계약상의 차임채권 중 일부를 양도하고 전차인인 채무자에게 위 양도사실을 통지한 후에 채무자에게 위 채권양도통지를 취소한다는 통지를 하였더라도 양수인이 양도인의 위 채권양도통지철회에 동의하였다고 볼 증거가 없다면 위 채권양도통지철회는 효력이 없다).

45. 대법원 2005. 3. 10. 선고 2004다67653,67660 판결(부동산의 매매로 인한 소유권이전등기청구권은 물권의 이전을 목적으로 하는 매매의 효과로서 매도인이 부담하는 재산권이전의무의 한 내용을 이루는 것이고, 매도인이 물권행위의 성립요건을 갖추도록 의무를 부담하는 경우에 발생하는 채권적 청구권으로

[설문 4] 채권자대위소송

(1) 문제의 소재

위에서 검토한 바와 같이 본건 매매계약서를 계약인수하는 방법으로 동 계약서상의 매수인지위를 취득한 S사는 본건 토지와 관련하여 C사단법인에 대해 소유권이전등기청구권을 가지고 있고, 한편 본건 토지에 대한 명의신탁자인 C사단법인은 언제든지 명의수탁자인 C시에 대한 의사표시로서 명의신탁약정을 해지[46]할 수 있고 이와 같은 해지권의 행사는 상대방인 C시에 대한 의사표시[47]로 해야 하는데 소송을 제기하는 방법으로 해지권을 행사할 수 있는바 이 경우에는 해지의 의사표시를 기재한 소장의 부본이 명의수탁자인 C시에 송달[48]되는 때에 해지의 효력이 발생한다.

그 이행과정에 신뢰관계가 따르므로, 소유권이전등기청구권을 매수인으로부터 양도받은 양수인은 매도인이 그 양도에 대하여 동의하지 않고 있다면 매도인에 대하여 채권양도를 원인으로 하여 소유권이전등기절차의 이행을 청구할 수 없고, 따라서 매매로 인한 소유권이전등기청구권은 특별한 사정이 없는 이상 그 권리의 성질상 양도가 제한되고 그 양도에 채무자의 승낙이나 동의를 요한다고 할 것이므로 통상의 채권양도와 달리 양도인의 채무자에 대한 통지만으로는 채무자에 대한 대항력이 생기지 않으며 반드시 채무자의 동의나 승낙을 받아야 대항력이 생긴다).

46. 대법원 1980. 12. 9. 선고 79다634 전원합의체 판결[명의신탁자는 명의수탁자에 대하여 신탁해지를 하고 신탁관계의 종료 그것만을 이유로 하여 소유명의의 이전등기절차의 이행을 청구할 수 있음은 물론, 신탁해지를 원인으로 하고 소유권에 기해서도 그와 같은 청구를 할 수 있고(이 경우 양 청구는 청구원인을 달리하는 별개의 소송이다), 위와 같은 법리는 위 상호 명의신탁의 지위를 승계한 자와의 관계에 있어서도 마찬가지로 적용된다] ; 대법원 1976. 6. 22. 선고 75다124 판결(단순한 명의신탁은 신탁자가 소유권을 실질적으로 보유하고 수탁자는 동 부동산에 대하여 하등의 권한이 부여됨이 없이 단지 형식적으로만 등기명의를 갖게 되는 관계에 있으므로 특별한 사정이 없으면 신탁자는 언제든지 신탁을 해지하고 수탁자에 대하여 신탁관계의 종료만을 이유로 하여 소유명의의 이전등기절차이행을 구할 수 있음은 물론 신탁해지를 원인으로 하고 소유권에 기해서 그와 같은 청구를 할 수 있다고 할 것이고 이 경우의 동 등기청구권은 시효에 의해서 소멸되는 것이 아니다) ; 대법원 1975. 12. 23. 선고 75다1466 판결(갑이 건물 등을 건축하기 위하여 그 부지를 "을"로부터 매수함에 있어서 부지인 대지대금채무를 확보하기 위하여 건물의 소유권을 "을"에게 신탁하였다가 건축공사진행 중 "을"이 매매계약 불이행으로 인하여 명의신탁관계가 해지되고 "갑"은 그의 자금으로 건물을 완공한 경우에는 "갑"은 원시적으로 소유권을 취득하고 위 건물에 대한 "을" 명의의 소유권보존등기는 그 등기를 필하기 이전에 명의신탁 관계가 해지되었으므로 원인무효의 등기가 된다).

47. 민법 제543조(해지, 해제권) 제1항: [계약 또는 법률의 규정에 의하여 당사자의 일방이나 쌍방이 해지 또는 해제의 권리가 있는 때에는 그 해지 또는 해제는 상대방에 대한 의사표시로 한다].

48. 대법원 2000. 1. 28. 선고 99다50712 판결(보험계약의 해지권은 형성권이고, 해지권 행사기간은 제척기간이며, 해지권은 재판상이든 재판 외이든 그 기간 내에 행사하면 되는 것이나 해지의 의사표시는 민법의 일반원칙에 따라 보험계약자 또는 그의 대리인에 대한 일방적 의사표시에 의하며, 그 의사표시의

문제는, 본건 토지와 관련하여 C사단법인에 대해 소유권이전등기청구권을 가지고 있는 S사가 C사단법인의 C시에 대한 명의신탁 해지권을 대위행사할 수 있는지 여부인데, 본 사례의 경우에 S사는 본건 토지와 관련하여 C사단법인에 대한 소유권이전등기청구권을 보전하기 위하여 C사단법인을 대위하여 C시를 피고로 하여 "C사단법인과 C시 간의 본건 토지에 대한 명의신탁약정을 해지하고 C사단법인에게 본건 토지에 대한 소유권이전등기를 해줄 것을 요구"하는 내용의 본건 채권자대위소송을 제기하였고 이러한 내용을 기재한 소장 부본이 1990. 12. 27. C시에게 송달되었다.

(2) 설문의 해결

민법 제404조와 제405조는 채권자대위권과 관련하여 다음과 같이 규정하고 있는바, 먼저 관련 법리를 살펴본다.

민법 제404조(채권자대위권)
제1항: 채권자는 자기의 채권[49]을 보전하기 위하여[50] 채무자의 권리[51]를 행사할 수 있다.[52,53,54,55] 그러나 일신에 전속한 권리[56]는 그러하지 아니하다.
제2항: 채권자는 그 채권[57]의 기한이 도래하기 전에는 법원의 허가없이[58] 전항의 권리를 행사하지 못한다. 그러나 보전행위는 그러하지 아니하다.

효력은 상대방에게 도달한 때에 발생하므로 해지권자가 해지의 의사표시를 담은 소장 부본을 피고에게 송달함으로써 해지권을 재판상 행사하는 경우에는 그 소장 부본이 피고에게 도달할 때에 비로소 해지권 행사의 효력이 발생한다 할 것이어서, 해지의 의사표시가 담긴 소장 부본이 제척기간 내에 피고에게 송달되어야만 해지권자가 제척기간 내에 적법하게 해지권을 행사하였다고 할 것이고, 그 소장이 제척기간 내에 법원에 접수되었다고 하여 달리 볼 것은 아니다).

49. 이를 피보전채권이라고 하는데, 채권자가 채무자에게 대항할 수 있는 채권이어야 하고, 금전채권뿐만 아니라 특정채권도 포함되며, 채권적 청구권뿐만 아니라 물권적 청구권(철거청구권)도 포함되는 등 폭넓게 인정되고 있다. 대법원 1985. 2. 8. 선고 84다카188 판결(임대인의 동의없는 임차권의 양도는 당사자 사이에서는 유효하다 하더라도 다른 특약이 없는 한 임대인에게는 대항할 수 없는 것이고 임대인에 대항할 수 없는 임차권의 양수인으로서는 임대인의 권한을 대위행사할 수 없다) ; 대법원 2001. 5. 8. 선고 99다38699 판결(채권자는 채무자에 대한 채권을 보전하기 위하여 채무자를 대위해서 채무자의 권리를 행사할 수 있는바, 채권자가 보전하려는 권리와 대위하여 행사하려는 채무자의 권리가 밀접하게 관련되어 있고 채권자가 채무자의 권리를 대위하여 행사하지 않으면 자기 채권의 완전한 만족을 얻을 수 없게 될 위험이 있어 채무자의 권리를 대위하여 행사하는 것이 자기 채권의 현실적 이행을 유효·적절하게 확보하기 위하여 필요한 경우에는 채권자대위권의 행사가 채무자의 자유로운 재산관리행위에 대한 부당한 간섭이 된다는 등의 특별한 사정이 없는 한 채권자는 채무자의 권리를 대위하여 행사할 수 있어야 하고, 피보전채권이 특정채권이라 하여 반드시 순차매도 또는 임대차에 있어 소유권이전등기청

구권이나 명도청구권 등의 보전을 위한 경우에만 한하여 채권자대위권이 인정되는 것은 아니다) ; 대법원 2007. 5. 10. 선고 2006다82700,82717 판결(피보전채권이 특정채권이라 하여 반드시 순차매도 또는 임대차에 있어 소유권이전등기청구권이나 인도청구권 등의 보전을 위한 경우에만 한하여 채권자대위권이 인정되는 것은 아니며, 물권적 청구권에 대하여도 채권자대위권에 관한 민법 제404조의 규정과 위와 같은 법리가 적용될 수 있다).

50. 이를 보전의 필요성이라고 하는데, 피보전채권이 금전채권인 경우에는 채무자가 사실심 변론종결 당시를 기준으로 무자력일 것이 필요한데 이 점에 대해서는 채권자가 입증책임을 진다. 그러나 피보전채권이 금전채권이 아니라 특정채권인 경우에는 채무자의 무자력요건은 구비되지 않아도 채무자의 특정채권을 대위행사할 수 있다. 대법원 1976. 7. 13. 선고 75다1086 판결(채권자대위권의 행사로서 채권자가 채권을 보전하기에 필요한 여부는 변론종결 당시를 표준으로 판단되어야 할 것이다) ; 대법원 1969. 11. 25. 선고 69다1665 판결(채권자대위권은 그 채권이 금전채권일 때에는 채무자가 채무이행의 의사가 없는 것만으로는 행사할 수 없고 채무자가 무자력하여 그 일반재산의 감소를 방지할 필요가 있는 경우에 이를 행사할 수 있는 것이다) ; 대법원 1990. 11. 27. 선고 90다6651 판결(취득시효 완성으로 인한 등기를 하기 전에 먼저 소유권이전등기를 경료하여 그 부동산소유권을 취득한 제3자에 대하여는 시효취득을 주장할 수 없지만 이는 어디까지나 그 제3자 명의의 등기가 적법, 유효함을 전제로 하는 것이므로 만일 위 제3자 명의의 등기가 원인무효의 등기라면 취득시효완성으로 인한 소유권이전등기청구권을 가진 자는 취득시효완성 당시의 소유자에 대하여 가지는 소유권이전등기청구권으로써 위 소유자를 대위하여 위 제3자 앞으로 경료된 원인무효인 등기의 말소를 구할 수 있다).

51. 이를 피대위권리라고 한다.

52. 채권자대위권의 행사에 따른 제3채무자의 이행을 채권자가 직접 수령할 수 있는지가 문제되나, 등기청구권은 그 성질상 직접 수령할 수 없고 명도청구권은 직접 수령할 수 있다. 대법원 1983. 4. 26. 선고 83다카57 판결(매도인의 매수인에 대한 배임행위에 가담하여 증여를 받아 이를 원인으로 소유권이전등기를 경료한 수증자에 대하여 매수인은 매도인을 대위하여 위 등기의 말소를 청구할 수는 있으나 직접 청구할 수는 없다는 것은 형식주의 아래서의 등기청구권의 성질에 비추어 당연하다) ; 대법원 1995. 5. 12. 선고 93다59502 판결(지하도상가의 운영을 목적으로 한 도로점용 허가를 받은 자로서 그 상가의 소유자 겸 관리주체인 시에 대하여 그 상가 내 각 점포의 사용을 청구할 수 있는 권리를 가지는 자는, 시에 대한 위 각 점포사용청구권을 보전하기 위하여 그 점포들의 소유자인 시가 불법점유자들에 대하여 가지는 명도청구권을 대위행사할 수 있고, 이러한 경우 불법점유자들에 대하여 직접 자기에게 그 점포들을 명도할 것을 청구할 수도 있다) ; 대법원 1980. 7. 8. 선고 79다1928 판결(원고가 미등기 건물을 매수하였으나 소유권이전등기를 하지 못한 경우에는 위 건물의 소유권을 원시취득한 매도인을 대위하여 불법점유자에 대하여 명도청구를 할 수 있고 이때 원고는 불법점유자에 대하여 직접 자기에게 명도할 것을 청구할 수도 있다).

53. 제3채무자는 채무자가 채권자에게 주장할 수 있는 사유를 원용할 수 없고, 또한 채권자가 채무자를 상대로 소를 제기하여 확정판결을 받아 피보전채권이 인정되면 제3채무자는 그 피보전채권의 존재를 다툴 수 없다. 대법원 1995. 5. 12. 선고 93다59502 판결(채권자대위권을 행사하는 사건에 있어서, 제3채무자는 채무자가 채권자에게 주장할 수 있는 사유를 원용할 수 있는 것이 아니다) ; 대법원 2007. 5. 10. 선고 2006다82700,82717 판결(채권자대위권을 행사함에 있어 채권자가 채무자를 상대로 그 보전되는 청구권에 기한 이행청구의 소를 제기하여 승소판결을 선고받고 그 판결이 확정되면 제3채무자는 그 청구권의 존재를 다툴 수 없다).

54. 피보전채권의 존재, 보전의 필요성, 채무자가 스스로 그의 권리를 행사하지 않을 것 등의 요건이 구비되지 않으면, 채권자대위소송은 부적법 각하되고, 채권자대위권은 행사는 채무자가 이를 반대하더라도 가능하며, 채권자대위소송의 판결의 기판력은 채무자가 어떠한 사유로든지 그 소송을 알았을 경우에는

| 민법 제405조(채권자대위권행사의 통지)

제1항: 채권자가 전조 제1항의 규정에 의하여 보전행위 이외의 권리를 행사한 때에는 채무자에게 통지하여야 한다.

제2항: 채무자가 전항의 통지[59]를 받은 후에는 그 권리를 처분하여도 이로써 채권자에게 대항하지 못한다.

채무자에게 미친다. 대법원 1990. 12. 11. 선고 88다카4727 판결(채권자대위소송에 있어서 대위에 의하여 보전될 채권자의 채무자에 대한 권리가 인정되지 아니할 경우에는 채권자 스스로 원고가 되어 채무자의 제3채무자에 대한 권리를 행사할 당사자적격이 없게 되므로 그 대위소송을 부적법하여 각하할 수밖에 없다) ; 대법원 1993. 3. 26. 선고 92다32876 판결(채권자대위권은 채무자가 제3채무자에 대한 권리를 행사하지 아니하는 경우에 한하여 채권자가 자기의 채권을 보전하기 위하여 행사할 수 있는 것이기 때문에 채권자가 대위권을 행사할 당시 이미 채무자가 그 권리를 재판상 행사하였을 때에는 설사 패소의 확정판결을 받았더라도 채권자는 채무자를 대위하여 채무자의 권리를 행사할 당사자적격이 없다) ; 대법원 1963. 11. 21. 선고 63다634 판결(채권자대위권의 행사는 채무자가 그 행사를 반대하는 경우에도 가능하다) ; 대법원 1975. 5. 13. 선고 74다1664 전원합의체 판결[채권자가 채권자대위권을 행사하는 방법으로 제3채무자를 상대로 소송을 제기하고 판결을 받은 경우에는 어떠한 사유로 인하였든 적어도 채무자가 채권자 대위권에 의한 소송이 제기된 사실을 알았을 경우에는 그 판결의 효력은 채무자에게 미친다.(판례변경)].

55. 채무자에 대하여 수인의 채권자가 있는 경우에, 그 수인의 채권자가 채권자대위소송을 제기하면 중복제소금지원칙(민사소송법 제259조)에 위배되어 후소는 부적법한 소송이 되나, 이러한 법리는 채권자대위소송과 가압류, 가처분의 사이에서는 적용되지 않는다. 대법원 1990. 4. 27. 선고 88다카25274,25281(참가) 판결(나. 채권자대위소송이 이미 법원에 계속 중에 있을 때 같은 채무자의 다른 채권자가 동일한 소송물에 대하여 채권자대위권에 기한 소를 제기한 경우 시간적으로 나중에 계속하게 된 소송은 중복제소금지의 원칙에 위배되어 제기된 부적법한 소송이 된다. 다. 전항의 경우 전소·후소의 판별기준은 소송계속의 발생시기, 즉 소장이 피고에게 송달된 때의 선후에 의할 것이며, 비록 소제기에 앞서 가압류, 가처분 등의 보전절차가 경료되어 있다 하더라도 이를 기준으로 전소·후소 여부를 결정할 것은 아니다. 라. 채권자가 대위권에 기하여 일단 채무자의 권리를 행사하기 시작하였을 때 채무자에게 대위의 목적인 권리의 양도나 포기 등 처분행위를 허용하는 것은 채권자에 의한 대위권행사를 방해하는 것이 되므로 이를 금지하는 것이 민법 제405조 제2항의 취지라 할 것이니, 대위권의 행사를 방해하는 것으로 되지 아니하는 권리의 관리·보존 행위는 금지되는 것이 아니므로 채권자 갑이 채무자 을을 대위하여 을의 제3채무자 병에 대한 소유권이전등기청구권을 대위행사함은 권리의 관리·보존 행위이지 처분행위라 할 수 없으므로 채무자 을의 다른 채권자 정이 대위권의 행사로 얻은 병에 대한 처분금지가처분명령에 의하여 위 소유권이전등기청구권의 행사가 금지된다고 할 수 없다) ; 민사소송법 제259조(중복된 소제기의 금지): [법원에 계속되어 있는 사건에 대하여 당사자는 다시 소를 제기하지 못한다].

56. 채무자만이 행사함이 타당한 행사상의 일신전속권을 말하는데, 임대차계약 해지권은 행사상의 일신전속권이 아니다. 대법원 2007. 5. 10. 선고 2006다82700,82717 판결(임대인의 임대차계약 해지권은 오로지 임대인의 의사에 행사의 자유가 맡겨져 있는 행사상의 일신전속권에 해당하는 것으로 볼 수 없다).

57. 피보전채권을 말한다.

58. 법원의 허가를 받아서 채권자대위를 하는 것을 재판상 대위라고 하는데, 이에 대해서는 비송사건절차법 제45조 이하에서 상세히 규정하고 있다.

59. 통지를 받지 않았더라도 채무자가 채권자의 대위사실을 알고 있는 경우에는 통지가 있었던 것과 동일

위의 법리를 토대로 본 사례를 검토하건대, S사는 본건 토지와 관련하여 C사단법인에 대한 소유권이전등기청구권이라는 특정채권을 보전하기 위하여 C사단법인을 대위하여 C시를 피고로 하여 "C사단법인과 C시 간의 본건 토지에 대한 명의신탁약정을 해지하고 C사단법인에게 본건 토지에 대한 소유권이전등기를 해줄 것을 요구"하는 내용의 채권자대위소송을 본건 채권자대위소송을 제기하였고 해지의 의사표시를 기재한 소장 부본이 1990. 12. 27. C시에게 송달되어 본건 토지에 대한 명의신탁이 적법하게 해지되었다고 할 것이다.

한편, 본 사례와 같이 피대위권리가 부동산에 대한 소유권이전등기청구권인 경우에는 등기청구권의 성질상 채권자인 S사가 직접 수령할 수는 없으므로 채무자인 C사단법인에게로 소유권이전등기를 해줄 것을 요구한 S사의 소장 기재내용 또한 타당하다고 할 것이어서, 결국 채무자인 C사단법인이 S사가 본건 채권자대위소송을 제기하기 이전에 스스로 C시에 대하여 본건 토지에 대한 명의신탁을 해지하고 그에 따른 소유권이전등기청구를 했다는 특별한 사정이 없는 이상, S사는 본건 채권자대위소송에서 승소할 수 있을 것이다.[60]

하게 취급된다. 대법원 1988. 1. 19. 선고 85다카1792 판결(채권자가 민법 제404조에 의한 채권자대위권에 기하여 채무자의 권리를 행사하면서 그 사실을 채무자에게 통지를 하지 아니한 경우라도 채무자가 자기의 채권이 채권자에 의하여 대위행사되고 있는 사실을 알고 있는 경우에는 그 대위행사한 권리의 처분을 가지고 채권자에게 대항할 수 없다).

60. 이상의 결론에 대해서는 본 사례에 관한 대법원 1994. 1. 28. 선고 93다50215 판결 참조.

[사례 16]

정관에 기재 없는 재산인수

다음과 같은 사실관계 하에서, 아래의 각 질의에 대해 답하시오.[1]

(1) 1984. 12. 19.(주식회사 설립 및 현물출자에 관한 약정 체결)

권대용, 권대석 및 박이란은 충청북도 영동군 소재의 3개의 광구(이하, "본건 광구")의 광산을 개발하기로 합의하고, 박이란은 금 1억원을 출자하고, 권대용 및 권대석은 본건 광구에 대한 광업권[2](이하, "본건 광업권")을 현물출자(평가액 금 9,600만원)하여 주식회사를 설립하기로 약정하였다. 이에 따라, 박이란이 회사설립사무를 주관하면서 실질적으로는 발기인이 회사의 설립시에 발행하는 주식의 총수를 인수하는 발기설립을 하면서도, 발기설립 절차의 복잡함과 불편[3]도 피하고 현물출자에 따른 번잡함[4]을 피하기 위하여, 회

---

1. 본 사례는 대법원 1994. 5. 13. 선고 94다323 판결을 기초로 하여 작성된 것이다.
2. "광업권"이란 등록을 한 일정한 토지의 구역(이하 "광구"라 한다)에서 등록을 한 광물과 이와 같은 광상에 묻혀 있는 다른 광물을 채굴하고 취득하는 권리를 말한다(광업법 제3조 (정의) 제3호).
3. 그러나 사실은 발기설립이나 모집설립이나 어느 한쪽이 더 절차가 복잡하다고 단정적으로 말하기는 곤란하고, 오히려 실무적으로는 발기설립으로 하는 것이 발기인 전원이 사전에 협의를 하여 신속하게 회사를 설립할 수 있으므로 보다 용이한 측면이 있다.
4. 현물출자는 회사 설립 당시에 발기인에 의해 남용되어 회사의 자본충실을 해칠 우려가 있는 사항(소위, "위험한 약속")으로서 변태설립사항에 해당하여, 정관에 기재될 것, 모집주주가 알 수 있도록 주식청약서에 기재할 것, 검사인의 검사절차를 거쳐야 하는 불편함이 있다. 상법 제290조(변태설립사항): [다음의 사항은 정관에 기재함으로써 그 효력이 있다. 2. 현물출자를 하는 자의 성명과 그 목적인 재산의 종류, 수량, 가격과 이에 대하여 부여할 주식의 종류와 수] ; 상법 제302조(주식인수의 청약, 주식청약서의 기재사항) 제2항(주식청약서는 발기인이 이를 작성하고 다음의 사항을 기재하여야 한다. 2. 제289조 제1항과 제290조에 게기한 사항) ; 상법 제299조(검사인의 조사, 보고): [제1항: 검사인은 제290조 각호의 사항과 제295조의 규정에 의한 현물출자의 이행을 조사하여 법원에 보고하여야 한다. 제2항: 검사인은 전항의 조사보고서를 작성한 후 지체없이 그 등본을 각발기인에게 교부하여야 한다. 제3항: 검사인의 조사보고서에 사실과 상위한 사항이 있는 때에는 발기인은 이에 대한 설명서를 법원에 제출할 수 있다] ; 상법 제299조의 2(현물출자 등의 증명): [제290조 제1호 및 제4호에 기재한 사항에 관하여는 공증인의 조사 · 보고로, 제290조 제2호 및 제3호의 규정에 의한 사항과 제295조의 규정에 의한 현물출자의 이행에 관하여는 공인된 감정인의 감정으로 제299조 제1항의 규정에 의한 검사인의 조사에 갈음할 수 있

사의 성립 후 본건 광업권에 대하여는 권대용 및 권대석과 회사 사이의 매매계약에 의한 소유권이전등록의 방법에 의하여 위 현물출자를 완성하기로 약정하고(이하, "본건 현물출자 약정") 회사의 설립시에 발행하는 주식의 일부만을 발기인이 인수하고 나머지는 일반공중으로부터 모집을 하여 회사를 설립하는 모집설립의 형식으로 회사를 설립하기로 약정하였다.

(2) 1985. 2. 7.(H사의 설립등기)

박이란은 상법 소정의 주식회사 설립절차에 따라 발기인에 의한 정관 작성, 발기인의 주식 인수, 공모주주의 모집 및 주금의 납입 등 절차를 제대로 거치지 아니한 채 창립총회를 소집 개최한 바도 없이 1895. 2. 7. 이를 한 것처럼 하여 창립총회 의사록을 작성하고,[5] 그 외에도 주식회사 설립등기신청서 등 일체의 서류를 허위로 작성하여 1985. 2. 7. H주식회사(이하, "H사")의 설립등기를 마쳤다.

(3) 1985. 2. 21.(광업권의 이전등록)

본건 광업권이 권대용과 권대석의 공동명의로 이전등록되었고, 또한 같은 날 본건 광업권에 관하여 매매를 원인으로(매매대금은 금 30만원으로 함) 권대용 및 권대석으로부터 H사의 명의로 각 이전등록을 경료하였으나(이하, "본건 광업권등록"),[6] 이와 같은 매매와 관련하여서는 H사의 정관[7]에 변태설립사항으로서 기재된 바는 없었다.

(4) 1986. 2. 11.~1992. 2. 14.

H사는 본건 광업권에 대하여 광산의 개발 등 영업을 하여 왔는데, 권대석이 1986. 2. 11. H사의 설립무효소송을 제기하여 1991. 7. 26. 서울고등법원에서 H사의 설립은 "정관의 작성, 검사인의 조사보고(발기설립의 경우), 창립총회의 개최(모집설립의 경우) 등

다. 이 경우 공증인 또는 감정인은 조사 또는 감정결과를 법원에 보고하여야 한다] ; 상법 제310조(변태설립의 경우의 조사): [제1항: 정관으로 제290조에 게기한 사항을 정한 때에는 발기인은 이에 관한 조사를 하게 하기 위하여 검사인의 선임을 법원에 청구하여야 한다. 제2항: 전항의 검사인의 보고서는 이를 창립총회에 제출하여야 한다. 제3항: 제298조 제4항 단서 및 제299조의2의 규정은 제1항의 조사에 관하여 이를 준용한다].

5. 이러한 일련의 절차가 모집설립의 절차이다.

6. 이는, 광업법 제10조 제1항(광업권은 물권으로 하고, 이 법에서 따로 정한 경우 외에는 부동산에 관하여 「민법」과 그 밖의 법령에서 정하는 사항을 준용한다)과 제38조 제1항(다음 각 호의 사항은 광업원부에 등록한다) 제1호(광업권 또는 저당권의 설정 · 변경 · 이전 · 소멸 및 처분의 제한) 및 제2항(제1항에 따른 등록은 등기를 갈음한다), 제39조(제38조 제1항 각 호의 사항은 다음 각 호의 어느 하나에 해당하는 경우 외에는 그 사항을 등록하지 아니하면 효력이 발생하지 아니한다)에 따른 것이다.

7. 회사설립시에 최초로 작성되는 정관을 원시 정관이라고 한다.

주식회사의 설립절차에 관한 상법상 강행규정에 위반한 것"이라는 이유로 H사의 설립무효판결(이하, "본건 설립무효판결")이 선고되고, 1992. 2. 14. 대법원에서 확정되었다.

권대용과 권대석은 H사를 상대로 본건 광업권의 이전등록의 말소를 청구하는 소송(이하, "본건 소송")을 제기하고자 하는데, 이와 관련하여 아래 질의에 답하시오.

설문 1 본건 현물출자 약정은 무효인가?

설문 2 본건 설립무효판결이 확정되었음에도, H사는 본건 소송의 피고가 될 수 있는가?

설문 3 권대용 혼자 본건 소송의 원고가 될 수 있는가?

[설문 1] 현물출자 약정이 재산인수가 되는 경우

(1) 문제의 소재

본 사례에서 권대용, 권대석 및 박이란은 본건 광업권을 신설되는 주식회사인 H사에 현물출자하는 것과 절차의 번잡함을 피하기 위하여 신설회사(H사)의 성립 후 권대용 및 권대석과 회사 사이의 매매계약에 의한 소유권이전등록의 방법에 의하여 현물출자를 완성하는 것에 대하여 각각 합의하는 내용으로 본건 현물출자 약정을 하였다.

즉 권대용과 권대석은 H사로 하여금 본건 광업권의 광업권자가 되도록 한 의사가 있었으므로, 비록 박이란이 본건 광업권에 관하여 H사의 명의로 이전등록을 함에 있어서 그 원인을 현물출자가 아니라 매매로 하였다고 하더라도, 결국에는 H사가 본건 광업권에 대한 광업권자가 되었음에는 틀림없으므로 본건 광업권등록은 실체적 권리관계에 병합하여 유효한 등록이라고 할 수 있는지,[8] 아니면 본건 현물출자

8. 본 사례에 관한 1심판결인 서울지방법원 동부지원 1992. 6. 3. 선고 91가합15872 판결에서는 본건 광업권등록은 실체적 권리관계에 부합하여 유효한 등록이라고 결론을 내리고 있다. 이와 같은 결론이 타당한지에 대해서는 잠시 논외로 하고, 그와 같은 결론이 가능했던 배경을 살펴보면 다음과 같다. 즉, 광업권의 등록의 경우에도 부동산의 등기와 경우와 동일한 법리가 적용되므로(광업법 제10조, 제38조, 제39조 등) 등기에 관해서 기존에 대법원판례에서 축적되어 확립되어 있는 실체관계에 부합하는 등기 이

약정은 그 명칭에도 불구하고 상법 제290조 제3호 소정의 "회사 성립 후에 양수할 것을 약정"한 것에 포섭되어 재산인수에 해당하는데 이와 같은 점에 대하여 H사의 정관에 기재되어 있지 않았으므로 무효로 되고 이에 따른 본건 광업권 등록도 그 원인행위가 무효이므로 더불어 무효가 되는지가 문제된다.

(2) 설문의 해결

먼저, 본 사례의 경우는 권대용과 권대석이 H사의 주금 납입기일에 본건 광업권에 대하여 발기인 대표에게 등록에 필요한 서류를 완비하여 교부하는 행위를 한 것은 아니므로,[9] 본건 광업권 등록이 상법상의 현물출자에 해당하지 않은 것은 분명하다.

그렇다면 위에서 문제제기한 것 같이 본건 현물출자 약정이 상법 제290조 제3호 소정의 소위 재산인수라는 변태설립사항에 해당될 여지는 없는지가 문제되는데, 먼저 그에 관한 관련 법리를 살펴본다.

론이 등록의 경우에도 적용될 수 있다는 뜻이다. 실체관계에 부합하는 등기에 관한 판례의 예는 다음과 같다. 대법원 1978. 8. 22. 선고 76다343 판결(부동산소유권을 이전하는 계약에 기해 양도인이 사실상 그 목적 부동산에 대한 전면적인 지배를 양수인에게 취득케 한 이상 양수인 명의의 등기는 그것이 설사 등기의무자의 신청에 의하지 아니한 하자가 있다고 해도 실체관계에 부합되는 등기로서 유효하다) ; 대법원 1995. 12. 26. 선고 94다44675 판결(미등기건물을 등기할 때에는 소유권을 원시취득한 자 앞으로 소유권보존등기를 한 다음 이를 양수한 자 앞으로 이전등기를 함이 원칙이라 할 것이나, 원시취득자와 승계취득자 사이의 합치된 의사에 따라 그 주차장에 관하여 승계취득자 앞으로 직접 소유권보존등기를 경료하게 되었다면, 그 소유권보존등기는 실체적 권리관계에 부합되어 적법한 등기로서의 효력을 가진다) ; 대법원 1982. 12. 14. 선고 80다459 판결(소유자의 대리인으로부터 토지를 적법하게 매수한 이상 설사 매수인의 소유권이전등기가 위조된 서류에 의하여 경료되었다 하더라도 그 등기는 유효한 것이다).

9. 발기설립이든 모집설립이든 회사설립시의 현물출자의 이행방식은 이와 같은 서류교부 방식에 의하는데, 발기설립 경우에 대해서는 상법 제295조에서, 모집설립 경우에 대해서는 상업 제305조에서 각각 다음과 같이 규정하고 있다. 상법 제295조(발기설립의 경우의 납입과 현물출자의 이행) 제2항(현물출자를 하는 발기인은 납입기일에 지체없이 출자의 목적인 재산을 인도하고 등기, 등록 기타 권리의 설정 또는 이전을 요할 경우에는 이에 관한 서류를 완비하여 교부하여야 한다) ; 상법 제305조(주식에 대한 납입): [제1항: 회사설립시에 발행하는 주식의 총수가 인수된 때에는 발기인은 지체없이 주식인수인에 대하여 각 주식에 대한 인수가액의 전액을 납입시켜야 한다. 제2항: 전항의 납입은 주식청약서에 기재한 납입장소에서 하여야 한다. 제3항: 제295조 제2항의 규정은 제1항의 경우에 준용한다]. 한편, 이행의 상대방은 발기인 대표가 되어야 한다는 점에 대해서는 이철송, 『회사법강의』, 제190면 참조.

상법 제290조(변태설립사항)

다음의 사항은 정관[10]에 기재함으로써 그 효력이 있다.[11]

1. 발기인이 받을 특별이익[12]과 이를 받을 자의 성명
2. 현물출자를 하는 자의 성명과 그 목적인 재산의 종류, 수량, 가격과 이에 대하여 부여할 주식의 종류와 수[13]
3. 회사성립 후에 양수할 것을 약정한 재산의 종류, 수량, 가격과 그 양도인의 성명[14,15,16,17]
4. 회사가 부담할 설립비용[18]과 발기인이 받을 보수액[19]

---

10. 이와 같이 정관에 기재한 경우에만 유효한 것으로 규정한 취지는, 이러한 행위들은 설립 당시에 발기인에 의해 남용되어 회사의 자본충실을 해할 우려가 있기 때문이다. 이철송, 『회사법강의』, 제187면 참조.

11. 따라서 정관에 기재되지 않는 변태설립사항은 무효이다. 예컨대, 대법원 1992. 9. 14. 선고 91다33087 판결(갑과 을이 공동으로 축산업 등을 목적으로 하는 회사를 설립하기로 합의하고 갑은 부동산을 현물로 출자하고 을은 현금을 출자하되, 현물출자에 따른 번잡함을 피하기 위하여 회사의 성립 후 회사와 갑 간의 매매계약에 의한 소유권이전등기의 방법에 의하여 위 현물출자를 완성하기로 약정하고 그 후 회사설립을 위한 소정의 절차를 거쳐 위 약정에 따른 현물출자가 이루어진 것이라면, 위 현물출자를 위한 약정은 그대로 상법 제290조 제3호가 규정하는 재산인수에 해당한다고 할 것이어서 정관에 기재되지 아니하는 한 무효라고 할 것이나) 참조.

12. 회사설립의 실패에 따르는 위험을 부담하고 설립사무를 관장한 데 대한 공로로서 발기인에게 주어지는 채권적 권리를 말한다. 예컨대, 회사설비 이용의 특혜, 신주인수권의 우선권, 회사와 계속적인 거래의 약속 등. 이철송, 『회사법강의』, 제188면 참조.

13. 현물출자된 재산은 금전으로 평가되어 주식이 발행되고 자본으로 구성되는데, 이 과정에서 무가치한 재산이 출자되거나 출자재산이 과대평가되어 자본충실을 해할 염려가 있기 때문인데, 회사설립시에 현물출자된 재산권은 일단 설립 중의 회사에게 귀속하고 회사성립 후에 특별한 절차 없이 회사의 재산이 된다. 이철송, 『회사법강의』, 제190면 참조.

14. 이와 같이 발기인이 회사 설립 중에 설립 중의 회사를 대표하여 체결한 약정을 재산인수라고 하는데, 다만 아직 원시정관의 작성 전이어서 발기인의 자격이 없는 자가 장래 성립할 회사를 위하여 계약을 체결하고 그 후 발기인이 된 경우에는 그 계약은 재산인수에 해당한다. 대법원 1989. 2. 14. 선고 87다카1128 판결[갑과 을회사 사이의 토지매매가 현물출자에 관한 상법상의 규제를 회피하기 위한 방편으로 행하여져 무효인지의 여부를 가리기 위하여는 그 매매행위가 회사의 성립 전에 발기인들에 의하여 이루어진 재산인수(상법 제290조 제3호)인지 아니면 회사가 성립된 후에 회사의 대표이사에 의하여 이루어진 사후설립(상법 제375조) 인지를 심리, 확정한 후에 그것이 유효요건을 갖추었는지 여부를 심리하여 그 유·무효를 판단하여야 한다] ; 대법원 1992. 9. 14. 선고 91다33087 판결(상법 제290조 제3호는 변태설립사항의 하나로서 회사성립 후에 양수할 것을 약정한 재산의 종류, 수량, 가격과 그 양도인의 성명은 정관에 기재함으로써 그 효력이 있다고 규정하고 있고, 이때에 회사의 성립 후에 양수할 것을 약정한다 함은 이른바 재산인수로서 발기인이 회사의 성립을 조건으로 다른 발기인이나 주식인수인 또는 제3자로부터 일정한 재산을 매매의 형식으로 양수할 것을 약정하는 계약을 의미한다고 할 것이고, 아직 원시정관의 작성 전이어서 발기인의 자격이 없는 자가 장래 성립할 회사를 위하여 위와 같은 계약을 체결하고 그 후 그 회사의 설립을 위한 발기인이 되었다면 위 계약은 재산인수에 해당하고 정관에 기재가 없는 한 무효라고 할 것이다).

15. 발기인이 설립 중의 회사의 기관인 지위를 남용하여 불공정한 재산인수약정을 함으로써 성립 후의 회사에게 경제적부담을 주면서 사익을 추구할 우려가 있기 때문에 변태설립사항으로 하고 있는 반면에,

검토컨대, 상법 제290조 제3호는 회사성립 후에 양수할 것을 약정한 재산의 종류, 수량/가격과 그 양도인의 성명은 이를 정관에 기재함으로써 그 효력이 있다고 규

회사성립 후 공백없이 회사의 목적사업을 수행할 수 있도록 준비할 필요도 있으므로 정관기재 및 검사인의 조사절차 등 일정한 요건, 절차를 구비하면 할 수 있게끔 허용하고 있다. 이철송, 『회사법강의』, 제190면 참조.

16. 한편, 본 사례의 경우와 같이, 재산인수는 현물출자에 가해지는 제약을 피하면서(즉, 재산인수의 경우에도 현물출자의 경우와 동일하게 정관 기재, 검사인의 조사절차 등이 필요하나, 재산인수의 경우에는 이러한 요건을 구비하지 않더라도 설립등기 자체는 할 수 있음) 실질적으로 현물출자의 목적을 달성하기 위한 편법으로 이용되기도 한다(예: 어떤 자가 부동산을 현물출자를 하는 대신에, 일단 금전출자를 하고 회사성립 후 회사가 그 자로부터 그 부동산을 양수하는 경우). 이철송, 『회사법강의』, 제191면 참조.

17. 정관에 기재되지 않는 채 이루어진 재산인수는 무효이나, 성립 후 회사는 사후설립 요건을 구비하는 경우에는 주주총회 특별결의로 추인할 수 있다. 상법 제375조(사후설립): [제374조의 규정은 회사가 그 성립 후 2년 내에 그 성립 전부터 존재하는 재산으로서 영업을 위하여 계속하여 사용하여야 할 것을 자본의 100분의 5 이상에 해당하는 대가로 취득하는 계약을 하는 경우에 이를 준용한다] ; 상법 제374조(영업양도, 양수, 임대 등) 제1항: [회사가 다음의 행위를 함에는 제434조에 정하는 결의가 있어야 한다] ; 상법 제434조(정관변경의 특별결의): [제433조 제1항의 결의는 출석한 주주의 의결권의 3분의 2 이상의 수와 발행주식총수의 3분의 1 이상의 수로써 하여야 한다]. 대법원 1992. 9. 14. 선고 91다33087 판결(갑과 을이 공동으로 축산업 등을 목적으로 하는 회사를 설립하기로 합의하고 갑은 부동산을 현물로 출자하고 을은 현금을 출자하되, 현물출자에 따른 번잡함을 피하기 위하여 회사의 성립 후 회사와 갑 간의 매매계약에 의한 소유권이전등기의 방법에 의하여 위 현물출자를 완성하기로 약정하고 그 후 회사설립을 위한 소정의 절차를 거쳐 위 약정에 따른 현물출자가 이루어진 것이라면, 위 현물출자를 위한 약정은 그대로 상법 제290조 제3호가 규정하는 재산인수에 해당한다고 할 것이어서 정관에 기재되지 아니하는 한 무효라고 할 것이나, 위와 같은 방법에 의한 현물출자가 동시에 상법 제375조가 규정하는 사후설립에 해당하고 이에 대하여 주주총회의 특별결의에 의한 추인이 있었다면 회사는 유효하게 위 현물출자로 인한 부동산의 소유권을 취득한다고 한 사례).

18. 사무실의 차임, 통신비, 정관 및 주식청약서의 인쇄비, 주주모집 광고비용, 납입금취급은행의 수수료 등 회사설립 자체의 실행에 소요되는 비용을 말하므로 개업준비를 위한 금전차입은 이에 해당하지 않는다. 한편 설립등기의 등록설는 그 지출에 발기인의 재량이 개재될 여지가 없어 발기인이 권한을 남용할 우려가 없으므로 이에 포함되지 않고 결국 정관의 기재여부에 관계없이 회사가 부담한다. 이철송, 『회사법강의』, 제192면 참조. 대법원 1965. 4. 13. 선고 64다1940 판결(피고 조합은 그 조합원의 가구의 공동생산, 공동가공, 공동소비를 목적으로 하여 설립된 조합인바, 피고조합이 설립되기 전의 설립 중인 피고조합 발기인들이 관청에서 하는 부당한 가구 등의 도급수의계약체결을 방지하는 데 공동노력하기로 하고 그에 필요한 비용을 차입한 금원은 특별한 사정이 없는 한 설립 중인 위 조합의 설립 자체를 위한 비용이라고 볼 수 없는 것을 그 조합의 목적사업을 위한 비용이라 하여 설립 후의 조합에게 변제할 책임이 있다고 판단하였음은 설립 중인 법인의 행위에 대하여서의 설립 후의 법인의 책임에 관한 법리를 오해한 위법이 있다고 할 것이다).

19. 발기인의 보수(발기인이 설립사무를 위하여 제공한 노무의 대가) 역시, 과다하게 지출되어 자본충실을 해할 염려가 있기 때문이다. 한편, 발기인의 보수는 설립 중의 회사의 기관으로서 제공한 노무의 대가이므로 설립 중의 회사가 부담하나(실제의 지급은 설립 후에 하더라도), 발기인의 특별이익은 회사창설의 공로에 대한 대가이므로 회사가 성립되었을 때 성립 후의 회사가 그 채무를 부담하는 차이가 있다. 이철송, 『회사법강의』, 제193면 참조.

정하고 있는바, 이때에 “회사의 성립 후에 양수할 것을 약정”한다 함은 회사의 변태설립의 일종인 재산인수로서 발기인이 설립될 회사를 위하여 회사의 성립을 조건으로 다른 발기인이나 주식인수인 또는 제3자로부터 일정한 재산을 매매의 형식으로 양수할 것을 약정하는 계약을 의미한다고 할 것이므로, 당사자 사이에 회사를 설립하기로 합의하면서 그 일방은 일정한 재산을 현물로 출자하고, 타방은 현금을 출자하되, 현물출자에 따른 번잡함을 피하기 위하여 회사의 성립 후 회사와 현물출자자 사이의 매매계약에 의한 방법에 의하여 위 현물출자를 완성하기로 약정하고 그 후 회사설립을 위한 소정의 절차를 거쳐 위 약정에 따른 현물출자가 이루어진 것이라면, 위 현물출자를 위한 약정은 그대로 위 법조가 규정하는 재산인수에 해당한다고 할 것이어서 정관에 기재되지 아니하는 한 무효라고 할 것이다.[20]

그렇다면 본 사례의 경우의 본건 현물출자 약정도 그 명칭에도 불구하고 상법 제290조 제3호 소정의 “회사 성립 후에 양수할 것을 약정”한 것에 포섭되어 재산인수에 해당하는데 이와 같은 점에 대하여 H사의 정관에 기재되어 있지 않았으므로 결국 무효로 된다고 할 것이고, 그에 따른 본건 광업권등록도 실체적 권리관계에 부합하여 유효한 것이 아니라 무효로 된다고 할 것이다.[21]

『설문 2』 설립무효 판결의 효력

(1) 문제의 소재

본 사례에서, 권대석은 1986. 2. 11. H사의 설립무효소송을 제기하여 1991. 7. 26. 서울고등법원에서 H사의 설립은 “정관의 작성, 검사인의 조사보고(발기설립의 경우), 창립총회의 개최(모집설립의 경우) 등 주식회사의 설립절차에 관한 상법상 강행규

20. 대법원 1992. 9. 14. 선고 91다33087 판결(갑과 을이 공동으로 축산업 등을 목적으로 하는 회사를 설립하기로 합의하고 갑은 부동산을 현물로 출자하고 을은 현금을 출자하되, 현물출자에 따른 번잡함을 피하기 위하여 회사의 성립 후 회사와 갑 간의 매매계약에 의한 소유권이전등기의 방법에 의하여 위 현물출자를 완성하기로 약정하고 그 후 회사설립을 위한 소정의 절차를 거쳐 위 약정에 따른 현물출자가 이루어진 것이라면, 위 현물출자를 위한 약정은 그대로 상법 제290조 제3호가 규정하는 재산인수에 해당한다고 할 것이어서 정관에 기재되지 아니하는 한 무효라고 할 것이다).

21. 이상의 결론에 대해서는 본 사례에 관한 대법원 1994. 5. 13. 선고 94다323 판결 참조.

정에 위반한 것"이라는 이유로 본건 설립무효판결이 선고되고, 1992. 2. 14. 대법원에서 확정되었다.

이와 같이 합명회사, 합자회사, 유한회사의 설립에 관한 하자의 주장방법으로 설립취소의 소와 설립무효의 소가 인정되고 있는 것과는 달리,[22] 주식회사의 경우에는 설립에 관한 하자의 주장방법으로 설립무효의 소만 인정되고 있다.[23,24] 즉, 주식회사의 설립에 있어서는 인적회사에 있어서와 같은 설립취소나 주관적 무효원인은 인정되지 않고, 설립절차에 관한 객관적 하자, 즉 강행규정 위반 또는 주식회사의 본질에 반하는 하자를 원인으로 하는 설립무효만이 문제된다.[25]

아무튼, H사에 대해서는 본건 설립무효판결이 확정되었으므로 권대용과 권대석이 본건 광업권의 이전등록의 말소를 청구하는 본건 소송에서 H사가 피고가 될 수 있는지 여부가 문제되는바, 이는 H사와 같은 주식회사에 대한 설립무효 판결의 효력에 관련된 것이다.

(2) 설문의 해결

본건 설립무효판결과 같이 주식회사의 설립무효소송에 관한 상법 제328조(설립무효의 소)에서 준용하고 있는 상법 제190조는 다음과 같이 규정하고 있는바, 먼저 관

---

22. 합명회사의 경우에는 상법 제184조(설립 무효, 취소의 소) 제1항: [회사의 설립의 무효는 그 사원에 한하여, 설립의 취소는 그 취소권 있는 자에 한하여 회사성립의 날로부터 2년 내에 소만으로 이를 주장할 수 있다]. 합자회사의 경우에는 상법 제269조(준용규정): [합자회사에는 본장에 다른 규정이 없는 사항은 합명회사에 관한 규정을 준용한다], 유한회사의 경우에는 상법 제552조(설립 무효, 취소의 소) 제1항: [회사의 설립의 무효는 그 사원, 이사와 감사에 한하여 설립의 취소는 그 취소권 있는 자에 한하여 회사설립의 날로부터 2년 내에 소만으로 이를 주장할 수 있다] 각 참조.
23. 상법 제328조(설립 무효의 소) 제1항: [회사설립의 무효는 주주 · 이사 또는 감사에 한하여 회사성립의 날로부터 2년 내에 소만으로 이를 주장할 수 있다. 제2항(제186조 내지 제193조의 규정은 제1항의 소에 준용한다] 참조. 한편, 준용되는 규정들 중에서는 특히 제190조(판결의 효력): [설립무효의 판결 또는 설립취소의 판결은 제3자에 대하여도 그 효력이 있다. 그러나 판결확정 전에 생긴 회사와 사원 및 제3자간의 권리의무에 영향을 미치지 아니한다] 참조.
24. 주식회사의 경우에는 주식인수인의 인수행위가 취소되는 경우에도 인수인의 개성은 중시되지 않으므로 당해 인수행위가 효력을 잃는 것에 그치고, 발기인의 인수담보책임에 의해 보완되어 회사설립 자체에는 영향을 주지 않는다. 이와 같은 점은 발기설립의 경우에 마찬가지이다. 이철송, 『회사법강의』, 제221면.
25. 예컨대, 설립목적이 위법한 경우, 정관의 절대적 기재사항이 불비한 경우, 본 사례와 같이 창립총회를 소집하지 않았거나 창립총회가 무효인 경우, 설립등기 자체가 무효인 경우 등. 이철송, 『회사법강의』, 제221면.

련 법리를 살펴본다.

상법 제190조(판결의 효력)

설립무효의 판결 또는 설립취소의 판결은 제3자[26]에 대하여도 그 효력이 있다. 그러나 판결 확정 전에[27] 생긴 회사와 사원 및 제3자 간의 권리의무에 영향을 미치지 아니한다.

검토컨대, 위에서 살펴본 바와 같이 주식회사의 경우에 설립무효판결의 소급효가 제한되고 장래효만 인정되고 있으므로, 결국 설립무효판결 확정 전의 회사설립은 완전히 유효한 것으로 하여 모든 법률관계를 판단해야 하고, 설립무효판결 확정 전까지 있었던 주주로서의 지위취득 행위나 현물출자, 재산인수(본 사례의 경우)도 설립무효판결의 확정으로 인하여 아무런 영향을 받지 않게 되는바, 결국 본 사례에서 같이 본건 광업권등록이 재산인수에 관한 고유한 법리에 의하여 무효로 되는 예외적인 경우를 제외하고는 본건 광업권등록도 적어도 본건 설립무효판결의 확정에 의해서는 아무런 영향을 받지 않고 그대로 유효하다고 할 것이다.

즉, 주식회사의 경우에 설립무효판결에는 소급효가 없으므로 본 사례와 같이 H사가 일단 설립등기가 되었다가 설립무효판결이 확정되더라도 사실상의 회사는 존재하는 것이어서 해산의 경우에 준하여 청산[28]을 하게 되는바,[29] 청산 중인 경우는 물론이고 설령 청산종결 등기가 되었더라도 아직 청산 사무(예: 채권추심, 채무변제, 잔여재산분배 등)가 남아 있는 한 소송상의 당사자가 될 수 있는 당사자능력은 있는 것이다.[30]

---

26. 즉, 주식회사의 설립무효소송에서 확정된 설립무효판결의 효력은 그 소송의 당사자가 아닌 제3자에게도 미치는 소위 대세적 효력이 있는데, 그 이유는 회사의 조직법적 법률관계는 다수의 이해관계인이 존재하므로 반드시 소송을 제기한 자만이 판결에 이해관계를 가지는 것이 아니므로 통일적인 규율이 필요하기 때문이다. 이철송, 『회사법강의』, 제93면.

27. 즉, 주식회사의 설립무효소송에서 확정된 설립무효판결의 효력은 장래에 대해서만 효력이 미치는데, 그 이유는 회사법률관계에서는 어떠한 행위를 토대로 후속적으로 많은 법률관계가 누적되는데 만약 소급효가 인정되면 후속의 많은 법률관계가 일시에 무너져 회사법률관계의 안정을 기할 수 없기 때문이다. 이와 같이 소급효가 제한되는 결과 판결확정 전에 마치 회사가 유효하게 존재하였던 것과 같은 법률상태가 생기는데 이를 소위 사실상의 회사라고 한다. 이철송, 『회사법강의』, 제94면, 제222면.

28. 이를 실무적으로는 준청산이라고 한다.

29. 본 사례에 관한 1심판결인 서울지방법원 동부지원 1992. 6. 3. 선고 91가합15872 판결에서도 이러한 점을 확인하고 있다.

30. 대법원 1982. 3. 23. 선고 81도1450 판결(회사가 해산 및 청산등기 전에 재산형에 해당하는 사건으로 소추당한 후 청산종결의 등기가 경료되었다고 하여도 그 피고사건이 종결되기까지는 회사의 청산사무는 종료되지 아니하고 형사소송법상 당사자 능력도 존속한다고 할 것이다) ; 대법원 2001. 7. 13. 선고

그렇다면 본 사례의 경우에도 H사가 청산 사무가 종료되고 또한 청산종결 등기까지 경료되었다는 특별한 사정이 없는 한, H사에 대한 본건 설립무효판결의 확정에도 불구하고, 권대용과 권대석이 본건 광업권의 이전등록의 말소를 청구하는 본건 소송에서 H사는 피고가 될 수 있을 것이다.

[설문 3] 선정당사자

(1) 문제의 소재

본 사례에서 1985. 2. 21. 본건 광업권이 권대용과 권대석의 공동명의로 이전등록되었고, 또한 같은 날 본건 광업권에 관하여 매매를 원인으로 권대용 및 권대석으로부터 H사의 명의로 각 이전등록이 경료되었는바, 앞에서 살펴본 바와 같이 H사로의 본건 광업권 등록은 무효이고 또한 H사는 권대용과 권대석이 본건 광업권의 이전등록의 말소를 청구하는 본건 소송에서 피고가 될 수 있다.

그런데 본 설문은 권대용과 권대석 공동으로가 아니라 권대용 혼자 본건 소송의 원고가 될 수 있는 방법은 없는지를 묻고 있다.

(2) 설문의 해결

본 이슈와 관련하여 민사소송법 제53조는 다음과 같이 규정하고 있는바, 먼저 관련 법리를 살펴보기로 한다.

2000두5333 판결(상법 제520조의2의 규정에 의하여 주식회사가 해산되고 그 청산이 종결된 것으로 보게 되는 회사라도 어떤 권리관계가 남아 있어 현실적으로 정리할 필요가 있으면 그 범위 내에서는 아직 완전히 소멸하지 아니한다) ; 대법원 1968. 6. 18. 선고 67다2528 판결(청산결과의 등기를 하였더라도 채권이 있는 이상 청산은 종료되지 않으므로 그 한도에서 청산법인은 당사자능력이 있다) ; 대법원 1991. 4. 30. 자 90마672 결정(상법 제520조의2 제1항 내지 제4항에 의하여 회사가 해산되고 그 청산이 종결된 것으로 보게 되는 회사라도 권리관계가 남아 있어 현실적으로 정리할 필요가 있는 때에는 그 범위 내에서는 아직 완전히 소멸하지 아니한다).

민사소송법 제53조(선정당사자)[31]

제1항: 공동의 이해관계[32]를 가진 여러 사람이 제52조[33]의 규정에 해당되지 아니하는 경우에는, 이들은 그 가운데[34]에서 모두를 위하여 당사자가 될 한 사람 또는 여러 사람을 선정하거나 이를 바꿀 수 있다.[35,36]

제2항: 소송이 법원에 계속된 뒤 제1항의 규정에 따라 당사자를 바꾼 때에는 그 전의 당사자는 당연히 소송에서 탈퇴[37]한 것으로 본다.

---

31. 선정당사자라 함은 공동의 이해관계가 있는 여러 사람이 공동소송인이 되어 소송을 해야 할 경우에, 그 가운데서 모두를 위하여 소송을 수행할 당사자로 선출된 자를 말하는데, 다수자 전원이 소송당사자가 되면 변론의 복잡, 송달사무의 폭주, 어느 1인이 사망한 경우에 소송이 중단되는 등 소송진행이 복잡해지는데, 이 경우에 다수자 중에서 대표자를 뽑아 그에게 소송을 맡겨 다수당사자소송을 단순화, 간소화하는 방편으로 생긴 제도이다. 이시윤, 『신민사소송법』, 제666면.

32. 이에는, 다수자가 반드시 공동으로 소송을 해야만 하는 고유필요적 공동소송(예: 합유자)의 경우와 소송의 목적인 권리 · 의무가 공통인 경우(예: 공유자, 공동상속자, 연대채무자), 그리고 민사소송법 제65조 전문(소송목적이 되는 권리나 의무가 여러 사람에게 공통되거나 사실상 또는 법률상 같은 원인으로 말미암아 생긴 경우) 및 쟁점이 공통된 경우(예: 수인의 임차인들이 을을 상대로 각기 보증금반환청구를 하는 경우에, 을이 임대인으로서 계약당사자인지라는 쟁점이 공통된 경우)도 포함되나, 민사소송법 제65조 후문(소송목적이 되는 권리나 의무가 같은 종류의 것이고, 사실상 또는 법률상 같은 종류의 원인으로 말미암은 것인 경우)(예: 수인에 대하여 별개의 대여금반환청구소송을 제기하는 경우)는 포함되지 않는다. 이시윤, 『신민사소송법』, 제667면. 대법원 1999. 8. 24. 선고 99다15474 판결([1] 공동의 이해관계가 있는 다수자는 선정당사자를 선정할 수 있는 것인데, 이 경우 공동의 이해관계란 다수자 상호간에 공동소송인이 될 관계에 있고, 또 주요한 공격방어 방법을 공통으로 하는 것을 의미하므로, 다수자의 권리 · 의무가 동종이며 그 발생 원인이 동종인 관계에 있는 것만으로는 공동의 이해관계가 있는 경우라고 할 수 없어, 선정당사자의 선정을 허용할 것이 아니다. [2] 임차인들이 갑을 임대차계약상의 임대인이라고 주장하면서 갑에게 그 각 보증금의 전부 내지 일부의 반환을 청구하는 경우, 그 사건의 쟁점은 갑이 임대차계약상의 임대인으로서 계약당사자인지 여부에 있으므로, 그 임차인들은 상호간에 공동소송인이 될 관계가 있을 뿐 아니라 주요한 공격방어 방법을 공통으로 하는 경우에 해당함이 분명하다고 할 것이어서, 민사소송법 제49조 소정의 공동의 이해관계가 있어 선정당사자를 선정할 수 있다) ; 대법원 1997. 7. 25. 선고 97다362 판결(공동의 이해관계가 있는 다수자는 선정당사자를 선정할 수 있는 것인바, 이 경우 공동의 이해관계란 다수자 상호간에 공동소송인이 될 관계에 있고, 또 주요한 공격방어방법을 공통으로 하는 것을 의미한다고 할 것이므로 다수자의 권리 · 의무가 동종이며 그 발생원인이 동종인 관계에 있는 것만으로는 공동의 이해관계가 있는 경우라고 할 수 없을 것이어서 선정당사자의 선정을 허용할 것은 아니다).

33. 민사소송법 제52조(법인이 아닌 사단 등의 당사자능력): [법인이 아닌 사단이나 재단은 대표자 또는 관리인이 있는 경우에는 그 사단이나 재단의 이름으로 당사자가 될 수 있다].

34. 이와 같이 선정당사자의 자격을 제한하는 이유는, 만약 제3자도 선정당사자가 될 수 있다고 하면 변호사대리원칙을 참탈할 수 있기 때문이다. 이시윤, 『신민사소송법』, 제667면. 민사소송법 제87조(소송대리인의 자격): [법률에 따라 재판상 행위를 할 수 있는 대리인 외에는 변호사가 아니면 소송대리인이 될 수 없다].

35. 제1심 소송수행에 한정할 것을 조건으로 하는 선정행위의 경우에 선정당사자가 어느 심급까지 소송수

본 사례에 관하여 검토컨대, 본건 광업권은 H사로 이전등록 되기 전에 권대용과 권대석의 공동명의로 되어 있었는바, 광업법은 이와 관련하여 다음과 같이 규정하고 있다.

광업법 제30조(공동 광업권자)

제1항: 광업권을 공유하는 자(이하 "공동광업권자"라 한다)의 대표자 신고 · 지정 · 변경 등에 관하여는 제17조를 준용한다. 이 경우 "공동 광업출원인"을 "공동 광업권자"로 본다.

제2항: 공동광업권자의 광업권의 지분은 다른 공동광업권자의 동의 없이는 양도하거나 조광권 또는 저당권의 목적으로 할 수 없다.

광업법 제17조(공동 광업출원인)

제1항: 2명 이상이 공동으로 광업권설정의 출원을 한 자(이하 "공동광업출원인"이라 한다)는 그중 1명을 대표로 정하여 지식경제부장관에게 신고하여야 한다. 대표자를 변경한 경우에도 또한 같다.

제2항 내지 제4항: 생략함.

제5항: 공동 광업출원인은 조합계약을 한 것으로 본다.

그렇다면 권대용과 권대석은 본건 광업권의 공동명의와 관련하여 조합계약을 체

행이 가능한지가 문제되나, 다수설은 그러한 심급제한이 유효하다는 심급한정설을 취하고 있으나, 그 경우에도 실질적으로 소송종료시까지 소송수행이 가능하다는 소송종료설(논거: 소송의 단순화, 간소화에 의한 효율적 소송진행을 꾀하는 것이 선정당사자 제도의 입법목적임/선정당사자로 하여금 소송종료시까지 소송을 수행케 하는 것이 선정당사자의 본래의 취지임)도 있다. 한편 대법원판례는 명확한 입장을 판시한 적은 없으나 대법원판례의 입장에 대하여 "실질적으로는 소송종료설에 다름없다"라고 해석하는 견해가 있다. 이시윤, 『신민사소송법』, 제668면. 대법원 2003. 11. 14. 선고 2003다34038 판결(공동의 이해관계가 있는 다수자가 당사자를 선정한 경우에는 선정된 당사자는 당해 소송의 종결에 이르기까지 총원을 위하여 소송을 수행할 수 있고, 상소와 같은 것도 역시 이러한 당사자로부터 제기되어야 하는 것이지만, 당사자 선정은 총원의 합의로써 장래를 향하여 이를 취소, 변경할 수 있는 만큼 당초부터 특히 어떠한 심급을 한정하여 당사자인 자격을 보유하게끔 할 목적으로 선정을 하는 것도 역시 허용된다고 할 것이나, 선정당사자의 선정행위시 심급의 제한에 관한 약정 등이 없는 한 선정의 효력은 소송이 종료에 이르기까지 계속되는 것이다).

36. 실무적으로는, 선정당사자의 자격은 대리인과 마찬가지로 서면증명을 필요로 하므로, 선정서를 작성하여 법원에 제출하는 경우가 일반적이다.

37. 이와 같이, 소송계속 후에 선정을 하면 선정자는 소송에서 당연히 탈퇴하지만 그것 이외에도 소송수행권까지도 상실하게 되는지가 문제되나, 선정자는 자기의 고유의 소송수행권은 여전히 유지한다는 적격유지설이 유력하다. 이시윤, 『신민사소송법』, 제669면.

결한 관계라고 볼 수 있는바,[38] 조합계약에 따른 재산에 대한 권리관계는 합유이므로[39] 권대용과 권대석이 반드시 공동으로 소송을 해야만 하는 고유필요적 공동소송의 경우이므로, 결국 권대용과 권대석이 H사에 대한 본건 광업권의 이전등록의 말소을 청구하는 본건 소송과 관련하여 위에서 살펴본 선정당사자 제도를 이용하여 권대용 혼자 본건 소송의 원고가 될 수 있다고 할 것이다.[40,41]

---

38. 대법원판례는 민법상의 조합 자체에 대해서는 소송상 당사자능력을 인정하지 않는다. 대법원 1991. 6. 25. 선고 88다카6358 판결[원심은, 피고 원호대상자광주목공조합(이하 피고조합이라 한다)은 … 중간생략 … 민법에 의한 조합으로 설립할 수 있다고 규정한 취지에 비추어 보면 피고조합은 민법상의 조합의 실체를 가지고 있다 하겠으므로 소송상 당사자능력이 없으며 따라서 원고의 피고조합을 상대로 한 이 사건 소는 부적법하다고 판단하였는바, 기록과 대조하여 살펴보면 원심의 위 판단은 정당하고].

39. 민법 제704조(조합재산의 합유): [조합원의 출자 기타 조합재산은 조합원의 합유로 한다].

40. 본 사례에 관한 대법원 1994. 5. 13. 선고 94다323 판결 및 그 하급심 소송에서도 선정당사자 제도가 활용되었다.

41. 한편, 민법상 조합의 경우에 업무집행조합원에게 임의적 소송신탁을 하여 그의 이름으로 소송수행을 하게 하는 방법도 있다. 대법원 1984. 2. 14. 선고 83다카1815 판결(임의적 소송신탁은 탈법적인 방법에 의한 것이 아닌 한 극히 제한적인 경우에 합리적인 필요가 있다고 인정될 수 있는 것인바, 민법상의 조합에 있어서 조합규약이나 조합결의에 의하여 자기 이름으로 조합재산을 관리하고 대외적 업무를 집행할 권한을 수여받은 업무집행 조합원은 조합재산에 관한 소송에 관하여 조합원으로부터 임의적 소송신탁을 받아 자기 이름으로 소송을 수행하는 것이 허용된다고 할 것이다).

[사례 17]

가장납입

다음과 같은 사실관계 하에서, 아래의 각 질의에 대해 답하시오.[1]

(1) 1997. 6.경 ~ 1997. 7. 4.(S사의 설립, 가장납입)

장기춘과 배성우는 1997. 6.경 S주식회사(이하, "S사")를 모집설립하기로 합의하고 배성우의 선배인 정관영에게 법인등기부 및 주주명부에 그 명의를 등재하겠다고 부탁하여 정관영은 그 명의만을 빌려주었다.

장기춘, 배성우 등은 발기인이 되어 1997. 7.경 발행할 주식의 총수 80만주, 1주의 금액 5천원, 설립시 발행할 주식의 수 20만주로 하는 내용의 정관을 작성한 것을 시작으로 설립자본금은 금 10억원의 S사의 설립절차를 밟아서 1997. 7. 4. 그 설립등기를 마쳤는데, 실제로는 장기춘, 배성우가 주식을 인수하면서 정관영 명의로 발행주식 중 2만주(주금 1억원)가 인수된 것으로 주주명부를 작성하였고, 또한 정관영을 S사의 이사로 등기하고 자신들을 공동대표이사로 등기하였다. 그러나 정관영이 실제로 주주 및 이사로서 참여하여 활동한 바는 없었다.

그런데 장기춘과 배성우는 그 주금을 납입함에 있어서 1997. 7. 4. 사채업자로부터 10억원을 차입하여 같은 날 주금납입 장소인 모은행에 정관영이 인수한 것으로 작성된 주식을 포함하여 발행주식 전부에 대한 주금납입금으로 위 금원을 예치하고,[2] 그 은행으로

---

1. 본 사례는 대법원 2004. 3. 26. 선고 2002다29138 판결을 기초로 하여 작성된 것이다.
2. 이와 같은 '납입금 보관자'는 은행 기타 금융기관에 한하는데, 납입금보관자는 납입금을 '회사설립 후'에 회사에 반환해야 하고 또 이러한 것이 실무의 태도이기도 하다. 이철송, 『회사법강의』, 제204면. 상법 제302조(주식인수의 청약, 주식청약서의 기재사항) 제2항: [주식청약서는 발기인이 이를 작성하고 다음의 사항을 기재하여야 한다. 9. 납입을 맡을 은행 기타 금융기관과 납입장소] ; 상법 제318조(납입금 보관자의 증명과 책임): [제1항: 납입금을 보관한 은행이나 그 밖의 금융기관은 발기인 또는 이사의 청구를 받으면 그 보관금액에 관하여 증명서를 발급하여야 한다. 제2항: 제1항의 은행이나 그 밖의 금융기관은 증명한 보관금액에 대하여는 납입이 부실하거나 그 금액의 반환에 제한이 있다는 것을 이유로 회사에 대항하지 못한다. 제3항: 자본금 총액이 10억원 미만인 회사를 제295조 제1항에 따라 발기설립하는 경우에는 제1항의 증명서를 은행이나 그 밖의 금융기관의 잔고증명서로 대체할 수 있다].

부터 주금납입보관증명서를 발급받아 같은 날 위와 같이 설립등기를 마친 다음, 바로 위 금원을 인출하여 위 차입금 변제 등에 사용하였다.

(2) 1997. 7. 1.～2000. 6. 1.(대여, 지급명령, 압류 및 전부명령)

장기춘과 배성우는 S사의 공동대표이사로서 박소양에게 S사가 실제로는 주금의 가장납입[3]으로 자본금이 전혀 없음에도 자본금 10억원을 가지고 있는 회사라고 선전하는 등 박소양을 기망하였고, 이에 속은 박소양은 S사에게 1997. 7. 1. 금 1억원, 같은 해 12. 9. 금 1천만원, 1998. 12. 11. 금 3천만원 합계 금 1억 4천만원을 대여하였으나 반환받지 못하였고, 이에 법원에 금 1억 4천만원에 대하여 지급명령을 신청하여 2000. 2. 7. 법원으로부터 금 1억 4천만원에 대한 지급명령을 받았고, 위 지급명령은 그 무렵 확정되었다. 또한, 박소양은 2000. 6. 1. 위 지급명령 정본에 터잡아 청구금액을 금 1억원으로 하여 'S사 설립시 그 주식 2만주를 정관영이 인수함으로써 S사가 정관영에 대하여 가지는 주금납입청구채권'에 관하여 압류 및 전부명령[4]을 받았고, 그 명령은 그 무렵 정관영에게

---

3. 가장납입의 형태에는 첫째, 발기인들과 납입금보관은행이 통모하여, 발기인이 납입금보관증명서로 권리주장을 하지 않겠다는 약속 하에 납입금이 없거나 부족함에도 불구하고 은행이 발기인에 납입금보관증명서를 발급하고 발기인이 이로써 설립등기를 필하는 경우[소위, 예합(預合)]와, 둘째, 본 사례와 같이 발기인이 타인으로부터 돈을 차입하여 납입금을 내고 납입금보관증명서를 발급받아 설립등기를 마친 후 납입금보관은행으로부터 인출하여 변제하는 경우[소위, 견금(見金)]이 있다. 그러나 전자는 회사설립 후 대표이사가 은행에게 보관금을 청구하면 은행은 통모한 내용을 들어 지급을 거절할 수 없어(상법 제318조 제2항) 은행의 위험부담이 커서 실무적으로 행해지는 경우는 거의 없고, 후자가 통상적으로 많이 발생한다.

4. 전부명령이 확정되면 피전부채권(본 사례의 경우에는, 'S사가 정관영에 대하여 가지는 주금납입청구채권')은 전부명령이 제3채무자(본 사례의 경우에는 '정관영')에게 송달된 때로 소급하여 전부채권자(본 사례의 경우에는 '박소양')에게 법률상 당연하게(즉, 제3채무자에 대한 통지나 승낙을 요하지 아니하고) 동일성을 유지하면서 이전되어(권리이전 효과) 전부채권자는 피전부채권의 채권자로서의 지위를 승계하고, 그로 인해 집행채권(본 사례의 경우에는 '박소양이 S사에 대하여 가지는 지급명령채권')은 소멸된다(변제효). 한편, 전부명령은 확정되어야만 효과가 발생하는데, 피전부채권이 부존재한 경우에는 집행채권 소멸의 효력은 발생하지 않으나, 제3채무자가 자력이 없어서 현실적으로 변제를 받지 못하더라도 집행채권 소멸의 효력에는 영향이 없다. 법원실무제요, 민사집행[Ⅲ], 제381면. 민사집행법 제229조(금전채권의 현금화방법): [제1항: 압류한 금전채권에 대하여 압류채권자는 추심명령이나 전부명령을 신청할 수 있다. 제3항:전부명령이 있는 때에는 압류된 채권은 지급에 갈음하여 압류채권자에게 이전된다. 제4항: 추심명령에 대하여는 제227조 제2항 및 제3항의 규정을, 전부명령에 대하여는 제227조 제2항의 규정을 각각 준용한다. 제5항: 전부명령이 제3채무자에게 송달될 때까지 그 금전채권에 관하여 다른 채권자가 압류 · 가압류 또는 배당요구를 한 경우에는 전부명령은 효력을 가지지 아니한다. 제7항: 전부명령은 확정되어야 효력을 가진다] ; 민사집행법 제231조(전부명령의 효과): [전부명령이 확정된 경우에는 전부명령이 제3채무자에게 송달된 때에 채무자가 채무를 변제한 것으로 본다. 다만, 이전된 채권이 존재하지 아니한 때에는 그러하지 아니하다] ; 민사집행법 제227조 (금전채권의 압류) 제2항: [압류명령은 제3채무자와 채무자에게 송달하여야 한다].

송달되어 확정되었다.

(3) 그 후, 장기춘과 배성우에 대한 사기죄 유죄판결

그 후, 장기춘과 배성우는 S사 설립이래 투자자로부터 투자금을 수탁받더라도 이에 대한 배당금은 커녕 원금조차 상환할 의사와 능력이 없음에도 투자자들에게 원금에다 고액의 배당금을 붙여 상환할 것처럼 거짓말하여 이에 속은 투자자들로부터 투자금을 교부받아 이를 편취하였다는 이유로 특정경제범죄가중처벌등에관한법률위반(사기) 등 죄로 기소되어 유죄판결을 받았다.

설문 1 정관영 명의로 발행된 주식 2만주와 관련하여, S사는 정관영에게 주금납입청구채권을 가지는가?

설문 2 정관영 명의로 발행된 주식 2만주와 관련하여, 누가 주주가 되는가?

설문 3 정관영 명의로 발행된 주식 2만주와 관련하여, S사는 정관영에게 주금상환청구채권을 가지는가?

설문 4 S사의 평이사로서의 정관영에게, 주식인수인들에 대한 주금납입독촉의무가 있는가?

설문 5 S사의 평이사로서의 정관영에게, 장기춘과 배성우의 사기행위 등의 부정한 업무집행에 대한 감시의무 위반이 인정되려면 어떠한 요건이 충족되어야 하는가?

설문 6 지급명령 신청 제도는 주로 어떠한 경우에 이용되는가?

[설문 1] 가장납입 경우의 주금납입청구권

(1) 문제의 소재

본 사례에서, 정관영이 인수주식에 대한 주금 1억원을 실제로 납입한 것은 아니고, 가사 정관영이 주주명의를 대여한 명목상의 주주라고 할지라도 상법 제332조 제2항에 의하면 자기 명의로 주식을 인수할 것을 승낙한 자는 실제 주식인수인과 연대하여 주금을 납입할 의무가 있으므로, 결국 S사는 정관영에 대하여 주금납입청구권을 가지고 있는 것이 아닌지가 문제된다.

(2) 설문의 해결

검토컨대, 주식인수인은 배정된 주식수에 따라 인수가액을 납입할 의무를 부담하고, 발기인은 주식의 총수가 인수된 때에는 지체없이 주식인수인에 대하여 각 주식에 대한 인수가액이 전액을 납입시켜야 한다(전액 납입주의).[5,6]

그러나 주식회사를 설립하면서 일시적인 차입금으로 주금납입의 외형을 갖추고 회사설립절차를 마친 다음 바로 그 납입금을 인출하여 차입금을 변제하는 이른바 가장납입의 경우에도 주금납입의 효력이 인정되므로,[7,8,9] 본 사례의 경우에 장기춘, 배

---

5. 상법 제303조(주식인수인의 의무): [주식인수를 청약한 자는 발기인이 배정한 주식의 수에 따라서 인수가액을 납입할 의무를 부담한다] ; 상법 제305조(주식에 대한 납입): [제1항: 회사설립시에 발행하는 주식의 총수가 인수된 때에는 발기인은 지체없이 주식인수인에 대하여 각 주식에 대한 인수가액의 전액을 납입시켜야 한다. 제2항: 전항의 납입은 주식청약서에 기재한 납입장소에서 하여야 한다. 제3항: 제295조 제2항의 규정은 제1항의 경우에 준용한다].

6. 납입은 회사에 실제로 금전을 제공하는 행위이어야 하므로, 어음이나 수표로 납입되었을 때에는 지급인에 의해 지급되어야만 유효하게 납입된 것으로 본다. 이철송, 『회사법강의』, 제204면. 대법원 1977. 4. 12. 선고 76다943 판결(주금납입의무는 현실적 이행이 있어야 하므로 당좌수표로서 납입한 때에는 그 수표가 현실적으로 결제되어 현금화되기 전에는 납입이 있었다고 할 수 없다).

7. 대법원 1998. 12. 23. 선고 97다20649 판결([2] 주식회사를 설립하면서 일시적인 차입금으로 주금납입의 외형을 갖추고 회사 설립절차를 마친 다음 바로 그 납입금을 인출하여 차입금을 변제하는 이른바 가장납입의 경우에도 주금납입의 효력을 부인할 수는 없다. [3] 회사설립 당시 원래 주주들이 주식인수인으로서 주식을 인수하고 가장납입의 형태로 주금을 납입한 이상 그들은 바로 회사의 주주이고, 그 후 그들이 회사가 청구한 주금 상당액을 납입하지 아니하였다고 하더라도 이는 회사 또는 대표이사에 대한 채무불이행에 불과할 뿐 그러한 사유만으로 주주로서의 지위를 상실하게 된다고는 할 수 없으며, 또한 주식인수인들이 회사가 정한 납입일까지 주금 상당액을 납입하지 아니한 채 그로부터 상당 기간이 지난 후 비로소 회사의 주주임을 주장하였다고 하여 신의성실의 원칙에 반한다고도 할 수 없다) ; 대법원 1983. 5. 24. 선고 82누522 판결(일시적인 차입금으로 주금납입의 외형을 갖추고 회사설립이나 증자 후 곧바로 그 납입금을 인출하여 차입금을 변제하는 주금의 가장납입 소위 현금의 경우에도 금원의 이동에 따른 현실의 불입이 있는 것이고 설령 그것이 주금납입의 가장수단으로 이용된 것이라 할지라도 이는 납입을 하는 발기인, 이사들의 주관적 의도에 불과하고 이러한 내심적 사정은 회사의 설립이나 증자와 같은 집단적 절차의 일환을 이루는 주금납입의 효력을 좌우할 수 없다) ; 대법원 1994. 3. 28. 자 93마1916 결정(회사를 설립함에 있어 일시적인 차입금을 가지고 주금납입의 형식을 취하여 회사설립절차를 마친 후 곧 그 납입금을 인출하여 차입금을 변제하는 이른바 주금의 가장납입의 경우에도 주금납입의 효력을 부인할 수는 없는 것이므로, 설사 주주가 주금을 가장납입하였다 하더라도 그 주주를 실질상의 주식인수인에게 명의만을 빌려 준 차명주주와 동일시할 수는 없다).

8. 견금설립에 관여한 발기인, 이사는 상법상의 납입가장죄(제628조 제1항), 형법상의 공정증서원본부실기재죄(제228조) 및 동행사죄(제229조)에 의해 처벌되나, 납입가장죄가 성립하는 한 횡령죄는 성립하지 않는다. 대법원 2004. 6. 17. 선고 2003도7645 전원합의체 판결(**[다수의견]** 상법 제628조 제1항 소정의 납입가장죄는 회사의 자본충실을 기하려는 법의 취지를 유린하는 행위를 단속하려는 데 그 목적이 있는

성우가 정관영을 비롯한 다른 주식인수인들이 인수한 주식을 포함하여 발행주식 전부에 대한 주금을 가장납입하였지만 이로써 주금납입의 절차는 일단 완료되었고, 명의사용을 승낙한 정관영의 주금납입의무역시 소멸되었다고 할 것이다.

따라서 S사는 정관영에게 정관영 명의로 발행된 주식 2만주와 관련하여 주금납입청구채권을 가지지 않는다고 할 것이다.[10]

것이므로, 당초부터 진실한 주금납입으로 회사의 자금을 확보할 의사 없이 형식상 또는 일시적으로 주금을 납입하고 이 돈을 은행에 예치하여 납입의 외형을 갖추고 주금납입증명서를 교부받아 설립등기나 증자등기의 절차를 마친 다음 바로 그 납입한 돈을 인출한 경우에는, 이를 회사를 위하여 사용하였다는 특별한 사정이 없는 한 실질적으로 회사의 자본이 늘어난 것이 아니어서 납입가장죄 및 공정증서원본불실기재죄와 불실기재공정증서원본행사죄가 성립하고, 다만 납입한 돈을 곧바로 인출하였다고 하더라도 그 인출한 돈을 회사를 위하여 사용한 것이라면 자본충실을 해친다고 할 수 없으므로 주금납입의 의사 없이 납입한 것으로 볼 수는 없고, 한편 주식회사의 설립업무 또는 증자업무를 담당한 자와 주식인수인이 사전 공모하여 주금납입취급은행 이외의 제3자로부터 납입금에 해당하는 금액을 차입하여 주금을 납입하고 납입취급은행으로부터 납입금보관증명서를 교부받아 회사의 설립등기절차 또는 증자등기절차를 마친 직후 이를 인출하여 위 차용금채무의 변제에 사용하는 경우, 위와 같은 행위는 실질적으로 회사의 자본을 증가시키는 것이 아니고 등기를 위하여 납입을 가장하는 편법에 불과하여 주금의 납입 및 인출의 전과정에서 회사의 자본금에는 실제 아무런 변동이 없다고 보아야 할 것이므로, 그들에게 회사의 돈을 임의로 유용한다는 불법영득의 의사가 있다고 보기 어렵다 할 것이고, 이러한 관점에서 상법상 납입가장죄의 성립을 인정하는 이상 회사 자본이 실질적으로 증가됨을 전제로 한 업무상횡령죄가 성립한다고 할 수는 없다). 상법 제628조(납입가장죄 등): [제1항: 제622조 제1항에 게기한 자가 납입 또는 현물출자의 이행을 가장하는 행위를 한 때에는 5년 이하의 징역 또는 1천 500만원 이하의 벌금에 처한다. 제2항: 제1항의 행위에 응하거나 이를 중개한 자도 제1항과 같다] ; 형법 제228조(공정증서원본 등의 부실기재): [제1항: 공무원에 대하여 허위신고를 하여 공정증서원본 또는 이와 동일한 전자기록 등 특수매체기록에 부실의 사실을 기재 또는 기록하게 한 자는 5년 이하의 징역 또는 1천만원 이하의 벌금에 처한다. 제2항: 공무원에 대하여 허위신고를 하여 면허증, 허가증, 등록증 또는 여권에 부실의 사실을 기재하게 한 자는 3년 이하의 징역 또는 700만원 이하의 벌금에 처한다] ; 형법 제229조 (위조 등 공문서의 행사): [제225조 내지 제228조의 죄에 의하여 만들어진 문서, 도화, 전자기록 등 특수매체기록, 공정증서원본, 면허증, 허가증, 등록증 또는 여권을 행사한 자는 그 각 죄에 정한 형에 처한다].

9. 한편, 견금설립에 관여한 발기인, 이사는 회사에 대한 공동불법행위자로서 손해배상책임을 지게 될 수도 있다. 대법원 1989. 9. 12. 선고 89누916 판결[발기인인 갑, 을이 주식인수대금을 가장납입하는 방법으로 회사를 설립하기로 공모하고, 회사설립과 동시에 납입하였던 주식인수대금을 인출하였다면 갑과 을은 회사의 설립에 관하여 자본충실의무 등 선량한 관리자로서의 임무를 다하지 못한 발기인들로서 또는 회사의 소유재산인 주식인수납입금을 함부로 인출하여 회사에 대하여 손해를 입힌 공동불법행위자로서의 책임을 면할 수 없으므로 회사에게 그 손해를 연대하여 배상할 책임이 있고, 따라서 연대채무자 중의 1인인 을이 무자력이더라도 다른 연대채무자인 갑에게 자력이 있어 위 손해배상채권의 회수가 가능하다면 위 채권을 구 상속세법시행령(1986. 12. 31. 대통령령 제12038호로 개정되기 전의 것) 제5조 제5항 제1호 나목에 의하여 주식가액을 산출하기 위한 회사의 순자산가액에 산입할 수 있다].

10. 이상의 결론에 대해서는 본 사례에 관한 대법원 2004. 3. 26. 선고 2002다29138 판결 참조.

[설문 2] 가장납입 경우의 주주의 확정

(1) 문제의 소재

본 사례에서, 장기춘과 배성우는 S사를 모집설립하기로 합의하고 정관영에게 법인등기부 및 주주명부에 그 명의를 등재하겠다고 부탁하여 정관영은 그 명의만을 빌려주었고, 이에 따라 정관영 명의로 S사의 주식 2만주가 발행되었는바, 이와 같이 주식을 인수함에 있어 타인의 승낙을 얻어 그 명의로 출자하여 주식대금을 납입한 경우에 누가 주주가 되는지가 문제된다.

(2) 설문의 해결

본건 이슈에 관련하여서 상법 제332조는 다음과 같이 규정하고 있는바, 먼저 관련 법리를 살펴 본다.

상법 제332조(가설인, 타인의 명의에 의한 인수인의 책임)[11]

제1항: 가설인[12]의 명의로 주식을 인수하거나 타인의 승낙 없이 그 명의로 주식을 인수한 자[13]는 주식인수인으로서의 책임이 있다.

제2항: 타인의 승낙을 얻어 그 명의로 주식을 인수한 자는 그 타인과 연대하여 납입할 책임이 있다.

---

11. 본조의 경우와 같이 명의상의 주식인수인(또는, 명의주주)과 실질적인 주식인수인(또는, 실질주주)이 다른 경우에, 회사와의 관계에서 누가 주주가 되는지에 대해서는 실질설(논거: 사실상의 행위를 한 자가 권리, 의무의 주체가 되어야 한다(의사주의)/제1항의 경우에는 실질적인 주식인수인만이 납입책임을 지므로 그 자가 주주가 됨이 타당하다/제2항 통모자는 연대책임을 규정한 것이지 명의대여자가 주주가 된다는 의미는 아니다/제1항과의 균형적인 해석이 필요하다)과 형식설(논거: 회사법상의 행위는 집단적으로 행해지므로 법적 안정성의 요청상 객관적 · 획일적으로 처리함이 타당하다/회사측은 실질주주가 누구인지를 조사하는 것이 불가능하다/주식인수는 주식청약서에 이루어져 요식성을 띠므로 이에 맞추어서 해석하는 것이 타당하다/금반언 원칙이 여기에도 적용되어야 한다)의 견해대립이 있다. 그러나 가설인, 즉 허무인의 경우에는 양당사간의 이해관계의 대립이 없으므로 이러한 문제가 발생하지 않을 것이다. 이철송, 『회사법강의』, 제252면.

12. 허무인을 의미한다.

13. 따라서 이 경우에는 실질적인 주식인수인만이 납입책임을 지는 것은 명확하다. 다만, 이 경우에도 명의주주와 실질주주 중에 누가 주주가 되는지에 대해서는 위에서 보는 바와 같이 실질설과 형식설의 견해대립이 있다.

검토컨대, 주식을 인수함에 있어 타인의 승낙을 얻어 그 명의로 출자하여 주식대금을 납입한 경우에는 실제로 주식을 인수하여 그 대금을 납입한 명의차용인만이 실질상의 주식인수인으로서 주주가 된다고 할 것이고 단순한 명의대여인은 주주가 될 수 없다고 할 것이다.[14,15]

따라서 본 사례의 경우에도 실제로 S사의 주식 2만주를 인수하여 그 대금을 납입한 명의차용인인 장기춘과 배성우가 실질상의 주식인수인으로서 주주가 된다고 할 것이다.[16]

[설문 3] 가장납입 경우의 주금상환청구권

(1) 문제의 소재

위에서 살펴본 바와 같이 본 사례와 같은 견금설립의 경우에도 현실에 의한 납입이 있는 것으로 보게 되면, 납입은 이루어졌으나 납입금은 회사(S사)에 실존하지 않으므로, 이는 회사가 주주가 납입해야 할 주금을 대신하여 납부(替當)한 것으로 볼 수 있을 것이고 이에 따라 회사는 주주에게 주금상환청구권을 가지게 되는바, 구체적으로 명의주주(정관영)에게 가지는지 아니면 실질주주(장기춘과 배성우)에게 가지는지가 문

14. 대법원 1975. 9. 23. 선고 74다804판결(주식을 인수함에 있어서 타인의 승낙을 얻어 그 명의로 출자하여 주식대금을 납입한 경우에는 실제로 주식을 인수하여 그 대금을 납입한 명의차용인만이 실질상의 주식인수인으로서 명의대여인으로부터 명의개서 등 절차를 밟은 여부와는 관계없이 주주가 된다 할 것이고 단순한 명의대여인은 주주가 될 수 없다) ; 대법원 1998. 4. 10. 선고 97다50619 판결(실제로 주식을 인수하여 그 대금을 납입한 명의차용인만이 실질상의 주식인수인으로 주주가 되고, 단순한 명의대여자에 불과한 자는 주주로 볼 수 없다).

15. 다만, 명의주주가 주주총회에 참석하여 의결권을 이미 행사한 경우는 유의를 요한다. 대법원 1998. 9. 8. 선고 96다45818 판결([1] 주식회사가 주주명부상의 주주에게 주주총회의 소집을 통지하고 그 주주로 하여금 의결권을 행사하게 하면, 그 주주가 단순히 명의만을 대여한 이른바 형식주주에 불과하여도 그 의결권 행사는 적법하지만, 주식회사가 주주명부상의 주주가 형식주주에 불과하다는 것을 알았거나 중대한 과실로 알지 못하였고 또한 이를 용이하게 증명하여 의결권 행사를 거절할 수 있었음에도 의결권 행사를 용인하거나 의결권을 행사하게 한 경우에는 그 의결권 행사는 위법하게 된다. [2] 주주명부상의 주주가 실질주주가 아님을 회사가 알고 있었고 이를 용이하게 증명할 수 있었는데도 위 형식주주에게 소집통지를 하고 의결권을 행사하게 한 잘못이 인정된다는 이유로 그 주주총회결의를 취소할 수 있다고 본 사례).

16. 이상의 결론에 대해서는 본 사례에 관한 대법원 2004. 3. 26. 선고 2002다29138 판결 참조.

제된다.

특히, 본 사례는 장기춘과 배성우가 정관영의 승낙을 얻어서 정관영의 명의로 주식을 인수한 경우이므로, 주금상환청구권의 경우에도 상법 제332조 제2항(타인의 승낙을 얻어 그 명의로 주식을 인수한 자는 그 타인과 연대하여 납입할 책임이 있다)이 적용되어 명의주주(정관영)와 실질주주(장기춘과 배성우)가 연대하여 상환의무를 부담하는지가 문제된다.

(2) 설문의 해결

검토컨대, 상법 제332조 제2항은 주식회사의 자본충실을 기한다는 취지에서 주금의 납입을 '완료하기 전'에 실질상 주주인 명의차용자와 외관을 창출한 명의대여자 모두에게 주금납입의 연대책임을 부과하는 규정이라고 할 것이고, 따라서 주금납입이 완료된 경우에는 위 규정이 적용되지 않는다고 할 것이다.

따라서 주식회사의 자본충실의 요청상 주금을 납입하기 전에 명의대여자 및 명의차용자 모두에게 주금납입의 연대책임을 부과하는 규정인 상법 제332조 제2항은 이미 주금납입의 효력이 발생한 주금의 가장납입의 경우에는 적용되지 않는다고 할 것이고, 또한 주금의 가장납입이 일시 차입금을 가지고 주주들의 주금을 체당납입한 것과 같이 볼 수 있어 주금납입이 종료된 후에도 주주는 회사에 대하여 체당납입한 주금을 상환할 의무가 있다고 하여도 이러한 주금상환채무는 실질상 주주인 명의차용자가 부담하는 것일 뿐 단지 명의대여자로서 주식회사의 주주가 될 수 없는 자가 부담하는 채무라고는 할 수 없을 것이다.[17]

그렇다면 정관영 명의로 발행된 주식 2만주와 관련하여, S사는 정관영이 아니라 장기춘과 배성우에게 주금상환청구권을 가진다고 할 것이다.[18]

---

17. 대법원 1985. 1. 29. 선고 84다카1823,84다카1824 판결(주금의 가장납입의 경우에도 주금납입의 효력을 부인할 수 없으므로 주금납입절차는 일단 완료되고 주식인수인이나 주주의 주금납입의무도 종결되었다고 보아야 하나, 이러한 가장납입에 있어서 회사는 일시 차입금을 가지고 주주들의 주금을 체당 납입한 것과 같이 볼 수 있으므로 주금납입의 절차가 완료된 후에 회사는 주주에 대하여 체당 납입한 주금의 상환을 청구할 수 있다).

18. 이상의 결론에 대해서는 본 사례에 관한 대법원 2004. 3. 26. 선고 2002다29138 판결 참조.

〖설문 4〗 평이사의 주금납입 독촉의무

(1) 문제의 소재

본 사례의 경우에, 정관영이 S사의 이사로서 자신과 같은 주식인수인들로 하여금 인수한 주식의 주금을 납입하도록 독촉함으로써 S사의 자본충실을 기하여야 할 임무(주금납입독촉 의무)가 있음에도 불구하고 이를 해태하여 S사에게 손해를 입혔으므로 S사에게 그 손해를 배상할 책임이 있는지의 여부가 문제된다.

(2) 설문의 해결

회사와 이사의 관계는 위임에 관한 민법 제681조가 준용되므로, 이사는 회사에 대하여 이사선임의 본지에 따라 선량한 관리자의 주의로써 사무를 처리할 의무를 지는바(상법 제382조 제2항, 민법 제681조),[19] 이는 고도의 인적신뢰를 기초로 하는 매우 높은 주의의무로서, 이사는 피용인과 달리 회사경영의 주체라는 지위에 있기 때문에 요구되는 것이다. 그리고 이러한 이사의 선관의무는 상근, 비상근을 가리지 않고 보수 유무에도 관계없이 모든 이사에게 주어지는 의무이고, 이에 위반하였을 때에는 회사에 대하여 손해배상책임을 진다(상법 제399조).[20,21]

---

19. 상법 제382조 제2항: [회사와 이사의 관계는 「민법」의 위임에 관한 규정을 준용한다] ; 민법 제681조(수임인의 선관의무): [수임인은 위임의 본지에 따라 선량한 관리자의 주의로써 위임사무를 처리하여야 한다].

20. 이철송, 『회사법강의』, 제600면. 상법 제399조(회사에 대한 책임): [제1항: 이사가 법령 또는 정관에 위반한 행위를 하거나 그 임무를 해태한 때에는 그 이사는 회사에 대하여 연대하여 손해를 배상할 책임이 있다. 제2항: 전항의 행위가 이사회의 결의에 의한 것인 때에는 그 결의에 찬성한 이사도 전항의 책임이 있다. 제3항: 전항의 결의에 참가한 이사로서 이의를 한 기재가 의사록에 없는 자는 그 결의에 찬성한 것으로 추정한다].

21. 감사의 경우도 마찬가지이다. 대법원 2007. 12. 13. 선고 2007다60080 판결(상법이 감사를 상임 감사와 비상임 감사로 구별하여 비상임 감사는 상임 감사에 비해 그 직무와 책임이 감경되는 것으로 규정하고 있지도 않을 뿐 아니라, 우리나라의 회사들이 비상임 감사를 두어 비상임 감사는 상임 감사의 유고시에만 감사의 직무를 수행하도록 하고 있다는 상관습의 존재도 인정할 수 없으므로, 비상임 감사는 감사로서의 선관주의의무 위반에 따른 책임을 지지 않는다는 주장은 허용될 수 없다) ; 대법원 2008. 9. 11. 선고 2006다68636 판결(감사는 상법 기타 법령이나 정관에서 정한 권한과 의무를 선량한 관리자의 주의의무를 다하여 이행하여야 하고, 악의 또는 중과실로 선량한 관리자의 주의의무에 위반하여 그 임무를 해태한 때에는 그로 인하여 제3자가 입은 손해를 배상할 책임이 있는바, 이러한 감사의 구체적인

그러나 평이사와 업무담당이사는 업무에 대하 접촉거리에 원근의 차가 있으므로 업무파악을 동일 평면에서 요구할 수는 없다.[22]

그런데 본 사례의 경우에 정관영은 S사의 업무담당이사가 아닌 평이사[23]에 불과하므로 정관영에게 주식인수인들로 하여금 인수한 주식의 주금을 납입하도록 독촉하는 내용의 주금납입독촉 의무까지 있다고 할 수는 없을 것이다.[24]

[설문 5] 평이사의 감시의무

(1) 문제의 소재

본 사례의 경우에, 장기춘과 배성우는 S사의 공동대표이사로서 박소양에게 S사가 실제로는 주금의 가장납입으로 자본금이 전혀 없음에도 자본금 10억원을 가지고 있는 회사라고 선전하는 등 박소양을 기망하였고, 이에 속은 박소양은 S사에게 1997. 7. 1. 금 1억원, 같은 해 12. 9. 금 1천만원, 1998. 12. 11. 금 3천만원 합계 금 1억 4천만원을 대여하였으나 반환받지 못하였다.

또한 장기춘과 배성우는 S사 설립이래 투자자로부터 투자금을 수탁받더라도 이에 대한 배당금은 커녕 원금조차 상환할 의사와 능력이 없음에도 투자자들에게 원금에다 고액의 배당금을 붙여 상환할 것처럼 거짓말하여 이에 속은 투자자들로부터 투자금을 교부받아 이를 편취하였다는 이유로 특정경제범죄가중처벌등에관한법률위반(사기)[25] 등 죄로 기소되어 유죄판결을 받았다.

주의의무의 내용과 범위는 회사의 종류나 규모, 업종, 지배구조 및 내부통제시스템, 재정상태, 법령상 규제의 정도, 감사 개개인의 능력과 경력, 근무 여건 등에 따라 다를 수 있다 하더라도, 감사가 주식회사의 필요적 상설기관으로서 회계감사를 비롯하여 이사의 업무집행 전반을 감사할 권한을 갖는 등 상법 기타 법령이나 정관에서 정한 권한과 의무를 가지고 있는 점에 비추어 볼 때, 대규모 상장기업에서 일부 임직원의 전횡이 방치되고 있거나 중요한 재무정보에 대한 감사의 접근이 조직적 · 지속적으로 차단되고 있는 상황이라면, 감사의 주의의무는 경감되는 것이 아니라 오히려 현격히 가중된다).

22. 이철송, 『회사법강의』, 제604면.

23. 평이사란 업무를 담당하지 않은 이사로서 비상근의 이사와 같은 뜻인데, 이사회에 참석하여 법상의 결의사항에 대해 의결권을 행사할 뿐이고, 일상적인 업무집행에서는 배제되어 있다. 이철송, 『회사법강의』, 제603면.

24. 이상의 결론에 대해서는 본 사례에 관한 대법원 2004. 3. 26. 선고 2002다29138 판결 참조.

25. 특정경제범죄 가중처벌 등에 관한 법률 제3조(특정재산범죄의 가중처벌) 제1항: [형법 제347조(사기) ·

그렇다면 장기춘과 배성우의 위와 같은 사기행위 등의 부정한 업무집행과 관련하여, S사의 평이사로서의 정관영에게 감시의무[26] 위반이 인정되려면 어떠한 요건이 충족되어야 하는지가 문제된다.

(2) 설문의 해결

요컨대, 평이사와 업무담당이사는 업무에 대하 접촉거리에 원근의 차가 있으므로 업무파악을 동일 평면에서 요구할 수는 없고, 평이사의 감시의무는 어디까지나 감시할 의무이지 사용인에 대한 지휘, 감독까지 포함하는 업무집행 그 자체는 아니므로, 평이사에게 업무담당이사의 관장 하에 진행되는 모든 업무의 미세한 점까지 파악하고 위법, 부당의 위험을 발견할 것을 요구할 수는 없다.[27]

따라서 주식회사의 업무집행을 담당하지 아니한 평이사는 대표이사를 비롯한 업무담당이사의 업무집행을 감시하는 것이 그 임무라고 할 것이므로 평이사가 다른 이사의 업무집행이 "위법함을 알았거나 또는 위법하다고 의심할 만한 사유가 있었음"에도 불구하고 그 "시정을 위한 조치"를 취하지 아니하고 이를 방치한 때에는 이사의 감시의무를 위반한 것이라고 할 수 있을 것이다.[28]

제350조(공갈) · 제351조(제347조 및 제350조의 상습범에 한한다) · 제355조(횡령, 배임) 또는 제356조(업무상의 횡령과 배임)의 죄를 범한 자는 그 범죄행위로 인하여 취득하거나 제3자로 하여금 취득하게 한 재물 또는 재산상 이익의 가액(이하 이 조에서 "이득액"이라 한다)이 5억원 이상인 때에는 다음의 구분에 따라 가중처벌한다. 1.이득액이 50억원 이상인 때에는 무기 또는 5년 이상의 징역에 처한다. 2.이득액이 5억원 이상 50억원 미만인 때에는 3년 이상의 유기징역에 처한다].

26. 이사의 감시의무는 이사의 선관의무에 따른 각종 구체적인 의무의 하나로서 인정되고 있다. 이철송, 『회사법강의』, 제601면.

27. 이철송, 『회사법강의』, 제605면.

28. 이러한 법리는 대법원판례에서 지속적으로 확인되고 있다. 대법원 2004. 12. 10. 선고 2002다60467, 60474 판결(주식회사의 이사는 이사회의 일원으로서 이사회에 상정된 의안에 대하여 찬부의 의사표시를 하는 데에 그치지 않고, 담당업무는 물론 다른 업무담당이사의 업무집행을 전반적으로 감시할 의무가 있으므로, 주식회사의 이사가 다른 업무담당이사의 업무집행이 위법하다고 의심할 만한 사유가 있음에도 불구하고 이를 방치한 때에는 이로 말미암아 회사가 입은 손해에 대하여 배상책임을 면할 수 없다) ; 대법원 1985. 6. 25. 선고 84다카1954 판결(주식회사의 업무집행을 담당하지 아니한 평이사는 이사회의 일원으로서 이사회를 통하여 대표이사를 비롯한 업무담당이사의 업무집행을 감시하는 것이 통상적이긴 하나 평이사의 임무는 단지 이사회에 상정된 의안에 대하여 찬부의 의사표시를 하는 데에 그치지 않으며 대표이사를 비롯한 업무담당이사의 전반적인 업무집행을 감시할 수 있는 것이므로, 업무담당이사의 업무집행이 위법하다고 의심할 만한 사유가 있음에도 불구하고 평이사가 감시의무를 위반하여 이를 방치한 때에는 이로 말미암아 회사가 입은 손해에 대하여 배상책임을 면할 수 없다) ; 대법원

2007. 9. 20. 선고 2007다25865 판결(주식회사의 이사는 이사회의 일원으로서 이사회에 상정된 의안에 대하여 찬부의 의사표시를 하는 데 그치지 않고, 담당업무는 물론 다른 업무담당이사의 업무집행을 전반적으로 감시할 의무가 있으므로, 주식회사의 이사가 다른 업무담당이사의 업무집행이 위법하다고 의심할 만한 사유가 있음에도 불구하고 이를 방치한 때에는 이사에게 요구되는 선관주의의무 내지 감시의무를 해태한 것이므로 이로 말미암아 회사가 입은 손해에 대하여 배상책임을 면할 수 없다) ; 대법원 2002. 3. 15. 선고 2000다9086 판결(주식회사의 이사는 회사에 대하여 선량한 관리자의 주의의무를 지므로(상법 제382조 제2항, 민법 제681조), 그 의무를 충실히 한 때에야 이사로서의 임무를 다한 것으로 된다. 그리고 금융기관인 주식회사의 이사가 한 대출이 결과적으로 회수곤란 또는 회수불능으로 되었다고 할지라도 그것만으로 바로 대출결정을 내린 대표이사 또는 이사의 판단이 선관주의의무 내지 충실의무를 위반한 것이라고 단정할 수 없음은 상고이유에서 주장된 바와 같다. 그런데 금융기관인 은행은 주식회사로 운영되기는 하지만, 이윤추구만을 목표로 하는 영리법인인 일반의 주식회사와는 달리 예금자의 재산을 보호하고 신용질서 유지와 자금중개 기능의 효율성 유지를 통하여 금융시장의 안정 및 국민경제의 발전에 이바지해야 하는 공공적 역할을 담당하는 위치에 있는 것이기에, 은행의 그러한 업무의 집행에 임하는 이사는 일반의 주식회사 이사의 선관의무에서 더 나아가 은행의 그 공공적 성격에 걸맞는 내용의 선관의무까지 다할 것이 요구된다 할 것이다. 따라서 금융기관의 이사가 위와 같은 선량한 관리자의 주의의무에 위반하여 자신의 임무를 해태하였는지의 여부는 그 대출결정에 통상의 대출담당임원으로서 간과해서는 안 될 잘못이 있는지의 여부를 금융기관으로서의 공공적 역할의 관점에서 대출의 조건과 내용, 규모, 변제계획, 담보의 유무와 내용, 채무자의 재산 및 경영상황, 성장가능성 등 여러 가지 사항에 비추어 종합적으로 판정해야 할 것이다. 기록 중의 증거들과 대조하면서 위의 법리에 비추어 살펴보니, 원심이 피고들의 이 사건 대출결정에 이른 경위와 규모, 그 당시 대출을 받는 한보철강의 제반상황 및 담보확보 여부, 한보철강의 재무구조 및 수익성에 대한 부정적인 평가결과 등의 제반 사정을 종합 고려한 끝에 피고들이 은행 최고경영자 혹은 이사로서 임무를 해태하였으므로 제일은 원고 공동소송참가인행에 대한 손해배상책임이 있다고 판단한 것은 결론에 있어서 정당하고) ; 대법원 2006. 7. 6. 선고 2004다8272 판결(금융기관의 임원은 소속 금융기관에 대하여 선량한 관리자의 주의의무를 지므로, 그 의무를 충실히 한 때에야 임원으로서의 임무를 다한 것으로 된다고 할 것이지만, 금융기관이 그 임원을 상대로 대출과 관련된 임무 해태를 내세워 채무불이행으로 인한 손해배상책임을 물음에 있어서는 임원이 한 대출이 결과적으로 회수곤란 또는 회수불능으로 되었다고 하더라도 그것만으로 바로 대출결정을 내린 임원에게 그러한 미회수금 손해 등의 결과가 전혀 발생하지 않도록 하여야 할 책임을 물어 그러한 대출결정을 내린 임원의 판단이 선량한 관리자로서의 주의의무 내지 충실의무를 위반한 것이라고 단정할 수 없고, 대출과 관련된 경영판단을 함에 있어서 통상의 합리적인 금융기관 임원으로서 그 상황에서 합당한 정보를 가지고 적합한 절차에 따라 회사의 최대이익을 위하여 신의성실에 따라 대출심사를 한 것이라면 그 의사결정과정에 현저한 불합리가 없는 한 그 임원의 경영판단은 허용되는 재량의 범위 내의 것으로서 회사에 대한 선량한 관리자의 주의의무 내지 충실의무를 다한 것으로 볼 것이며, 금융기관의 임원이 위와 같은 선량한 관리자의 주의의무에 위반하여 자신의 임무를 해태하였는지의 여부는 그 대출결정에 통상의 대출담당임원으로서 간과해서는 안 될 잘못이 있는지의 여부를 대출의 조건과 내용, 규모, 변제계획, 담보의 유무와 내용, 채무자의 재산 및 경영상황, 성장가능성 등 여러 가지 사항에 비추어 종합적으로 판정해야 할 것이다) ; 대법원 2008. 9. 11. 선고 2006다68636 판결(대표이사는 이사회의 구성원으로서 다른 대표이사를 비롯한 업무담당이사의 전반적인 업무집행을 감시할 권한과 책임이 있으므로, 다른 대표이사나 업무담당이사의 업무집행이 위법하다고 의심할 만한 사유가 있음에도 악의 또는 중대한 과실로 인하여 감시의무를 위반하여 이를 방치한 때에는 그로 말미암아 제3자가 입은 손해에 대하여 배상책임을 면할 수 없다. 이러한 감시의무의 구체적인 내용은 회사의 규모나 조직, 업종, 법령의 규제, 영업상황 및 재무상태에 따라 크게 다를 수 있는바, 고도로 분업화

그런데 본 사례의 경우에는 평이사인 정관영이 공동대표이사인 장기춘과 배성우의 투자자들에 대한 사기행위 등의 부정한 업무집행을 알았거나 알 수 있었음에도 이를 방치하였음을 인정할 만한 사실관계는 없는 것으로 파악되므로, 결국 평이사로서의 정관영에게 감시의무 위반이 인정되기는 어려운 것으로 보인다.[29]

〖설문 6〗 지급명령신청

박소양은 S사에게 1997. 7. 1. 금 1억원, 같은 해 12. 9. 금 1천만원, 1998. 12. 11. 금 3천만원 합계 금 1억 4천만원을 대여하였으나 반환받지 못하였고, 이에 법원에 금 1억 4천만원에 대하여 지급명령을 신청하여 2000. 2. 7. 법원으로부터 금 1억 4천만원에 대한 지급명령을 받았고, 위 지급명령은 그 무렵 확정되었다.

이와 같이 박소양은 지급명령 신청이라는 제도를 이용하였는데, 지급명령 신청제도는 첫째, 금전, 그 밖에 대체물이나 유가증권의 일정한 수량의 지급을 목적으로 하는 청구의 경우에 채권자가 상대방(채무자)의 송달주소를 알고 있는 경우에 이용되고,[30] 둘째, 상대방(채무자)이 송달된 지급명령에 대해 2주 내에 이의를 할 가능성이 거의 없어서[31] 신속한[32] 집행권원[33]의 취득을 원하는 경우에 이용되며, 셋째,

되고 전문화된 대규모의 회사에서 공동대표이사와 업무담당이사들이 내부적인 사무분장에 따라 각자의 전문 분야를 전담하여 처리하는 것이 불가피한 경우라 할지라도 그러한 사정만으로 다른 이사들의 업무집행에 관한 감시의무를 면할 수는 없고, 그러한 경우 무엇보다 합리적인 정보 및 보고시스템과 내부통제시스템을 구축하고 그것이 제대로 작동하도록 배려할 의무가 이사회를 구성하는 개개의 이사들에게 주어진다는 점에 비추어 볼 때, 그러한 노력을 전혀 하지 아니하거나, 위와 같은 시스템이 구축되었다 하더라도 이를 이용한 회사 운영의 감시 · 감독을 의도적으로 외면한 결과 다른 이사의 위법하거나 부적절한 업무집행 등 이사들의 주의를 요하는 위험이나 문제점을 알지 못한 경우라면, 다른 이사의 위법하거나 부적절한 업무집행을 구체적으로 알지 못하였다는 이유만으로 책임을 면할 수는 없고, 위와 같은 지속적이거나 조직적인 감시 소홀의 결과로 발생한 다른 이사나 직원의 위법한 업무집행으로 인한 손해를 배상할 책임이 있다).

29. 이상의 결론에 대해서는 본 사례에 관한 대법원 2004. 3. 26. 선고 2002다29138 판결 참조.

30. 민사소송법 제462조 (적용의 요건): [금전, 그 밖에 대체물이나 유가증권의 일정한 수량의 지급을 목적으로 하는 청구에 대하여 법원은 채권자의 신청에 따라 지급명령을 할 수 있다. 다만, 대한민국에서 공시송달 외의 방법으로 송달할 수 있는 경우에 한한다].

31. 민사소송법 제468조(지급명령의 기재사항) : [지급명령에는 당사자, 법정대리인, 청구의 취지와 원인을 적고, 채무자가 지급명령이 송달된 날부터 2주 이내에 이의신청을 할 수 있다는 것을 덧붙여 적어야 한다] ; 민사소송법 제470조(이의신청의 효력): [제1항: 채무자가 지급명령을 송달받은 날부터 2주 이내에 이의신청을 한 때에는 지급명령은 그 범위 안에서 효력을 잃는다. 제2항: 제1항의 기간은 불변기간

인지액[34]과 변호사 비용[35] 등 소송에 따른 비용을 절감하기를 원하는 경우에 이용되고 있다.

으로 한다].

32. 신청서에 권리의 존재나 관할에 관한 소명자료를 첨부할 필요가 없고, 채무자를 심문하지도 않으며, 채무자가 송달된 날로부터 2주 내에 이의를 안하면 지급명령이 확정된다. 이시윤, 『신민사소송법』, 제839면. 민사소송법 제467조(일방적 심문): [지급명령은 채무자를 심문하지 아니하고 한다] ; 민사소송법 제474조(지급명령의 효력): [지급명령에 대하여 이의신청이 없거나, 이의신청을 취하하거나, 각하결정이 확정된 때에는 지급명령은 확정판결과 같은 효력이 있다].

33. 민사소송법 제474조(지급명령의 효력): [지급명령에 대하여 이의신청이 없거나, 이의신청을 취하하거나, 각하결정이 확정된 때에는 지급명령은 확정판결과 같은 효력이 있다] ; 민사집행법 제56조(그 밖의 집행권원) ; [강제집행은 다음 가운데 어느 하나에 기초하여서도 실시할 수 있다. 3. 확정된 지급명령].

34. 소장의 경우의 10%의 인지액만 납부하면 되고, 만약 채무자가 이의를 제기하는 등의 사유로 소가 제기된 것으로 보는 경우에는 그때 차액인 90%를 추가로 납부하게 된다. 민사소송법 제민사소송 등 인지법 제7조: [제2항: 지급명령신청서에는 제2조에 따른 금액의 10분의 1에 해당하는 인지를 붙여야 한다. 제3항: ③ 「민사소송법」 제388조 또는 제472조에 따라 화해 또는 지급명령 신청을 한 때에 소가 제기된 것으로 보는 경우에는 해당 신청인은 소를 제기할 때 소장에 붙여야 할 인지액에서 해당 신청서에 붙인 인지액을 뺀 금액에 해당하는 인지를 보정하여야 한다] ; 민사소송법 제472조(소송으로의 이행): [제1항: 채권자가 제466조 제1항의 규정에 따라 소제기신청을 한 경우, 또는 법원이 제466조 제2항의 규정에 따라 지급명령신청사건을 소송절차에 부치는 결정을 한 경우에는 지급명령을 신청한 때에 소가 제기된 것으로 본다. 제2항: 채무자가 지급명령에 대하여 적법한 이의신청을 한 경우에는 지급명령을 신청한 때에 이의신청된 청구목적의 값에 관하여 소가 제기된 것으로 본다] ; 민사소송법 제473조(소송으로의 이행에 따른 처리): [제1항: 제472조의 규정에 따라 소가 제기된 것으로 보는 경우, 지급명령을 발령한 법원은 채권자에게 상당한 기간을 정하여, 소를 제기하는 경우 소장에 붙여야 할 인지액에서 소제기신청 또는 지급명령신청시에 붙인 인지액을 뺀 액수의 인지를 보정하도록 명하여야 한다. 제2항: 채권자가 제1항의 기간 이내에 인지를 보정하지 아니한 때에는 위 법원은 결정으로 지급명령신청서를 각하하여야 한다. 이 결정에 대하여는 즉시항고를 할 수 있다. 제3항: 제1항에 규정된 인지가 보정되면 법원사무관 등은 바로 소송기록을 관할법원에 보내야 한다. 이 경우 사건이 합의부의 관할에 해당되면 법원사무관 등은 바로 소송기록을 관할법원 합의부에 보내야 한다. 제4항: 제472조의 경우 독촉절차의 비용은 소송비용의 일부로 한다].

35. 지급명령신청의 경우에는 채무자가 이의하는 등의 사정으로 인하여 통상의 소송으로 이전되는 경우를 제외하고는, 법정에 출석할 일이 없고 단순히 신청서를 작성해 주는 것에 그치기 때문에, 실무적으로 변호사의 보수도 통상의 소송의 경우보다 당연히 저렴할 수밖에 없다.

사례 18

주주간의 주식양도제한 약정

다음과 같은 사실관계 하에서, 아래의 각 질의에 대해 답하시오.[1]

(1) 1993. 12. 30.(제2이동통신사업사 선정)

P주식회사(이하, "P사")와 K주식회사(이하, "K사")는 당시 정부의 전기통신사업법에 근거한 제2이동통신사업 추진과 관련하여 새로이 설립될 회사의 지배주주로 선정되었다.

(2) 1994. 5. 2.(S사의 설립)

P사와 K사는 제2이동통신사업을 목적으로 하여 납입자본금이 290억원의 S주식회사(이하, "S사")를 설립하였다.

(3) 1994. 6. 3.~1995. 3. 31.(본건 합작투자계약 체결 및 주권 발행)

1994. 6. 3. P사와 K사 등 국내외 24개 회사와 S사는 이후 컨소시움 형태로 확대되어 출범하게 될 S사 회사의 납입자본금을 1천억원으로 하고, 각자 일정한 지분별로 정하여진 금액을 S사에 투자하는 내용 및 S사 발행 주식의 양도를 제한하는 내용으로 합작투자계약(이하, "본건 합작투자계약")[2]을 체결하였는데(이하에서, 그러한 주식양도제한조항을 "본건 주식양도제한조항"이라 함), 이에 대하여 G사도 본건 합작투자계약에 계약당사자로 참여하여 S사 발행의 기명식 보통주식 35만주(S사의 총발행 주식 7천만주의 0.5%에 해당함. 이하 "본건 주식")를 인수하였다. 한편, 1995. 3. 31. S사는 기발행된 주식에 대하여 주권을 일괄하여 발행하여 주주들에게 교부하였다.[3]

---

1. 본 사례는 대법원 2000. 9. 26. 선고 99다48429 판결을 기초로 하여 작성된 것이다.
2. 이러한 계약에 대해서는 실무적으로, 이와 같은 계약의 내용에 중점을 두어 합작투자계약(Joint Venture Agreement)이라고 칭하기도 하고, 또는 계약의 주체에 중점을 두어 주주간 계약(Shareholders' Agreement)이라고 칭하기도 한다. 본 사례를 다룸에 있어서도, 본 사례에 관한 판결인 대법원 2000. 9. 26. 선고 99다48429 판결에서 '주주간 계약'이라고 표현하고 있는 때에는 이를 그대로 '주주간 계약'이라고 표기하였음을 밝혀둔다.
3. 주권은 설권증권이 아니므로 대표이사의 기명날인(서명)과 같이 본질적인 것이 아닌 한 기재사항을 일부

*본건 주식양도제한 조항

"S사가 사전에 공개되는 경우를 제외하고 S사의 설립일로부터 5년 동안, S사의 어느 주주도 S사 주식의 전부 또는 일부를 다른 당사자 또는 제3자에게 매각, 양도할 수 없다. 단 법률상 또는 정부의 조치에 의하여 그 주식의 양도가 강제되는 경우 또는 당사자들 전원이 그 양도에 동의하는 경우는 예외로 한다. 위 예외의 경우나 설립일로부터 5년이 경과한 후 S사의 공개 이전까지 P사나 K사 이외의 주주가 보유하는 S사의 주식의 전부 또는 일부를 양도하고자 할 경우에는 P사와 K사가 주식 매입시의 각자의 주식보유 비율에 따라 동 주식을 우선 매수할 권리[4]가 있다. 이때 양도인은 우선 P사와 K사에 서면으로 동 주식의 양도를 청약하여야 하고, 그 양도가액은 합의된 가격 또는 감정에 의한 공정가격으로 한다. 위 계약들에 의한 주식의 양도제한에 위배하여 S사의 주식이 양도된 경우 그 주식양수인은 위 계약들에 따른 어떠한 권리와 이익도 가지지 아니하며, 그 주식의 양도인은 본 계약 및 위 합의서 등의 서면에 의한 약정 및 의무에 대하여 계속 책임을 진다."

(4) 1997. 9. 10.(본건 주식의 매도)

S사의 설립일로부터 5년이 경과하기 이전인 1997. 9. 10. 이소준이 G사로부터 본건 주식을 매수하고 주권을 교부받았고, 같은 날 이소준은 H주식회사(이하, "H사")에게 본건 주식을 매도하고 주권을 교부하였다(이하에서, 이소준의 H사에 대한 매도를 "본건 주식양도"라 함).

결하더라도(예: 주주명의, 발행연월일) 유효하고, 또한 원칙적으로 이사회결의나 주주총회결의가 없이도 대표이사의 단독 권한으로 주권발행이 가능하다. 이철송, 『회사법강의』, 제256면. 대법원 1996. 1. 26. 선고 94다24039 판결([1] 대표이사가 주권 발행에 관한 주주총회나 이사회의 결의 없이 주주 명의와 발행연월일을 누락한 채 단독으로 주권을 발행한 경우, 특별한 사정이 없는 한 주권의 발행은 대표이사의 권한이라고 할 것이고, 그 회사 정관의 규정상으로도 주권의 발행에 주주총회나 이사회의 의결을 거치도록 되어 있다고 볼 근거도 없으며, 기명주권의 경우에 주주의 이름이 기재되어 있지 않다거나 또한 주식의 발행연월일의 기재가 누락되어 있다고 하더라도 이는 주식의 본질에 관한 사항이 아니므로, 주권의 무효 사유가 된다고 할 수 없다. [2] 설사 대표이사가 정관에 규정된 병합 주권의 종류와 다른 주권을 발행하였다고 하더라도 회사가 이미 발행한 주식을 표창하는 주권을 발행한 것이라면, 단순히 정관의 임의적 기재사항에 불과한 병합 주권의 종류에 관한 규정에 위배되었다는 사유만으로 이미 발행된 주권이 무효라고 할 수는 없다).

4. 이러한 우선매수권은 영문으로 First Right of Refusal이나 First Refusal Right이라고 하나, 영문으로는 Refusal이라고 표기되는 것이 우리나라 말로는 거절이 아니라 메수라는 말로 실무상 이미 굳어진 것으로 보인다. 그러나 우선하여 매수할 권리를 가진다는 것은 우선하여 매수하는 것 여부를 검토하여 이를 '거절'하는 것과 동전의 앞뒷면이라고 할 것이기에 큰 차이는 없어 보인다.

한편, 본 사례와 관련하여 추가적으로 밝혀진 사실관계는 다음과 같다.

(1) 본건 주식양도와 관련하여 본건 주식이 명의개서가 되지 않는 주식이므로 명의개서가 가능한 시점에서는 G사가 명의개서절차에 필요한 모든 것을 협력하겠다는 취지로 주식양도계약서 제4조에 G사는 조속한 명의개서를 위하여 제반사항을 협조하기로 하고, G사는 이소준이 명의개서를 함에 있어 G사의 협조를 필요로 하는 경우 이에 필요한 협력을 하여야 한다고 기재하였고, 위 계약을 체결하는 자리에는 H사의 직원인 이소준이 함께 동석하였고, G사의 직원이 이소준에게 본건 주식양도제한 조항을 구두로 설명할 때에도 그 옆에 앉아 있었으며, H사는 전문적인 유가증권투자 회사로서 기업간 인수합병에 관여해 왔다.

(2) 본건 주식양도제한 조항의 내용은 본건 주식양도시까지 S사의 정관에 규정되지 아니하였고, 기타 주식청약서[5]나 주권[6]에도 기재되지 않고 등기[7]도 되지 아니하였으며, H사는 전기통신사업법 제6조 소정의 통신사업 허가의 결격사유에 해당하는 주주가 아니다.

이상과 같은 사실관계 하에서 H사가 S사를 상대로 본건 주식의 매수에 따라 명의개서[8]를 청구하고자 하는 것과 관련하여, 아래의 각 질의에 답하시오.

설문 1 본건 주식양도제한 조항은 사단법적 효력이 인정되는가?

설문 2 H사의 S사에 대한 명의개서 청구는 사회질서에 반하여 권리남용에 해당하는가?

설문 3 (본 사례와는 무관하게) 합작투자계약에서 주식의 양도성을 제한하는 기술적인 방법은 무엇들이 있는가?

---

5. 상법 제302조(주식인수의 청약, 주식청약서의 기재사항) 제2항: [주식청약서는 발기인이 이를 작성하고 다음의 사항을 기재하여야 한다. 5의2. 주식의 양도에 관하여 이사회의 승인을 얻도록 정한 때에는 그 규정] 참조.

6. 상법 제356조(주권의 기재사항): [주권에는 다음의 사항과 번호를 기재하고 대표이사가 기명날인 또는 서명 하여야 한다. 6의2. 주식의 양도에 관하여 이사회의 승인을 얻도록 정한 때에는 그 규정] 참조.

7. 상법 제317조(설립의 등기) 제2항: [제1항의 설립등기에 있어서는 다음의 사항을 등기하여야 한다. 3의2. 주식의 양도에 관하여 이사회의 승인을 얻도록 정한 때에는 그 규정] 참조.

8. 이는, 본건 주식이 기명식 보통주식이므로 상법규정에 따라 주주명부에 명의개서가 되지 않으면 회사에 대항하지 못하게 됨에 기인한 것이다. 상법 제337조(기명주식의 이전의 대항요건) 제1항: [기명주식의 이전은 취득자의 성명과 주소를 주주명부에 기재하지 아니하면 회사에 대항하지 못한다] 참조.

[설문 1] 본건 주식양도제한 조항의 사단법적 효력

(1) 문제의 소재

내외국인의 합작회사나 다수 기업의 출자로 이루어진 내국회사에는 주주관계의 안정적인 유지를 위하여 주주간의 합의로써 주식의 양도를 제한하는 예가 많은데, 주식의 양도는 단체법적(사단법적)으로 인정되는 주주의 권리로서, 이를 단체법적(사단법적) 효력을 가지고 제한할 수 있는 방법으로는 상법 제335조 제1항 단서 및 제2항에서 규정하는 것이 유일하다.[9]

따라서 본 사례에서 H사가 S사를 상대로 본건 주식의 매수에 따라 명의개서를 청구하고자 하는 것과 관련하여서는, 먼저 본건 주식양도제한 약정이 그와 같은 상법 규정 및 그 취지에 반하여 사단법적으로 무효가 되는지의 여부가 문제된다.

(2) 설문의 해결

상법 제335조(주식의 양도성) 제1항 및 제2항은 각각 다음과 같이 규정하고 있다.

> 제1항: 주식은 타인에게 이를 양도할 수 있다. 다만, 주식의 양도는 정관이 정하는 바에 따라 이사회의 승인[10]을 얻도록 할 수 있다.

---

9. 이철송, 『회사법강의』, 제304면.

10. 이사회는 자유롭게 승인 또는 거부의 의사결정을 할 수 있는바, 만약 이회사가 주식의 양도를 거부하는 경우에는, 그 주주는 상법에서 정한 바에 따라 회사에 대하여 주식양수인을 지정해 줄 것을 청구하거나 또는 회사에게 주식을 매수할 것을 청구할 수 있는 권리를 가진다. 만약 상법에서 이러한 주주의 선택권을 보장하지 않았다면 상법 제335조 제1항 단서는 주주의 주식양도의 자유라는 기본권을 침해한 것으로 되어 아마도 헌법재판소에서 위헌결정을 받게 되었을 것이다. 상법 제335조의2(양도승인의 청구): [제1항: 주식의 양도에 관하여 이사회의 승인을 얻어야 하는 경우에는 주식을 양도하고자 하는 주주는 회사에 대하여 양도의 상대방 및 양도하고자 하는 주식의 종류와 수를 기재한 서면으로 양도의 승인을 청구할 수 있다. 제2항: 회사는 제1항의 청구가 있는 날부터 1월 이내에 주주에게 그 승인여부를 서면으로 통지하여야 한다. 제3항: 회사가 제2항의 기간 내에 주주에게 거부의 통지를 하지 아니한 때에는 주식의 양도에 관하여 이사회의 승인이 있는 것으로 본다. 제4항: 제2항의 양도승인거부의 통지를 받은 주주는 통지를 받은 날부터 20일 내에 회사에 대하여 양도의 상대방의 지정 또는 그 주식의 매수를 청구할 수 있다] ; 상법 제335조의3(양도상대방의 지정청구): [제1항: 주주가 양도의 상대방을 지정하여 줄 것을 청구한 경우에는 이사회는 이를 지정하고, 그 청구가 있은 날부터 2주간 내에 주주 및 지정된 상대방에게 서면으로 이를 통지하여야 한다. 제2항: 제1항의 기간 내에 주주에게 상대방지정의 통

제2항: 제1항 단서의 규정에 위반하여 이사회의 승인을 얻지 아니한 주식의 양도는 회사에 대하여 효력이 없다.

이러한 규정은, 우리나라의 주식회사의 대부분이 비상장회사이고 비상장회사는 대체적으로 소수의 주주로 구성되어 인적회사에 못지 않은 인적유대를 기초로 운영되고 있는 현실적 실정임을 감안하여, 폐쇄적인 주주의 구성을 유지하고자 하는 회사들이 자율적으로 주식의 양도를 제한할 수 있는 길을 열어주는 한편, 이로 인해 주주의 투자자산이 유동성을 상실하지 않도록(즉, 투자자인 주주가 투자금을 주식양도의 방법으로 회수하여 exit할 수 있도록) 환가방법을 마련해 주며,[11] 또한 회사의 지배주주로 하여금 정관에 주식양도시에 이사회승인이 필요한 것으로 정관에 규정을 둠으로써 적대적 M&A(Hostile M&A)[12]로부터 방어할 수 있는 기회를 부여한다는 의미를 담고 있다.

검토컨대, 상법 제335조 제1항 단서는 주식의 양도를 전제로 하고, 다만 이를 제한하는 방법으로서 이사회의 승인을 요하도록 정관에 정할 수 있다는 취지이지, 주식의 양도 그 자체를 금지할 수 있음을 정할 수 있다는 뜻은 아니기 때문에, 정관의 규정으로 주식의 양도를 제한하는 경우에도 주식양도를 전면적으로 금지하는 규정을 둘 수는 없다고 할 것이다.

그렇다면 본건 주식양도제한 규정은 그 내용 자체에 의하더라도 그 양도에 이사회의 승인을 얻도록 하는 등 그 양도를 제한하는 것이 아니라, S사 설립 후 5년간

지를 하지 아니한 때에는 주식의 양도에 관하여 이사회의 승인이 있는 것으로 본다] ; 상법 제335조의4(지정된 자의 매도청구권): [제1항: 제335조의3 제1항의 규정에 의하여 상대방으로 지정된 자는 지정통지를 받은 날부터 10일 이내에 지정청구를 한 주주에 대하여 서면으로 그 주식을 자기에게 매도할 것을 청구할 수 있다. 제2항: 제335조의3 제2항의 규정은 주식의 양도상대방으로 지정된 자가 제1항의 기간 내에 매도의 청구를 하지 아니한 때에 이를 준용한다] ; 상법 제335조의5(매도가액의 결정): [제1항: 제335조의4의 경우에 그 주식의 매도가액은 주주와 매도청구인 간의 협의로 이를 결정한다. 제2항: 제374조의2 제4항 및 제5항의 규정은 제335조의4 제1항의 규정에 의한 청구를 받은 날부터 30일 이내에 제1항의 규정에 의한 협의가 이루어지지 아니하는 경우에 이를 준용한다] ; 상법 제335조의6(주식의 매수청구): [제374조의2 제2항 내지 제5항의 규정은 제335조의2 제4항의 규정에 의하여 주주가 회사에 대하여 주식의 매수를 청구한 경우에 이를 준용한다] ; 상법 제335조의7(주식의 양수인에 의한 승인청구): [제1항: 주식의 양도에 관하여 이사회의 승인을 얻어야 하는 경우에 주식을 취득한 자는 회사에 대하여 그 주식의 종류와 수를 기재한 서면으로 그 취득의 승인을 청구할 수 있다. 제2항: 제335조의2 제2항 내지 제4항, 제335조의3 내지 제335조의6의 규정은 제1항의 경우에 이를 준용한다].

11. 이철송, 『회사법강의』, 제292면.

12. 회사의 지배권을 장악하고 있는 지배주주의 의사에 따라 그 특정회사의 경영권이 이전되는 것을 우호적 M&A(Friendly M&A)라 하고, 지배주주의 의사에 반하여 경영권이 이전되는 것을 적대적 M&A(Hostile M&A)라 한다.

일체 주식의 양도를 금지하는 내용으로, 이와 같은 내용은 위에서 본 바와 같이 정관으로 규정하였다고 하더라도 이는 주주의 투하자본 회수의 가능성을 전면적으로 부정하는 것으로서 무효라고 할 것이다.

그러므로 그와 같이 정관으로 규정하여도 무효가 되는 내용을 나아가 회사나 주주들 사이에서, 혹은 주주들 사이에서 약정하였다고 하더라도 이 또한 무효라고 할 것이다.

한편, 본건 주식양도제한 규정 가운데 주주 전원의 동의가 있으면 양도할 수 있다는 내용이 있으나, 이 역시 상법 제335조 제1항 단서 소정의 양도제한 요건을 가중하는 것으로서 상법 규정의 취지에 반할 뿐 아니라, 사실상 양도를 불가능하게 하거나 현저하게 양도를 곤란하게 하는 것으로서 실질적으로 양도를 금지한 것과 달리 볼 것은 아니다.

그러므로 본건 주식양도제한 규정은 무효라고 할 것이고, S사는 적어도 그와 같은 무효인 본건 주식양도제한 규정을 근거로 해서는 H사의 명의개서청구를 거부할 수는 없다고 할 것이다.[13]

[설문 2] 명의개서청구의 권리남용 해당여부

(1) 문제의 소재

위에서 살펴본 바와 같이, 상법이 명문으로 인정하지 아니하는 주주간 계약에 의한 주식양도의 제한은 설사 주식양도를 제한하는 주주간 계약의 체결사실을 주식양수인이 미리 알았다고 하더라도 그것만으로 주주간 계약의 사단법적 효력이 인정될 수는 없지만, 주식양수인의 회사에 대한 권리주장이 특별히 사회질서에 반하여 권리남용이 될 만한 매우 예외적인 사정들을 구성하는 하나의 요소가 될 수는 있으므로, 본 사례에 있어서 H사의 S사에 대한 명의개서 청구가 사회질서에 반하여 권리남용에 해당하는지 여부가 문제된다.[14]

13. 이상의 내용에 대해서는 본 사례에 관한 대법원 2000. 9. 26. 선고 99다48429 판결 참조.

14. 본 사례에 관한 대법원판결 이외에도, 주식양수인의 명의개서청구가 사회질서에 반하는지의 여부를 검토하고 있는 판례는 또 있다. 대법원 2010. 7. 22. 선고 2008다37193 판결(상법 제335조 제1항 본문

(2) 설문의 해결

본 사례에 관하여 검토컨대 첫째, 본건 주식양도와 관련하여 본건 주식이 명의개서가 되지 않는 주식이므로 명의개서가 가능한 시점에서는 G사가 명의개서절차에 필요한 모든 것을 협력하겠다는 취지로 주식양도계약서 제4조에 G사는 조속한 명의개서를 위하여 제반사항을 협조하기로 하고, 둘째, G사는 이소준이 명의개서를 함에 있어 G사의 협조를 필요로 하는 경우 이에 필요한 협력을 하여야 한다고 기재하였고, 셋째, 위 계약을 체결하는 자리에는 H사의 직원인 이소준이 함께 동석하였고, 넷째, G사의 직원이 이소준에게 본건 주식양도제한 조항을 구두로 설명할 때에도 그 옆에 앉아 있었으며, 다섯째, H사는 전문적인 유가증권투자회사로서 기업간 인수합병에 관여해 왔다는 사정들을 종합하면, 실질적으로는 H사가 G사로부터 본건 주식을 양수한 것이고 위 이소준은 사실상 이 사건 주식매매의 중개자에 불과하며, H사도 본건 주식의 취득 당시 주식양도를 제한하는 주주간 계약이 체결되었음을 알고 있었다고 봄이 상당하다.

그러나 첫째, 본건 주식양도제한 조항의 내용은 본건 주식양도시까지 S사의 정관에 규정되지 아니하였고, 둘째, 기타 주식청약서나 주권에도 기재되지 않고 등기도 되지 아니하였으며, 셋째, H사는 전기통신사업법 제6조 소정의 통신사업 허가의 결격사유에 해당하는 주주가 아니며, 넷째, H사의 주식보유비율은 0.5%에 불과하여 주주들의 상호균형된 지배권의 행사를 심각하게 교란할 우려가 있다고는 보여지지 아니한다는 사정을 종합하면, 위 인정사실만으로 H사의 S사 회사에 대한 명의개서 요구가 특별히 사회질서에 반하여 권리남용에 해당된다고 보기에 부족하다고 할 것이다.

그렇다면 H사가 S사를 상대로 본건 주식의 매수에 따라 명의개서를 청구하는 것은 특별히 사회질서에 반하여 권리남용에 해당된다고 볼 수도 부족하고, 또한 위 [설문 1]에서 살펴본 바와 같이 본건 주식양도제한 규정의 사단법적 효력도 무효라고 할 것이므로, 결국 H사는 S사를 상대로 본건 주식의 매수에 따라 명의개서를 청구할 수 있다고 할 것이다.[15]

은 "주식은 타인에게 이를 양도할 수 있다"고 하여 주식양도의 자유를 보장하고 있으므로 회사와 경쟁관계에 있거나 분쟁 중에 있어 그 회사의 경영에 간섭할 목적을 가지고 있는 자에게 주식을 양도하였다고 하여 그러한 사정만으로 이를 반사회질서 법률행위라고 할 수 없다).

15. 이상의 내용에 대해서는 본 사례에 관한 대법원 2000. 9. 26. 선고 99다48429 판결 참조.

[설문 3] 주식의 양도성을 제한하는 기술적인 방법

(1) 문제의 소재

특정의 투자자들이 어떠한 새로운 사업을 위하여 합작투자회사(Joint Venture Company)를 설립한다고 가정해 보자.

이때 어떠한 투자자는 합작투자회사(Joint Venture Company)를 실제로 경영하면서 지배권을 행사하려는 의도를 가질 수도 있을 것이고, 반면에 어떠한 투자자는 단순히 투자에 따른 경제적인 이득(capital gain)을 얻고자 하는 의도를 가지는 것에 불과한 경우도 있을 것인데, 전자의 경우에 해당하는 투자자를 통상적으로 전략적 투자자(Strategic Investor)라고 하고 후자의 경우에 해당하는 투자자를 통상적으로 재무적 투자자(Financial Investor)라고 한다. 그런데 특히 재무적 투자자(Financial Investor)는 그 새로운 사업에 대한 노하우(Know-How)나 인적 네트워크, 사업경험 등을 가진 전략적 투자자(Strategic Investor)의 능력을 신뢰하고 또 그 합작투자회사(Joint Venture)에 그러한 전략적 투자자(Strategic Investor)가 계속적으로 참여하는 것으로 믿기 때문에 투자에 참여하는 경우가 많다.

따라서 재무적 투자자(Financial Investor)는 전략적 투자자(Strategic Investor)가 그러한 재무적 투자자(Financial Investor)의 신뢰를 저버리고 자기가 가진 출자에 따른 주식을 제3자에게 처분해 버리는 경우가 발생하지 않도록, 미리 재무적 투자자(Financial Investor)와 전략적 투자자(Strategic Investor)간에 그 합작투자회사(Joint Venture Company)의 운영 등의 방안에 대하여 체결되는 합작투자계약(Joint Venture Agreement)이나 주주간계약(Shareholders' Agreement)에 안전장치를 두려고 한다.

본 설문에서는 이와 같이 합작투자계약에서 주식의 양도성을 제한하는 기술적인 방법은 무엇들이 있는지에 대해서 살펴보고자 한다.

(2) 설문의 해결

본 사례에 관한 본건 합작투자계약에서는, 본건 일정기간 동안의 원칙적인 주식양도금지(예외적으로, 주주의 전원동의가 있는 경우에만 양도 허용), 다른 주주의 우선매수권에 대해서 규정하고 있었다.

합작투자계약에서 주식의 양도성을 제한하는 기술적 방법으로는, 그와 같은 규정 이외에도 Co-Sale Right(소위, Tag-Along Right), Drag-Along Right, 손해배상의 예정(Liquidated Damages), 위약벌 조항들도 있다.

Co-Sale Right(소위, Tag-Along Right)은 특정 주주가 자신의 소유한 주식을 합작투자계약의 당사자들 이외의 제3자에게 매도하고자 하는 경우에, 그러한 매도 자체를 허용하기로 하되 다만 합작투자계약의 나머지 당사자들도 자신들이 소유한 주식비율에 따라 자신들의 주식을 그러한 제3자에게 매도할 수 있는 권리를 가지도록 하여, 제3자에게 매도한 이후에 그 합작투자회사(Joint Venture Company)에 대한 합작투자계약의 당사자들의 지분비율을 기존과 동일하게 유지할 수 있도록 하는 장치이고,[16] Drag-Along Right은 이와는 반대로 특정 주주가 자신의 소유한 주식을 합작투자계약의 당사자들 이외의 제3자에게 매도하고자 하는 경우에, 그 매도희망 주주가 합작투자계약의 나머지 당사자들에게 함께 그 제3자에게 주식을 매도할 것을 요구할 수 있는 권리이며,[17] 손해배상의 예정(Liquidated Damages)은 본 사례와 같이 본건 일정기간 동안의 원칙적인 주식양도금지(예외적으로, 주주의 전원동의가 있는 경우에만 양도 허용), 다른 주주의 우선매수권 등을 약정하였음에도 불구하고 이러한 약정을 위반하여 제3자에게 처분해도 그러한 처분 자체의 법률적 효력은 부인되지 않는 경우가 있으므로 합작투자계약의 당사자들의 약정위반시에 손해배상을 해야 하는 금액을 미리 약정함으로써 간접적으로 주식의 양도성을 제어하는 효과를 가진 조항이고, 위약벌 조항은 손해의 배상여부와는 무관하게(즉, 손해의 배상여부와는 병존하게) 합작투자계약의 당사자들의 약정위반에 대한 제재로서(즉, 벌로서) 합작투자계약의 약정위반시에 위반 당사자가 상대방 당사자에게 지급해야 하는 금원을 약정한 조항을 말한다.

즉, 본 사례의 경우에도 본건 양도제한 조항은 상법 제335조 제1항 단서 및 제2항에서 규정하는 상법의 취지에 반하여 사단법적으로는 무효이지만, 그렇다고 하더라도 그 내용이 사회질서(민법 제103조)에 반하지 않는 한, 본건 합작투자계약의 당사자들 사이에서의 채권적 효력은 유효하여 본건 합작투자계약의 나머지 당사자들은 그 위반 당사자인 G사에 대하여 그 위반에 따른 채무불이행책임(손해배상청구권)을 가

16. 따라서 반드시 그러한 것은 아니지만, 합작투자계약의 당사자들 중 계약상 지위가 상대적으로 열위에 있는 당사자의 권리인 경우가 많다.

17. 따라서 그러한 요청을 받는 자의 주식의 자유로운(임의적인) 양도성이 제한되는 측면이 있다고 볼 수 있다.

진다고 할 것인바,[18] 손해배상청구권을 행사하는 자로서는 손해발생사실이나 발생 손해액에 대한 주장 · 입증 책임을 부담하므로 실무적으로는 채권자가 원하는 만큼의 손해액을 배상받기가 그다지 용이하지 않는 경우가 많아, 아예 처음부터 합작투자계약에 위반시에 배상해야 하는 금액을 손해배상의 예정이나 위약벌로써 규정해 놓는 것이 실익이 있다고 할 것이다.

다만, 손해배상의 예정의 경우에는 채권자는 채무불이행 사실만 증명하면 손해의 발생 및 그 액을 증명하지 아니하고 예정배상액을 청구할 수 있지만 제반사정을 참작한 결과 손해배상 예정액의 지급이 경제적 약자의 지위에 있는 채무자에게 부당한 압박을 가하여 공정을 잃는 결과를 초래한다고 인정되면(즉, 손해배상의 예정액이 부당히 과다하다고 인정되는 경우에는) 법원에 의해 감액되는 경우가 있을 수 있고,[19] 한편 위약벌의 경우에는 손해배상의 예정과는 그 내용이 다르므로 손해배상의 예정처럼 그 액을 감액되는 것은 아니나 그 의무의 강제에 의하여 얻어지는 채권자의 이익에 비하여 약정된 벌이 과도하게 무거울 때에는 그 일부 또는 전부가 공서양속(민법 제103조)에 반하는 것으로 판단되어 무효[20]가 될 수도 있음을 유의해야 한다.

---

18. 이철송, 『회사법강의』, 제305면.

19. 대법원 2000. 12. 8. 선고 2000다50350 판결([1] 채무불이행으로 인한 손해배상액의 예정이 있는 경우에는 채권자는 채무불이행 사실만 증명하면 손해의 발생 및 그 액을 증명하지 아니하고 예정배상액을 청구할 수 있다. [2] 법원이 민법 제398조 소정의 '손해배상의 예정액'을 부당히 과다하다 하여 감액하려면 채권자와 채무자의 경제적 지위, 계약의 목적과 내용, 손해배상액을 예정한 경위(동기), 채무액에 대한 예정액의 비율, 예상 손해액의 크기, 당시의 거래 관행과 경제 상태 등을 참작한 결과 손해배상 예정액의 지급이 경제적 약자의 지위에 있는 채무자에게 부당한 압박을 가하여 공정을 잃는 결과를 초래한다고 인정되는 경우라야 한다) ; 상법 제398조(배상액의 예정): [제1항: 당사자는 채무불이행에 관한 손해배상액을 예정할 수 있다. 제2항: 손해배상의 예정액이 부당히 과다한 경우에는 법원은 적당히 감액할 수 있다. 제3항: 손해배상액의 예정은 이행의 청구나 계약의 해제에 영향을 미치지 아니한다. 제4항: 위약금의 약정은 손해배상액의 예정으로 추정한다. 제5항: 당사자가 금전이 아닌 것으로써 손해의 배상에 충당할 것을 예정한 경우에도 전4항의 규정을 준용한다].

20. 대법원 2002. 4. 23. 선고 2000다56976 판결(위약벌의 약정은 채무의 이행을 확보하기 위해서 정해지는 것으로서 손해배상의 예정과는 그 내용이 다르므로 손해배상의 예정에 관한 민법 제398조 제2항을 유추적용하여 그 액을 감액할 수는 없으며, 다만 그 의무의 강제에 의하여 얻어지는 채권자의 이익에 비하여 약정된 벌이 과도하게 무거울 때에는 그 일부 또는 전부가 공서양속에 반하여 무효로 되는 것에 불과하다) ; 대법원 2001. 1. 19. 선고 2000다42632 판결(도급계약서 및 그 계약내용에 편입된 약관에 수급인의 귀책사유로 인하여 계약이 해제된 경우에는 계약보증금이 도급인에게 귀속한다는 조항이 있을 때 이 계약보증금이 손해배상액의 예정인지 위약벌인지는 도급계약서 및 위 약관 등을 종합하여 구체적 사건에서 개별적으로 결정할 의사해석의 문제이고, 위약금은 민법 제398조 제4항에 의하여 손해배상액의 예정으로 추정되므로, 위약금이 위약벌로 해석되기 위하여는 특별한 사정이 주장 · 입증되어야 한다).

사례 19

주권의 선의취득

다음과 같은 사실관계 하에서, 아래의 각 질의에 대해 답하시오.[1]

(1) 1983. 2. 12.~1987. 7. 25.(W사의 설립 및 골프장 개장)

전도춘은 1983. 2. 12. 한가준과 함께 대구시에서 골프장을 건설, 운영하기 위하여 W 주식회사(이하, "W사")를 설립하여 1987. 7. 25. 골프장을 개장하였다.

(2) W사의 주식분포 비율(1986. 10. 11.)

W사 발행의 보통주식 보유율은 1986. 10. 11. 전도춘 3만주(60%), 김태호와 안영호 및 박명수가 각 1,500주(각 3%), 한가준 14,500주(29%), 이영순(한가준의 처) 1천주(2%) 합계 5만주(자본금 금 5억원)이었는데, 그중 김태호와 안영호 및 박명수의 각 주식은 전도춘과 한가준이 모두 그들에게 주주명의만을 신탁하여 둔 차명주식에 불과하였다.

(3) W사의 주식소유 비율의 합의

한가준은 1989. 7. 3. 모든 주주들과 합의하여 적법한 절차를 거쳐서 관련서류를 작성하여 전도춘 25,000주(50%), 한가준 24,000주(48%), 이영혜 1,000주(2%)로 된 주주명부를 작성하였고, 1990. 4. 20.경 역시 모든 주주들과 합의하여 W사의 주식에 대한 주권을 발행하면서[2] W사의 총 주식 5만주 중 전도춘이 25,500주(51%), 한

---

1. 본 사례는 대법원 2000. 9. 8. 선고 99다58471 판결을 기초로 하여 작성된 것이다.
2. 주권은 설권증권이 아니므로 대표이사의 기명날인(서명)과 같이 본질적인 것이 아닌 한 기재사항을 일부 결하더라도(예: 주주명의, 발행연월일) 유효하고, 또한 원칙적으로 이사회결의나 주주총회결의가 없이도 대표이사의 단독 권한으로 주권발행이 가능하다. 이철송, 『회사법강의』, 제256면. 대법원 1996. 1. 26. 선고 94다24039 판결([1] 대표이사가 주권 발행에 관한 주주총회나 이사회의 결의 없이 주주 명의와 발행연월일을 누락한 채 단독으로 주권을 발행한 경우, 특별한 사정이 없는 한 주권의 발행은 대표이사의 권한이라고 할 것이고, 그 회사 정관의 규정상으로도 주권의 발행에 주주총회나 이사회의 의결을 거치도록 되어 있다고 볼 근거도 없으며, 기명주권의 경우에 주주의 이름이 기재되어 있지 않다거나 또한 주식

가준이 24,500주(49%)를 각 소유하고 있음을 전제로 전도춘은 주권번호 1 내지 51의 오백주권 51장을, 한가준은 주권번호 52 내지 100의 오백주권 49장을 나누어 가졌는데 당시 위와 같은 주식보유율(전도춘 51%, 한가준 49%)대로 주주명부의 내용을 변경, 작성하지는 않았다.

(4) W사의 경영악화 및 D은행의 담보실행 통지

W사는 1992년경부터 경영이 악화되었고, 1993. 1. 13. 거래은행인 위 D은행으로부터 대출금에 대하여 구체적인 상환계획서를 제출할 것과 각 상환기일까지 변제를 불이행시에는 담보물에 대하여 법적 수속을 밟겠다는 취지의 통보를 받았다.

(5) W사의 A사로부터의 차입 및 전도춘의 주식담보제공(1993. 9. 21.~1995. 9. 28.)

이영순은 그의 남편인 한가준의 건강이 악화되자 1992. 9.경부터 W사의 부사장으로 취임하여 골프장 경영에 적극 참여하게 되었는데 W사가 자금난을 겪게 되자 1993. 9. 21. A주식회사(이하, "A사")의 대표이사이자 한가준 아랫동서인 이유문을 찾아가 이유문에게 같은 달 중순경 전도춘으로부터 미리 교부받은 전도춘의 주권 51장과 한가준의 주권 49장을 모두 내어 주면서 이를 담보로 돈을 빌려 줄 것을 요청하였고, 이에 이유문은 A사 명의로 W사에게 자금을 대여해 주려면 회사 임원들과 상의를 거쳐야 하니 시일이 좀 걸린다고 하면서 이영순에게 위 각 주권을 인수하였다는 내용의 주권보관증을 작성하여 주었으며, 이영순은 같은 날 위 주권보관증을 전도춘에게 가져다주었다.

그로부터 1주일 뒤인 1993. 9. 28. W사는 A사로부터 금 2억 5천만원, 같은 해 10. 15. 금 3억 5천만원 합계 금 6억원을 변제기 1994. 9. 27.로 정하여 각 차용하면서 A사에게 W사 발행의 주식 전부(전도춘 25,500주, 한가준 24,500주)를 위 차용금채무의 담보[3]로 각 제공하게 되었는데, 이에 전도춘은 1993. 9. 28. W사의 주주로서 그 소유의 W사 주식 25,500주를 담보로 제공하는 것을 승낙한다는 내용의 담보제

의 발행연월일의 기재가 누락되어 있다고 하더라도 이는 주식의 본질에 관한 사항이 아니므로, 주권의 무효 사유가 된다고 할 수 없다. [2] 설사 대표이사가 정관에 규정된 병합 주권의 종류와 다른 주권을 발행하였다고 하더라도 회사가 이미 발행한 주식을 표창하는 주권을 발행한 것이라면, 단순히 정관의 임의적 기재사항에 불과한 병합 주권의 종류에 관한 규정에 위배되었다는 사유만으로 이미 발행된 주권이 무효라고 할 수는 없다).

3. 실무적으로, 주식에 대한 담보설정 방법으로는 질권과 양도담보권이 이용되고 있다. 한편, 차주(W사)의 차용금채무에 대하여 제3자인 전도춘이 자신소유의 주식에 대하여 담보를 설정해 준 것이므로, 전도춘은 물상보증인에 해당한다.

공 승낙서를 작성하여 W사에 제출하였을 뿐만 아니라 매 차용시마다 위와 같은 내용으로 A사와 사이에 체결된 각 금전소비대차계약서에 직접 담보제공자로서 개인인감을 날인하였으며, 그 후 W사가 1994. 9. 28. 및 1995. 9. 28. A사와 사이에 위 각 금전소비대차계약의 변제기를 각 1년씩 연장함에 있어서도 역시 그와 같은 내용을 기재한 각 금전소비대차계약서에 직접 담보제공자로서 개인인감을 날인하였다.

(6) 주식 일부(10%)의 무상양도 구두 약정(1993. 10. 15.)

이영순은 1993. 10. 15. 이유문이 W사에 위와 같이 자금을 융통해 준 것에 보답하는 의미로 W사가 A사에게 위 차용금 합계 금 6억원을 전부 변제하게 되는 때에 이유문에게 이미 담보로 제공한 바 있는 W사의 주식 중 10%에 해당하는 주식[전도춘의 주식 2,550주(이하, "본건 주식")와 한가준의 주식 2,450주을 말함]을 무상양도(이하, "본건 무상양도")하기로 구두 약정하였으나, 이러한 사실을 전도춘에게 알리지는 않았다.

(7) 금전소비대차계약에 따른 특약사항 체결(1994. 8.경)

이영순은 1994. 8.경 A사의 총무팀장인 정주석으로부터 위와 같은 내용의 구두약정을 서면화하여 달라는 요청을 받고, 정주석이 미리 위 구두 약정이 이루어졌던 시점인 1993. 10. 15.자로 소급하여 W사의 대표이사인 한가준 명의로 작성해 놓은 "W사는 금 6억원을 차입함에 있어서 원리금상환이 종결되는 시점에 A사에게 담보로 제공한 주주들의 주식 지분 중 각각 총 소유 주식수의 10%씩을 이유문에게 무상으로 양도하는 조항을 특약으로 체결한다"는 내용의 '금전소비대차계약에 따른 특약사항'(이하, "본건 특약사항")이라는 문서에 W사의 대표이사(한가준) 법인인감을 날인하여 이를 정주석에게 교부하였다.

(8) 추가적인, 금전소비대차계약에 따른 특약사항 체결(1995. 10.경)

1995. 6. 16. 전도춘이 한가준과 함께 W사의 공동대표이사로 취임하자, 정주석은 전도춘으로부터도 위와 같은 '금전소비대차계약에 따른 특약사항'을 작성받을 필요가 있다고 생각하고 같은 해 10.경 이영순에게 전도춘의 서명날인을 추가하여 다시 위 특약사항을 작성하여 달라고 요청하였고, 이에 이영순은 정주석이 미리 1995. 9. 28.자로 소급하여 W사의 공동대표이사인 전도춘 및 한가준 명의로 작성해 놓은 '금전소비대차계약에 따른 특약사항'(이하, "본건 추가 특약사항")(그 내용은 "본건 특약사항"과 동일함)에 전도춘이 공동대표이사로 취임한 이래로 결재시에 사용하기 위하여 이

영순이 보관하고 있던 전도춘 명의의 법인인감 및 한가준 명의의 법인인감을 각 날인하여 이를 정주석에게 교부하였는데, 당시 이영순은 이유문과 사이에 주식을 무상양도하기로 하는 구두 약정을 체결할 때와 마찬가지로 전도춘에게 사전 승낙 및 사후 통지도 전혀 하지 않았으며, 정주석은 이영순으로부터 전도춘의 위임 하에 위와 같은 특약을 체결하는 것이라는 말만 듣고 전도춘에게 실제로 이에 관하여 동의하였는지 여부를 확인하지 아니하였다.

(9) W사의 A사에 대한 전액 변제(1996. 6. 17.)

1996. 6. 17. W사는 A사에게 6억원을 모두 변제하였다.

한편, 본 사례와 관련하여 추가적으로 밝혀진 사실관계는 다음과 같다.

(1) 1993년 9월 중순 경 전도춘이 이영순에게 전도춘 소유의 주식 25,500주에 해당하는 오백주권 51장을 교부한 것은 사실이나, 전도춘이 그 소유의 주식을 포기하면서 이영순에게 증여하거나 또는 주식 처분권을 이영순에게 포괄적으로 위임한 것으로는 각각 인정되지 않고, W사의 금전차용을 위한 담보로 제공하려는 취지에서 주권을 교부한 것으로 인정된다.

(2) 전도춘 소유의 '본건 주식'에 대한 이영순의 본건 무상양도 행위는, 전도춘으로부터 어떠한 수권도 받지 못한 무권대리인데, 전도춘은 이러한 무권대리행위를 1996년 3월 이후에야 비로소 알게 되었다.

(3) 1993년 12월 경 전도춘은 이영순에게 주식처분에 관한 백지위임장을 작성하여 준적이 있고, 1995년 6월 16일 한가준과 W사의 공동대표이사로 취임하였으나 1996년 3월경까지는 회사경영에 직접적으로 관여하지 않고 이영순으로 하여금 회사경영에 대한 전권을 행사하도록 하였다.

(4) 이유문은 W사가 A사에 대한 차용금을 변제한 후인 1996. 6. 18. A사에 대하여 본건 주식을 양도하여 줄 것을 요구하였고, 이에 따라 A사로부터 본건 주식에 해당하는 주권 5장을 인도받았다.

이상과 같은 사실관계 하에서, 전도춘은 1996. 6. 17. W사가 A사에게 6억원을 모두 변제하여 피담보채무가 소멸하였고 이에 따라 담보도 소멸하였음을 주장하여[4] 자신소

---

4. 이는 담보물권의 공통된 성격(소위, 통유성) 중 부종성에 기인한 것이다.

유의 주식의 전부인 25,500주의 인도를 A사에게청구하였으나, A사의 대표이사인 이유문은 그중 2,550주(즉, "본건 주식")는 자신에게 무상양도되었으므로 자신에게 권리가 있음을 주장하고 있다.

위와 같은 이유문의 주장이 타당한지와 관련하여, 다음과 같은 법리를 중심으로 하여 검토하라.

설문 1 무권대리 행위의 추인 법리(민법 제130조)
설문 2 권한을 넘은 표현대리 법리(민법 제126조)
설문 3 주권의 선의취득 법리(상법 제359조)

〖설문 1〗 무권대리 행위의 추인

(1) 문제의 소재

본 사례의 경우에, 전도춘이 이영순에게 그 소유의 주식 처분에 관한 포괄적 권한을 수여한 일이 없다 하더라도, 그 후에 전도춘은 이영순에게 주식처분에 관한 백지위임장을 작성하여 준 적이 있고, 자신이 W사의 공동대표이사로 취임한 후에도 이영순으로 하여금 회사 경영에 대한 전권을 행사하도록 하여, 이로 인하여 이영순이 전도춘 명의의 금전소비대차계약에 따른 특약사항을 작성하여 교부하였으므로, 결국 전도춘은 이영순과 이유문 사이의 '본건 주식'에 대한 본건 무상양도 합의를 묵시적으로 추인하였다고 볼 여지가 있는 것은 아닌지가 문제된다.

(2) 설문의 해결

무권대리행위의 추인과 관련하여 민법 제130조 등은 다음과 같이 규정하고 있으므로, 먼저 관련 법리를 검토하여 본다.

민법 제130조(무권대리)

대리권없는 자가 타인의 대리인으로 한 계약은 본인이 이를 추인[5,6,7]하지 아니하면 본인에 대하여 효력이 없다.[8]

민법 제131조(상대방의 최고권)

대리권없는 자가 타인의 대리인으로 계약을 한 경우에 상대방은 상당한 기간을 정하여 본인에게 그 추인여부의 확답을 최고할 수 있다. 본인이 그 기간 내에 확답을 발하지 아니한 때에는 추인을 거절한 것으로 본다.

민법 제132조(추인, 거절의 상대방)

추인 또는 거절의 의사표시는 상대방[9]에 대하여 하지 아니하면 그 상대방에 대항하지 못한다. 그러나 상대방이 그 사실을 안 때에는 그러하지 아니하다.

---

5. 상대방이나 무권대리인의 동의를 요하지 않는 '상대방 있는 단독행위'로서 '형성권'의 일종이다. 지원림, 『민법강의』, 제340면.
6. '재판 외' 뿐만 아니라 '재판상'에서도 추인할 수 있다. 대법원 1974. 2. 26. 선고 73다934판결(피고가 변론에서 무권대리계약을 시인한다고 답변하고 있고 원고도 이 진술을 추인으로 주장하여 변론을 진행하였다면 무권대리계약은 피고에 의하여 추인되었다고 볼 수 있다).
7. 묵시적 추인도 가능은 하나, 다만 신중하게 판단해야 한다. 대법원 2002. 10. 11. 선고 2001다59217 판결(무권대리행위는 그 효력이 불확정 상태에 있다가 본인의 추인 유무에 따라 본인에 대한 효력발생 여부가 결정되는 것으로서, 추인은 무권대리행위가 있음을 알고 그 행위의 효과를 자기에게 귀속시키도록 하는 단독행위인바, 증권회사의 고객이 그 직원의 임의매매를 묵시적으로 추인하였다고 하기 위하여는 자신이 처한 법적 지위를 충분히 이해하고 진의에 기하여 당해 매매의 손실이 자기에게 귀속된다는 것을 승인하는 것으로 볼 만한 사정이 있어야 할 것이고, 나아가 임의매매를 사후에 추인한 것으로 보게 되면 그 법률효과는 모두 고객에게 귀속되고 그 임의매매행위가 불법행위를 구성하지 않게 되어 임의매매로 인한 손해배상청구도 할 수 없게 되므로, 임의매매의 추인, 특히 묵시적 추인을 인정하려면, 고객이 임의매매 사실을 알고도 이의를 제기하지 않고 방치하였는지 여부, 임의매수에 대해 항의하면서 곧바로 매도를 요구하였는지 아니면 직원의 설득을 받아들이는 등으로 주가가 상승하기를 기다렸는지, 임의매도로 계좌에 입금된 그 증권의 매도대금(예탁금)을 인출하였는지 또는 신용으로 임의매수한 경우 그에 따른 그 미수금을 이의 없이 변제하거나, 미수금 변제독촉에 이의를 제기하지 않았는지 여부 등의 여러 사정을 종합적으로 검토하여 신중하게 판단하여야 할 것이다) ; 대법원 1998. 2. 10. 선고 97다31113 판결(무권대리행위에 대한 추인은 무권대리행위로 인한 효과를 자기에게 귀속시키려는 의사표시이니만큼 무권대리행위에 대한 추인이 있었다고 하려면 그러한 의사가 표시되었다고 볼 만한 사유가 있어야 하고, 무권대리행위가 범죄가 되는 경우에 대하여 그 사실을 알고도 장기간 형사고소를 하지 아니하였다 하더라도 그 사실만으로 묵시적인 추인이 있었다고 할 수는 없는바, 권한 없이 기명날인을 대행하는 방식에 의하여 약속어음을 위조한 경우에 피위조자가 이를 묵시적으로 추인하였다고 인정하려면 추인의 의사가 표시되었다고 볼 만한 사유가 있어야 한다).
8. 원칙적으로 무권대리행위 전부에 대한 추인만이 가능하다. 대법원 2008. 8. 21. 선고 2007다79480 판결(무권대리인이 행한 소송행위의 추인은 특별한 사정이 없는 한 소송행위의 전체를 대상으로 하여야 하고, 그중 일부의 소송행위만을 추인하는 것은 허용되지 아니한다). 지원림, 『민법강의』, 제342면.
9. 이러한 민법 규정에도 불구하고, 무권대리인에 대한 추인권의 행사도 유효하다. 대법원 1992. 10. 27. 선

❙ 민법 제133조(추인의 효력)
추인은 다른 의사표시가 없는 때에는 계약시에 소급하여 그 효력이 생긴다. 그러나 제3자의 권리를 해하지 못한다.

요컨대, 무권대리행위의 추인은 무권대리행위가 있음을 알고 그 행위의 효과를 자기에게 귀속시키도록 하는 단독행위이다.[10]

그런데 본 사례의 경우에는, 전도춘이 이영순의 본건 무상양도 행위를 1996년 3월 이후에야 비로소 알게 되었으므로, 전도춘이 이영순에게 주식처분에 관한 백지위임장을 작성하여 준 적이 있고, 자신이 W사의 공동대표이사로 취임한 후에도 이영순으로 하여금 회사 경영에 대한 전권을 행사하도록 하여, 이로 인하여 이영순이 전도춘 명의의 금전소비대차계약에 따른 특약사항을 작성하여 교부하였다고 하더라도, 전도춘의 행위를 이영순의 무권대리행위에 대한 묵시적 추인행위로 볼 수는 없다고 할 것이다.[11]

〖설문 2〗 권한을 넘은 표현대리

(1) 문제의 소재

본 사례의 경우에, 전도춘이 이영순에게 그 소유의 주식을 담보로 제공할 것을 승낙하였을 뿐이고 포괄적 처분권을 부여한 것이 아니라 하더라도, 당시는 W사의 경영이 어려워 대주주인 한가준이나 전도춘이 자신들의 주식을 처분해서라도 금융지원을 받고자 노력하고 있었던 실정이었고, 이유문의 노력으로 A사가 금원을 대여하여 준 덕택에 W사가 부도를 면하고 대출채무의 상환을 연기받게 되었으며, 주권의 점

고 92다19033 판결(공동대표이사가 단독으로 회사를 대표하여 제3자와 한 법률행위를 추인함에 있어 그 의사표시는 단독으로 행위한 공동대표이사나 그 법률행위의 상대방인 제3자 중 어느 사람에게 대하여서도 할 수 있다). 지원림, 『민법강의』, 제341면.

10. 대법원 1995. 11. 14. 선고 95다28090 판결(무권대리행위는 그 효력이 불확정 상태에 있다가 본인의 추인 유무에 따라 본인에 대한 효력발생 여부가 결정되는 것인바, 그 추인은 무권대리행위가 있음을 알고 그 행위의 효과를 자기에게 귀속시키도록 하는 단독행위이다).

11. 이상의 결론에 대해서는 본 사례에 관한 대법원 2000. 9. 8. 선고 99다58471 판결 참조.

유자는 적법하게 점유하는 것으로 추정되므로,[12] 결국 이유문에게는 이영순이 자신에게 본건 주식을 무상양도할 권한이 있다고 믿을 만한 민법 제126 소정의 정당한 이유가 있다고 볼 여지가 있는 것은 아닌지가 문제된다.

(2) 설문의 해결

권한을 넘은 표현대리와 관련하여 민법 제126조는 다음과 같이 규정하고 있으므로, 먼저 관련 법리를 살펴보기로 한다.

민법 제126조(권한을 넘은 표현대리)
대리인이 그 권한[13] 외의 법률행위[14]를 한 경우에 제3자가 그 권한이 있다고 믿을 만한 정당한 이유[15]가 있는 때에는 본인은 그 행위에 대하여 책임이 있다.

---

12. 상법 제336조(주식의 양도방법) 제2항: [주권의 점유자는 이를 적법한 소지인으로 추정한다] 참조.

13. 따라서 본조가 적용되기 위해서는 대리인으로 행위하는 자에게 기본대리권이 있어야 하는데[대법원 1992. 5. 26. 선고 91다32190 판결(민법 제126조의 표현대리가 성립하기 위하여는 무권대리인에게 법률행위에 관한 기본대리권이 있어야 하는바, 증권회사로부터 위임받은 고객의 유치, 투자상담 및 권유, 위탁매매약정실적의 제고 등의 업무는 사실행위에 불과하므로 이를 기본대리권으로 하여서는 권한초과의 표현대리가 성립할 수 없다)]. 이러한 기본대리권에는 임의대리권뿐만 아니라 법정대리권도 포함되고[대법원 1997. 6. 27. 선고 97다3828 판결(민법 제126조 소정의 권한을 넘는 표현대리 규정은 거래의 안전을 도모하여 거래상대방의 이익을 보호하려는 데에 그 취지가 있으므로 법정대리라고 하여 임의대리와는 달리 그 적용이 없다고 할 수 없고, 따라서 한정치산자의 후견인이 친족회의 동의를 얻지 않고 피후견인의 부동산을 처분하는 행위를 한 경우에도 상대방이 친족회의 동의가 있다고 믿은 데에 정당한 사유가 있는 때에는 본인인 한정치산자에게 그 효력이 미친다)], 사법상의 대리권뿐만 아니라 공법상의 대리권(예: 등기의 신청)도 포함된다. [대법원 1991. 2. 12. 선고 88다카21647 판결(본인이 그 직원에게 자동차 소유권이전등록을 위임하면서 인감을 교부하는 한편 부동산의 2분의 1 지분에 관한 등기권리증과 나머지 2분의 1 지분에 대하여 본인 앞으로 지분이전등기를 경료할 수 있는 인낙조서등본을 교부하였다면 동 부동산에 관한 지분 이전등기를 신청하는 데 필요한 대리권을 수여하였다고 보아야 할 것이고, 가등기담보권의 설정은 채무자뿐만 아니라 제3자가 물상보증을 위하여도 할 수 있는 것으로서, 위 직원이 동 부동산에 대한 가등기담보설정계약 당시 권리증서와 인감 및 인감증명, 위임장 등 동 부동산의 처분에 필요한 모든 서류를 소지하고 있었다면 비록 그 인감과 인감증명이 그 용도가 다르거나 부당히 작성된 것이라도 동 직원에게 위 부동산에 대한 가등기담보설정계약을 체결할 대리권이 있는 것으로 믿을 만한 정당한 이유가 있다고 보아야 할 것이다)].

14. 이를 월권행위라고 하는데 기본대리권의 내용과 동종 내지 유사할 것이 요구되지 않는다. 대법원 1969. 7. 22. 선고 69다548 판결(피고 1들이 피고 11에게 그들이 거주하는 부락의 지역사회 개발 관계 서류에 사용하라고 하여 그들의 인장을 임치하였다면 다른 특별한 사정이 없는 한 피고 1들은 피고 11에게 그들이 하여야 할 지역사회 개발 관계 행위의 대리권을 부여하였다고 볼 것이며 피고 11이 이러한 대리권의 범위를 넘어서 피고 1들 명의의 이 사건 양곡 교환신청서, 상환각서 등을 작성 사용하여 원고로부

본 사례에 관하여 검토컨대, W사의 주식 전부를 담보로 1993. 9. 28.과 같은 해 10. 15. W사가 A사로부터 합계금 6억원을 차용하면서 작성한 각 금전소비대차약정서에는 차용자인 W사의 대표이사 법인인감 외에 담보제공자인 전도춘 개인의 인감을 날인받았으면서도 전도춘이 이유문에게 주식 10%를 무상 양도한다는 내용으로 추후 1993. 10. 15. 및 1995. 9. 28.자로 소급하여 작성한 각 '금전소비대차계약에 따른 특약사항'에는 W사 대표이사 한가준, 또는 공동대표이사 한가준과 전도춘의 W사 대표이사 법인인감을 날인받은 사실을 알 수 있다.

따라서 이유문은 주식을 담보로 취득하면서는 전도춘 개인의 인감을 받는 방법에 의해 전도춘의 담보제공 의사를 분명히 확인하는 절차를 밟았으면서도 담보제공보다 훨씬 중대한 처분행위인 주식의 무상 양도를 받으면서는 전도춘 본인으로부터

터 이 사건 양곡을 수령하고 원고가 피고 11에게 이러한 대리권이 있다고 믿을 만한 정당한 이유가 있다면 이는 민법 126조 소정의 권한을 넘은 표현 대리행위에 해당한다 할 것이며 정당하게 부여받은 대리권의 내용되는 행위와 표현 대리행위는 반드시 같은 종류의 행위에 속할 필요는 없다 할 것이니 … 이하 생략…).

15. 정당한 이유의 유무는 대리행위 당시를 기준으로 판단하고, 대법원판례의 주류는 정당한 이유의 의미를 선의·무과실로 이해하고 있으나[대법원 1997. 6. 27. 선고 97다3828 판결(거래상대방이 후견인으로서 상당기간 피후견인의 재산을 관리하여 왔다고 할지라도 후견인을 상대로 중요한 재산적 가치를 가지는 한정치산자의 부동산을 매수하는 자로서는 친족회의 동의가 있었는지 여부를 확인하였어야 할 것인데도 막연히 부동산 중개업자를 통하여 거래상대방이 후견인으로 선임된 후 1년 이상 부동산의 관리를 전담하여 온 사실만을 확인하였을 뿐 친족회의 동의에 관하여는 전혀 확인하지 아니하였다면, 매수인은 후견인을 상대로 거래하는 자로서 마땅히 해야 할 주의를 다하지 못한 과실이 있다고 하지 않을 수 없으며, 또한 권한을 넘은 표현대리에 있어서 정당한 이유의 유무는 대리행위 당시를 기준으로 하여 판정하여야 하고 매매계약 성립 이후의 사정은 고려할 것이 아니므로, 피후견인이 위 매매로 인한 소유권이전등기를 경료하기에 앞서 그 거래에 관한 친족회원의 선임 및 친족회의 소집에 관한 법원의 심판을 받았고 그에 따라 작성된 친족회 의사록을 후견인으로부터 교부받았다고 할지라도 이로써 후견인이 매매 당시 친족회의 동의를 받았다고 믿을 만한 정당한 이유가 된다고 볼 수 없다고 한 사례)], 정당한 이유의 의미에 대해서는 다른 취지의 판례도 있다[대법원 2000. 2. 11. 선고 99다47525 판결([1] 민법상의 표현대리에 관한 규정이 어음행위의 위조에 관하여 유추적용되기 위하여서는 상대방이 위조자에게 어음행위를 할 권한이 있다고 믿거나 피위조자가 진정하게 당해 어음행위를 한 것으로 믿은 것만으로는 부족하고, 그와 같이 믿은 데에 정당한 사유가 있어야 하는바, 이러한 정당한 사유는 어음행위 당시에 존재한 여러 사정을 객관적으로 관찰하여 보통인이면 유효한 행위가 있었던 것으로 믿는 것이 당연하다고 보여지면 이를 긍정할 수 있지만, 어음 자체에 위조자의 권한이나 어음행위의 진정성을 의심하게 할 만한 사정이 있는데도 불구하고 그 권한 유무나 본인의 의사를 조사·확인하지 아니하였다면 상대방의 믿음에 정당한 사유가 있다고 하기 어렵다. [2] 액면금 30억원의 위조어음의 발행인 인영 부분에 인영 전사 수법으로 종종 사용되는 스카치테이프가 붙어 있고 어음용지책에서 어음용지를 떼어낼 때 통상적으로 하는 이른바 꼭지 간인이 되어 있지 않았음에도 발행인에게 아무런 확인을 하지 않은 경우, 위조어음이 진정한 것이라고 믿은 데에 정당한 사유가 있다고 할 수 없어 민법상 표현대리의 규정이 유추적용되지 않는다고 한 사례)].

개인 인감을 받는 방법에 의해 그 의사를 분명히 확인하지 않은 채 이영순의 말만 믿고 W사 명의의 특약사항만을 작성, 교부받았으므로, 이유문으로서는 조금만 주의를 기울여 전도춘에게 의사 확인을 했더라면 무상 양도행위가 전도춘의 의사에 기하지 않고 이영순이 권한 없이 한 것을 쉽게 알 수 있었다고 할 것이다.

그렇다면 위와 같은 사정들, 즉 무상양도 목적물의 가치, 전도춘, 한가준, 이영순, 이유문의 상호관계, 이영순은 주권만 소지하였을 뿐 처분권한이 있다고 볼 만한 서류나 실인을 전혀 구비하지 않은 점, 전도춘에 대한 확인 가능성, 금전소비대차 성립 및 주식무상양도약정 경위, 금전소비대차계약서와 특약사항의 작성 경위 등을 종합하여 볼 때, 이유문이 이영순에게 전도춘 소유 주식의 무상양도행위를 할 권한이 있다고 믿을 만한 정당한 이유는 인정되지 않는다고 할 것이다.[16]

【설문 3】 주권의 선의취득

(1) 문제의 소재

본 사례의 경우에, 이영순이 담보조로 W사 주식을 교부한 것은 A사였지만, 이영순과 이유문 사이의 본건 주식에 대한 무상양도약정에 의해 본건 주식에 관하여는 이영순이 A사에 대한 주권반환청구권을 이유문에게 양도하는 방법에 의해 이유문이 주권의 점유를 취득하였고, 나아가 이유문은 W사가 A사에 대한 차용금을 변제한 후인 1996. 6. 18. A사에 대하여 본건 주식을 양도하여 줄 것을 요구하였고, 이에 따라 A사로부터 본건 주식에 해당하는 주권 5장을 인도받았으므로, 가사 이영순에게 전도춘 소유의 본건주식에 대한 처분권이 없었다 하더라도 이유문은 주권 5장을 선의취득하였다고 볼 수 있는지가 문제된다.

16. 이상의 결론에 대해서는 본 사례에 관한 대법원 2000. 9. 8. 선고 99다58471 판결 참조. 한편, 이와 같은 결론을 도출함에 있어서 제시된 몇가지 fact는 본 사례의 문제에서 제시되지 않았었다. 이는 본 사례에 관한 대법원판례의 사실관계가 많이 복잡해서 일일이 다 정리하기 어려웠기 때문인데, 그럼에도 불구하고 설문의 해결에서는 대법원판례의 설시부분을 그대로 인용하였는데, 이는 민법 제126조의 정당한 이유의 유무 판단을 실제로 어떻게 하는지에 대해서 공부할 목적에서였음을 양해하여 주시기 바란다.

(2) 설문의 해결

주권의 선의취득[17]과 관련하여 상법 제359조 등은 다음과 같이 규정하고 있으므로, 먼저 관련 법리를 살펴본다.

▍상법 제359조(주권의 선의취득)[18]
수표법 제21조의 규정은 주권[19]에 관하여 이를 준용한다.

▍수표법 제21조(수표의 선의취득)
어떤 사유로든[20] 수표의 점유를 잃은 자가 있는 경우에 그 수표의 소지인[21]은 그 수표가 소지인출급식일 때 또는 배서로 양도할 수 있는 수표의 소지인이 제19조[22]에 따라 그 권리를 증명할 때에는 그 수표를 반환할 의무가 없다.[23] 그러나 소지인이 악의 또는 중대한 과실[24]로 인하여 수표를 취득한 경우에는 그러하지 아니하다.

---

17. 자본집중을 요하는 주식회사에 있어서 주식의 유통성 강화는 필연적인 요청이므로, 주식의 양수인이 양도인의 실질적 권리의 유무를 조사할 필요없이, 양도인이 갖춘 권리의 외관만을 신뢰하고 주식을 양수하는 경우에도 이를 보호하고자 함에 그 취지가 있다. 이철송, 『회사법강의』, 제289면.

18. 양도인이 무권리자뿐만 아니라 무권대리인인 경우에도 인정된다. 대법원 1997. 12. 12. 선고 95다49646 판결(주권의 선의취득은 양도인이 무권리자인 경우뿐만 아니라 무권대리인인 경우에도 인정된다).

19. 유효한 주권에 대해서만 선의취득이 인정되므로 위조된 주권, 실효된 주권, 주주가 주권불소지 신고하여 회사에 제출하여 무효가 된 주권에 대해서는 인정되지 않는다. 이철송, 『회사법강의』, 제289면. 대법원 1978. 9. 26. 선고 77다2289 판결(외자도입법 제6조에 위반한 외국인의 국내주식취득 또는 명의신탁은 무효라고 할 것이나 주권에 대한 무권리자가 타인의 주권을 자기의 주권이라 하여 처분함으로써 적법한 주권양도방법에 의하여 그를 취득한 선의의 제3자에 대하여서까지 무효로 하는 것은 아니다).

20. 따라서 도품, 유실물을 습득한 자로부터 주권을 양수하더라도 선의취득이 인정되어, 민법의 동산의 선의취득(민법 제250조)보다 그 범위가 넓다.

21. 주권의 선의취득이 인정되는 점유의 방법에는 현실의 인도(교부), 간이인도, 반환청구권의 양도가 있다. 본 사례에 관한 대법원 2000. 9. 8. 선고 99다58471 판결(주권의 점유를 취득하는 방법에는 현실의 인도(교부) 외에 간이인도, 반환청구권의 양도가 있으며, 양도인이 소유자로부터 보관을 위탁받은 주권을 제3자에게 보관시킨 경우에 반환청구권의 양도에 의하여 주권의 선의취득에 필요한 요건인 주권의 점유를 취득하였다고 하려면, 양도인이 그 제3자에 대한 반환청구권을 양수인에게 양도하고 지명채권 양도의 대항요건을 갖추어야 한다).

22. 수표법 제19조(배서의 자격수여적 효력): [배서로 양도할 수 있는 수표의 점유자가 배서의 연속에 의하여 그 권리를 증명할 때에는 그를 적법한 소지인으로 추정한다. 최후의 배서가 백지식인 경우에도 같다. 말소한 배서는 배서의 연속에 관하여는 배서를 하지 아니한 것으로 본다. 백지식 배서의 다음에 다른 배서가 있는 경우에는 그 배서를 한 자는 백지식 배서에 의하여 수표를 취득한 것으로 본다].

요컨대, 주권의 점유를 취득하는 방법에는 현실의 인도(교부) 외에 간이인도, 반환청구권의 양도가 있으며, 양도인이 소유자로부터 보관을 위탁받은 주권을 제3자에게 보관시킨 경우에 반환청구권의 양도에 의하여 주권의 선의취득에 필요한 요건인 주권의 점유를 취득하였다고 하려면, 양도인이 그 제3자에 대한 반환청구권을 양수인에게 양도하고 지명채권 양도의 대항요건을 갖추어야 할 것이다.[25]

본 사례에 관하여 검토컨대, 이영순과 이유문은 1993. 10. 15. W사의 A사에 대한 원리금 상환이 종결되는 시점에 A사에게 담보로 제공한 주주들의 주식지분 중 각각 총 소유주식수의 10%씩을 이유문에게 무상으로 양도한다는 약정을 한 사실을 알 수 있고, 그 약정은 원리금상환이 종결될 것을 정지조건으로 하여 주권반환청구권을 이유문에게 양도한다는 취지로 해석되며, 실제 W사가 원리금을 모두 상환한 1996. 6. 17. 정지조건의 성취로 주권반환청구권의 양도의 효력이 발생하였고, 양수인인 이유문은 채무자인 A사의 대표이사의 지위도 겸하고 있으므로 이영순이 주권반환청구채권의 채무자인 A사에 대해 조건부양도통지를 한 것으로 볼 수 있어 채권양도의 대항요건도 갖추었다고 할 것이어서, 결국 1996. 6. 17. 선의취득의 요건으로서의 주권의 점유 취득이 있었다고 볼 것이다.

그런데 주권의 취득이 악의 또는 중대한 과실로 인한 때에는 선의취득이 인정되지 않는바(상법 제359조, 수표법 제21조), 여기서 악의 또는 중대한 과실의 존부는 주권 취득의 시기를 기준으로 결정하여야 하며, 중대한 과실이란 거래에서 필요로 하는 주의의무를 현저히 결여한 것을 말한다.

본 사례에 관하여 검토컨대 첫째, 1993. 10. 15. 주식무상양도 약정 당시 전도춘 소유 주식 중 10%부분을 이영순이 양도할 권한이 있었는지에 관하여 이유문은 이영순의 말만 듣고 단지 이영순이 주권을 소지하고 있었을 뿐 전도춘의 위임장 등 그 처

---

23. 주권의 선의취득자는 주권을 취득하고 나아가 주주권을 취득하며, 상대적으로 원권리자는 주주권을 잃는다. 이철송, 『회사법강의』, 제291면.

24. 주권의 점유시 적법한 소지인으로 추정되므로(상법 제336조 제2항), 선의취득을 부인하는 자가 양수인의 악의 · 중과실을 입증해야 한다. 이철송, 『회사법강의』, 제291면.

25. 대법원 1999. 1. 26. 선고 97다48906 판결(양도인이 소유자로부터 보관을 위탁받은 동산을 제3자에게 보관시킨 경우에 양도인이 그 제3자에 대한 반환청구권을 양수인에게 양도하고 지명채권 양도의 대항요건을 갖추었을 때에는 동산의 선의취득에 필요한 점유의 취득 요건을 충족한다고 할 것이므로). 민법 제450조(지명채권양도의 대항요건): [제1항: 지명채권의 양도는 양도인이 채무자에게 통지하거나 채무자가 승낙하지 아니하면 채무자 기타 제3자에게 대항하지 못한다. 제2항: 전항의 통지나 승낙은 확정일자 있는 증서에 의하지 아니하면 채무자 이외의 제3자에게 대항하지 못한다].

분권한을 증명할 만한 어떠한 증빙서류도 갖추지 않았음에도 주식무상양도약정을 구두로 체결하였다는 점, 둘째, 이유문은 A사의 대표이사의 지위에서 1993. 9. 28., 1993. 10. 15., 1994. 9. 28., 1995. 9. 28.자 각 금전소비대차약정서를 작성함에 있어서는 차용자를 W사로 하여 W사 대표이사 법인인감을 날인받고 그와는 별도로 W사의 주식의 담보제공자인 전도춘 개인의 인감을 날인받았으며 전도춘 개인의 담보제공승낙용 인감증명서까지 첨부시켰으면서도 전도춘과 한가준이 이유문에게 주식 10%를 무상양도한다는 내용의 1993. 10. 15.자, 1995. 9. 28.자 각 특약사항에는 W사 대표이사 한가준, 또는 공동대표이사 한가준과 전도춘의 W사 대표이사 법인인감을 날인받고 더구나 약정당사자를 주식소유자와 주식양수자가 아닌 W사와 A사로 기재하고 있는 점, 셋째, 전도춘과 한가준, 한가준의 처인 이영순과 이유문은 서로 친인척관계에 있어 이유문으로서는 충분히 전도춘에게 의사확인을 할 수 있었다고 보인다는 점, 넷째, W사가 운영하는 골프장의 부지 매입 및 골프장 건설비용으로 약 295억원이 소요되고 주권 취득 당시 W사는 차입금이 거의 변제가 된 상태로 골프장을 운영하는 W사의 주식가치가 결코 적다고 할 수 없음에도 전체 주식의 10%를 무상으로 양도받음에 있어 무상양도약정시부터 주권의 점유취득시로 볼 수 있는 1996. 6. 17.까지 3년여 동안 무상양도한다는 내용의 각 특약사항을 작성하면서도 한번도 전도춘에게 직접 그 의사를 확인하여 보지 않은 점 등을 종합하여 보면, 이유문에게는 거래에서 필요로 하는 주의의무를 현저히 결여한 중대한 과실이 있다고 할 것이어서, 결국 이유문은 본건 주식을 선의취득하지 못하였다고 할 것이다.[26]

그렇다면 위 [설문 1], [설문 2], [설문 3]에서 살펴본 바와 같이, 이유문의 주장(즉, 본건 주식은 자신에게 무상양도 되었으므로 자신에게 권리가 있다는 것)은 어떠한 법리에 의하더라도 타당성이 없다고 할 것이다.

---

26. 이상의 결론에 대해서는 본 사례에 관한 대법원 2000. 9. 8. 선고 99다58471 판결 참조. 한편, 이와 같은 결론을 도출함에 있어서 제시된 몇가지 fact는 본 사례의 문제에서 제시되지 않았었는데도 불구하고 설문의 해결에서는 대법원판례의 설시부분을 그대로 인용하였는데, 이는 주권의 선의취득에서의 중과실 요건이 어떻게 판단되는지에 대해서 공부할 목적에서였음을 양해하여 주시기 바란다.

[사례 20]

명의개서 미필(未畢)주주의 지위

다음과 같은 사실관계 하에서, 아래의 각 질의에 대해 답하시오.[1]

(1) D주식회사(이하, "D사")의 주주 현황

D사는 1999. 3. 27. 제39차 정기주주총회(이하, "본건 주주총회")를 개최한 바 있고, 김연적은 본건 주주총회 당시 D사의 대표이사이자 주주였는데, D사는 당시 수권주식 200만 주 중 액면가 5천원의 기명식 보통주식 134만 주를 발행하여, 김연적이 563,313주 [= 명의개서를 한 주식 513,424주(38.31%) + 명의개서를 하지 아니한 주식 49,889주](이하, 이와 같이 "명의개서를 하지 아니한 49,889주"를 "본건 명의개서 미필 주식"이라 함)를, 김연적의 모 한용희 등 그 친인척이 합계 54,215주(4.05%)를, S창업투자 주식회사(이하, "S창투")등의 의결권 대리행사 권유[2]를 받아들인 111명의 주주가 합계 402,485주(30.04%) 등을 각 보유하고 있었다.

(2) 의결권 대리행사 권유

D사의 주주인 소외 박우재 등은 1999. 2. 12. 주주제안[3]을 통하여 본건 주주총회에서

---

1. 본 사례는 대법원 2001. 5. 15. 선고 2001다12973 판결을 기초로 하여 작성된 것이다.

2. 상장회사에서 이사, 대주주, 또는 새로이 경영권을 쟁취하고자 하는 자 등이 주주총회에서의 대리인이 되고자 주주들에게 집단적으로 의결권의 위임을 권유하는 것인데, 이와 같은 의결권 권유자가 주주(의결권 피권유자)에게 위임장을 보내 위임을 권유하고, 주주(의결권 피권유자)가 대리권을 수여하는 뜻으로 위임장을 반송함으로써 의결권의 대리행사를 목적으로 하는 위임계약이 성립한다. 이와 같이 다수의 주주를 상대로 집단적으로 행해지는데, 대부분의 주주는 권유자 및 권유의 목적에 관하여 정보를 갖지 못한 경우가 많아 주주의 보호가 특히 요청되는바, "자본시장과 금융투자업에 관한 법률" 제152조 내지 제158조에서 주주보호를 위한 여러 장치를 규정하고 있다. 이철송, 『회사법강의』, 제442면.

3. 주주가, 이사회에서 정한 주주총회의 회의 목적사항에 안건을 추가할 것을 요구하는 것을 말하는데, 현행법상 의제제안(예: 이사를 선임하자는 안건)과 의안제안(예: 홍길동을 이사로 선임하자는 안건) 모두 다 허용된다고 한다. 이철송, 『회사법강의』, 제413면. 현재는 상법 제363조의2와 제542조의6에서 주주제안에 대하여 규정하고 있다. 상법 제363조의2(주주 제안권): [제1항: 의결권 없는 주식을 제외한 발행주식총수의 100분의 3 이상에 해당하는 주식을 가진 주주는 이사에게 주주총회일(정기주주총회의 경우

다룰 안건에 대한 제안을 한 후, D사의 주주인 S창투와 본건 주주총회에서 공동으로 의결권을 행사하기로 합의하고 S창투를 대리인으로 위임하여, 일반 주주들을 상대로 본건 주주총회의 개별안건에 대한 찬·부의 의견을 표시할 수 있는 위임장에 주주들의 의견을 기재하도록 하여 의결권의 대리행사를 권유한 결과 위 111명의 주주로부터 의결권 대리행사를 위임받았으나, 대리인인 S창투는 D사에게 상법 제342조의 3에 따른 통지하지 아니하고 아래와 같이 본건 주주총회에서 의결권을 행사하였다.

(3) 본건 주주총회의 진행 상황

본건 주주총회 당일 10:00경 주주총회가 개최되었는데, D사의 직원들과 S창투측 사이에 김연적의 "본건 명의개서 미필 주식"과 주주총회 참석장을 소지하지 아니한 주주 유수자의 주식 3만 주(이하, "본건 참석장 미소지 주식")에 대하여 주주총회 참석자격을 인정할 것인지에 관하여 언쟁이 있었으나 "본건 명의개서 미필 주식"에 대하여는 의결권을 인정하지 않기로 결론을 내렸다.

한편, 사회를 보던 D사 총무과장인 최연이 10:12경 1,056,317주의 주주가 참석하여 성원이 되었다고 보고하자, 일부 주주들이 아직 등록을 하지 아니하였다며 등록을 마친 후 개회를 하자고 요구하여 개회가 지연되다가, 주주총회의 의장인 김연적이 10:55경 1,177,207주의 주주(의결권 대리행사를 위임한 주주를 포함하여 145명)가 참석하여 87.85%로 성원이 되었으므로 주주총회를 개회한다고 선언하였다.

김연적의 의사진행에 따라 제1호 안건(대차대조표 및 손익계산서 승인의 건)과 제2호 안건(결손금처리계산서안 승인 및 회사 회생의 건)이 각 상정되자, 일부 주주들이 김연적에게 회사 부실경영과 불분명한 지출에 대한 해명을 요구하는 등 주주들과 김연적 사이에 언쟁이 벌어지면서 의사진행이 지연되기 시작하였으며, 김연적은 제3호 안건(이사 및

직전 연도의 정기주주총회일에 해당하는 그 해의 해당일. 이하 이 조에서 같다)의 6주 전에 서면 또는 전자문서로 일정한 사항을 주주총회의 목적사항으로 할 것을 제안(이하 주주제안이라 한다)할 수 있다. 제2항: 제1항의 주주는 이사에게 주주총회일의 6주 전에 서면 또는 전자문서로 회의의 목적으로 할 사항에 추가하여 당해 주주가 제출하는 의안의 요령을 제363조에서 정하는 통지와 공고에 기재할 것을 청구할 수 있다. 제3항: 이사는 제1항에 의한 주주제안이 있는 경우에는 이를 이사회에 보고하고, 이사회는 주주제안의 내용이 법령 또는 정관을 위반하는 경우와 그 밖에 대통령령으로 정하는 경우를 제외하고는 이를 주주총회의 목적사항으로 하여야 한다. 이 경우 주주제안을 한 자의 청구가 있는 때에는 주주총회에서 당해 의안을 설명할 기회를 주어야 한다] ; 상법 제542조의6(소수주주권) 제2항: [6개월 전부터 계속하여 상장회사의 의결권 없는 주식을 제외한 발행주식총수의 1천분의 10(대통령령으로 정하는 상장회사의 경우에는 1천분의 5) 이상에 해당하는 주식을 보유한 자는 제363조의2(제542조에서 준용하는 경우를 포함한다)에 따른 주주의 권리를 행사할 수 있다].

감사 선임의 건)에 대하여 안건 철회를 요구하였으나 일부 참석자들의 반대로 안건 철회가 여의치 않게 되자, 해외출장에서 돌아와 피곤하다며 주주총회 연기를 선언하고 총회장을 떠나려 하였지만 일부 참석자들이 제지하는 바람에 총회장을 떠나지 못하였으며, 다시 '차기 주주총회'에서 이사와 감사를 선임하자고 주장하였으나 일부 참석자들의 반대로 결국 김연적의 제3호 안건 철회안을 놓고 표결을 하게 되었다.

이에 대하여 1,161,465주의 주주들이 표결에 참여한 결과, 찬성하는 주주는 567,450주(48.8%), 반대하는 주주는 594,015주(51.2%)로, 김연적의 철회안은 부결되었고, 이에 일부 주주들이 이사 5명과 감사 1명의 선임을 요구하자 김연적은 '그것은 적대적 M&A에 해당한다'는 등의 주장을 내세우며 의안처리를 계속 미루다가 '적대적 M&A 문제가 해결될 때까지 회의를 연기하겠다'고 일방적으로 선언하고 퇴장하였으나, 594,015주의 주주가 속회를 결의하여 임시의장으로 S창투의 대표이사인 김연서를 선출하고 회의를 진행하여(이하, "본건 임시의장 선출 및 진행행위") 참석한 549,015주(발행주식 총수의 40.9%)의 주주 전원의 동의로 위 김연서 및 오세은, 박익호, 이규회, 주경성을 이사로, 이영작을 감사로 각 선임한 후 제5, 6호 의안을 처리 또는 폐기하고 폐회하였다.

한편, 본 사례와 관련하여 추가적으로 밝혀진 사실관계는 다음과 같다.

(1) 첫째, 본건 주주총회에서 S창투가 의결권 대리행사 권유를 위하여 사용한 위임장에는 개별의안에 대한 찬부의 의사표시를 묻는 부분이 기재되어 있고, 그 위에 굵은 고딕 글씨체로 '대리인은 위임장에 표시된 찬반표시에 따라 의결권을 대리행사하되, 만일 위임장의 의안 중 전부 또는 일부에 대하여 찬반표시가 이루어지지 않은 채 대리인에게 위임장이 반송되는 경우에는 대리인은 권유주주들이 찬부를 권유한 의안에 대하여는 권유한 대로, 권유하지 아니한 의안에 대하여는 주주의 이익을 최대한 도모할 수 있다고 대리인이 합리적으로 판단하는 바에 따라 의결권을 대리행사한다'고 기재되어 있었고, 둘째, 위 위임장에는 주주총회 개별안건 중 제3호 안건인 '이사 및 감사 선임의 건'에 관하여는 회사측 안에 대하여는 반대의 의사표시를, 권유주주 안에 대하여는 찬성의 의사표시를 하여 주기 바라며, 회사측 안에 대하여는 반대 부분을, 권유주주 안에 대하여는 찬성 부분을 굵은 글씨로 표시하여 놓았는바, 셋째, 의결권 대리를 위임한 D사의 주주 111명 중 김인준을 포함한 41명의 주주(주식수 257,420주)는 S창투로부터 교부받은 위임장에 표시된 개별의안에 대한

찬부표시를 묻는 부분에 대하여 '아무런 표시를 하지 아니한 채' S창투에게 위임장을 반송하였다.

(2) D사의 주주 111명 주주들은 증권예탁원(현, 한국예탁결제원)에 의결권의 행사 여부를 표시하지 아니하고 S창투에게 의결권의 대리행사를 위임한 것이다.[4]

(3) 본건 주주총회의 사회를 보던 D사 총무과장인 최연이 "본건 참석장 미소지 주식"에 대한 주주총회 참석자격을 인정할 경우에는 "본건 명의개서 미필 주식"도 같이 인정하여야 한다고 말한 적은 있으나, 김연적이 S창투의 반대로 "본건 명의개서 미필 주식"에 대하여 등록을 포기하여 결국 그 의결권을 인정하지 않기로 결론을 내렸을 뿐이다.

(4) 김연적의 제3호 안건 철회안이 부결된 이후, 김연적이 일방적으로 주주총회의 연기를 주장하며 퇴장하려 하자 S창투측의 김연서 등이 김연적을 제지하였고, 제3호 안건 철회안을 놓고 표결을 하기로 결정된 후 이규회 등이 D사의 직원인 신재신에게 투표용지를 작성할 것을 요구하여, 신재신이 백지에 주주의 성명과 주식수를 기재하여 가져온 용지에 주주들이 투표를 하였으며(이하, "본건 백지용지 투표행위"), 집계된 개표 결과를 김연적이 발표하지 아니하자 김연서가 이를 발표하였으며(이하, "본건 발표행위"), 한편 D사의 정관에 주주총회 의장은 [대표이사, 부사장, 전무이사, 상무이사]의 순으로 맡는 것으로 규정되어 있는데, 본건 주주총회 당일 이에 해당하는

---

4. 본 사례에 관한 대법원판결이 선고된 시점에서는 구 증권거래법상 주주는 주주총회 5일 전까지 증권예탁원에 의결권의 직접행사 또는 불행사의 뜻을 표시하지 아니하면 증권예탁원이 그 의결권을 행사할 수 있고, 다만 당해 주주가 주주총회에서 의결권을 직접 행사하는 경우에는 그러하지 아니하는 것으로 규정하고 있어서, 주주들이 증권예탁원에 의결권의 행사 여부를 표시하지 아니하고 S창투측에게 의결권을 대리행사하도록 한 것이 효력이 있는지 여부가 논란이 된 끝에 유효성을 긍정하였으나("증권거래법 … 규정은, 주식의 소유가 분산되고 소액주주가 양산되어 주주들의 주주총회 참여가 저조해짐에 따라 의결정족수 부족 등으로 인한 주주총회의 공전을 방지하기 위하여, 주주가 주주권의 직접행사 또는 불행사의 뜻을 표시하지 아니하면 증권예탁원이 주주를 대신하여 특별한 절차를 밟지 아니하고도 의결권을 행사할 수 있다는 규정일 뿐, 증권예탁원이 의결권을 행사하지 아니하는 경우에도 이러한 뜻을 표시하지 아니한 주주들이 타인에게 의결권 대리행사를 위임하여 의결권을 행사할 수 있는 권능까지 박탈당한다고는 볼 수 없다"), 현재 구 증권거래법을 대체하고 있는 "자본시장과 금융투자업에 관한 법률"에서는 이 점에 대하여 명확히 규정하여 유효성을 긍정하고 있다. 자본시장과 금융투자업에 관한 법률 제314조(예탁증권 등의 권리 행사) 제5항: [예탁결제원은 예탁결제원의 명의로 명의개서된 주권을 소유하고 있는 주주가 주주총회일 5일 전까지 예탁결제원에 그 의결권의 직접행사·대리행사 또는 불행사의 뜻을 표시하지 아니하는 경우에는 그 의결권을 행사할 수 있다. 다만, 다음 각 호의 어느 하나에 해당하는 경우에는 그 의결권을 행사할 수 없다. 4. 그 주주가 주주총회에서 의결권을 직접행사 또는 대리행사하는 경우].

D사의 임원으로는 김연적과 이연수만이 참석하였으나 김연적이 퇴장한 후 주주들로부터 임시의장을 맡아 달라고 요청을 받던 이연수도 주주총회장에서 퇴장하였다.

위와 같은 사실관계 중 다음의 행위들은 적법한 행위인가?

설문 1 김인준을 포함한 41명의 주주(주식수 257,420주)로부터 의결권 대리행사를 위임받은 S창투가 D사에게 상법 제342조의3에 따른 통지를 하지 않고 본건 주주총회에서 의결권을 행사한 행위?

설문 2 "본건 명의개서 미필 주식"에 대하여 의결권을 인정하지 않은 행위?

설문 3 "본건 임시의장 선출 및 진행행위"와 "본건 백지용지 투표행위" 및 "본건 발표행위"?

[설문 1] 주식취득의 통지의무

(1) 문제의 소재

김인준을 포함한 41명(주식수 257,420주)의 주주로부터는 본건 주주총회의 개별안건, 특히 그중 제3호 의안인 '이사 및 감사 선임의 건'에 관하여는 안건별로 찬성 또는 반대의 표시를 하지 아니한 위임장을 교부받아, 이를 근거로 본건 주주총회에서 위 주주들을 대리하여 의결권을 행사하였는바, 이는 의결권 대리에 관한 포괄적 위임의 의사표시로서 그 효력이 없을 뿐만 아니라, 개별안건에 대한 의결권의 대리행사로 볼 수 없어, 이 경우 상법 제342조 제3의 규정이 유추적용되어 의결권 대리를 위임받은 S창투는 D사에게 이를 통지하여야 함에도, 이를 통지하지 아니하고 본건 주주총회에서 의결권을 행사하였으므로 본건 주주총회의 결의는 하자가 현저하고 중대하여 결의 자체가 존재하지 아니하거나 그 결의방법이 정관에 위반되어 현저히 불공정한 것이므로 취소되어야 하는 것은 아닌지가 문제된다.

(2) 설문의 해결

상법 제342조의3에는, '회사가 다른 회사의 발행주식 총수의 10분의 1을 초과하여 취득[5]한 때에는 그 다른 회사에 대하여 지체없이[6] 이를 통지[7,8]하여야 한다' 라고 규정되어 있다.

이는 '특정 회사' 가 '다른 회사' 의 발행주식 총수의 10분의 1 이상을 취득하여 의결권을 행사하는 경우 경영권의 안정을 위협받게 된 그 '다른 회사' 는 역으로 그 '특정 회사' 의 발행주식의 10분의 1 이상을 취득함으로써 이른바 상호보유주식의 의결권 제한 규정(상법 제369조 제3항)[9]에 따라 서로 상대회사에 대하여 의결권을 행사할 수 없도록 방어조치를 취하여 다른 회사의 지배가능성을 배제하고 경영권의 안정을 도모하도록 하기 위한 것이다.

따라서 특정 주주총회에 한정하여 각 주주들로부터 개별안건에 대한 의견을 표시하게 하여 의결권을 위임받아 의결권을 대리행사하는 경우에는, 비록 회사가 다른 회사의 발행주식 총수의 10분의 1을 초과하여 의결권을 대리행사할 권한을 취득하였다고 하여도 위 상법 제342조의3이 유추적용되지는 않는다고 할 것이다.

본 사례에 관하여 검토컨대, 비록 김인준을 포함한 41명의 위임 주주들이 주주총회의 개별안건별로 찬부표시를 하지 않았다고 하여도 첫째, 위 위임장의 내용과 형식 등에 비추어 보면 위 위임주주들은 당연히 위 위임장의 굵은 글씨에 표시된 대로 개별안건별로 권유주주들의 입장에 따라 자신의 의결권이 행사되도록 위임한 것으로

---

5. 통지의무를 부과한 입법취지가 기습적인 의결권행사의 방지에 있는바, 주식을 담보로 취득한 경우에는 피담보채권의 우선변제권을 확보하기 위한 것에 불과하여 의결권과는 관계가 없으므로 본조가 적용되지 않는다고 할 것이다. 이철송, 『회사법강의』, 제339면.

6. 지체없이의 의미가 문제되나, 본 제도의 취지가 기습적인 의결권행사를 방지함에 있으므로, 최소한 취득회사의 주주명부 폐쇄의 공고일 이전까지(즉, 명의개서를 할 수 있는 시간을 주어) 통지를 해야 한다. 이철송, 『회사법강의』, 제339면.

7. 이와 같은 통지의무를 위반한 경우의 법적 효과에 대해서는 명문의 규정은 없으나, 주식취득의 효력은 긍정하되, 통지의무를 부과한 입법취지가 기습적인 의결권행사의 방지에 있는 만큼 의결권을 행사할 수 없다고 해석함이 타당하다. 이철송, 『회사법강의』, 제339면.

8. 통지의 방법에는 제한이 없으므로 명의개서를 청구하는 것도 통지로 볼 수 있다. 이철송, 『회사법강의』, 제339면.

9. 상법 제369조(의결권) 제3항: [회사, 모회사 및 자회사 또는 자회사가 다른 회사의 발행주식의 총수의 10분의 1을 초과하는 주식을 가지고 있는 경우 그 다른 회사가 가지고 있는 회사 또는 모회사의 주식은 의결권이 없다].

볼 수 있고, 둘째, 주주가 개별안건에 대하여 찬 · 부의 의견을 명시하여 의결권 '대리행사'를 위임하여 수임자가 그 의사에 따라 이를 행사하는 경우에는, 주식을 취득하여 의결권을 행사하는 경우와 비교하여 회사에 대한 지배가능성이 크지 않을 뿐만 아니라, 셋째, 주주총회를 개최하는 회사가 주주총회를 목전에 둔 시점에서 의결권의 대리행사를 위임받은 회사의 발행주식 10분의 1 이상을 취득하여 자기 회사에 대한 의결권이 박탈되도록 하는 것이 용이하지도 않아 실효성도 없는 반면, 넷째, 개별안건에 대한 의견을 명시하여 의결권 대리행사를 위임한 주주의 의결권을 통지의무 위반을 이유로 박탈하여야 할 합리적인 이유도 없다고 할 것이다.

그렇다면 본 사례에서와 같이 특정 주주총회에 한정하여 각 주주들로부터 개별안건에 대한 의견을 표시하게 하여 의결권을 위임받아 의결권을 대리행사하는 경우에는 상법 제342조의3 규정이 유추적용되지 않는다고 함이 타당하므로, 결국 S창투가 D사에게 이를 통지하지 아니하고 본건 주주총회에서 의결권을 행사하였더라도 그것만으로는 본건 주주총회의 결의는 하자가 현저하고 중대하여 결의 자체가 존재하지 아니하거나 그 결의방법이 정관에 위반되어 현저히 불공정한 것이므로 취소되어야 한다고 할 수는 없을 것이다.[10]

〖설문 2〗 명의개서 미필주주의 지위

(1) 문제의 소재

본 사례에서 D사가 발행한 주식은 기명식 보통주식이고, 김연적의 "본건 명의개서 미필 주식"은 주주명부에의 기재, 즉 명의개서가 아직 이루어지지 않는 주식이다.

이와 같이, 주식을 양수하거나 기타 원인으로 취득하였음에도 불구하고 명의개서를 하지 않는 주주, 즉 명의개서 미필 주주(실질적인 주주)의 법적 지위와 관련하여서는 첫째, 회사가 그 주주에게 주주권을 인정할 수 있는지(회사의 권리 인정), 둘째, 회사가 부당하게 명의개서를 거절할 경우 그 주주는 어떠한 지위에 놓이는지(명의개서의

10. 이상의 결론에 대해서는 본 사례에 관한 대법원 2001. 5. 15. 선고 2001다12973 판결 참조.

부당거부),[11] 셋째, 주주명부상의 주주(예: 양도인)가 주주권을 행사하여 이익배당을 받거나 신주를 인수하는 등의 이익을 얻었을 경우에 그 이익은 누구에게 귀속되는지(명의개서 지체 중의 이익귀속)[12]와 같은 3가지 측면에서 주로 문제되는데, 본 사례의 경우는 첫째인 '회사의 권리 인정' 이슈가 문제되고 있는바, 본건 주주총회에서 김연적의 "본건 명의개서 미필 주식"에 대하여 의결권을 인정하지 않은 행위가 적법한 행위인지가 문제된다.

(2) 설문의 해결

검토컨대, 상법 제337조(기명주식의 이전의 대항요건) 제1항은 "기명주식의 이전은 취득자의 성명과 주소를 주주명부에 기재하지 아니하면 회사에 대항하지 못한다"라고 규정하고 있는바, 이는 기명주식의 취득자가 주주명부상의 주주명의를 개서하지 아니하면 스스로 회사에 대하여 주주권을 주장할 수 없다는 의미이고, 회사측에서 명의개서를 하지 아니한 실질상의 주주를 주주로 인정하는 것은 무방하다고 할 것이다.[13,14]

---

11. 이와 같이 명의개서를 부당하게 거부당한 취득자는 명의개서 없이도 주주권을 행사할 수 있다. 대법원 1993. 7. 13. 선고 92다40952 판결(주식을 양도받은 주식양수인들이 명의개서를 청구하였는데도 위 주식양도에 입회하여 그 양도를 승낙하였고 더구나 그 후 주식양수인들의 주주로서의 지위를 인정한 바 있는 회사의 대표이사가 정당한 사유 없이 그 명의개서를 거절한 것이라면 회사는 그 명의개서가 없음을 이유로 그 양도의 효력과 주식양수인의 주주로서의 지위를 부인할 수 없다).

12. 이는, 양도인과 양수인 사이의 개인법적 문제인바, 당사자간에 있어서는 이미 주주권이 양수인(취득자)에게 이전되었다고 할 것이므로 양도인이 취득한 이익(이익배당/신주)은 종국적으로 양수인에게 귀속되어야 하는데(통설), 이러한 결론의 논리적 근거에 대해서는 부당이득반환으로 설명하는 입장과 준사무관리로 설명하는 입장으로 나뉘고 있다. 이철송, 『회사법강의』, 제287면.

13. 대법원 1989. 10. 24. 선고 89다카14714 판결[구 상법(1984. 4. 10. 법률 제3274호로 개정되기 전의 것) 제337조의 규정은 주주권 이전의 효력요건을 정한 것이 아니고 회사에 대한 관계에서 누가 주주로 인정되느냐 하는 주주의 자격을 정한 것으로서 기명주식의 취득자가 주주명부상의 주주명의를 개서하지 아니하면 스스로 회사에 대하여 주주권을 주장할 수 없다는 의미이고, 명의개서를 하지 아니한 실질상의 주주를 회사측에서 주주로 인정하는 것은 무방하다고 해석할 것이다].

14. 이러한 입장을 소위 편면적 구속설이라고 하는데(논거: 주주명부의 기재로부터 생기는 주주의 효력은 주권의 점유가 갖는 권리추정력의 반영에 불과하므로, 회사는 주주명부상의 주주가 아닌 '주권의 점유자'가 나타나면 그 자를 주주로 인정할 수 있다/상법 제337조 제1항은 회사의 사무처리의 편의를 위하고자 하는 것이니, 회사가 이와 같은 편익을 포기할 수도 있다), 반면에 취득자뿐만 아니라 회사도 이를 주주로 인정할 수 없다는 소위 쌍방적 구속설도 있다(논거: 회사가 누구를 주주로 인정하더라도 무방하다는 선택의 자유를 갖는 것은 부당하다/회사는 명의주주에 대해서는 실질주주가 아니라고 해서 주

그런데 본 사례의 경우에는, 본건 주주총회의 사회를 보던 D사 총무과장인 최연이 "본건 참석장 미소지 주식"에 대한 주주총회 참석자격을 인정할 경우에는 "본건 명의개서 미필 주식"도 같이 인정하여야 한다고 말한 적은 있으나, 김연적이 S 창투의 반대로 "본건 명의개서 미필 주식"에 대하여 등록을 포기하여 결국 그 의결권을 인정하지 않기로 결론을 내렸을 뿐이므로, 사실관계상 D사가 김연적의 "본건 참석장 미소지 주식"에 대하여 김연적을 주주로 인정하였다고 보기에는 부족하다고 할 것이다.

그렇다면 D사가 "본건 명의개서 미필 주식"에 대하여 김연적에게 의결권을 인정하지 않은 행위는 적어도 "본건 명의개서 미필 주식"에 대해서는 주주로 인정하지 않은 것에 따른 당연한 행위라고 할 것이므로 적법한 행위라고 할 것이다.[15]

[설문 3] 임시의장의 선출

(1) 문제의 소재

상법은 주주총회의 의사방법에 관하여 명문의 규정을 둔 바 없으므로, 의사의 운영은 회의의 관행과 일반원칙에 따라야 하는바, 의사진행과 결의가 공정하게 이루어져야 한다는 것은 주주총회 운영의 당연한 명제이고 특히 주식이 분산되어 경영자 또는 지배주주의 전횡이 우려되는 현대 공개사회에서는 일반주주의 보호를 위해 의사의 공정이 더욱 필요하다.[16]

이러한 측면에서, "본건 임시의장 선출 및 진행행위"와 "본건 백지용지 투표행위" 및 "본건 발표행위"의 적법하고 공정하여 본건 주주총회의 취소 사유 등에 해당될 여지가 없는지가 문제된다.

주권을 부인하고, 실질주주에 대해서는 명의개서를 하지 않았다고 주주권을 부인할 수도 있게 되어 부당하다). 이철송, 『회사법강의』, 제284면.

15. 이상의 결론에 대해서는 본 사례에 관한 대법원 2001. 5. 15. 선고 2001다12973 판결 참조.

16. 이철송, 『회사법강의』, 제444면.

(2) 설문의 해결

요컨대, 개회선언된 주주총회에서 의안에 대한 심사를 마치지 아니한 채 법률상으로나 사실상으로 의사를 진행할 수 있는 상태에서 주주들의 의사에 반하여 의장이 자진하여 퇴장한 경우 주주총회가 폐회되었다거나 종결되었다고 할 수는 없으며, 이 경우 의장은 적절한 의사운영을 하여 의사일정의 전부를 종료케 하는 등의 직책을 포기하고 그의 권한 및 권리행사를 하지 아니하였다고 볼 것이므로, 퇴장 당시 회의장에 남아 있던 주주들이 임시의장을 선출하여 진행한 주주총회의 결의도 적법하다고 할 것이다.[17]

본 사례의 경우에 검토컨대 첫째, 본건 주주총회 당시 일부 주주들이 김연적에게 회사의 부실경영과 불분명한 지출에 대한 해명을 요구하는 등 주주들과 김연적 사이에 언쟁이 벌어지면서 의사진행이 지연되었으며, 둘째, 김연적이 제3호 안건(이사 및 감사 선임의 건)에 대하여 안건 철회를 요구하였으나 일부 주주의 반대로 철회가 여의치 않게 되자, 다음 주주총회에서 이사와 감사를 선임하자고 제의하였으나 일부 참석자들의 반대로 결국 김연적의 제3호 안건 철회안을 받아들일 것인지에 대하여 표결을 한 결과 김연적의 제안이 부결되자 김연적이 일방적으로 퇴장하였으며, 셋째, 김연적의 제3호 안건 철회안이 부결된 이후 김연적이 일방적으로 주주총회의 연기를 주장하며 퇴장하려 하자 S창투측의 김연서 등이 김연적을 제지하였고, 넷째, 제3호 안건 철회안을 놓고 표결을 하기로 결정된 후 이규회 등이 D사의 직원인 신재신에게 투표용지를 작성할 것을 요구하여, 신재신이 백지에 주주의 성명과 주식수를 기재하여 가져온 용지에 주주들이 투표를 하였고 집계된 개표 결과를 김연적이 발표하지 아니하자 김연서가 이를 발표하였으며, 다섯째, 한편 D사의 정관에 주주총회 의장은 [대표이사, 부사장, 전무이사, 상무이사]의 순으로 맡는 것으로 규정되어 있는데, 본건 주주총회 당일 이에 해당하는 D사의 임원으로는 김연적과 이연수만이 참

---

17. 대법원 1983. 8. 23. 선고 83도748 판결(개회선언된 임시주주총회에서 의안에 대한 심사도 아니한 채 법률상으로나 사실상으로 의사를 진행할 수 있는 상태에서 주주들의 의사에 반하여 대표이사나 이사가 자진하여 퇴장한 경우 임시 주주총회가 개회되었다거나 종결되었다고 할 수는 없으며, 설령 당시 대표이사가 독단으로 개회선언을 하고 퇴장하였더라도 의장으로서 적절한 의사운영을 하여 의사일정의 전부를 종료케 하는 등의 직책을 포기하고 그의 권한 및 권리행사를 하지 아니하였다고 볼 것이니 그 당시 회의장에 남아있던 총 주식수의 과반수 이상의 주주들이 전 주주의 동의로서 임시의장을 선출하여 진행한 임시주주총회의 결의는 적법하다).

석하였으나 김연적이 퇴장한 후 주주들로부터 임시의장을 맡아 달라고 요청을 받던 이연수도 주주총회장에서 퇴장하였다.

그렇다면 주주총회 과정에서 자신의 부실경영에 대한 주주들의 추궁에 적절히 대응할 수 없다고 판단한 김연적이 경영권의 방어를 도모하기 위하여 이사 및 감사 선임을 연기하려다가 여의치 않자 주주들의 의사를 무시하고 일방적으로 의사진행을 거부하며 퇴장하려 하다가 제지당하였고, 표결에서 패배한 김연적이 투표결과를 발표하지 아니하자 김연서가 이를 발표하였다고 할 것이다.

따라서 위와 같은 본건 주주총회의 진행 경위나 주주들의 발언 정도 등을 종합하면, 본건 주주총회에서 주주들이 부실경영에 대하여 추궁을 하고 김연적의 일방적인 퇴장을 제지하거나 표결결과의 발표를 거부하는 김연적을 대신하여 발표한 "본건 발표행위"는, 주주총회에 참석한 주주로서의 권리를 행사함에 있어 사회통념상 허용되는 방법과 정도를 넘지 않는 정당한 행위라 할 것이고, 당시 주주총회에 참석한 주주들이 백지용지에 투표를 하는데 대하여 승낙한 것이므로 "본건 백지용지 투표행위" 역시 위법하다고 볼 수는 없다고 봄이 타당하다.

또한, 김연적은 주주들의 제지에도 불구하고 적대적 M&A 문제가 해결될 때까지 회의를 연기하겠다고 일방적으로 선언하고 퇴장한 것인바, 주주총회의 결의 없이 의장이 일방적으로 주주총회의 연기[18]결정이나 속행[19]결정을 할 수는 없는 것이고[20] 의장이 불리한 상황에 처해 있다는 이유로 퇴장한 것은 김연적이 의장으로서의 권한행사를 포기한 것인데, 이와 같이 김연적나 이연수가 권한행사를 스스로 포기하고 퇴장하여 버린 사정 아래에서는 주주들이 임시의장을 선출하여 총회를 진행한 "본건 임시의장 선출 및 진행행위"는 적법하다고 할 것이다.[21]

18. 총회가 성립한 후 미처 의안을 다루지 못하고 회일을 후일로 다시 정하는 것을 말한다.

19. 총회에서 의안의 심의에는 착수하였으나 결의에 이르지 못하고 회일을 다시 정하여 동일한 의안을 계속 다루는 것을 말한다.

20. 상법 제372조(총회의 연기, 속행의 결의) 제1항: [총회에서는 회의의 속행 또는 연기의 결의를 할 수 있다]. 따라서 주주총회에서 연기, 속행을 결의해야 하고, 의장이나 이사회가 이를 결정할 수는 없다. 이철송, 『회사법강의』, 제421면.

21. 이상의 결론에 대해서는 본 사례에 관한 대법원 2001. 5. 15. 선고 2001다12973 판결 참조.

[사례 21]

주권발행 전 주식의 2중양도

다음과 같은 사실관계 하에서, 아래의 각 질의에 대해 답하시오.[1]

(1) M주식회사(이하, "M사")**의 주식소유 현황**

M사는 1993. 10. 18. 설립된 의약품 등 판매 및 수출입업체로서 그 자본 총액은 50억원으로 액면가 1만원의 기명식 보통주식 50만주를 발행하였고, 설립된지 약 12년이 지난 시점이 2005년 6월 15일 현재까지 주권을 발행하지 않았다. '민명이'가 사실상 지배하고 있는 C주식회사(이하, "C사")는 M사의 전체 주식 중 50%를 초과한 30만주를 보유하고 있고, J주식회사(이하, "J사")의 전체 주식 중 25% 정도를 보유하고 있다.

(2) '양호섭'의 주식 양수

(가) 2001. 3. 16. ~ 2001. 11. 19.('양호섭'의 주식취득)

'양호섭'은 J사의 대표이사인 '정영삼'의 권유를 받아 J사의 주식을 매수하는 방법으로 투자하기로 하고, 정영삼의 중개에 의하여 2001. 3. 16. J사의 각자 대표이사로 근무하던 '소순일' 명의의 J사의 주식 4,200주를 금 1억 5백만원에 매수하고 주권을 교부받았다. '양호섭'은 2001. 11. 19. 역시 '소순일' 명의의 M사의 주식 1,500주를 대금 3천만원에 매수하였고, 당시 M사는 '양호섭' 앞으로 위 1,500주를 보관하고 있다는 내용의 주식보관증을 작성하여 '양호섭'에게 교부하였으나 '양호섭' 앞으로 주주명부의 명의개서를 이행하지는 않았다.

(나) 2002. 6. 이후('양호섭'의 환매 요구)

J사의 대표이사이던 '정영삼'은 위 각 주식의 매매시 그 시세가 하락하면 환매하여 주는 방법으로 투자금을 보장하겠다고 약속하면서 주식의 매매를 중개하였는데, 위 각 주식의 시세가 하락하자 '양호섭'은 2002. 6.부터 J사 및 매도인인 '소순일'에게 환매를

---

1. 본 사례는 대법원 2006. 9. 14. 선고 2005다45537 판결을 기초로 하여 작성된 것이다.

요구하여 왔다.

(다) 2003. 4. 3.(본건 주식에 관한 교환계약과 본건 주식보관증 및 본건 지급확인서)

2003. 4. 3. J사의 대표이사이던 '소순일'은 '양호섭'과 사이에, '소순일'이 보유하고 있던 M사의 주식 13,500주(이하, "본건 주식")의 가격을 1억 3천 5백만원으로 정하여 본건 주식과 '양호섭'이 매수한 J사의 주식 4,200주 및 M사의 주식 1,500주을 교환하기로 하는 교환계약(이하, "본건 교환계약")을 체결하면서, 같은 날 M사의 대표이사 자격에 기하여 '양호섭' 앞으로 본건 주식을 보관하고 있다는 내용으로 확정일자 없는 주식보관증["주식보관증, '양호섭' 님 귀중, 1. 대상 주식: M사의 기명식 보통주식, 2. 대상 주식수: 13,500주(액면가: 1만원), 상기 주식을 M사에서 보관합니다"의 문구가 기재되어 있고, 'M사 대표이사 소순일' 옆에 M사의 직인이 날인되어 있음. 이하, "본건 주식보관증"]을 작성하여 '양호섭'에게 교부하였다. 한편, '소순일'은 본건 교환계약을 체결하면서 '양호섭'의 투자금을 보장하는 의미로 같은 날짜로 본건 교환계약에 기하여 '양호섭'이 양수한 본건 주식을 대금 1억 3천 5백만원에 환매하여 주되, 2003. 11. 15.까지 지급하겠다는 내용의 지급확인서(이하, "본건 지급확인서")를 J사의 명의로 작성하여 '양호섭'에게 교부하였다.

(라) 2003. 9. 19.('양호섭'의 명의개서 청구)

2003. 9. 19. '양호섭'은 내용증명우편으로 본건 주식보관증 사본을 동봉하여 본건 주식에 관하여 자신 앞으로 주주명부의 명의개서를 하여 줄 것을 M사에게 요청하였다(본건 주식보관증에는 확정일자인에 의한 간인이 되어 있음).

(3) '소순일' 보유 M사 주식의 양도 및 명의개서 절차

(가) 2002. 5. 10.('안창사'의 양수)

'소순일'은 M사의 주주명부상 그 명의로 M사 주식 3만 5천주를 보유하고 있다가 '안창사'에게 2만 5천주를 양도하고 양도사실을 M사에 통지하고 명의개서를 요청하였고, M사는 2만 5천주에 관하여 '안창사' 앞으로 명의개서해 주었다.

(나) 2005. 1. 5.('민명이'의 대물변제 양수)

2005. 1. 5. '소순일'은 M사 주식 1만주를 '소순일'이 '민명이'로부터 차용한 C사 주식 및 차용금 채무의 변제 명목으로 '민명이'에게 양도하였다는 내용을 2005. 1. 6. 내용증명우편으로 M사에게 통지하였고, M사는 1만주에 관하여 '민명이' 앞으로 명의개서해 주었다.

(4) '소순일'과 '민명이'의 임원 재직

(가) '소순일'은, 2000. 1. 27.부터 2003. 8. 20.까지 M사의 대표이사로 재직하였고, 2001. 4. 30.부터 2003. 6.까지 J사의 대표이사로 재직하였으며, M사의 대주주이던 C사사의 대표이사로 2000. 3. 27.부터 2003. 8. 20.까지 재직하였다.

(나) '민명이'는 2000. 1. 27. '소순일'과 함께 M사의 대표이사로 취임하여 '소순일'이 퇴직한 뒤에도 계속하여 재직하다가 2004. 11. 5. 사임하였고, C사의 대표이사로는 2003. 8. 20. 취임하였다.

한편, 본 사례와 관련하여 추가적으로 밝혀진 사실관계는 다음과 같다.

(1) 본건 지급확인서의 취지는 J사가 '양호섭'에게 교환된 M사 주식을 환매하여 주겠다는 내용의 의사표시일 뿐이지, 그에 의해 '양호섭'과 J사 사이에 주식양도계약이 체결되었다고 할 수는 없다.

(2) M사에서는, 주식이 양도된 경우 통상적으로 주식양도인에 대한 양도확인을 거쳐 주주명부상의 명의개서를 하고 양수인에게는 주식보관증에 M사의 인감증명을 첨부하여 교부한다.

(3) '양호섭'은 본건 주식보관증을 M사에서가 아니라 대구의 커피숍에서 '소순일'을 사적으로 만나 교부받았는데, 당시 '소순일'은 M사 이외에도 J사의 대표이사를 겸하고 있어 J사에 양호섭이 투자한 금원 1억 3천 5백만원을 환급해 줄 채무의 지급을 위해 본건 주식을 '양호섭'에게 양도한 것이다.

(4) '소순일'은 '안창사'를 제외하고 양호섭을 포함하여 총 22명에게 M사의 주식을 매도하였고, 위 22명의 주식양수인들이 2003년부터 2005. 1. 6.까지 M사에게 명의개서를 요청한 주식 수는 '소순일'이 보유한 주식 수를 초과한 합계 66,600주에 이른다.

(5) '민명이' 앞으로 명의개서된 1만주에 관하여는, 다음과 같은 사실들이 밝혀졌다.

(가) '민명이'는 주주 및 대표이사의 겸직 등을 통하여, M사, J사, C사를 사실상 지배하고 있고, '소순일'과 함께 각 2000. 1. 27. M사의 대표이사로 취임한 다음 '소순일'이 2003. 8. 20. 퇴직한 뒤에도 계속하여 재직하다가 2004. 11. 5. 사임한 자로서, '양호섭'이 본건 주식의 명의개서를 요청하고 있음을 다 알고 있었다.

(나) '민명이'가 M사의 대표이사직에서 퇴임한 지 얼마 되지 아니하여 '민명이'가 '소순

일' 과 사이에 기존 채무 등에 대한 대물변제라는 명목으로 '소순일' 로부터 주식 1만주를 양도받기로 하는 계약을 체결하고 '소순일' 로 하여금 민명이의 아들이 대표이사로 있는 M사에 양도사실을 통지하도록 함으로써 주주명부의 명의개서까지 마쳤다.

이상과 같은 사실관계 하에서, 2005년 6월 15일[2]을 기준시점으로 하여, 양호섭이 M사에게 본건 주식에 대한 명의개서를 청구할 권리를 가지는가의 문제와 관련하여, 아래의 각 질의들에 대하여 검토하시오.

설문 1 M사는, 본건 교환계약에 기한 본건 주식의 양도에 대하여 승낙하였는가?

설문 2 M사의 대표이사이던 '소순일' 이 본건 주식보관증을 작성한 것은 '대표권의 남용' 에 해당하는가?

설문 3 '소순일' 이 '민명이' 에게 M사 주식 1만주를 대물변제 형식으로 양도한 행위 및 그에 기한 명의개서는 반사회적 법률행위로서 무효인가?

설문 4 '양호섭' 의 본건 주식양수와 '안창사' 의 M사 주식 3만 5천주 양수 등과의 관계에서, 이와 같은 2중양수인들 상호간의 우선순위의 판단기준은 어떠한가?

설문 5 2003. 9. 19.에 있은 본건 주식과 관련한 '양호섭' 의 M사에 대한 명의개서 청구는, 다른 2중양수인들에 대한 관계에서 대항력 요건을 구비한 것인가?

[설문 1] 주권발행 전 주식양도에 대한 회사의 승낙

(1) 문제의 소재

본 사례의 경우에, M사가 설립된 날인 1993. 10. 18.부터 약 9년여가 지난 2003. 4. 3. '양호섭' 은 본건 교환계약에 기하여 '소순일' 로부터 그때까지도 주권이 발행되지 않은 본건 주식을 양수하였는바, 양도인인 '소순일' 은 같은 날 M사의 대표이사 자격에 기해 작성된 확정일자 없는 본건 주식보관증 및 J사 명의로 작성된

2. 본 사례에 관한 항소심 판결의 변론종결 시점이다.

본건 지급확인서를 양수인인 '양호섭'에게 각각 교부하였다.

따라서 이와 관련하여서는, 먼저 회사가 설립된지 약 9년여가 지난 시점까지 주권이 발행되지 않은 본건 주식을 양도하는 경우에, 양수인(양호섭)이 회사(M사2)에 대하여 주주권을 취득했음을 주장하기 위해서는 어떠한 요건이 필요한지와 본 사례의 경우에 그와 같은 요건을 충족했는지(M사가 본건 주식의 양도에 대하여 승낙하였는지)가 문제된다.

(2) 설문의 해결

본 쟁점과 관련하여 상법 제335조(주식의 양도성) 제3항은 다음과 같이 규정하고 있는바, 관련 법리를 살펴본다.

> **제3항**: 주권발행 전에 한 주식의 양도는 회사에 대하여 효력이 없다.[3] 그러나 회사성립 후 또는 신주의 납입기일 후 6월이 경과한 때에는 그러하지 아니하다.[4,5]

---

3. 당사자간에 채권적 효력은 있지만(통설) 회사에 대한 효력은 절대적 무효이다. 따라서 양수인이 회사에 대하여 주주권을 주장할 수 없고, 회사가 이를 승인할 수도 없으나, 다만 6월이 경과하도록 회사가 주권을 발행하지 않으면 그 무효가 치유된다. 대법원 1981. 9. 8. 선고 81다141 판결(주권발행 전의 주식의 양도는 회사에 대한 관계에 있어서는 효력이 없고, 주권발행교부 청구권은 주식과 일체로 되어 있어 이와 분리하여 양도할 수 없는 성질의 권리이므로 주권발행 전에 한 주식의 양도가 주권발행교부 청구권 이전의 효과를 생기게 하지 않는다. 따라서 주권발행전의 주식양수인은 직접 회사에 대하여 주권발행교부 청구를 할 수 없고, 양도인을 대위하여 청구하는 경우에도 주식의 귀속주체가 아닌 양수인 자신에게 그 주식을 표창하는 주권을 발행 교부해 달라는 청구를 할 수는 없다) ; 대법원 1987. 5. 26. 선고 86다카982,86다카983 판결[구 상법(1984. 4. 10 법률 제3724호로 개정되기 전의 것) 제335조 제2항에 의하여 주권발행 전에 한 주식의 양도는 회사가 이를 승인하여 주주명부에 그 변경을 기재하거나 후일 회사에 의하여 주권이 발행되었다 할지라도 회사에 대한 관계에 있어서는 그 효력이 없다] ; 대법원 2002. 3. 15. 선고 2000두1850 판결(주권발행 전에 한 주식의 양도가 회사성립 후 또는 신주의 납입기일 후 6월이 경과하기 전에 이루어졌다고 하더라도 그 이후 6월이 경과하고 그 때까지 회사가 주권을 발행하지 않았다면, 그 하자는 치유되어 회사에 대하여도 유효한 주식양도가 된다고 봄이 상당하다).

4. 6월 경과 여부에 관계없이 양도시점에 주권이 발행되었다면 주권 없이는 주식을 양도할 수는 없다. 한편, 6월이 경과한 양도시점에 주권이 발행되지 않았다면 첫째, 지명채권 양도방식에 따라 당사자의 의사표시로 양도할 수 있고, 둘째, 양도가 가능하므로 질권설정도 가능하며, 셋째, 양수인은 양수사실을 증명하는 한 단독으로 회사에 명의개서를 청구할 수 있으며, 넷째, 지명채권양도방식을 준수했다면 명의개서를 하지 않았더라도 양수인은 주주 지위를 취득한다. 대법원 1993. 12. 28. 선고 93다8719 판결(주권발행 전의 주식의 양도는 지명채권양도의 일반원칙에 따라 당사자 사이의 의사의 합치만으로 효력이 발생하는 것이지만 주권발행 후의 주식의 양도에 있어서는 주권을 교부하여야만 효력이 발생한다) ; 대법원 2000. 8. 16. 자 99그1 결정(주권발행 전의 주식에 대한 양도도 인정되고, 주권발행 전 주식의 담보제공

검토컨대 본 사례에서의 본건 주식의 양도는 M사가 설립된 날인 1993. 10. 18.부터 약 9년여가 지난 2003. 4. 3.에 이루어진 것이므로, 앞에서 살펴본 바와 같이, 주권발행 전의 주식양도는 지명채권양도의 일반원칙에 의하여 당사자 사이의 의사표시의 합치만으로 그 양도의 효력이 발생하나, 이를 들어 회사에 대항하기 위하여는 양도인이 회사에 대하여 양도의 통지를 하거나 주식양도에 관하여 회사의 승낙을 받아야 한다.[6]

따라서 M사가 본건 교환계약에 기한 본건 주식의 양도에 대하여 승낙하였는지가 문제되는바, '소순일'이 2003. 4. 3. '양호섭'과 사이에 본건 교환계약을 체결하면서 같은 날 M사의 대표이사 자격에 기하여 '양호섭' 앞으로 본건 주식을 보관하고 있다는 내용의 본건 주식보관증을 작성하여 '양호섭'에게 교부하였는 데, 본건 주식보관증에 명시적으로 M사가 본건 주식의 양도를 승낙한다는 문구가 기재된 것은 아니다.

을 금하는 법률규정도 없으므로 주권발행 전 주식에 대한 질권설정도 가능하다고 할 것이지만, 상법 제338조 제1항은 기명주식을 질권의 목적으로 하는 때에는 주권을 교부하여야 한다고 규정하고 있으나, 이는 주권이 발행된 기명주식의 경우에 해당하는 규정이라고 해석함이 상당하므로, 주권발행 전의 주식입질에 관하여는 상법 제338조 제1항의 규정이 아니라 권리질권설정의 일반원칙인 민법 제346조로 돌아가 그 권리의 양도방법에 의하여 질권을 설정할 수 있다고 보아야 한다) ; 대법원 1991. 8. 13. 선고 91다14093 판결(주권발행 전의 주식의 양도는 지명채권양도의 일반원칙에 따라 당사자 사이의 의사표시만으로 성립하므로 주권이 발행된 경우의 기명주식양도의 절차를 밟지 않았다고 하여 주식양도의 효력이 없다고 할 수 없다) ; 대법원 1992. 10. 27. 선고 92다16386 판결(상법 제337조 제1항에 규정된 주주명부상의 명의개서는 주식의 양수인이 회사에 대한 관계에서 주주의 권리를 행사하기 위한 대항요건에 지나지 않는 것이므로, 회사성립 후 또는 신주의 납입기일 후 6월이 경과하도록 회사가 주권을 발행하지 아니한 경우에 당사자간의 의사표시만으로 주식을 양수한 사람은 특별한 사정이 없는 한 양도인의 협력을 받을 필요 없이 단독으로 자신이 주식을 양수한 사실을 증명함으로써 회사에 대하여 그 명의개서를 청구할 수 있다) ; 대법원 1996. 8. 20. 선고 94다39598 판결(주권발행 전의 주식양도라 하더라도 회사성립 후 6월이 경과한 후에 이루어진 때에는 회사에 대하여 효력이 있으므로 그 주식양수인은 주주명부상의 명의개서 여부와 관계없이 회사의 주주가 되고, 그 후 그 주식양도 사실을 통지받은 바 있는 회사가 주식양도인의 회사에 대한 채무이행을 확보하기 위하여 그 주식에 관하여 주주가 아닌 제3자에게 주주명부상의 명의개서절차를 마치고 나아가 그에게 기명식 주권을 발행하였다 하더라도, 그로써 그 제3자가 주주가 되고 주식양수인이 주주권을 상실한다고는 볼 수 없다).

5. 이와 관련되는 민법 규정은 다음과 같다. 민법 제450조(지명채권양도의 대항요건): [제1항: 지명채권의 양도는 양도인이 채무자에게 통지하거나 채무자가 승낙하지 아니하면 채무자 기타 제3자에게 대항하지 못한다. 제2항: 전항의 통지나 승낙은 확정일자 있는 증서에 의하지 아니하면 채무자 이외의 제3자에게 대항하지 못한다] ; 민법 제346조(권리질권의 설정방법): [권리질권의 설정은 법률에 다른 규정이 없으면 그 권리의 양도에 관한 방법에 의하여야 한다].

6. 민법 제450조(지명채권양도의 대항요건) 제1항: [지명채권의 양도는 양도인이 채무자에게 통지하거나 채무자가 승낙하지 아니하면 채무자 기타 제3자에게 대항하지 못한다].

그러나 본건 주식보관증은 '양호섭'이 '소순일'로부터 본건 주식을 양수한 사실을 M사가 인식하고 있음을 전제로 '양호섭'을 위해 본건 주식을 보관하고 있음을 표시한 것으로 선해할 수 있을 것이므로, 달리 이와 같은 행위가 M사 대표이사의 권한 외의 '대표권 남용'에 해당하여 무효로 되는 특단의 사정이 없는 한(아래 [설문 2]에서 다룸), 일응 M사는 본건 교환계약에 기한 본건 주식 양도에 대하여 승낙하였다고 볼 것이다.[7]

〖설문 2〗 대표권의 남용

(1) 문제의 소재

본 사례의 경우에, M사의 대표이사인 '소순일'이 '양호섭'에게 본건 주식보관증을 작성하여 준 행위가 자기의 개인적 이익을 도모할 목적으로 이루어져 대표권의 범위를 벗어난 것이거나 남용한 것이고, '양호섭'이 그 사실을 알거나 알 수 있었던 것이어서 본건 주식양도의 승낙행위는 M사에 대하여 효력이 없는지가 문제된다.

(2) 설문의 해결

주식회사의 대표이사는 회사의 권리능력 범위 내에서 회사를 대표한다 할 것이지만, 그러한 대표이사의 행위가 회사의 이익을 위한 것이 아니라 자기 또는 제3자의 개인적인 이익을 도모할 목적으로 그 권한을 행사한 것일 경우에, 상대방이 대표이사의 진의를 알거나 알 수 있었을 때에는 그 행위는 회사에 대하여 무효가 된다 할 것이다.[8]

본 사례의 경우에 검토컨대 첫째, M사에서는 주식이 양도된 경우 통상적으로 주식양도인에 대한 양도확인을 거쳐 명의개서를 하고 양수인에게는 주식보관증에 M사

---

7. 이상과 같은 결론에 대해서는 본 사례에 관한 대법원 2006. 9. 14. 선고 2005다45537 판결 참조.

8. 대법원 1993. 6. 25. 선고 93다13391 판결(주식회사의 대표이사가 회사의 이익을 위해서가 아니고 자기 또는 제3자의 이익을 도모할 목적으로 그 권한을 행사한 경우에 상대방이 대표이사의 진의를 알았거나 알 수 있었을 때에는 그 행위는 회사에 대하여 무효가 된다).

의 인감증명을 첨부하여 교부하고, 둘째, '양호섭'은 본건 주식보관증을 M사에서가 아니라 대구의 커피숍에서 '소순일'을 사적으로 만나 교부받았는데, 당시 '소순일'은 M사 이외에도 J사의 대표이사를 겸하고 있어 J사에 '양호섭'이 투자한 금원 1억 3천 5백만을 환급해 줄 채무의 지급을 위해 본건 주식을 '양호섭'에게 양도한 것이며, 셋째, '소순일'은 '안창사'를 제외하고 양호섭을 포함하여 총 22명에게 M사의 주식을 매도하였는바, 위 22명의 주식양수인들이 2003년부터 2005. 1. 6.까지 M사에게 명의개서를 요청한 주식 수는 '소순일'이 보유한 주식 수를 초과한 합계 66,600주에 이른다는 사실이 인정된다.

따라서 비록 '소순일'이 '양호섭'에게 M사 명의로 본건 주식보관증을 교부하여 준 것은 자신 또는 자신이 대표이사로 있던 J사가 '양호섭'에 대하여 부담하는 채무의 이행과 관련하여 한 것이고, 본건 주식보관증이 통상적인 절차와 방법과는 다르게 작성되어 교부되었다는 점이 각각 인정되기는 하지만 주식양도에 대한 승낙 그 자체만으로는 M사에게 어떤 불이익이 발생하는 것이 아니다.

그렇다면 '소순일'이 대표이사로서 본건 주식보관증을 작성한 행위는 M사의 이익에 반하여 그 권한을 행사한 것이라고 할 수 없고, 따라서 '소순일'이 M사의 대표이사로서 본건 주식보관증을 작성한 행위가 자기 또는 제3자의 개인적인 이익을 도모할 목적으로 이루어진 것이라고 하더라도, 대표이사로서의 권한 남용에 해당한다고 볼 수 없다고 할 것이다.[9]

[설문 3] 반사회적 법률행위

(1) 문제의 소재

본 사례의 경우에, '소순일'이 '민명이'에게 M사 주식 1만주를 대물변제 형식으로 양도한 행위 및 그에 기한 명의개서가 민법 제103조(반사회질서의 법률행위)에서 "선량한 풍속 기타 사회질서에 위반한 사항을 내용으로 하는 법률행위는 무효로 한다"라고 규정한 바에 따라 반사회적 법률행위로서 무효인지의 여부가 문제된다.

---

9. 이상과 같은 결론에 대해서는 본 사례에 관한 대법원 2006. 9. 14. 선고 2005다45537 판결 참조.

(2) 설문의 해결

요컨대, 주권발행 전 주식의 양도는 당사자의 의사표시만으로 효력이 발생하는 것이고, 주권발행 전 주식을 양수한 사람은 특별한 사정이 없는 한 양도인의 협력을 받을 필요 없이 단독으로 자신이 주식을 양수한 사실을 증명함으로써 회사에 대하여 그 명의개서를 청구할 수 있는 것이지만, 회사 이외의 제3자에 대하여 양도 사실을 대항하기 위하여는 지명채권의 양도에 준하여 확정일자 있는 증서에 의한 양도통지 또는 승낙을 갖추어야 한다.[10]

따라서 이와 같은 경우, 양도인은 회사에 그와 같은 양도통지를 함으로써 양수인으로 하여금 제3자에 대한 대항요건을 갖출 수 있도록 해 줄 의무[11]를 부담한다 할

---

10. 대법원 1995. 5. 23. 선고 94다36421 판결(주권발행 전의 주식의 양도는 지명채권 양도의 일반원칙에 따르고, 신주인수권증서가 발행되지 아니한 신주인수권의 양도 또한 주권발행 전의 주식양도에 준하여 지명채권 양도의 일반원칙에 따른다고 보아야 하므로, 주권발행 전의 주식양도나 신주인수권증서가 발행되지 아니한 신주인수권 양도의 제3자에 대한 대항요건으로는 지명채권의 양도와 마찬가지로 확정일자 있는 증서에 의한 양도통지 또는 회사의 승낙이라고 보는 것이 상당하고, 주주명부상의 명의개서는 주식 또는 신주인수권의 양수인들 상호간의 대항요건이 아니라 적법한 양수인이 회사에 대한 관계에서 주주의 권리를 행사하기 위한 대항요건에 지나지 아니한다).

11. 따라서 지명채권 양도의 경우에 양도인에게 횡령죄가 성립할 수 있다. 대법원 1999. 4. 15. 선고 97도666 전원합의체 판결(**[다수의견]** 채권양도는 채권을 하나의 재화로 다루어 이를 처분하는 계약으로서, 채권 자체가 그 동일성을 잃지 아니한 채 양도인으로부터 양수인에게로 바로 이전하고, 이 경우 양수인으로서는 채권자의 지위를 확보하여 채무자로부터 유효하게 채권의 변제를 받는 것이 그 목적인바, 우리 민법은 채무자와 제3자에 대한 대항요건으로서 채무자에 대한 양도의 통지 또는 채무자의 양도에 대한 승낙을 요구하고, 채무자에 대한 통지의 권능을 양도인에게만 부여하고 있으므로, 양도인은 채무자에게 채권양도 통지를 하거나 채무자로부터 채권양도 승낙을 받음으로써 양수인으로 하여금 채무자에 대한 대항요건을 갖출 수 있도록 해 줄 의무를 부담하며, 양도인이 채권양도 통지를 하기 전에 타에 채권을 이중으로 양도하여 채무자에게 그 양도통지를 하는 등 대항요건을 갖추어 줌으로써 양수인이 채무자에게 대항할 수 없게 되면 양수인은 그 목적을 달성할 수 없게 되므로, 양도인이 이와 같은 행위를 하지 않음으로써 양수인으로 하여금 원만하게 채권을 추심할 수 있도록 하여야 할 의무도 당연히 포함되고, 양도인의 이와 같은 적극적·소극적 의무는 이미 양수인에게 귀속된 채권을 보전하기 위한 것이고, 그 채권의 보전 여부는 오로지 양도인의 의사에 매여 있는 것이므로, 채권양도의 당사자 사이에서는 양도인은 양수인을 위하여 양수채권 보전에 관한 사무를 처리하는 자라고 할 수 있고, 따라서 채권양도의 당사자 사이에는 양도인의 사무처리를 통하여 양수인은 유효하게 채무자에게 채권을 추심할 수 있다는 신임관계가 전제되어 있다고 보아야 할 것이고, 나아가 양도인이 채권양도 통지를 하기 전에 채무자로부터 채권을 추심하여 금전을 수령한 경우, 아직 대항요건을 갖추지 아니한 이상 채무자가 양도인에 대하여 한 변제는 유효하고, 그 결과 양수인에게 귀속되었던 채권은 소멸하지만, 이는 이미 채권을 양도하여 그 채권에 관한 한 아무런 권한도 가지지 아니하는 양도인이 양수인에게 귀속된 채권에 대한 변제로서 수령한 것이므로, 채권양도의 당연한 귀결로서 그 금전을 자신에게 귀속시키기 위하여 수

것이고, 이에 따라 양도인이 그러한 채권양도의 통지를 하기 전에 다른 제3자에게 이중으로 양도하여 회사에게 확정일자 있는 양도통지를 하는 등 대항요건을 갖추어 줌으로써 양수인이 그 제3자에게 대항할 수 없게 되었고, 이러한 양도인의 배임행위에 제3자가 적극 가담한 경우라면 제3자에 대한 양도행위는 사회질서에 반하는 법률행위로서 무효라고 봄이 상당하다.[12]

한편, 주주명부에 주주로 등재되어 있는 자는 일응 그 회사의 주주로 추정되며, 이를 번복하기 위해서는 그 주주권을 부인하는 측에 입증책임이 있다고 할 것이다.[13]

본 사례의 경우에 검토컨대, '민명이' 앞으로 명의개서된 1만주에 관하여는 첫째, '민명이'는 주주 및 대표이사의 겸직 등을 통하여, M사, J사, C사를 사실상 지배하고 있고, '소순일'과 함께 각 2000. 1. 27. M사의 대표이사로 취임한 다음 '소순일'이 2003. 8. 20. 퇴직한 뒤에도 계속하여 재직하다가 2004. 11. 5. 사임한 자로서 '양호섭'이 본건 주식의 명의개서를 요청하고 있음을 다 알고 있었다는 점, 둘째, '민명이'가 M사의 대표이사직에서 퇴임한 지 얼마 되지 아니하여 '민명이'가 '소순일'과 사이에 기존 채무 등에 대한 대물변제라는 명목으로 '소순일'로부터 주식 1만주를 양도받기로 하는 계약을 체결하고 '소순일'로 하여금 민명이의 아들이 대표이사로 있는 M사에 양도사실을 통지하도록 함으로써 주주명부의 명의개서까지 마쳤다는 점, 셋째, '소순일'이 이미 자신의 보유주식수를 초과하여 여러 양수인들에게 M사의 주식을 양도한 상태에서 다시 '민명이'에게 대물변제 명목으로 M사의 주식을 양도한 다음 M사에 확정일자 있는 통지를 하여 제3자에 대한 대항력까지 갖추도록 하였다는 점 등이 인정된다.

령할 수는 없는 것이고, 오로지 양수인에게 전달해 주기 위하여서만 수령할 수 있을 뿐이어서, 양도인이 수령한 금전은 양도인과 양수인 사이에서 양수인의 소유에 속하고, 여기에다가 위와 같이 양도인이 양수인을 위하여 채권보전에 관한 사무를 처리하는 지위에 있다는 것을 고려하면, 양도인은 이를 양수인을 위하여 보관하는 관계에 있다고 보아야 할 것이다, 따라서 피고인이 채권양도 통지를 하기 전에 윤종연으로부터 지급받은 임차보증금 2,500만원 중 1,150만원은 그 양수인인 피해자의 소유에 속하고, 피고인은 피해자를 위하여 이를 보관하는 자로서 피해자에게 돌려주지 아니하고 처분한 행위는 횡령죄를 구성한다).

12. 부동산의 2중양도의 경우에도 동일한 법리가 적용된다. 대법원 1994. 3. 11. 선고 93다55289 판결(부동산의 이중매매가 반사회적 법률행위로서 무효가 되기 위하여는 매도인의 배임행위와 매수인이 매도인의 배임행위에 적극 가담한 행위로 이루어진 매매로서, 그 적극가담하는 행위는 매수인이 다른 사람에게 매매목적물이 매도된 것을 안다는 것만으로는 부족하고, 적어도 그 매도사실을 알고도 매도를 요청하여 매매계약에 이르는 정도가 되어야 한다).

13. 대법원 1985. 3. 26. 선고 84다카2082 판결 참조.

그렇다면 '소순일'은 주식의 양도인으로서 양수인인 '양호섭'에 대하여 본건 교환계약에 따라 '양호섭' 앞으로 명의개서절차가 이행될 수 있도록 협력할 임무가 있음에도 불구하고, 이를 타인에게 양도하고 대항요건을 갖추어 주어 '양호섭' 앞으로의 명의개서를 불가능하게 한 것은 이러한 임무에 위배한 배임행위라 할 것이고, '민명이'는 '소순일'의 배임행위를 잘 알고 있으면서도 이에 적극 가담하였다고 할 것이다.

따라서 '소순일'의 '민명이'에 대한 주식 양도행위 및 그에 기한 명의개서는 반사회적 법률행위로서 무효이고 그 명의개서로 인한 추정력도 번복되었다고 할 것이다.[14]

[설문 4] 주권발행 전 주식의 2중양수인 간의 우선순위

(1) 문제의 소재

'양호섭'의 본건 주식양수와 '안창사'의 M사 주식 3만 5천주 양수 등과의 관계에서, 이와 같은 2중양수인들 상호간의 우선순위의 판단기준은 무엇인지가 문제된다.

(2) 설문의 해결

요컨대, 주권발행 전의 주식의 양도는 지명채권 양도의 일반원칙에 따르고, 신주인수권증서가 발행되지 아니한 신주인수권의 양도 또한 주권발행 전의 주식양도에 준하여 지명채권 양도의 일반원칙에 따른다고 보아야 하므로, 주권발행 전의 주식양도나 신주인수권증서가 발행되지 아니한 신주인수권 양도의 제3자에 대한 대항요건으로는 지명채권의 양도와 마찬가지로 '확정일자 있는 증서'[15]에 의한 양도통지 또

---

14. 이상과 같은 결론에 대해서는 본 사례에 관한 대법원 2006. 9. 14. 선고 2005다45537 판결 참조.

15. 확정일자라 함은 당사자가 나중에 변경하는 것이 불가능한 확정된 날짜를 말하는바, 확정판결이나 내용증명우편도 이에 해당한다. 대법원 2000. 4. 11. 선고 2000다2627 판결(채권의 양도를 제3자에게 대항하기 위하여는 통지행위 또는 승낙행위 자체를 확정일자 있는 증서로 하여야 하는 것인데 여기서 확정일자란 증서에 대하여 그 작성한 일자에 관한 완전한 증거가 될 수 있는 것으로 법률상 인정되는 일자를 말하며 당사자가 나중에 변경하는 것이 불가능한 확정된 일자를 가리킨다) ; 대법원 1999. 3.

는 회사의 승낙이라고 보는 것이 상당하고,[16] 주주명부상의 명의개서는 주식 또는 신주인수권의 양수인들 상호간의 대항요건이 아니라 적법한 양수인이 회사에 대한 관계에서 주주의 권리를 행사하기 위한 대항요건에 지나지 아니한다.[17]

또한 주주명부에 기재된 명의상의 주주는 회사에 대한 관계에 있어서 자신의 실질적 권리를 증명하지 않아도 주주의 권리를 행사할 수 있는 자격수여적 효력을 인정받을 뿐이지 주주명부의 기재에 의하여 창설적 효력을 인정받는 것은 아니므로, 반증에 의하여 실질상 주식을 취득하지 못하였다고 인정되는 자가 명의개서를 받았다고 하여 주주의 권리를 행사할 수 있는 것이 아니다.[18]

따라서 주권발행 전 주식의 2중양도가 문제되는 경우, 그 2중양수인 중 일부에 대하여 이미 명의개서가 경료되었는지 여부를 불문하고 누가 우선순위자로서 권리취득자인지를 가려야 할 것이고, 이때 2중양수인 상호간의 우열은 지명채권 2중양도의 경우에 준하여 확정일자 있는 양도통지가 회사에 도달한 일시 또는 확정일자 있는 승낙의 일시의 선후에 의하여 결정함이 원칙이다.[19,20]

---

26. 선고 97다30622 판결[확정일자에 의하지 아니한 채권양도가 있은 후 채권양수인이 채무자를 상대로 제기한 양수금 청구소송에서 승소의 확정판결을 받으면, 이로써 채권의 양도인, 양수인 및 채무자가 통모하여 통지일 또는 승낙일을 소급하여 제3자의 권리를 침해하는 것이 불가능하게 되므로, 이 경우 그 확정일자가 기재된 판결서, 즉 확정판결은 민법 제450조 제2항, 부칙(1958. 2. 22. 법률 제471호) 제3조 제4항의 확정일자 있는 증서에 해당한다] ; 민법 부칙 제3조(공증력 있는 문서와 그 작성) 제4항: [공정증서에 기입한 일자 또는 공무소에서 사문서에 어느 사항을 증명하고 기입한 일자는 확정일자로 한다] ; 우편법 시행규칙 제25조(부가우편역무의 종류 등) 제1항 제4호(증명취급) 가.목: [내용증명: 등기취급을 전제로 우체국창구 또는 정보통신망을 통하여 발송인이 수취인에게 어떤 내용의 문서를 언제 발송하였다는 사실을 우체국이 증명하는 특수취급제도].

16. 민법 제450조(지명채권양도의 대항요건): [제1항: 지명채권의 양도는 양도인이 채무자에게 통지하거나 채무자가 승낙하지 아니하면 채무자 기타 제3자에게 대항하지 못한다. 제2항: 전항의 통지나 승낙은 확정일자 있는 증서에 의하지 아니하면 채무자 이외의 제3자에게 대항하지 못한다].

17. 대법원 1995. 5. 23. 선고 94다36421 판결 참조.

18. 대법원 1989. 7. 11. 선고 89다카5345 판결 등 참조.

19. 대법원 1995. 5. 23. 선고 94다36421 판결 등 참조.

20. 지명채권의 2중양도의 경우에 유의해야 할 판례가 있어 이를 소개한다. 대법원 1994. 4. 26. 선고 93다24223 전원합의체 판결[가. 채권이 이중으로 양도된 경우의 양수인 상호간의 우열은 통지 또는 승낙에 붙여진 확정일자의 선후에 의하여 결정할 것이 아니라, 채권양도에 대한 채무자의 인식, 즉 확정일자 있는 양도통지가 채무자에게 도달한 일시 또는 확정일자 있는 승낙의 일시의 선후에 의하여 결정하여야 할 것이고, 이러한 법리는 채권양수인과 동일 채권에 대하여 가압류명령을 집행한 자 사이의 우열을 결정하는 경우에 있어서도 마찬가지이므로, 확정일자 있는 채권양도 통지와 가압류결정 정본의 제3채무자(채권양도의 경우는 채무자)에 대한 도달의 선후에 의하여 그 우열을 결정하여야 한다. 나. 채권양도 통지, 가압류 또는 압류명령 등이 제3채무자에 동시에 송달되어 그들 상호간에 우열이 없는 경우에도 그 채권

그렇다면 본 사례의 경우에, '양호섭'의 본건 주식양수와 '안창사'의 M사 주식 3만 5천주 양수 등과의 관계에서 누가 우선순위자로서 권리취득자인지를 판단하는 기준 역시 위에서 언급한 기준에 따라야 할 것이다.[21,22]

양수인, 가압류 또는 압류채권자는 모두 제3채무자에 대하여 완전한 대항력을 갖추었다고 할 것이므로, 그 전액에 대하여 채권양수금, 압류전부금 또는 추심금의 이행청구를 하고 적법하게 이를 변제받을 수 있고, 제3채무자로서는 이들 중 누구에게라도 그 채무 전액을 변제하면 다른 채권자에 대한 관계에서도 유효하게 면책되는 것이며, 만약 양수채권액과 가압류 또는 압류된 채권액의 합계액이 제3채무자에 대한 채권액을 초과할 때에는 그들 상호간에는 법률상의 지위가 대등하므로 공평의 원칙상 각 채권액에 안분하여 이를 내부적으로 다시 정산할 의무가 있다. 다. 채권양도의 통지와 가압류 또는 압류명령이 제3채무자에게 동시에 송달되었다고 인정되어 채무자가 채권양수인 및 추심명령이나 전부명령을 얻은 가압류 또는 압류채권자 중 한 사람이 제기한 급부소송에서 전액 패소한 이후에도 다른 채권자가 그 송달의 선후에 관하여 다시 문제를 제기하는 경우 기판력의 이론상 제3채무자는 2중지급의 위험이 있을 수 있으므로, 동시에 송달된 경우에도 제3채무자는 송달의 선후가 불명한 경우에 준하여 채권자를 알 수 없다는 이유로 변제공탁을 함으로써 법률관계의 불안으로부터 벗어날 수 있다. 라. 채권양도 통지와 채권가압류결정 정본이 같은 날 도달되었는데 그 선후관계에 대하여 달리 입증이 없으면 동시에 도달된 것으로 추정한다].

21. 같은 결론에 대해서는 본 사례에 관한 대법원 2006. 9. 14. 선고 2005다45537 판결 참조.

22. 주권발행 전 주식의 이중양수인이 모두 확정일자 요건을 갖추지 못한 경우에 대해서, 최근에 유의해야 할 대법원판례가 선고되어 이를 소개한다. 대법원 2010. 4. 29. 선고 2009다88631 판결[주권발행 전 주식의 이중양수인이 모두 확정일자 있는 증서에 의한 통지나 승낙의 요건을 갖추지 못한 경우, 제2주식양수인이 제1주식양수인 명의로 이미 적법하게 마쳐진 명의개서를 말소하고 자신의 명의로 명의개서를 하여 줄 것을 청구할 수 있는지 여부(소극) 및 회사가 그 청구를 받아들여 제2주식양수인 명의로 명의개서를 마쳐 주었더라도 회사에 대한 관계에서 주주의 권리를 행사할 수 있는 자는 여전히 제1주식양수인인지 여부(적극), 주권발행 전 주식이 양도된 경우 그 주식을 발행한 회사가 확정일자 있는 증서에 의하지 아니한 주식의 양도 통지나 승낙의 요건을 갖춘 주식양수인(이하 '제1주식양수인'이라 한다)에게 명의개서를 마쳐 준 경우, 그 주식을 이중으로 양수한 주식양수인(이하 '제2주식양수인'이라 한다)이 그 후 회사에 대하여 양도 통지나 승낙의 요건을 갖추었다 하더라도, 그 통지 또는 승낙 역시 확정일자 있는 증서에 의하지 아니한 것이라면 제2주식양수인으로서는 그 주식 양수로써 제1주식양수인에 대한 관계에서 우선적 지위에 있음을 주장할 수 없으므로, 회사에 대하여 제1주식양수인 명의로 이미 적법하게 마쳐진 명의개서를 말소하고, 제2주식양수인 명의로 명의개서를 하여 줄 것을 청구할 권리가 없다고 할 것이다. 따라서 이러한 경우 회사가 제2주식양수인의 청구를 받아들여 그 명의로 명의개서를 마쳐 주었다 하더라도 이러한 명의개서는 위법하므로 회사에 대한 관계에서 주주의 권리를 행사할 수 있는 자는 여전히 제1주식양수인이라고 봄이 타당하다].

[설문 5] 확정일자 없는 증서에 의한 승낙 후, 그 증서 사본에 확정일자를 받은 경우

(1) 문제의 소재

본건 주식의 양수인인 '양호섭'은 2003. 9. 19. 내용증명우편으로 본건 주식보관증 사본을 동봉하여 자신 앞으로 명의개서를 해 줄 것을 M사에게 요청하였는데, 본건 주식보관증에는 확정일자인에 의한 간인이 되어 있었다.

이러한 경우에, '양호섭'의 M사에 대한 명의개서 청구는 다른 2중양수인들에 대한 관계에서 대항력 요건을 구비한 것인지의 여부가 문제된다.

(2) 설문의 해결

요컨대, 양도통지가 확정일자 없는 증서에 의하여 이루어짐으로써 제3자에 대한 대항력을 갖추지 못하였더라도 확정일자 없는 증서에 의한 양도통지나 승낙 후에 그 증서에 확정일자를 얻은 경우에는 그러한 확정일자 이후에는 제3자에 대한 대항력을 취득하는 것인바,[23] 확정일자 제도의 취지[24]에 비추어 볼 때 원본이 아닌 사본에 확정일자를 갖추었다 하더라도 대항력의 판단에 있어서는 아무런 차이가 없다고 봄이 상당하다.

따라서 본 사례의 경우에, 양호섭이 M사에게 내용증명우편으로 보낸 본건 주식보관증에 확정일자인에 의한 간인까지 마쳐져 있었으므로, 비록 이와 같이 내용증명우편에 동봉된 본건 주식보관증이 원본이 아니라 사본이라고 하더라도, 그러한 확정일자 이후에는 '양호섭'의 M사에 대한 명의개서 청구는 다른 2중양수인들(제3자)에

---

23. 대법원 1988. 4. 12. 선고 87다카2429 판결(가. 민법 제450조 소정의 확정일자란 증서에 대하여 그 작성한 일자에 관한 안전한 증거가 될 수 있는 것으로 법률상 인정되는 일자를 말하며 당사자가 나중에 변경하는 것이 불가능한 확정된 일자를 가리키고 확정일자 있는 증서란 위와 같은 일자가 있는 증서로서 민법 부칙 제3조 소정의 증서를 말한다. 나. 지명채권의 양도통지가 확정일자 없는 증서에 의하여 이루어짐으로써 제3자에 대한 대항력을 갖추지 못하였으나 그 후 그 증서에 확정일자를 얻은 경우에는 그 일자 이후에는 제3자에 대한 대항력을 취득한다).

24. 확정일자를 요구하는 취지는 "특히 2중양도의 경우에 채권양도의 일자를 명확히 함으로써 양도인과 제2양수인이 짜고 채권양도의 일자를 소급함으로써 제3자(제2양수인)의 권리를 해하는 것을 방지"하는 데 있다. 지원림, 『민법강의』, 제1248면.

대한 관계에서 대항력 요건을 구비하였다고 할 것이다.[25]

25. 이상과 같은 결론에 대해서는 본 사례에 관한 대법원 2006. 9. 14. 선고 2005다45537 판결 참조.

사례 22

전원 출석 주주총회

다음과 같은 사실관계 하에서, 아래의 각 질의에 대해 답하시오.[1]

(1) 1988. 7. 26.(S제약회사의 설립)

1988. 7. 26. 마약중독해독제 등의 의약품제조를 사업목적으로 발행주식총수 5천주, 1주의 금액 1만원, 자본총액 금 5천만원으로 하여 S제약회사(이하, "S사")가 설립되었는데, 전두연이 2,200주, 민다석이 300주, 김자후가 2,500주를 보유하면서, 전두연은 대표이사, 민다석과 김자후는 각각 이사로 재직하고 있었다.

(2) 1990. 9. 10.(주식 및 경영권 등의 양수도계약 체결)

전두연과 민다석은 S사의 경영이 극도로 어려워지자 S사에 투자한 투자금만이라도 회수하고자, 1990. 9. 10. 안거수와의 사이에, 전두연과 민다석의 주식인 총 2,500주(이하, "본건 주식")을 안거수에게 양도하는 내용 등으로 '주식 및 경영권 등의 양수도계약'(이하, "본건 양수도계약")을 체결하였는데, 그 주요 조항의 내용은 다음과 같다.

제1항: 전두연과 민다석은 본건 양수도계약 체결일에 각 그 직에서 사임을 하고 S사의 경영권, 제약허가권 등 기타 유·무형자산 일체를 안거수에게 양도하며, 동시에 대표이사 및 이사의 사임서 및 이사회결의서를 첨부한다.

제2항: 전두연과 민다석의 주식인 총 2,500주를 일단 안거수에게 양도하여, 안거수가 S사를 운영하는 데 협조하되, 전두연과 민다석 및 안거수가 합의한 전두연과 민다석의 확정투자금의 반환비율에 따라 자동양도된 것으로 하고, 이러한 약정과 동시에 주식양도증서를 첨부하기로 한다.

제3항: 공인회계사의 S사에 대한 회계감사에 의하여 확정되는 전두연 및 민다석의 투자액에 대해, 안거수가 S사를 인수한 후 사업을 경영하여 수입금이 발생하면 S사의 지

---

1. 본 사례는 대법원 1993. 2. 26. 선고 92다48727 판결을 기초로 하여 작성된 것이다.

정구좌에 입금한 후 1주일 이내에 회사경영에 지장이 없는 한, 입금액의 2/5 이상을 전두연 및 민다석에게 반환한다.

제4항: 전두연과 민다석은 안거수가 관련되는 사업을 추진함에 있어 자기의 투자금을 반환받을 때까지 안거수의 요청이 있으면 적극 협력해야 하고, 전두연과 민다석은 투자확정액을 전액 반환받을 때까지는 S사의 평이사로 재직할 수 있으나 경영에는 불참하기로 한다.

제5항: 전두연과 민다석은 안거수가 권리를 행사할 수 있도록 주주총회, 이사회결의 등 모든 조치를 지체없이 수행한다.

한편 본건 양수도계약 체결일에 전두연과 김자후(이하, 2인을 집합적으로 칭할 때에는 "전두연 등"이라고 함)는 각각 소유하고 있던 S사의 2,500주를 안거수에게 양도한다는 내용의 주식양도증서(이하, "본건 양도증서")와 각각의 적법·유효한 사임서(이하, "본건 사임서") 및 본건 양수도계약을 추인하는 내용의 이사회의사록(이하, "본건 이사회의사록")을 각 작성하여 안거수에게 교부하였고 전두연은 대표이사 직인까지 교부하였다.

(3) 1990. 9. 22.(주주총회결의 및 이사회결의)

안거수와 김자후는 별도의 주주총회 소집절차없이 회합하여 안거수, 김사돈을 각 이사로, 안서무를 감사로 선임한다는 내용의 주주총회결의(이하, "본건 주주총회결의")를 하고, 안거수, 김사돈은 본건 주주총회결의에서 선임된 이사로서 역시 별도의 이사회 소집절차 없이 S사 설립 당시부터 이사인 김자후와 함께 회합하여 안거수, 김자후를 공동대표이사로 선임한다는 내용의 이사회결의(이하, "본건 이사회결의")를 하고, 이에 따른 주주총회의사록 및 이사회 의사록을 작성하여 변경등기를 경료하였다.

(4) 1990. 11. 8.

1990. 11. 8. 전두연과 민다석 및 안거수는 공인회계사의 회계감사결과 등을 참작하여 안거수가 전두연 등에게 반환해야 할 금액을 총 금 2억원이라고 합의하였고, 이에 따라 같은 날에 전두연 등은, 전두연 등이 위 금원을 반환받게 되면 S사에 대한 전두연 등의 지분의 권한 일체는 완전히 안거수에게 귀속하게 된다는 취지의 이행종결증명서(이하, "본건 이행종결증명서")를 작성하여 안거수에게 교부하였다.

(5) 그 후

안거수는 그 밖에도 전두연에게 추가로 공로금조로 금 6천만원 상환하기로 약속하였으나, 안거수가 S사의 경영권일체를 위임받아 수출계약을 체결하는 등 경영정상화를 위하여 노력하였음에도 수익금이 발생하지 아니하여 아직 전두연 등에게 출자금 및 공로금을 반환하지 못하고 있다.

이상의 사실관계 하에 본건 양수도계약의 체결은 필요한 내부적인 수권절차를 모두 거쳐서 적법하게 체결되었고, 또한 1990. 9. 22. 시점을 기준으로 본건 사임서는 적법·유효하게 효력을 발생하여 전두연 등의 사임은 유효하다고 각각 전제하고, 다음의 질의에 답하시오.

설문 1 본건 주주총회결의 및 본건 이사회결의가 있었던 1990. 9. 22.을 기준시점으로 하여, 본건 주식의 소유자는 누구인가?

설문 2 본건 주주총회결의 및 본건 이사회결의는 각각 적법·유효한가?

[설문 1] 본건 양수도계약의 해석

(1) 문제의 소재

본건 양수도계약의 객관적인 문언상으로는 본건 주식의 소유권 이전시점에 대하여 명시적으로 규정하고 있지는 아니하므로, 본건 주주총회결의 및 본건 이사회결의가 있었던 1990. 9. 22.을 기준시점으로 하여 본건 주식의 소유자는 누구인지, 이와 관련하여 본건 양수도계약의 전체적인 취지를 어떻게 이해함이 타당한지가 문제된다.

(2) 설문의 해결

모름지기 계약과 같은 “법률행위의 해석은 당사자가 그 표시행위에 부여한 객관적인 의미를 명백하게 확정하는 것으로서, 사용된 문언에만 구애받는 것은 아니지만, 어디까지나 당사자의 내심의 의사가 어떤지에 관계없이 그 문언의 내용에 의하여 당사자가 그 표시행위에 부여한 객관적 의미를 합리적으로 해석하여야 하는 것이고, 당사자가 표시한 문언에 의하여 그 객관적인 의미가 명확하게 드러나지 않는 경우에는 그 문언의 형식과 내용 그 법률행위가 이루어진 동기 및 경위, 당사자가 그 법률행위에 의하여 달성하려는 목적과 진정한 의사, 거래의 관행 등을 종합적으로 고려하여 사회정의와 형평의 이념에 맞도록 논리와 경험의 법칙, 그리고 사회일반의 상식과 거래의 통념에 따라 합리적으로 해석하여야 한다."[2]

따라서 본 사례에 관하여 검토컨대, 비록 전두연 등이 1990. 9. 10자로 그 소유의 주식을 안거수에게 양도한다는 취지의 아무런 조건 기재가 없는 본건 양도증서를 작성하여 안거수에게 교부하였다 하더라도 첫째, 그 양도의 기초가 된 본건 양수도계약에 의하면 본건 주식양도는 전두연 등과 안거수가 합의한 확정된 투자금의 "반환비율에 따라 자동양도"되는 것으로 하고(따라서 회수할 투자금의 확정방법 및 그 반환시기를 구체적으로 정하고 있다), 둘째, 전두연 등이 자신의 투자금을 반제받을 때까지 안거수의 요청이 있을 때는 적극협조를 하고(주주총회, 이사회결의 포함), S사의 평이사로도 재직할 수 있다는 약정을 하고 있으며, 셋째, 나아가 반환받을 투자금액수가 확정된 후에 작성된 본건 이행종결증명서상에도 전두연 등이 "위 금원을 영수하게 되면" S사에 대한 전두연 등의 "지분의 권한일체"가 안거수에게 "완전히 귀속된다"는 취지로 기재하고 있는 사실에 비추어 보면, 결국 전두연 등은 본건 주식을 안거수에게 동 일자로 확정적으로 양도한 것은 아닌 것으로 해석된다.

한편 전두연 등은 안거수에게 S사의 경영권을 양도하고, 안거수가 S사를 경영하는 데 협조를 하되 전두연 등은 S사의 경영에는 불참할 뿐 아니라 대표이사직을 사임하고 안거수가 권리를 행사할 수 있도록 주주총회결의 등 모든 조치를 수행하기로 약정한 사실이 인정된다.

따라서 위와 같은 사정을 종합적으로 고려하면 전두연 등이 S사의 경영에서 물러나고 안거수가 S사를 실질적으로 경영하도록 경영권을 이양하기 위하여 이에 필요한 주주총회에서 전두연 등이 본건 주식 의결권을 안거수로 하여금 행사하도록 위임하되 안거수가 S사를 경영하여 그 수익금으로부터 쌍방 합의된 전두연 등의 투자금을 변제할 경우에 그 변제비율에 따라 비로소 전두연 등의 주식이 안거수에게 확정적으로 자동양도되는 성질의 의결권위임 및 조건부 주식양도계약을 체결한 것으로 해석함이 상당하다.

그렇다면 안거수가 S사를 경영하여 수익금을 발생케 하여 그 수익금의 일부로

2. 대법원 2001. 3. 23. 선고 2000다40858 판결 참조.

전두연 등의 투자금을 반환하기 이전에는 전두연 등의 주식이 확정적으로 안거수에게 양도되어 전두연 등은 S사의 주주가 아닌, 안거수에 대한 투자금반환채권의 채권자에 지나지 않는 것이 아니라, 단지 전두연 등이 주식은 그대로 소유하여 주주로서의 지위는 의연히 가지되 그 소유주식의 의결권은 안거수에게 위임하여 안거수로 하여금 위임받은 주식의 의결권을 적법히 행사하여 S사의 경영권을 이양받을 수 있도록 하였다고 해석함이 타당하다고 할 것이다.

따라서 안거수가 S사를 경영하여 수익금을 발생케 하여 그 수익금의 일부로 전두연 등의 투자금을 반환하기 이전인 1990. 9. 22. 시점에 본건 주식의 소유자는 여전히 '전두연 등'이라고 할 것이다.[3]

[설문 2] 전원 출석 주주총회

(1) 문제의 소재

1990. 9. 22. 안거수와 김자후는 별도의 주주총회 소집절차 없이 회합하여 안거수, 김사돈을 각 이사로 안서무를 감사로 선임한다는 내용의 본건 주주총회결의를 하고, 안거수와 김사돈은 본건 주주총회결의에서 선임된 이사로서 역시 별도의 이사회 소집절차 없이 S사 설립 당시부터 이사인 김자후와 함께 회합하여 안거수 및 김자후를 공동대표이사로 선임한다는 내용의 본건 이사회결의를 하였는바, 이러한 본건 주주총회결의 및 본건 이사회결의의 효력 여하가 문제된다.

(2) 설문의 해결

요컨대, 임시 주주총회가 법령 및 정관상 요구되는 이사회의 결의[4] 없이 또한 그 소집절차[5]를 생략하고 이루어졌다고 하더라도 주주의 의결권을 적법하게 위임받은

---

3. 이상의 결론에 대해서는 본 사례에 관한 대법원 1993. 2. 26. 선고 92다48727 판결 참조.

4. 상법 제362조(소집의 결정): [총회의 소집은 본법에 다른 규정이 있는 경우 외에는 이사회가 이를 결정한다].

5. 상법 제363조(소집의 통지, 공고): [제1항: 주주총회를 소집할 때에는 주주총회일의 2주 전에 각 주주에

수임인과 다른 주주 및 전원이 참석하여 총회를 개최하는 데 동의하고 아무런 이의 없이 만장일치로 결의가 이루어졌다면 이는 다른 특별한 사정이 없는 한 유효한 것이다.

따라서 본 사례에서 1990. 9. 22.자 본건 (임시)주주총회가 소집절차를 생략하고 이루어졌다고 하더라도, 위 [설문 1]에서 살펴본 바와 같이 그 당시 S사의 발행주식 5천주 중 안거수가 전두연 등으로부터 2,500주에 대해 의결권을 위임받고 있고, 김자후가 나머지 2,500주를 소유하고 있었으므로, 주식의 의결권을 적법히 행사할 수 있는 주식의결권의 수임인 내지 주주 전원이 참석하여 총회 개최에 동의하고 아무런 이의없이 한 결의는 다른 특별한 사정이 없는 이상 유효한 주주총회라 할 것이다.[6,7]

게 서면으로 통지를 발송하거나 각 주주의 동의를 받아 전자문서로 통지를 발송하여야 한다. 다만, 그 통지가 주주명부상 주주의 주소에 계속 3년간 도달하지 아니한 경우에는 회사는 해당 주주에게 총회의 소집을 통지하지 아니할 수 있다. 제2항: 제1항의 통지서에는 회의의 목적사항을 적어야 한다. 제3항: 회사가 무기명식 주권을 발행한 경우에는 주주총회일의 3주 전에 총회를 소집하는 뜻과 회의의 목적사항을 공고하여야 한다. 제4항: 제1항 및 제3항에도 불구하고 자본금 총액이 10억원 미만인 회사가 주주총회를 소집하는 경우에는 주주총회일의 10일 전에 각 주주에게 서면으로 통지를 발송하거나 각 주주의 동의를 받아 전자문서로 통지를 발송할 수 있고, 무기명식의 주권을 발행한 경우에는 주주총회일의 2주 전에 주주총회를 소집하는 뜻과 회의의 목적사항을 공고할 수 있다. 제5항: 자본금 총액이 10억원 미만인 회사는 주주 전원의 동의가 있을 경우에는 소집절차 없이 주주총회를 개최할 수 있고, 서면에 의한 결의로써 주주총회의 결의를 갈음할 수 있다. 결의의 목적사항에 대하여 주주 전원이 서면으로 동의를 한 때에는 서면에 의한 결의가 있는 것으로 본다. 제6항: 제5항의 서면에 의한 결의는 주주총회의 결의와 같은 효력이 있다. 제7항: 서면에 의한 결의에 대하여는 주주총회에 관한 규정을 준용한다. 제8항: 제1항부터 제5항까지의 규정은 의결권 없는 주주에게는 적용하지 아니한다].

6. 이상의 결론에 대해서는 본 사례에 관한 대법원 1993. 2. 26. 선고 92다48727 판결 참조.

7. 전원출석 주주총회의 유효성에 대해서는, 판례가 계속해서 그 범위를 확대하는 경향에 있는 것으로 보인다. 대법원 2002. 7. 23. 선고 2002다15733 판결(주식회사의 주주총회가 법령이나 정관상 요구되는 이사회의 결의나 소집절차를 거치지 아니하고 이루어졌다고 하더라도 주주 전원이 참석하여 아무런 이의 없이 일치된 의견으로 총회를 개최하는 데 동의하고 결의가 이루어졌다면 그 결의는 특별한 사정이 없는 한 유효하다) ; 대법원 2004. 12. 10. 선고 2004다25123 판결(주식회사에 있어서 회사가 설립된 이후 총 주식을 한 사람이 소유하게 된 이른바 1인회사의 경우에는 그 주주가 유일한 주주로서 주주총회에 출석하면 전원 총회로서 성립하고 그 주주의 의사대로 결의가 될 것임이 명백하므로 따로 총회소집절차가 필요 없고, 실제로 총회를 개최한 사실이 없었다 하더라도 그 1인주주에 의하여 의결이 있었던 것으로 주주총회의사록이 작성되었다면 특별한 사정이 없는 한 그 내용의 결의가 있었던 것으로 볼 수 있고, 이는 실질적으로 1인회사인 주식회사의 주주총회의 경우도 마찬가지이며, 그 주주총회의사록이 작성되지 아니한 경우라도 증거에 의하여 주주총회결의가 있었던 것으로 볼 수 있다) ; 대법원 1993. 6. 11. 선고 93다8702 판결(주식회사에서 총 주식을 한 사람이 소유하고 있는 1인회사의 경우에는 그 주주가 유일한 주주로서 주주총회에 출석하면 전원총회로서 성립하고 그 주주의 의사대로 결의될 것임이 명백하므로 따로이 총회 소집절차가 필요없다 할 것이고, 실제로 총회를 개최한 사실이 없다 하더라도 1인주주에 의하여 의결이 있었던 것으로 주주총회 의사록이 작성되었다면 특별한 사정이 없는 한 그 내용의 결의가 있었던 것으로

한편, 이와 같이 유효한 본건 주주총회결의에 의하여 선임된 이사들 전원이 참석하여 개최한 같은 날짜의 본건 이사회결의 역시, 비록 소집절차[8]를 거치지 않았다고 하더라도 유효하다고 할 것이다.[9,10]

참고로, 일부의 이사에게 소집통지를 하지 않는 경우에 다소 이례적으로 판시한 대법원판결이 있어서 소개하는데, 이러한 판결에 대해서는 "이는 구체적인 특수한 사정을 감안하지 않고 일반화할 수 있는 이론은 아니다"라고 하는 견해가 있다.[11]

대법원 1992. 4. 14 선고 90다카22698 판결

이사 3명 중 회사의 경영에 전혀 참여하지 않고 경영에 관한 모든 사항을 다른 이사들에게 위임하여 놓고 그들의 결정에 따르며 필요시 이사회 회의록 등에 날인만 하여 주고 있는 이사에 대한 소집통지 없이 열린 이사회에서 한 결의는 위 이사가 소집통지를 받고 참석하였다 하더라도 그 결과에 영향이 없었다고 보여지므로 유효하다고 한 사례, 원심은, 이 사건 양도약정이 피고 회사의 이사인 원고와 피고 회사 사이의 거래로서 이사회의 승인을 받아야 된다는 전제 아래 그 증거에 의하여 위 양도약정 당시 피고 회사의 이사로는 원고, 위 김성

볼 수 있어 형식적인 사유에 의하여 결의가 없었던 것으로 다툴 수는 없다) ; 대법원 1966. 9. 20. 선고 66다1187,1188 판결(주주총회의 소집절차가 위법하다 하더라도 1인 주주회사에서 그 주주가 참석하여 총회개최에 동의하고 아무 이의없이 결의한 것이라면 그 결의 자체를 위법한 것이라고 할 수 없다) ; 대법원 2007. 2. 22. 선고 2005다73020 판결(주식회사에 있어서 총 주식을 한 사람이 소유한 이른바 1인회사의 경우 그 주주가 유일한 주주로서 주주총회에 출석하면 전원 총회로서 성립하고 그 주주의 의사대로 결의가 될 것임이 명백하므로 따로 총회소집절차가 필요 없으며, 실제로 총회를 개최한 사실이 없었다 하더라도 그 1인주주에 의하여 의결이 있었던 것으로 주주총회 의사록이 작성되었다면 특별한 사정이 없는 한 그 내용의 결의가 있었던 것으로 볼 수 있고, 이 점은 한 사람이 다른 사람의 명의를 빌려 주주로 등재하였으나 총 주식을 실질적으로 그 한 사람이 모두 소유한 경우에도 마찬가지라고 할 수 있으나, 이와 달리 주식의 소유가 실질적으로 분산되어 있는 경우에는 상법상의 원칙으로 돌아가 실제의 소집절차와 결의절차를 거치지 아니한 채 주주총회의 결의가 있었던 것처럼 주주총회 의사록을 허위로 작성한 것이라면 설사 1인이 총 주식의 대다수를 가지고 있고 그 지배주주에 의하여 의결이 있었던 것으로 주주총회 의사록이 작성되어 있다 하더라도 도저히 그 결의가 존재한다고 볼 수 없을 정도로 중대한 하자가 있는 때에 해당하여 그 주주총회의 결의는 부존재하다고 보아야 한다).

8. 상법 제390조(이사회의 소집) 제3항: [이사회를 소집함에는 회일을 정하고 그 1주간 전에 각 이사 및 감사에 대하여 통지를 발송하여야 한다. 그러나 그 기간은 정관으로 단축할 수 있다].

9. 다만, 본건 이사회결의의 효력이 유효라는 점에 대해서는 본 사례에 관한 항소심 판결(서울고등법원, 92나12140 판결)에서는 명시적으로 판단하고 있으나, 본 사례에 관한 위 대법원판결에서는 명시적인 판단을 하고 있지는 않다.

10. 상법 제390조(이사회의 소집) 제3항 및 제4항 참조: [제3항: 이사회를 소집함에는 회일을 정하고 그 1주간 전에 각 이사 및 감사에 대하여 통지를 발송하여야 한다. 그러나 그 기간은 정관으로 단축할 수 있다. 제4항: 이사회는 이사 및 감사전원의 동의가 있는 때에는 제3항의 절차없이 언제든지 회의할 수 있다].

11. 이철송, 『회사법강의』, 제560면.

규, 소외 김미란, 감사로는 소외 이재호가 각 선임되어 있었는데 원고와 위 김성규는 이 사건 양도약정일인 1986. 5. 29. 위 김미란에 대한 소집통지를 함이 없이 피고 회사의 회의실에서 이사회를 열어 위 양도약정을 만장일치로 의결한 사실과 위 김미란은 위 김성규의 형수로서 등기부상 이사로 등재되어 있기는 하나 이는 명목에 불과하여 피고 회사의 경영에 전혀 참가하지 않고 그 경영에 관한 모든 사항은 원고와 위 김성규에게 위임하여 놓고 그들의 결정에 따르며 필요시 이사회 회의록 등에 날인만 하여 주고 있었으므로 비록 김미란이 위 이사회에 참석하였다고 하더라도 김미란의 위와 같은 피고 회사 경영에 관한 태도에 비추어 보아 위 양도약정을 승인하였을 것으로 보여지고, 실제 위 김미란은 그 후 이 사건 양도약정에 대한 동의의 뜻으로 위 이사회 회의록에 날인한 사실 등을 인정한 다음, 이사 3명 중 위 김미란에 대한 소집통지 없이 열린 위 이사회에서 이루어진 위 양도약정에 대한 승인의결은 위 김미란이 소집통지를 받고 참석하였다 하더라도 그 의결의 결과에 영향이 없었다고 보여지므로 위 승인의결은 결국 유효한 것이라고 판단하였다. 기록에 비추어 살펴보면 원심의 위와 같은 사실인정과 이사회 소집절차에 위와 같은 흠이 있었다는 이유만으로는 위 이사회결의가 무효라고 할 수 없다는 판단은 정당한 것으로 수긍이 되고, 또한 특별이해관계가 있는 이사는 이사회에서 의결권을 행사할 수는 없으나 의사정족수 산정의 기초가 되는 이사의 수에는 포함되고 다만 결의성립에 필요한 출석이사에는 산입되지 아니하는 것이므로(당원 1991. 5. 28. 선고 90다20084 판결 참조) 피고 회사의 3명의 이사 중 위 김성규와 원고가 출석하여 이 사건 결의를 하였다면 이사 3명 중 2명이 출석하여 과반수 출석의 요건을 구비하였고 원고가 행사한 의결권을 제외하더라도 결의에 참여할 수 있는 유일한 출석이사인 위 김성규의 찬성으로 과반수의 찬성이 있는 것으로 되어 그 결의는 적법하다고 할 것이고,

사례 23

이사회결의 무효확인 청구

다음과 같은 사실관계 하에서, 아래의 각 질의에 대해 답하시오.[1]

(1) 여민주의 E사 경영권 양수

(가) 여민주는 2006. 6. 21. 주권상장법인인 E주식회사(이하 "E사")의 대표이사이던 조승석과 사이에, 조승석이 보유하던 E사의 신주인수권부사채(액면금액 131억, 신주인수권증서 12억원은 제외, 주식환산 약 100만주) 및 E사의 자사주 41만주와 함께 E사의 경영권을 양수하는 계약(이하, "본건 양수도계약")을 체결하였다.

(나) 여민주는 자사주에 대한 매매대금은 E사에게 전액 지급하였으나, 조승석의 신주인수권부사채에 대한 매매대금 174억원은 2006. 6. 28. 5억원(계약금), 2006. 7. 25.까지 48억원(중도금), 2006. 8. 6.까지 121억원(잔금)을 각 지급하기로 하였으나, 계약금 5억원만을 지급하였을 뿐 나머지 대금을 지급하지 않고 있다.

(다) 여민주는 2006. 7. 18.자 임시주주총회에서 적법하게 이사로 선임되었고, 이어 이사회에서 이사회 의장 및 대표이사로 적법하게 선임되어 김성운과 '각자 대표이사'로 E사를 운영하기로 하였다.

(2) 2006. 8. 7.자 이사회결의(여민주 해임)

김성운이 적법하게 소집한 2006. 8. 7. 이사회에서, 여민주의 대표이사 해임 안건이 적법하게 가결되었고(따라서 이사회 의장 직위는 유지됨), 같은 날 해임등기가 경료되었다.

(3) 2006. 10. 16.자 이사회결의(여민주 선임, 김성운 해임)

김성운이 2006. 10. 2. 회의안건을 기재한 이사회 소집통지를 하여 2006. 10. 16. 이사회가 개최되었는데, 그 이사회 의사록에는 여민주가 이사회 의장의 자격으로서 회의진행을 하고, 소집통지서에 기재되지 않았던 여민주의 대표이사 선임과 김성운의 대표이사

---

1. 본 사례는 대법원 2009. 5. 28. 선고 2008다85147 판결을 기초로 하여 작성된 것이다.

해임 안건이 긴급발의되어 이를 표결에 부친 결과 찬성 5명, 반대 3명으로 가결되었다고 기재되어 있고, 같은 날 김성운의 대표이사 해임에 관한 등기가 경료되었다.

(4) 2006. 10. 18.자 이사회결의(여민주 해임, 김성운 선임)

김성운 등 이사 6인(이하, "김성운측 이사")은 여민주 등 나머지 이사 5인(이하, "여민주측 이사")에 대한 소집통지를 하지 않고, 2006. 10. 18. 이사회를 개최하여 여민주의 대표이사 해임 및 김성운의 대표이사와 이사회 의장 선임 안건을 결의하였으며, 같은 날 김성운의 대표이사 선임에 관한 등기를 경료하였다.

(5) 2006. 12. 11.자 임시 주주총회결의(여민주측 이사 해임)

김성운은 2006. 10. 27. 이사회를 개최하여 2006. 12. 11.자 임시주주총회 소집의 안건과 조호석 대표이사 선임 안건을 결의하였고, 위 이사회결의에 따라 대표이사인 김성운과 조호석에 의하여 소집된 2006. 12. 11. 임시주주총회에서 여민주측 이사 5인에 대한 해임결의가 이루어졌다.

(6) 여민주의 주주총회결의부존재확인 소송 제기

2006. 12. 11.자 임시 주주총회결의로부터 2월이 경과한 후에, 여민주는 주주총회결의부존재확인의 소(이하, "본건 소송")를 제기하였다.

한편, 본 사례와 관련하여 추가적으로 밝혀진 사실관계는 다음과 같다.

(1) 여민주는 2006. 7. 25.까지 조승석에게 신주인수권부사채에 관한 중도금 48억원을 지급하지 못할 경우 이사직을 사임하기로 약정하고 사임서에 대신하는 확인서를 작성한 후 위 중도금을 지급하지 못하였다.

(2) 2006. 10. 16.자 이사회와 관련해서는 다음 사실들이 밝혀졌다.

(가) 이사회개회 당시 여민주가 이사회 의장으로서 이사회 개회 선언을 하자, 이사 조호석, 최태운, 강성환이 여민주의 개회선언에 항의하였던 사실,

(나) 이에 여민주가 이사 10명으로 성원이 되었다는 선언을 하고, 이사 이현호가 긴급발의로 김성운의 대표이사 해임 안건과 여민주의 대표이사 선임 안건을 제의하자, 이사 김동주, 조호석, 강성환, 김성운, 최태운이 이사회가 개최되는 사무실의 출입문 밖으로 나가거나 출입문 안쪽에서 서성이면서 여민주의 회의진행에 항의한 사실,

(다) 여민주가 위 안건을 표결에 부치자, 이사 조호석, 강성환, 최태운이 이에 항의하였고, 위 안건에 대한 찬반의 거수를 하는 과정에서 여민주측 이사 5인이 찬성의 표

시를 하였는데, 당시 김성운측 이사 중 4명이 이사회가 개최된 사무실 안에 서 있었고, 여민주가 안건 결의 통과를 선언할 때에도 김성운측 이사 중 조호석, 최태운, 강성환이 사무실 안에 있었던 사실.

(3) 2006. 12. 11.자 임시 주주총회결의시에, 일부 주주들의 주주총회 참석장에 주주의 인감도장 날인 등이 없다거나 위임장에 주주총회 참석장이 첨부되어 있지 않았었다.

(4) E사의 정관에는 주주총회와 이사회의 소집, 결의에 관하여 다음과 같이 규정하고 있다.

제19조(주주총회의 소집권자) **제1항**

주주총회의 소집은 법령에 규정이 있는 경우를 제외하고는 이사회의 결의에 따라 대표이사가 소집한다.

제38조(이사회의 구성과 소집) **제2항**

이사회는 이사회 의장, 대표이사 또는 이사회에서 따로 정한 이사가 있을 때에는 그 이사가 회일 1주간 전에 각 이사 및 감사에게 통지하여 소집한다. 그러나 이사 및 감사 전원의 동의가 있을 때에는 소집절차를 생략할 수 있다.

제39조(이사회의 결의방법)

제1항: 이사회의 결의는 이사 과반수의 출석과 출석이사의 과반수로 한다. 단, 가부동수인 경우에는 의장이 결정권을 행사한다.

제2항: 이사회의 의장은 제38조 제2항의 규정에 의한 이사회의 소집권자로 한다.

설문 1 2006. 10. 16.자 이사회결의가 적법 · 유효한지와 관련하여, 아래의 쟁점들에 대하여 답하시오.

(1) 여민주에게 이사회 진행 권한이 있는가?

(2) 의사정족수 및 의결정족수를 충족하였는가?

(3) 소집통지서에 표시된 목적사항 이외의 것에 대해 결의할 수 있는가?

(4) 이사회 진행 과정에 위법성이 있는가?

(5) 2006. 10. 16.자 이사회결의 직전에 여민주는 이사 지위를 갖고 있었는가?

설문 2 여민주는 본건 소송에서 승소할 수 있겠는가?

설문 3 여민주가 2006. 10. 18.자 이사회결의에 대하여 이사회결의의 무효확인소송을 제기하면 승소할 수 있겠는가?

[설문 1] 이사회 운영의 적법요건

(1) 문제의 소재

본 사례의 경우에 2006. 10. 16.자 이사회결의가 적법·유효한지와 관련하여서는 (1) 여민주에게 이사회 진행 권한이 있는가? (2) 의사정족수 및 의결정족수를 충족하였는가? (3) 소집통지서에 표시된 목적사항 이외의 것에 대해 결의할 수 있는가? (4) 이사회 진행 과정에 위법성이 있는가? (5) 2006. 10. 16.자 이사회결의 직전에 여민주는 이사 지위를 갖고 있었는가가 문제되는바, 아래에서 차례대로 검토하기로 한다.

(2) 설문의 해결

(가) 여민주에게 이사회 진행 권한이 있는가?

2006. 8. 7.자 이사회결의에 의하여 이미 대표이사에서 해임된 여민주가 아무런 자격 없이 대표이사인 김성운의 이사회 회의진행 권한을 침해하여 일방적으로 진행한 것이 아닌지가 문제된다.

검토컨대, E사의 정관 제38조 제2항은 '이사회는 이사회 의장, 대표이사 또는 이사회에서 따로 정한 이사가 있을 때에는 그 이사가 회일 1주간 전에 각 이사 및 감사에게 통지하여 소집한다'라고 하여 이사회 의장을 대표이사와 구분되는 별개의 지위로 규정하고 있는바, 여민주는 2006. 7. 18.자 이사회에서 이사회 의장 및 대표이사로 선임되었다가, 2006. 8. 7.자 이사회에서 대표이사의 지위에서만 해임되었을 뿐 이사회 의장의 지위에서는 해임된 사실이 없으므로 2006. 10. 16.자 이사회 개최 당시에도 이사회 의장의 자격을 유지하고 있었다고 할 것이어서 여민주가 위 이사회에서 의장으로서 회의를 진행한 것은 적법하다고 할 것이다.[2]

(나) 의사정족수 및 의결정족수를 충족하였는가?

2006. 10. 16.자 이사회결의의 경우에, E사의 이사 11인 중 여민주측 이사 5인

---

2. 이상의 결론에 대해서는 본 사례에 관한 대법원 2009. 5. 28. 선고 2008다85147 판결 참조.

만 참석하여 이루어진 것으로 의사정족수를 충족하지 못하였고, 가사 김성운측 이사들이 출석한 것으로 본다고 하더라도, 당시 이사회가 열린 사무실의 문 근처에서 여민주의 이사회진행에 항의하던 김성운측 이사 5인을 모두 포함시켜야 하므로 의결정족수를 충족하지 못하였던 것은 아닌지가 문제된다.

먼저, 의사정족수 충족 여부를 살펴본다.

요컨대, 이사회결의의 의사정족수 충족요건인 이사의 출석이라 함은 이사회의 결의과정에 참여할 의도로 회의에 참석하는 것을 의미하는바, 경영권에 관한 분쟁이 있는 회사에서 일부 이사들이 반대측 이사들에 의하여 진행되는 이사회가 개최되는 장소에 참석하여 특정한 개별안건에 관한 결의가 이루어질 때까지 물리적 · 공간적으로 구분된 이사회 개최장소 내에서 회의진행에 대한 항의를 하였다면, 비록 그 이사들이 항의하는 바가 반대측 이사들에 의하여 개최되는 이사회 자체의 적법성에 관한 것이었다고 하더라도, 그와 같은 사유로 당해 이사회의 결의가 무효로 판단되는지는 별개의 문제이고, 일단 의사정족수의 충족 여부에 있어서는, 특정한 개별안건의 결의시까지 그 이사회 개최장소 내에 있던 이사들은 그 개별안건에 관한 결의에 참여할 의도로 이사회에 참석한 것이라고 볼 것이다.

본 사례에 관하여 검토컨대 첫째, 이사회개회 당시 여민주가 이사회 의장으로서 이사회 개회 선언을 하자, 이사 조호석, 최태운, 강성환이 여민주의 개회선언에 항의하였다는 사실, 둘째, 이에 여민주가 이사 10명으로 성원이 되었다는 선언을 하고, 이사 이현호가 긴급발의로 김성운의 대표이사 해임 안건과 여민주의 대표이사 선임 안건을 제의하자, 이사 김동주, 조호석, 강성환, 김성운, 최태운이 이사회가 개최되는 사무실의 출입문 밖으로 나가거나 출입문 안쪽에서 서성이면서 여민주의 회의진행에 항의하였다는 사실, 셋째, 여민주가 위 안건을 표결에 부치자, 이사 조호석, 강성환, 최태운이 이에 항의하였고, 위 안건에 대한 찬반의 거수를 하는 과정에서 여민주측 이사 5인이 찬성의 표시를 하였는데, 당시 김성운측 이사 중 4명이 이사회가 개최된 사무실 안에 서 있었고, 여민주가 안건 결의 통과를 선언할 때에도 김성운측 이사 중 조호석, 최태운, 강성환이 사무실 안에 있었던 사실이, 각각 인정된다.

따라서 이러한 인정사실에 의하면, 2006. 10. 16.자 이사회에서 결의된 김성운의 대표이사 해임 안건과 여민주의 대표이사 선임 안건은 E사의 이사 11인 중 적어도 8명이 출석한 상태에서 결의되었다 할 것이므로 의사정족수를 충족하였다고 할 것이다.

다음으로, 의결정족수 충족 여부에 대하여 살펴보건대, 이사회가 개최된 사무실의 출입문 밖으로 나간 이사들은 이사회가 개최되는 장소에서 벗어난 것이므로 이사회에 출석한 것으로 볼 수 없으므로, 결국 출석한 8명 중 과반수인 5명이 찬성하였으므로[3] 이사회결의에 필요한 의결정족수도 갖추었다고 할 것이다.[4]

(다) 소집통지서에 표시된 목적사항 이외의 것에 대해 결의할 수 있는가?

2006. 10. 16.자 이사회결의의 경우에, 이사회결의에 있어서도 소집통지서에서 회의의 목적사항을 표시한 경우에는 그 표시된 것 이외의 사항에 대하여는 결의할 수 없음에도, 당초 회의의 목적사항으로 표시되지 않은 여민주의 대표이사 선임과 김성운의 대표이사 해임 안건을 의결하여 위법한 것이 아닌지가 문제된다.

검토컨대, 소집통지할 때에 회의의 목적사항을 표시하고 개최된 회의에서 그 사항에 한하여 결의할 수 있는 주주총회와는 달리,[5] 이사회는 그 소집통지시에 회의의 목적사항을 기재할 필요가 없는 이상,[6] 이사회 소집통지를 하면서 회의의 목적사항을 표시하였다고 하더라도, 그에 따라 개최된 이사회에서 표시된 목적사항에 한해서만 결의할 수 있다고 볼 수는 없으므로, 결국 이 부분과 관련하여 2006. 10. 16.자 이사회결의에는 위법이 없다고 할 것이다.[7]

---

3. E사의 정관 제39조(이사회의 결의방법) 제1항: [이사회의 결의는 이사 과반수의 출석과 출석이사의 과반수로 한다. 단, 가부동수인 경우에는 의장이 결정권을 행사한다].

4. 이상의 결론에 대해서는 본 사례에 관한 대법원 2009. 5. 28. 선고 2008다85147 판결 참조.

5. 상법 제363조(소집의 통지, 공고): [제1항: 주주총회를 소집할 때에는 주주총회일의 2주 전에 각 주주에게 서면으로 통지를 발송하거나 각 주주의 동의를 받아 전자문서로 통지를 발송하여야 한다. 다만, 그 통지가 주주명부상 주주의 주소에 계속 3년간 도달하지 아니한 경우에는 회사는 해당 주주에게 총회의 소집을 통지하지 아니할 수 있다. 제2항: 제1항의 통지서에는 회의의 목적사항을 적어야 한다. 제3항: 회사가 무기명식 주권을 발행한 경우에는 주주총회일의 3주 전에 총회를 소집하는 뜻과 회의의 목적사항을 공고하여야 한다].

6. 다만, 소집의 일시와 장소는 반드시 통지해야 한다. 이철송, 『회사법강의』, 제559면. 상법 제390조(이사회의 소집): [제1항: 이사회는 각이사가 소집한다. 그러나 이사회의 결의로 소집할 이사를 정한 때에는 그러하지 아니하다. 제2항: 제1항 단서의 규정에 의하여 소집권자로 지정되지 않은 다른 이사는 소집권자인 이사에게 이사회 소집을 요구할 수 있다. 소집권자인 이사가 정당한 이유 없이 이사회 소집을 거절하는 경우에는 다른 이사가 이사회를 소집할 수 있다. 제3항: 이사회를 소집함에는 회일을 정하고 그 1주간 전에 각 이사 및 감사에 대하여 통지를 발송하여야 한다. 그러나 그 기간은 정관으로 단축할 수 있다. 제4항: 이사회는 이사 및 감사전원의 동의가 있는 때에는 제3항의 절차 없이 언제든지 회의할 수 있다].

7. 이상의 결론에 대해서는 본 사례에 관한 대법원 2009. 5. 28. 선고 2008다85147 판결 참조.

(라) 이사회 진행 과정에 위법성이 있는가?

2006. 10. 16.자 이사회결의의 경우에, 여민주의 일방적인 회의 진행에 위법성이 있는지 여부가 문제되나, 여민주는 이사회 의장의 지위에서 이사회 진행을 하였고, 김성운측 이사들이 사무실 출입문 안팎에서 이에 항의한 것이지 여민주가 김성운측 이사들의 이사회 회의 참여를 제한하였다고 볼 수 없고, 또한 달리 특별한 위법 사실을 찾을 수는 없는 것으로 파악되므로, 결국 이사회 진행 과정에 위법성은 없다고 할 것이다.[8]

(마) 2006. 10. 16.자 이사회결의 직전에 여민주는 이사 지위를 갖고 있었는가?

본 사례의 경우에, 여민주가 2006. 7. 25.까지 조승석에게 중도금 48억원을 지급하지 못할 경우 이사직을 사임하기로 약정하고 사임서에 대신하는 확인서를 작성한 후 위 중도금을 지급하지 못함으로써 이사직을 상실한 것이 아닌지가 문제된다.

검토컨대, 이러한 확인서는 당사자 사이의 약정에 해당할 뿐 이를 이유로 여민주의 이사직 사임이라는 법률효과가 바로 발생되는 것은 아니라고 할 것이므로, 여민주가 조승석에게 중도금 48억원을 2006. 7. 25.까지 지급하지 못하였다는 사유만으로 E사의 이사직에서 사임하였다고 볼 수는 없으므로, 2006. 10. 16.자 이사회결의 직전에 여민주는 이사 지위를 여전히 가지고 있었다고 할 것이므로, 적어도 이러한 측면에서는 여민주를 이사 지위를 전제로 하는 대표이사[9]로 선임한 것 역시 적법하다고 할 것이다.

(바) 소결론

그렇다면 본 사례의 경우에 2006. 10. 16.자 이사회결의는 위법한 요소를 찾을 수가 없으므로 적법 · 유효하다고 할 것이다.

---

8. 이상의 결론에 대해서는 본 사례에 관한 대법원 2009. 5. 28. 선고 2008다85147 판결 참조.

9. 상법 제389조(대표이사) 제1항: [회사는 이사회의 결의로 회사를 대표할 이사를 선정하여야 한다. 그러나 정관으로 주주총회에서 이를 선정할 것을 정할 수 있다].

[설문 2] 주주총회결의의 하자

(1) 문제의 소재

김성운은 2006. 10. 27. 이사회를 개최하여 2006. 12. 11.자 임시주주총회 소집의 안건과 조호석 대표이사 선임 안건을 결의하였고, 이러한 이사회결의에 따라 대표이사인 김성운과 조호석에 의하여 소집된 2006. 12. 11. 임시주주총회에서 여민주 측 이사 5인에 대한 해임결의가 이루어졌다.

한편, 2006. 12. 11.자 임시 주주총회결의로부터 2월이 경과한 후에, 여민주는 "주주총회결의 부존재확인의 소"라고 하는 본건 소송을 제기하였는바, 여민주가 본건 소송에서 승소할 수 있겠는지를 검토하여 보기로 한다.

(2) 설문의 해결

원래 주주총회의 소집은 소집결정권이 있는 이사회의 결정에 따라 그 결정을 집행하는 권한을 가진 대표이사가 하는 것이고, 이사회의 결정이 없이는 이를 소집할 수 없는 것이지만, 이사회의 결정이 없다고 하더라도 외관상 이사회의 결정에 의한 소집형식을 갖추어 소집권한 있는 자가 적법하게 소집절차를 밟은 이상, 이렇게 소집된 주주총회에서 한 결의는 부존재한다고 볼 수는 없고, 이사회의 결정이 없었다거나 대표이사 아닌 이사가 소집통지를 하였다는 등의 사정은 그 주주총회결의의 취소사유가 됨에 불과하다고 할 것이다.[10]

본 사례의 경우에 검토컨대, [설문 3]에서 살펴볼 바와 같이 김성운을 대표이사 및 이사회 의장으로 선임한 2006. 10. 18.자 이사회결의에는 무효사유에 해당하는 하자가 있으므로, 김성운이 이사회 의장으로서 소집한 2006. 10. 27.자 이사회결의에도 하자가 있고, 이에 의하여 김성운과 조호석이 대표이사로서 소집한 2006. 12.

10. 대법원 1980. 10. 27. 선고 79다1264 판결(이사회의 결정 없이 주주총회가 소집되었다고 하더라도 외관상 이사회의 결정이 있었던 것과 같은 소집형식을 갖추어 소집권한 있는 자가 적법한 소집절차를 밟은 이상 이사회의 결정이 없었다는 사정은 주주총회결의 부존재의 사유는 되지 않고 주주총회결의 취소의 사유가 됨에 불과하다) ; 대법원 1993. 9. 10. 선고 93도698 판결(대표이사 아닌 이사가 이사회의 소집결의에 따라서 주주총회를 소집한 것이라면 위 주주총회에 있어서 소집절차상 하자는 주주총회결의의 취소사유에 불과하고 그것만으로 바로 주주총회결의가 무효이거나 부존재가 된다고 볼 수 없다).

11.자 임시주주총회의 결의에도 소집절차상의 하자가 존재한다고 할 것이다.

다만, 2006. 12. 11.자 임시주주총회의 결의의 소집절차상의 하자의 정도에 관하여 살펴보면, 위 임시주주총회를 소집한 김성운과 조호석은 등기부상 대표이사로 등재된 자로서 외형상 적법한 소집권한을 가지고 있을 뿐만 아니라 그 소집을 위한 이사회의 결의를 거쳐 위 임시주주총회를 소집하였고, 위 임시주주총회에는 E사의 주주들이 정상적으로 참여하여 결의를 한 것으로 보인다.

한편, 상법 제368조 제3항은 "주주는 대리인으로 하여금 그 의결권을 행사하게 할 수 있다. 이 경우에는 그 대리인은 '대리권을 증명하는 서면'을 총회에 제출하여야 한다"고 규정하고 있는바, 여기서 '대리권을 증명하는 서면'이라 함은 '위임장'을 일컫는 것으로서 회사가 위임장과 함께 인감증명서, 참석장 등을 제출하도록 요구하는 것은 대리인의 자격을 보다 확실하게 확인하기 위하여 요구하는 것일 뿐, '이러한 서류' 등을 지참하지 아니하였다 하더라도 주주 또는 대리인이 다른 방법으로 위임장의 진정성 내지 위임의 사실을 증명할 수 있다면 회사는 그 대리권을 부정할 수 없다고 할 것이고, 한편 회사가 주주 본인에 대하여 주주총회 참석장을 지참할 것을 요구하는 것 역시 주주 본인임을 보다 확실하게 확인하기 위한 방편에 불과하므로, 다른 방법으로 주주 본인임을 확인할 수 있는 경우에는 회사는 주주 본인의 의결권 행사를 거부할 수 없다.[11]

따라서 본 사례의 경우에, 일부 주주들의 주주총회 참석장에 주주의 인감도장 날인 등이 없다거나 위임장에 주주총회 참석장이 첨부되어 있지 않다는 사정이 있다고 하더라도, 그것만으로는 그 주주들의 주주총회 참석이나 대리인의 대리권을 부정할 수 없으므로, 2006. 12. 11.자 임시주주총회는 주주 본인이나 적법한 대리인들이 참석하여 의결권을 행사하였다고 할 것이다.

그렇다면 위와 같이 2006. 12. 11.자 임시 주주총회를 소집한 대표이사인 김성운이 당초 대표이사로 선임된 2006. 10. 18.자 이사회결의의 하자로 인하여 무권한

---

11. 대법원 2009. 4. 23. 선고 2005다22701,22718 판결(상법 제368조 제3항이 규정하는 '대리권을 증명하는 서면'이라 함은 위임장을 일컫는 것으로서 회사가 위임장과 함께 인감증명서, 참석장 등을 제출하도록 요구하는 것은 대리인의 자격을 보다 확실하게 확인하기 위하여 요구하는 것일 뿐, 이러한 서류 등을 지참하지 아니하였다 하더라도 주주 또는 대리인이 다른 방법으로 위임장의 진정성 내지 위임의 사실을 증명할 수 있다면 회사는 그 대리권을 부정할 수 없다. 한편, 회사가 주주 본인에 대하여 주주총회 참석장을 지참할 것을 요구하는 것 역시 주주 본인임을 보다 확실하게 확인하기 위한 방편에 불과하므로, 다른 방법으로 주주 본인임을 확인할 수 있는 경우에는 회사는 주주 본인의 의결권 행사를 거부할 수 없다).

자가 되는 경우나 무효라는 하자 있는 이사회결의에 따라 주주총회를 소집한 경우에 그와 같은 사유는 주주총회결의의 취소사유에 해당할 뿐이고, 법률상 그 결의가 부존재[12]하지 않는다고까지 볼 정도의 중대한 하자에 해당된다고 할 수는 없다.

한편, 상법 제376조(결의취소의 소) 제1항은 "총회의 소집절차 또는 결의방법이 법령 또는 정관에 위반하거나 현저하게 불공정한 때 또는 그 결의의 내용이 정관에 위반한 때에는 주주 · 이사 또는 감사는 결의의 날로부터 2월 내에 결의 취소의 소를 제기할 수 있다"라고 규정하여 주주총회결의 취소소송을 제기할 수 있는 제소기간을 주주총회결의일로부터 2월 내로 제한하고 있는바,[13] 본건 소송의 경우에는 2006. 12. 11.자 임시 주주총회결의로부터 2월이 경과한 후에 제기되었으므로, 결국 여민주는 본건 소송에서 패소하게 될 것이고 그에 따라 2006. 12. 11.자 임시 주주총회결의는 유효한 것으로 처리된다.[14,15]

---

12. 주주총회결의 부존재 사유로 인정되는 경우의 예로는 첫째, 당해 주주총회를 소집한 대표이사가 당초 부존재사유에 해당하는 하자가 있는 주주총회에서 선임된 이사들로 구성된 이사회에서 선임된 경우, 둘째, 당해 주주총회결의에 단순히 소집권한이 없는 자에 의한 소집이라는 하자 이외에 일부 주주에게만 서면이 아닌 구두로 주주총회의 소집통지를 하였고 그 총회 소집이 이사회에서 결정된 것이 아니라는 하자가 추가로 존재한 경우, 셋째, 주주총회 및 이사회결의를 거치지 않고 공동대표이사로 임의로 취임한 자에 의하여 당해 주주총회가 소집된 경우 등이 있다. 대법원 1969. 9. 2. 선고 67다1705,1706 판결(권한이 없는 자가 소집한 주주총회는 사실상 총회결의가 있었다 하여도 그 총회의 성립에 현저한 하자가 있다 할 것이므로 누구나 언제든지 그 결의의 무효확인이 아닌 부존재확인을 구할 수 있다) ; 대법원 1993. 10. 12. 선고 92다28235,28242 판결(가. 대표이사가 1987. 2. 26. 10:00 회사 사무실에서 임시주주총회를 개최한다는 통지를 하였으나 주주총회 당일 16:00경 소란으로 인하여 사회자가 주주총회의 산회선언을 하였는데 그 후 주주 3인이 별도의 장소에 모여 결의를 한 것이라면, 위 주주 3인이 과반수를 훨씬 넘는 주식을 가진 주주라고 하더라도 나머지 일부 소수주주들에게는 그 회의의 참석과 토의, 의결권행사의 기회를 전혀 배제하고 나아가 법률상 규정된 주주총회소집절차를 무시한 채 의견을 같이 하는 일부주주들만 모여서 한 결의를 법률상 유효한 주주총회의 결의라고 볼 수는 없다. 나. 제1주주총회결의가 부존재로 된 이상 이에 기하여 대표이사로 선임된 자들은 적법한 주주총회의 소집권자가 될 수 없어 그들에 의하여 소집된 주주총회에서 이루어진 제2주주총회결의 역시 법률상 결의부존재라고 볼 것이다) ; 대법원 1973. 6. 29. 선고 72다2611 판결(주주총회의 소집을 일부 주주에게만 구두로 소집통지를 하였고, 그 총회 소집이 이사회에서 결정된 것이 아니고 또 그 소집통지가 권한 있는 자에 의한 것이 아니라면 사회통념상 총회 자체의 성립이 인정되가 어렵다) ; 대법원 1973. 7. 24. 선고 73다326판결(정당한 소집권자에 의하여 소집된 주주총회가 아니면 그 결의는 무효이다).

13. 이와 같이 단기의 제소기간을 둔 것은, 취소소송의 경우 하자가 비교적 경미한데 회사의 법률관계를 장기간 불안정한 상태(취소 가능한 상태)로 방치하는 것은 바람직하지 않기 때문이다. 이철송, 『회사법강의』, 제495면.

14. 이상의 결론에 대해서는 본 사례에 관한 대법원 2009. 5. 28. 선고 2008다85147 판결 참조.

15. 주주총회결의 취소소송은 형성의 소(법률관계의 변동을 요구하는 소)이므로, 그 결의는 판결에 의해 취

[설문 3] 이사회결의 무효확인 소송

(1) 문제의 소재

여민주가 2006. 10. 18.자 이사회결의에 대하여 이사회결의의 무효확인소송을 제기하면 승소할 수 있겠는지를 검토해 본다.

(2) 설문의 해결

요컨대, 이사회의 결의로써 대표이사직에서 해임된 사람이 그 이사회결의가 있은 후에 개최된 유효한 주주총회결의에 의하여 이사직에서 해임된 경우, 그 주주총회가 무권리자에 의하여 소집된 총회라는 하자 이외의 다른 절차상·내용상의 하자로 인하여 부존재 또는 무효임이 인정되거나 그 결의가 취소되는 등의 특별한 사정이 없는 한 대표이사 해임에 관한 이사회결의에 어떠한 하자가 있다고 할지라도, 그 결의의 부존재나 무효 확인 또는 그 결의의 취소를 구하는 것은 과거[16]의 법률관계 내지 권리관계의 확인을 구하는 것에 귀착되어 확인의 소로서 권리보호요건을 결여한 것으로 보아야 한다.[17]

본 사례의 경우에 검토컨대 첫째, 2006. 10. 18.자 이사회결의는 2006. 10. 16.자 이사회결의에 의하여 대표이사에서 해임된 김성운과 김성운측 이사들이 적법한 소집권한 없이, 여민주측 이사 5인에 대한 소집통지도 하지 않고 개최하여 여민주를 대표이사에서 해임하고 김성운을 대표이사 및 이사회 의장으로 선임한 것으로서 그

소되지 않는 한 유효한 것으로 다루어진다. 대법원 1965. 11. 16. 선고 65다1683 판결(주주총회의 소집절차가 정관이나 법령 등에 위배된 경우에 본조에 의하여 취소되지 않는 한 유효하다 할 것이다).

16. 이와 같이, 원칙적으로는 과거의 권리관계의 존부 확인은 청구할 수 없는데, 그 이유는 과거의 권리관계가 현재의 권리관계에 영향을 미치면 차라리 현재의 권리관계로 고쳐서 확인을 구하는 것이 직접적이고 간명한 방법이기 때문이다. 이시윤, 『신민사소송법』, 제203면.

17. 대법원 1996. 10. 11. 선고 96다24309 판결(이사가 임원 개임의 주주총회결의에 의하여 임기 만료 전에 이사직에서 해임당하고 후임 이사의 선임이 있었다 하더라도 그 후에 새로 개최된 유효한 주주총회결의에 의하여 후임 이사가 선임되어 선임등기까지 마쳐진 경우라면, 그 새로운 주주총회의 결의가 무권리자에 의하여 소집된 총회라는 하자 이외의 다른 절차상·내용상의 하자로 인하여 부존재 또는 무효임이 인정되거나 그 결의가 취소되는 등의 특별한 사정이 없는 한, 당초의 이사개임 결의가 무효라 할지라도 이에 대한 부존재나 무효확인을 구하는 것은 과거의 법률관계 내지 권리관계의 확인을 구하는 것에 귀착되어 확인의 소로서의 권리보호요건을 결여한 것으로 보아야 한다).

중대한 절차적 하자로 인하여 무효사유에 해당하는 하자가 있고, 둘째, 김성운이 이사회 의장으로서 소집하여 임시주주총회 소집과 조호석의 대표이사 선임을 결의한 2006. 10. 27.자 이사회결의에도 하자가 있으며, 셋째, 이러한 2006. 10. 27.자 이사회결의에 따라 김성운과 조호석에 의하여 소집되어 여민주를 E사의 이사직에서 해임하기로 결의한 2006. 12. 11.자 임시주주총회의 결의에도 하자가 존재한다고 할 것이다.

그러나 [설문 2]에서 살펴 보았듯이, 2006. 12. 11.자 임시주주총회결의는 주주총회결의의 취소사유에 해당할 뿐이고, 법률상 그 결의가 부존재하지 않는다고까지 볼 정도의 중대한 하자에 해당된다고 할 수는 없는바, 여민주가 위 임시주주총회결의가 있은 후 2월이 경과한 후에 주주총회결의 부존재확인의 소를 제기하였으므로, 결국 여민주측 5인의 이사가 해임된 2006. 12. 11.자 임시주주총회결의는 유효한 것으로 처리되므로, 현재 이사의 지위를 갖지 않는 여민주가 2006. 10. 18.자 이사회결의에 대하여 이사회결의 무효확인소송을 제기하더라도 확인의 이익[18]이라는 권리보호요건을 결여하여 부적법, 각하될 것이다.[19]

18. 확인의 소에서의 확인의 이익과 같은 소의 이익은 소송요건의 일종으로서 직권조사사항이고 본안판결의 요건이며, 따라서 이것이 흠결될 때에는 소가 부적법하다고 하여 각하판결을 해야 한다. 이시윤, 『신민사소송법』, 제209면. 대법원 2002. 9. 4. 선고 98다17145 판결(어느 분쟁해결을 위하여 적정한 판단을 받을 수 있도록 마련된 보다 더 간편한 절차를 이용할 수 있었음에도 그 절차를 이용하지 않았다는 사정은 소송제기에 있어 소극적 권리보호요건인 직권조사사항이라 할 것이다).

19. 이상의 결론에 대해서는 본 사례에 관한 대법원 2009. 5. 28. 선고 2008다85147 판결 참조.

[사례 24]

주식회사의 중요재산의 처분

다음과 같은 사실관계 하에서, 아래의 각 질의에 대해 답하시오.[1]

(1) 1999. 12. 21.(M사의 설립)

M주식회사(이하, "M사")는 구조물해체 및 발파 공사업 등을 목적으로 하여 설립된 법인으로 설립 당시에는 장기용, 박문호가 '각자 대표이사'[2]였다.

(2) 2000. 3. 2.(본건 특허권의 양수)

M사는 2000. 3. 2. '사전 암반 절단공법'에 관한 특허권(이하, "본건 특허권")[3]을 특허권자이자 대표이사인 장기용으로부터 금 25억원에 양수하고 M사 명의로 이전등록을 하였다.

(3) 2000. 5. 16.(유상 증자)

M사는 2000. 5.경 공모에 의한 증자를 하면서, M사의 주식이 연말까지 상장될 것이라고 약속하는 등 장래가 유망한 벤처기업이라는 설명을 하여 출자자를 모집하였고, 위 약속을 믿은 한초영을 포함한 62명의 투자자들(이하, "본건 투자자들")로부터 주식 액면가(금 1천원)의 5배[4]에 해당하는 주식인수대금을 납입받는 방법으로 합계 금 11억 7,900

1. 본 사례는 대법원 2004. 7. 8. 선고 2004다13717 판결을 기초로 하여 작성된 것이다.

2. 수인의 대표이사가 있는 경우에는 각자 대표이사임이 원칙이다. 상법 제389조(대표이사): [제1항: 회사는 이사회의 결의로 회사를 대표할 이사를 선정하여야 한다. 그러나 정관으로 주주총회에서 이를 선정할 것을 정할 수 있다. 제2항: 전항의 경우에는 수인의 대표이사가 공동으로 회사를 대표할 것을 정할 수 있다].

3. 특허권은 이와 같이 '사전 암반 절단공법'이라는 '발명의 명칭'뿐만 아니라, [특허번호, 출원번호, 등록공고번호, 사정연월일, 류별, 존속기간만료일, 등록일]로서 특정된다.

4. 주식, 전환사채나 신주인수권부사채를 발행하는 경우에, 발행가액을 시가보다 낮게 하면, 주주배정의 경우에는 업무상배임죄가 성립할 가능성이 낮으나, 제3자배정의 경우에느 업무상배임죄가 성립할 가능성이 크다. 대법원 2009. 5. 29. 선고 2007도4949 전원합의체 판결([**다수의견**] 주주는 회사에 대하여 주식의 인수가액에 대한 납입의무를 부담할 뿐 인수가액 전액을 납입하여 주식을 취득한 후에는 주주 유한책임의 원칙에 따라 회사에 대하여 추가 출자의무를 부담하지 않는 점, 회사가 준비금을 자본으로 전입

만원을 출자 받아, 2000. 5. 16. 위 증자에 따른 변경등기를 경료하였다.

(4) 2000. 10. 20.(본건 반환약정의 체결)

그 후 본건 투자자들에게 약속한 상장이 되지 않고, M사의 매출 실적이 전무하자, 본건 투자자들을 대표한 한초영이 M사에 자신들의 투자금회수에 대한 확보방안을 마련하여 줄 것을 요구하였고, 이에 M사는 2000. 10. 20. 본건 투자자들을 대표한 한초영과 사이에 M사의 주식이 청약증거금[5] 입금일로부터 5개월 이내에 상장되지 않을 경우에는 청약금

하거나 이익을 주식으로 배당할 경우에는 주주들에게 지분비율에 따라 무상으로 신주를 발행할 수 있는 점 등에 비추어 볼 때, 회사가 주주 배정의 방법, 즉 주주가 가진 주식 수에 따라 신주, 전환사채나 신주인수권부사채(이하 '신주 등'이라 한다)의 배정을 하는 방법으로 신주 등을 발행하는 경우에는 발행가액 등을 반드시 시가에 의하여야 하는 것은 아니다. 따라서 회사의 이사로서는 주주 배정의 방법으로 신주를 발행하는 경우 원칙적으로 액면가를 하회하여서는 아니 된다는 제약 외에는 주주 전체의 이익, 회사의 자금조달의 필요성, 급박성 등을 감안하여 경영판단에 따라 자유로이 그 발행조건을 정할 수 있다고 보아야 하므로, 시가보다 낮게 발행가액 등을 정함으로써 주주들로부터 가능한 최대한의 자금을 유치하지 못하였다고 하여 배임죄의 구성요건인 임무위배, 즉 회사의 재산보호의무를 위반하였다고 볼 것은 아니다. 그러나 주주배정의 방법이 아니라 제3자에게 인수권을 부여하는 제3자 배정방법의 경우, 제3자는 신주 등을 인수함으로써 회사의 지분을 새로 취득하게 되므로 그 제3자와 회사와의 관계를 주주의 경우와 동일하게 볼 수는 없다. 제3자에게 시가보다 현저하게 낮은 가액으로 신주 등을 발행하는 경우에는 시가를 적정하게 반영하여 발행조건을 정하거나 또는 주식의 실질가액을 고려한 적정한 가격에 의하여 발행하는 경우와 비교하여 그 차이에 상당한 만큼 회사의 자산을 증가시키지 못하게 되는 결과가 발생하는데, 이 경우에는 회사법상 공정한 발행가액과 실제 발행가액과의 차액에 발행주식수를 곱하여 산출된 액수만큼 회사가 손해를 입은 것으로 보아야 한다. 이와 같이 현저하게 불공정한 가액으로 제3자 배정방식에 의하여 신주 등을 발행하는 행위는 이사의 임무위배행위에 해당하는 것으로서 그로 인하여 회사에 공정한 발행가액과의 차액에 상당하는 자금을 취득하지 못하게 되는 손해를 입힌 이상 이사에 대하여 배임죄의 죄책을 물을 수 있다. 다만, 회사가 제3자 배정의 방법으로 신주 등을 발행하는 경우에는 회사의 재무구조, 영업전망과 그에 대한 시장의 평가, 주식의 실질가액, 금융시장의 상황, 신주의 인수가능성 등 여러 사정을 종합적으로 고려하여, 이사가 그 임무에 위배하여 신주의 발행가액 등을 공정한 가액보다 현저히 낮추어 발행한 경우에 해당하는지를 살펴 이사의 업무상배임죄의 성립 여부를 판단하여야 한다).

5. 신주발행의 경우에 인수인은 납입기일에 인수가액 전액을 납입하면 되고, 납입을 하지 않으면 실권주가 되어 발행회사로서는 다시 인수인을 모집할 수도 있고 발행을 포기할 수도 있다. 그러나 실무에서는 이러한 번거로움을 피하기 위해 청약기일에 100%의 청약증거금을 예납받아 납입기일에 납입금(인수가액)으로 충당하는 경우가 많다. 상법 제425조(준용규정) 제1항: [제302조 제1항, 제3항, 제303조, 제305조 제2항, 제3항, 제306조, 제318조와 제319조의 규정은 신주의 발행에 준용한다] ; 상법 제303조(주식인수인의 의무): [주식인수를 청약한 자는 발기인이 배정한 주식의 수에 따라서 인수가액을 납입할 의무를 부담한다] ; 상법 제423조(주주가 되는 시기, 납입해태의 효과): [제1항: 신주의 인수인은 납입 또는 현물출자의 이행을 한 때에는 납입기일의 다음 날로부터 주주의 권리의무가 있다. 이 경우 제350조 제3항 후단의 규정을 준용한다. 제2항: 신주의 인수인이 납입기일에 납입 또는 현물출자의 이행을 하지 아니한 때에는 그 권리를 잃는다. 제3항: 제2항의 규정은 신주의 인수인에 대한 손해배상의 청구에 영향을 미치지 아니한다].

상당액을 투자자들에게 전액 반환하기로 약정(이하 "본건 반환약정")하였다.

(5) 2000. 12. 3. ~ 2001. 3. **말경**(본건 반환약정에 따른 일부 지급)

그 후에도 M사의 영업실적이 호전되지 않고, M사 지분의 80% 가량을 소유한 대표이사 장기용이 2000. 12. 3.경부터 회사에 출근하지 않자, 한초영은 2000. 12. 5. 본건 투자자들의 선정당사자[6]로서 M사의 법인통장 예금액 등에 대한 채권가압류 결정[7]을 받는 등 본건 반환약정에 따른 채권확보를 위한 조치를 하였고, M사의 또 다른 대표이사 박문호는 2000. 12. 16.경부터 2001. 3. 말경까지 사이에 본건 투자자들을 대표한 한초영에게 본건 반환약정에 따른 채무의 이행으로 금 3억 300만원을 지급하였다.

(6) 2001. 2. 16. ~ 2001. 3. 15.(장기용의 해임/본건 특허권의 양도)

장기용이 계속 회사에 출근을 하지 않자 2001. 2. 16. M사는 그를 해임하고 해임등기를 하였으며, M사의 자금사정상 본건 투자자들의 투자금 채권을 변제할 자금의 마련이 어렵게 되자 그 담보를 위하여 2001. 2. 21.경 본건 투자자들을 대표한 한초영에게 본건 특허권에 관하여 질권(채권액 금 11억 6,000만원)을 설정해 주었고, 이어서 2001. 3. 15. M사의 주주총회결의 없이 한초영 명의로 본건 특허권에 관하여 이전등록(이하 "본건 특허권 이전등록")을 경료하여 주었다.

한편, 본 사례와 관련하여 추가적으로 밝혀진 사실관계는 다음과 같다.

---

6. 민사소송법 제53조(선정당사자): [제1항: 공동의 이해관계를 가진 여러 사람이 제52조의 규정에 해당되지 아니하는 경우에는, 이들은 그 가운데에서 모두를 위하여 당사자가 될 한 사람 또는 여러 사람을 선정하거나 이를 바꿀 수 있다. 제2항: 소송이 법원에 계속된 뒤 제1항의 규정에 따라 당사자를 바꾼 때에는 그 전의 당사자는 당연히 소송에서 탈퇴한 것으로 본다].

7. 민사집행법 제276조(가압류의 목적): [제1항: 가압류는 금전채권이나 금전으로 환산할 수 있는 채권에 대하여 동산 또는 부동산에 대한 강제집행을 보전하기 위하여 할 수 있다. 제2항: 제1항의 채권이 조건이 붙어 있는 것이거나 기한이 차지 아니한 것인 경우에도 가압류를 할 수 있다] ; 제277조(보전의 필요): [가압류는 이를 하지 아니하면 판결을 집행할 수 없거나 판결을 집행하는 것이 매우 곤란할 염려가 있을 경우에 할 수 있다] ; 제296조(동산가압류집행): [제1항: 동산에 대한 가압류의 집행은 압류와 같은 원칙에 따라야 한다. 제2항: 채권가압류의 집행법원은 가압류명령을 한 법원으로 한다. 제3항: 채권의 가압류에는 제3채무자에 대하여 채무자에게 지급하여서는 아니 된다는 명령만을 하여야 한다. 제4항: 가압류한 금전은 공탁하여야 한다. 제5항: 가압류물은 현금화를 하지 못한다. 다만, 가압류물을 즉시 매각하지 아니하면 값이 크게 떨어질 염려가 있거나 그 보관에 지나치게 많은 비용이 드는 경우에는 집행관은 그 물건을 매각하여 매각대금을 공탁하여야 한다] ; 제297조(제3채무자의 공탁): [제3채무자가 가압류 집행된 금전채권액을 공탁한 경우에는 그 가압류의 효력은 그 청구채권액에 해당하는 공탁금액에 대한 채무자의 출급청구권에 대하여 존속한다].

(1) 장기용은 1999. 6. 10. 자신이 발명특허로 출원한 '사전 암반 절단공법'이 본건 특허권으로 특허등록되자 이러한 특허기술을 이용한 사업을 추진하는 'M엔지니어링'이라는 개인업체를 설립하였다가 1999. 12. 21. 이를 법인으로 전환하여 구조물해체 및 발파 공사업 등을 목적사업으로 하는 M사를 설립하였다.

(2) 장기용은 M사가 중소기업청으로부터 벤처기업으로 지정받을 수 있도록 하기 위하여 본건 특허권을 M사에게 양도하고 M사 앞으로 이전등록을 경료하였고, 이에 따라 M사는 2000. 3. 22. 벤처기업으로 지정받기에 이르렀다.

(3) M사는 서울 강남 소재 사무실에 직원 5~6명이 근무하는 소규모의 회사로서 그동안 본건 특허권을 이용한 공사의 수주를 주된 사업으로 추진해 왔고, 본건 특허권 이전등록이 있기 직전 연도인 2000년도 대차대조표상 자산 총계 27억 9,329만원 중 본건 특허권이 25억원이다.

설문 M사는 본건 특허권 이전등록이 M사의 주주총회 특별결의 없이 이루어졌음을 주장하여 한초영에게 말소등록 청구권을 가지는가?

(1) 문제의 소재

영업의 양도 등의 경우에는 단순한 경영정책의 문제에 그치지 않고 회사의 재산적 기초를 위태롭게 할 염려가 있으므로 주주의 이해에 중대한 영향이 있다고 보아, 상법에서 주주총회 특별결의가 필요한 것으로 규정하고 있는바,[8] 영업 그 자체의 양도는 아니나 본건 특허권 이전등록과 같이 회사의 개별적인 중요재산의 처분의 경우에도 영업 그 자체만큼 중요한 것이므로 주주총회 특별결의가 필요하다고 해야 하는 것은 아닌지 여부가 문제된다.[9]

8. 이철송, 『회사법강의』, 제469면.

9. 본 사례에 관한 항소심 판결(서울고등법원 2004. 2. 4. 선고 2002나69114 판결)에서는, 주주총회 특별결의가 필요한지라는 쟁점 이외에도, M사가 본건 특허권 이전등록이 무효라고 주장하는 근거로 제시된 다른 법리들(예: 자본충실원칙 위반, 자기주식취득 금지 위반, 대표권 남용, 불공정한 법률행위)에 대해서도 판단이 이루어졌으나, 상고심인 대법원에서는 뒤에서 살펴보는 바와 같이 주주총회 특별결의가 필요했는데 이를 거치지 않아서 본건 특허권 이전등록이 무효라는 결론에 이르러 그러한 판단만으로도 본건 특허권 이전등록이 무효라고 함에 충분하여 위와 같은 다른 법리들에 대해서는 판단을 하지 않았다. 따라서

(2) 설문의 해결

본건 쟁점과 관련하여 상법 제374조(영업양도, 양수, 임대 등) 제1항 및 제434조(정관변경의 특별결의)는 다음과 같이 규정하고 있으므로, 관련 법리를 먼저 살펴보기로 한다.

상법 제374조

제1항: 회사가 다음의 행위를 함에는 제434조에 정하는 결의가 있어야 한다.

1. 영업의 전부 또는 중요한 일부[10]의 양도[11]
2. 영업 전부[12]의 임대 또는 경영위임, 타인과 영업의 손익 전부[13]를 같이하는 계약[14] 기타 이에 준할[15] 계약의 체결, 변경 또는 해약

본 사례에서는 이러한 다른 법리들에 대해서는 대법원의 판단이 없어서, 법리로서의 의미가 크지 않다고 보아 검토하지 않음을 밝혀둔다.

10. 전부를 양도한 경우에만 주주총회 특별결의가 필요하다고 규정하게 되면, 일부씩 여러번에 걸쳐서 양도하여 주주총회 특별결의를 거치지 않으려고 하는 세법행위가 나타날 수도 있음을 염려하여 이와 같이 규정한 것이다. 이철송, 『회사법강의』, 제470면.

11. 본조 1호, 3호, 4호는 영업의 양수도에 대해서 규정하고 있는바, 1호에서의 영업양도에서의 양도인은 반드시 주식회사이어야 하고, 3호 및 4호에서의 영업양수에서의 양도인은 회사이어야 하고 양수인은 주식회사이어야 한다. 대법원 1999. 4. 23. 선고 98다45546 판결([1] 통상 회사를 양수한다는 것에는, 영업 주체인 회사로부터 영업 일체를 양수하여 회사와는 별도의 주체인 양수인이 양수한 영업을 영위하는 경우와 회사의 주식이나 지분권을 그 소유자로부터 양수받아 양수인이 회사의 새로운 지배자로서 회사를 경영하는 경우가 있는바, 전자의 경우는 영업의 주체인 회사가 양도인이 되어 양수인과 계약을 체결하고 양도·양수 후에도 양수인은 그 회사와는 별도의 주체로서 양수한 영업을 영위하는 것이나, 후자의 경우는 영업 자체를 양도·양수하는 것이 아니라 영업의 주체인 회사의 주식이나 지분권을 양도·양수하는 것이므로, 이 경우는 회사의 주식 또는 지분권을 소유하고 있는 주주 또는 지분권자 개인이 양도인이 되는 것이고 회사가 양도인이 될 수는 없다. [2] 주식회사가 양도·양수에 관련되어 있는 경우에 그 양도·양수가 영업 주체인 회사로부터 영업 일체를 양수하여 회사와는 별도의 주체인 양수인이 양수한 영업을 영위하는 경우에 해당한다면 상법 제374조 제1항 제1호에 따라 회사의 양도·양수에 반드시 주주총회의 특별결의를 거쳐야 하는 것이지만, 회사의 주식을 그 소유자로부터 양수받아 양수인이 회사의 새로운 지배자로서 회사를 경영하는 경우에는 회사의 영업이나 재산은 아무런 변동이 없고 주식만이 양도될 뿐이므로 주주총회의 특별결의는 이를 거칠 필요가 없으며, 설사 당사자가 그 경우에도 회사 재산의 이전이 따르는 것으로 잘못 이해하여 양도계약 후 즉시 주주총회의 특별결의서를 제출하기로 약정하고 있다 하더라도, 당사자가 그러한 약정에 이르게 된 것은 계약의 법적 성격을 오해한 데서 비롯된 것이므로, 그 약정은 당사자를 구속하는 효력이 없다).

12. 따라서 영업의 일부의 임대나 경영위임의 경우에는 주주총회 특별결의가 필요없다.

13. 따라서 손익의 일부에 대한 손익공통계약의 경우에는 주주총회 특별결의가 필요없다.

14. 손익공통계약은 수개의 기업간에 일정한 계산기간 내의 영업손익을 합산하여 투자자본의 비율이나 기타 약정된 비율에 따라 이를 분배하기로 하는 계약을 말하는데, 영업에 관한 한 당사자 회사들은 경제적 일체를 이루어 마치 합병과 유사한 효과가 생기게 되므로, 주주총회 특별결의 사항으로 한 것이다.

3. 다른 회사[16]의 영업 전부의 양수
4. 회사의 영업에 중대한 영향[17]을 미치는 다른 회사[18]의 영업 일부의 양수

▌상법 제434조

제433조 제1항의 결의는 출석한 주주의 의결권의 3분의 2 이상의 수와 발행주식총수의 3분의 1 이상의 수로써 하여야 한다.[19]

문제는, 영업의 양도가 아닌 회사의 개별적 재산인 영업용 재산을 양도하는 경우에도 주주총회의 특별결의가 필요한지인데 이에 대해서는, 주주의 보호나 기업유지의 요청상 회사의 존립의 기초가 되는 전재산을 처분하는 것을 대표이사의 자의에 맡겨둘 수 없어 영업의 양도와 마찬가지로 보아야 한다는 견해(정적 안전을 중시하는 견해)와, 재산의 중요성 여부는 거래상대방이 인식하기 어려운 회사의 내부적 사정이므

이철송, 『회사법강의』, 제477면.

15. 임대, 경영위임, 손익공통계약 각각에 준하는 것을 말하고, 판매카르텔, 콘체른 등을 예로 들 수 있다. 이철송, 『회사법강의』, 제477면.

16. 따라서 개인영업을 양수할 때에는 주주총회 특별결의가 필요없다.

17. 주로 영업양수에 따라, 채무인수가 수반되거나 회사의 구조적 변화가 초래되는 것을 예상해 볼 수 있다. 이철송, 『회사법강의』, 제471면.

18. 따라서 개인영업을 양수할 때에는 주주총회 특별결의가 필요없다.

19. 이를, 주주총회의 특별결의라고 한다. 반면에, 출석한 주주의 의결권의 과반수와 발행주식총수의 4분의 1 이상의 수로써 하는 결의를 보통결의라 하고, 모든 주주들에게 손실을 가져오는 처분행위이므로 다수결로 강요할 사안이 아닌 경우에는 의결권 없는 주식을 포함하여 총주주의 동의로 하는 결의(예: 발기인의 회사설립에 관한 손해배상책임을 면제/이사, 감사, 정산인의 회사에 대한 손해배상책임을 면제/주식회사를 유한회사로 조직변경)가 필요한데 이를 특수결의라 한다. 상법 제368조(총회의 결의방법과 의결권의 행사) 제1항: [총회의 결의는 이 법 또는 정관에 다른 정함이 있는 경우를 제외하고는 출석한 주주의 의결권의 과반수와 발행주식총수의 4분의 1 이상의 수로써 하여야 한다] ; 상법 제324조(발기인의 책임면제, 주주의 대표소송): [제400조와 제403조 내지 제406조의 규정은 발기인에 준용한다] ; 상법 제400조(회사에 대한 책임의 면제): [전조의 규정에 의한 이사의 책임은 총주주의 동의로 면제할 수 있다] ; 상법 제415조(준용규정): [제382조 제2항, 제382조의4, 제385조, 제386조, 제388조, 제400조, 제401조와 제403조 내지 제407조의 규정은 감사에 준용한다] ; 상법 제542조(준용규정): [제1항: 제245조, 제252조 내지 제255조, 제259조, 제260조와 제264조의 규정은 주식회사에 준용한다. 제2항: 제362조, 제363조의2, 제366조, 제367조, 제373조, 제376조, 제377조, 제382조 제2항, 제386조, 제388조 내지 제394조, 제396조, 제398조 내지 제408조, 제411조 내지 제413조, 제414조 제3항, 제449조 제3항, 제450조와 제466조의 규정은 정산인에 준용한다] ; 상법 제604조(주식회사의 유한회사에의 조직변경) 제1항: [주식회사는 총주주의 일치에 의한 총회의 결의로 그 조직을 변경하여 이를 유한회사로 할 수 있다. 그러나 사채의 상환을 완료하지 아니한 경우에는 그러하지 아니하다]. 이철송, 『회사법강의』, 제455면.

로 거래의 안전을 위해 주주총회 특별결의가 필요하지 않다는 견해(동적 안전을 중시하는 견해)가 대립되고 있다.[20]

그러나 이에 관하여 대법원판례는 첫째, 상법 제374조 제1항 제1호 소정의 '영업의 전부 또는 중요한 일부의 양도'라 함은 '일정한 영업목적을 위하여 조직되고 유기적 일체로 기능하는 재산'의 전부 또는 중요한 일부를 총체적으로 양도하는 것을 의미하므로, 영업용 재산을 양도하는 경우에는 기본적으로는 주주총회 특별결의가 필요하지 않되, 둘째, 영업용 재산의 처분으로 말미암아 회사 영업의 전부 또는 일부를 양도하거나 폐지하는 것과 동일한 결과를 가져오는 경우에는 주주총회 특별결의가 필요하고(따라서 영업의 존폐와 무관한 경우에는 주주총회 특별결의가 필요하지 않음), 셋째, 회사의 재산에 근저당권을 설정하는 것은 비록 중요 재산에 설정하는 경우라고 하더라도 영업의 존폐와는 무관하므로 주주총회 특별결의가 필요하지 않으며, 넷째, 이미 법적 절차를 거쳐서 영업을 폐지하거나 사실상 영업을 폐지한 상태에서는 비록 중요 재산을 양도하더라도 주주총회 특별결의가 필요하지 않다는 것으로 판시되고 있는바, 주요 대법원판례들을 소개하면 다음과 같다.

▎대법원 1994. 5. 10. 선고 93다47615 판결

주주총회의 특별결의가 있어야 하는 상법 제374조 제1호 소정의 "영업의 전부 또는 중요한 일부의 양도"라 함은 일정한 영업목적을 위하여 조직되고, 유기적 일체로 기능하는 재산의 전부 또는 중요한 일부를 총체적으로 양도하는 것을 의미하는 것으로서, 이에는 양수회사에 의한 양도회사의 영업적 활동의 전부 또는 중요한 일부분의 승계가 수반되어야 하는 것이므로, 단순한 영업용 재산의 양도는 이에 해당하지 않는 것이고, 다만 영업용 재산의 처분으로 말미암아 회사 영업의 전부 또는 일부를 양도하거나 폐지하는 것과 같은 결과를 가져오는 경우에는 주주총회의 특별결의가 필요하다.

▎대법원 1964. 7. 25. 선고 63다820 판결

본건 부동산이 원고 회사의 유일한 재산이라 하더라도 그것이 원고 회사의 영업용 재산이고 또 이를 처분함으로 말미암아 원고 회사의 영업전부 또는 그 일부를 다른 사람에게 양도하거나 폐지하는 것과 같은 결과를 가져오는 것이 아니라면 그 처분에 반드시 주주총회의 특별결의가 필요하다고 할 수 없다.

---

20. 이철송, 『회사법강의』, 제473면.

대법원 1987. 4. 28. 선고 86다카553 판결

회사의 영업 그 자체가 아닌 영업용 재산의 처분이라 하더라도 그로 인하여 회사의 영업전부 또는 중요한 일부를 양도하거나 폐지하는 것과 같은 결과를 가져오는 경우에는 그 처분행위에 상법 제374조 제1호 소정의 주주총회의 특별결의를 요한다고 할 것인바, 흄관의 제작판매를 업으로 하고 있는 회사소유의 흄관몰드(형틀)가 흄관제작에 없어서는 아니 될 영업용 재산 거의 전부에 해당하는 것이라면 위의 흄관몰드 전부를 매도담보로 제공하는 행위는 위 회사의 영업의 전부 또는 중요한 일부를 양도 내지 폐지하는 것과 동일한 결과를 초래하는 것으로 주주총회의 특별결의를 거쳐야 할 사항이다.

대법원 1997. 4. 8. 선고 96다54249,54256 판결

주주총회의 특별결의가 있어야 하는 상법 제374조 제1호 소정의 '영업의 전부 또는 중요한 일부의 양도'라 함은 일정한 영업목적을 위하여 조직되고 유기적 일체로 기능하는 재산의 전부 또는 중요한 일부를 총체적으로 양도하는 것을 의미하는 것으로서 이에는 양수회사에 의한 양도회사의 영업적 활동의 전부 또는 중요한 일부분의 승계가 수반되어야 하는 것이므로 단순한 영업용 재산의 양도는 이에 해당하지 않으나 다만 영업용 재산의 처분으로 말미암아 회사영업의 전부 또는 일부를 양도하거나 폐지하는 것과 같은 결과를 가져오는 경우에는 주주총회의 특별결의가 필요하다 할 것이다(당원 1994. 10. 28. 선고 94다39253 판결, 1994. 5. 10. 선고 93다47615 판결, 1992. 2. 14. 선고 91다36062 판결, 1991. 1. 15. 선고 90다10308 판결 등 참조). 원심이 적법히 확정한 사실에 의하여 알 수 있는 이 사건 신축건물의 양도약정에 이르게 된 경위, 그 약정의 내용 자체 및 이 사건 임대차계약의 내용 등을 종합하여 볼 때 위 양도약정으로 말미암아 비로소 피고 회사의 영업의 전부 또는 일부를 양도하거나 폐지하는 것과 같은 결과를 가져온다고는 볼 수 없으므로, 원심이 같은 취지에서 원고가 위 양도약정을 함에 있어 주주총회의 특별결의를 거칠 필요가 없다고 판단하였음은 정당하고.

대법원 1997. 7. 25. 선고 97다15371 판결

소외 회사의 주된 영업은 금속제품생산업일 뿐 온천개발사업이 아닌 데다가, 소외 회사가 이 사건 각 부동산을 양도할 당시 구체적으로 온천개발사업을 영위하고 있었던 것도 아니었으므로 이 사건 각 부동산의 양도로 말미암아 소외 회사의 영업의 전부 또는 일부를 양도하거나 폐지하는 것과 같은 결과를 가져온다고는 볼 수 없으므로, 원심이 같은 취지로 이 사건 매매계약을 함에 있어 소외 회사의 주주총회의 특별결의를 거치지 않았으니 위 계약은 무효라는 피고의 주장을 배척한 조치 역시 정당하고.

대법원 1997. 6. 27. 선고 95다40977,409874 판결

회사의 영업 그 자체가 아닌 영업용 재산의 처분이라고 하더라도 그로 인하여 회사의 영업의 전부 또는 중요한 일부를 양도하거나 폐지하는 것과 같은 결과를 가져오는 경우에는 그 처분행위를 함에 있어서 상법 제374조 제1호 소정의 주주총회의 특별결의를 요하는 것이지만, 회사가 그의 전세보증금 반환채권을 양도하더라도 임대차계약기간이 종료할 때까지는 그 목적물을 계속 사용할 수 있으며 그 임대차기간이 종료하였을 때 그 전세보증금 상당의 금전을 마련하여 다시 임대차계약을 체결할 수도 있으므로, 회사가 위 전세보증금 반환채권을 양도한 것 자체를 가리켜 회사 영업의 전부 또는 중요한 일부를 양도하거나 폐지하는 것과 같은 결과를 가져오는 영업용 재산의 처분에 해당한다고 할 수 없고, 따라서 회사가 위 전세보증금 반환채권을 양도함에 주주총회의 특별결의를 요하지 않는다.

대법원 1988. 4. 12. 선고 87다카1662 판결

따라서 원심이 그 증서에 대하여 원고회사는 관광호텔사업을 목적으로 설립되었고 이 사건 토지는 그 호텔의 신축 부지였던 사실과 원고회사의 대표이사이던 소외 권태영이 그 토지를 자신의 개인채무의 담보를 위하여 한필수 앞으로 이 사건 등기를 할 당시에는 원고회사는 그 전에 이미 그 회사의 사무실로 쓰던 건물이 소유주에게 명도당하여 사무실도 없어지고 이 사건 토지가 개발제한 구역으로 편입되어 그 지상에 신축하여던 관광호텔의 건축허가와 그신축재원인 에이. 아이. 디(A.I.D) 차관자금사용 승인도 취소됨으로써 사업목적인 관광호텔의 건축이 불가능하게 되어 영업을 더 이상 계속할 수 없게 되었고 그래서 원고회사의 주주 및 이사들은 영업을 중단하기로 하여 흩어져 그 이후 일체의 영업활동을 한 바가 없었던 사실을 확정하고 나서 이와 같은 사정에 비추어 볼때 원고회사는 위 권태영이 이 사건 토지를 처분할 당시에는 이미 사실상 영업이 폐지된 상태였으므로 그 처분에 즈음하여 주주총희의 특별 결의가 없었다 하여 그 처분이 무효로 되는것이 아니라고 판단한 것은 정당하고.

대법원 1971. 4. 30. 선고 71다392 판결

주식회사의 중요한 재산이라도 그 위에 근저당권 설정계약을 함에 있어서 주주총회의 특별결의를 요하는 것은 아니다.

대법원 1991. 1. 15. 선고 90다10308 판결

원심은 소외 신건우건설주식회사가 건축한 이 사건 아파트 등은 일반인에게 분양하기 위한 영업용 재산에 지나지 아니한 사실이 판시의 인정사실과 같을 뿐 아니라 피고에게 가등기 및 소유권이전등기가 된 건우아파트 151세대가 위 소외회사의 전재산이고, 그 양도로 인하여 위 소외회사의 영업의 전부 또는 중요한 일부를 양도하거나 폐지한 것과 같은 결과가 된다는 점에 관하여는 이에 부합하는 듯한 거시증거를 믿기 어렵고 달리 이를 인정할 만한 증거가 없다하여 이사건 아파트를 포함한 건우아파트 151세대를 위 소외 회사가 피고앞으로 가등기 및 이전등기를 하는 처분은 소외 회사 영업의 전부 또는 중요한 일부를 양도하거나 폐지한 것과 같은 결과가 되므로 그 처분에는 주주총회의 특별결의가 있어야 한다는 원고들의 주장을 배척하였는바, 기록에 비추어 살펴보아도 원심의 위 사실인정과 판단은 모두 정당하고.[21]

| 대법원 1988. 4. 12. 선고 87다카1662 판결

주식회사가 회사 존속의 기초가 되는 중요한 재산을 처분할 당시에 이미 사실상 영업을 중단하고 있었던 상태라면 그 처분으로 인하여 비로소 영업의 전부 또는 일부가 폐지 또는 중단됨에 이른 것이라고는 할 수 없으므로 이러한 경우에는 주주총회의 특별결의가 없었다 하여 그 처분행위가 무효로 되는 것은 아니다.

위에서 살펴본 바와 같이, 주주총회의 특별결의가 있어야 하는 상법 제374조 제1항 제1호 소정의 '영업의 전부 또는 중요한 일부의 양도'라 함은 '일정한 영업목적을 위하여 조직되고 유기적 일체로 기능하는 재산'의 전부 또는 중요한 일부를 총체적으로 양도하는 것을 의미하는 것으로서, 이에는 양수 회사에 의한 양도 회사의 '영업적 활동의 전부 또는 중요한 일부분의 승계가 수반되어야 하는 것이므로 단순한 영업용 재산의 양도는 이에 해당하지 않으나, 다만 영업용 재산의 처분으로 말미암아 회사 영업의 전부 또는 일부를 양도하거나 폐지하는 것과 같은 결과를 가져오는 경우에는 주주총회의 특별결의가 필요하다.[22]

---

21. 즉, 아파트 건설회사가 일반인에게 분양하기 위해 지은 아파트 전부를 특정인에게 일시에 매각하는 경우에는 주주총회 특별결의가 필요없다. 이는 영업용 재산의 처분에 주주총회 특별결의가 필요한지에 대한 논의는 그 재산이 사업용 고정자산인 경우를 전제로 한 것인데, 아파트 건설회사가 지은 아파트의 경우에는 당초의 목적도 제3자에 대한 처분행위에 있기 때문이다. 이철송, 『회사법강의』, 제475면.

22. 대법원 1998. 3. 24. 선고 95다6885 판결([4] 상법 제374조 제1호 소정의 주주총회의 특별결의를 요하는 '영업의 전부 또는 중요한 일부의 양도'라 함은 일정한 영업 목적을 위하여 조직되고 유기적 일체로서 기능하는 재산의 전부 또는 중요한 일부를 양도하는 것을 의미하고, 회사의 영업 그 자체가 아닌 영업용 재산의 처분이라고 하더라도 그로 인하여 회사의 영업의 전부 또는 중요한 일부를 양도하거나 폐지하는 것과 같은 결과를 가져오는 경우에는 그 처분행위를 함에 있어서 그와 같은 특별결의를 요한다. [5] 회사가 회사 존속의 기초가 되는 영업재산을 처분할 당시에 이미 영업을 폐지하거나 중단하고 있었던 경우에는 그 처분으로 인하여 비로소 영업의 전부 또는 중요한 일부가 폐지되거나 중단되기에 이른 것이라고 할 수 없으므로, 그와 같은 경우에는 주주총회의 특별결의를 요하지 않는다) ; 대법원 1997. 4. 8. 선고 96다54249,54256 판결(원심이 적법히 확정한 사실에 의하여 알 수 있는 이 사건 신축건물의 양도약정에 이르게 된 경위, 그 약정의 내용 자체 및 이 사건 임대차계약의 내용 등을 종합하여 볼 때 위 양도약정으로 말미암아 비로소 피고 회사의 영업의 전부 또는 일부를 양도하거나 폐지하는 것과 같은 결과를 가져온다고는 볼 수 없으므로, 원심이 같은 취지에서 원고가 위 양도약정을 함에 있어 주주총회의 특별결의를 거칠 필요가 없다고 판단하였음은 정당하고).

본 사례의 경우에 검토컨대 첫째, 장기용은 1999. 6. 10. 자신이 발명특허로 출원한 '사전 암반 절단공법'이 본건 특허권으로 특허등록되자 이러한 특허기술을 이용한 사업을 추진하는 'M엔지니어링'이라는 개인업체를 설립하였다가 1999. 12. 21. 이를 법인으로 전환하여 구조물해체 및 발파 공사업 등을 목적사업으로 하는 M사를 설립하였고, 둘째, 장기용은 M사가 중소기업청으로부터 벤처기업으로 지정받을 수 있도록 하기 위하여 본건 특허권을 M사에게 양도하고 M사 앞으로 이전등록을 경료하였고, 이에 따라 M사는 2000. 3. 22. 벤처기업으로 지정받기에 이르렀으며, 셋째, M사는 서울 강남 소재 사무실에 직원 5~6명이 근무하는 소규모의 회사로서 그동안 본건 특허권을 이용한 공사의 수주를 주된 사업으로 추진해 왔고, 본건 특허권 이전등록이 있기 직전 연도인 2000년도 대차대조표상 자산 총계 27억 9,329만원 중 본건 특허권이 25억원으로서 대부분의 비중을 차지할 정도로 본건 특허권은 M사 회사의 가장 중요한 재산인 사실을 알 수 있다(즉, 본건 특허권을 이용한 공사의 수주를 회사의 주된 사업으로 하고, 본건 특허권이 M사의 자산에서 대부분의 비중을 차지한다).

그렇다면 본건 특허권의 양도로 인하여 M사 영업의 전부 또는 일부를 양도하거나 폐지하는 것과 같은 결과를 가져오는 경우라고 보아야 할 것이므로, 본건 특허권의 양도에는 M사 주주총회의 특별결의가 필요하다고 할 것이다.

따라서 M사는 본건 특허권 이전등록이 M사의 주주총회 특별결의 없이 이루어졌음을 주장하여 한초영에게 말소등록 청구권을 가진다고 할 것이다.[23]

23. 이상의 결론에 대해서는 본 사례에 관한 대법원 2004. 7. 8. 선고 2004다13717 판결 참조.

사례 25

이사의 해임결의에 따른 손해배상

다음과 같은 사실관계 하에서, 아래의 각 질의에 대해 답하시오.[1]

(1) 1998. 2. 17. ~ 1998.10. 9.

C상호신용금고(주)(이하, "C상호신용금고")의 발행주식 49%를 소유하고 있던 S종합금융(주)(이하, "S종금")은 1998. 2. 17. 영업인가 취소로 해산되었다가, 1998. 10. 9. 법원으로부터 파산선고를 받았다.

(2) 1998. 8. 27.

대주주인 S종금의 영업인가취소로 인하여 S종금의 파산이 확실시되고, 그에 따른 S종금 소유 주식의 환가처분이 불가피할 것으로 예상되자, C상호신용금고는 환가처분으로 인한 대주주의 변경이 완료될 때까지는 안정적으로 경영을 하기로 방침을 정하고, 1998. 8. 27. 이사이던 이강리(대표이사), 서흥보, 강인호, 김주동 및 감사이던 지하현, 윤한신이 모두 사임[2]하였고, 같은 날 개최된 주주총회에서 S종금이 C상호신용금고의 과도기적

---

1. 본 사례는 대법원 2001. 6. 15. 선고 2001다23928 판결을 기초로 하여 작성된 것이다.

2. 이사와 회사의 관계는 위임의 관계이므로 수임인(이사)은 언제든지 일방적 의사표시에 의해 사임할 수 있다. 사임의 의사표시는 대표이사에게 해야 하고, 원칙적으로 대표이사에게 도달한 때에 회사(주주총회나 이사회)의 승낙이나 사임등기와는 관계없이 효력이 발생하고, 이와 같이 효력을 발생한 이후에는 이사는 사임의 의사표시를 철회할 수 없다. 다만, 이사들이 대표이사의 재신임을 묻기 위해 일괄하여 대표이사에게 사표를 제출하고 대표이사에게 그 처리를 위임하는 경우에는, 실제로 대표이사가 사표를 수리한 때에 사임의 효과가 발생하고, 정관에 이사의 사임의 의사표시의 효력발생시기를 명문으로 규정하고 있는 경우에는, 그 시기에 이르기 전에 이사는 사임의 의사표시를 철회할 수 있다. 이철송, 『회사법강의』, 제535면. 서울고법 1980. 5. 23. 선고 79나2290 제2민사부 판결(주식회사의 이사나 대표이사직의 사임은 단독행위로서 회사에 대한 일방적 의사표시에 의하여 곧바로 그 효력이 발생하고 회사(주주총회나 이사회)의 승낙을 요하지 아니하며 그 사임에 따른 변경등기가 없더라도 즉시 그 자격을 상실한다) ; 대법원 1998. 4. 28. 선고 98다8615 판결(주식회사와 이사의 관계는 위임에 관한 규정이 준용되므로, 이사는 언제든지 사임할 수 있고 사임의 의사표시가 대표이사에게 도달하면 그 효과가 발생하나, 대표이사에게 사표의 처리를 일임한 경우에는 사임 의사표시의 효과 발생 여부를 대표이사의 의사에 따르도록 한 것이므로 대표이사가 사표를 수리함으로써 사임의 효과가 생긴다) ; 대법원 2008. 9. 25. 선고 2007다17109

인 경영목표에 부합한다고 판단하여 추천한 임송우, 강인호(대표이사), 최기춘, 이철수를 이사로, 이강리, 박대종을 감사로 각각 적법하게 선임하였다.

(3) 1999. 3. 23.~1999. 9. 29.

이사 이철수는 1999. 3. 23. 사임하였고, S종금이 1999. 9. 21. 그 소유의 C상호신용금고 주식 전부를 C주식회사(이하, "C사")에게 양도하기로 하는 계약을 체결하자, 1999. 9. 29. 이사 강인호 및 감사 이강리가 각 사임하였고, 같은 날 개최된 주주총회에서 C상호신용금고는 강완희(대표이사), 황남덕을 이사로, 권안수를 감사로 각각 적법하게 선임하였다.

(4) 2000. 3. 15.~2000. 3. 23.

S종금이 2000. 3. 15. C사로부터 위 주식매매대금을 전부 수령하자, 2000. 3. 23. 이사이던 강완희, 최기춘, 황남덕, 감사이던 박대종이 각 사임하였고, 같은 날 개최된 임시주주총회에서 C상호신용금고는 특별결의 요건을 구비하여 임송우를 해임하고(이하, "본건 이사해임") C사가 추천한 김삼정, 이천통, 윤수현, 장광영을 이사로, 김태윤을 감사로 각 선임하였다.

한편, 본 사례와 관련하여 추후에 밝혀진 사실관계들은 다음과 같다.

(1) C상호신용금고의 정관은, 이사는 주주총회에서 임면하도록 규정하고 있다(제20조, 제35조 제1항).
(2) C상호신용금고의 정관 제36조 제1항은 "이사의 임기는 3년을 초과하지 못한다. 다만, 그 임기가 최종의 결산기에 관한 정기주주총회 전에 만료될 경우에는 그 총회의

판결(법인과 이사의 법률관계는 신뢰를 기초로 한 위임 유사의 관계이므로, 이사는 민법 제689조 제1항이 규정한 바에 따라 언제든지 사임할 수 있고, 법인의 이사를 사임하는 행위는 상대방 있는 단독행위이므로 그 의사표시가 상대방에게 도달함과 동시에 그 효력을 발생하고, 그 의사표시가 효력을 발생한 후에는 마음대로 이를 철회할 수 없음이 원칙이다. 그러나 법인이 정관에서 이사의 사임절차나 사임의 의사표시의 효력발생시기 등에 관하여 특별한 규정을 둔 경우에는 그에 따라야 하는바, 위와 같은 경우에는 이사의 사임의 의사표시가 법인의 대표자에게 도달하였다고 하더라도 그와 같은 사정만으로 곧바로 사임의 효력이 발생하는 것은 아니고 정관에서 정한 바에 따라 사임의 효력이 발생하는 것이므로, 이사가 사임의 의사표시를 하였더라도 정관에 따라 사임의 효력이 발생하기 전에는 그 사임의사를 자유롭게 철회할 수 있다) ; 상법 제382조(이사의 선임, 회사와의 관계 및 사외이사) 제2항: [회사와 이사의 관계는 「민법」의 위임에 관한 규정을 준용한다] ; 민법 제689조(위임의 상호해지의 자유): [제1항: ① 위임계약은 각당사자가 언제든지 해지할 수 있다. 제2항: 당사자일방이 부득이한 사유 없이 상대방의 불리한 시기에 계약을 해지한 때에는 그 손해를 배상하여야 한다].

종결시까지 그 임기를 연장할 수 있다"고 규정하고 있다(이하, "본건 정관 규정").

(3) C상호신용금고가 가입하고 있는 "상호신용금고 연합회"가 제정한 표준 정관에는 "이사의 임기는 3년으로 한다"고 규정하고 있다.

설문 위와 같은 사실관계 하에서, 임송우는 본건 이사해임과 관련하여 C상호신용금고에게 [임기 3년에 미치지 못하는 잔여임기에 해당하는 임금 및 퇴직금]의 지급을 청구할 수 있는가?

(1) 문제의 소재

본 사례에서 임송우는 1998. 8. 27. 이사로 적법하게 선임되어 2000. 3. 23. 개최된 임시주주총회에서 특별결의 요건을 구비하여 본건 이사해임을 당하였으므로, C상호신용금고에 약 1년 7개월 동안 이사로 재직하였다.

따라서 임송우가, C상호신용금고의 정관이나 주주총회결의에 의하여 자신의 이사로서의 임기가 '3년으로 정하여져' 있음에도 불구하고 그 임기만료 전에 정당한 이유 없이 해임되었음을 주장하여, 상법 제385조 제1항 단서의 규정에 의한 손해배상으로 C상호신용금고에게 [임기 3년에 미치지 못하는 잔여임기에 해당하는 임금 및 퇴직금]의 지급을 청구할 수 있는지의 여부가 문제된다.

(2) 설문의 해결

상법 제385조(해임) 제1항 및 상법 제383조(원수, 임기) 제2항 및 제3항은 각각 다음과 같이 규정하고 있으므로, 먼저 관련 법리를 살펴본다.

▎상법 제385조(해임) **제1항**

이사는 언제든지 제434조의 규정에 의한 주주총회의 결의[3]로 이를 해임할 수 있다. 그러나

3. 출석한 주주의 의결권의 3분의 2 이상의 수와 발행주식총수의 3분의 1 이상의 수에 의한 결의를 말한다. 상법 제434조(정관변경의 특별결의): [제433조 제1항의 결의는 출석한 주주의 의결권의 3분의 2 이상의 수와 발행주식총수의 3분의 1 이상의 수로써 하여야 한다].

이사의 임기를 정한 경우에 정당한 이유 없이 그 임기만료 전에 이를 해임한 때에는 그 이사는 회사에 대하여 해임으로 인한 손해의 배상을 청구할 수 있다.

상법 제383조(원수, 임기)
제2항: 이사의 임기는 3년을 초과하지 못한다.[4,5]
제3항: 제2항의 임기는 정관으로 그 임기 중의 최종의 결산기에 관한 정기 주주총회의 종결에 이르기까지 연장할 수 있다.[6]

요컨대, 상법 제385조(해임) 제1항에서의 "이사의 임기를 정한 경우"라 함은 정관 또는 주주총회의 결의로 임기를 정하고 있는 경우를 말하고, 따라서 이사의 임기를 정하지 않은 때에는 이사의 임기의 최장기인 3년을 경과하지 않는 동안에 해임되더라도 그로 인한 손해의 배상을 청구할 수 없다고 할 것이다.

따라서 먼저 본 사례의 경우에 C상호신용금고의 정관에 의해서 임송우의 임기가 '3년으로 정하여져 있는지' 여부를 검토해 보면 다음과 같다.

첫째, 비록 C상호신용금고의 정관이 이사의 임기는 3년을 초과하지 못하는 것으로 규정하고 있는 사실이나, 이는 임기의 최장기에 관한 제한에 불과할 뿐 임기 그 자체라고 할 수는 없다고 할 것이다. 즉, C상호신용금고의 정관에서 상법 제383조 제2항과 동일하게 "이사의 임기는 3년을 초과하지 못한다"고 규정한 것이 이사의 임기를 '3년으로 정하는' 취지라고 해석할 수는 없다.

둘째, 이사의 임면과 관련하여 C상호신용금고의 정관에 임기 등의 규정이 있으므로 약관에 의한 계약의 성격을 띠고 있고[7] '약관의 규제에 관한 법률'[8] 제5조(약관

4. 임기를 지나치게 장기로 할 경우 이사에 대한 주주의 감시기능과 경영정책적 통제가 무력화되는 것을 방지하는데, 그 취지가 있다. 이철송, 『회사법강의』, 제534면.
5. 이사별로 임기를 달리 정해도 무방하고, 이사가 결원이 되어 보궐선임을 하는 경우에 후임이사의 임기를 전임이사의 잔임기간으로 정하는 것도 유효하다. 이철송, 『회사법강의』, 제534면.
6. 예컨대, 12월 31일이 결산일이고 정기주주총회가 2월 28일에 개최되는 회사에서, 어느 이사의 임기가 어느 해 1월 15일에 종료되면, 그 해 2월 28일까지 연장된다고 정관으로 규정할 수 있다는 의미인데, 이는 첫째, 이사로 하여금 임기중의 결산에 대한 책임을 지도록 하고, 둘째, 정기주주총회를 목전에 두고 이사 선임을 위한 임시주주총회를 또 개최해야 하는 번거로움을 덜기 위함에, 그 취지가 있다. 이철송, 『회사법강의』, 제534면.
7. 이와 같이 약관에 의해 성립한 계약을 흔히 부합 계약이라고 한다.
8. "이 법은 사업자가 그 거래상의 지위를 남용하여 불공정한 내용의 약관을 작성하여 거래에 사용하는 것을 방지하고 불공정한 내용의 약관을 규제함으로써 건전한 거래질서를 확립하고, 이를 통하여 소비자를 보호하고 국민생활을 균형 있게 향상시키는 것을 목적으로 한다"(제1조 참조).

의 해석) 제2항에 "약관의 뜻이 명확하지 아니한 경우에는 고객에게 유리하게 해석되어야 한다"[9]고 규정되어 있으므로, 3년을 넘지 못한다고만 되어 있어 불명확한 본건 정관 규정은 임송우에게 유리하게 이사의 임기를 '3년으로 정한 것으로' 해석하여야 하는지의 여부가 문제될 수 있다.

그러나 약관의 규제에 관한 법률 소정의 약관이라 함은 "그 명칭이나 형태 또는 범위를 불문하고 계약의 일방당사자가 다수의 상대방과 계약을 체결하기 위하여 일정한 형식에 의하여 미리 마련한 계약의 내용"을 의미하는바(약관의 규제에 관한 법률 제2조 제1호), 회사의 조직, 활동 또는 사원의 지위를 정하는 근본규칙인 C상호신용금고의 정관을 약관이라고 볼 수는 없다고 할 것이므로, 결국 본건 정관 규정을 임송우에게 유리하게 이사의 임기를 '3년으로 정한 것으로' 해석할 수는 없다.

셋째, C상호신용금고가 가입하고 있는 "상호신용금고 연합회"가 제정한 표준정관에는 "이사의 임기는 3년으로 한다"고 규정하고 있으므로 C상호신용금고의 정관의 규정도 표준정관과 동일하게 보아야 하는지의 여부가 문제될 수 있으나, 위 표준정관은 개별 상호신용금고가 정관작성시 표준규정으로서 참고로 하는 것에 불과할 뿐 그 내용이 표준정관과 일치하여야 하는 것은 아니라고 할 것이고, 달리 표준정관과 다른 내용의 개별정관의 규정을 표준정관과 동일하게 이사의 임기를 '3년으로 정한 것으로' 보아야 할 아무런 근거도 없다.

따라서 본 사례의 경우에 C상호신용금고의 정관에 의해서 임송우의 임기가 '3년으로 정하여져' 있는 것으로 볼 수는 없다.

---

9. 이를 흔히 '작성자 불이익의 원칙'이라고 하는데, 많은 판례들이 형성되고 있다. 예컨대, 대법원 1998. 10. 23. 선고 98다20752 판결([1] 보통거래약관의 내용은 개개 계약체결자의 의사나 구체적인 사정을 고려함이 없이 평균적 고객의 이해가능성을 기준으로 하여 객관적·획일적으로 해석하여야 하고, 고객보호의 측면에서 약관 내용이 명백하지 못하거나 의심스러운 때에는 고객에게 유리하게, 약관작성자에게 불리하게 제한해석하여야 한다. [2] 신용보증약관 제8조 제2항의 "채무자가 제3자를 위하여 부담한 보증채무 및 어음상의 채무 등"은 이를 "채무자가 제3자를 위하여 부담한 보증채무', '어음상의 채무 등"으로 해석할 수도 있는 반면에 이를 "채무자가 제3자를 위하여 부담한 보증채무, 채무자가 제3자를 위하여 부담한 어음상의 채무 등"으로 해석할 수 있는 여지가 있고 또한 그러한 해석이 무리라고 보여지지도 아니하며, 더구나 …어음상의 채무 등이라고 함은 채무자가 제3자를 위하여 부담한 보증채무와 같은 종류의 것들이 더 있음을 나타내는 것으로 보여져, 결국 신용보증약관 제8조 제2항의 …어음상의 채무라는 규정이 약관작성자인 신용보증기금의 의사와는 달리 해석될 수 있어 그 뜻이 명백하지 아니한 경우에 해당하므로 약관해석원칙에 따라 위 규정의 …어음상의 채무는 위 약관의 작성자에게 불리하게, 고객에게 유리하게 이를 "채무자가 제3자를 위하여 부담한 어음상의 채무"로 해석하여야 한다고 한 사례).

다음으로, 임송우가 이사로 선임된 C상호신용금고의 1998. 8. 27.자 주주총회에서 임송우의 임기를 3년으로 한다는 등의 구체적인 결의를 한 것인지 여부가 문제될 수 있으나, 위에서 주어진 사실관계에서는 이러한 사실을 인정할 아무런 증거도 없고, 또한 임송우의 선임 경위, 즉 경영권을 가진 대주주의 파산으로 인하여 주식처분 및 경영권의 변동이 당연히 예상되는 상황에서 과도기의 안정적인 경영을 위하여 기존 대주주의 영향력 아래에 있지 아니한 사람들을 새로이 이사로 선임하게 된 사정 및 임송우와 함께 선임된 다른 임원들이 대주주의 변동에 즈음하여 모두 사임한 사정 등에 비추어, 임송우에 대한 주주총회에서의 선임 결의에 정관에서 규정한 임기의 최장기의 제한인 3년을 임송우의 임기로 정하는 내용이 포함되어 있다고 할 수도 없다고 평가된다.

그렇다면 본 사례의 경우에 C상호신용금고의 정관 및 주주총회결의에 의해서 임송우의 임기가 '3년으로 정하여진' 것이 아니므로, 임송우는, C상호신용금고의 정관이나 주주총회결의에 의하여 자신의 이사로서의 임기가 '3년으로 정하여져' 있음에도 불구하고 그 임기만료 전에 정당한 이유 없이 해임되었음을 주장하여, 상법 제385조 제1항 단서의 규정에 의한 손해배상으로 C상호신용금고에게 [임기 3년에 미치지 못하는 잔여임기에 해당하는 임금 및 퇴직금]의 지급을 청구할 수는 없을 것이다.[10]

한편, 본 사례에서 만약 C상호신용금고의 정관이나 주주총회결의에 의하여 임송우의 이사로서의 임기가 '3년으로 정하여져' 있었다고 가정하면, 상법 제385조(해임) 제1항에 따라서 임송우는 정당한 이유 없이 해임되었음이 각각 추가로 입증되면[11] C상호신용금고에 대하여 해임으로 인한 손해의 배상을 청구할 수 있는바, 여기에서 정당한 이유와 해임, 그리고 해임으로 인한 손해의 개념에 대하여 살펴본다.

검토컨대, 상법 제385조(해임) 제1항에서의 해임은 본 사례에서와 같이 주주총회의 적극적인 결의로 해임한 경우에 한정되고, 이사가 스스로 사임의 의사표시를 하여 이를 수리하는 뜻으로 해임하는 경우에는 손해배상을 청구할 수 없다.[12]

---

10. 이상의 결론에 대해서는 본 사례에 관한 대법원 2001. 6. 15. 선고 2001다23928 판결 참조.

11. 본 사례에 관한 항소심 판결(서울고등법원 2001. 4. 3. 선고 2000나52518 판결)에서는 법원에 현출된 증거만으로는 임송우(원고)가 정당한 이유 없이 해임되었다고 인정하기 어렵다고 판시하였으나, 이에 관한 대법원판결(대법원 2001. 6. 15. 선고 2001다23928 판결)에서는 '이사의 임기를 정한 경우'인지 여부에 대해서만 판단하여 이를 부정하였고 그것만으로도 임송우(원고)의 청구를 기각함에 충분하여, 별도로 정당한 이유 유무에 대하여는 판단하지 않았다.

다음으로, 상법 제385조(해임) 제1항의 정당한 이유는 동조 제2항상의 소수주주의 해임청구(이사가 그 직무에 관하여 부정행위 또는 법령이나 정관에 위반한 중대한 사실이 있음에도 불구하고 주주총회에서 그 해임을 부결한 때에는 발행주식의 총수의 100분의 3 이상에 해당하는 주식을 가진 주주는 총회의 결의가 있은 날부터 1월 내에 그 이사의 해임을 법원에 청구할 수 있다)에서의 해임사유인 직무에 관한 '부정행위 또는 법령이나 정관에 위반한 중대한 사실'에 그치지 않고 직무에 관한 현저한 부적임(예: 장기적인 질병, 중대한 경영실패)도 포함하나, 다만 주주와 이사 사이에 불화 등 단순히 주관적인 신뢰관계가 상실된 것만으로는 부족하고, 당해 이사가 경영자로서 업무를 집행하는 데 장해가 될 객관적 상황이 발생한 경우이어야 한다.[13]

한편, 상법 제385조(해임) 제1항의 '해임으로 인한 손해'는 '재임기간에 받을 수 있는 보수'이나,[14] 이사의 해임 자체는 적법한 행위이고 채무불이행이나 불법행위가

---

12. 대법원 1993. 8. 24. 선고 92다3298 판결(상법 제385조 제1항 단서의 규정은 주식회사의 이사가 주주총회의 특별결의에 의하여 그 임기 전에 해임된 경우에 한하여 적용되고 의원면직의 형식으로 해임된 경우에는 적용되지 않는다). 이철송, 『회사법강의』, 제536면.

13. 대법원 2004. 10. 15. 선고 2004다25611 판결("상법 제385조 제1항에 규정된 정당한 이유란 주주와 이사 사이에 불화 등 단순히 주관적인 신뢰관계가 상실된 것만으로는 부족하고, 이사가 법령이나 정관에 위배된 행위를 하였거나 정신적 · 육체적으로 경영자로서의 직무를 감당하기 현저하게 곤란한 경우, 회사의 중요한 사업계획 수립이나 그 추진에 실패함으로써 경영능력에 대한 근본적인 신뢰관계가 상실된 경우 등과 같이 당해 이사가 경영자로서 업무를 집행하는 데 장해가 될 객관적 상황이 발생한 경우에 비로소 임기 전에 해임할 수 있는 정당한 이유가 있다고 할 것이다", "원심은 그 채용 증거들을 종합하여 판시와 같은 사실을 인정한 다음, 원고는 피고 회사의 경영계획 중 1년 동안 어느 것 하나 제대로 실천된 것이 없을 정도로 투자유치능력이나 경영능력 및 자질이 부족하였다고 보여지고, 이로 인하여 대표이사인 원고가 피고 회사를 위하여 수임한 직무를 수행하기 곤란하게 되었을 뿐만 아니라 대표이사와 피고 회사 간의 인적 신뢰관계가 무너져 피고 회사가 대표이사인 원고를 믿고 그에게 피고 회사의 경영을 맡길 수 없는 사정이 생겼다고 봄이 상당하다는 이유로, 피고 회사가 원고를 해임한 것은 정당한 이유가 있다고 판단하였는바, 위 법리를 기록에 비추어 살펴보면, 원심의 사실인정과 상법 제385조 제1항 소정의 정당한 이유에 관한 판단은 정당하고"), 이철송, 『회사법강의』, 제536면.

14. 서울고법 1978. 7. 6. 선고 77나2669 제9민사부 판결("이사가 임기만료 전 해임됨으로 인하여 입은 손해는 해임되지 아니하였더라면 재임 기간 동안 받을 수 있는 상법 제388조 소정의 보수라고 할 것이고 이 보수가 주주총회나 정관에 의하여 정하여진 이상 그 이후의 주주총회의 결의로서 박탈할 수 없다", "이사가 임기만료 전 해임되므로 인하여 입은 손해는 이사로서 잔여 임기 동안 재직하여 얻을 수 있는 보수상당액임은 앞에서 인정한 바와 같고 그 보수는 직무집행의 대가로서 정기적으로 지급받는 급여 및 역시 직무집행의 대가로서 후불적 급여의 성질을 갖는 퇴직금이라고 할 것인 바 원고는, 위 손해에는 위자료가 포함되고 위 보수에는 상여금도 포함되므로 피고는 위자료 및 상여금도 배상할 의무가 있다고 주장하나 이사해임에 관한 상법 제385조 제1항의 규정은 주주총회로 하여금 사유여하를 막론하고 이사를 해임할 수 있는 권한을 부여하는 것으로서 위 규정에 따른 권한행사로서의 이사해임은 불법행위가 되지 아니하므로 그 해임으로 이사가 정신적 고통을 받았더라도 위자료는 청구할 수 없다고 할 것

아니므로 해임으로 인하여 당해 이사가 받은 정신적 고통에 대한 위자료는 이에 포함되지 않고 또한 과실상계 법리도 적용되지 않는다.[15]

이고 따라서 상법 제385조 제1항 단서의 해임으로 인한 손해에는 위자료는 포함되지 아니한다고 할 것이며, 상여는 이사가 기업이익을 가져온 데 대한 공로에 보답하기 위하여 지급되는 것으로서 이익이 있을 때에만 이익금 중에서 지급되고 이익금의 처분으로서 주주총회의 결의를 요하는 성질의 것이므로 상여금은 보수에 포함되지 아니한다고 할 것이어서 결국 원고의 위 주장은 그 이유 없고, 따라서 피고는 원고에게 원고가 이사의 잔여임기 동안 얻을 수 있었던 정기급여 및 잔여임기를 마친 다음 얻을 수 있었던 퇴직금만을 배상할 의무가 있다고 할 것이다"). 이철송, 『회사법강의』, 제536면.

15. 서울고법 1990. 7. 6. 선고 89나46297 제10민사부 판결(가. 이사가 주주총회의 결의로 임기만료 전에 해임된 경우 그로 인하여 입게 되는 손해는 이사로서 잔여임기 동안 재직하여 얻을 수 있는 상법 제388조 소정의 보수상당액인 정기적 급여와 상여금 및 퇴직금이라 할 것이고, 이사해임에 관한 상법 제385조 제1항의 규정은 주주총회에 대하여 사유여하를 막론하고 이사를 해임할 수 있는 권한을 부여하는 것으로서 그에 따른 주주총회의 이사해임은 불법행위를 구성하지 아니하는 것이므로 임기만료 전에 해임된 이사가 그로 인하여 정신적 고통을 받았다 하더라도 위자료는 청구할 수 없다. 나. 임기가 정하여진 이사를 정당한 이유 없이 임기만료 전에 해임한 회사의 손해배상책임은 채무불이행이나 불법행위책임과는 달리 고의, 과실을 요건으로 하지 아니하는 상법상의 법정책임이라 할 것이므로 여기에는 일반 채무불이행이나 불법행위책임에서와 같은 과실상계의 법리가 적용되지 아니한다). 이철송, 『회사법강의』, 제536면.

[사례 26]

대표권 남용

다음과 같은 사실관계 하에서, 아래의 각 질의에 대해 답하시오.[1]

(1) J공제조합의 H은행에 대한 예금

민법상 법인(비영리 사단법인)인 J공제조합은 정보통신공사업의 영위에 필요한 각종 보증과 자금융자 등의 사업을 목적으로 정보통신공사업법에 의하여 국내 3천여개의 통신공사업체들이 출자하여 설립한 조합이다. J공제조합은 1999. 10. 9. H은행 오류동 지점에 30억원(이하, "본건 예탁금")을 거치기간 12개월(만기 2000. 10. 9.), 연이율 7.9%로 정하여 정기예탁하였고, 1999. 10. 13. H은행 위 지점에 5억원을 같은 조건으로(만기 2000. 10. 13.) 정기예탁하였다.

(2) J공제조합 이사장(최현오)의 J공제조합 명의의 H은행으로부터의 대출행위

최현오는 1998. 2. 27.경부터 2000. 9. 19.경까지 J공제조합의 비상근 이사장(대표권이 있음)으로 근무하면서 조합예금 등 조합재산을 관리하던 중, J공제조합의 예금을 담보로 J공제조합 명의의 대출을 받아 자신이 개인적으로 운영하던 H주식회사와 H호텔의 사업자금으로 유용하기로 마음먹고, 1999. 11. 15.경 사실은 자금 대출을 위한 이사회를 개최한 사실이 없음에도 불구하고 H은행으로부터 예금담보대출을 받는 것을 의결하는 내용의 J공제조합의 이사회 의사록을 위조하고, 이와 같이 위조한 의사록 및 기타 대출에 필요한 서류 등을 제시하여 J공제조합의 기존 35억원(30억원 + 5억원)의 정기예탁금에 질권을 설정하고 이를 담보로 H은행으로부터 J공제조합 명의로 33억 2천만원을 만기 2000. 10. 9., 대출이율 연 9.4%의 조건으로 대출 받아(이하, "본건 담보대출행위" 또는 "본건 담보대출") 이를 개인적인 사업 용도로 사용하였다. 한편, 본건 대출행위 당시 H은행의 결재권자는 오류동 지점장인 강가웅이었다.

---

1. 본 사례는 대법원 2004. 3. 26. 선고 2003다34045 판결을 기초로 하여 작성된 것이다.

(3) 최현오의 유죄 판결(사기 등) 확정

최현오는 위와 같은 방법으로 H은행으로부터 5회에 걸쳐 합계 74억 7천만원을 대출받아 편취한 행위에 대하여 특정경제범죄가중처벌등에관한법률위반(사기), 사기, 사문서위조죄 등으로 2001. 11. 8. 1심에서 징역 3년을 선고받고 2003. 2. 28. 대법원에서 그대로 확정되었다.

(4) 최현오의 일부 변제

본건 담보대출행위 후에 H은행은 최현오로부터 원금 7억원과 이자 262,288,979원 등 총 합계 962,288,979원을 교부받았다.

한편, 본건 담보대출행위에 관한 정황에 대하여 추가적으로 밝혀진 사실관계들은 다음과 같다.

(가) 예금담보대출의 반복

1) H은행의 2001년 기준 예적금 담보대출의 총대출에 대한 비중은 금액으로는 2.16%, 건수로는 0.93%에 불과하고, 본건 담보담보대출의 경우 정기예금 금리는 연 7.9%이고 대출금리는 연 9.4%이며 예금금리에 대하여는 이자소득세도 부담하여야 하는 등의 손해를 수반한다.

2) J공제조합은 항상 여유자금을 보유하고 있음에도 불구하고, 자기자금을 예금하고 그로부터 얼마 지나지 아니하여 거액의 담보대출을 받는 일은 이례적이다.

3) J공제조합은 본건 담보대출행위 이외에도 그 전후에 걸쳐서 H은행에 각 정기예금을 하였고, 최현오는 이를 담보로 각 대출을 받아 개인사업에 유용하였는데, 외관상 각 대출일시는 평균적으로 예금일시로부터 불과 한 달도 되지 않는 시점이며, 1년 만기의 정기예금을 담보로 예금액의 90% 정도를 대출 받아 연 1.5% 정도의 추가 이자를 부담하면서 약 6개월 후 상환하였다.

(나) 대출시 예금증서 분실 재발급

예금담보대출시 예금을 질권으로 설정하기 때문에 금융기관으로서는 반드시 예금증서의 점유를 이전받아야 하는데, 최현오는 본건 담보대출행위 당시 1999. 11. 10. 예금증서(30억원 및 5억원)의 분실신고 및 재발급신청을 하였고, H은행은 이를 받아 들여 재발급을 해주었으며 그 직후인 1999. 11. 15. 이를 담보로 본건 담보대출을 해주었다(본건 담보대출 이전인 1999. 5. 24. 및 이후인 1999. 12. 29.에도 각 분실신고 및 재발급신청을 하여 증서를 재발급받고 각 같은 해 6. 2. 및 심지어 위 재발급신청과 같은 날인 12. 29. 담보대출을 받은 바 있음).

(다) 대출 및 이자지급시 업무담당주체 등의 정황

1) H은행측이 대출금에 대한 이자지급이나 혹은 상환 등에 관하여 J공제조합측 회계직원 등에게 연락을 한 사실은 전혀 없었고, 이에 관하여는 최현오 혹은 최현오의 개인사업체인 H주식회사의 여직원과 연락을 취하였으며 강가웅은 이자 체크를 위하여 부하직원에게 최현오 개인의 휴대폰 번호와 H주식회사의 사무실 전화번호를 가르쳐 주었고, 또한 이자 입금 명의도 J공제조합 조합 명의가 아닌 최현오 개인 명의이었다.

2) 본건 담보대출 당시 기존의 J공제조합 명의의 통장에 입금한 것이 아니라 신규로 J공제조합 조합장 명의의 통장을 개설하여 여기에 대출금을 입금하였다.

3) H은행의 여신업무표준절차에 의하면 융자상담책임자는 원칙적으로 대출담당책임자가 하도록 되어 있고 담당직원이 없을 때에는 차장 또는 영업점장이 직접 상담에 임하도록 되어 있는데, 본건 담보대출의 경우 융자상담 및 신청서에 융자상담자가 지점장인 강가웅으로 되어 있으며, 직원들은 단지 강가웅의 지시에 따라 대출서류만 검토하였다.

(라) H은행 내부의 감사 결과

본건 담보대출이 드러나기 이전인 2000. 6.경 H은행의 내부 감사에서도 본건 담보대출이 예금증서의 허위분실신고 후 재발행 수법의 부당 대출인 점과 조합에 대한 대출임에도 조합의 목적에 부합하는지 여부의 검토 없이 취급한 잘못을 지적하고 채권회수가 불투명하다는 전망과 함께 지점장 강가웅에 대하여 인사조치를 하는 등 내부적으로 대출의 부당성이 지적되기도 하였다.

(마) 강가웅의 형사판결 결과

강가웅은 2001. 11. 8. 1심에서 본건 담보대출과 관련하여 업무상배임죄 등으로 징역 2년의 실형을 선고받았다가, 2002. 3. 6. 항소심에서는 최현오와 공동하여 대출사기를 하였다는 변경된 공소사실[2]에 대하여 최현오가 대출금을 개인사업 자금으로 사용한다는 사

---

2. 형사소송법 제298조(공소장의 변경): [제1항: 검사는 법원의 허가를 얻어 공소장에 기재한 공소사실 또는 적용법조의 추가, 철회 또는 변경을 할 수 있다. 이 경우에 법원은 공소사실의 동일성을 해하지 아니하는 한도에서 허가하여야 한다. 제2항: 법원은 심리의 경과에 비추어 상당하다고 인정할 때에는 공소사실 또는 적용법조의 추가 또는 변경을 요구하여야 한다. 제3항: 법원은 공소사실 또는 적용법조의 추가, 철회 또는 변경이 있을 때에는 그 사유를 신속히 피고인 또는 변호인에게 고지하여야 한다. 제4항: 법원은 전3항의 규정에 의한 공소사실 또는 적용법조의 추가, 철회 또는 변경이 피고인의 불이익을 증

정을 확정적으로 인식하였다고 보기는 어렵다는 이유로 무죄[3]를 선고받았고, 2003. 2. 28. 대법원에서 그대로 확정되었다.

(바) J공제조합의 영리목적 부합성 검토 여부

H은행의 여신업무표준절차에 의하면 일정금액 이상의 여신의 경우 자금용도, 용도의 타당성 및 규모의 적정성을 확인, 검토하도록 되어 있으나, J공제조합 명의의 대출용도가 단순히 조합의 운전자금으로 기재되어 있고 매번 정기예금시마다 거액의 대출을 받는 등의 정황임에도 불구하고 H은행측에서 이러한 점들을 검토하거나 자금용도에 관하여 J공제조합측에 직접 문의하거나 확인한 적이 전혀 없었다.

설문 1 본건 담보대출행위는 법적으로 유효한가?

설문 2 J공제조합은 본건 대출행위에 대하여 H은행에게 민법 제35조의 책임(법인의 불법행위능력)을 부담하는가? 만약 부담한다면 손해배상액수는 어떻게 계산되는가?

설문 3 H은행의 J공제조합에 대한 손해배상청구권에 대하여 J공제조합은 과실상계와 손익상계를 주장할 여지가 있는가?

[설문 1] 본건 담보대출행위의 효력

(1) 문제의 소재

본 사례의 경우에, J공제조합의 대표자인 비상근 이사장인 최현오는 개인적으로 운영하던 H주식회사와 H호텔의 사업자금으로 유용할 목적으로 J공제조합의 이사회의사록을 위조하여 J공제조합의 기존 35억원의 정기예탁금에 질권을 설정하고 J공제조합 명의로 본건 담보대출을 받아 개인적인 사업 용도로 사용하였다.

이와 같이 외관상으로는 대표이사(대표자)의 권한 내의 적법한 행위이지만, 주관

가할 염려가 있다고 인정한 때에는 직권 또는 피고인이나 변호인의 청구에 의하여 피고인으로 하여금 필요한 방어의 준비를 하게 하기 위하여 결정으로 필요한 기간 공판절차를 정지할 수 있다].

3. 형사소송법 제325조(무죄의 판결): [피고사건이 범죄로 되지 아니하거나 범죄사실의 증명이 없는 때에는 판결로써 무죄를 선고하여야 한다].

적으로는 자기 또는 제3자의 개인적인 이익을 도모하는 행위[4]로서 회사에 손해[5]를 끼치는 행위를 소위 대표권의 남용이라고 하는바, 본 사례의 경우에 본건 담보대출행위가 과연 J공제조합에게 효력이 있는 대출행위인지의 여부가 문제된다.

(2) 설문의 해결

요컨대, 대표이사의 대표권한 범위를 벗어난 행위라 하더라도 그것이 회사의 권리능력의 범위 내에 속한 행위이기만 하면 대표권의 제한을 알지 못하는 제3자가 그 행위를 회사의 대표행위라고 믿은 신뢰는 보호되어야 하고, 대표이사가 대표권의 범위 내에서 한 행위는 설사 대표이사가 회사의 영리목적과 관계없이 자기 또는 제3자의 이익을 도모할 목적으로 그 권한을 남용한 것이라 할지라도 일단 회사의 행위로서 유효하고, 다만 그 행위의 상대방이 대표이사의 진의를 알았거나 알 수 있었을 때에는[6] 회사에 대하여 무효가 되는 것이며,[7] 이는 본 사례와 같이 민법상 법인(비영리 사단

4. 회사 명의로 어음을 발행하거나 어음에 보증행위를 한 것 등을 예로 들 수 있다. 대법원 1988. 8. 9. 선고 86다카1858 판결(라. 어음발행의 원인채무가 성립하지 아니하였거나 소멸하였다는 사유는 그 어음발행인이 직접의 상대방 또는 악의의 취득자에 대하여서만 대항할 수 있는 이른바 인적항변사유로서 어음보증의 경우 어음보증인은 피보증인의 이러한 인적항변사유를 가지고 어음소지인에게 대항할 수 없다. 바. 대표이사의 행위가 대표권한의 범위 내의 행위라 하더라도 회사의 이익 때문이 아니고 자기 또는 제3자의 개인적인 이익을 도모할 목적으로 그 권한을 행사한 경우에 상대방이 대표이사의 진의를 알았거나 알 수 있었을 때에는 회사에 대하여 무효가 된다) ; 대법원 1990. 3. 13. 선고 89다카24360 판결(주식회사의 대표이사가 회사의 영리목적과 관계없이 자기의 개인적인 채무변제를 위하여 회사대표이사 명의로 약속어음을 발행교부한 경우에는 그 권한을 남용한 것에 불과할 뿐 어음발행의 원인관계가 없는 것이라고 할 수는 없고, 다만 이 경우 상대방이 대표이사의 진의를 알았거나 알 수 있었을 때에는 그로 인하여 취득한 권리를 회사에 대하여 주장하는 것은 신의칙에 반하는 것이므로 회사는 상대방의 악의를 입증하여 그 행위의 효력을 부인할 수 있다).

5. 따라서 회사에 손해가 발생하지 않는 경우에는 대표권의 남용으로 볼 수 없다. 대법원 2006. 9. 14. 선고 2005다45537 판결[원심이 그 채용 증거들에 의하여 판시와 같은 사실을 인정한 다음 주식양도(주: 주권발행전 주식의 2중양도)에 대한 승낙 그 자체만으로는 피고 회사에게 어떠한 불이익이 발생하는 것이 아니라는 이유로 피고 회사의 대표이사인 소외 1이 원고에게 주식보관증을 작성하여 준 행위가 자기의 개인적 이익을 도모할 목적으로 이루어져 대표권의 범위를 벗어난 것이거나 남용한 것이라는 피고의 주장을 배척한 조치는 정당하다].

6. 이와 같은 대표권 남용에 대한 대법원의 입장을 흔히 비진의표시설이라고 칭한다. 이철송, 『회사법강의』, 제581면. 민법 제107조(진의 아닌 의사표시): [제1항: 의사표시는 표의자가 진의아님을 알고한 것이라도 그 효력이 있다. 그러나 상대방이 표의자의 진의아님을 알았거나 이를 알 수 있었을 경우에는 무효로 한다. 제2항: 전항의 의사표시의 무효는 선의의 제3자에게 대항하지 못한다].

7. 대법원 1997. 8. 29. 선고 97다18059 판결([1] 일반적으로 주식회사 대표이사는 회사의 권리능력의 범위

법인)인 J공제조합의 이사장(대표자)이 대표권한을 남용한 경우에도 마찬가지이다.

검토컨대, 본 사례의 경우에는 위에서 살펴본 바와 같이 본건 담보대출과 관련하여 다음과 같은 사실들이 인정된다.

(가) 예금담보대출의 반복

1) H은행의 2001년 기준 예적금 담보대출의 총대출에 대한 비중은 금액으로는 2.16%, 건수로는 0.93%에 불과하고, 본건 담보담보대출의 경우 정기예금 금리는 연 7.9%이고 대출금리는 연 9.4%이며 예금금리에 대하여는 이자소득세도 부담하여야 하는 등의 손해를 수반한다.

2) J공제조합은 항상 여유자금을 보유하고 있음에도 불구하고, 자기자금을 예금하고 그로부터 얼마 지나지 아니하여 거액의 담보대출을 받는 일은 이례적이다.

3) J공제조합은 본건 담보대출행위 이외에도 그 전후에 걸쳐서 H은행에 각 정기예금을 하였고, 최현오는 이를 담보로 각 대출을 받아 개인사업에 유용하였는데, 외관상 각 대출일시는 평균적으로 예금일시로부터 불과 한 달도 되지 않는 시점이며, 1년 만기의 정기예금을 담보로 예금액의 90% 정도를 대출받아 연 1.5% 정도의 추가 이자를 부담하면서 약 6개월 후 상환하였다.

(나) 대출시 예금증서 분실 재발급

예금담보대출시 예금을 질권으로 설정하기 때문에 금융기관으로서는 반드시 예금증서의 점유를 이전받아야 하는데, 최현오는 본건 담보대출행위 당시 1999. 11. 10. 예금증서(30억원 및 5억원)의 분실신고 및 재발급신청을 하였고, H은행은 이를 받

내에서 재판상 또는 재판 외의 일체의 행위를 할 수 있고, 이러한 대표권 그 자체는 성질상 제한될 수 없는 것이지만 대외적인 업무 집행에 관한 결정 권한으로서의 대표권은 법률의 규정에 의하여 제한될 뿐만 아니라 회사의 정관, 이사회의 결의 등의 내부적 절차 또는 내규 등에 의하여 내부적으로 제한될 수 있으며, 이렇게 대표권한이 내부적으로 제한된 경우에는 그 대표이사는 제한 범위 내에서만 대표권한이 있는 데 불과하게 되는 것이지만 그렇더라도 그 대표권한의 범위를 벗어난 행위 다시 말하면 대표권의 제한을 위반한 행위라 하더라도 그것이 회사의 권리능력의 범위 내에 속한 행위이기만 하다면 대표권의 제한을 알지 못하는 제3자는 그 행위를 회사의 대표행위라고 믿는 것이 당연하고 이러한 신뢰는 보호되어야 한다. [2] 주식회사의 대표이사가 그 대표권의 범위 내에서 한 행위는 설사 대표이사가 회사의 영리목적과 관계없이 자기 또는 제3자의 이익을 도모할 목적으로 그 권한을 남용한 것이라 할지라도 일단 회사의 행위로서 유효하고, 다만 그 행위의 상대방이 대표이사의 진의를 알았거나 알 수 있었을 때에는 회사에 대하여 무효가 되는 것이다. [3] 주식회사의 대표이사가 회사 명의로 한 채무부담행위가 회사의 목적 범위 내의 행위에 속하는 것으로 인정된 사례).

아 들여 재발급을 해주었으며 그 직후인 1999. 11. 15. 이를 담보로 본건 담보대출을 해주었다(본건 담보대출 이전인 1999. 5. 24. 및 이후인 1999. 12. 29.에도 각 분실신고 및 재발급신청을 하여 증서를 재발급받고 각 같은 해 6. 2. 및 심지어 위 재발급신청과 같은 날인 12. 29. 담보대출을 받은 바 있음).

(다) 대출 및 이자지급시 업무담당주체 등의 정황

1) H은행측이 대출금에 대한 이자지급이나 혹은 상환 등에 관하여 J공제조합측 회계직원 등에게 연락을 한 사실은 전혀 없었고, 이에 관하여는 최현오 혹은 최현오의 개인사업체인 H주식회사의 여직원과 연락을 취하였으며 강가웅은 이자 체크를 위하여 부하직원에게 최현오 개인의 휴대폰 번호와 H주식회사의 사무실 전화번호를 가르쳐 주었고, 또한 이자 입금 명의도 J공제조합 조합 명의가 아닌 최현오 개인 명의이었다.

2) 본건 담보대출 당시 기존의 J공제조합 명의의 통장에 입금한 것이 아니라 신규로 J공제조합 조합장 명의의 통장을 개설하여 여기에 대출금을 입금하였다.

3) H은행의 여신업무표준절차에 의하면 융자상담책임자는 원칙적으로 대출담당책임자가 하도록 되어 있고 담당직원이 없을 때에는 차장 또는 영업점장이 직접 상담에 임하도록 되어 있는데, 본건 담보대출의 경우 융자상담 및 신청서에 융자상담자가 지점장인 강가웅으로 되어 있으며, 직원들은 단지 강가웅의 지시에 따라 대출서류만 검토하였다.

(라) H은행 내부의 감사 결과

본건 담보대출이 드러나기 이전인 2000. 6.경 H은행의 내부 감사에서도 본건 담보대출이 예금증서의 허위분실신고 후 재발행 수법의 부당 대출인 점과 조합에 대한 대출임에도 조합의 목적에 부합하는지 여부의 검토 없이 취급한 잘못을 지적하고 채권회수가 불투명하다는 전망과 함께 지점장 강가웅에 대하여 인사조치를 하는 등 내부적으로 대출의 부당성이 지적되기도 하였다.

(마) 강가웅의 형사판결 결과

강가웅은 2001. 11. 8. 1심에서 본건 담보대출과 관련하여 업무상배임죄 등으로 징역 2년의 실형을 선고받았다가, 2002. 3. 6. 항소심에서는 최현오와 공동하여 대출사기를 하였다는 변경된 공소사실에 대하여 최현오가 대출금을 개인사업 자금으로 사용한다는 사정을 확정적으로 인식하였다고 보기는 어렵다는 이유로 무죄를 선고받았고, 2003. 2. 28. 대법원에서 그대로 확정되었다.

(바) J공제조합의 영리목적 부합성 검토 여부

H은행의 여신업무표준절차에 의하면 일정금액 이상의 여신의 경우 자금용도, 용도의 타당성 및 규모의 적정성을 확인, 검토하도록 되어 있으나, J공제조합 명의의 대출용도가 단순히 조합의 운전자금으로 기재되어 있고 매번 정기예금시마다 거액의 대출을 받는 등의 정황임에도 불구하고 H은행측에서 이러한 점들을 검토하거나 자금용도에 관하여 J공제조합측에 직접 문의하거나 확인한 적이 전혀 없었다.

따라서 위와 같은 사실관계 및 종전에 반복되던 H은행의 예금 및 대출 실태 등을 종합하여 보면, H은행의 오류동 지점장인 강금용은 본건 담보대출 당시 J공제조합의 대표자인 이사장 최현오가 J공제조합의 영리목적과는 관계없이 순전히 최현오 개인의 이익을 도모할 목적으로 그 대표권한을 남용하여 J공제조합 명의로 예금담보대출을 받는 것임을 알 수 있었음에도 불구하고 H은행의 여 · 수신 실적 등에 큰 도움이 된다는 이유 등으로 그 대출을 승인해 주었다고 보이므로, H은행은 최현오가 J공제조합의 대표권한을 남용하여 대출을 받아 가는 사실을 알 수 있었다고 인정된다.

그렇다면 본건 담보대출행위는 위에서 살펴본 대표권 남용의 법리에 따라 J공제조합에 대하여는 효력이 없다고 할 것이다.[8]

[설문 2] 법인의 불법행위 능력

(1) 문제의 소재

[설문 1]에서 살펴본 바와 같이, 본건 담보대출행위가 대표권 남용의 법리에 따라 J공제조합에 대하여는 효력이 없다고 하더라도, J공제조합의 대표자인 최현오가

8. 이상의 결론에 대해서는 본 사례에 관한 대법원 2004. 3. 26. 선고 2003다34045 판결 참조.

외형상 객관적으로는 J공제조합의 직무에 관하여 본건 담보대출을 받아 H은행에게 일응 금 33억 2천만원이라는 본건 대출금 상당의 손해를 가하였다고 볼 수 있어서, J공제조합이 민법 제35조 제1항에 의해 H은행에게 손해배상책임을 부담하는지 강금용이 최현오의 사기행위를 공모 내지 방조하는 등 대표권 남용을 인식하였거나 이를 인식하지 못한 데에 중대한 과실이 있어서 이러한 책임이 부정되는 것은 아닌지 그리고 만약 J공제조합의 민법 제35조 제1항에 의한 불법행위에 의해 H은행에게 발생한 손해액은 얼마인지가 문제된다.

(2) 설문의 해결

이와 관련하여 민법 제35조(법인의 불법행위능력) 제1항은 다음과 같이 규정하고 있으므로, 먼저 관련 법리를 살펴본다.

민법 제35조(법인의 불법행위능력)
제1항: 법인[9]은 이사 기타 대표자[10]가 그 직무에 관하여[11] 타인에게 가한 손해[12]를 배상할 책임이 있다. 이사 기타 대표자는 이로 인하여 자기의 손해배상책임[13]을 면하지 못한다.

---

9. 본조는 모든 사법인에 적용 내지 유추적용되고, 또한 '권리능력 없는 사단'에도 유추적용된다. 지원림, 『민법강의』, 제132면. 대법원 1994. 3. 25. 선고 93다32828,32835 판결(노동조합의 간부들이 불법쟁의행위를 기획, 지시, 지도하는 등으로 주도한 경우에 이와 같은 간부들의 행위는 조합의 집행기관으로서의 행위라 할 것이므로 이러한 경우 민법 제35조 제1항의 유추적용에 의하여 노동조합은 그 불법쟁의행위로 인하여 사용자가 입은 손해를 배상할 책임이 있고, 한편 조합간부들의 행위는 일면에 있어서는 노동조합 단체로서의 행위라고 할 수 있는 외에 개인의 행위라는 측면도 아울러 지니고 있고, 일반적으로 쟁의행위가 개개 근로자의 노무정지를 조직하고 집단화하여 이루어지는 집단적 투쟁행위라는 그 본질적 특징을 고려하여 볼 때 노동조합의 책임 외에 불법쟁의행위를 기획, 지시, 지도하는 등으로 주도한 조합의 간부들 개인에 대하여도 책임을 지우는 것이 상당하다) ; 대법원 2003. 7. 25. 선고 2002다27088 판결(주택조합과 같은 비법인사단의 대표자가 직무에 관하여 타인에게 손해를 가한 경우 그 사단은 민법 제35조 제1항의 유추적용에 의하여 그 손해를 배상할 책임이 있으며, 비법인사단의 대표자의 행위가 대표자 개인의 사리를 도모하기 위한 것이었거나 혹은 법령의 규정에 위배된 것이었다 하더라도 외관상, 객관적으로 직무에 관한 행위라고 인정할 수 있는 것이라면 민법 제35조 제1항의 직무에 관한 행위에 해당한다).

10. 이와 같이, 법인의 대표기관의 불법행위에 대해서만 적용되고, 대표기관이 아닌 피용자의 불법행위에 대해서는 민법 제756조의 사용자책임 규정이 적용된다. 대법원 1978. 3. 14. 선고 78다132 판결(학교법인의 대표자였던 자에 의한 차금행위가 불법행위가 된다면 이는 민법상 사용자의 배상책임이 아니고 민법 제35조에 의한 법인 자체의 불법행위가 되어 배상책임이 있다) ; 민법 제756조(사용자의 배상책임): [제1항: 타인을 사용하여 어느 사무에 종사하게 한 자는 피용자가 그 사무집행에 관하여 제3자에

제2항: 법인의 목적범위 외의 행위로 인하여 타인에게 손해를 가한 때에는 그 사항의 의결에 찬성하거나 그 의결을 집행한 사원, 이사 및 기타 대표자가 연대하여 배상하여야 한다.

위에서 살펴본 바와 같이, 법인의 본조에 따른 책임과 행위자(대표기관)는 민법 제750조에 의한 책임은 부진정연대의 관계에 있는데, 부진정연대책임이라는 것은, 동일한 경제적 목적을 가지는 급부에 관하여 수인의 채무자가 각자 독립하여 전부의 급부를 하여야 할 채무를 부담하고(각자의 채무의 발생원인이나 액수가 동일해야 하는 것은 아

게 가한 손해를 배상할 책임이 있다. 그러나 사용자가 피용자의 선임 및 그 사무감독에 상당한 주의를 한 때 또는 상당한 주의를 하여도 손해가 있을 경우에는 그러하지 아니하다. 제2항: 사용자에 가름하여 그 사무를 감독하는 자도 전항의 책임이 있다. 제3항: 전2항의 경우에 사용자 또는 감독자는 피용자에 대하여 구상권을 행사할 수 있다].

11. 객관적으로 직무에 관한 행위라고 인정할 수 있는 행위도 포함되나, 다만 이 경우에 본조에 따라 배상청구권이 있는 타인은 선의·무중과실인 자에 한정된다. 대법원 1990. 3. 23. 선고 89다카555 판결(상호신용금고의 대표이사인 갑이 을로부터 일정한 금원을 예탁금으로 입금처리하여 줄 것을 의뢰받고 당시 공동대표이사인 병의 개인자금을 조달할 목적으로 위 금원을 차용하면서도 외관상으로만 위 금원을 위 금고의 차입금으로 입금처리 하는 양 가장하여 을을 속이고 실제로는 차입금원장 등 장부에도 기장하지 아니한 채 위 금고용차입금증서가 아닌 병 개인명의로 발행된 약속어음을 을에게 교부하여 주었다면 이는 실질적으로는 갑의 개인적인 융통행위로서 위 금고의 차용행위로서는 무효라 하겠으나 그의 행위는 위 금고 대표이사로서의 직무와 밀접한 관련이 있을 뿐만 아니라 외형상으로는 위 금고 대표이사의 직무범위 내의 행위로 보아야 할 것이고 을의 처지에서도 위 금고와의 거래로 알고 있었던것이므로 위 금고는 그 대표이사 갑의 직무에 관한 불법행위로 인하여 을이 입은 손해를 배상할 책임이 있다); 대법원 2003. 7. 25. 선고 2002다27088 판결([1] 주택조합과 같은 비법인사단의 대표자가 직무에 관하여 타인에게 손해를 가한 경우 그 사단은 민법 제35조 제1항의 유추적용에 의하여 그 손해를 배상할 책임이 있으며, 비법인사단의 대표자의 행위가 대표자 개인의 사리를 도모하기 위한 것이었거나 혹은 법령의 규정에 위배된 것이었다 하더라도 외관상, 객관적으로 직무에 관한 행위라고 인정할 수 있는 것이라면 민법 제35조 제1항의 직무에 관한 행위에 해당한다. [2] 비법인사단의 경우 대표자의 행위가 직무에 관한 행위에 해당하지 아니함을 피해자 자신이 알았거나 또는 중대한 과실로 인하여 알지 못한 경우에는 비법인사단에게 손해배상책임을 물을 수 없다고 할 것이고, 여기서 중대한 과실이라 함은 거래의 상대방이 조금만 주의를 기울였더라면 대표자의 행위가 그 직무권한 내에서 적법하게 행하여진 것이 아니라는 사정을 알 수 있었음에도 만연히 이를 직무권한 내의 행위라고 믿음으로써 일반인에게 요구되는 주의의무에 현저히 위반하는 것으로 거의 고의에 가까운 정도의 주의를 결여하고, 공평의 관점에서 상대방을 구태여 보호할 필요가 없다고 봄이 상당하다고 인정되는 상태를 말한다).

12. 행위자(대표기관)에게는 민법 제750조에 의한 불법행위책임의 성립요건이 충족되어야 한다. 지원림, 『민법강의』, 제135면.

13. 민법 제35조 제1항은 민법 제750조에 의한 불법행위책임의 특별규정에 해당하므로 행위자(대표기관)에게 민법 제750조에 의한 불법행위책임을 이 성립하는 것을 전제로 한다. 따라서 행위자(대표기관)는 민법 제750조에 의한 불법행위책임을 부담하고, 법인은 민법 제35조 제1항에 따라 손해배상책임을 부담하는데, 이러한 법인의 책임 행위자(대표기관)의 책임은 부진정연대의 관계에 놓인다. 지원림, 『민법강의』, 제135면 내지 제136면.

님),[14] 그중 1인의 이행으로 모든 채무자의 채무가 소멸하는(절대적 효력) 다수당사자의 채권관계로서 연대채무에 속하지 않는[15] 것을 말한다. 이 경우, 원칙적으로는 각 채무자 사이에 구상관계가 존재하지 않으며, 채무자 1인과 채권자 사이에 발생한 사유 중 '변제 또는 이에 준하는 사유'[16](절대적 효력)를 제외한 나머지 사유는 다른 채무자에게 영향을 미치지 않으므로(상대적 효력), 부진정연대채무에서의 채권자의 지위는 연대채무자에서의 경우보다 강하다고 할 수 있다.[17]

위에서 살펴본 바와 같이, 법인의 대표자의 행위가 직무에 관한 행위에 해당하지 아니함을 피해자 자신이 알았거나 또는 중대한 과실로 인하여 알지 못한 경우에는 법인에게 손해배상책임을 물을 수 없다고 할 것이고, 여기서 중대한 과실이라 함은 거래의 상대방이 조금만 주의를 기울였더라면 대표자의 행위가 그 직무권한 내에서 적법하게 행하여진 것이 아니라는 사정을 알 수 있었음에도 만연히 이를 직무권한 내의 행위라고 믿음으로써 일반인에게 요구되는 주의의무에 현저히 위반하는 것으로 거의 고의에 가까운 정도의 주의를 결여하고, 공평의 관점에서 상대방을 구태여 보호할 필요가 없다고 봄이 상당하다고 인정되는 상태를 말한다.[18]

본 사례에 관하여 검토컨대, 먼저, 최현오는 이사회 의사록을 위조하는 등의 사기 방법으로 J공제조합 명의로 H은행으로부터 본건 담보대출을 H은행에게 일응 금 33억 2천만원이라는 본건 대출금 상당의 손해를 발생케 하였으므로, 최현오가 H은행에 대하여 민법 제750조(고의 또는 과실로 인한 위법행위로 타인에게 손해를 가한 자는 그 손해를 배상할 책임이 있다)의 불법행위 책임을 부담할 것이라는 점에는 특별한 문제가 없는 것으로 보인다.

또한, J공제조합의 대표자인 최현오는 외형상 객관적으로는 J공제조합의 직무에

14. 대법원 2009. 3. 26. 선고 2006다47677 판결(부진정연대채무 관계는 서로 별개의 원인으로 발생한 독립된 채무라 하더라도 동일한 경제적 목적을 가지고 있고 서로 중첩되는 부분에 관하여 일방의 채무가 변제 등으로 소멸할 경우 타방의 채무도 소멸하는 관계에 있으면 성립할 수 있고, 반드시 양 채무의 발생원인, 채무의 액수 등이 서로 동일할 것을 요한다고 할 수는 없다. 그리고 부진정연대채무의 관계에 있는 채무자들을 공동피고로 하여 이행의 소가 제기된 경우 그 공동피고에 대한 각 청구가 서로 법률상 양립할 수 없는 것이 아니므로 그 소송을 민사소송법 제70조 제1항 소정의 예비적 · 선택적 공동소송이라고 할 수 없다).

15. 부진정연대채무에서는, 연대채무에서와는 달리, 채무자사이에 연대의 특약이 존재하지 않는다.

16. 예컨대 대물변제, 공탁, 상계. 대법원 2010. 9. 16. 선고 2008다97218 판결.

17. 지원림, 『민법강의』, 제1189면.

18. 대법원 2003. 7. 25. 선고 2002다27088 판결 등 참조.

관하여 본건 담보대출을 받았지만 대표권을 남용하여 J공제조합 명의로 H은행으로부터 대출을 받음으로써 H은행에게 일응 금 33억 2천만원이라는 본건 대출금 상당의 손해를 가하였다고 볼 것이므로, J공제조합은 대표자인 최현오가 그 직무에 관하여 H은행에게 가한 손해를 배상할 책임이 있다고 할 것이고, 한편, 강금용이 최현오의 사기행위를 공모 내지 방조하는 등 대표권 남용을 인식하였거나 이를 인식하지 못한 데에 중대한 과실(거의 고의에 가까운 정도로 주의를 결여하고, 공평의 관점에서 상대방을 구태여 보호할 필요가 없다고 봄이 상당하다고 인정될 정도의 과실)이 있다고까지 보기는 어렵다고 할 것이므로, 결국 J공제조합은 H은행에게 일응 금 33억 2천만원이라는 본건 대출금 상당의 손해에 대해서는 민법 제35조 제1항에 따른 불법행위책임을 부담한다고 할 것이다.

다음으로, H은행이 J공제조합에게 금 33억 2천만원이라는 원금에 대한 이자까지 손해배상청구를 할 수 있겠는지를 살펴본다.

살피건대, 불법행위자에 대하여 구할 수 있는 손해배상의 범위는 불법행위가 없었을 경우에 그 피해자가 있었을 지위의 회복에 그치는 것이고, 그 불법행위의 일환으로 체결된 계약이 제대로 성립되어 이행된 경우에 피해자가 있게 될 지위의 회복까지 구하는 것은 허용되지 아니한다고 할 것이다.

따라서 H은행은 본건 담보대출에 관한 대출계약이 J공제조합에 대한 관계에서 유효하게 성립하였을 경우의 이행이익인 본건 대출금에 대한 약정이자의 배상까지 J공제조합에게 청구할 수는 없고, 나아가 H은행이 본건 담보대출이 없었다면 H은행이 그 대출 금원을 다른 대출수요자에게 대출하여 그와 같은 약정이자를 얻을 수 있었다고 주장하더라도 이는 특별사정으로 인한 손해라고 할 것인데,[19] 본 사례에서는 J공제조합이 그러한 특별사정까지 알았거나 알 수 있었다고 볼 수는 없고, 또한 H은행이 대출을 전문적으로 취급하는 금융기관이라고 하여 곧바로 이를 추인할 수도 없으므로, 결국 H은행은 본건 대출금에 대한 약정이자의 배상까지 J공제조합에게 청구할 수는 없다고 할 것이다.

그렇다면 J공제조합의 대표자인 최현오의 불법행위로 인하여 H은행이 입은 통

---

19. 민법 제763조(준용규정): [제393조, 제394조, 제396조, 제399조의 규정은 불법행위로 인한 손해배상에 준용한다] ; 민법 제393조(손해배상의 범위) ; [제1항: 채무불이행으로 인한 손해배상은 통상의 손해를 그 한도로 한다. 제2항: 특별한 사정으로 인한 손해는 채무자가 그 사정을 알았거나 알 수 있었을 때에 한하여 배상의 책임이 있다].

상손해는 본건 담보대출의 원금 및 이에 대한 법정이자 상당액이라 할 것인데, 상법 제54조[20]의 상사법정이율은 상행위로 인한 채무나 이와 동일성을 가진 채무에 관하여 적용되는 것이고 상행위가 아닌 불법행위로 인한 손해배상채무에는 적용되지 아니하므로,[21] 결국 H은행은 본건 대출금에 대해 상사 법정이율인 연 6푼의 법정이자가 아니라 민사 법정이율[22]인 연 5푼의 법정이자를 통상손해로써 J공제조합에게 청구할 수 있다고 할 것이다.

결국, H은행에게 발생한 금 33억 2천만원이라는 본건 대출금 상당액 및 그에 대한 연 5푼의 법정이자 상당액의 손해에 대하여, J공제조합은 민법 제35조 제1항에 의해, 그리고 대표자인 최현오는 민법 제750조에 의하여, 각각 H은행에게 부진정연대책임을 부담한다고 할 것이다.[23]

[설문 3] 과실상계/손익상계

(1) 문제의 소재

[설문 2]에서 살펴본 바와 같이, H은행은 최현오의 불법적인 본건 담보대출에 따라 입은 손해액(금 33억 2천만원)에 대하여 민법 제35조 제1항에 의한 부진정연대책임에 따라 일응 J공제조합에게 그러한 손해액의 배상을 청구할 권리를 가지는데, 이러한 H은행의 손해배상청구권에 대하여 J공제조합은 어떠한 주장이나 항변을 하는 것이 가능한지, 특히 과실상계와 손익상계를 주장할 여지가 있는지가 문제된다.

이는 앞에서 살펴본 바와 같이 민법 제35조 제1항에 따른 손해배상책임이 민법 제750조에 의한 불법행위책임의 특별규정에 해당하므로, 민법 제35조 제1항에 따른 손해배상책임의 경우에도 과실상계 및 손익상계의 법리가 적용될 수 있기 때문에 검토의 가치가 있는 것이다.[24]

---

20. 상법 제54조(상사 법정이율): [상행위로 인한 채무의 법정이율은 연6분으로 한다].

21. 대법원 1985. 5. 28. 선고 84다카966 판결 참조.

22. 민법 제379조(법정이율): [이자 있는 채권의 이율은 다른 법률의 규정이나 당사자의 약정이 없으면 연 5분으로 한다].

23. 이상의 결론에 대해서는 본 사례에 관한 대법원 2004. 3. 26. 선고 2003다34045 판결 참조.

24. 민법 제763조(준용규정): [제393조, 제394조, 제396조, 제399조의 규정은 불법행위로 인한 손해배상

(2) 설문의 해결

(가) 과실상계

불법행위에 있어서 과실상계는 공평 내지 신의칙의 견지에서 손해배상액을 정함에 있어 피해자의 과실을 참작하는 것으로서 그 적용에 있어서는 가해자와 피해자의 고의 과실의 정도, 위법행위의 발생 및 손해의 확대에 관하여 어느 정도의 원인이 되어 있는가 등의 제반 사정을 고려하여 배상액의 범위를 정하는 것이며, 불법행위에 있어서의 가해자의 과실이 의무위반의 강력한 과실임에 반하여 과실상계에 있어서 과실이란 사회통념상, 신의성실의 원칙상, 공동생활상 요구되는 약한 부주의까지도 가리키는 것이다.[25,26]

한편, 손해배상액의 산정에 있어서 손익상계가 허용되기 위하여는 손해배상책임의 원인이 되는 행위로 인하여 피해자가 새로운 이득을 얻었고, 그 이득과 손해배상책임의 원인행위 사이에 상당인과관계가 있어야 한다.[27]

그런데 이와 같은 과실상계와 손익상계가 동시에 적용되는 경우에는 먼저 과실상계를 한 이후에 손익상계를 해야 하므로,[28] 이하에서는 먼저 H은행의 손해배상청구권에 대하여 J공제조합이 과실상계를 주장할 여지가 있는지를 검토하기로 한다.

불법행위로 인한 손해배상 사건에서 과실상계 사유에 관한 사실인정이나 그 비

에 준용한다] ; 민법 제396조(과실상계) : [채무불이행에 관하여 채권자에게 과실이 있는 때에는 법원은 손해배상의 책임 및 그 금액을 정함에 이를 참작하여야 한다] ; 대법원 1990. 5. 8. 선고 89다카29129 판결(불법행위로 인하여 손해가 발생하고 그 손해발생으로 이득이 생기고 동시에 그 손해발생에 피해자에게도 과실이 있어 과실상계를 하여야 할 경우에는 먼저 산정된 손해액에서 과실상계를 한 다음에 위 이득을 공제하여야 한다).

25. 대법원 1995. 9. 15. 선고 94다61120 판결 참조.

26. 과실상계는 법원이 직권으로 심리하여 판단할 수 있고, 피해자의 부주의를 이용하여 고의로 불법행위를 저지른 가해자에게는 과실상계가 허용되지 않는다. 대법원 2005. 10. 7. 선고 2005다32197 판결(손해배상청구 소송에서 피해자에게 과실이 인정되면 법원은 손해배상의 책임 및 그 금액을 정함에 있어서 이를 참작하여야 하며, 배상의무자가 피해자의 과실에 관하여 주장하지 않는 경우에도 소송자료에 의하여 과실이 인정되는 경우에는 이를 법원이 직권으로 심리 · 판단하여야 할 것이지만, 피해자의 부주의를 이용하여 고의로 불법행위를 저지른 자가 바로 그 피해자의 부주의를 이유로 자신의 책임을 감하여 달라고 주장하는 것은 허용될 수 없다).

27. 대법원 2005. 10. 28. 선고 2003다69638 판결 참조.

28. 대법원 1990. 5. 8. 선고 89다카29129 판결(불법행위로 인하여 손해가 발생하고 그 손해발생으로 이득이 생기고 동시에 그 손해발생에 피해자에게도 과실이 있어 과실상계를 하여야 할 경우에는 먼저 산정된 손해액에서 과실상계를 한 다음에 위 이득을 공제하여야 한다).

율을 정하는 것은 그것이 형평의 원칙에 비추어 현저히 불합리하다고 인정되지 않는 한 사실심의 전권사항에 속한다고 할 것이다.[29]

따라서 본 사례와 관련하여서는 아래와 같이 대법원에서 인정된 항소심(사실심)에서의 판시사항을 인용함으로써 갈음하고자 한다(필요한 부분에서 약간의 편집을 하였음).

"H은행의 대출책임자인 지점장은 금융기관의 직원으로서 본 사례에서 나타난 제반 정황에 비추어 보면, 본건 담보대출에 따른 대출금이 최현오의 개인적 용도에 사용되는 것을 '알 수 있었으므로'(즉, [설문 2]에서 살펴본 것처럼 고의나 중과실은 없지만 (경)과실은 인정되므로) J공제조합의 정관상 목적과 대출금 사용용도 등을 J공제조합측에 정확히 확인하여 대표권 남용에 의한 부당한 대출이 발생하지 않도록 주의를 하여야 함에도 불구하고, 그 주의를 다하지 못하여 본건 담보대출과 같은 부당한 대출이 발생한 것인바, H은행의 이러한 과실은 부당대출의 한 원인이 되었다고 할 것이어서 J공제조합이 배상할 손해배상액을 정함에 있어서 이를 참작하기로 하되(즉, 과실상계 사유에 관한 사실인정 부분임), 그 비율은 본건 담보대출 사고의 발생 경위, 최현오의 대표권 남용에 대한 인식 가능성 등 그 사실관계에 비추어 20% 정도로 봄이 상당하므로 J공제조합의 책임은 그 과실비율을 제외한 나머지 80% 부분으로 제한함이 타당하다(즉, 과실비율의 결정 부분임)."

(나) 손익상계

위와 같은 과실상계가 이루어지면, J공제조합과 최현오는 H은행에게 발생한 금 33억 2천만원이라는 본건 대출금 상당액 및 그에 대한 연 5푼의 법정이자 상당액의 손해의 80% 부분에 대해서만, 부진정연대책임을 부담하면 된다.

한편, 본건 담보대출행위 후에 부진정연대책임을 지는 일방 당사자인 최현오는 H은행에게 원금 7억원과 이자 262,288,979원 등 총 합계 962,288,979원을 변제하였으므로, 이와 같은 일부 변제의 효과가 부진정연대책임을 지는 타방 당사자인 J공제조합의 H은행에 대한 채무에 어떠한 영향을 미치는지가 문제된다.

검토컨대, 피용자 본인이 불법행위의 성립 이후에 피해자에게 손해액의 일부를 변제하였다면, 피용자 본인의 피해자에 대한 변제금 중 '사용자의 과실비율에 상응하는 부분'만큼은 손해액의 일부로 변제된 것으로 보아 사용자의 손해배상책임이 그

29. 대법원 2003. 1. 24. 선고 2001다2129 판결 등 참조.

범위 내에서는 소멸하게 되고, 따라서 사용자가 배상할 손해배상의 범위를 산정함에 있어 피해자의 과실을 참작하여 산정된 손해액에서 과실상계를 한 다음 피용자 본인의 변제금 중 '사용자의 과실비율에 상응하는 부분'을 공제하여야 하며, 이러한 법리는 피용자 본인이 불법행위의 성립 이후에 피해자에 대하여 일부 금원을 지급함에 있어서 명시적으로 손해배상의 일부 변제조로 지급한 것은 아니지만 불법행위를 은폐하거나 기망의 수단으로 지급한 경우(불법 차용행위를 은폐하기 위하여 피해자에게 차용금에 대한 이자 명목의 금원을 지급한 경우 등)에도 마찬가지로 적용되어야 하는바,[30] 이와 같은 법리는 본 사례와 같이 법인의 대표자에 의한 불법행위로 법인의 불법행위책임이 성립하는 경우에도 동일하다.

그렇다면 J공제조합이 H은행에게 배상할 손해배상의 범위를 산정함에 있어 J공제조합의 과실을 참작하여 산정된 손해액에서 과실상계를 한 다음 최현오 본인이 H은행에게 그와 같이 지급한 금원(금 962,288,979원) 중 'J공제조합의 과실비율'인 '80%에 상응하는 부분'만을 공제하여야 하지, 그 전액(금 962,288,979원)을 공제해서는 안 된다고 할 것이다.[31]

30. 대법원 1998. 7. 24. 선고 97다55706 판결 및 1999. 2. 12. 선고 98다55154 판결 등 참조. 대법원 1999. 2. 12. 선고 98다55154 판결(위법행위로 타인에게 직접 손해를 가한 피용자 자신의 손해배상의무와 그 사용자의 손해배상의무는 별개의 채무여서 그 양자가 배상하여야 할 손해액의 범위가 각기 달라질 수 있고, 그 경우 피용자 본인이 손해액의 일부를 변제한 때에는 그 변제금 중 사용자의 과실 비율에 상응하는 수액에 한하여 사용자가 배상하여야 할 손해액의 일부로 변제된 것으로 하고, 따라서 사용자의 손해배상책임이 소멸하는 범위도 상응한 그 수액으로 한정되게 함이 불법행위로 인한 손해배상에서의 지도원리인 공평의 원칙과 신의칙에 합당하다).

31. 이상의 결론에 대해서는 본 사례에 관한 대법원 2004. 3. 26. 선고 2003다34045 판결 참조.

[사례 27]

표현대표이사

다음과 같은 사실관계 하에서, 아래의 각 질의에 대해 답하시오.[1]

(1) S사의 현황

S주식회사(이하, "S사는")는 충청남도 서산시에 설립된 당시부터 현재에 이르기까지 발행주식 총수가 52,500주(이하, "본건 주식")이고, 1주의 액면금이 금 5천원으로서 설립 당시 S사의 주식은 주주명부상 김요차가 26,250주를, 이초행이 12,350주를, 문다한이 12,400주를, 강삼구가 1,500주를 각 소유한 것으로 등재되어 있었으나 실질적으로는 김요차가 S사의 주식 전부인 본건 주식를 소유한 실질적 1인회사이었고, 다만 등기사항증명서[2]에 대표이사는 이초행을 선임하여 등재시켰다.

(2) 1992. 2. 29.(최조웅의 실질적 경영권 취득)

김요차가 1992. 2. 29. 권관수에게 자신이 실질적으로 소유한 주식 전부인 본건 주식을 S사의 실질적 경영권과 함께 양도하였고, 같은 날 권관수는 자신의 S사에 대한 채무를 최조웅이 대위변제하여 준 대가로 자신이 양도받은 본건 주식을 S사의 실질적 경영권과 함께 최조웅에게 모두 양도하여 최조웅이 S사의 실질적 경영권을 장악하게 되자, S사의 명목상 대표이사이던 이초행은 대표이사직을 사임하고(다만, 등기사항증명서상으로는 1994. 3. 4.까지 S사의 대표이사로 등재된 상태로 있었다) 그동안 명목상 대표이사로서의 업무집행을 위해 가지고 있던 S사의 대표이사 인감도장과 대표이사 명판 등을 최조웅에게 건네 주어 최조웅으로 하여금 직접 S사의 대표이사로서의 업무집행권을 실질적으로 행사할 수 있게 해주었다.

---

1. 본 사례는 대법원 1998. 3. 27. 선고 97다34709 판결을 기초로 하여 작성된 것이다.
2. 과거에는 법인등기부등본이라고 칭하였는데 최근에 등기사항증명서로 용어가 바뀌어서, 본 사례에서는 편의상 현재의 용어인 등기사항증명서로 통일한다.

(3) 1992. 7. 8.(근저당권의 설정)

S사의 대표이사 인감도장을 가지고 이초행 명의로 S사를 실질적으로 경영해 오던 최조웅은, 자신이 이미 C종합금융 주식회사(이하, "C사")로부터 개인적으로 대출받은 금 85억원의 차용금채무에 대한 추가 담보로 1992. 7. 8. S사 소유의 토지(이하, "본건 토지")에 C사를 근저당권자로 하는 내용의 근저당권설정계약(이하, "본건 근저당권설정계약")을 체결하였는데, 당시까지 등기사항증명서상 S사의 대표이사는 이초행으로 등재되어 있는 관계로 본건 근저당권설정계약서상 S사의 대표이사를 이초행 명의로 하였다. 한편, 최조웅은 이초행 명의의 근저당권설정등기 신청서류를 C사에게 제공하였고 이에 따라 본건 토지에 본건 근저당권설정계약에 따른 근저당권등기(이하, "본건 근저당권등기")가 경료되었다.

본 사례와 관련하여 추가적으로 밝혀진 사실관계는 다음과 같다.

(1) C사는 본건 근저당권설정계약 당시 S사와 최조웅 사이의 위와 같은 관계를 '잘 알고서' 이초행 명의로 본건 근저당권설정계약을 체결하였다.
(2) S사의 본건 근저당권설정계약의 체결은 S사 내부적으로 이사회결의가 필요하였음에도 불구하고, 본건 근저당권설정계약의 체결과 관련하여 S사의 이사회결의는 없었다.
(3) C사는 금융거래를 전문으로 하는 회사로서 오래 전부터 최조웅과 금융거래를 해 오고 있었다.

위와 같은 사실관계 하에서 본건 근저당권설정계약이 유효한지에 대하여 아래의 설문에서의 법리를 중심으로 검토하라.

설문 1 상법 제395조(표현 대표이사의 행위와 회사의 책임)의 법리

설문 2 이사회결의가 필요함에도 결의가 없는 경우의 후속행위의 효력

『설문 1』 표현대표이사

(1) 문제의 소재

본 사례의 경우에, S사가 상법 제395조 소정의 표현대표이사의 행위란 회사를 대표할 권한이 없으면서도 사장, 부사장, 전무, 상무 기타 회사를 대표할 권한이 있는 것으로 인정될 만한 명칭을 사용한 이사의 행위를 말하는바, 최조웅은 본건 근저당권설정계약 당시 S사의 이사가 아니었을 뿐만 아니라, 자신의 명칭으로 S사를 대표할 권한이 있는 것으로 인정될 만한 위 규정 소정의 명칭(사장, 부사장 등)을 사용한 것이 아니라 S사의 대표이사인 이초행의 명칭을 사용하였으므로 최조웅의 행위를 표현대표이사의 행위라고 할 수 없다고 주장하거나, 또는 C사는 금융거래를 전문으로 하는 회사로서 오래 전부터 최조웅과 금융거래를 해와서 본건 근저당권설정계약 당시 최조웅이 S사의 적법한 대표이사가 아닌 사실을 알고 있었거나 쉽게 알 수 있었으므로 S사는 최조웅의 본건 근저당권설정계약에 대하여 책임이 없다는 취지의 주장을 할 수 있겠는지, 즉 그러한 주장들을 하면서 본건 근저당권등기의 말소를 청구할 수 있겠는지가 문제된다.

(2) 설문의 해결

본 쟁점과 관련하여 상법 제395조는 다음과 같이 규정하고 있으므로, 먼저 관련 법리를 살펴본다.

▎상법 제395조(표현대표이사의 행위와 회사의 책임)[3]
사장, 부사장, 전무, 상무[4] 기타 회사를 대표[5]할 권한이 있는 것으로 인정될 만한 명칭[6]을 사용[7,8]한 이사[9]의 행위[10,11]에 대하여는 그 이사가 회사를 대표할 권한이 없는 경우에도 회사는 선의[12,13,14,15]의 제3자[16]에 대하여 그 책임을 진다.

3. 본조의 취지에 대하여 판례는 다음과 같이 설시하고 있다. 대법원 1988. 10. 11. 선고 86다카2936 판결(상법 제395조의 표현대표이사책임에 관한 규정의 취지는 회사의 대표이사가 아닌 이사가 외관상 회사의 대표권이 있는 것으로 인정될 만한 명칭을 사용하여 거래행위를 하고 이러한 외관상 회사의 대표행위에 대하여 회사에게 귀책사유가 있는 경우에 그 외관을 믿은 선의의 제3자를 보호함으로써 상거래의 신뢰와 안전을 도모하려는 데에 있다).

4. 표현대표이사의 명칭을 예시한 것에 불과하다. 대법원 1999. 11. 12. 선고 99다19797 판결(상법 제395조는 표현대표이사의 명칭을 예시하면서 사장, 부사장, 전무, 상무 등의 명칭을 들고 있는바).

5. 공동대표이사에 불과한 자가, 단독대표권이 있는 것 같은 명칭을 사용하는 경우(예: 사장, 대표이사사장)뿐만 아니라 단지 대표이사라는 명칭만을 사용하는 경우에도, 본조는 적용될 수 있다. 대법원 1993. 12. 28. 선고 93다47653 판결(회사가 수인의 대표이사가 공동으로 회사를 대표할 것을 정하고 이를 등기한 경우에도, 공동대표이사 중의 1인이 대표이사라는 명칭을 사용하여 법률행위를 하는 것을 용인하거나 방임한 때에는, 그 공동대표이사가 단독으로 회사를 대표하여 한 법률행위에 관하여 회사가 선의의 제3자에 대하여 상법 제395조에 따른 책임을 진다) ; 대법원 1992. 10. 27. 선고 92다19033 판결(회사가 공동대표이사에게 단순한 대표이사라는 명칭을 사용하여 법률행위를 하는 것을 용인 내지 방임한 경우에도 회사는 상법 제395조에 의한 표현책임을 면할 수 없다).

6. 이러한 표현적 명칭에 해당하는지 여부는 사회 일반의 거래통념에 따라 결정하는바, 경리담당이사는 해당되지 않는다. 대법원 2003. 2. 11. 선고 2002다62029 판결(경리담당이사는 회사를 대표할 권한이 있는 것으로 인정될 만한 명칭에 해당한다고 볼 수 없다고 하여 상법 제395조에 따른 회사의 책임을 부정한 사례).

7. 표현적 명칭의 사용에 대하여 회사가 명시적 허용한 경우에만 본조가 적용되나, 소극적 묵인의 경우에도(예: 알면서도 방치하는 것) 유추적용된다. 다만, 알면서 방치하는 것이 아니라 과실에 의해 방치하는 경우에는 적용은 물론 유추적용되지도 않는다. 대법원 1998. 3. 27. 선고 97다34709 판결(상법 제395조가 회사를 대표할 권한이 있는 것으로 인정될 만한 명칭을 사용한 이사의 행위에 대한 회사의 책임을 규정한 것이어서, 표현대표이사가 이사의 자격을 갖출 것을 요건으로 하고 있으나, 이 규정은 표시에 의한 금반언의 법리나 외관이론에 따라 대표이사로서의 외관을 신뢰한 제3자를 보호하기 위하여 그와 같은 외관의 존재에 대하여 귀책사유가 있는 회사로 하여금 선의의 제3자에 대하여 그들의 행위에 관한 책임을 지도록 하려는 것이므로, 회사가 이사의 자격이 없는 자에게 표현대표이사의 명칭을 사용하게 허용한 경우는 물론, 이사의 자격이 없는 사람이 임의로 표현대표이사의 명칭을 사용하고 있는 것을 회사가 알면서도 아무런 조치를 취하지 아니한 채 그대로 방치하여 소극적으로 묵인한 경우에도 위 규정이 유추적용되는 것으로 해석함이 상당하다) ; 대법원 2005. 9. 9. 선고 2004다17702 판결[이사 또는 이사의 자격이 없는 자가 임의로 표현대표자의 명칭을 사용하고 있는 것을 회사가 알면서 이에 동조하거나 아무런 조치를 취하지 아니한 채 그대로 방치하는 경우, 회사가 표현대표자의 명칭사용을 묵시적으로 승인한 것으로 볼 수 있는지 여부(적극)] ; 대법원 1975. 5. 27. 선고 74다1366 판결(상법 제395조에 의하여 표현대표자의 행위에 대하여 회사가 책임을 지는 것은 회사가 표현대표자의 명칭 사용을 명시적으로나 묵시적으로 승인할 경우에만 한하는 것이고 회사의 명칭사용 승인 없이 임의로 명칭을 잠칭한 자의 행위에 대하여는 비록 그 명칭사용을 알지 못하고 제지하지 못한 점에 있어서 회사에게 과실이 있다고 할지라도 그 회사의 책임으로 돌려 선의의 제3자에 대하여 책임을 지게하는 취지가 아니다).

8. 명칭사용 허용주체에 대해서는 일정한 제한이 있다. 대법원 1992. 9. 22. 선고 91다5365 판결(회사가 표현대표를 허용하였다고 하기 위하여는 진정한 대표이사가 이를 허용하거나, 이사 전원이 아닐지라도 적어도 이사회의 결의의 성립을 위하여 회사의 정관에서 정한 이사의 수, 그와 같은 정관의 규정이 없다면 최소한 이사 정원의 과반수의 이사가 적극적 또는 묵시적으로 표현대표를 허용한 경우이어야 할 것이므로).

9. 그러나 이사자격이 없는 자의 표현대표행위에도 본조는 유추적용된다. 바로 위 판례 참조.

10. 표현대표행위에는 대표이사의 권한 내에 해당하는(따라서 사전에 이사회결의나 주주총회결의가 필요한 경우에는 그러한 절차까지 완료해야 함) 대외적인 대표행위만 포함되고(대표행위를 대리하는 행위는 포함되지 않음), 거래행위이어야 하므로 불법행위와 소송행위는 여기에 포함되지 않는다는 것이 일반적인

견해인 듯 하나(이철송, 『회사법강의』, 제594면), 소취하(항고심판 취하서의 제출)가 표현대표행위에 포함된다는 판례가 있다. 대법원 1998. 3. 27. 선고 97다34709 판결(표현대표이사의 행위와 이사회의 결의를 거치지 아니한 대표이사의 행위는 모두 본래는 회사가 책임을 질 수 없는 행위들이지만 거래의 안전과 외관이론의 정신에 입각하여 그 행위를 신뢰한 제3자가 보호된다는 점에 공통되는 면이 있으나, 제3자의 신뢰의 대상이 전자에 있어서는 대표권의 존재인 반면, 후자에 있어서는 대표권의 범위이므로 제3자가 보호받기 위한 구체적인 요건이 반드시 서로 같다고 할 것은 아니고, 따라서 표현대표이사의 행위로 인정이 되는 경우라고 하더라도 만일 그 행위에 이사회의 결의가 필요하고 거래의 상대방인 제3자의 입장에서 이사회의 결의가 없었음을 알았거나 알 수 있었을 경우라면 회사로서는 그 행위에 대한 책임을 면한다) ; 대법원 2003. 2. 11. 선고 2002다62029 판결(상법 제395조에 정한 표현대표이사의 행위로 인한 회사의 책임이 성립하기 위하여는 회사의 대표이사가 아닌 이사가 외관상 회사의 대표권이 있는 것으로 인정될 만한 명칭을 사용하여 거래행위를 하여야 하고) ; 대법원 1970. 6. 30. 선고 70후7 판결["주식회사(유한회사)의 전무이사의 자격으로서 한 소송행위는 이사의 등기가 되어 있지 않더라도 유효하다", "소론은 첫째, 심판청구인 한국스레트공업주식회사의 전무이사인 소외 1이 금강스레트 공업주식회사의 대표이사 사장 소외 2가 본건 특허권의 전용실시권의 일부를 양도한다고 감언이설로 꼬여서 이에 넘어가 심판청구인 회사의 대표기관의 동의도 없이 자의적으로 이 사건 항고심판청구 취하서를 제출하게 된 것으로 아무런 권한 없는 자의 행위로서 그 취하는 무효라는 것이나 소외 1이 심판청구인 회사를 대표할 권한이 있는 것으로 인정될 만한 전무이사직(상법 제395조 참조)에 있었음은 심판청구인이 스스로 주장하는 바이고 등기되어 있지 않은 이사라 하더라도 이는 심판청구인 회사의 내부적 사정에 불과한 것이고"] ; 대법원 1968. 7. 30. 선고 68다127 판결(대표권이 없는 상무이사가 대표이사를 대리하여 법률행위를 한 경우에는 본조는 적용되지 아니하고 대리에 관한 규정이 적용된다 할 것이다).

11. 표현대표이사가 자기의 명칭이 아닌 다른 대표이사(예: 진정한 대표이사)의 명칭을 사용한 경우에도 본조는 적용된다. 대법원 1998. 3. 27. 선고 97다34709 판결(상법 제395조는 표현대표이사가 자기의 명칭을 사용하여 법률행위를 한 경우는 물론이고 자기의 명칭을 사용하지 아니하고 다른 대표이사의 명칭을 사용하여 행위를 한 경우에도 적용된다).

12. 그러나 중과실이 있는 제3자는 본조에 의한 보호를 받지 못하는바, 중과실은 거래통념상 요구되는 주의의무에 현저히 위반하는 것으로서, 공평의 관점에서 제3자를 구태여 보호할 필요가 없다고 봄이 상당하다고 인정되는 상태를 말한다. 대법원 1999. 11. 12. 선고 99다19797 판결(상법 제395조가 규정하는 표현대표이사의 행위로 인한 주식회사의 책임이 성립하기 위하여 법률행위의 상대방이 된 제3자의 선의 이외에 무과실까지도 필요로 하는 것은 아니지만, 그 규정의 취지는 회사의 대표이사가 아닌 이사가 외관상 회사의 대표권이 있는 것으로 인정될 만한 명칭을 사용하여 거래행위를 하고, 이러한 외관이 생겨난 데에 관하여 회사에 귀책사유가 있는 경우에 그 외관을 믿은 선의의 제3자를 보호함으로써 상거래의 신뢰와 안전을 도모하려는 데에 있다 할 것인바, 그와 같은 제3자의 신뢰는 보호할 만한 가치가 있는 정당한 것이어야 할 것이므로 설령 제3자가 회사의 대표이사가 아닌 이사가 그 거래행위를 함에 있어서 회사를 대표할 권한이 있다고 믿었다 할지라도 그와 같이 믿음에 있어서 중대한 과실이 있는 경우에는 회사는 그 제3자에 대하여는 책임을 지지 아니한다) ; 대법원 2003. 9. 26. 선고 2002다65073 판결(여기서 제3자의 중대한 과실이라 함은 제3자가 조금만 주의를 기울였더라면 표현대표이사의 행위가 대표권에 기한 것이 아니라는 사정을 알 수 있었음에도 만연히 이를 대표권에 기한 행위라고 믿음으로써 거래통념상 요구되는 주의의무에 현저히 위반하는 것으로서, 공평의 관점에서 제3자를 구태여 보호할 필요가 없다고 봄이 상당하다고 인정되는 상태를 말한다).

13. 제3자의 선의 · 중과실의 유무는, 거래통념에 비추어 개별적 · 구체적으로 판단한다. 대법원 1999. 11. 12. 선고 99다19797 판결(상법은 모든 이사에게 회사의 대표권을 인정하지 아니하고, 이사회 또는 주

앞에서 검토한 바와 같이 첫째, 상법 제395조는 회사를 대표할 권한이 있는 것으로 인정될 만한 명칭을 사용한 이사의 행위에 대한 회사의 책임을 규정한 것이어서, 표현대표이사가 이사의 자격을 갖출 것을 요건으로 하고 있으나, 이 규정은 표시에 의한 금반언의 법리나 외관이론에 따라 대표이사로서의 외관을 신뢰한 제3자를 보호하기 위하여 그와 같은 외관의 존재에 대하여 귀책사유가 있는 회사로 하여금 선의의 제3자에 대하여 그들의 행위에 관한 책임을 지도록 하려는 것이므로, 회사가 이사의 자격이 없는 자에게 표현대표이사의 명칭을 사용하게 허용한 경우는 물론, 이사의 자격이 없는 사람이 임의로 표현대표이사의 명칭을 사용하고 있는 것을 회사가 알

주총회에서 선정한 대표이사에게만 회사 대표권을 인정하고 있으며, 그와 같은 제도는 상법이 시행된 이후 상당한 기간 동안 변함없이 계속하여 시행되어 왔고, 그동안 국민 일반의 교육수준도 향상되고 일반인들이 회사 제도와 대표이사 제도를 접하는 기회도 현저하게 많아졌기 때문에 일반인들도 그와 같은 상법의 대표이사 제도를 보다 더 잘 이해하게 되었으며, 적어도 직제상 사장, 부사장, 전무, 상무 등의 직책을 두고 있는 주식회사의 경우라면 상법상 대표이사에게는 사장 등의 직책과는 별도로 대표이사라는 명칭을 사용하도록 하고 상법상 대표이사가 아닌 이사에게는 대표이사라는 명칭을 사용하지 못하도록 하고 있으며, 또한 규모가 큰 주식회사의 경우 직제상 사장의 직책을 가지는 이사는 대표이사로 선정되어 있는 경우가 많은 반면, 직제상 전무 또는 상무의 직책을 가지는 이사는 반드시 그러하지는 아니하고, 전무 또는 상무의 직책을 가지면서 동시에 대표이사로 선정되어 있는 이사들은 대표이사 전무, 대표이사 상무 등의 명칭을 사용하는 것이 현재 우리 나라 경제계의 실정이고, 따라서 상법 제395조가 표현대표이사의 명칭으로 사장, 부사장, 전무, 상무 등의 명칭을 나란히 예시하고 있다 하더라도 그 각 명칭에 대하여 거래통념상 제3자가 가질 수 있는 신뢰의 정도는 한결같다고 할 수 없으므로 위와 같은 각 명칭에 대하여 제3자가 그 명칭을 사용한 이사가 회사를 대표할 권한이 있다고 믿었는지 여부, 그와 같이 믿음에 있어서 중과실이 있는지 여부 등은 거래통념에 비추어 개별적·구체적으로 결정하여야 할 것이며, 특히 규모가 큰 주식회사에 있어서 대표이사 전무 또는 대표이사 상무 등의 명칭을 사용하지 아니하고, 단지 전무이사 또는 상무이사 등의 명칭을 사용하는 이사에 대하여는 제3자가 악의라거나 중과실이 있다는 회사측의 항변을 배척함에 있어서는 구체적인 당해 거래의 당사자와 거래 내용 등에 관하여 신중한 심리를 필요로 하고, 함부로 그 항변을 배척하여서는 아니 된다).

14. 회사가 제3자의 악의에 대한 입증책임을 부담한다. 대법원 1971. 6. 29. 선고 71다946 판결[그렇다면 원심이 소외 김희철에게 외관상 C사회사의 대표권이 있었다고 보여지는 이 사건에 있어서 소외 김금자(주: 거래상대방)가 악의였다는 입증이 없으니 C사회사는 상법 제395조의 규정에 의하여 소외 김희철의 행위에 대하여 책임이 있다고 판시한 판결이유는 정당하고 논지는 이유 없다].

15. 표현대표이사에게 대표권이 없음을 알지 못한 것을 말한다. 대법원 1998. 3. 27. 선고 97다34709 판결(상법 제395조 소정의 선의란 표현대표이사가 대표권이 없음을 알지 못한 것을 말하는 것이지 반드시 형식상 대표이사가 아니라는 것을 알지 못한 것에 한정할 필요는 없다).

16. 표현대표이사의 행위의 직접의 거래상대방뿐만아니라 표현적 명칭을 신뢰한 모든 사람을 포함한다. 대법원 2003. 9. 26. 선고 2002다65073 판결(회사를 대표할 권한이 없는 표현대표이사가 다른 대표이사의 명칭을 사용하여 어음행위를 한 경우, 회사가 책임을 지는 선의의 제3자의 범위에는 표현대표이사로부터 직접 어음을 취득한 상대방뿐만 아니라, 그로부터 어음을 다시 배서양도받은 제3취득자도 포함된다).

면서도 아무런 조치를 취하지 아니한 채 그대로 방치하여 소극적으로 묵인한 경우에도 위 규정이 유추적용되는 것으로 해석함이 상당하다 할 것이고,[17] 둘째, 또한 위 규정은 표현대표이사가 자기의 명칭을 사용하여 법률행위를 한 경우는 물론이고 자기의 명칭을 사용하지 아니하고 다른 대표이사의 명칭을 사용하여 행위를 한 경우에도 적용된다고 하여야 할 것이며,[18] 셋째, 한편 여기에서 말하는 선의란 표현대표이사가 대표권이 없음을 알지 못한 것을 말하는 것이지 반드시 형식상 대표이사가 아니라는 것을 알지 못한 것에 한정할 필요는 없다고 할 것이다.

그렇다면 비록 최조웅이 본건 근저당권설정계약 당시 S사의 이사가 아니었을 뿐만 아니라, 자신의 명칭으로 S사를 대표할 권한이 있는 것으로 인정될 만한 상법 소정의 명칭(사장, 부사장 등)을 사용한 것이 아니라 S사의 대표이사인 이초행의 명칭을 사용하였다고 하더라도, 최조웅이 등기사항증명서상 S사의 대표이사로 등재된 이초행의 명의로 한 본건 근저당권설정계약은 상법 제395조 소정의 표현대표이사의 행위로서 S사는 그 행위에 대하여 책임이 있으므로 유효한 근저당권설정계약이라 할 것이다.

또한, C사는 금융거래를 전문으로 하는 회사로서 오래 전부터 최조웅과 금융거래를 해와서 본건 근저당권설정계약 당시 최조웅이 S사의 적법한 대표이사가 아닌 사실을 알고 있었거나 쉽게 알 수 있었으므로 S사는 최조웅의 본건 근저당권설정계

---

17. 대법원 1985. 6. 11. 선고 84다카963 판결(상법 제395조는 표현대리이사가 이사의 자격을 갖출 것을 형식상의 요건으로 하고 있으나, 위 규정은 법일반에 공통되는 거래의 안전의 보호와 금반언의 원칙에서 나온 것으로서 이사의 자격이 없는 자에게 회사의 표현대표이사의 명칭을 사용케 한 경우나 이사자격없이 표현대표이사의 명칭을 사용하는 것을 회사가 알고도 그대로 두거나 아무런 조치도 쓰지 않고 용인상태에 놓아둔 경우에도 위 규정이 유추적용되는 것으로 해석함이 상당하다) ; 대법원 1992. 7. 28. 선고 91다35816 판결(상법 제395조가 회사를 대표할 권한이 있는 것으로 인정될 만한 명칭을 사용한 이사의 행위에 대한 회사의 책임을 규정한 것이어서, 표현대표이사가 이사의 자격을 갖출 것을 그 요건으로 하고 있으나, 이 규정은 표시에 의한 금반언의 법리나 외관이론에 따라 대표이사로서의 외관을 신뢰한 제3자를 보호하기 위하여 그와 같은 외관의 존재에 관하여 귀책사유가 있는 회사로 하여금 선의의 제3자에 대하여 그들의 행위에 관한 책임을 지도록 하려는 것이므로, 회사가 이사의 자격이 없는 자에게 표현대표이사의 명칭을 사용하게 허용한 경우는 물론, 이사의 자격도 없는 사람이 임의로 표현대표이사의 명칭을 사용하고 있는 것을 회사가 알면서도 아무런 조치를 취하지 아니한 채 그대로 방치하여 소극적으로 묵인한 경우에도, 위 규정이 유추적용되는 것으로 해석함이 상당하다).

18. 대법원 1979. 2. 13. 선고 77다2436 판결(가. 이사자격이 없는 자에게 회사가 표현대표이사의 명칭을 사용케 한 경우이거나 이사자격 없이 그 명칭을 사용하는 것을 회사가 알고 용인상태에 둔 경우에는 회사는 상법 제395조에 의한 표현책임을 면할 수 없다. 나. 표현대표이사의 명칭을 사용하는 이사가 자기명의로 행위할 때 뿐 아니라 행위자 자신이 표현대표이사인 이상 다른 대표이사의 명칭을 사용하여 행위한 경우에도 상법 제395조가 적용된다).

약에 대하여 책임이 없다는 주장을 할 수 있는지에 대하여 살펴보면 첫째, 최조웅이 1992. 2. 29. 권관수로부터 동인이 가지고 있던 본건 주식을 실질적 경영권과 함께 양수하고, S사의 형식상 대표이사로 등기사항증명서에 등재되어 있던 이초행으로부터 S사의 인감도장과 명판 등을 교부받아 그 이후 본건 근저당권설정계약에 이르기까지 S사를 실질적으로 경영하여 왔고, 둘째, C사로서도 본건 근저당권설정계약 당시 S사와 위 최조웅 사이의 위와 같은 관계를 잘 알고 이초행 명의로 본건 근저당권설정계약을 체결하였으므로, 이러한 사실을 종합하며 보면 C사가 본건 근저당권설정계약 당시 S사의 주식의 전부인 본건 주식을 양수하여 S사를 실질적으로 경영하고 있던 최조웅이 S사에 대한 대표권이 있다고 믿은 데에 어떠한 과실이 있다고 할 수는 없으므로, 결국 S사의 이러한 주장도 타당하지 않다고 할 것이다.

결국 그렇다면 S사는, 최조웅이 본건 근저당권설정계약 당시 S사의 이사가 아니었을 뿐만 아니라, 자신의 명칭이 아니라 S사의 대표이사인 이초행의 명칭을 사용하였고, C사는 본건 근저당권설정계약 당시 최조웅이 S사의 적법한 대표이사가 아닌 사실을 알고 있었거나 쉽게 알 수 있었다는 주장 등을 하여, 본건 근저당권등기의 말소를 청구할 수는 없다고 할 것이다.[19]

[설문 2] 이사회결의 없는 경우의 후속행위의 효력

(1) 문제의 소재

본 사례에서, S사의 본건 근저당권설정계약의 체결은 S사 내부적으로 이사회결의가 필요하였음에도 불구하고,[20] 본건 근저당권설정계약의 체결과 관련하여 S사의 이사회결의는 없었으므로, 후속행위인 본건 근저당권설정계약의 체결이 무효가 되는지 여부가 문제된다.

즉, 최조웅의 본건 근저당권설정행위가 [설문 1]에서 검토한 바와 같이 표현대표

19. 이상의 결론에 대해서는 본 사례에 관한 대법원 1998. 3. 27. 선고 97다34709 판결 참조.

20. 대법원 1997. 6. 13. 선고 96다48282 판결(법률 또는 정관 등의 규정에 의하여 주주총회 또는 이사회의 결의를 필요로 하는 것으로 되어 있지 아니한 업무 중 이사회가 일반적 · 구체적으로 대표이사에게 위임하지 않은 업무로서 일상 업무에 속하지 아니한 중요한 업무에 대하여는 이사회에게 그 의사결정 권한이 있다).

이사 법리에 의해서도 여전히 유효하다고 하더라도, S사는 최조웅의 본건 근저당권설정행위가 이사회결의를 거치지 아니하여 무효라고 주장하면서 본건 근저당권등기의 말소를 청구할 수 있겠는지가 문제된다.

(2) 설문의 해결

요컨대, 주식회사의 대표이사가 이사회의 결의를 거쳐야 할 대외적 거래행위에 관하여 이를 거치지 아니한 경우라도, 이와 같은 이사회 결의사항은 회사의 내부적 의사결정에 불과하다 할 것이므로, 그 거래상대방이 그와 같은 이사회결의가 없었음을 알았거나 알 수 있었을 경우가 아니라면 그 거래행위는 유효하다 할 것이고, 이 경우 거래상대방이 이사회의 결의가 없었음을 알았거나 알 수 있었음은 이를 주장하는 회사측이 주장 · 입증하여야 하고,[21] 특별한 사정이 없는 한 거래상대방으로서는 회사의 대표자가 거래에 필요한 회사의 내부절차는 마쳤을 것으로 신뢰하였다고 보는 것이 일반 경험칙에 부합하는 해석이라 할 것이다.[22]

한편, 표현대표이사의 행위와 이사회결의를 거치지 아니한 대표이사의 행위는 모두 본래는 회사가 책임을 질 수 없는 행위들이지만 거래의 안전과 외관이론의 정신에 입각하여 그 행위를 신뢰한 제3자가 보호된다는 점에 공통되는 면이 있으나, 제3자의 신뢰의 대상이 전자에 있어서는 대표권의 존재인 반면, 후자에 있어서는 대표권의 범위이므로 제3자가 보호받기 위한 구체적인 요건이 반드시 서로 같다고 할 것은 아니고, 따라서 표현대표이사의 행위로 인정이 되는 경우라고 하더라도 만일 그 행위에 이사회결의가 필요하고 거래상대방인 제3자의 입장에서 이사회의 결의가 없었음을 알았거나 알 수 있었을 경우라면 회사로서는 그 행위에 대한 책임을 면한다고 봄이 상당하다고 할 것이다.

본 사례의 경우를 검토컨대, 본 사례에서 주어진 사실관계만으로는 최조웅이 본건 근저당권설정행위를 함에 있어 이사회의 결의가 필요한데도 이를 거치지 아니하는 등으로 그 대표권의 행사에 제한이 있었다는 사실을 C사가 알았다거나 알 수 있었다고 볼 수는 없는 것으로 파악된다.

그렇다면 S사는 최조웅의 본건 근저당권설정행위가 이사회결의를 거치지 아니

---

21. 대법원 2005. 7. 28. 선고 2005다3649 판결 참조.

22. 대법원 2009. 3. 26. 선고 2006다47677 판결 참조.

하여 무효라고 주장하면서 본건 근저당권등기의 말소를 청구할 수는 없다고 할 것이다.[23,24]

23. 이상의 결론에 대해서는 본 사례에 관한 대법원 1998. 3. 27. 선고 97다34709 판결 참조.

24. 본 사례의 경우에는 본 설문상의 쟁점 이외에도 이사의 자기거래(상법 제398조)도 문제될 수 있었을 것인데, 본 사례에 관한 판례에서는 이 점에 관한 소송당사자의 주장이 없었던 이유로 본격적으로 다루어지지는 않았다. 그러나 이러한 쟁점이 추가적으로 다루어졌다고 하더라도, 최종적인 결론에 있어서는 달라지지 않았을 가능성이 크다고 보여진다. 이사의 자기거래(상법 제398조)에 대해서는 [사례 14] 및 [사례 29] 각 참조.

[사례 28]

이사의 제3자에 대한 책임

다음과 같은 사실관계 하에서, 아래의 각 질의에 대해 답하시오.[1]

(1) 박초항은 부동산 임대 및 소개업 등을 영위하는 부산시에 본점을 둔 P주식회사(이하, "P사")의 대표이사이고, 박운차는 위 회사의 이사인데, P사는 부산시 초량동에 4층건물(이하, "초량동 부동산")을 소유하고 있었으며, P사의 총 발행주식수는 기명식 24,000주였는데, 박초항은 자신 명의로 4,931주와 자신의 지인들의 명의로 보유하고 있는 주식을 합하여 합계 15,240주(총 발행주식의 63.5%, 이하 "본건 총주식")를 보유하고 있었는데, 회사 설립 후 2년여가 지난 현 시점까지 주권이 발행되어 있지 않다.

(2) 박초항은 자신이 운영하던 S주식회사(이하, "S사")의 적자가 계속되자, P사의 주식 및 P사 소유의 재산을 타인에게 처분하여 S사의 대출금을 변제하기 위하여 박운차에게 이를 매도하여 줄 것을 부탁하며 매도와 관련된 일체의 권한을 부여하였다.

(3) 박초항은 1995. 8. 24. 박운차의 중개 및 대리로 N주식회사(대표이사 김자철, 이하 "N사")에게 위 P사를 11억원에 매도하는 계약(이하, "본건 매매계약")을 체결하였는데, 그 주된 내용은 박초항이 본건 총주식과 P사 소유의 위 초량동 부동산을 포함한 재산일체를 N사에게 이전하고, N사는 S사의 B금고주식회사(이하, "B금고")에 대한 4억원의 대출금 채무를 인수하고, 나머지 7억원은 N사가 부산시에 건축하고 있던 상가건물 중 1층 100평(이하, "N사 상가건물")에 대한 소유권을 박초항에게 이전하여 대물변제를 하거나, 현금으로 지급하는 것이었다.

(4) 그 후 N사는 1995. 9. 27. 위 나머지 매매대금 7억원의 지급과 관련하여 N사 상가건물을 박초항에게 분양하여 주었으나, N사 상가건물의 공사를 맡은 시공사의 자금 사정으로 공사가 중단되어 박초항은 위 분양계약에 따른 소유권이전등기를 넘겨받지 못하고 있다.

---

1. 본 사례는 대법원 2003. 10. 24. 선고 2003다29661 판결을 기초로 하여 작성된 것이다.

(5) N사의 대표이사인 김자철은 1995. 12. 12. 박초항의 양해를 얻어 초량동 부동산을 H금고주식회사(이하, "H금고")에 담보로 제공하고 그가 대표이사로 있던 D주식회사(이하, "D사")명의로 7억원을 대출받은 다음, S사의 B금고에 대한 위 대출원리금을 변제하고 초량동 부동산에 관하여 B금고 앞으로 경료된 근저당권설정등기를 말소시켰다.

(6) 한편 김자철이 D사 명의로 7억원을 대출받을 당시 S사가 근보증을 하고, 박초항이 연대보증을 하였는데, 김자철이 대출이자를 제때 변제하지 아니하여 박초항은 김자철에게 대출이자의 변제를 독촉하고 있었다. 그리하여 김자철은 그 무렵 박초항에게 초량동 부동산을 다시 금융기관에 담보로 제공하고 P사 명의로 10억원을 대출받아 그 대출금으로 D사 명의의 대출금을 해결하고 나머지는 N사 상가건물 신축공사비용으로 사용할 수 있도록 N사에게 빌려달라는 제의를 하게 되었는데, 박초항은 박운차와 상의하여 김자철의 요구를 수용하기로 하였다.

(7) 이에 P사는 1996. 4. 30.경 이사회를 개최한 다음 초량동 부동산을 담보로 제공하고 P사 명의로 10억원을 대출받아 이를 N사에게 대여하고, N사가 그 대출원리금을 변제하도록 하는 내용의 결의를 한 다음, 그 결의에 따라 같은 날 초량동 부동산을 B금고에 담보로 제공하기로 하고, B금고로부터 10억원을 대출받아(실제 수령한 금액은 근저당권설정등기비용과 주민세 등을 공제한 989,761,380원임) P사 명의의 통장에 입금하였으며, 1996. 5. 9. 위 담보계약에 기한 B금고 명의의 근저당권설정등기를 마쳤다.

(8) 그리고 1996. 4. 하순경 김자철은 박초항으로부터 P사의 경영권을 넘겨받고, 또한 박운차는 박초항으로부터 P사 주식의 양도에 관한 모든 권한을 위임받으면서 박초항의 인감증명을 교부받아 박초항이 본건 총주식을 김자철 등에게 나누어서 양도한다는 내용의 주식양도증서(이하, "본건 주식양도증서")를 각 작성하였는데, 이에 따라 1996. 5. 2. 김자철 및 박운차는 P사의 이사로, 김자철의 지인들이 각각 대표이사 및 감사로 각 취임하고, 1996. 5. 7. 그 취임에 관한 법인등기를 마쳤으며, 그 이듬해에는 박운차가 세무사를 통하여 세무서에 사업년도가 매년 1. 1.부터 12. 31.까지로 되어 있는 P사의 주식이동상황명세서(이하, "본건 주식이동상황명세서")를 제출하였는데, 거기에는 실질적으로 박초항 소유였던 본건 총주식 15,240주 중 3,687주가 김자철에게, 4,653주(이하, "본건 대상주식")가 박운차에게, 나머지는 김자철의 지인들에게 각각 1996. 5. 2.자로 양도된 것으로 기재되어 있다.

(9) B금고로부터의 대출금 989,761,380원이 입금된 P사 명의의 통장은 박운차가 보관·

관리하고 있었는데, 박운차는 위 금액 전액을 인출하여 그중 906,860,103원은 P사의 H금고에 대한 대출원리금의 상환자금과 B금고의 대출금 10억원에 대한 이자 및 N사 상가건물 신축공사비 등으로 사용하였고, 나머지 82,901,277원(이하, "본건 횡령금")은 횡령하였다.

한편, 본 사례와 관련하여 추가적으로 밝혀진 사실관계는 다음과 같다.

(1) 박초항은, 자신이 박운차에게 본건 매매계약에 정해진 N사로부터의 반대급부를 받은 후나 반대급부의 수령과 상환으로 박초항 소유의 본건 총주식을 김자철 등에게 양도하여 주도록 위임하였을 뿐이고, 그 과정에서 자신이 박운차에게 본건 대상주식을 바로 양도한다는 점에 관하여는 전혀 승낙의 의사표시를 한 적이 없었다고 주장하고 있다.

(2) 박초항은 1996. 4.말경 N사 상가건물의 건축 공정이 초기 단계에 있기는 하였으나 이미 정식 분양계약은 체결된 상태였고, 그 이후의 공정이 지지부진할 것이라고 예상하지는 못하였기에, 모든 일이 순조롭게 진행되어 공사 완료 후 소유권이전등기를 넘겨받을 수 있을 것으로 믿고 박초항 소유의 본건 총주식을 김자철측 사람에게 넘겨주라며 양도에 필요한 서류 일체를 박운차에게 교부하였다. 이에 따라 박초항의 본건 총주식과 P사의 경영권을 박초항으로부터 양수한 김자철은 본건 주식양도증서의 작성 등 후속사무의 처리를 박운차에게 맡겼는데, 그 당시 박운차는 N사 상가건물에 대한 소유권이전등기가 박초항에게 넘어오지 않은 상태였으므로 이에 관련된 박초항의 권리보호를 명분으로 내세워 그 문제가 완전히 해결될 때까지 본건 대상주식을 박운차 명의로 보유함과 아울러 P사의 이사직도 이전과 같이 수행하겠다고 제의하여 김자철의 승낙을 받은 다음 본건 대상주식을 박운차 명의로 보유하면서 P사 이사의 직무도 계속 수행하였다.

설문 1 박초항은 본건 대상주식에 대한 소유권이 박운차에게 이전되었음을 주장하여, 박운차를 상대로 본건 대상주식의 주가 상당액의 손해배상을 청구할 수 있는가?

설문 2 박초항은 본건 총주식의 적법한 소유권자가 자신이므로 여전히 자신이 P사의 주주임을 주장하여 박운차를 상대로 상법 제401조에 기하여 본건 횡령금 상당액의 손해배상을 청구할 수 있는가?

[설문 1] 주권발행 전 주식의 양도

(1) 문제의 소재

본 사례에서, 박초항이 P사 설립 후 2년여가 지난 현 시점까지 주권이 발행되어 있지 않은 본건 대상주식을 박운차에게 양도한다는 의사표시를 한 바 없음에도 박운차가 임의로 본건 대상주식에 관하여 박운차 앞으로 본건 주식양도증서를 작성하고, 본건 대상주식의 주주명의를 박운차로 기재한 본건 주식이동상황명세서를 세무서에 제출하여 본건 대상주식을 취득함으로써 박초항에게 본건 대상주식의 소유권을 상실하게 하는 손해를 입혔는지가 문제된다.

(2) 설문의 해결

본 쟁점과 관련하여 상법 제335조(주식의 양도성) 제3항은 다음과 같이 규정하고 있는바, 먼저 관련 법리를 살펴본다.

> 제3항: 주권발행 전에 한 주식의 양도는 회사에 대하여 효력이 없다.[2] 그러나 회사성립 후 또는 신주의 납입기일 후 6월이 경과한 때에는 그러하지 아니하다.[3,4]
> 요컨대, 상법 제335조 제3항 소정의 주권발행 전에 한 주식의 양도는 본 사례의 경우와 같이 회사성립 후 6월이 경과한 때에는 회사에 대하여 효력이 있는 것으로서, 이 경우 주식의 양도는 지명채권의 양도에 관한 일반원칙에 따라 당사자의 의사표시만으로 효력이 발생하는 것이고, 상법 제337조 제1항[5]에 규정된 주주명부상의 명의개서는 주식의 양수인이 회사에 대한 관계에서 주주의 권리를 행사하기 위한 대항요건에 지나지 아니한다.[6]

---

2. 당사자간에 채권적 효력은 있지만(통설) 회사에 대한 효력은 절대적 무효이다. 따라서 양수인이 회사에 대하여 주주권을 주장할 수 없고, 회사가 이를 승인할 수도 없으나, 다만 6월이 경과하도록 회사가 주권을 발행하지 않으면 그 무효가 치유된다. 대법원 1981. 9. 8. 선고 81다141 판결(주권발행 전의 주식의 양도는 회사에 대한 관계에 있어서는 효력이 없고, 주권발행교부청구권은 주식과 일체로 되어 있어 이와 분리하여 양도할 수 없는 성질의 권리이므로 주권발행 전에 한 주식의 양도가 주권발행교부 청구권 이전의 효과를 생기게 하지 않는다. 따라서 주권발행 전의 주식양수인은 직접 회사에 대하여 주권발행교부 청구를 할 수 없고, 양도인을 대위하여 청구하는 경우에도 주식의 귀속주체가 아닌 양수인 자신에게 그 주식을 표창하는 주권을 발행 교부해 달라는 청구를 할 수는 없다) ; 대법원 1987. 5. 26. 선고 86다카982,86다카983 판결[구 상법(1984. 4. 10 법률 제3724호로 개정되기 전의 것) 제335조 제2항에 의하여 주권발행 전에 한 주식의 양도는 회사가 이를 승인하여 주주명부에 그 변경을 기재하거나 후일 회사에 의하

여 주권이 발행되었다 할지라도 회사에 대한 관계에 있어서는 그 효력이 없다] ; 대법원 2002. 3. 15. 선고 2000두1850 판결(주권발행 전에 한 주식의 양도가 회사성립 후 또는 신주의 납입기일 후 6월이 경과하기 전에 이루어졌다고 하더라도 그 이후 6월이 경과하고 그 때까지 회사가 주권을 발행하지 않았다면, 그 하자는 치유되어 회사에 대하여도 유효한 주식양도가 된다고 봄이 상당하다).

3. 6월 경과 여부에 관계없이 양도시점에 주권이 발행되었다면 주권 없이는 주식을 양도할 수는 없다. 한편, 6월이 경과한 양도시점에 주권이 발행되지 않았다면 첫째, 지명채권 양도방식에 따라 당사자의 의사표시로 양도할 수 있고, 둘째, 양도가 가능하므로 질권설정도 가능하며, 셋째, 양수인은 양수사실을 증명하는 한 단독으로 회사에 명의개서를 청구할 수 있으며, 넷째 지명채권양도방식을 준수했다면 명의개서를 하지 않았더라도 양수인은 주주 지위를 취득한다. 대법원 1993. 12. 28. 선고 93다8719 판결(주권발행 전의 주식의 양도는 지명채권양도의 일반원칙에 따라 당사자 사이의 의사의 합치만으로 효력이 발생하는 것이지만 주권발행 후의 주식의 양도에 있어서는 주권을 교부하여야만 효력이 발생한다) ; 대법원 2000. 8. 16. 자 99그1 결정(주권발행 전의 주식에 대한 양도도 인정되고, 주권발행 전 주식의 담보제공을 금하는 법률규정도 없으므로 주권발행 전 주식에 대한 질권설정도 가능하다고 할 것이지만, 상법 제338조 제1항은 기명주식을 질권의 목적으로 하는 때에는 주권을 교부하여야 한다고 규정하고 있으나, 이는 주권이 발행된 기명주식의 경우에 해당하는 규정이라고 해석함이 상당하므로, 주권발행 전의 주식 입질에 관하여는 상법 제338조 제1항의 규정이 아니라 권리질권설정의 일반원칙인 민법 제346조로 돌아가 그 권리의 양도방법에 의하여 질권을 설정할 수 있다고 보아야 한다) ; 대법원 1991. 8. 13. 선고 91다14093 판결(주권발행 전의 주식의 양도는 지명채권양도의 일반원칙에 따라 당사자 사이의 의사표시만으로 성립하므로 주권이 발행된 경우의 기명주식양도의 절차를 밟지 않았다고 하여 주식양도의 효력이 없다고 할 수 없다) ; 대법원 1992. 10. 27. 선고 92다16386 판결(상법 제337조 제1항에 규정된 주주명부상의 명의개서는 주식의 양수인이 회사에 대한 관계에서 주주의 권리를 행사하기 위한 대항요건에 지나지 않는 것이므로, 회사성립 후 또는 신주의 납입기일 후 6월이 경과하도록 회사가 주권을 발행하지 아니한 경우에 당사자간의 의사표시만으로 주식을 양수한 사람은 특별한 사정이 없는 한 양도인의 협력을 받을 필요 없이 단독으로 자신이 주식을 양수한 사실을 증명함으로써 회사에 대하여 그 명의개서를 청구할 수 있다) ; 대법원 1996. 8. 20. 선고 94다39598 판결(주권발행 전의 주식양도라 하더라도 회사 성립 후 6월이 경과한 후에 이루어진 때에는 회사에 대하여 효력이 있으므로 그 주식양수인은 주주명부상의 명의개서 여부와 관계없이 회사의 주주가 되고, 그 후 그 주식양도 사실을 통지받은 바 있는 회사가 주식양도인의 회사에 대한 채무이행을 확보하기 위하여 그 주식에 관하여 주주가 아닌 제3자에게 주주명부상의 명의개서절차를 마치고 나아가 그에게 기명식 주권을 발행하였다 하더라도, 그로써 그 제3자가 주주가 되고 주식양수인이 주주권을 상실한다고는 볼 수 없다).

4. 이와 관련되는 민법 규정은 다음과 같다. 민법 제450조(지명채권양도의 대항요건): [제1항: 지명채권의 양도는 양도인이 채무자에게 통지하거나 채무자가 승낙하지 아니하면 채무자 기타 제3자에게 대항하지 못한다. 제2항: 전항의 통지나 승낙은 확정일자 있는 증서에 의하지 아니하면 채무자 이외의 제3자에게 대항하지 못한다] ; 민법 제346조(권리질권의 설정방법): [권리질권의 설정은 법률에 다른 규정이 없으면 그 권리의 양도에 관한 방법에 의하여야 한다].

5. 상법 제337조(기명주식의 이전의 대항요건) 제1항: [기명주식의 이전은 취득자의 성명과 주소를 주주명부에 기재하지 아니하면 회사에 대항하지 못한다].

6. 대법원 1995. 5. 23. 선고 94다36421 판결(가. 상법 제335조 제2항 소정의 주권발행 전에 한 주식의 양도는 회사성립 후 또는 신주의 납입기일 후 6월이 경과한 때에는 회사에 대하여 효력이 있는 것으로서, 이 경우 주식의 양도는 지명채권의 양도에 관한 일반원칙에 따라 당사자의 의사표시만으로 효력이 발생하는 것이고, 상법 제337조 제1항에 규정된 주주명부상의 명의개서는 주식의 양수인이 회사에 대한 관계에서 주주의 권리를 행사하기 위한 대항요건에 지나지 아니하므로, 주권발행 전 주식을 양수한 사람은

본 사례에 관하여 검토컨대, 박초항의 주장대로, 자신이 박운차에게 본건 매매계약에 정해진 N사로부터의 반대급부를 받은 후나 반대급부의 수령과 상환으로 본건 총주식을 김자철 등에게 양도하여 주도록 위임하였을 뿐이고, 그 과정에서 자신이 박운차에게 본건 대상주식을 바로 양도한다는 점에 관하여는 전혀 승낙의 의사표시를 한 적이 없었다고 한다면, 비록 본건 주식양도증서나 세무서에 보관된 본건 주식이동상황명세서 등에 박운차가 1996. 5. 2. 박초항으로부터 박초항 소유의 본건 대상주식을 양도받은 것으로 기재되어 있다고 하더라도 그 때문에 주식의 소유권이 변동되는 것은 아니므로 본건 대상주식은 박운차에게 이전됨이 없이 여전히 박초항의 소유로 남아 있다 할 것이고, 따라서 박초항이 본건 대상주식의 진정한 소유자로서 주주권을 행사함에 있어서 법률상의 지장을 받는 것도 아니라 할 것이므로 더 나아가 살펴볼 필요 없이 그 주장 자체로 법리적인 타당성이 없다고 할 것이고, 결국 박초항은 박운차를 상대로 본건 대상주식의 소유권 상실로 인한 주가 상당의 손해배상을 청구할 수 없다고 할 것이다.

뿐만 아니라, 본 사례의 경우에는 첫째, 박초항이 1996. 4.말경 N사 상가건물의 건축 공정이 초기 단계에 있기는 하였으나 이미 정식 분양계약은 체결된 상태였고, 그 이후의 공정이 지지부진할 것이라고 예상하지는 못하였기에, 모든 일이 순조롭게 진행되어 공사 완료 후 소유권이전등기를 넘겨받을 수 있을 것으로 믿고 박초항 소유의 본건 총주식을 김자철측 사람에게 넘겨주라며 양도에 필요한 서류 일체를 박운차에게 교부한 사실과, 둘째, 이에 따라 박초항의 본건 총주식과 P사의 경영권을 박초항으로부터 양수한 김자철은 본건 주식양도증서의 작성 등 후속사무의 처리를 박운차에게 맡겼는데, 그 당시 박운차는 N사 상가건물에 대한 소유권이전등기가 박초항에게 넘어오지 않은 상태였으므로 이에 관련된 박초항의 권리보호를 명분으로 내세워 그 문제가 완전히 해결될 때까지 본건 대상주식을 박운차 명의로 보유함과 아

특별한 사정이 없는 한 양도인의 협력을 받을 필요 없이 단독으로 자신이 주식을 양수한 사실을 증명함으로써 회사에 대하여 그 명의개서를 청구할 수 있으므로, 주주명부상의 명의개서가 없어도 회사에 대하여 자신이 적법하게 주식을 양수한 자로서 주주권자임을 주장할 수 있다. 다. 주권발행 전의 주식의 양도는 지명채권 양도의 일반원칙에 따르고, 신주인수권증서가 발행되지 아니한 신주인수권의 양도 또한 주권발행 전의 주식양도에 준하여 지명채권 양도의 일반원칙에 따른다고 보아야 하므로, 주권발행 전의 주식양도나 신주인수권증서가 발행되지 아니한 신주인수권 양도의 제3자에 대한 대항요건으로는 지명채권의 양도와 마찬가지로 확정일자 있는 증서에 의한 양도통지 또는 회사의 승낙이라고 보는 것이 상당하고, 주주명부상의 명의개서는 주식 또는 신주인수권의 양수인들 상호간의 대항요건이 아니라 적법한 양수인이 회사에 대한 관계에서 주주의 권리를 행사하기 위한 대항요건에 지나지 아니한다).

울러 P사의 이사직도 이전과 같이 수행하겠다고 제의하여 김자철의 승낙을 받은 다음 본건 대상주식을 박운차 명의로 보유하면서 P사 이사의 직무도 계속 수행한 사실이 각각 인정되고 있다.

이러한 인정사실들을 종합하면, 본 사례의 경우에 박운차가 박초항의 의사에 반하여 본건 대상주식을 취득하였다고 보기는 어렵고, 오히려 박초항과 김자철의 순차적인 의사에 기하여 본건 대상주식에 관한 본건 주식양도증서와 본건 주식이동상황명세서를 작성한 것으로 보아야 할 것이다.

그렇다면 박초항은, 본건 대상주식에 대한 소유권이 박운차에게 이전되었음을 주장하여, 박운차를 상대로 본건 대상주식의 주가 상당액의 손해배상을 청구할 수는 없다고 할 것이다.[7]

[설문 2] 이사의 제3자에 대한 책임

(1) 문제의 소재

본 사례의 경우에, 박운차가 B금고로부터의 대출금 989,761,380원이 입금된 P사 명의의 통장을 보관 · 관리하고 있다가 위 금액 전액을 인출하여 그중 906,860,103원을 P사의 H금고에 대한 대출원리금의 상환자금과 B금고의 대출금 10억원에 대한 이자 및 N사 상가건물 신축공사비 등으로 사용하고, 나머지 82,901,277원인 본건 횡령금을 횡령하였다.

따라서 박운차가 위 횡령행위로 P사의 순자산을 감소시킴으로써 주주에게 동액 상당의 손해를 가하였고, 또한 N사가 박초항에게 N사 상가건물에 대한 소유권이전등기를 해주지 아니하여 P사 주식에 관한 본건 매매계약이 완전히 이행되지 않아 박초항이 박운차에게 매매를 의뢰하였던 본건 총주식은 여전히 박초항의 소유이고 이에 따라 박초항이 P사의 주주이므로, 박초항이 자신이 P사의 주주임을 주장하여 박운차를 상대로 상법 제401조에 기하여 본건 횡령금 상당액의 손해배상을 청구할 수 있는지가 문제된다.

7. 이상의 결론에 대해서는 본 사례에 관한 대법원 2003. 10. 24. 선고 2003다29661 판결 참조.

(2) 설문의 해결

본 쟁점과 관련하여 상법 제401조(제3자에 대한 책임)는 다음과 같이 규정하고 있으므로, 먼저 관련 법리를 살펴본다.

‖ **제401조**(제3자에 대한 책임)[8]

제1항: 이사가 악의 또는 중대한 과실[9]로 인하여 그 임무를 해태[10]한 때에는 그 이사[11]는 제3자[12]에 대하여 연대하여 손해[13]를 배상할 책임이 있다.[14,15]

제2항: 제399조 제2항, 제3항[16]의 규정은 전항의 경우에 준용한다.

---

8. 이러한 규정을 둔 취지에 대해서는 대법원 1985. 11. 12. 선고 84다카2490 판결(원래 이사는 회사의 위임에 따라 회사에 대하여 수임자로서 선량한 관리자의 주의의무를 질뿐 제3자와의 관계에 있어서 위 의무에 위반하여 손해를 가하였다 하더라도 당연히 손해배상의무가 생기는 것은 아니로되 경제사회에 있어서의 중요한 지위에 있는 주식회사의 활동이 그 기관인 이사의 직무집행에 의존하는 것을 고려하여 제3자를 보호하고자 이사의 악의 또는 중대한 과실로 인하여 위 의무에 위반하여 제3자에게 손해를 입힌 때에는 위 이사의 악의 또는 중과실로 인한 임무 해태행위와 상당인과관계가 있는 제3자의 손해에 대하여 그 이사가 손해배상의 책임을 진다는 것이 위 법조의 취지라 할 것이고) 참조.

9. 회사의 임무를 해태한 것에 악의 · 중과실이 있으면 제3자에게 손해를 배상한다는 취지이다. 즉, 회사에 대한 악의 · 중과실이 있으면 제3자에게 손해배상을 하라는 것이므로, 본조는 고의, 과실의 상대방과 손해배상의 상대방이 일치하는 불법행위책임이 아니라 불법행위와 무관한 법정책임이라고 해석함이 판례 및 다수설의 입장이다. 이철송, 『회사법강의』, 제632면. 대법원 1985. 11. 12. 선고 84다카2490 판결[고의 또는 중대한 과실로 인한 임무 해태행위라 함은 이사의 직무상 충실 및 선관의무위반의 행위로서(예를 들면, 회사의 경영상태로 보아 계약상 채무의 이행기에 이행이 불가능하거나 불가능할 것을 예견할 수 있었음에도 이를 감추고 상대방과 계약을 체결하고 일정한 급부를 미리 받았으나 그 이행불능이 된 경우와 같이) 위법한 사정이 있어야 하고 통상의 거래행위로 인하여 부담하는 회사의 채무를 이행할 능력이 있었음에도 단순히 그 이행을 지체하고 있는 사실로 인하여 상대방에게 손해를 끼치는 사실만으로는 이를 임무를 해태한 위법한 경우라고 할 수는 없다] ; 대법원 2008. 1. 18. 선고 2005다65579 판결(상법 제401조에 의한 이사의 제3자에 대한 손해배상책임이 제3자를 보호하기 위하여 상법이 인정하는 특수한 책임이라는 점을 감안할 때).

10. 회사의 채무를 불이행 한 경우에는 원칙적으로는 본조의 임무해태에 해당하지 않으나 이사의 충실의무나 선관의무를 위반하여 위법성이 있는 경우에는 본조의 임무해태에 해당한다. 대법원 2006. 8. 25. 선고 2004다26119 판결(상법 제401조의 제3자에 대한 책임에서 요구되는 '고의 또는 중대한 과실로 인한 임무해태행위'는 회사의 기관으로서 인정되는 직무상 충실 및 선관의무 위반의 행위로서 위법한 사정이 있어야 하므로, 통상의 거래행위로 부담하는 회사의 채무를 이행할 능력이 있었음에도 단순히 그 이행을 지체하여 상대방에게 손해를 끼치는 사실만으로는 임무를 해태한 위법한 경우라고 할 수 없다) ; 대법원 2002. 3. 29. 선고 2000다47316 판결([1] 상법 제401조 제1항에 규정된 주식회사의 이사의 제3자에 대한 손해배상책임은 이사가 악의 또는 중대한 과실로 인하여 그 임무를 해태한 것을 요건으로 하는 것이어서 단순히 통상의 거래행위로 인하여 부담하는 회사의 채무를 이행하지 않는 것만으로는 악의 또는 중대한 과실로 그 임무를 해태한 것이라고 할 수 없지만, 이사의 직무상 충실 및 선관의

무 위반의 행위로서 위법성이 있는 경우에는 악의 또는 중대한 과실로 그 임무를 해태한 경우에 해당한다. [2] 부동산의 매수인인 주식회사의 대표이사가 매도인과 사이에 매매잔대금의 지급방법으로 매수 부동산을 금융기관에 담보로 제공하여 그 대출금으로 잔금을 지급하기로 약정하였으나, 대출이 이루어진 후 해당 대출금 중 일부만을 매매잔대금으로 지급하고 나머지는 다른 용도로 사용한 후, 나머지 잔금이 지급되지 않은 상태에서 피담보채무도 변제하지 아니하여 그 부동산이 경매절차에서 경락되어 결과적으로 매도인이 손해를 입은 경우, 그 주식회사의 대표이사가 악의 또는 중대한 과실로 인하여 그 임무를 해태한 경우에 해당한다고 볼 여지가 있다고 한 사례).

11. 직접적으로 행위를 한 이사 이외에, 감시의무를 소홀히 한 이사도 책임을 질 수 있다. 대법원 2008. 9. 11. 선고 2006다68636 판결(대표이사는 이사회의 구성원으로서 다른 대표이사를 비롯한 업무담당이사의 전반적인 업무집행을 감시할 권한과 책임이 있으므로, 다른 대표이사나 업무담당이사의 업무집행이 위법하다고 의심할 만한 사유가 있음에도 악의 또는 중대한 과실로 인하여 감시의무를 위반하여 이를 방치한 때에는 그로 말미암아 제3자가 입은 손해에 대하여 배상책임을 면할 수 없다. 이러한 감시의무의 구체적인 내용은 회사의 규모나 조직, 업종, 법령의 규제, 영업상황 및 재무상태에 따라 크게 다를 수 있는바, 고도로 분업화되고 전문화된 대규모의 회사에서 공동대표이사와 업무담당이사들이 내부적인 사무분장에 따라 각자의 전문 분야를 전담하여 처리하는 것이 불가피한 경우라 할지라도 그러한 사정만으로 다른 이사들의 업무집행에 관한 감시의무를 면할 수는 없고, 그러한 경우 무엇보다 합리적인 정보 및 보고시스템과 내부통제시스템을 구축하고 그것이 제대로 작동하도록 배려할 의무가 이사회를 구성하는 개개의 이사들에게 주어진다는 점에 비추어 볼 때, 그러한 노력을 전혀 하지 아니하거나, 위와 같은 시스템이 구축되었다 하더라도 이를 이용한 회사 운영의 감시 · 감독을 의도적으로 외면한 결과 다른 이사의 위법하거나 부적절한 업무집행 등 이사들의 주의를 요하는 위험이나 문제점을 알지 못한 경우라면, 다른 이사의 위법하거나 부적절한 업무집행을 구체적으로 알지 못하였다는 이유만으로 책임을 면할 수는 없고, 위와 같은 지속적이거나 조직적인 감시 소홀의 결과로 발생한 다른 이사나 직원의 위법한 업무집행으로 인한 손해를 배상할 책임이 있다).

12. 주주에게 발생한 간접손해는 본조의 배상의 대상이 아니다. 아래의 각주 15.에 소개된 판결 참조.

13. 이사의 임무해태와 제3자의 손해 사이에 상당인과관계가 인정되면, 직접손해나 간접손해 등 그 형태를 불문하고 본조의 제3자의 손해 및 배상범위에 포함된다. 이철송, 『회사법강의』, 제634면.

14. 본조에 따른 손해배상청구권은 10년의 소멸시효에 걸린다. 대법원 2006. 12. 22. 선고 2004다63354 판결(상법 제401조에 기한 이사의 제3자에 대한 손해배상책임이 제3자를 보호하기 위하여 상법이 인정하는 특수한 책임이라는 점을 감안할 때, 일반 불법행위책임의 단기소멸시효를 규정한 민법 제766조 제1항은 적용될 여지가 없고, 일반 채권으로서 민법 제162조 제1항에 따라 그 소멸시효기간은 10년이다).

15. 최근에는, 금융기관이 부실 재무제표 작성에 관여한 이사들을 상대로 본조에 따른 책임을 청구하는 사례가 있다. 대법원 2008. 1. 18. 선고 2005다65579 판결([1] 기업체의 재무제표 및 이에 대한 외부감사인의 회계감사 결과를 기재한 감사보고서는 대상 기업체의 정확한 재무상태를 드러내는 가장 객관적인 자료로서 증권거래소 등을 통하여 일반에 공시되고 기업체의 신용도와 상환능력 등의 기초자료로서 그 기업체가 발행하는 회사채나 기업어음의 신용등급평가와 금융기관의 여신제공 여부 결정에 중요한 판단 근거가 된다. 따라서 기업체의 임직원 등이 대규모의 분식회계에 가담하거나 기업체의 감사가 대규모로 분식된 재무제표의 감사와 관련하여 중요한 감사절차를 수행하지 아니하거나 소홀히 한 잘못이 있는 경우에는, 그로 말미암아 금융기관이 기업체에게 여신을 제공하기에 이르렀다고 봄이 상당하고, 위와 같은 재무상태가 제대로 밝혀진 상황에서라면 금융기관이 여신을 제공함에 있어서 고려할 요소로서 '재무제표에 나타난 기업체의 재무상태' 외의 다른 요소들, 즉 상환자원 및 사업계획의 타당성, 채권의 보전방법, 거래실적 및 전망, 기업체의 수익성, 사업성과, 기업분석 및 시장조사 결과 등도 모두 극히 저조한 평가를 받을 수밖에 없으므로, 이러한 '재무제표에 나타난 기업체의 재무상태' 외의 요소들이

요컨대, 주식회사의 주주가 이사의 악의 또는 중대한 과실로 인한 임무해태행위로 직접 손해를 입은 경우에는 이사에 대하여 상법 제401조에 의하여 손해배상을 청구할 수 있으나, 이사가 회사재산을 횡령하여 회사재산이 감소함으로써 회사가 손해를 입고 결과적으로 주주의 경제적 이익이 침해되는 손해와 같은 간접적인 손해는 상법 제401조 제1항에서 말하는 손해의 개념에 포함되지 아니하므로 이에 대하여는 위 법조항에 의한 손해배상을 청구할 수 없다.[17]

따라서 설령 박초항이 여전히 P사의 주주이고, P사의 이사인 박운차가 본건 횡령행위로 P사의 재산을 감소시킴으로써 결과적으로 주주인 박초항의 경제적 이익이 침해되는 손해를 입혔다 하더라도 이는 간접적인 손해에 불과하므로, 더 나아가 위 대출금이 P사의 재산인지, N사의 재산인지 여부에 대하여 더 살펴 볼 것도 없이, 박초항은 박운차를 상대로 상법 제401조에 기하여 본건 횡령금 상당액의 손해배상을 청구할 수는 없다고 할 것이다.[18]

함께 고려된다는 사정을 들어 여신 제공 여부의 판단이 달라졌으리라고 볼 수 없다. [2] 금융기관이 회사 임직원의 대규모 분식회계로 인하여 회사의 재무구조를 잘못 파악하고 회사에 대출을 해 준 경우, 회사의 금융기관에 대한 대출금채무와 회사 임직원의 분식회계 행위로 인한 금융기관에 대한 손해배상채무는 서로 동일한 경제적 목적을 가진 채무로서 서로 중첩되는 부분에 관하여는 일방의 채무가 변제 등으로 소멸하면 타방의 채무도 소멸하는 이른바 부진정연대의 관계에 있다. 그러나 금융기관의 회사에 대한 대출금채권과 회사 임직원에 대한 손해배상채권은 어디까지나 법률적으로 발생원인을 달리하는 별개의 채권으로서 그 성질상 회사 임직원에 대한 손해배상채권이 회사에 대한 대출금채권의 처분에 당연히 종속된다고 볼 수 없을 뿐만 아니라, 특히 금융기관이 부실채권을 신속하게 정리하기 위하여 타인에게 대출금채권을 양도하고 받은 대금이 대출금채권액에 미달하는 경우에는 미회수된 채권 상당액을 회사 임직원에 대한 손해배상청구를 통하여 회수할 실익이 있는 점 등에 비추어 볼 때, 금융기관이 회사에 대한 대출금채권을 타인에게 양도하였다는 사정만으로 회사 임직원에 대한 손해배상채권까지 당연히 함께 수반되어 양도된 것이라고 단정할 수는 없다).

16. 상법 제399조(회사에 대한 책임): [제1항: 이사가 법령 또는 정관에 위반한 행위를 하거나 그 임무를 해태한 때에는 그 이사는 회사에 대하여 연대하여 손해를 배상할 책임이 있다. 제2항: 전항의 행위가 이사회의 결의에 의한 것인 때에는 그 결의에 찬성한 이사도 전항의 책임이 있다. 제3항: 전항의 결의에 참가한 이사로서 이의를 한 기재가 의사록에 없는 자는 그 결의에 찬성한 것으로 추정한다].

17. 대법원 1993. 1. 26. 선고 91다36093 판결(주식회사의 주주가 대표이사의 악의 또는 중대한 과실로 인한 임무해태행위로 직접 손해를 입은 경우에는 이사와 회사에 대하여 상법 제401조, 제389조 제3항, 제210조에 의하여 손해배상을 청구할 수 있으나, 대표이사가 회사재산을 횡령하여 회사재산이 감소함으로써 회사가 손해를 입고 결과적으로 주주의 경제적 이익이 침해되는 손해와 같은 간접적인 손해는 상법 제401조 제1항에서 말하는 손해의 개념에 포함되지 아니하므로 이에 대하여는 위 법조항에 의한 손해배상을 청구할 수 없고, 이와 같은 법리는 주주가 중소기업창업지원법상의 중소기업창업투자회사라고 하여도 다를 바 없다).

18. 이상의 결론에 대해서는 본 사례에 관한 대법원 2003. 10. 24. 선고 2003다29661 판결 참조.

(또한, 위 대출금은 P사가 대출을 받은 후 N사에게 대여해 준 것이므로 P사의 재산이라고 볼 수 없어, 대출금 일부의 횡령행위로 인하여 N사에게 손해가 발생함은 별론으로 하고 P사에 어떠한 손해가 생긴다고 볼 수도 없다고 할 것이다.)[19,20]

19. 이와 같은 괄호 안의 내용은, 본 사례에 관한 항소심 판결인 부산고등법원 2003. 5. 16. 선고 2002나10424 판결에서 판시한 것이다.

20. 이사의 손해배상책임 액수가 거액인 경우가 많다 보니, 손해배상을 청구하는 제3자 입장에서는 이사의 무자력으로 인해 책임추궁이 무의미해지고, 책임을 지는 이사의 입장에서는 가혹한 피해가 발생하는 경우가 있어, 이에 대한 대책으로 미국에서는 이사와 임원의 책임보험(D&O Insurance ; Director's and Officer's Liability Insurance)이 이용되는데, 최근에는 우리나라에서도 이용도가 높아지고 있다. 이철송, 『회사법강의』, 제636면.

사례 29

이사의 자기거래

다음과 같은 사실관계 하에서, 아래의 각 질의에 대해 답하시오.[1]

(1) K주식회사(이하, "K사")의 어음거래약정

K사는 유류 판매업, 기름 무역업 등을 영업으로 하는 회사인데, 이도한이 1993. 12. 29. 대표이사로 중임되어 재직하다가 1996. 12. 29. 퇴임하였고, 같은 날 이도한의 형인 이문호가 이사 및 대표이사로 취임하여 2000. 1. 24.까지 재직하였다. 한편, K사는 C은행과 어음거래약정을 체결하고 1993. 12. 28. C은행 상도동지점에서 어음의 용지가 포함된 어음책을 교부받은 다음, 당시 대표이사이던 이도한을 대표이사로 기재한 명판과 K사의 대표이사 직인을 전체 어음용지에 미리 날인하여 두고 필요할 때마다 액면금 등 필요한 사항을 기재하여 사용하여 왔다.

(2) 이문호의 연대보증

B은행이 H주식회사(이하, "H사") 및 J주식회사(이하, "J사")와 금전소비대차계약을 체결하고 여신한도거래를 함에 있어, J사의 대표이사이던 이문호는 H사 및 J사의 B은행에 대한 총 10억원의 대출금채무를 각 연대보증하였다.

(3) K사의 약속어음 발행 · 교부

그 후 이문호의 B은행에 대한 위 각 연대보증채무의 보증한도가 합계 9억원을 넘어서게 되자, B은행은 이문호에게 위 각 연대보증채무에 대한 담보를 요구하였고, 이에 이문호는 1999. 2. 25. 지급장소 C은행 상도동지점, 액면, 발행일, 지급기일, 수취인 각 백지 등으로 되어 있고 발행인란에는 이도한이 대표이사로 되어 있는 명판과 K사의 대표이사 직인이 날인되어 있는 약속어음(이하, "본건 어음") 용지의 제1배서인란에 자신의 서명과 날인을 한 후 B은행에 교부하였고, 그 후 B은행은 그 액면을 금 10억원(이

---

1. 본 사례는 대법원 2004. 3. 25. 선고 2003다64688 판결을 기초로 하여 작성된 것이다.

하, "본건 어음금"), 발행일을 1999. 2. 25. 지급기일을 2001. 10. 11., 수취인을 이문호로 보충하여 이를 소지하고 있다(즉, 이문호가 자신의 B은행에 대한 연대보증채무의 담보용으로 제공하기 위하여 백지보충권을 함께 수여하면서 액면 등이 백지인 본건 어음을 B은행에 교부할 때인 1999. 2. 25. 본건 어음을 발행하였음).

(4) 본건 어음에 대한 제권판결 및 제권판결 취소판결 확정

K사는 1998. 11. 3. 본건 어음을 보관 부주의로 분실하였음을 신청원인으로 하여 1998. 11. 5. 법원에 공시최고신청[2]을 하였고, 1999. 3. 15. 본건 어음을 무효로 하는 제권판결[3]이 선고되었는데, 이에 대하여 B은행은 이문호가 1996. 12. 29. K사의 대표이사로 취임한 이래 본건 어음을 직접 점유하여 왔고 이문호는 그 의사에 기하지 아니하고 본건 어음의 소지를 상실한 바 없었을 뿐 아니라 B은행이 본건 어음의 소지인임을 알고 있었음을 전제로 허위 또는 부정한 방법으로 제권판결을 받았음을 이유로 제권판결취소의 소[4]를 제기하여 2000. 8. 22. 제권판결을 취소하는 판결을 선고받았고, 위 판결은 그대로 확정되었다.

---

2. 민사소송법 제475조(공시최고의 적용범위): [공시최고는 권리 또는 청구의 신고를 하지 아니하면 그 권리를 잃게 될 것을 법률로 정한 경우에만 할 수 있다] ; 제492조(증권의 무효선고를 위한 공시최고): [제1항: 도난 · 분실되거나 없어진 증권, 그 밖에 상법에서 무효로 할 수 있다고 규정한 증서의 무효선고를 청구하는 공시최고절차에는 제493조 내지 제497조의 규정을 적용한다. 제2항: 법률상 공시최고를 할 수 있는 그 밖의 증서에 관하여 그 법률에 특별한 규정이 없으면 제1항의 규정을 적용한다] ; 제493조(증서에 관한 공시최고 신청권자): [무기명증권 또는 배서(背書)로 이전할 수 있거나 약식배서(略式背書)가 있는 증권 또는 증서에 관하여는 최종소지인이 공시최고절차를 신청할 수 있으며, 그 밖의 증서에 관하여는 그 증서에 따라서 권리를 주장할 수 있는 사람이 공시최고절차를 신청할 수 있다] ; 제495조(신고최고, 실권경고) ; [공시최고에는 공시최고기일까지 권리 또는 청구의 신고를 하고 그 증서를 제출하도록 최고하고, 이를 게을리하면 권리를 잃게 되어 증서의 무효가 선고된다는 것을 경고하여야 한다].

3. 민사소송법 제496조(제권판결의 선고): [제권판결에서는 증권 또는 증서의 무효를 선고하여야 한다] ; 민사소송법 제497조(제권판결의 효력): [제권판결이 내려진 때에는 신청인은 증권 또는 증서에 따라 의무를 지는 사람에게 증권 또는 증서에 따른 권리를 주장할 수 있다] ; 대법원 1993. 11. 9. 선고 93다32934 판결(약속어음에 관한 제권판결의 효력은 그 판결 이후에 있어서 당해 어음을 무효로 하고 공시최고 신청인에게 어음을 소지함과 동일한 지위를 회복시키는 것에 그치는 것이고, 공시최고 신청인이 실질상의 권리자임을 확정하는 것은 아니나, 취득자가 소지하고 있는 약속어음은 제권판결의 소극적 효과로서 약속어음으로서의 효력이 상실되는 것이므로 약속어음의 소지인은 무효로 된 어음을 유효한 어음이라고 주장하여 어음금청구를 할 수 없다).

4. 민사소송법 제490조(제권판결에 대한 불복소송): [제1항: 제권판결에 대하여는 상소를 하지 못한다. 제2항: 제권판결에 대하여는 다음 각호 가운데 어느 하나에 해당하면 신청인에 대한 소로써 최고법원에 불복할 수 있다. 7. 거짓 또는 부정한 방법으로 제권판결을 받은 때].

한편, 본 사례와 관련하여 추가적으로 밝혀진 사실관계는 다음과 같다.

(1) 한국금융연수원을 비롯한 시중 일반 은행들의 여신실무책자나 금융법률실무책자 및 업무연수교재 등에는 이사와 회사 간의 이해상반행위의 전형적 사례로서 회사의 이사 앞 약속어음 발행행위를 들면서 '주식회사의 경우에는 이사회의 승인을 요하고 자기거래에 해당하는 여신거래에 있어 은행이 주의의무를 다하였다고 하기 위해서는 은행이 이사회 결의서와 그 결의서에 기명날인한 이사들의 인감증명서까지 징구하여 자기거래에 관한 승인 여부를 확인하여야 한다'고 기재되어 있다.
(2) B은행의 여신담당직원이었던 한흥석과 이요안은 회사의 이사 앞 어음발행행위가 회사와 이사 간의 이해상반행위로서 이사회의 승인이 없으면 무효가 된다는 점과 K사의 대표이사로 재직하던 이문호가 1999. 2. 25. 대표이사인 자신 앞으로 본건 어음을 발행하여 같은 날 B은행에 배서·양도한 사정을 잘 알고 있었음에도 불구하고, 발행인란에 K사의 대표이사로서 종전 대표이사인 이도한 이름이 기재되어 있음을 기화로, 본건 어음이 이사회의 승인을 거쳐 발행된 것인지 여부에 관하여 K사에게는 물론, 이문호에게도 확인조차 하지 않았다.
(3) B은행은 어음의 할인업무 등 전문적으로 여신을 취급하는 국책은행으로서 이문호의 개인적인 연대보증채무를 담보하기 위하여 그 채무와는 별다른 관계가 없는 K사에 의하여 발행된 본건 어음을 취득하였으며, 또한 본건 어음의 발행인란에는 K사의 종전 대표이사 이도한 명의의 명판이 날인되어 있었음에도, B은행은 이문호가 대표이사로 되어 있는 새로운 어음 발행을 요구하지 않은 채 이문호의 배서만을 받았다.
(4) B은행은 어음문면상 발행인란에 종전 대표이사의 명판이 날인되어 대표이사의 이름이 이도한이라고 기재되어 있고, 수취인란에는 현 대표이사인 이문호라고 기재되어 있었다는 점 때문에, 이사와 회사 간의 거래에 해당하지 아니하여 이사회의 승인이 필요 없는 것으로 생각하였다.

설문 이상의 사실관계 하에서, B은행은 K사를 상대로 본건 어음금의 지급을 청구할 권리를 가지는가?

(1) 문제의 소재

본 사례의 경우에, 1999. 2. 25. 당시 K사의 대표이사였던 이문호는 그가 대표이사로 재직하던 J사와 H사의 B은행에 대한 금전소비대차 및 여신거래약정에 따른 대출금 10억원의 채무에 대한 연대보증채무에 대한 담보로 본건 어음을 B은행에 배서, 교부하였던 것이므로, 이문호의 본건 어음발행행위는 상법 제398조 소정의 이사와 회사 간의 거래행위에 해당되고, 이러한 자기거래행위에 대하여 K사의 이사회결의가 없었고 B은행은 이러한 사실을 알았거나 또는 알지 못한 데 중과실이 있으므로, 결국 본건 어음의 발행행위는 무효이고 따라서 B은행은 K사를 상대로 본건 어음금의 지급을 청구할 권리를 가지지 못하는 것은 아닌지의 여부가 문제된다.

(2) 설문의 해결

본 쟁점과 관련하여 상법 제398조는 다음과 같이 규정하고 있는바, 먼저 관련 법리를 살펴본다.

> **상법 제398조**(이사와 회사 간[5]의 거래)[6]
> 이사[7]는 이사회[8]의 승인[9,10,11,12]이 있는 때에 한하여 자기 또는 제3자의 계산[13]으로 회사와 거래[14]를 할 수 있다.[15] 이 경우에는 민법 제124조[16]의 규정을 적용하지 아니한다.[17]

---

5. 2개의 회사의 대표이사를 겸하고 자가 "2개의 회사간의 계약"을 체결하는 경우와 "어느 회사가 다른 회사의 채무를 보증한 경우"도 각각 포함하고, 회사의 거래로 인한 결과적인 이득이 이사에게 귀속되는 소위 간접거래도 포함한다. 대법원 1969. 11. 11. 선고 69다1374 판결(형식상 전연 별개회사의 대표이사를 겸하고 있는 자가 그 양 회사를 대표하여 어느 일방회사에 불리한 내용의 협약을 체결할려면 그 불리한 입장에 있는 회사의 이사회의 승인을 받아야만 한다) ; 대법원 1996. 5. 28. 선고 95다12101,12118 판결[이 사건 토지 및 건물에 관하여 피고 회사 또는 피고 회사의 전신인 주식회사 현대양행(1980. 9. 13. 피고 회사로 상호가 변경되었다) 명의로 경료된 각 소유권이전등기의 원인이 된 한라건설 주식회사(후에 소외 현대도시개발 주식회사를 흡수합병하였고 1986. 11. 28.에는 원고 회사로 상호가 변경되었다)와 주식회사 현대양행 사이의 매매계약은 당시 위 양 회사의 대표이사를 겸하고 있던 소외 정인영에 의하여 체결된 것인바, 위 매매계약은 이른바 이사의 자기거래에 해당한다 할 것이고, 달리 특별한 사정이 없는 한 이는 한라건설 주식회사와 그 이사인 정인영과 사이에 이해충돌의 염려 내지 한라건설 주식회사에 불이익을 생기게 할 염려가 있는 거래에 해당한다 할 것인데 위 거래에 대하여 한라건설 주식회사 이사회의 승인이 없었음을 알 수 있으므로 위 매매계약의 효력은 한라건설 주식회사에 대한 관계에 있어서 무효라고 할 것이다] ; 대법원 1984. 12. 11. 선고 84다카1591 판결(상법 제398조에서 말하는 거래에는 이사와 회사 사이에 직접 성립하는 이해상반하는 행위뿐만 아니라 이사가 회사를 대표하여 자기를 위하여 자기

개인 채무의 채권자인 제3자와의 사이에 자기개인채무의 연대보증을 하는 것과 같은 이사개인에게 이익이 되고 회사에 불이익을 주는 행위도 포함하는 것이라 할 것이므로 별개 두 회사의 대표이사를 겸하고 있는 자가 어느 일방 회사의 채무에 관하여 나머지 회사를 대표하여 연대보증을 한 경우에도 역시 상법 제398조의 규정이 적용되는 것으로 보아야 한다) ; 대법원 1973. 10. 31. 선고 73다954 판결(본건에 있어서 소외 남상설과 안성화 양인이 개인자격으로 원고에 대한 자기의 채무에 대하여 그들이 피고회사의 대표이사, 이사가 된 뒤에 피고회사를 대표하여 그 채무의 인수를 한 것이고, 그 인수행위는 피고회사 이외의 제3자와의 간에서, 이사가 회사를 대표하여 자기를 위하여 한 것으로 상법 제398조의 거래에 해당함이 변론의 전취지로 인정될 수 있으니).

6. 회사와 이사의 이익이 충돌되어 회사의 이익이 희생되는 것을 막아서(회사재산을 건전하게 지켜서) 주주와 회사채권자를 보호하고자 함에 그 취지가 있다. 이철송, 『회사법강의』, 제648면. 대법원 1988. 9. 13. 선고 88다카9098 판결(상법 제398조의 취지는 이사가 회사의 이익을 희생으로 하여 자기 또는 제3자의 이익을 도모할 염려가 있기 때문에 이를 방지하여 회사의 이익을 보호하려는 데 목적이 있는 것이므로).

7. 상근, 비상근을 불문한 모든 이사, 이사와 같은 지위를 가지는 퇴임이사(제386조 제1항), 일시이사(제386조 제2항), 직무대행자(제407조 제1항)를 모두 포함하나, 일단 이사의 지위에서 물러난 자는 포함되지 않는다. 이철송, 『회사법강의』, 제649면. 대법원 1988. 9. 13. 선고 88다카9098 판결[상법 제398조의 취지는 이사가 회사의 이익을 희생으로 하여 자기 또는 제3자의 이익을 도모할 염려가 있기 때문에 이를 방지하여 회사의 이익을 보호하려는 데 목적이 있는 것이므로 여기에서 이사라 함은 거래 당시의 이사와 이에 준하는 자(이사직무대행자, 청산인 등)에 한정할 것이고 거래당시 이사의 직위를 떠난 사람은 여기에 포함되지 않는다 할 것이며 이사가 회사에 투자를 하였다가 위 투자금을 반환받는 거래의 경우에도 마찬가지다].

8. 승인 주체와 관련하여, 정관의 규정에 의해서 주주총회의 결의사항으로 할 수도 있고, 1인주주나 총주주의 동의가 있으면 이사회 승인이 없더라도 자기거래가 가능하다. 대법원 2007. 5. 10. 선고 2005다4284 판결(이사와 회사 사이의 이익상반 거래에 대한 승인은 주주 전원의 동의가 있다거나 그 승인이 정관에 주주총회의 권한사항으로 정해져 있다는 등의 특별한 사정이 없는 한 이사회의 전결사항이라 할 것이므로, 이사회의 승인을 받지 못한 이익상반 거래에 대하여 아무런 승인 권한이 없는 주주총회에서 사후적으로 추인 결의를 하였다 하여 그 거래가 유효하게 될 수는 없다) ; 대법원 1992. 3. 31. 선고 91다16310 판결(회사의 이사에 대한 채무부담행위가 상법 제398조 소정의 이사의 자기거래에 해당하여 이사회의 승인을 요한다고 할지라도, 위 규정의 취지가 회사 및 주주에게 예기치 못한 손해를 끼치는 것을 방지함에 있다고 할 것이므로, 그 채무부담행위에 대하여 사전에 주주 전원의 동의가 있었다면 회사는 이사회의 승인이 없었음을 이유로 그 책임을 회피할 수 없다).

9. 승인 시기와 관련하여, 사전승인뿐만 아니라 사후승인(추인)도 가능하다. 한편, 묵시적 추인도 가능하나 이에는 일정한 제한(이해관계 및 중요사실의 지득 등)이 따른다. 대법원 2007. 5. 10. 선고 2005다4284 판결("상법 제398조 전문이 이사와 회사 사이의 거래에 관하여 이사회의 승인을 얻도록 규정하고 있는 취지는, 이사가 그 지위를 이용하여 회사와 거래를 함으로써 자기 또는 제3자의 이익을 도모하고 회사 나아가 주주에게 불측의 손해를 입히는 것을 방지하고자 함에 있는바, 이사회의 승인을 얻은 경우 민법 제124조의 적용을 배제하도록 규정한 상법 제398조 후문의 반대해석상 이사회의 승인을 얻지 아니하고 회사와 거래를 한 이사의 행위는 일종의 무권대리인의 행위로 볼 수 있고 무권대리인의 행위에 대하여 추인이 가능한 점에 비추어 보면, 상법 제398조 전문이 이사와 회사 사이의 이익상반거래에 대하여 이사회의 사전 승인만을 규정하고 사후 승인을 배제하고 있다고 볼 수는 없다", "회사가 이익상반거래를 묵시적으로 추인하였다고 보기 위해서는 그 거래에 대하여 승인 권한을 갖고 있는 이사회가 그 거래와 관련된 이사의 이해관계 및 그와 관련된 중요한 사실들을 지득한 상태에서 그 거래를 추인할 경우 원래 무효인

거래가 유효로 전환됨으로써 회사에 손해가 발생할 수 있고 그에 대하여 이사들이 연대책임을 부담할 수 있다는 점을 용인하면서까지 추인에 나아갔다고 볼 만한 사유가 인정되어야 한다").

10. 승인 방법과 관련하여, 자기거래를 하고자 하는 이사는 사전에 이해관계 및 중요사실에 대한 개시할(disclose)의무가 있고, 이를 위반하면 이사회승인이 없는 것으로 처리된다. 대법원 2007. 5. 10. 선고 2005다4284 판결(이사와 회사 사이의 이익상반거래가 비밀리에 행해지는 것을 방지하고 그 거래의 공정성을 확보함과 아울러 이사회에 의한 적정한 직무감독권의 행사를 보장하기 위해서는 그 거래와 관련된 이사는 이사회의 승인을 받기에 앞서 이사회에 그 거래에 관한 자기의 이해관계 및 그 거래에 관한 중요한 사실들을 개시하여야 할 의무가 있고, 만일 이러한 사항들이 이사회에 개시되지 아니한 채 그 거래가 이익상반거래로서 공정한 것인지 여부가 심의된 것이 아니라 단순히 통상의 거래로서 이를 허용하는 이사회의 결의가 이루어진 것에 불과한 경우 등에는 이를 가리켜 상법 제398조 전문이 규정하는 이사회의 승인이 있다고 할 수는 없다).

11. 승인 요건은 이사회의 통상의 결의방법(상법 제391조 제1항)에 의한다. 상법 제391조(이사회의 결의방법) 제1항: [이사회의 결의는 이사 과반수의 출석과 출석이사의 과반수로 하여야 한다. 그러나 정관으로 그 비율을 높게 정할 수 있다]. 이철송, 『회사법강의』, 제652면.

12. 자기거래의 당사자인 이사는 특별한 이해관계가 있는 자이므로 이사회에서 의결권을 행사하지 못한다(통설). 이철송, 『회사법강의』, 제652면. 상법 제391조(이사회의 결의방법: [제1항: 이사회의 결의는 이사 과반수의 출석과 출석이사의 과반수로 하여야 한다. 그러나 정관으로 그 비율을 높게 정할 수 있다. 제3항: 제368조 제4항 및 제371조 제2항의 규정은 제1항의 경우에 이를 준용한다] ; 상법 제368조(총회의 결의방법과 의결권의 행사) 제4항: [총회의 결의에 관하여 특별한 이해관계가 있는 자는 의결권을 행사하지 못한다].

13. 따라서 회사의 거래상대방이 누구의 명의로 되어 거래되는지는 문제되지 않는다.

14. 거래의 성질상 회사와 이사의 이익이 충돌될 염려가 없는 거래는 이사회 승인이 필요 없다. 예컨대, 회사에 대한 부담없는 증여, 채무의 이행, 약관에 의해 정형적으로 체결되는 거래(예: 보험) 등. 그러나 어음행위는 원인관계와는 다른 새로운 채무를 발행시키고, 항변의 절단, 채무의 독립성 등으로 더욱 엄격한 책임이 따르므로 이사회 승인이 필요하다. 이철송, 『회사법강의』, 제651면 내지 제652면. 대법원 2004. 3. 25. 선고 2003다64688 판결(피고 회사가 원고 은행에 대하여 어음금채무를 부담하여야 할 아무런 원인관계가 없이 단지 대표이사인 위 이명휴의 개인채무를 담보하기 위하여 이 사건 어음을 위 대표이사 앞으로 발행하여 원고 은행에게 배서·양도하게 한다는 사정을 알면서도 이사회의 승인이 있었는지 여부를 확인해 보지도 않고 취득하였다고 할 것이므로, 원고 은행은 이 사건 어음을 취득함에 있어 피고 회사의 이사회 승인이 없음을 알았거나 또는 적어도 이를 알지 못한 데 중대한 과실이 있었다고 할 것이다. 가사 원고 은행의 주장과 같이, 원고 은행이 어음문면상 발행인란에 종전 대표이사의 명판이 날인되어 대표이사의 이름이 이두헌이라고 기재되어 있고, 수취인란에는 현 대표이사인 이명휴라고 기재되어 있었다는 점 때문에 이사와 회사 간의 거래에 해당하지 아니하여 이사회의 승인이 필요 없는 것으로 생각하였다고 하더라도, 원고 은행은 위 어음의 발행 당시 이명휴가 피고 회사의 대표이사라는 사정과 실질적으로 피고 회사가 그 대표이사인 이명휴의 개인채무를 담보하기 위하여 이명휴 앞으로 위 어음을 발행한다는 사정을 잘 알고 있었던 만큼, 원고 은행으로서는 위 어음의 발행이 이사와 회사 간의 거래에 해당하여 이사회의 승인이 필요하다는 점을 충분히 알 수 있었다고 할 것이므로, 이 사건 어음을 취득함에 있어 피고 회사의 이사회 승인을 얻었는지 여부를 확인해 보지 않은 데에 중대한 과실이 있었다고 하지 않을 수 없다. 원심이 같은 취지에서 피고 회사는 이 사건 어음 발행의 무효로써 이 사건 어음의 지급을 구하는 원고 은행에게 대항할 수 있다고 판단한 것은 정당하고) ; 대법원 1994. 10. 11. 선고 94다24626 판결["소외 이석기는 피고 회사의 대표이사로 재직하는 동안에 이 사건 각 수표에 배서함에 있어서 피고 회사의 대표이사의 자격으로 '삼양제지공업주식회사, 이석기' 라고만 기재하

요컨대, 회사의 대표이사가 이사회의 승인 없이 한 이른바 자기거래행위는 회사와 이사 간에서는 무효이지만, 회사가 위 거래가 이사회의 승인을 얻지 못하여 무효라는 것을 제3자에 대하여 주장하기 위해서는 거래의 안전과 선의의 제3자를 보호

고, 그 기명 옆에는 '삼양제지공업주식회사 대표이사'라고 조각된 인장을 날인하였다는 것인바, 위와 같은 사실 인정의 토대 위에서 결국 이 사건 각 수표의 피고 회사 명의의 배서는 소외 이석기가 피고 회사를 대표한다는 뜻이 표시되어 있다고 판단한 원심판결은 정당하고(당원 1969. 9. 23. 선고 69다930 판결 참조), 여기에 회사대표의 법률행위에 대한 법리오해가 있다고 할 수 없다", "회사의 대표이사가 한 이사회의 승인이 없는 자기거래행위는 회사와 이사 간에는 무효이지만 제3자에 대하여는 그 거래의 무효임을 주장하는 회사가 제3자의 악의를 입증하여야 할 것인바(당원 1978. 3. 28. 선고 78다4 판결 참조), 소외 이석기에 의한 이 사건 각 수표에의 배서에 대한 이사회의 승인이 없었음을 원고가 알았다고 인정할 아무런 증거가 없다고 하여 이점에 관한 피고의 항변을 배척한 원심판결은 정당하여 여기에 자기거래행위에 관한 법리오해가 있다고 할 수 없으며"].

15. 이사회 승인이 없는 자기거래의 효과와 관련해서는, "회사와 이사 간에는 무효이나 선의의 제3자와의 사이에서는 유효"라는 상대적 무효설이 판례 및 통설이고, 거래상대방의 중과실은 악의와 동일시되며, 회사가 이사회승인이 없었다는 점과 상대방의 악의나 중과실에 대하여 입증책임을 부담한다. 다만, 학설상으로는 유효설(논거: 상법 제398조는 효력규정이 아니라 명령적 규정이다), 무효설(논거: 회사의 이익 보호가 우선되어야 한다)도 제기되고 있다. 이철송, 『회사법강의』, 제655면. 대법원 1973. 10. 31. 선고 73다954 판결[회사 이외의 제3자와 이사가 회사를 대표하여 자기를 위하여 거래를 한 경우에는 거래의 안전상 회사는 그 거래에 대한 이사회의 승인을 안 받은것 외에 상대방인 제3자가 악의(이사회의 승인없음을 안 것)라는 것을 주장, 입증하지 않으면 그 무효를 그 제3자에게 주장할 수 없다] ; 대법원 2004. 3. 25. 선고 2003다64688 판결(회사의 대표이사가 이사회의 승인 없이 한 이른바 자기거래행위는 회사와 이사 간에서는 무효이지만, 회사가 위 거래가 이사회의 승인을 얻지 못하여 무효라는 것을 제3자에 대하여 주장하기 위해서는 거래의 안전과 선의의 제3자를 보호할 필요상 이사회의 승인을 얻지 못하였다는 것 외에 제3자가 이사회의 승인 없음을 알았다는 사실을 입증하여야 할 것이고, 비록 제3자가 선의였다 하더라도 이를 알지 못한 데 중대한 과실이 있음을 입증한 경우에는 악의인 경우와 마찬가지라고 할 것이며, 이 경우 중대한 과실이라 함은 제3자가 조금만 주의를 기울였더라면 그 거래가 이사와 회사 간의 거래로서 이사회의 승인이 필요하다는 점과 이사회의 승인을 얻지 못하였다는 사정을 알 수 있었음에도 불구하고, 만연히 이사회의 승인을 얻은 것으로 믿는 등 거래통념상 요구되는 주의의무에 현저히 위반하는 것으로서 공평의 관점에서 제3자를 구태여 보호할 필요가 없다고 봄이 상당하다고 인정되는 상태를 말한다).

16. 민법 제124조(자기계약, 쌍방대리): [대리인은 본인의 허락이 없으면 본인을 위하여 자기와 법률행위를 하거나 동일한 법률행위에 관하여 당사자 쌍방을 대리하지 못한다. 그러나 채무의 이행은 할 수 있다].

17. 이러한 후문의 규정은, 이사회의 추인(사후승인)이 가능하다는 논거로 활용되고 있다. 대법원 2007. 5. 10. 선고 2005다4284 판결(상법 제398조 전문이 이사와 회사 사이의 거래에 관하여 이사회의 승인을 얻도록 규정하고 있는 취지는, 이사가 그 지위를 이용하여 회사와 거래를 함으로써 자기 또는 제3자의 이익을 도모하고 회사 나아가 주주에게 불측의 손해를 입히는 것을 방지하고자 함에 있는바, 이사회의 승인을 얻은 경우 민법 제124조의 적용을 배제하도록 규정한 상법 제398조 후문의 반대해석상 이사회의 승인을 얻지 아니하고 회사와 거래를 한 이사의 행위는 일종의 무권대리인의 행위로 볼 수 있고 무권대리인의 행위에 대하여 추인이 가능한 점에 비추어 보면, 상법 제398조 전문이 이사와 회사 사이의 이익상반거래에 대하여 이사회의 사전 승인만을 규정하고 사후 승인을 배제하고 있다고 볼 수는 없다).

할 필요상 이사회의 승인을 얻지 못하였다는 것 외에 제3자가 이사회의 승인 없음을 알았다는 사실을 입증하여야 할 것이고,[18] 비록 제3자가 선의였다 하더라도 이를 알지 못한 데 중대한 과실이 있음을 입증한 경우에는 악의인 경우와 마찬가지라고 할 것이며, 이 경우 중대한 과실이라 함은 제3자가 조금만 주의를 기울였더라면 그 거래가 이사와 회사 간의 거래로서 이사회의 승인이 필요하다는 점과 이사회의 승인을 얻지 못하였다는 사정을 알 수 있었음에도 불구하고, 만연히 이사회의 승인을 얻은 것으로 믿는 등 거래통념상 요구되는 주의의무에 현저히 위반하는 것으로서 공평의 관점에서 제3자를 구태여 보호할 필요가 없다고 봄이 상당하다고 인정되는 상태를 말한다.

본 사례의 경우에 검토컨대 첫째, 한국금융연수원을 비롯한 시중 일반 은행들의 여신실무책자나 금융법률실무책자 및 업무연수교재 등에는 이사와 회사 간의 이해상반행위의 전형적 사례로서 회사의 이사 앞 약속어음 발행행위를 들면서 '주식회사의 경우에는 이사회의 승인을 요하고 자기거래에 해당하는 여신거래에 있어 은행이 주의의무를 다하였다고 하기 위해서는 은행이 이사회 결의서와 그 결의서에 기명날인한 이사들의 인감증명서까지 징구하여 자기거래에 관한 승인 여부를 확인하여야 한다' 고 기재되어 있고, 둘째, B은행의 여신담당직원이었던 한홍석과 이요안은 회사의 이사 앞 어음발행행위가 회사와 이사 간의 이해상반행위로서 이사회의 승인이 없으면 무효가 된다는 점과 K사의 대표이사로 재직하던 이문호가 1999. 2. 25. 대표이사인 자신 앞으로 본건 어음을 발행하여 같은 날 B은행에 배서 · 양도한 사정을 잘 알고 있었음에도 불구하고, 발행인란에 K사의 대표이사로서 종전 대표이사인 이도한 이름이 기재되어 있음을 기화로, 본건 어음이 이사회의 승인을 거쳐 발행된 것인지 여부에 관하여 K사에게는 물론, 이문호에게도 확인조차 하지 않았으며, 셋째, B은행은 어음의 할인업무 등 전문적으로 여신을 취급하는 국책은행으로서 이문호의 개인적인 연대보증채무를 담보하기 위하여 그 채무와는 별다른 관계가 없는 K사에 의하여 발행된 본건 어음을 취득하였으며, 또한 본건 어음의 발행인란에는 K사의 종전 대표이사 이도한 명의의 명판이 날인되어 있었음에도, B은행은 이문호가 대표이

18. 대법원 1984. 12. 11. 선고 84다카1591 판결(별개 두 회사의 대표이사를 겸하고 있는 자가 어느 일방 회사의 채무에 관하여 타회사를 대표하여 연대보증을 한 경우, 회사가 위 거래가 이사회의 승인을 얻지 못하여 무효라는 것을 거래의 상대방인 제3자에게 주장하기 위해서는 거래의 안전과 선의의 제3자를 보호할 필요상 이사회의 승인을 얻지 못하였다는 것 외에 거래의 상대방인 제3자가 이사회의 승인 없음을 알았다는 사실을 주장 입증하여야만 한다).

사로 되어 있는 새로운 어음 발행을 요구하지 않은 채 이문호의 배서만을 받았다.

그렇다면 B은행은 일반인의 경우보다 어음거래 및 취득에 있어 더욱 신중하고도 치밀한 대처가 요구되는 금융기관으로서, K사가 B은행에 대하여 어음금채무를 부담하여야 할 아무런 원인관계가 없이 단지 대표이사인 이문호의 개인채무를 담보하기 위하여 본건 어음을 위 대표이사 앞으로 발행하여 B은행에게 배서·양도하게 한다는 사정을 알면서도 이사회의 승인이 있었는지 여부를 확인해 보지도 않고 취득하였다고 할 것이므로, B은은 본건 어음을 취득함에 있어 K사의 이사회 승인이 없음을 알았거나 또는 적어도 이를 알지 못한 데 중대한 과실이 있었다고 할 것이다.

가사, B은행이, 어음문면상 발행인란에 종전 대표이사의 명판이 날인되어 대표이사의 이름이 이도한이라고 기재되어 있고, 수취인란에는 현 대표이사인 이문호라고 기재되어 있었다는 점 때문에, 이사와 회사 간의 거래에 해당하지 아니하여 이사회의 승인이 필요 없는 것으로 생각하였다고 하더라도, B은행은 본건 어음의 발행 당시 이문호가 K사의 대표이사라는 사정과 실질적으로 K사가 대표이사인 이문호의 개인채무를 담보하기 위하여 이문호 앞으로 본건 어음을 발행한다는 사정을 잘 알고 있었던 만큼, B은행으로서는 본건 어음의 발행이 이사와 회사 간의 거래에 해당하여 이사회의 승인이 필요하다는 점을 충분히 알 수 있었다고 할 것이므로, 본건 어음을 취득함에 있어 K사의 이사회 승인을 얻었는지 여부를 확인해 보지 않은 데에 중대한 과실이 있었다고 하지 않을 수 없다.

따라서 본건 어음의 발행행위는 무효이고, 이에 따라 B은행은 K사를 상대로 본건 어음금의 지급을 청구할 권리를 가지지 못한다고 할 것이다.[19]

19. 이상의 결론에 대해서는 본 사례에 관한 대법원 2004. 3. 25. 선고 2003다64688 판결 참조.

[사례 30]

신주발행 무효의 소

다음과 같은 사실관계 하에서, 아래의 각 질의에 대해 답하시오.[1]

(1) U주식회사(이하, "U사")의 **현황**

1998. 12. 8. 윤도열은 민명구로부터 동업 제의를 받고 각자의 지분을 각 50%로 하여 의료 영상기기 소프트 개발업 등을 목적으로 하는 U사를 설립하였는데, 윤도열은 대표이사, 민명구는 감사, 민요석(민명구의 부), 윤호정은 각각 이사로 선임되었다.[2] 한편, 2000. 2. 22.를 기준으로 U사의 기명식 보통주식은 윤도열과 민명구가 각 6천주, 윤호정과 민요석이 각 1천 5백주를 소유하게 되었다.

(2) 윤도열과 민명구 사이의 분쟁

윤도열은 회계상의 불투명성을 의심할 만한 정황이 있음을 들어 2000. 6.경부터 수차례 민명구에게 법인통장 거래내역과 회계장부의 공개를 요구하였으나, 민명구가 이를 계속하여 거부한 관계로 윤도열과 민명구 사이에 분쟁이 있어 왔다.

(3) 2001. 2. 9. 이사회결의(신주발행/임시주주총회 소집)

U사의 대표이사인 윤도열은, 민명구와 민요석(이하, 집합적으로 "민명구측")에게 이사회 소집통지[3]를 하지 아니하고, 2001. 2. 9. 11:00 U사의 사무실에서 대표이사 윤도열, 이

---

1. 본 사례는 대법원 2007. 2. 22. 선고 2005다77060,77077 판결을 기초로 하여 작성된 것이다.

2. 상법 제389조(대표이사) 제1항: [회사는 이사회의 결의로 회사를 대표할 이사를 선정하여야 한다. 그러나 정관으로 주주총회에서 이를 선정할 것을 정할 수 있다] ; 상법 제296조(발기설립의 경우의 임원선임) 제1항: [전조의 규정에 의한 납입과 현물출자의 이행이 완료된 때에는 발기인은 지체없이 의결권의 과반수로 이사와 감사를 선임하여야 한다] ; 상법 제312조(임원의 선임): [창립총회에서는 이사와 감사를 선임하여야 한다] ; 상법 제409조(선임) 제1항: [감사는 주주총회에서 선임한다] ; 상법 제382조(이사의 선임, 회사와의 관계 및 사외이사) 제1항: [이사는 주주총회에서 선임한다].

3. 상법 제390조(이사회의 소집): [제1항: 이사회는 각 이사가 소집한다. 그러나 이사회의 결의로 소집할 이사를 정한 때에는 그러하지 아니하다. 제2항: 제1항 단서의 규정에 의하여 소집권자로 지정되지 않은 다른 이사는 소집권자인 이사에게 이사회 소집을 요구할 수 있다. 소집권자인 이사가 정당한 이유 없이

사 윤호정이 참석하여 이사회를 개최하고, 유상증자(발행할 주식: 기명식 보통주식 5천주, 1주의 금액: 1만원, 청약접수마감기간: 2001. 2. 27. 17:00까지) 및 이사·감사의 해임·선임을 위한 임시주주총회의 개최[4](일시: 2001. 3. 3. 16:00, 장소: 대전 유성구 어은동 1번지 한국과학기술원 '학사의 집 2층') 등에 관한 의결을 하였다. 그런데 U사가 임시주주총회를 개최하려는 장소는 대전 유성구 구성동 373-1 대전과학기술원에 있는 '석학의 집'인바, 윤도열이 위 주소와 상호를 착각하여 위와 같은 통지를 하였다. 한편, 윤도열은 2001. 2. 12.경 민명구측에게 내용증명우편으로 [정관의 변경[5] 및 감사·이사의 해임[6]과 선임을 목적사항으로 한 임시주주총회를 2001. 3. 3. 위 '학사의 집 2층'에서 개최한다]는 내용의 임시주주총회 소집통지를 하였으나, 민명구에게 보낸 통지문이 도달되지 아니하자, 2001. 2. 21. 민요석에게 민명구에 대한 안내문을 보내고, 이를 민명구에게 전해줄 것을 요청하는 안내문을 발송하였다.

(4) 2001. 2. 28. 신주발행

U사는 2001. 2. 9.자 이사회결의[7]에 기초하여 2001. 2. 28. 2,500주의 신주를 발행하였고(이하, "본건 신주발행"), 발행된 신주는 윤도열에게 2천주, 윤호정에게 5백주가 각

이사회 소집을 거절하는 경우에는 다른 이사가 이사회를 소집할 수 있다. 제3항: 이사회를 소집함에는 회일을 정하고 그 1주간 전에 각 이사 및 감사에 대하여 통지를 발송하여야 한다. 그러나 그 기간은 정관으로 단축할 수 있다. 제4항: 이사회는 이사 및 감사전원의 동의가 있는 때에는 제3항의 절차 없이 언제든지 회의할 수 있다].

4. 상법 제362조(소집의 결정): [총회의 소집은 본법에 다른 규정이 있는 경우 외에는 이사회가 이를 결정한다].

5. 상법 제433조(정관변경의 방법): [제1항: 정관의 변경은 주주총회의 결의에 의하여야 한다. 제2항: 정관의 변경에 관한 의안의 요령은 제363조의 규정에 의한 통지와 공고에 기재하여야 한다] ; 상법 제434조(정관변경의 특별결의): [제433조 제1항의 결의는 출석한 주주의 의결권의 3분의 2 이상의 수와 발행주식총수의 3분의 1 이상의 수로써 하여야 한다].

6. 상법 제385조(해임) 제1항: [이사는 언제든지 제434조의 규정에 의한 주주총회의 결의로 이를 해임할 수 있다. 그러나 이사의 임기를 정한 경우에 정당한 이유 없이 그 임기만료 전에 이를 해임한 때에는 그 이사는 회사에 대하여 해임으로 인한 손해의 배상을 청구할 수 있다] ; 상법 제415조(준용규정): [제382조 제2항, 제382조의4, 제385조, 제386조, 제388조, 제400조, 제401조와 제403조 내지 제407조의 규정은 감사에 준용한다].

7. 상법 제416조(발행사항의 결정): [회사가 그 성립 후에 주식을 발행하는 경우에는 다음의 사항으로서 정관에 규정이 없는 것은 이사회가 이를 결정한다. 그러나 본법에 다른 규정이 있거나 정관으로 주주총회에서 결정하기로 정한 경우에는 그러하지 아니하다. 1. 신주의 종류와 수 2. 신주의 발행가액과 납입기일 3. 신주의 인수방법 4. 현물출자를 하는 자의 성명과 그 목적인 재산의 종류, 수량, 가액과 이에 대하여 부여할 주식의 종류와 수 5. 주주가 가지는 신주인수권을 양도할 수 있는 것에 관한 사항 6. 주주의 청구가 있는 때에만 신주인수권증서를 발행한다는 것과 그 청구기간].

배정되었으며, 2001. 3.경 U사의 주주명부에는 발행주식총수 17,500주 중 8천주는 윤도열이, 2천주는 윤호정이, 6천주는 민명구가, 1천 5백주는 민요석이 각 보유하는 것으로 등재되어 있다.

(5) 2001. 3. 3.자 임시주주총회(민명구측에 대한 해임)

U사는 2001. 3. 3. 대전과학기술원에 있는 석학의 집 2층에서 주주 윤도열, 윤호정의 참석으로 임시주주총회를 개최하여, U사의 발행예정주식총수를 2만주에서 7만주로 하는 것[8] 및 다음의 (8)과 같이 변경하는 내용의 정관변경에 대한 승인 및 이사 민요석, 감사 민명구를 각 해임하고, 새로운 감사에 최호정을 선임하는 결의를 하였고(발행주식총수를 1만7천5백주로, 출석주주의 주식수를 1만주로 하여, 출석주주의 전원찬성으로 의결함), 이에 관한 임시주주총회 의사록[9]을 작성하여, 이를 원인서류로 2001. 3. 9. 민명구측이 각 감사 및 이사에서 해임되고, 최호정이 감사로 취임하는 내용의 임원변경등기[10]를 마쳤다.

(6) 2001. 3. 24.자 정기주주총회(대차대조표 승인/대표이사 보수한도 승인)

윤도열은 민명구측에게 '2000년도 대차대조표 및 손익계산서의 승인[11] 및 대표이사 보수한도 승인[12] 등을 목적사항으로 한 제2기 정기주주총회를 2001. 3. 24. 14:00 대전과학기술원 학사의 집 2층에서 개최한다'는 내용의 정기주주총회 소집통지를 하였다. 한편, 2001. 3. 24. 14:00 윤도열, 최헌정(윤호정의 의결권을 위임받음),[13] 민명구 및 민요석의 동생인 민봉철이 위 석학의 집으로 각 출석하였으나, 윤도열이 민봉철이 소지한 민요석의 위임장에 인감증명서가 첨부되지 아니하였다는 이유로 민봉철의 의결권에 대

---

8. 상법 제289조(정관의 작성, 절대적 기재사항) 제1항: [발기인은 정관을 작성하여 이에 다음의 사항을 기재하고 각 발기인이 기명날인 또는 서명하여야 한다. 3.회사가 발행할 주식의 총수].

9. 상법 제373조(총회의 의사록): [제1항: 총회의 의사에는 의사록을 작성하여야 한다. 제2항: 의사록에는 의사의 경과요령과 그 결과를 기재하고 의장과 출석한 이사가 기명날인 또는 서명하여야 한다].

10. 상법 제317조(설립의 등기) 제2항: [제1항의 설립등기에 있어서는 다음의 사항을 등기하여야 한다. 8. 사내이사, 사외이사, 그 밖에 상무(常務)에 종사하지 아니하는 이사, 감사의 성명과 주민등록번호 9. 회사를 대표할 이사의 성명·주민등록번호 및 주소].

11. 상법 제449조(재무제표등의 승인·공고) 제1항: [이사는 제447조 각호에 규정한 서류를 정기총회에 제출하여 그 승인을 요구하여야 한다].

12. 상법 제388조(이사의 보수): [이사의 보수는 정관에 그 액을 정하지 아니한 때에는 주주총회의 결의로 이를 정한다].

13. 상법 제368조(총회의 결의방법과 의결권의 행사) 제3항: [주주는 대리인으로 하여금 그 의결권을 행사하게 할 수 있다. 이 경우에는 그 대리인은 대리권을 증명하는 서면을 총회에 제출하여야 한다].

한 이의를 제기함으로써 민명구와의 사이에 다툼이 생겼고, 이에 윤도열은 주주총회를 정회하고 15:00에 속개[14]하겠다고 선언한 후 석학의 집을 나갔다. 민명구와 민봉철은 당일 16:00까지 위 석학의 집에서 정기주주총회의 속개를 기다렸으나, 윤도열이 나타나지 아니하여 그냥 돌아갔고, 그 직후에 윤도열과 최헌정 등이 위 석학의 집에 다녀갔으나 주주총회를 열지는 아니하였다. 그 이후 U사는 2001. 3. 24. 16:00경 윤도열, 윤호정이 참석하여 2000년도 대차대조표 및 손익계산서의 승인 및 대표이사 보수한도(월 500만원)의 승인 등에 관한 결의(발행주식총수 1만 7천5백주 중 참석주주의 주식주 1만주의 전원찬성)를 하였다는 내용으로 정기주주총회 의사록을 작성하여 공증하였다.

(7) 2002. 3. 31.자 정기 주주총회

윤도열은 2002. 3. 15.경 민명구측에게 '대차대조표 및 손익계산서의 승인 및 대표이사 선임 등을 목적사항으로 하는 정기주주총회를 2002. 3. 30. 15:00에 대전 유성의 리베라 호텔 커피숍에서 개최한다'는 내용의 정기주주총회 소집통지를 하였다. 2002. 3. 30. 15:00경 민명구, 손도식(민요석의 의결권을 위임받음), 윤도열 및 최헌정(윤호정의 의결권을 위임받음)이 위 커피숍에 각 출석하였으나, 윤도열과 최헌정은 주주총회를 개최하기 전에 민명구에게 소송사건에 관하여 합의를 하자고 요구하였고, 민명구와 손도식은 주주총회를 먼저 하자고 요청하여 서로 의견일치를 보지 못하고, 주주총회가 무산되었다. 그 후 최헌정은 윤도열의 지시에 따라, 2002. 4. 12. 법무사 정인염에게 윤도열 등의 인감증명서 및 인감도장을 주면서, 임기만료로 인한 이사의 퇴임 및 취임에 관한 등기신청업무를 위임하였고, 정인염 법무사 사무소의 직원 박민여가 '2002. 3. 31. U사의 본점 회의실에서 윤도열, 윤호정이 각 출석하여 대차대조표 및 손익계산서 승인 및 이사 윤도열, 윤호정의 선임에 관한 결의를 하였다'는 내용의 정기주주총회 의사록을 작성하였고, 윤도열은 이를 원인서류로 하여 2002. 4. 13. 윤도열과 윤호정을 각 이사로 취임하는 내용의 임원변경등기를 하였다.

---

14. 속행이 보다 정확한 법률용어이고, 의안의 심의에 착수하였으나 결의에 이르지 못하고 회일을 다시 정하여 동일 의안을 계속 다루는 것을 말하는데, 후일 다시 여는 총회를 '계속회'라고 하고, 이러한 속행 결의는 주주총회에서 해야지 의장이나 이사회가 할 수는 없다. 한편, '계속회'는 속행 결의를 한 총회의 연장이어서 동일성이 유지되므로 상법 제363조(소집의 통지, 공고) 에 따른 별도의 소집절차는 요하지 않는다. 이철송, 『회사법강의』, 제421면. 상법 제372조(총회의 연기, 속행의 결의): [제1항: 총회에서는 회의의 속행 또는 연기의 결의를 할 수 있다. 제2항: 전항의 경우에는 제363조의 규정을 적용하지 아니한다.

(8) 이사회 및 주주총회에 관한 U사의 정관 규정

(가) 2001. 3. 3.자로 변경되기 이전의 정관 규정(구 정관)

제5조(발행예정주식의 총수) 발행할 주식의 총수는 2만주로 한다.

제15조(주주명부의 폐쇄) 1. 당회사는 매년 1월 1일부터 정기총회의 종결일까지 주주명부의 기재의 변경을 정지한다.

제17조(총회의 소집) 당 회사의 정기총회는 사업연도 말일의 다음날로부터 3월 이내에 소집하고 임시주주총회는 필요한 경우에 이사회의 결의로 대표이사가 소집한다.

제19조(총회의 정족수와 의결방법) 주주총회의 결의는 법령 또는 정관에 다른 규정이 있는 경우를 제외하고는 발행주식총수의 과반수에 해당하는 주식을 가진 주주의 출석[15]으로 그 출석의 의결권의 과반수에 의한다.

제27조(이사회 소집) 이사회는 대표이사 또는 이사회에서 따로 정한 이사가 있는 때에는 그 이사가 회일의 1주일 전에 각 이사 및 감사에게 통지하여 소집한다. 그러나 이사 및 감사 전원의 동의가 있는 때에는 소집절차를 생략할 수 있다.

제28조(이사회) 이사회의 결의는 이사 과반수의 출석과 출석이사의 과반수로 한다.

제31조(감사의 직무) 1. 감사는 당 회사의 업무 및 회계를 감사한다. 2. 감사는 이사회에 출석하여 의견을 진술할 수 있다.

(나) 2001. 3. 3.자로 변경·시행된 정관(신 정관)

제5조(발행예정주식의 총수) 발행할 주식의 총수는 7만주로 한다.

제27조(주주총회의 결의방법) 주주총회의 결의는 법령에 다른 정함이 있는 경우를 제외하고는 출석한 주주의 의결권의 과반수로 하되 발행주식총수의 4분의 1 이상의 수로 하여야 한다.

이상과 같은 사실관계 하에서, 다음의 각 질의에 답하시오.

---

15. 1995년 12월 29일의 개정에 의하여 상법 제368조(총회의 결의방법과 의결권의 행사) 제1항은 주주총회에서의 보통결의에 대하여 다음과 같이 규정하고 있다: [총회의 결의는 이 법 또는 정관에 다른 정함이 있는 경우를 제외하고는 출석한 주주의 의결권의 과반수와 발행주식총수의 4분의 1 이상의 수로써 하여야 한다]. 즉, 상법이나 정관에서 특별히 정한 경우를 제외하고는, 원칙적으로 주주총회의 의사정족수는 별도로 요구되지 않고 의결정족수에 대해서만 규정하고 있다. 본 사례의 경우에는 U사의 정관이 2001. 3. 3.자로 변경되기 이전에는 이와 같이 정관의 규정에 의해 의사정족수를 별도로 요구한 것이 된다.

설문 1 민명구측이 2001. 2. 28.자 신주발행이 유효한 이사회결의 없이 이루어졌음을 주장하면서 신주발행일로부터 6월 내에 신주발행 무효확인소송을 제기하면 승소할 수 있겠는가? 또한 만약 이러한 소송 진행 중 신주발행일로부터 6월이 경과한 시점에, 민명구측이 본건 신주발행이 주식평등의 원칙에 위배된 것이라는 새로운 무효사유를 추가하여 주장하는 것은 허용되는가?

설문 2 2001. 3. 3.자 임시주주총회결의와 2001. 3. 24.자 정기주주총회결의 및 2002. 3. 31.자 정기주주총회결의는, 각각 법적으로 유효한가?

[설문 1] 신주발행 무효확인소송

(1) 문제의 소재

민명구측이, U사의 2001. 2. 9.자 이사회결의는 U사의 감사와 이사인 민명구와 민요석에 대한 적법한 소집통지 없이 민명구측이 참석하지 않은 상태에서 이루어진 것으로 무효이고, 따라서 2001. 2. 28.자 신주발행은 유효한 이사회결의 없이 이루어진 것이므로 무효라고 주장하면서 신주발행일로부터 6월 내에 신주발행 무효확인소송을 제기하면 승소할 수 있겠는지 또한 만약 이러한 소송 진행 중 신주발행일로부터 6월이 경과한 시점에, 민명구측이 본건 신주발행이 주식평등의 원칙에 위배된 것이라는 새로운 무효사유를 추가하여 주장하는 것은 허용되는지가 문제된다.

(2) 설문의 해결

본 쟁점과 관련하여 상법 제429조(신주발행무효의 소)는 다음과 같이 규정하고 있으므로, 먼저 관련 법리를 살펴본다.

▎상법 제429조(신주발행무효의 소)[16,17]

신주발행의 무효[18]는 주주[19] · 이사 또는 감사에 한하여 신주를 발행한 날로부터 6월 내에 소만으로 이를 주장할 수 있다.

---

16. 신주발행무효의 소에 대한 추가적인 규정은 다음과 같다. 상법 제430조(준용규정): [제186조 내지 제

189조 · 제190조 본문 · 제191조 · 제192조 및 제377조의 규정은 제429조의 소에 관하여 이를 준용한다] ; 상법 제431조(신주발행무효판결의 효력): [제1항: 신주발행무효의 판결이 확정된 때에는 신주는 장래에 대하여 그 효력을 잃는다. 제2항: 전항의 경우에는 회사는 지체없이 그 뜻과 일정한 기간 내에 신주의 주권을 회사에 제출할 것을 공고하고 주주명부에 기재된 주주와 질권자에 대하여는 각별로 그 통지를 하여야 한다. 그러나 그 기간은 3월 이상으로 하여야 한다] ; 상법 제432조(무효판결과 주주에의 환급): [제1항: 신주발행무효의 판결이 확정된 때에는 회사는 신주의 주주에 대하여 그 납입한 금액을 반환하여야 한다. 제2항: 전항의 금액이 전조 제1항의 판결확정시의 회사의 재산상태에 비추어 현저하게 부당한 때에는 법원은 회사 또는 전항의 주주의 청구에 의하여 그 금액의 증감을 명할 수 있다. 제3항: 제339조와 제340조 제1항, 제2항의 규정은 제1항의 경우에 준용한다].

17. 신주발행의 하자에 대하여 다투는 방법으로는, 신주발행 무효확인의 소 이외에도 신주발행 부존재확인의 소가 있다. 대법원 1989. 7. 25. 선고 87다카2316 판결(주주들에게 통지하거나 주주들의 참석 없이 주주 아닌 자들이 모여서 개최한 임시주주총회에서 발행예정주식총수에 관한 정관변경결의와 이사선임결의를 하고, 그와 같이 선임된 이사들이 모인 이사회에서 대표이사 선임 및 신주발행결의를 하였다면 그 이사회는 부존재한 주주총회에서 선임된 이사들로 구성된 부존재한 이사회에 지나지 않고 그 이사들에 의하여 선임된 대표이사도 역시 부존재한 이사회에서 선임된 자이어서 그 이사회의 결의에 의한 신주발행은 의결권한이 없는 자들에 의한 부존재한 결의와 회사를 대표할 권한이 없는 자에 의하여 이루어진 것으로서 그 발행에 있어 절차적 · 실체적 하자가 극히 중대하여 신주발행이 존재하지 않는다고 볼 수밖에 없으므로 회사의 주주는 위 신주발행에 관한 이사회결의에 대하여 상법 제429조 소정의 신주발행무효의 소의 제기기간에 구애되거나 신주발행무효의 소에 의하지 않고 부존재확인의 소를 제기할 수 있다] ; 대법원 2006. 6. 2. 선고 2006도48 판결([3] 상법 제628조 제1항의 납입가장죄는 회사의 자본충실을 기하려는 법의 취지를 해치는 행위를 단속하려는 것인바, 회사가 신주를 발행하여 증자를 함에 있어서 신주 발행의 절차적 · 실체적 하자가 극히 중대한 경우, 즉 신주발행의 실체가 존재한다고 할 수 없고 신주발행으로 인한 변경등기만이 있는 경우와 같이 신주발행의 외관만이 존재하는 소위 신주발행의 부존재라고 볼 수밖에 없는 경우에는 처음부터 신주발행의 효력이 없고 신주인수인들의 주금납입의무도 발생하지 않으며 증자로 인한 자본 충실의 문제도 생기지 않는 것이어서 그 주금의 납입을 가장하였더라도 상법상의 납입가장죄가 성립하지 아니한다. [4] 주주가 아니면서도 위조된 주권을 소유한 자들이 대다수 참석하여 개최된 주주총회에서 이사들이 새로이 선임되고, 그 이사들로 구성된 이사회의 결의에 의하여 신주발행이 이루어진 경우, 신주발행의 절차적 · 실체적 하자가 극히 중대하여 신주발행의 실체가 존재하지 않아 신주인수인의 주금납입의무도 발생하지 않았다고 볼 여지가 있다는 이유로 유죄의 원심판결을 파기한 사례].

18. 상법에서는 무효사유에 대해서는 규정하고 있지 않으나, 수권자본제 한계 일탈, 자본충실 위반, 신주인수권의 침해, 선량한 풍속 위반 등이 그 사유에 해당될 것이다. 이철송, 『회사법강의』, 제742면. 대법원 1980. 2. 12. 선고 79다509 판결(주식회사의 현물출자에 있어서 이사는 법원에 검사인의 선임을 청구하여 일정한 사항을 조사하도록 하고 법원은 그 보고서를 심사하도록 되어 있으나 이와 같은 절차를 거치지 아니한 신주발행 및 변경등기가 당연무효가 된다고 볼 수 없다) ; 대법원 2003. 2. 26. 선고 2000다42786 판결(원심은 … 중간 생략 … 이 사건 신주발행은 1997년 초에 발생한 이른바 한보사태로 한보그룹의 대출금상환 또는 국세납부능력이 의심스러워졌고 이에 한보그룹에 대한 대출금융기관인 원고 은행이 대출금에 대한 담보제공을 요구하자 위 정태수, 정한근 등은 그들이 보유하고 있던 피고 회사의 주식 200만주에 질권을 설정하여 주고, 나머지 400만주는 한보그룹의 체납 국세에 대한 담보로 국세청에 압류당하여 장차 위 주식들에 대한 질권이나 체납처분이 실행될 경우 피고 회사에 대한 지배권을 상실할 염려가 있었으므로 이러한 경우에도 피고 회사에 대한 지배권을 계속 보유하기 위한 수단으로 피고 회사의 해외 자산을 처분한 다음 당국에 외환관리법에 따른 신고를 이행하지 아니하고 자

본 사례의 경우를 검토컨대, U사의 대표이사인 윤도열은, 민명구측에게 이사회 소집통지를 하지 아니하고, 2001. 2. 9. 11:00 U사의 사무실에서 대표이사 윤도열, 이사 윤호정이 참석하여 이사회를 개최하고, 본건 신주발행 및 이사·감사의 해임·선임을 위한 임시주주총회의 개최 등에 관한 의결을 하였다.

요컨대, 상법은 주주총회결의의 하자에 대해서는 그 유형에 따라 취소, 무효, 부존재로 그 효과를 규정하고 있지만, 이사회결의의 하자에 대해서는 하자의 유형을 구분하지도 않을 뿐만 아니라 이를 다투는 소를 별도로 인정하지도 않고 있다. 따라서 이사회결의에 하자가 있으면 단지 무효 또는 부존재의 원인이 될 뿐이고 이를 다투는 방법도 일반 무효나 일반 부존재의 법리에 따라 해결해야 한다.[20,21,22]

산매각대금을 횡령한 후 유령회사인 사우스 아시아 걸프 코퍼레이션을 설립하고 위와 같은 은닉자금을 이용하여 위 회사 명의로 피고 회사의 신주를 인수한 것으로 보이므로, 이 사건 신주발행은 정태수 일가의 범죄행위를 수단으로 하여 행하여진, 선량한 풍속 기타 사회질서에 반하는 현저히 불공정한 방법으로 이루어진 신주발행으로서 무효로 보아야 한다고 판단하였다. 원심이 채용한 증거들을 기록에 비추어 살펴보면, 원심이 이 사건 신주발행이 선량한 풍속 기타 사회질서에 반하여 현저히 불공정한 방법으로 이루어진 것으로서 무효라고 판단한 조치를 수긍할 수 있고).

19. 주주명부에 등재된 자에 한정되는데, 새로운 주주의 소송수계도 인정된다. 대법원 2003. 2. 26. 선고 2000다42786 판결([1] 구 민사소송법(2002. 1. 26. 법률 제6626호로 전문 개정되기 전의 것) 제74조에서 규정하고 있는 소송의 목적물인 권리관계의 승계라 함은 소송물인 권리관계의 양도뿐만 아니라 당사자적격 이전의 원인이 되는 실체법상의 권리 이전을 널리 포함하는 것이므로, 신주발행무효의 소 계속중 그 원고 적격의 근거가 되는 주식이 양도된 경우에 그 양수인은 제소기간 등의 요건이 충족된다면 새로운 주주의 지위에서 신소를 제기할 수 있을 뿐만 아니라, 양도인이 이미 제기한 기존의 위 소송을 적법하게 승계할 수도 있다. [2] 승계참가가 인정되는 경우에는 그 참가시기에 불구하고 소가 제기된 당초에 소급하여 법률상의 기간준수의 효력이 발생하는 것이므로, 신주발행무효의 소에 승계참가하는 경우에 그 제소기간의 준수 여부는 승계참가시가 아닌 원래의 소 제기시를 기준으로 판단하여야 한다. [3] 주식의 양수인이 이미 제기된 신주발행무효의 소에 승계참가하는 것을 피고 회사에 대항하기 위하여는 주주명부에 주주로서 명의개서를 하여야 하는바, 주식 양수인이 명의개서절차를 거치지 않은 채 승계참가를 신청하여 피고 회사에 대항할 수 없는 상태로 소송절차가 진행되었다고 할지라도, 승계참가가 허용되는 사실심 변론종결 이전에 주주명부에 명의개서를 마친 후 소송관계를 표명하고 증거조사의 결과에 대하여 변론을 함으로써 그 이전에 행하여진 승계참가상의 소송절차를 그대로 유지하고 있다면 명의개서 이전의 소송행위를 추인한 것으로 봄이 상당하여 그 이전에 행하여진 소송절차상의 하자는 모두 치유되었다고 보아야 한다).

20. 이철송, 『회사법강의』, 제568면.

21. 주식회사가 아니라 재단법인에 관한 case이기는 하지만 이사회결의를 무효라고 판단한 판례로는 다음과 같은 것들이 있는데, 재단법인의 이사회에 관한 법리는 주식회사의 이사회의 경우에도 동일하게 적용되어야 한다. 이철송, 『회사법강의』, 제560면. 대법원 1992. 7. 24. 선고 92다749 판결(민법상 비영리 재단법인의 정관에 이사회를 개최하기에 앞서 미리 일정한 기한을 두고 회의 안건 등을 기재한 소집통지서를 발송하도록 하고 있음에도 불구하고 이러한 소집통지에 관한 절차를 거치지 아니한 관계로 그 소집통지를 받지 못한 이사가 참석하지 아니하였고, 이사회를 개최하지도 아니하였으면서 일부 이사들

이 이를 개최한 양 의사록만 작성하거나 일부 이사들만이 모여 이사회를 개최하였다면 이러한 이사회 의결의는 존재하지 아니하는 것이거나 당연무효라고 보아야 할 것이며, 이 경우 적법한 소집통지를 받지 못한 이사가 출석하여 반대의 표결을 하였다 한들 이사회결의의 성립에 영향이 없었다고 하더라도 그 이사회결의가 당연무효라고 하는 결론에 지장을 주지 아니한다) ; 대법원 1988. 3. 22. 선고 85누884 판결(민법상 비영리법인의 이사회결의가 법령 또는 정관이 정하는 바에 따라 정당한 소집권자가 아닌 자에 의하여 소집되고 적법한 소집절차도 없이 개최되어 한 것이라면 그 이사회결의는 당연무효라 할 것이고, 당연무효인 이사회의 결의에 의하여 선임된 이사에 대한 주무관청의 이사취임승인 처분은 그 행정처분에 중대한 하자 있는 경우이므로 이에 대하여 행정청은 스스로 이를 취소할 수 있다고 할 것이다).

22. 한편, 이사회결의에 하자가 있음에도 불구하고 이사회결의가 여전히 유효라고 판단한 판례도 있다. 한편, 이사의 지위는 일신전속적인 것으로 양도가 불가능하고 또한 대리행사를 시킨다면 이사가 임의로 복임권을 행사한 결과가 되므로, 이사회결의시에 이사는 반드시 직접 의결권을 행사하여야 하고 대리행사는 허용되지 않는다. 대법원 1992. 4. 14. 선고 90다카22698 판결(이사 3명 중 회사의 경영에 전혀 참여하지 않고 경영에 관한 모든 사항을 다른 이사들에게 위임하여 놓고 그들의 결정에 따르며 필요시 이사회 회의록 등에 날인만 하여 주고 있는 이사에 대한 소집통지 없이 열린 이사회에서 한 결의는 위 이사가 소집통지를 받고 참석하였다 하더라도 그 결과에 영향이 없었다고 보여지므로 유효하다고 한 사례(주: 다만, 이 판례에 대해서는 "이는 구체적인 특수 사정을 감안하지 않고 일반화할 수 있는 이론은 아니다"라고, 조심스러운 입장을 취하고 있는 견해가 있다. 이철송, 『회사법강의』, 제560면) ; 대법원 2003. 1. 24. 선고 2000다20670 판결(원심은, 1991. 2. 1.자 이사회결의 당시에는 그 결의요건을 충족하였더라도, 그 결의에 따라 이루어진 1991. 4. 29.자 연대보증계약 체결 당시를 기준으로 하면 그 사이 이사 일부와 이사 총수가 변경됨으로써 이사회 결의요건을 갖추지 못하게 되어 결국 위 이사회결의는 무효라는 피고의 주장에 대하여, 이사회 결의요건을 충족하는지 여부는 이사회결의 당시를 기준으로 판단하여야 하고, 그 결의의 대상인 연대보증행위가 실제로 이루어진 날을 기준으로 판단할 것이 아니라는 이유로 이를 배척하였는바, 이러한 원심의 판단은 정당하고) ; 2006. 11. 10. 선고 2005다46233 판결(원심은 그 채택 증거를 종합하여, 피고들은 1999. 5. 15.에 1999. 5. 12.자 각 이사회 의사록에 관한 인증을 받았는데, 그 각 인증서에는 1999. 5. 12. 운영자금을 조달하기 위하여, 피고 워테크, 다이웰의 경우 대표이사를 포함하여 각 이사 총수 3명 중 2명과 감사 1명이, 피고 아스텍의 경우 대표이사를 포함하여 이사 총수 4명 중 4명과 감사 1명이 각 참석한 가운데 각 이사회를 개최하였으며, 참석 이사들은 그 각 이사회에서 이 사건 각 전환사채 발행 결의를 하였다고 각 기재되어 있으나, 그 각 이사회 의사록은 피고들 직원들이 각 대표이사의 지시에 따라 작성한 것이고, 그 각 이사회 의사록에는 참석 이사들 및 감사가 자신의 의사에 기하여 한 날인이 되어 있는 사실을 인정한 다음, 사정이 이와 같다면 비록 각 이사회를 특정 장소에서 개최하지 않은 채 위와 같은 각 이사회 의사록을 작성하였다고 하더라도 이사 전원의 동의가 있으면 이사회의 소집절차 없이도 이사회 개최를 가능하도록 하고 있는 상법 제390조 제4항의 규정 취지와 상사회사의 업무집행은 의사결정의 기동성을 요하는 경우가 많은 특성 등에 비추어 볼 때, 1999. 5. 12.자 각 이사회결의가 부존재하다고까지 볼 수는 없다고 판단하였다. 관련 법리와 기록에 비추어 살펴보면 원심의 위와 같은 사실인정과 판단은 정당한 것으로 수긍이 가고) ; 대법원 1982. 7. 13. 선고 80다2441 판결(주식회사 이사회는 주주총회의 경우와는 달리 원칙적으로 소집권 있는 이사가 다른이사 전원에 대하여 이사회의 소집통지를 하여야 하고 이사 자신이 이사회에 출석하여 결의에 참가하여야 하며 대리인에 의한 출석은 인정되지 않고 따라서 이사 개인이 타인에게 출석과 의결권을 위임할 수도 없는 것이니 이에 위배된 이사회의 결의는 무효라고 할 것이고 또한 그 무효임을 주장하는 방법에는 아무런 제한이 없으며 이해관계인은 언제든지 또 어떠한 방법에 의하던 그 무효를 주장할 수 있다 할 것이다).

또한, 주식회사의 신주발행은 주식회사의 업무집행에 준하는 것으로서 대표이사가 그 권한에 기하여 신주를 발행한 이상 신주발행은 유효하고, 설령 신주발행에 관한 이사회의 결의가 없거나 이사회의 결의에 하자가 있더라도 이사회의 결의는 회사의 내부적 의사결정에 불과하므로 신주발행의 효력에는 영향이 없다고 할 것이다.

따라서 본 사례의 경우에, 비록 U사가 감사 및 이사인 민명구측에게 이사회 소집통지를 하지 아니하고 이사회를 개최하여 신주발행에 관한 결의를 하였다고 하더라도 U사의 2001. 2. 28.자 신주발행의 효력을 여전히 유효하다고 할 것이므로, 민명구측이 2001. 2. 28.자 신주발행이 유효한 이사회결의 없이 이루어졌음을 주장하면서 신주발행일로부터 6월 내에 신주발행 무효확인소송을 제기하더라도 승소할 수 없을 것이다.

또한 이러한 소송 진행 중 신주발행일로부터 6월이 경과한 시점에, 민명구측이 본건 신주발행이 주식평등의 원칙에 위배된 것이라는 새로운 무효사유를 추가하여 주장하는 것도, "상법 제429조는 신주발행의 무효는 주주 · 이사 또는 감사에 한하여 신주를 발행한 날로부터 6월 내에 소만으로 이를 주장할 수 있다고 규정하고 있는바, 이는 신주발행에 수반되는 복잡한 법률관계를 조기에 확정하고자 하는 것이므로, 새로운 무효사유를 출소시기의 경과 후에도 주장할 수 있도록 하면 법률관계가 불안정하게 되어 위 규정의 취지가 몰각된다는 점에 비추어 위 규정은 무효사유의 주장시기도 제한하고 있는 것이라고 해석함이 상당"하므로,[23] 결국 본 사례의 경우에 신주발행무효의 소의 출소기간(신주발행일로부터 6월 내) 경과한 후에 위와 같이 새로운 무효사유(본건 신주발행이 주식평등의 원칙에 위배된 것이라는 것)를 추가하여 주장하는 것은 허용되지 않는다.[24,25]

---

23. 대법원 2004. 6. 25. 선고 2000다37326 판결(상법 제429조는 신주발행의 무효는 주주 · 이사 또는 감사에 한하여 신주를 발행한 날로부터 6월 내에 소만으로 이를 주장할 수 있다고 규정하고 있는바, 이는 신주발행에 수반되는 복잡한 법률관계를 조기에 확정하고자 하는 것이므로, 새로운 무효사유를 출소시간의 경과 후에도 주장할 수 있도록 하면 법률관계가 불안정하게 되어 위 규정의 취지가 몰각된다는 점에 비추어 위 규정은 무효사유의 주장시기도 제한하고 있는 것이라고 해석함이 상당하고, 한편 상법 제429조의 유추적용에 의한 전환사채발행무효의 소에 있어서도 전환사채를 발행한 날로부터 6월의 출소기간이 경과한 후에는 새로운 무효사유를 추가하여 주장할 수 없다고 보아야 한다).

24. 대법원 2004. 6. 25. 선고 2000다37326 판결(상법 제429조는 신주발행의 무효는 주주 · 이사 또는 감사에 한하여 신주를 발행한 날로부터 6월 내에 소만으로 이를 주장할 수 있다고 규정하고 있는바, 이는 신주발행에 수반되는 복잡한 법률관계를 조기에 확정하고자 하는 것이므로, 새로운 무효사유를 출소시간의 경과 후에도 주장할 수 있도록 하면 법률관계가 불안정하게 되어 위 규정의 취지가 몰각된다는 점에 비추어 위 규정은 무효사유의 주장시기도 제한하고 있는 것이라고 해석함이 상당하고, 한편 상법 제

[설문 2] 주주총회결의의 하자

(1) 문제의 소재

2001. 3. 3.자 임시주주총회결의와 2001. 3. 24.자 정기주주총회결의 및 2002. 3. 31.자 정기주주총회결의는 각각 법적으로 유효한지, 만약 그렇지 않다면 민명구 측이 이러한 주주총회결의에 대하여 어떠한 형태의 소송을 제기하면 되는지가 문제된다.

(2) 설문의 해결

본 쟁점과 관련하여 상법 제376조(결의취소의 소)와 상법 제380조(결의무효 및 부존재확인의 소) 및 상법 제381조(부당결의의 취소, 변경의 소)는 각각 다음과 같이 규정하고 있으므로, 먼저 관련 법리를 살펴본다.

▌상법 제376조(결의 취소의 소)

제1항: 총회의 소집절차 또는 결의방법이 법령 또는 정관에 위반하거나 현저하게 불공정한 때 또는 그 결의의 내용이 정관에 위반한 때에는 주주 · 이사 또는 감사는 결의의 날로부터 2월 내에 결의취소의 소를 제기할 수 있다.

제2항: 제186조 내지 제188조, 제190조 본문과 제191조의 규정은 제1항의 소에 준용한다.

▌상법 제380조(결의 무효 및 부존재확인의 소)[26]

제186조 내지 제188조, 제190조 본문, 제191조, 제377조와 제378조의 규정은 총회의 결의의 내용이 법령에 위반한 것을 이유로 하여 결의무효의 확인을 청구하는 소와 총회의 소집절차 또는 결의방법에 총회결의가 존재한다고 볼 수 없을 정도의 중대한 하자가 있는 것을 이유로 하여 결의부존재의 확인을 청구하는 소에 이를 준용한다.

429조의 유추적용에 의한 전환사채발행무효의 소에 있어서도 전환사채를 발행한 날로부터 6월의 출소기간이 경과한 후에는 새로운 무효사유를 추가하여 주장할 수 없다고 보아야 한다).

25. 이상의 결론에 대해서는 본 사례에 관한 대법원 2007. 2. 22. 선고 2005다77060,77077 판결 참조.

26. 확인의 소이므로 확인의 이익이라는 소의 이익이 있는 한, 주주, 이사, 감사에 한정되지 않고 누구라도 소를 제기할 수 있다. 대법원 1962. 5. 17. 선고 4294민상1114 판결(주주총회결의의 내용이 법령 또는 정관에 위반되는 경우에는 그 결의는 당연히 무효인 것이므로 일반원칙에 의하여 누구나 언제든지 여

| 상법 제381조(부당결의의 취소, 변경의 소)

제1항: 주주가 제368조 제4항[27]의 규정에 의하여 의결권을 행사할 수 없었던 경우에 결의가 현저하게 부당하고 그 주주가 의결권을 행사하였더라면 이를 저지할 수 있었을 때에는 그 주주는 그 결의의 날로부터 2월 내에 결의의 취소의 소 또는 변경의 소를 제기할 수 있다.

제2항: 제186조 내지 제188조, 제190조 본문, 제191조, 제377조와 제378조의 규정은 제1항의 소에 준용한다.

하한 방법으로라도 그 무효를 주장할 수 있는 것이고 그 무효의 주장은 소의 방법에 한한다고 해석할 수 없다) ; 대법원 1992. 8. 18. 선고 91다39924 판결(가. 원래 상법 제380조에 규정된 주주총회결의의 부존재확인의 소는 그 법적 성질이 확인의 소에 속하고 그 부존재확인판결도 확인판결이라고 보아야 할 것이어서, 설립무효의 판결 또는 설립취소의 판결과 같은 형성판결에 적용되는 상법 제190조의 규정을 주주총회결의 부존재확인판결에도 준용하는 것이 타당한 것인지의 여부가 이론상 문제될 수 있으나, 그럼에도 불구하고 상법 제380조가 제190조의 규정을 준용하고 있는 것은, 제380조 소정의 주주총회결의 부존재확인의 소도 이를 회사법상의 소로 취급하여 그 판결에 대세적 효력을 부여하되, 주주나 제3자를 보호하기 위하여 그 판결이 확정되기까지 그 주주총회의 결의를 기초로 하여 이미 형성된 법률관계를 유효한 것으로 취급함으로써 회사에 관한 법률관계에 법적 안정성을 보장하여 주려는 법정책적인 판단의 결과이다. 나. 상법 제380조가 규정하고 있는 주주총회의결의부존재확인판결은 "주주총회의 결의"라는 주식회사 내부의 의사결정이 일단 존재하기는 하지만 그와 같은 의사결정을 위한 주주총회의 소집절차 또는 결의방법에 중대한 하자가 있기 때문에 그 결의를 법률상 유효한 주주총회의 결의라고 볼 수 없음을 확인하는 판결을 의미하는 것으로 해석함이 상당하다. 다. 주식회사와 전혀 관계가 없는 사람이 주주총회 의사록을 위조한 경우와 같이 주식회사 내부의 의사결정 자체가 아예 존재하지 않는 경우에 이를 확인하는 판결도 상법 제380조 소정의 주주총회결의부존재확인판결에 해당한다고 보아 상법 제190조를 준용하여서는 안 된다고 할 것인데, 왜냐하면 비록 주주총회의 소집절차 또는 결의방법에 중대한 하자가 있어서 법률상 유효한 주주총회의 결의가 존재하지 않았던 것과 같이 평가할 수밖에 없더라도 주주총회의 결의라는 주식회사 내부의 의사결정이 일단 존재하는 경우에는, 의사결정절차상의 하자라는 주식회사 내부의 사정을 이유로 그 주주총회의 결의를 기초로 하여 발전된 사단적인 법률관계를 일거에 무너뜨리거나 그 주주총회의 결의가 유효한 것으로 믿고 거래한 제3자가 피해를 입도록 방치하는 결과가 되어서는 부당하다고 할 것이나, 이런 경우와는 달리 주주총회의 의사결정 자체가 전혀 존재하지 않았던 경우에는, 상법 제39조(불실의 등기)나 제395조(표현대표이사의 행위와 회사의 책임) 또는 민법에 정하여져 있는 제3자 보호규정 등에 의하여 선의의 제3자를 개별적으로 구제하는 것은 별론으로 하고, 특별한 사정이 없는 한 그와 같이 처음부터 존재하지도 않는 주주총회의 결의에 대하여 주식회사에게 책임을 지울 이유가 없기 때문이다).

27. 상법 제368조(총회의 결의방법과 의결권의 행사) 제4항: [총회의 결의에 관하여 특별한 이해관계가 있는 자는 의결권을 행사하지 못한다]. 이 조문에서의 특별한 이해관계의 의미에 대해서는, 법률상 이해관계설(결의에 의해 권리의무의 득실이 생기는 등 법률상 특별한 이해관계가 생길 때를 의미한다는 견해), 특별 이해관계설(모든 주주에게 관계되지 않고 특정 주주의 이해에 관계될 때를 의미한다는 견해), 개인법설(특정한 주주가 주주로서의 지위와 관계없이 개인적으로 이해관계를 가질 때를 의미한다는 견해)가 대립하고 있으나, 개인법설이 통설의 입장이다. 이철송, 『회사법강의』, 제428면. 부산고법 2004. 1. 16. 선고 2003나12328 판결(상법 제368조 제4항은 "총회의 결의에 관하여 특별한 이해관계가 있는 자는 의결권을 행사하지 못한다"고 규정하고 있고, 여기서 특별한 이해관계라 함은 특정한 주주가 주주의 입장을 떠나서 개인적으로 이해관계를 갖는 것을 말한다고 풀이되는바, 회사와 주주 사이에 영업양

위와 같이 상법은 주주총회결의에 하자가 있는 경우에 이를 다투는 소의 형태들을 규정하고 있는데, 문제는 과연 특정한 case가 위의 소의 형태들 중 어디에 포섭되는지가 확실하지 않다는 점에 있는바, 이를 이해하기 위하여 각각의 소에 관한 몇 가지 판례들을 살펴본다.

▌대법원 1980. 10. 27. 선고 79다1264 판결

이사회의 결정없이 주주총회가 소집되었다고 하더라도 외관상 이사회의 결정이 있었던 것과 같은 소집형식을 갖추어 소집권한 있는 자가 적법한 소집절차를 밟은 이상 이사회의 결정이 없었다는 사정은 주주총회결의부존재의 사유는 되지 않고 주주총회결의 취소의 사유가 됨에 불과하다.

▌대법원 1987. 4. 28 선고 86다카553 판결

정당한 소집권자에 의하여 소집된 주주총회가 아니라면 그 결의는 당연무효라 할 것이나 그렇지 아니하고 정당한 소집권자에 의하여 소집된 주주총회의 결의라면 설사 주주총회의 소집에 이사회의 결의가 없었고 그 소집통지가 서면에 의하지 아니한 구두소집통지로서 법정소집기간을 준수하지 아니하였으며 또한 극히 일부의 주주에 대하여는 소집통지를 빠뜨렸다 하더라도 그와 같은 주주총회소집절차상의 하자는 주주총회결의의 단순한 취소사유에 불과하다 할 것이고, 취소할 수 있는 결의는 법정기간 내에 제기된 소에 의하여 취소되지 않는 한 유효하다.

▌대법원 1993. 9. 10. 선고 93도698 판결

대표이사 아닌 이사가 이사회의 소집 결의에 따라서 주주총회를 소집한 것이라면 위 주주총회에 있어서 소집절차상 하자는 주주총회결의의 취소사유에 불과하고 그것만으로 바로 주주총회결의가 무효이거나 부존재가 된다고 볼 수 없다.

▌대법원 1993. 10. 12 선고 92다21692 판결

정당한 소집권자에 의하여 소집된 주주총회에서 정족수가 넘는 주주의 출석으로 출석주주 전원의 찬성에 의하여 이루어진 결의라면, 설사 일부 주주에게 소집통지를 하지 아니하였거나 법정기간을 준수하지 아니한 서면통지에 의하여 주주총회가 소집되었다 하더라도 그와 같은 주주총회소집절차상의 하자는 주주총회결의의 부존재 또는 무효사유가 아니라 단순한 취소사유에 불과하다.

도를 할 경우 그 주주는 특별한 이해관계인에 해당한다고 볼 수 있으나, 사업의 양도인이 독점규제및공정거래에관한법률상으로 합작회사의 대주주의 계열회사에 해당한다는 것만으로 그 대주주를 위 규정 소정의 특별한 이해관계인에 해당한다고 할 수는 없다).

대법원 1983. 8. 23. 선고 83도748 판결

주주총회가 적법하게 소집되어 개회된 이상 의결권 없는 자가 의결권을 행사하였으며 동인이 의결권을 행사한 주식수를 제외하면 의결정족수에 미달하여 총회결의에 하자가 있다는 주장은 주주총회 결의방법이 법령 또는 정관에 위반하는 경우에 해당하여 결의취소의 사유에 해당한다.

대법원 1996. 12. 23. 선고 96다32768,32775,32782 판결

주주총회가 소집권자에 의하여 소집되어 개최된 이상 정족수에 미달한 결의가 이루어졌다고 하더라도 그와 같은 하자는 결의취소의 사유에 불과하고, 무효 또는 부존재한 결의라고 할 수 없다.

대법원 1996. 12. 20. 선고 96다39998 판결

사실상 주주 2인으로 구성된 주식회사의 일방 주주측이 다른 주주의 회의장 입장을 부당하게 방해하였고, 그 의사진행방식 및 결의방식이 개최시각보다 지연 입장하게 된 다른 주주의 의결권 행사를 최대한 보장하는 방법으로 이루어지지 아니하여 신의칙에 반한다는 이유로, 주주총회 결의방법이 현저하게 불공정한 때에 해당한다고 본 사례.

대법원 1977. 9. 28. 선고 76다2386 판결

정관상 의장이 될 사람이 아닌 자가 정당한 사유없이 주주총회의 의장이 되어 의사에 관여한 사유만으로서는 주주총회결의가 부존재한 것으로 볼 수 없고 주주총회결의취소사유에 해당한다 할 것이다.

대법원 2001. 5. 15. 선고 2001다12973 판결

주주총회에서 의안에 대한 심사를 마치지 아니한 채 법률상으로나 사실상으로 의사를 진행할 수 있는 상태에서 주주들의 의사에 반하여 의장이 자진하여 퇴장한 경우 주주총회가 폐회되었다거나 종결되었다고 할 수는 없으며, 이 경우 의장은 적절한 의사운영을 하여 의사일정의 전부를 종료케 하는 등의 직책을 포기하고 그의 권한 및 권리행사를 하지 아니하였다고 볼 것이므로, 퇴장 당시 회의장에 남아 있던 주주들이 임시의장을 선출하여 진행한 주주총회의 결의도 적법하다고 할 것이다.

대법원 2003. 7. 11. 선고 2001다45584 판결

[1] 주주총회결의 취소의 소는 상법 제376조에 따라 결의의 날로부터 2월 내에 제기하여야 할 것이나, 동일한 결의에 관하여 부존재확인의 소가 상법 제376조 소정의 제소기간 내에 제기되어 있다면, 동일한 하자를 원인으로 하여 결의의 날로부터 2월이 경과한 후 취소소송

으로 소를 변경하거나 추가한 경우에도 부존재확인의 소 제기시에 제기된 것과 동일하게 취급하여 제소기간을 준수한 것으로 보아야 한다.

[2] 주주총회의 개회시각이 부득이한 사정으로 당초 소집통지된 시각보다 지연되는 경우에도 사회통념에 비추어 볼 때 정각에 출석한 주주들의 입장에서 변경된 개회시각까지 기다려 참석하는 것이 곤란하지 않을 정도라면 절차상의 하자가 되지 아니할 것이나, 그 정도를 넘어 개회시각을 사실상 부정확하게 만들고 소집통지된 시각에 출석한 주주들의 참석을 기대하기 어려워 그들의 참석권을 침해하기에 이르렀다면 주주총회의 소집절차가 현저히 불공정하다고 하지 않을 수 없고, 또한 소집통지 및 공고가 적법하게 이루어진 이후에 당초의 소집장소에서 개회를 하여 소집장소를 변경하기로 하는 결의조차 할 수 없는 부득이한 사정이 발생한 경우, 소집권자가 대체 장소를 정한 다음 당초의 소집장소에 출석한 주주들로 하여금 변경된 장소에 모일 수 있도록 상당한 방법으로 알리고 이동에 필요한 조치를 다한 때에 한하여 적법하게 소집장소가 변경되었다고 볼 수 있다.

[3] 주주는 다른 주주에 대한 소집절차의 하자를 이유로 주주총회결의 취소의 소를 제기할 수도 있다.

▌대법원 1992. 9. 22. 선고 91다5365 판결

실제의 소집절차와 회의절차를 거치지 아니한 채 주주총회 의결서가 작성된 것이라면, 그 주주총회 의결서가 비록 절대다수의 주식을 소유하는 대주주로부터 주주권의 위임을 받은 자에 의하여 작성된 것이라고 할지라도 위 주주총회의 결의는 부존재하다고 볼 수밖에 없고 그 것이 그 일부 주주에게 소집통지를 하지 아니한 정도의 하자로서 주주총회결의의 취소사유에 불과하다고 할 수는 없다.

▌대법원 1982. 9. 14. 선고 80다2425 전원합의체 판결

나. 주주총회결의 취소와 결의무효확인판결은 대세적 효력이 있으므로 그와 같은 소송의 피고가 될수 있는 자는 그 성질상 회사로 한정된다.

다. 주주총회결의부존재확인의 소송은 일응 외형적으로는 존재하는 것같이 보이는 주주총회결의가 그 성립과정에 있어서의 흠결이 중대하고도 명백하기 때문에 그 결의 자체가 존재하는 것으로 볼 수 없을 때에 법률상 유효한 결의로서 존재하지 아니한다는 것의 확인을 소구하는 것으로서 주주총회결의 무효확인의 소송과는 주주총회결의가 법률상 유효한 결의로서는 존재하지 않는다는 것의 확정을 구하는 것을 목적으로 한다는 점에서 공통의 성질의 가진다 할 것이므로 주주총회결의부존재확인의 소송에는 그 결의무효확인의 소송에 관한 상법 제380조의 규정이 준용된다 할 것이므로 그 결의부존재확인판결의 효력은 제3자에게 미치고 그 부존재확인소송에 있어서 피고가 될 수 있는 자도 회사로 한정된다.

| 대법원 1992. 8. 18. 선고 91다39924 판결

가. 원래 상법 제380조에 규정된 주주총회결의부존재확인의 소는 그 법적 성질이 확인의 소에 속하고 그 부존재확인판결도 확인판결이라고 보아야 할 것이어서, 설립무효의 판결 또는 설립취소의 판결과 같은 형성판결에 적용되는 상법 제190조의 규정을 주주총회결의 부존재확인판결에도 준용하는 것이 타당한 것인지의 여부가 이론상 문제될 수 있으나, 그럼에도 불구하고 상법 제380조가 제190조의 규정을 준용하고 있는 것은, 제380조 소정의 주주총회결의 부존재확인의 소도 이를 회사법상의 소로 취급하여 그 판결에 대세적 효력을 부여하되, 주주나 제3자를 보호하기 위하여 그 판결이 확정되기까지 그 주주총회의 결의를 기초로 하여 이미 형성된 법률관계를 유효한 것으로 취급함으로써 회사에 관한 법률관계에 법적 안정성을 보장하여 주려는 법정책적인 판단의 결과이다.

나. 상법 제380조가 규정하고 있는 주주총회의결의부존재확인판결은, "주주총회의 결의"라는 주식회사 내부의 의사결정이 일단 존재하기는 하지만 그와 같은 의사결정을 위한 주주총회의 소집절차 또는 결의방법에 중대한 하자가 있기 때문에 그 결의를 법률상 유효한 주주총회의 결의라고 볼 수 없음을 확인하는 판결을 의미하는 것으로 해석함이 상당하다.

다. 주식회사와 전혀 관계가 없는 사람이 주주총회 의사록을 위조한 경우와 같이 주식회사 내부의 의사결정 자체가 아예 존재하지 않는 경우에 이를 확인하는 판결도 상법 제380조 소정의 주주총회결의부존재확인판결에 해당한다고 보아 상법 제190조를 준용하여서는 안 된다고 할 것인데, 왜냐하면 비록 주주총회의 소집절차 또는 결의방법에 중대한 하자가 있어서 법률상 유효한 주주총회의 결의가 존재하지 않았던 것과 같이 평가할 수밖에 없더라도 주주총회의 결의라는 주식회사 내부의 의사결정이 일단 존재하는 경우에는, 의사결정절차상의 하자라는 주식회사 내부의 사정을 이유로 그 주주총회의 결의를 기초로 하여 발전된 사단적인 법률관계를 일거에 무너뜨리거나 그 주주총회의 결의가 유효한 것으로 믿고 거래한 제3자가 피해를 입도록 방치하는 결과가 되어서는 부당하다고 할 것이나, 이런 경우와는 달리 주주총회의 의사결정 자체가 전혀 존재하지 않았던 경우에는, 상법 제39조(불실의 등기)나 제395조(표현대표이사의 행위와 회사의 책임) 또는 민법에 정하여져 있는 제3자 보호규정 등에 의하여 선의의 제3자를 개별적으로 구제하는 것은 별론으로 하고, 특별한 사정이 없는 한 그와 같이 처음부터 존재하지도 않는 주주총회의 결의에 대하여 주식회사에게 책임을 지울 이유가 없기 때문이다.

| 대법원 1978. 9. 26. 선고 78다1219 판결

주주총회결의취소의 소가 제기된 경우에 상법 제379조에 의하여 법원이 재량기각을 함에 있어서는 먼저 주주총회결의의 자체가 법률상 존재함이 전제가 되어야 할 것이므로 주주총회소집이 이사회의 결정없이 소집된 경우에는 주주총회결의 자체가 법률상 존재하지 않은 경우로서 상법 제379조를 적용할 여지가 없다.

▍대법원 1978. 11. 14. 선고 78다1269 판결

주주의 전부 또는 대부분의 주주에게 소집통지를 발송하지 아니하고 개최된 주주총회는 특별한 사정이 없는 한 그와 같은 총회는 그 성립과정에 있어 하자가 너무나도 심한 것이어서 사회통념상 총회 자체의 성립이 인정되기 어렵다고 봄이 상당하다.

▍대법원 1993. 1. 26. 선고 92다11008 판결

2인의 공동대표이사 중 1인이 다른 공동대표이사와 공동으로 임시주주총회를 소집하지 않았다거나 다른 공동대표이사와 41%의 주식을 보유한 주주에게 소집통지를 하지 않았다는 등의 소집절차상의 하자만으로 임시주주총회의 결의가 부존재한다거나 무효라고 할 정도의 중대한 하자라고 볼 수 없다.

▍대법원 1964. 5. 26. 선고 63다670 판결

소집통지한 지정된 일시에 주주총회가 유회된 후 총회소집권자의 적법한 새로운 소집절차 없이 동일장소에서 동일자 다른 시간에 개최된 총회에서의 결의는 주주총회의 결의라 할 수 없다.

▍대법원 1993. 10. 12. 선고 92다28235,28242 판결

가. 대표이사가 1987. 2. 26. 10:00 회사 사무실에서 임시주주총회를 개최한다는 통지를 하였으나 주주총회 당일 16:00경 소란으로 인하여 사회자가 주주총회의 산회선언을 하였는데 그 후 주주 3인이 별도의 장소에 모여 결의를 한 것이라면, 위 주주 3인이 과반수를 훨씬 넘는 주식을 가진 주주라고 하더라도 나머지 일부 소수주주들에게는 그 회의의 참석과 토의, 의결권행사의 기회를 전혀 배제하고 나아가 법률상 규정된 주주총회소집절차를 무시한 채 의견을 같이 하는 일부주주들만 모여서 한 결의를 법률상 유효한 주주총회의 결의라고 볼 수는 없다.

나. 제1주주총회결의가 부존재로 된 이상 이에 기하여 대표이사로 선임된 자들은 적법한 주주총회의 소집권자가 될 수 없어 그들에 의하여 소집된 주주총회에서 이루어진 제2 주주총회결의 역시 법률상 결의부존재라고 볼 것이다.

▍대법원 1969. 9. 2. 선고 67다1705,1706 판결

권한이 없는 자가 소집한 주주총회는 사실상 총회결의가 있었다 하여도 그 총회의 성립에 현저한 하자가 있다 할 것이므로 누구나 언제든지 그 결의의 무효확인이 아닌 부존재확인을 구할 수 있다.

대법원 2007. 2. 22. 선고 2005다73020 판결

주식회사에 있어서 총 주식을 한 사람이 소유한 이른바 1인회사의 경우 그 주주가 유일한 주주로서 주주총회에 출석하면 전원 총회로서 성립하고 그 주주의 의사대로 결의가 될 것임이 명백하므로 따로 총회소집절차가 필요 없으며, 실제로 총회를 개최한 사실이 없었다 하더라도 그 1인주주에 의하여 의결이 있었던 것으로 주주총회 의사록이 작성되었다면 특별한 사정이 없는 한 그 내용의 결의가 있었던 것으로 볼 수 있고, 이 점은 한 사람이 다른 사람의 명의를 빌려 주주로 등재하였으나 총 주식을 실질적으로 그 한 사람이 모두 소유한 경우에도 마찬가지라고 할 수 있으나, 이와 달리 주식의 소유가 실질적으로 분산되어 있는 경우에는 상법상의 원칙으로 돌아가 실제의 소집절차와 결의절차를 거치지 아니한 채 주주총회의 결의가 있었던 것처럼 주주총회 의사록을 허위로 작성한 것이라면 설사 1인이 총 주식의 대다수를 가지고 있고 그 지배주주에 의하여 의결이 있었던 것으로 주주총회 의사록이 작성되어 있다 하더라도 도저히 그 결의가 존재한다고 볼 수 없을 정도로 중대한 하자가 있는 때에 해당하여 그 주주총회의 결의는 부존재하다고 보아야 한다.

그렇다면 본 사례에서의 각각의 주주총회 결의의 효력은 어떠한지에 대하여 살펴본다.

먼저, 2001. 3. 3.자 임시주주총회결의에 대하여 검토한다.

살피건대, 위 임시주주총회는 첫째, 민명구측에게 통지하지 아니하고 임시주주총회의 소집에 관한 이사회결의를 한 점, 둘째, 임시주주총회의 소집통지에 있어서 개최 장소의 주소 및 상호가 잘못 기재된 채로 통지된 점, 셋째, 2001. 1. 1.부터 정기주주총회 종결일인 2001. 3. 24.까지는 주주명부가 폐쇄되어 2001. 3. 3. 기준으로 의결권을 행사할 수 있는 U사의 주식수는 1만 5천주이고 윤도열 및 윤호정의 의결권 행사 가능한 주식수는 7천 5백주이므로 윤도열 및 윤호정의 참석만으로는 주주총회에 필요한 의사정족수에 미치지 못함에도 주주총회를 개최하였고, 넷째, 윤도열 및 윤호정이 2001. 2. 28. 인수한 신주 2만 5천주에 대하여는 의결권을 행사할 수 없음에도 의결권을 행사함으로써 각 U사의 구 정관 규정(제15조, 제19조)을 위반한 점 등을 종합하여 볼 때, 그 소집절차와 의결방법에 중대한 하자가 있다고 할 수 있으므로, 민명구측은 U사의 각 주주로서 그 취소를 구할 자격이 있으므로 위 임시주주총회 결의에 대하여 취소청구가 가능하다고 할 것이다.

다음으로 2001. 3. 24.자 정기주주총회 결의에 대하여 검토한다.

앞에서 본 바에 의하면, 2001. 3. 24.자로 작성된 정기주주총회 의사록에 의하더라도 위 정기주주총회에는 위 2001. 3. 3.자 임시주주총회와 동일한 내용의 소집절차 및 결의방법에 중대한 하자가 있으며, 나아가 U사가 2001. 3. 24. 14:00경에 정기주주총회를 개최한 사실이 없음에도 마치 위 일자에 정기주주총회를 개최한 것처럼 주주총회 의사록을 작성한 것이므로, U사가 2001. 3. 24.자로 한 '2000년도 대차대조표 및 손익계산서 승인, 대표이사의 보수한도(월 500만원)의 승인' 에 관한 정기주주총회 결의는 존재하지 않는다고 봄이 상당한데, U사가 이를 다투고 있을 뿐만 아니라 위와 같은 결의가 있는 것처럼 의사록이 작성되는 등 외관이 현출되어 있는 이상, U사의 주주인 민명구측 로서는 위 결의에 관하여 부존재확인을 구할 이익이 있으므로, 결국 민명구측은 위 임시주주총회 결의에 대하여 부존재확인청구가 가능하다고 할 것이다.

다음으로 2002. 3. 31.자 정기주주총회 결의에 대하여 검토한다.

앞에서 본 바에 의하면, U사가 2002. 3. 30. 대전 유성의 리베라 호텔 커피숍에서 민명구와 윤도열의 다툼으로 인하여 주주총회를 개최하지 못하였으며, 그 다음 날에도 주주총회를 개최한 사실이 없음에도, 윤도열이 2002. 4. 12. 이러한 사실에 대하여 전혀 알지 못하는 법무사 사무실의 직원으로 하여금, 마치 U사가 2002. 3. 31. U사의 본점 회의실에서 정기주주총회를 개최하여 '2001년도 대차대조표 및 손익계산서의 승인 및 윤호정을 이사로 선임' 하는 결의를 한 것처럼 주주총회 의사록을 작성하게 하였으므로, 위 주주총회는 법률상 존재하지 아니한다고 봄이 상당한데, U사가 이를 다투고 있을 뿐만 아니라 위와 같은 결의가 있는 것처럼 의사록이 작성되고, 윤호정이 이사로 재임하는 등기가 있는 등 외관이 현출되어 있는 이상, U사의 주주인 민명구측으로서는 위 결의에 관하여 부존재확인을 구할 이익이 있으므로, 결국 민명구측은 위 임시주주총회 결의에 대하여 부존재확인청구가 가능하다고 할 것이다.[28]

28. 이상의 결론에 대해서는 본 사례에 관한 대법원 2007. 2. 22. 선고 2005다77060,77077 판결 참조.

사례 31

전환권 부여 약정의 효력

다음과 같은 사실관계 하에서, 아래의 각 질의에 대해 답하시오.[1]

(1) Y주식회사(이하, "Y사")의 경영악화에 따른 자구계획

1999. 2.경 Y사가 자금사정 악화로 경영위기에 처하자 당시 구치소에 수감 중이던 Y사의 실질적인 지배주주이자 대표이사이던 김민기는 Y사의 운영자금을 마련하기 위하여 그의 처 송청순이 보유하던 Y사의 주식을 매각하여 송청순이 X주식회사(이하, "X사")에게 금 1억원을 대여하고, X사는 이와 같이 차용한 금 1억원을 Y사에게 순차적으로 대여하기로 하되, X사와 Y사는 'Y사의 X사에 대한 이러한 대여금 채무'와 'X사의 Y사에 대한 기존의 자산매입대금 채무'를 상계[2]하기로 하였다.

(2) 송청순의 X사에 대한 대여 및 본건 약정 체결

위의 계획에 따라, 송청순은 1999. 3. 23. X사에게 Y사의 주식 매각대금 중 금 1억원을 이자 연 10%, 변제기 2011. 4. 30.로 정하여 대여하면서 X사와 사이에 "송청순이 위 변제기까지 대여금액의 전부 또는 일부를 X사의 주식으로 전환받기를 원하는 경우

---

1. 본 사례는 대법원 2007. 2. 22. 선고 2005다73020 판결을 기초로 하여 작성된 것이다.
2. 상계란 채권자와 채무자가 서로 동종의 채권, 채무를 가지고 있는 경우에, 그 채권, 채무를 대등액에서 소멸시키는 당사자 일방의 일방적인 의사표시(상계표시/상계선언)로서의 단독행위를 말하는데, 상계를 하는 당사자의 채권을 자동채권(능동채권), 상계를 당하는 당사자의 채권을 수동채권이라고 하고, 상계를 하게 되면 상계선언시가 아니라 "상계를 할 수 있는 때"(즉, 양 채권이 상계적상에 놓여졌을 때)에 소급하여 소멸하게 된다(상계의 소급효). 물론, 계약자유의 원칙상 당사자들 사이의 합의에 따른 상계계약도 가능하다. 민법 제492조 (상계의 요건): [제1항: 쌍방이 서로 같은 종류를 목적으로 한 채무를 부담한 경우에 그 쌍방의 채무의 이행기가 도래한 때에는 각채무자는 대등액에 관하여 상계할 수 있다. 그러나 채무의 성질이 상계를 허용하지 아니할 때에는 그러하지 아니하다. 제2항: 전항의 규정은 당사자가 다른 의사를 표시한 경우에는 적용하지 아니한다. 그러나 그 의사표시로써 선의의 제3자에게 대항하지 못한다]; 민법 제493조(상계의 방법, 효과): [제1항: 상계는 상대방에 대한 의사표시로 한다. 이 의사표시에는 조건 또는 기한을 붙이지 못한다. 제2항: 상계의 의사표시는 각채무가 상계할 수 있는 때에 대등액에 관하여 소멸한 것으로 본다].

X사는 언제나 주식을 액면가(1주당 5천원)로 발행하여 송청순에게 이를 교부한다. 그리고 X사는 송청순의 동의를 받지 않고는 증자를 실시하지 않는다"는 약정(이하 "본건 약정")을 하였다. 한편, 본건 약정 당시 Y사는 X사의 발행주식 총수 1만주(1주당 액면가 5천원) 중 9,800주(지분비율 98%)를 보유하고 있었다.

(3) X사의 정관 내용 및 주주총회 의사록 작성

본건 약정 당시 X사의 정관에는 주주 이외의 자에게 전환사채[3]를 발행할 경우의 근거와 구체적인 내용(전환사채의 총액, 전환의 조건, 전환으로 인하여 발행할 주식의 내용, 전환을 청구할 수 있는 기간)에 관한 규정이 없었는데, X사의 대표이사는 주주 이외의 자에게 전환사채를 발행하기 위한 주주총회의 특별결의절차를 전혀 거치지 않고 임의로 본건 약정을 체결하였다. 한편, 송청순은 위 X사의 정관이 본건 약정 체결일인 1999. 3. 23.에 개정되었고 개정된 정관은 개정된 당일부터 효력을 발생하였으며 개정된 정관 제19조에는 전환사채의 발행에 관한 규정이 신설되었다고 주장하나, X사는 주주총회(이하, "본건 주주총회")의 소집을 위한 각 주주에 대한 아무런 서면통지나 소집공고 없이, 또 실제로 결의(이하, "본건 주주총회결의")를 한 바 없이, 허위의 주주총회 의사록(이하, "본건 주총의사록")을 작성하였음이 밝혀졌다.[4]

(4) 송청순의 전환청구 및 X사의 거절

송청순은 1999. 3. 26.과 2001. 1. 5. X사에게 본건 약정에 따라 대여금 전부를 주식으로 전환해 줄 것(즉, X사의 주식 2만주를 발행해 달라는 취지임)을 청구하였으나 X사는 '1998년 결산 결과 자본잠식[5] 상태이므로 전환사채를 발행할 수 없다'는 등의 이유

---

3. 발행회사의 주식으로 전환할 수 있는 권리(전환권)가 인정된 사채를 전환사채라고 하는데, 전환은 사채권자가 청구서를 발행회사에 제시함으로써 효력이 생기고, 발행회사의 승낙을 요하지 않으므로, 전환권은 형성권에 속한다. 상법 제515조(전환의 청구): [제1항: 전환을 청구하는 자는 청구서 2통에 채권을 첨부하여 회사에 제출하여야 한다. 제2항: 제1항의 청구서에는 전환하고자 하는 사채와 청구의 연월일을 기재하고 기명날인 또는 서명하여야 한다] ; 상법 제516조(준용규정): [제1항: 제346조 제2항, 제424조 및 제424조의2의 규정은 전환사채의 발행의 경우에 이를 준용한다. 제2항: 제339조, 제348조, 제350조 및 제351조의 규정은 사채의 전환의 경우에 이를 준용한다] ; 상법 제350조(전환의 효력발생) 제1항: [주식의 전환은 그 청구를 한 때에 효력이 생긴다].

4. 이와 같이 정관의 변경은 주주총회의 특별결의사항이다. 상법 제433조(정관변경의 방법): [제1항: 정관의 변경은 주주총회의 결의에 의하여야 한다. 제2항: 정관의 변경에 관한 의안의 요령은 제363조의 규정에 의한 통지와 공고에 기재하여야 한다] ; 상법 제434조(정관변경의 특별결의): [제433조 제1항의 결의는 출석한 주주의 의결권의 3분의 2 이상의 수와 발행주식총수의 3분의 1 이상의 수로써 하여야 한다].

5. 회사의 적자가 커져 잉여금이 바닥나고 납입자본금이 마이너스(minus)가 되는 것을 말한다.

로 이를 거절하였다.

(5) Y사의 X사에 대한 흡수합병(무증자 합병)

한편, Y사는 2004. 2. 23. X사를 흡수합병[6](이하, "본건 흡수합병")하고 2004. 3. 3. 등기[7]를 마쳤는데, 합병 당시 Y사가 X사의 발행주식 전체(발행주식 총수 1만주)를 보유하고 있었으므로 신주를 교부하지 않는 무증자합병[8,9]의 방식을 택하였고, X사의 주식 1주를 234,788원으로 평가하여 합병기준가액을 산출하였다.

(6) 송청순의 X사에 대한 본건 약정에 따른 청구

송청순은 본건 흡수합병이 진행되던 도중은 본건 흡수합병이 종료된 이후에도 X사에게 '본건 약정에 따른 주식발행 또는 본건 약정에 따라 주식발행이 이루어졌을 경우 송청순이 흡수합병과정에서 얻었을 금전적 이득 총 45억 3,609만 828원[10](X사의 주식 2만

---

6. 흡수합병이란, 수개의 합병당사회사 중 하나의 회사만이 존속하고 나머지 회사는 모두 소멸하며, 존속회사가 소멸회사의 권리, 의무를 포괄적으로 승계하는 것을 말한다. 상법 제530조(준용규정): [제1항: 삭제〈1998. 12. 28.〉 제2항: 제234조, 제235조, 제237조 내지 제240조, 제329조의2, 제374조 제2항, 제374조의2 제2항 내지 제5항 및 제439조 제3항의 규정은 주식회사의 합병에 관하여 이를 준용한다] ; 상법 제235조(합병의 효과): [합병 후 존속한 회사 또는 합병으로 인하여 설립된 회사는 합병으로 인하여 소멸된 회사의 권리의무를 승계한다] ; 상법 제234조(합병의 효력발생): [회사의 합병은 합병 후 존속하는 회사 또는 합병으로 인하여 설립되는 회사가 그 본점소재지에서 전조의 등기를 함으로써 그 효력이 생긴다].

7. 관련 규정은 다음과 같다. 상법 제528조(합병의 등기): [제1항: 회사가 합병을 한 때에는 제526조의 주주총회가 종결한 날 또는 보고에 갈음하는 공고일, 제527조의 창립총회가 종결한 날 또는 보고에 갈음하는 공고일부터 본점소재지에서는 2주 내, 지점소재지에서는 3주 내에 합병 후 존속하는 회사에 있어서는 변경의 등기, 합병으로 인하여 소멸하는 회사에 있어서는 해산의 등기, 합병으로 인하여 설립된 회사에 있어서는 제317조에 정하는 등기를 하여야 한다. 제2항: 합병 후 존속하는 회사 또는 합병으로 인하여 설립된 회사가 합병으로 인하여 전환사채 또는 신주인수권부사채를 승계한 때에는 제1항의 등기와 동시에 사채의 등기를 하여야 한다].

8. 등기실무에서도 무증자합병을 인정하고 있다. 대법원 2002. 1. 2. 등기선례 200201-17(흡수분할합병시 무증자합병이 가능한지 여부)[피분할회사가 존속하면서 일부 사업부문만을 인적분할하여 존립 중인 기존의 회사에 흡수합병하는 소위 흡수분할합병에서, 분할되는 특정 사업부문이 상법 제530조의7 제1항 제2호의 대차대조표상 순자산가치가 0(零)인 경우에는 합병차익이 존재하지 않으므로, 피분할회사의 주주에게 분할합병의 상대방 회사의 주식의 배정이 없는 무증자합병이 가능하다](2002. 1. 2. 등기 3402-2 질의회답).

9. 흡수합병의 경우에 존속회사가 합병신주를 발행하여 존속회사의 자본이 증가하는 것이 통상적이고, 이러한 내용은 합병계약서에 기재되어야 한다. 상법 제523조(흡수합병의 합병계약서): [합병할 회사의 일방이 합병 후 존속하는 경우에는 합병계약서에 다음의 사항을 기재하여야 한다. 1. 존속하는 회사가 합병으로 인하여 그 발행할 주식의 총수를 증가하는 때에는 그 증가할 주식의 총수, 종류와 수 2. 존속하는 회사의 증가할 자본과 준비금의 총액].

10. 이를 합병교부금이라고 한다.

주×합병 당시 1주당 평가금액 234,788원)의 지급'(이하, "본건 청구")을 요청하였고, 이에 대하여 X사는 2004. 2. 19. 본건 약정에 대하여 소비대차의 효력만을 인정하고 원금 1억원에 대여일로부터 2004. 2. 17.까지 연 10%의 이율에 따라 계산한 이자를 가산한 금액인 1억 5,966만 9,172원을 법원에 공탁[11]하였는데, 그 후 송청순이 이의를 유보[12]하고 이를 수령하였다.

이상과 같은 송청순의 X사에 대한 본건 청구가 타당한지와 관련하여, 아래의 논점을 중심으로 검토하시오.[13]

설문 1 본건 주주총회결의의 효력은 어떠한가?

설문 2 본건 약정은 유효한가?

[설문 1] 허위의 주주총회결의의 효력

(1) 문제의 소재

본 사례와 같이, 송청순과 같은 주주 이외의 제3자에 대해 전환사채를 발행하기 위해서는 다음에서 보는 바와 같이 그 발행사항에 대하여 정관에 규정이 있거나 주

---

11. 관련 규정은 다음과 같다. 민법 제487조(변제공탁의 요건, 효과): [채권자가 변제를 받지 아니하거나 받을 수 없는 때에는 변제자는 채권자를 위하여 변제의 목적물을 공탁하여 그 채무를 면할 수 있다. 변제자가 과실 없이 채권자를 알 수 없는 경우에도 같다].

12. 이는 다음과 같은 판례의 입장에 따른 행위로 이해할 수 있다. 대법원 1977. 9. 13. 선고 76다1866 판결(채무일부의 공탁은 특별한 사정이 있는 경우를 제외하고는 채권자가 이를 수락하지 아니하는 한 그에 상응하는 효력을 발생할 수 없다) ; 대법원 1996. 7. 26. 선고 96다14616 판결(변제공탁이 유효하려면 채무 전부에 대한 변제의 제공 및 채무전액에 대한 공탁이 있음을 요하고 채무 전액이 아닌 일부에 대한 공탁은 그 부분에 관하여서도 효력이 생기지 않으나, 채권자가 공탁금을 채권의 일부에 충당한다는 유보의 의사표시를 하고 이를 수령한 때에는 그 공탁금은 채권의 일부의 변제에 충당된다).

13. 만약, 본 사례에서 본건 청구가 타당하다면 X사(소멸회사)의 송청순의 채무는 존속회사(Y사)에게 승계되므로 종국적으로는 Y사가 부담하게 된다. 상법 제530조(준용규정): [제1항: 삭제〈1998. 12. 28〉 제2항: 제234조, 제235조, 제237조 내지 제240조, 제329조의2, 제374조 제2항, 제374조의2 제2항 내지 제5항 및 제439조 제3항의 규정은 주식회사의 합병에 관하여 이를 준용한다] ; 상법 제235조(합병의 효과): [합병 후 존속한 회사 또는 합병으로 인하여 설립된 회사는 합병으로 인하여 소멸된 회사의 권리의무를 승계한다].

주총회의 특별결의가 있어야 한다.

상법 제513조(전환사채의 발행)

제3항: 주주 외의 자에 대하여 전환사채를 발행하는 경우에 그 발행할 수 있는 전환사채의 액, 전환의 조건, 전환으로 인하여 발행할 주식의 내용과 전환을 청구할 수 있는 기간에 관하여 정관에 규정이 없으면 제434조의 결의[14]로써 이를 정하여야 한다. 이 경우 제418조 제2항 단서[15]의 규정을 준용한다.

제4항: 제3항의 결의에 있어서 전환사채의 발행에 관한 의안의 요령은 제363조[16]의 규정에 의한 통지와 공고에 기재하여야 한다.

본 사례에서 본건 주총의사록에 의하면, 본건 약정 체결 당시인 1999. 3. 23.에 X사의 정관이 개정되어 즉시 발효하였고, 개정된 정관 제19조에는 송청순과 같이 주주 이외의 제3자에 대한 전환사채의 발행에 관한 규정이 신설된 것으로 기재되어 있으나, 사실은 X사는 본건 주주총회의 소집을 위한 각 주주에 대한 아무런 서면통지나 소집공고 없이, 또 실제로 결의를 한 바 없이 허위의 주주총회 의사록을 작성하였음이 밝혀졌으므로, 본건 주주총회결의의 효력 여하가 문제된다.

---

14. 상법 제434조(정관변경의 특별결의): [제433조 제1항의 결의는 출석한 주주의 의결권의 3분의 2 이상의 수와 발행주식총수의 3분의 1 이상의 수로써 하여야 한다].

15. 상법 제418조(신주인수권의 내용 및 배정일의 지정 · 공고) 제2항: [회사는 제1항의 규정에 불구하고 정관에 정하는 바에 따라 주주 외의 자에게 신주를 배정할 수 있다. 다만, 이 경우에는 신기술의 도입, 재무구조의 개선 등 회사의 경영상 목적을 달성하기 위하여 필요한 경우에 한한다].

16. 상법 제363조(소집의 통지, 공고): [제1항: 주주총회를 소집할 때에는 주주총회일의 2주 전에 각 주주에게 서면으로 통지를 발송하거나 각 주주의 동의를 받아 전자문서로 통지를 발송하여야 한다. 다만, 그 통지가 주주명부상 주주의 주소에 계속 3년간 도달하지 아니한 경우에는 회사는 해당 주주에게 총회의 소집을 통지하지 아니할 수 있다. 제2항: 제1항의 통지서에는 회의의 목적사항을 적어야 한다. 제3항: 회사가 무기명식 주권을 발행한 경우에는 주주총회일의 3주 전에 총회를 소집하는 뜻과 회의의 목적사항을 공고하여야 한다. 제4항: 제1항 및 제3항에도 불구하고 자본금 총액이 10억원 미만인 회사가 주주총회를 소집하는 경우에는 주주총회일의 10일 전에 각 주주에게 서면으로 통지를 발송하거나 각 주주의 동의를 받아 전자문서로 통지를 발송할 수 있고, 무기명식의 주권을 발행한 경우에는 주주총회일의 2주 전에 주주총회를 소집하는 뜻과 회의의 목적사항을 공고할 수 있다. 제5항: 자본금 총액이 10억원 미만인 회사는 주주 전원의 동의가 있을 경우에는 소집절차 없이 주주총회를 개최할 수 있고, 서면에 의한 결의로써 주주총회의 결의를 갈음할 수 있다. 결의의 목적사항에 대하여 주주 전원이 서면으로 동의를 한 때에는 서면에 의한 결의가 있는 것으로 본다. 제6항: 제5항의 서면에 의한 결의는 주주총회의 결의와 같은 효력이 있다. 제7항: 서면에 의한 결의에 대하여는 주주총회에 관한 규정을 준용한다. 제8항: 제1항부터 제5항까지의 규정은 의결권 없는 주주에게는 적용하지 아니한다].

(2) 설문의 해결

요컨대, 주식회사에 있어서 총 주식을 한 사람이 소유한 이른바 1인회사의 경우 그 주주가 유일한 주주로서 주주총회에 출석하면 전원 총회로서 성립하고 그 주주의 의사대로 결의가 될 것임이 명백하므로 따로 총회소집절차가 필요 없으며, 실제로 총회를 개최한 사실이 없었다 하더라도 그 1인주주에 의하여 의결이 있었던 것으로 주주총회 의사록이 작성되었다면 특별한 사정이 없는 한 그 내용의 결의가 있었던 것으로 볼 수 있고,[17] 이 점은 한 사람이 다른 사람의 명의를 빌려 주주로 등재하였으나 총 주식을 실질적으로 그 한 사람이 모두 소유한 경우에도 마찬가지라고 할 수 있을 것이다.[18]

그러나 이와 달리 주식의 소유가 실질적으로 분산되어 있는 경우에는 상법상의 원칙으로 돌아가 실제의 소집절차와 결의절차를 거치지 아니한 채 주주총회의 결의가 있었던 것처럼 주주총회 의사록을 허위로 작성한 것이라면 설사 1인이 총 주식의 대다수를 가지고 있고 그 지배주주에 의하여 의결이 있었던 것으로 주주총회 의사록이 작성되어 있다 하더라도 도저히 그 결의가 존재한다고 볼 수 없을 정도로 중대한 하자가 있는 때에 해당하여 그 주주총회의 결의는 부존재하다고 보아야 할 것이다.

그렇다면 본 사례의 경우에 검토컨대, Y사가 X사 주식의 98%를 소유하고 있다고 하여도 X사는 1인회사가 아니라고 볼 것이고, 나아가 정관 변경을 위한 본건 주주총회결의 당시 실제의 소집절차와 결의절차를 거치지 아니한 채 주주총회의 결의가 있었던 것처럼 주주총회 의사록을 허위로 작성한 것이므로 본건 주주총회결의가 존재한다고 볼 수 없을 정도로 중대한 하자가 있는 때에 해당하여 그 주주총회의 결의는 무효 내지 부존재[19]하다고 함이 타당하다고 할 것이다.[20]

---

17. 대법원 1976. 4. 13. 선고 74다1755 판결(주식회사에 있어서 회사가 설립된 이후 총주식을 한 사람이 소유하게 된 이른바 1인회사의 경우에는 그 주주가 유일한 주주로서 주주총회에 출석하면 전원 총회로서 성립하고 그 주주의 의사대로 결의가 될 것임이 명백하므로 따로이 총회소집절차가 필요 없고 실제로 총회를 개최한 사실이 없었다 하더라도 그 1인주주에 의하여 의결이 있었던 것으로 주주총회 의사록이 작성되었다면 특별한 사정이 없는 한 그 내용의 결의가 있었던 것으로 볼 수 있다).

18. 대법원 1992. 6. 23. 선고 91다19500 판결(실질적으로 1인회사인 주식회사의 주주총회는 그 절차상에 하자가 있다 하더라도 그 주주총회에서 어떤 결의를 한 것으로 주주총회 의사록이 작성되어 있으면 특별한 사정이 없는 한 1인주주에 의하여 그와 같은 결의가 있었던 것이라고 볼 수 있어 유효하다 할 것이다).

19. 상법 제380조(결의 무효 및 부존재확인의 소): [제186조 내지 제188조, 제190조 본문, 제191조, 제377

〚설문 2〛 전환권 부여 약정의 효력

(1) 문제의 소재

본 사례에서 송청순은 1999. 3. 23. X사에게 금 1억원을 일정한 조건 하에 대여하면서 X사와 사이에 "송청순이 위 변제기까지 대여금액의 전부 또는 일부를 X사의 주식으로 전환받기를 원하는 경우 X사는 언제나 주식을 액면가(1주당 5천원)로 발행하여 송청순에게 이를 교부한다. 그리고 X사는 송청순의 동의를 받지 않고는 증자를 실시하지 않는다"는 내용으로 본건 약정을 체결하였고, 송청순은 이러한 본건 약정에 기하여 X사에게 '본건 약정에 따른 주식발행 또는 본건 약정에 따라 주식발행이 이루어졌을 경우 송청순이 흡수합병과정에서 얻었을 금전적 이득의 지급을 요청하는 내용의 본건 청구를 하고 있다.

한편, [설문 1]에서 살펴본 바와 같이 송청순과 같은 '주주 이외의 제3자'에게 전환사채를 발행하기 위한 근거 규정을 정관에 두고자 한 본건 주주총회결의는 무효 내지 부존재로서 법률적인 효력이 없으므로, 결국 본건 청구의 타당성 여하는 X사의 대표이사가 주주 이외의 제3자에게 전환사채를 발행하기 위한 주주총회의 특별결의 절차를 전혀 거치지 않고 임의로 체결한 본건 약정의 유효성 여하에 귀결된다고 할 것이므로, 이하에서는 이 점에 대하여 살펴보기로 한다.

(2) 설문의 해결

요컨대, 상법은 주식회사가 그 성립 후에 주식을 발행하는 경우 신주의 종류와 수 등의 발행사항으로서 정관에 규정이 없는 것은 이사회가 이를 결정하도록 하고, 주주의 신주인수권을 보호하기 위하여 정관의 규정이 있는 경우에 한하여 제3자에게 신주인수권을 부여할 수 있도록 하는 등 신주발행의 방법과 절차를 규정하고 있고(제416조 내지 제423조),[21] 또한 회사가 주주 이외의 자에 대하여 전환사채를 발행하

조와 제378조의 규정은 총회의 결의의 내용이 법령에 위반한 것을 이유로 하여 결의무효의 확인을 청구하는 소와 총회의 소집절차 또는 결의방법에 총회결의가 존재한다고 볼 수 없을 정도의 중대한 하자가 있는 것을 이유로 하여 결의부존재의 확인을 청구하는 소에 이를 준용한다].

20. 이상의 결론에 대해서는 본 사례에 관한 대법원 2007. 2. 22. 선고 2005다73020 판결 참조.

21. 특히, 본 사례와 관련성이 있는 규정은 다음과 같다. 상법 제416조(발행사항의 결정): [회사가 그 성립

는 경우에는 그 발행사항에 관하여 정관에 규정이 없으면 주주총회의 특별결의로써 정하도록 규정하고 있다(제513조 제3항).[22]

한편, 본 사례와 같이 주식회사가 타인으로부터 돈을 빌리는 소비대차계약을 체결하면서 "채권자는 만기까지 대여금액의 일부 또는 전부를 회사 주식으로 액면가에 따라 언제든지 전환할 수 있는 권한을 갖는다"는 내용의 계약조항을 둔 경우, 달리 특별한 사정이 없는 한 이는 전환의 청구를 한 때에 그 효력이 생기는 형성권으로서의 전환권을 부여하는 조항이라고 보아야 할 것이다.

그렇다면 앞에서 살펴본 바와 같이 신주의 발행과 관련하여 특별법에서 달리 정한 경우를 제외하고 신주의 발행은 앞서 본 상법이 정하는 방법 및 절차에 의하여만 가능하다는 점에 비추어 볼 때, 본건 약정과 같은 전환권 부여조항은 상법이 정한 방법과 절차에 의하지 아니한 신주발행 내지는 주식으로의 전환을 예정하는 것이어서 효력이 없다고 할 것이고, 결국 송청순의 X사에 대한 본건 청구는 타당성이 없다고 할 것이다.[23]

후에 주식을 발행하는 경우에는 다음의 사항으로서 정관에 규정이 없는 것은 이사회가 이를 결정한다. 그러나 본법에 다른 규정이 있거나 정관으로 주주총회에서 결정하기로 정한 경우에는 그러하지 아니하다. 1. 신주의 종류와 수 2. 신주의 발행가액과 납입기일 3. 신주의 인수방법 4. 현물출자를 하는 자의 성명과 그 목적인 재산의 종류, 수량, 가액과 이에 대하여 부여할 주식의 종류와 수 5. 주주가 가지는 신주인수권을 양도할 수 있는 것에 관한 사항 6. 주주의 청구가 있는 때에만 신주인수권증서를 발행한다는 것과 그 청구기간] ; 상법 제417조(액면미달의 발행): [제1항: 회사가 성립한 날로부터 2년을 경과한 후에 주식을 발행하는 경우에는 회사는 제434조의 규정에 의한 주주총회의 결의와 법원의 인가를 얻어서 주식을 액면미달의 가액으로 발행할 수 있다. 제2항: 전항의 주주총회의 결의에서는 주식의 최저발행가액을 정하여야 한다. 제3항: 법원은 회사의 현황과 제반사정을 참작하여 최저발행가액을 변경하여 인가할 수 있다. 이 경우에 법원은 회사의 재산상태 기타 필요한 사항을 조사하게 하기 위하여 검사인을 선임할 수 있다. 제4항: 제1항의 주식은 법원의 인가를 얻은 날로부터 1월 내에 발행하여야 한다. 법원은 이 기간을 연장하여 인가할 수 있다] ; 상법 제418조(신주인수권의 내용 및 배정일의 지정 · 공고): [제1항: 주주는 그가 가진 주식 수에 따라서 신주의 배정을 받을 권리가 있다. 제2항: 회사는 제1항의 규정에 불구하고 정관에 정하는 바에 따라 주주 외의 자에게 신주를 배정할 수 있다. 다만, 이 경우에는 신기술의 도입, 재무구조의 개선 등 회사의 경영상 목적을 달성하기 위하여 필요한 경우에 한한다. 제3항: 회사는 일정한 날을 정하여 그 날에 주주명부에 기재된 주주가 제1항의 권리를 가진다는 뜻과 신주인수권을 양도할 수 있을 경우에는 그 뜻을, 그 날의 2주간 전에 공고하여야 한다. 그러나 그 날이 제354조 제1항의 기간 중인 때에는 그 기간의 초일의 2주간 전에 공고하여야 한다].

22. 상법 제513조(전환사채의 발행) 제3항: [주주 외의 자에 대하여 전환사채를 발행하는 경우에 그 발행할 수 있는 전환사채의 액, 전환의 조건, 전환으로 인하여 발행할 주식의 내용과 전환을 청구할 수 있는 기간에 관하여 정관에 규정이 없으면 제434조의 결의로써 이를 정하여야 한다. 이 경우 제418조 제2항 단서의 규정을 준용한다].

23. 이상의 결론에 대해서는 본 사례에 관한 대법원 2007. 2. 22. 선고 2005다73020 판결 참조.

사례 32

어음의 위조

다음과 같은 사실관계 하에서, 아래의 각 질의에 대해 답하시오.[1]

(1) 위조자인 양태연의 담당업무

양태연은 1983. 1. C주식회사(이하, "C사")에 입사하여 경리과에 근무하다가 1994.경부터 경리과장으로 진급하면서 그때부터 C사가 외상판매하고 그 대금으로 받은 당좌수표, 가계수표, 약속어음 등을 관리하며 이를 만기에 지급제시하거나, 어음발행에 관하여 전표를 작성하고 어음용지에 어음금액을 기재하고 어음발행대장을 기초로 발행된 어음의 만기결제 등 어음관리 업무를 담당하였다.

(2) C사의 어음발행 과정

C사의 어음발행과정은, 담당 현업부서의 직원이 출금전표를 작성하여 결제과정을 거친 후, 출금전표가 결재되면 다시 경리과에서 어음발행에 대한 대체전표를 만들고 어음용지에 금액 등의 내용을 기재한 후 지급어음장에도 관련사항을 기재하여, 이러한 대체전표, 어음용지 및 지급어음장을 자금담당이사인 임호원에게 결재를 올리면 임호원이 전표내용과 어음금액 등 어음기재내용을 확인한 후 임호원이 직접 보관하고 있던 C사의 법인인감을 발행인란에 날인하여 발행하는 절차를 거쳐왔다.

(3) 양태연의 본건 어음 위조

양태연은 1997. 10. 22. C사의 경리부 사무실 내에서 업무상 보관 중이던 C은행 광화문지점이 C사에게 교부한 어음용지책에서 약속어음 용지 중 1장(어음번호 자가1298719)을 떼내어 체크라이터(check writer)[2]로 액면란에 30억원, 발행일란에 1997. 10. 22.,

---

1. 본 사례는 대법원 2000. 2. 11. 선고 99다47525 판결을 기초로 하여 작성된 것이다.

2. 숫자나 문자를 인자(印字)하는 사무용 기기의 하나로서, 어음 · 증권(證券) · 영수증 등의 액면 금액은 수기(手記)나 타이프 인자(印字)로 변조되기 쉬워 이것을 방지하기 위해 독일과 미국에서 1920년대에 발명되었고, 안전유지성이 높아 각 방면에 널리 보급되었다. 인자(印字)방법은 용지를 게이지에 맞추어 끼우고 문자판을 돌려 눈금에 맞추어 핸들을 누르면 되고, 글자체는 한자숫자체와 아라비아숫자체가 있고, 서

지급기일란에 1997. 11. 7.로 각 기재하고, 보관하고 있던 C사의 대표이사 이태희의 명판을 찍은 후, C사의 다른 진성어음[3]에 적법하게 날인된 C사의 대표이사 법인인감부분을 스카치테이프로 덮었다가 떼어내어 적출한 후 그 테이프를 다시 본건 약속어음용지에 그대로 옮겨붙여 인영을 만들어 내는 방법으로 약속어음(이하, "본건 어음")을 위조하였는데(이하, "본건 어음위조"), 통상적인 어음의 경우 어음용지책에서 어음용지를 떼어낼 때 어음용지책과 어음용지 사이의 떼어낸 부분에 간인하는 이른바 꼭지간인을 하는 것이 원칙이나 본건 어음의 경우에는 꼭지간인을 하지는 않았다.

한편, 양태연은 본건 어음을 위조하기 3년 전인 1994. 6.경부터 1997. 10. 31.까지 사이에, 위와 동일한 방법으로 총 32매의 C사의 어음용지를 횡령하여 어음을 위조한 뒤 이를 D종합금융주식회사(이하, "D사"), S종합금융주식회사 등 금융회사에서 할인하여 자신의 주식투자자금, 부동산구입자금 및 먼저 위조한 어음의 결제자금 등으로 사용하여 왔다.

(4) D사의 본건 어음에 대한 할인금 지급

C사와 약속어음 할인약정을 맺고 있는 D사는 1997. 10. 22. 양태연으로부터 본건 어음의 할인의뢰를 받자 C사에 통보 없이 어음할인금 명목으로 금 29억 7,856만 4,384원을 교부하였다. 한편, D사는 1994. 6. 9. 양태연으로부터 위와 같은 방법으로 위조된 액면금 5억원의 약속어음을 할인의뢰를 받고 어음할인금 명목으로 금 4억 8,491만 6,439원을 교부한 것을 비롯하여, 본건 어음의 할인이 일어나기까지 5회에 걸쳐서 위조된 약속어음을 그 사정을 모르고 할인하여 주었으나, 다만 스카치테이프를 이용한 이러한 인영의 전사[4] 수법은 D사의 직원들도 어음의 지급기일 등을 정정함에 있어 종종 사용하는 수법임이 확인되었다.

(5) C은행 광화문지점의 D사에 대한 본건 어음금 지급

D사는 어음지급기일인 1997. 11. 7. 본건 어음의 결제자금이 C사로부터 입금되지 아니

체(書體)는 명조체 · 고딕체 등이 있다. 체크라이터는 기능적으로 수동식과 전동식이 있으며, 로터리형(회전형)이 널리 보급되어 있다. 또, 원모션형(일작동형)은 금액을 치수하여 핸들을 누르면 한 번의 동작으로 같은 금액을 몇 번이나 인자할 수 있어 아주 편리하다.

3. 진성어음(상업어음, 진정어음)이란 상거래가 원인이 되어 발행되는 어음을 말하고, 이에 대비하여 융통어음(신용어음)이란 어음발행의 원인에 현실적인 상거래가 없이 오직 자금융통의 목적을 위하여 발행된 어음을 말한다.

4. 전사지에 그린 잉크 화상(畵像)을 평판 판재면에 옮기는 것을 말한다.

하자 본건 어음을 C은행 광화문지점에 교환 제시하였고, 이에 C은행 광화문지점은 같은 날에 C사의 경리과장이던 양태연 및 그 부하직원인 유서현에게 본건 어음의 교환제시를 통보하였다.

한편, 양태연은 기체결되어 있던 당좌거래약정에 따라 당좌대출을 실행하여 본건 어음금을 결제하라고 C은행 광화문지점에 요청을 하였고, C은행 광화문지점은 이러한 요청에 따라 당좌대월로 D사에게 금 30억원(이하, "본건 어음금")을 지급하였는데(이하, "본건 어음금 지급"), C사는 본건 어음의 결제일인 1997. 11. 7.로부터 한참이 경과하도록 본건 어음이 결제된 사실에 대하여 누구에 대해서도 아무런 이의도 제기하지 않았다.

이상과 같은 사실관계 하에서, C사가 본건 어음의 피위조자로서 D사를 상대로 본건 어음금(금 30억원)에 대한 부당이득반환청구[5](이하, "본건 반환청구")를 하는 것과 관련하여, 아래의 각 논점에 대하여 검토하시오.

설문 1 C사에게 민법 제126조(권한을 넘은 표현대리)상의 표현대리책임이 성립하여, 본건 반환청구가 부정될 가능성이 있는가?

설문 2 본건 어음금 지급에 대하여 C사가 승인하였다고 보아 C사의 본건 반환청구가 신의칙에 반한 청구에 해당하거나, 또는 본건 어음 위조에 대하여 C사가 추인한 것에 해당하여, 결국 본건 반환청구가 부정될 가능성이 있는가?

설문 3 (만약) C사의 본건 반환청구가 인정된다면, D사는 C사에게 민법 제756조(사용자의 배상책임)상의 책임이 성립함을 주장할 수 있겠는가?

5. 민법 제741조(부당이득의 내용): [법률상 원인 없이 타인의 재산 또는 노무로 인하여 이익을 얻고 이로 인하여 타인에게 손해를 가한 자는 그 이익을 반환하여야 한다] ; 민법 제748조(수익자의 반환범위): [제1항: 선의의 수익자는 그 받은 이익이 현존한 한도에서 전조의 책임이 있다. 제2항: 악의의 수익자는 그 받은 이익에 이자를 붙여 반환하고 손해가 있으면 이를 배상하여야 한다] ; 민법 제749조(수익자의 악의인정): [제1항: 수익자가 이익을 받은 후 법률상 원인 없음을 안 때에는 그때부터 악의의 수익자로서 이익반환의 책임이 있다. 제2항: 선의의 수익자가 패소한 때에는 그 소를 제기한 때부터 악의의 수익자로 본다].

[설문 1] 민법 제126조의 표현대리

(1) 문제의 소재

본 사례에서 C사는 본건 어음의 발행의 피위조자인바, C사는 스스로 발행이라는 어음행위를 한 것도 아니고 또한 위조자인 양태연에게 본건 어음의 발행에 관한 적법한 권한을 부여한 것도 아니므로, 원칙적으로 선의[6]의 어음소지인을 포함하여 누구에 대해서도 어음상의 책임을 부담하지 않는다(물적 항변).

그러나 예외적으로 피위조자(C사)가 추인[7]을 한 경우나 피위조자에게 표현책임[민법 제125조(대리권수여의 표시에 의한 표현대리), 제126조(권한을 넘은 표현대리),[8] 제129조(대리권소멸 후의 표현대리) 및 상법 제14조(표현지배인),[9] 제395조(표현대표이사의 행위와 회사의 책임)[10]]이 인정되는 경우에는 피위조자(C사)는 어음상의 책임을 부담하고, 피위조자(C

---

6. 대법원 1965. 10. 19. 선고 65다1726 판결(약속어음을 다른 사람이 위조하여 발행한 경우에 피위조자는 그 어음을 선의로 양수한 제3자에 대하여도 발행인으로서의 의무를 부담하지 않는다).

7. 대법원 1998. 2. 10. 선고 97다31113 판결(… 중간 생략 … 권한 없이 기명날인을 대행하는 방식에 의하여 약속어음을 위조한 경우에 피위조자가 이를 묵시적으로 추인하였다고 인정하려면 추인의 의사가 표시되었다고 볼 만한 사유가 있어야 한다).

8. 대법원 1969. 9. 30. 선고 69다964 판결(그렇다면 원심이 위와 같은 사실에 의하여, 위 오남룡은 D사 회사 대표이사 명의의 본건 약속어음을 발행할 권한이 없다하더라도 동인은 D사 회사의 경리담당 상무이사로서의 지위와 권한에 비추어 D사 대표이사에게 총괄되어 있는 D사 회사의 대내적 업무중 경리사무에 관하여는 대표이사를 대리하여 업무처리를 하고 있다고 봄이 상당하고 위에서 말한 바와 같은 소외 이윤천을 통하여 이루어진 수 많은 어음거래에 비추어 위 오남룡이가 경리담당 상무이사로서 D사 대표이사 명의의 약속어음을 발행할 수 있는 권한이 있는 것으로 신용한 위 이윤천 또는 C사들에게는 그 믿음에 있어서 의 정당한 이유가 있다고 보는 것이 상당하다고 판단하였음에 위법이 있다 할 수 없다).

9. 본 사례에 관한 대법원 1998. 8. 21. 선고 97다6704 판결(제약회사의 지방 분실장이 자신의 개인적 목적을 위하여 권한 없이 대표이사의 배서를 위조하여 어음을 할인한 경우, 표현지배인의 성립을 인정한 사례).

10. 대법원 1968. 7. 30. 선고 68다127 판결(원판결은, 증거에 의하여, 이사건 약속어음은 D사회사 상무이사 소외 1이 D사회사 대표이사 소외 2의 인장을 위조한 후 자의로 D사회사 대표이사 소외 2 명의로 소외 3에게 발행한 약속어음이고, 소외 3은 이를 C사에게 배서양도한 사실을 인정하고, 그렇다면 비록 소외 1에게 당시 회사의 기채권이나, 회사명의 어음의 발행권 등의 대표권이 없었다 하더라도 D사 회사는 상법 제395조의 규정한 바에 따라 선의의 제3자인 소외 3에 대하여 소외 1의 어음발행 행위에 대한 책임을 면할 수 없을 것인즉, 소외 3은 위 약속어음을 유효하게 교부받았다 할것이고, 따라서 C사 역시 위 약속어음의 적법한 소지인으로서 D사 회사에 대하여 어음금의 청구를 할 수 있다 할 것이라고 판단하였다. 그러나 상법 제395조는 상무이사 기타 회사를 대표할 권한이 있는 것으로 인정될 만한 명칭을 사용한 이사의 행위에 대하여는 그 이사가 회사를 대표할 권한이 없는 경우에도 회사는 선의의 제3자에게 대하여 책임을 진다는 것이고 대표권이 없는 상무이사가 회사대표이사를 대리하여 법률행위를

사)에게 사용자책임(민법 제756조)[11]이 인정되는 경우에는 피위조자(C사)는 불법행위에 따른 손해액[12]에 대하여 배상책임이 발생한다.[13]

한 경우에는 상법 제395조는 적용되지 아니하고, 대리에 관한 규정이 적용된다 할 것이다) ; 대법원 1988. 10. 25. 선고 86다카1228 판결(원심은 D사회사의 경리담당 상무이사 소외 이상화가 D사회사의 자금관리업무를 담당하면서 구체적인 수권 없이 소외 세영컴퓨터주식회사가 발행한 액면 2,489만원의 약속어음이면에 D사회사 대표이사 명의로 백지식 배서를 하여 소외 망 이종태를 통하여 소외 정낙준에게 어음할인을 요청하고 정낙준은 위 이상화가 D사회사의 경리담당 상무로서 어음배서 등의 방법으로 자금조달을 하여 오고 있는 사정을 알고 있는 터이라서 이 사건 어음도 위 이상화가 D사회사를 위하여 그 명의로 배서한 것이라는 위 이종태의 말을 믿고 그의 중개로 어음할인을 하여 주고 어음을 양도받아 1984. 9. 7.에 그 어음을 C사에게 양도하여 C사가 그 어음의 최종소지인이 된 사실을 인정한 다음 D사는 이 사건 어음의 배서인으로서 C사에게 어음금액과 어음법 소정의 이자를 지급할 의무가 있다고 판시하고 있는바, 원심판시의 사실인정과정에 소론과 같은 심리미진, 판단유탈의 위법이 있다 할 수 없고 채증법칙위반이나 입증책임을 전도한 위법이 있다고 할 수도 없다).

11. 대법원 1994. 11. 8. 선고 93다21514 전원합의체 판결(어음이 위조된 경우에 피위조자는 민법상 표현대리에 관한 규정이 유추적용될 수 있다는 등의 특별한 경우를 제외하고는 원칙적으로 어음상의 책임을 지지 아니하나, 피용자가 어음위조로 인한 불법행위에 관여한 경우에 그것이 사용자의 업무집행과 관련한 위법한 행위로 인하여 이루어졌으면 그 사용자는 민법 제756조에 의한 손해배상책임을 지는 경우가 있고, 이 경우에 사용자가 지는 책임은 어음상의 책임이 아니라 민법상의 불법행위책임이므로 그 책임의 요건과 범위가 어음상의 그것과 일치하는 것이 아니다. 따라서 민법 제756조 소정의 사용자 책임을 논함에 있어서는 어음소지인이 어음법상 소구권을 가지고 있느냐는 등 어음법상의 권리 유무를 따질 필요가 없으므로, 어음소지인이 현실적으로 지급제시를 하여 지급거절을 당하였는지의 여부가 어음배서의 위조로 인한 손해배상책임을 묻기 위하여 필요한 요건이라고 할 수 없고, 어음소지인이 적법한 지급제시기간 내에 지급제시를 하지 아니하여 소구권 보전의 절차를 밟지 않았다고 하더라도 이는 어음소지인이 이미 발생한 위조자의 사용자에 대한 불법행위책임을 묻는 것에 장애가 되는 사유라고 할 수 없다).

12. 대법원 1994. 11. 8. 선고 93다21514 전원합의체 판결(위조된 약속어음을 취득함으로써 입은 손해는 다른 특별한 사정이 없는 한 이를 취득하기 위하여 현실적으로 출연한 할인금 상당액일 뿐, 그 어음이 진정한 것이었다면 어음소지인이 지급받았을 것이라고 인정되는 그 어음액면 상당액이라고는 할 수 없다).

13. 이러한 경우에도, 학설상으로는 피위조자의 위조항변이 신의성실원칙(민법 제2조)에 반하는 경우에는 피위조자는 어음상의 책임을 져야 한다거나, 피위조자가 위조인 줄 알면서(악의) 어음금액을 지급한 경우에는 법정추인(민법 제145조 제1호)이 되어 그 지급이 유효하게 된다는 견해가 제시되고 있다. 정찬형, 『상법강의(하)』, 제116면 및 제117면. 그러나 피위조자가 선의로 어음소지인에게 어음금액을 지급한 경우에는 피위조자는 어음소지인에게 부당이득반환청구권을 행사할 수 있다. 대법원 1992. 7. 28. 선고 92다18535 판결(갑이 배서한 것으로 되어 있는 약속어음을 을이 소지하고 있다가 갑을 상대로 약속어음금청구 등의 소송을 제기하여 그 소송이 진행되던 중 갑은 위 약속어음의 배서부분이 위조된 것이었는데도 이를 알지 못하고 진정하게 이루어진 것으로 오인한 나머지 을에게 위 약속어음금의 원리금을 지급하기로 약정하고 이자 명목의 금원은 현금으로 지급하고 원금에 대하여는 그 지급을 위하여 수표를 발행해 주고 위 약속어음을 반환받은 다음 위 약속어음 등의 배서부분이 위조된 것을 알았으나 위 수표가 부도되면 형사책임을 질 것을 우려하여 어쩔 수 없이 위 수표금을 결제하였다면 을은 아무런 원인 없이 이득을 보았고 그 때문에 갑이 피해를 입었으므로 그로 인한 부당이득반환의무가 있다고 한 사례).

본 설문에서는 피위조자(C사)에게 민법 제126조(권한을 넘은 표현대리)상의 표현대리 책임이 성립하여, 본건 반환청구가 부정될 가능성이 있는지가 문제되고 있다.

(2) 설문의 해결

본 쟁점과 관련하여 민법 제126조(권한을 넘은 표현대리)는 다음과 같이 규정하고 있으므로, 먼저 관련 법리를 살펴본다.

▌민법 제126조

대리인이 그 권한[14] 외의 법률행위[15]를 한 경우에 제3자가 그 권한이 있다고 믿을 만한 정당한 이유[16]가 있는 때에는 본인은 그 행위에 대하여 책임이 있다.

---

14. 따라서 본조가 적용되기 위해서는 대리인으로 행위하는 자에게 기본대리권이 있어야 하는데[대법원 1992. 5. 26. 선고 91다32190 판결(민법 제126조의 표현대리가 성립하기 위하여는 무권대리인에게 법률행위에 관한 기본대리권이 있어야 하는바, 증권회사로부터 위임받은 고객의 유치, 투자상담 및 권유, 위탁매매약정실적의 제고 등의 업무는 사실행위에 불과하므로 이를 기본대리권으로 하여서는 권한초과의 표현대리가 성립할 수 없다)], 이러한 기본대리권에는 임의대리권뿐만 아니라 법정대리권도 포함되고[대법원 1997. 6. 27. 선고 97다3828 판결(민법 제126조 소정의 권한을 넘는 표현대리 규정은 거래의 안전을 도모하여 거래상대방의 이익을 보호하려는 데에 그 취지가 있으므로 법정대리라고 하여 임의대리와는 달리 그 적용이 없다고 할 수 없고, 따라서 한정치산자의 후견인이 친족회의 동의를 얻지 않고 피후견인의 부동산을 처분하는 행위를 한 경우에도 상대방이 친족회의 동의가 있다고 믿은 데에 정당한 사유가 있는 때에는 본인인 한정치산자에게 그 효력이 미친다)], 사법상의 대리권뿐만 아니라 공법상의 대리권(예: 등기의 신청)도 포함된다. [대법원 1991. 2. 12. 선고 88다카21647 판결(본인이 그 직원에게 자동차 소유권이전등록을 위임하면서 인감을 교부하는 한편 부동산의 2분의 1 지분에 관한 등기권리증과 나머지 2분의 1 지분에 대하여 본인 앞으로 지분이전등기를 경료할 수 있는 인낙조서등본을 교부하였다면 동 부동산에 관한 지분 이전등기를 신청하는 데 필요한 대리권을 수여하였다고 보아야 할 것이고, 가등기담보권의 설정은 채무자뿐만 아니라 제3자가 물상보증을 위하여도 할 수 있는 것으로서, 위 직원이 동 부동산에 대한 가등기담보설정계약 당시 권리증서와 인감 및 인감증명, 위임장 등 동 부동산의 처분에 필요한 모든 서류를 소지하고 있었다면 비록 그 인감과 인감증명이 그 용도가 다르거나 부당히 작성된 것이라도 동 직원에게 위 부동산에 대한 가등기담보설정계약을 체결할 대리권이 있는 것으로 믿을 만한 정당한 이유가 있다고 보아야 할 것이다)].
15. 이를 월권행위라고 하는데 기본대리권의 내용과 동종 내지 유사할 것이 요구되지 않는다. 대법원 1969. 7. 22. 선고 69다548 판결(D사 1들이 D사 11에게 그들이 거주하는 부락의 지역사회 개발관계 서류에 사용하라고 하여 그들의 인장을 임치하였다면 다른 특별한 사정이 없는 한 D사 1들은 D사 11에게 그들이 하여야 할 지역사회 개발관계 행위의 대리권을 부여하였다고 볼 것이며 D사 11이 이러한 대리권의 범위를 넘어서 D사 1들 명의의 이 사건 양곡 교환신청서, 상환각서 등을 작성 사용하여 C사로부터 이 사건 양곡을 수령하고 C사가 D사 11에게 이러한 대리권이 있다고 믿을 만한 정당한 이유가 있다면 이는 민법 제126조 소정의 권한을 넘은 표현 대리행위에 해당한다 할 것이며 정당하게 부여받은 대리권

요컨대, 민법상의 표현대리에 관한 규정이 어음행위의 위조에 관하여 유추적용되기 위하여서는 상대방이 위조자에게 어음행위를 할 권한이 있다고 믿거나 피위조자가 진정하게 당해 어음행위를 한 것으로 믿은 것만으로는 부족하고, 그와 같이 믿은 데에 정당한 사유가 있어야 하는바, 이러한 정당한 사유는 어음행위 당시에 존재한 여러 사정을 객관적으로 관찰하여 보통인이면 유효한 행위가 있었던 것으로 믿는 것이 당연하다고 보여지면 이를 긍정할 수 있지만, 어음 자체에 위조자의 권한이나 어음행위의 진정성을 의심하게 할 만한 사정이 있는데도 불구하고 그 권한 유무나 본인의 의사를 조사·확인하지 아니하였다면 상대방의 믿음에 정당한 사유가 있다고 하기 어렵다고 할 것이다.[17]

의 내용되는 행위와 표현 대리행위는 반드시 같은 종류의 행위에 속할 필요는 없다 할 것이니 … 이하 생략 …).

16. 정당한 이유의 유무는 대리행위 당시를 기준으로 판단하고, 대법원판례의 주류는 정당한 이유의 의미를 선의·무과실로 이해하고 있으나[대법원 1997. 6. 27. 선고 97다3828 판결(거래상대방이 후견인으로서 상당기간 피후견인의 재산을 관리하여 왔다고 할지라도 후견인을 상대로 중요한 재산적 가치를 가지는 한정치산자의 부동산을 매수하는 자로서는 친족회의 동의가 있었는지 여부를 확인하였어야 할 것인데도 막연히 부동산 중개업자를 통하여 거래상대방이 후견인으로 선임된 후 1년 이상 부동산의 관리를 전담하여 온 사실만을 확인하였을 뿐 친족회의 동의에 관하여는 전혀 확인하지 아니하였다면, 매수인은 후견인을 상대로 거래하는 자로서 마땅히 해야 할 주의를 다하지 못한 과실이 있다고 하지 않을 수 없으며, 또한 권한을 넘은 표현대리에 있어서 정당한 이유의 유무는 대리행위 당시를 기준으로 하여 판정하여야 하고 매매계약 성립 이후의 사정은 고려할 것이 아니므로, 피후견인이 위 매매로 인한 소유권이전등기를 경료하기에 앞서 그 거래에 관한 친족회원의 선임 및 친족회의 소집에 관한 법원의 심판을 받았고 그에 따라 작성된 친족회 의사록을 후견인으로부터 교부받았다고 할지라도 이로써 후견인이 매매 당시 친족회의 동의를 받았다고 믿을 만한 정당한 이유가 된다고 볼 수 없다고 한 사례)], 정당한 이유의 의미에 대해서는 다른 취지의 판례도 있다[대법원 2000. 2. 11. 선고 99다47525 판결([1] 민법상의 표현대리에 관한 규정이 어음행위의 위조에 관하여 유추적용되기 위하여서는 상대방이 위조자에게 어음행위를 할 권한이 있다고 믿거나 피위조자가 진정하게 당해 어음행위를 한 것으로 믿은 것만으로는 부족하고, 그와 같이 믿은 데에 정당한 사유가 있어야 하는바, 이러한 정당한 사유는 어음행위 당시에 존재한 여러 사정을 객관적으로 관찰하여 보통인이면 유효한 행위가 있었던 것으로 믿는 것이 당연하다고 보여지면 이를 긍정할 수 있지만, 어음 자체에 위조자의 권한이나 어음행위의 진정성을 의심하게 할 만한 사정이 있는데도 불구하고 그 권한 유무나 본인의 의사를 조사·확인하지 아니하였다면 상대방의 믿음에 정당한 사유가 있다고 하기 어렵다. [2] 액면금 30억원의 위조어음의 발행인 인영 부분에 인영 전사 수법으로 종종 사용되는 스카치테이프가 붙어 있고 어음용지책에서 어음용지를 떼어낼 때 통상적으로 하는 이른바 꼭지 간인이 되어 있지 않았음에도 발행인에게 아무런 확인을 하지 않은 경우, 위조어음이 진정한 것이라고 믿은 데에 정당한 사유가 있다고 할 수 없어 민법상 표현대리의 규정이 유추적용되지 않는다고 한 사례].

17. 대법원 1999. 1. 29. 선고 98다27470 판결([1] 어음행위의 위조에 관하여도 민법상의 표현대리에 관한 규정이 적용 또는 유추적용되고, 다만 이때 그 규정의 적용을 주장할 수 있는 자는 어음행위의 직접 상대방에 한하므로, 어음의 제3취득자는 어음행위의 직접 상대방에게 표현대리가 인정되는 경우에 이를

본 사례의 경우를 검토컨대, C사의 경리과장이던 양태연은 C사가 발행한 진정한 어음에 현출된 대표이사의 인영을 스카치테이프에 전사하여 그 스카치테이프를 다른 약속어음용지에 그대로 붙이는 방법으로 C사 명의의 본건 어음을 위조하였다는 것인바, 스카치테이프를 이용한 이러한 인영의 전사 수법은 D사의 직원들도 어음의 지급기일 등을 정정함에 있어 종종 사용하는 수법임을 알 수 있으므로, D사로서는 마땅히 본건 어음의 발행인의 인영 부분 위에 스카치테이프가 붙어 있는 점에 주목하여 그 진정성에 의심을 가지고 C사에 그 발행 여부에 관하여 별도로 조사 · 확인해 보았어야 할 것이다.

따라서 D사가 그와 같은 조사 · 확인을 게을리한 이상 설사 본건 어음이 진정한 것이라고 믿었다 하더라도 그와 같이 믿은 데에 정당한 사유가 있다고 할 수 없으며, 이 점은 본건 어음의 액면금액이 30억원이나 되는 점 및 본건 어음에 어음용지책에서 어음용지를 떼어낼 때 통상적으로 하는 이른바 꼭지 간인이 되어 있지 아니한 점 등을 고려하면 더더욱 그러하다 할 것이다.

그렇다면 본건 어음의 액면금이 고액일 뿐 아니라, 통상의 경우와 달리 발행인의 인영 부분에 스카치테이프가 붙어 있고 꼭지 간인도 되어 있지 않는 등 허술한 부분이 있었음에도 D사는 C사에게 아무런 조회나 확인을 해보지 아니하였으니, 결국 D사의 본건 어음의 취득에는 민법 제126조(권한을 넘은 표현대리)상의 표현대리의 법리가 유추적용될 여지가 없다고 할 것이어서, C사에게 민법 제126조(권한을 넘은 표현대리)상의 표현대리책임이 성립하여 본건 반환청구가 부정될 가능성은 없다고 할 것이다.[18]

원용하여 피위조자에 대하여 자신의 어음상의 권리를 행사할 수가 있다. [2] 어음행위의 위조에 관하여도 민법 제126조에서 규정하는 표현대리가 인정되려면 그 상대방에게 위조자가 어음행위를 할 권한이 있다고 믿은 데에 정당한 사유가 있어야만 하는 것이고, 이러한 정당한 사유는 어음행위 당시에 존재한 여러 사정을 객관적으로 관찰하여 보통인이면 유효한 행위가 있은 것으로 믿는 것이 당연하다고 보여지면 이를 긍정할 수 있지만, 어음행위가 일반의 거래관념에 비추어 특히 이례적으로 이루어진 경우에는 달리 특별한 사정이 없는 한 그 상대방이 위조자의 권한 유무와 본인의 의사를 조사 · 확인하지 아니하였을 경우에는 그 상대방이 위조자에게 어음행위를 할 권한이 있다고 믿었다고 하더라도 거기에 정당한 사유가 있다고 보기 어렵다. [3] 어음상의 배서가 피용자에 의하여 위조된 경우 피위조자인 배서명의인이 사용자로서 부담하는 불법행위책임과 다른 배서인이 부담하는 어음법상의 책임은 각 별개의 독립된 책임으로서 어음소지인으로서는 어음의 발행인이나 다른 배서인에 대하여 어음법상의 권리를 행사할 수 있는지의 여부를 불문하고 피위조자인 배서명의인에 대하여 손해배상청구권을 행사할 수가 있고, 이때 배서가 위조된 어음을 취득함으로써 입은 손해는 그 액면 금액이 아니라 그 어음을 취득하기 위하여 지급한 금원이다).

18. 이상의 결론에 대해서는 본 사례에 관한 대법원 2000. 2. 11. 선고 99다47525 판결 참조.

[설문 2] C사의 승인 또는 추인 여부

(1) 문제의 소재

본 사례의 경우에, 결제은행인 C은행 광화문지점이 1997. 11. 7. 본건 어음이 D사로부터 교환에 회부되자 본건 어음상의 명판, 인영 등 어음상의 요건을 확인하고 C사에게 본건 약속어음의 교환도래 사실 및 그 지급여부에 관한 통보를 하자 C사로부터 본건 어음금을 지급하여도 좋다는 승인을 받고 본건 어음금을 D사에게 지급한 것이므로, C사로부터 본건 어음금의 지급의 승인이 있었던 이상 C사가 본건 반환청구를 하는 것은 신의칙에 반하는 것에 해당하거나, 또는 C사가 본건 어음의 결제일인 1997. 11. 7.로부터 한참이 경과하도록 본건 어음이 결제된 사실에 대하여 아무런 이의도 제기하지 않았으므로 이에 대한 묵시적인 승인을 하여 양태연의 본건 어음 위조에 대하여 추인한 것에 해당하는지의 여부가 문제된다.

(2) 설문의 해결

본 사례에 관하여 검토컨대, C은행 광화문지점은 1997. 11. 7. 본건 어음이 D사로부터 교환제시되자 C사의 경리과장이던 양태연 및 그 부하직원인 유서현에게 본건 어음의 교환제시를 통보하고, 이에 따라 양태연으로부터 당좌대출을 실행하여 본건 어음금을 결제하라는 요청을 받고 본건 어음금을 결제한 사실은 인정된다.

그러나 C사의 경리과장이 C사 발행의 약속어음의 결제를 승인할 권한이 있는지에 대하여 주장, 입증이 있게 될지 여부를 불문하고, 양태연은 본건 어음을 위조한 장본인으로서 그의 결제승인은 무의미하다고 할 것이므로 C사의 본건 어음금의 지급에 대한 승인이 있었다고 할 수 없다.

또한, 다른 특별한 사정 없이 결제일로부터 한참이 경과하도록 위조 약속어음금 결제에 대한 이의가 없었다는 사실만으로는 그 위조행위에 대한 추인이 있다고 단정할 수도 없다고 할 것이다.

그렇다면 본건 어음금 지급에 대하여 C사가 승인하였다고 보아 C사의 본건 반환청구가 신의칙에 반한 청구에 해당하거나, 또는 본건 어음 위조에 대하여 C사가 추인한 것에 해당하여, 본건 반환청구가 부정될 가능성은 없다고 할 것이다.[19]

[설문 3] 민법 제756조의 사용자책임

(1) 문제의 소재

본 사례의 경우에, C사에게 어음상의 책임이 없어 D사가 본건 어음금을 지급받은 것이 부당이득이 된다고 할지라도 C사의 피용자인 양태연은 그 사무집행에 관한 불법행위로 인하여 D사에게 본건 어음금의 할인금 상당의 손해를 가하였으므로 양태연의 사용자인 C사는 D사에게 위 손해를 배상할 책임이 있고, 따라서 D사는 이와 같은 C사에 대한 손해배상채권으로서 C사의 부당이득반환채권과 대등액에서 상계할 수 있겠는지의 여부가 문제된다.

(2) 설문의 해결

본 쟁점과 관련하여 민법 제756조(사용자의 배상책임) 제1항은 다음과 같이 규정하고 있으므로, 먼저 관련 법리를 살펴본다.

> 타인을 사용하여[20] 어느 사무[21]에 종사하게 한 자는 피용자가 그 사무집행에 관하여[22] 제3자[23]에게 가한 손해[24]를 배상할 책임이 있다. 그러나 사용자가 피용자의 선임 및 그 사무감독에 상당한 주의를 한 때 또는 상당한 주의를 하여도 손해가 있을 경우[25]에는 그러하지 아니하다.

---

19. 이상의 결론에 대해서는 본 사례에 관한 대법원 2000. 2. 11. 선고 99다47525 판결 참조.
20. 실질적으로 지휘·감독하는 관계에 있어야 한다. 대법원 1999. 10. 12. 선고 98다62671 판결(… 중간 생략 … 사용자책임이 성립하려면 사용자와 불법행위자 사이에 사용관계, 즉 사용자가 불법행위자를 실질적으로 지휘·감독하는 관계에 있어야 한다).
21. "사무"의 개념은 폭넓게 인정된다. 대법원 1989. 10. 10. 선고 89다카2278 판결(민법 제756조가 규정하고 있는 사용자책임의 요건으로서의 사용자의 사무라 함은 법률적·계속적인 것에 한하지 않고 사실적·일시적 사무라도 무방한 것이므로 … 이하 생략 …).
22. 사무집행관련성은 외형이론에 따른다. 대법원 1984. 2. 28. 선고 82다카1875 판결(민법 제756조 소정의 "피용자가 그 사무집행에 관하여"라 함은 사용자의 사업집행 자체 또는 이에 필요한 행위뿐만 아니라 이에 상당한 견련관계에 있는 행위도 포함되는 것이고, 또 피용자가 사용자의 이익을 도모할 의사 없이 사리를 취하기 위하여 그 권한을 남용하여 한 행위라도 외형상 피용자의 직무범위에 속한다고 볼 수 있는 경우에는 이에 포함된다고 할 것이다).
23. 피해자에게 고의 또는 중과실이 있으면 피해자는 본조에 따른 책임을 청구할 수 없다. 대법원 2003. 1. 10. 선고 2000다34426 판결(피용자의 불법행위가 외관상 사무집행의 범위 내에 속하는 것으로 보이는

본 사례의 경우에 검토컨대, 양태연이 본건 어음을 위조하여 1997. 11. 7. D사로부터 어음할인금 명목으로 금 29억 7,856만 4,384원(이하, "본건 할인금 손해액")을 지급 받았는바, 양태연이 본건 어음을 위조하여 이를 D사로부터 할인한 행위는 그의 사무집행행위 자체에는 속하지 아니하나, 양태연의 사무내용이 어음용지의 관리 및 어음작성업무였다는 점, 그가 위조한 본건 약속어음은 그 어음용지나 그에 날인된 명판 및 직인이 C사의 진정한 어음과 외관에 있어서 같다는 점, 본건 어음위조 이전에도 3년에 걸쳐 여러 차례 같은 방법으로 약속어음을 위조 할인하여 C사에 발각되지 않은 채 결제까지 시켜온 점 등을 종합하여 볼 때, 양태연의 본건 어음위조는 외형상으로는 사무집행에 관한 불법행위라 할 것이므로 양태연의 사용자인 C사는 D사에게 일응 위 본건 할인금 손해액을 배상할 책임이 있다고 할 것이다.

한편, D사가 본건 어음을 취득함에 있어 중대한 과실이 있어서 C사의 사용자책임 자체가 면책되어야 하는지의 여부가 문제될 수 있으나, D사가 본건 어음을 취득함에 있어 C사의 책임자에게 확인을 하지 아니한 점 등의 과실이 있었음은 인정되나, 그 과실의 정도가 C사의 책임을 면제할 정도로 중대한 것이라 할 수는 없다고 할 것이어서, 결국 D사는 C사에게 민법 제756조(사용자의 배상책임)상의 책임이 성립함을 주장할 수 있다고 할 것이다.

다만, C사의 민법 제756조(사용자의 배상책임)상의 책임이 성립한다고 하더라도, 불법행위책임에 있어서도 과실상계의 규정이 준용되므로[26] C사로서는 D사에게 과실이

경우에도 피용자의 행위가 사용자나 사용자에 갈음하여 그 사무를 감독하는 자의 사무집행 행위에 해당하지 않음을 피해자 자신이 알았거나 또는 중대한 과실로 알지 못한 경우에는 사용자 또는 사용자에 갈음하여 그 사무를 감독하는 자에 대하여 사용자책임을 물을 수 없다 할 것인데, … 이하 생략 …).

24. 사용자책임이 성립하려면, 피용자의 제3자에 대한 민법 제750조 소정의 불법행위책임 요건을 충족해야 한다. 대법원 1981. 8. 11. 선고 81다298 판결[책임무능력자(국민학교 1학년생)의 대리감독자(담임교사)에게 민법 제755조 제2항에 의한 배상책임이 있다고 하여 위 대리감독자의 사용자 또는 사용자에 갈음한 감독자(위 학교를 설립 경영하는 지방자치단체)에게 당연히 민법 제756조에 의한 사용자책임이 있다고 볼 수는 없으며, 책임무능력자의 가해행위에 관하여 그 대리감독자에게 고의 또는 과실이 인정됨으로써 별도로 불법행위의 일반 요건을 충족한 때에만 위 대리감독자의 사용자 또는 사용자에 갈음한 감독자는 민법 제756조의 사용자책임을 지게 된다].

25. 이 점에 대해서는 사용자가 주장 및 입증책임을 부담한다. 대법원 1998. 5. 15. 선고 97다58538 판결(민법 제756조 제1항 및 제2항의 책임에 있어서 사용자나 그에 갈음하여 사무를 감독하는 자는 그 피용자의 선임과 사무감독에 상당한 주의를 하였거나 상당한 주의를 하여도 손해가 있을 경우에는 손해배상의 책임이 없으나, 이러한 사정은 사용자 등이 주장 및 입증을 하여야 한다).

26. 민법 제763조(준용규정): [제393조, 제394조, 제396조, 제399조의 규정은 불법행위로 인한 손해배상에 준용한다] ; 민법 제396조(과실상계): [채무불이행에 관하여 채권자에게 과실이 있는 때에는 법원은

있음을 주장해 볼 수 있을 것인데, 원칙적으로 불법행위로 인한 손해배상사건에서 과실상계 사유에 관한 사실인정이나 그 비율을 정하는 것은 그것이 형평의 원칙에 비추어 현저히 불합리하다고 인정되지 아니하는 한 사실심의 전권사항에 속한다.[27]

참고로 본 사례의 경우에는, C사에게 그 직원이 3년여에 걸쳐 총 32장의 약속어음을 본 사례와 같은 방법으로 위조하여 그 일부 어음대금으로 은행을 통하여 C사의 계산으로 결제되어 빠져나갔음에도 이러한 약속어음 위조 사실을 전혀 눈치 채지 못한 점, C사로서는 어음용지를 제대로 관리하거나 그 수불내역 등을 수시로 점검하여 입출금 내역을 적시에 제대로 확인하지 않아 이러한 금융사고를 미연에 방지하지 못한 잘못이 있는 점, D사는 마땅히 본건 어음의 발행인의 인영 부분 위에 스카치테이프가 붙어 있는 점에 주목하여 그 진정성에 의심을 가지고 C사에 그 발행 여부에 관하여 별도로 조사 · 확인해 보지 않는 잘못이 있는 점 등의 사정을 종합하면, 본건 할인금 손해액 발생에 대한 C사와 D사의 과실비율은 70%:30% 정도가 타당할 것이다.

그렇다면 결국 D사는 C사에 대해 본건 할인금 손해액의 70%에 해당하는 금액에 대한 배상청구권을 가진다고 할 것이어서 C사의 부당이득반환채권(금 30억원)과 대등액(본건 할인금 손해액의 70% 상당 금액)에서 상계할 수 있다고 할 것이다.[28]

손해배상의 책임 및 그 금액을 정함에 이를 참작하여야 한다].

27. 대법원 1995. 7. 25. 선고 95다17267 판결(불법행위로 인한 손해배상 사건에서 과실상계 사유에 관한 사실인정이나 그 비율을 정하는 것은 그것이 형평의 원칙에 비추어 현저히 불합리하다고 인정되지 아니하는 한, 사실심의 전권사항에 속한다).

28. 이상의 결론에 대해서는 본 사례에 관한 대법원 2000. 2. 11. 선고 99다47525 판결 참조.

[사례 33]

백지어음의 부당보충

다음과 같은 사실관계 하에서, 아래의 각 질의에 대해 답하시오.[1]

(1) 백지어음[2]의 발행 및 보충권의 수여

H주식회사(이하, "H사") 자금사정이 어렵게 되자 H사의 당시 대표이사이던 홍거찬은 1995. 8.경 현조호에게 금 1천만원 내지 금 2천만원 정도의 어음할인을 의뢰하면서 어음금액과 발행일, 지급기일, 수취인[3]을 각 백지로, 발행지 및 지급지 각 서울, 지급장소 H은행 논현동지점으로 한 약속어음 3장을 발행하고, 현조호로 하여금 제3자로부터 할인할 돈을 받으면서 그 금액에 맞추어 각 약속어음의 어음금액란을 보충하도록 권한[4]을

---

1. 본 사례는 대법원 1999. 2. 9. 선고 98다37736 판결을 기초로 하여 작성된 것이다.
2. 백지어음이 성립하기 위해서는, 적어도 백지어음 행위자의 기명날인(서명)은 존재해야 하고, 그것을 제외하고는 어음요건의 전부가 흠결되더라도 백지어음이 될 수 있다. 정찬형, 『상법강의(하)』, 제132면.
3. 수취인이 공란인 경우에도 백지어음으로 추정된다. 한편, 만기가 흠결된 경우에 어음법 제2조 제1호와의 관계상 일람출급어음으로 볼 여지가 있으나 이 경우에도 백지어음으로 추정함이 타당하다. 대법원 1966. 10. 11. 선고 66다1646 판결(약속어음에 지급을 받을 자 또는 지급을 받을 자를 지시할 자의 명칭부분을 공백으로 한 채 상대방에게 교부한 때에는 특별한 사정이 없는 한 후일 어음소지인으로 하여금 임의로 지급을 받을 자 또는 지급을 받을 자를 지시할 자의 명칭부분의 기재를 보충시킬 의사를 가지고 백지어음을 발행한 것이라 추정함이 상당하다) ; 대법원 2003. 5. 30. 선고 2003다16214 판결(만기를 백지로 한 약속어음을 발행한 경우, 그 보충권의 소멸시효는 다른 특별한 사정이 없는 한 그 어음발행의 원인관계에 비추어 어음상의 권리를 행사하는 것이 법률적으로 가능하게 된 때부터 진행하고, 백지약속어음의 보충권 행사에 의하여 생기는 채권은 어음금 채권이며 어음법 제77조 제1항 제8호, 제70조 제1항, 제78조 제1항에 의하면 약속어음의 발행인에 대한 어음금 채권은 만기의 날로부터 3년간 행사하지 아니하면 소멸시효가 완성되는 점 등을 고려하면, 만기를 백지로 하여 발행된 약속어음의 백지보충권의 소멸시효기간은 백지보충권을 행사할 수 있는 때로부터 3년으로 보아야 한다) ; 어음법 제2조(어음 요건의 흠): [제1조 각 호의 사항을 적지 아니한 증권은 환어음의 효력이 없다. 그러나 다음 각 호의 경우에는 그러하지 아니하다. 1. 만기가 적혀 있지 아니한 경우: 일람출급(一覧出給)의 환어음으로 본다].
4. 이를 보충권이라고 하는데, 어음요건이 흠결되면 백지어음으로 추정되므로 보충권이 수여되지 않아 무효인 어음이라고 하는 점에 대해서는 백지어음행위자가 입증책임을 부담한다. 대법원 2001. 4. 24. 선고 2001다6718 판결(백지약속어음의 경우 발행인이 수취인 또는 그 소지인으로 하여금 백지부분을 보충케 하려는 보충권을 줄 의사로서 발행하였는지의 여부에 관하여는 발행인에게 보충권을 줄 의사로 발행한 것

수여하였다.

(2) 현조호의 백지 보충[5]

현조호는 위 약속어음 중 1장에는 발행일 1995. 9. 12., 액면금 1억 5백만원, 지급기일 1995. 12. 18.로 기재하였다가 그 후 위 지급기일을 1996. 12. 18.로 고쳤고(이하, "제1어음"), 다른 약속어음 1장에는 발행일 1995. 10. 5., 액면금 1억원, 지급기일 1996. 12. 19.로 기재하고(이하, "제2어음"), 나머지 약속어음 1장에는 발행일 1995. 10. 5., 액면금 1억원, 지급기일 1995. 12. 26.로 기재하였다가 그 후 위 지급기일을 1996. 12. 26.로 고쳤는데(이하, "제3어음"이라 하고, 제1어음과 제2어음 및 제3어음을 집합적으로 "본건 어음들"이라 함), 제1어음과 제3어음의 지급기일란의 연도가 고쳐졌음은 육안으로도 어느 정도 알아 볼 수 있었다.[6,7,8]

이 아니라는 점, 즉 백지어음이 아니고 불완전어음으로서 무효라는 점에 관한 입증책임이 있다).

5. 보충권의 행사기간에 관한 주요판례는 다음과 같다. 대법원 2002. 2. 22. 선고 2001다71507 판결(백지약속어음의 보충권 행사에 의하여 생기는 채권은 어음금 채권이고, 어음법 제77조 제1항 제8호, 제70조 제1항, 제78조 제1항에 의하면 약속어음의 발행인에 대한 어음금 채권은 만기의 날로부터 3년간 행사하지 아니하면 소멸시효가 완성되는 점 등을 고려하면, 발행일을 백지로 하여 발행된 약속어음의 백지보충권의 소멸시효기간은 백지보충권을 행사할 수 있는 때로부터 3년으로 봄이 상당하다) ; 대법원 1995. 6. 9. 선고 94다41812 판결(백지어음의 보충은 보충권이 시효로 소멸하기까지는 지급기일 후에도 이를 행사할 수 있고, 주된 채무자인 발행인에 대하여 어음금청구소송을 제기한 경우에는 변론종결시까지만 보충권을 행사하면 된다).

6. 보충권의 행사기간의 기산점은, 당사자간에 합의가 있으면 그에 따르고, 합의가 없으면 보충권을 '행사할 수 있는 때'이다. 대법원 1997. 5. 28. 선고 96다25050 판결(장래의 계속적인 물품거래로 발생할 채무의 지급을 위하여 만기를 백지로 한 약속어음을 발행한 경우, 그 보충권의 소멸시효는 다른 특별한 사정이 없는 한 그 물품거래가 종료하여 어음상의 권리를 행사하는 것이 법률적으로 가능하게 된 때부터 진행한다) ; 대법원 2003. 5. 30. 선고 2003다16214 판결(만기 이외의 어음요건이 백지인 경우 그 백지보충권을 행사할 수 있는 시기는 다른 특별한 사정이 없는 한 만기를 기준으로 한다).

7. 백지어음 행위자의 권리능력, 행위능력, 대리권유무 등은 '당해 어음행위시'를 기준으로 한다(판례). 다만 보충에 따른 효과(즉, 완전한 어음으로서의 효력발생)는 장래를 향하여만 효력이 발생한다(통설). 정찬형, 『상법강의(하)』, 제142면. 대법원 1971. 8. 31. 선고 68다1176 전원합의체 판결(전원합의체판결, 본판결로 1965. 8. 31. 65다1217 판결 변경 백지어음에 있어서 백지의 보충시와 어음행위 자체의 성립시기와는 엄격히 구별하여야 할 문제로서 백지의 보충 없이는 어음상의 권리를 행사할 수 없으나 어음행위의 성립시기를 곧 백지의 보충시기로 의제할 수는 없는 것이며 그 성립시기는 그 어음행위 자체의 성립시기로 결정하여야 할 것이므로 백지어음에 만기 전에 한 배서는 만기 후에 백지가 보충된 때에도 기한후 배서로 볼 것이 아니다).

8. 백지어음을 취득한 자는 그에 관한 보충권도 동시에 취득한다. 대법원 1960. 7. 21. 선고 4293민상113 판결(백지어음에 있어서는 백지보충권은 어음에 추수하여 전전하는 것이므로 어음을 정당하게 취득한 자는 그에 관한 보충권도 동시에 취득하는 것으로 해할 것인바).

(3) 현조호의 박양운에게의 배서 · 양도

현조호는 H사를 위하여 본건 어음들을 할인하지 아니하고, 1995. 말 일자 불상(不詳)경 현조호의 박양운에 대한 기존 차용금 채무의 변제를 위하여 본건 어음들을 배서 양도하여 박양운이 이를 소지하게 되었는데, 박양운은 본건 어음들을 취득할 당시에 본건 어음들이 어음 금액란을 백지로 발행되어 현조호가 이를 보충하였음을 알고 있었다. 한편, 박양운은 본건 어음들을 양수하면서 H사에 대하여 본건 어음들이 유효하게 발행된 어음인지에 대하여 아무런 확인도 하지 아니하였다.

(4) 현조호, 박양운, H사의 상호관계

현조호는 '현미디어'라는 상호로 인쇄업을 하였는데, 1달 매출액이 금 2천만원 정도 되는 비교적 소규모의 업체였으며, 박양운은 현조호가 '현미디어'를 경영하기 이전에 같은 직장에서 약 20년간 함께 근무한 사실이 있어 현조호와 서로 잘 알고 지내는 사이였고, H사는 본건 어음들의 발행 이전에도 현조호에게 액면이 백지로 된 약속어음을 맡기면서 금 1천만원 내지 2천만원 정도의 어음할인을 부탁하여 현조호가 박양운에게 부탁하여 그 금액 정도의 할인을 하여 준 일이 있어서 박양운도 H사에 대하여 어느 정도 알고 있었다.

(5) 현조호의 해외도피 및 박양운의 지급제시

현조호는 1995. 1.경부터 1995. 10.경까지 박양운으로부터 수회에 걸쳐 비교적 많은 돈을 빌려 오다가 1996. 1. 22.경 '현미디어'가 부도가 난 후 해외로 도피하였고, 박양운은 본건 어음들을 소지하고 있다가 본건 어음들의 각 수취인란에 현조호라고 보충기재한 후 지급기일에 지급장소에서 각각 지급제시하였다.[9]

---

9. 본 사례와는 달리, 만약 발행지가 백지였는데 발행지가 보충되지 않고 지급제시되었더라도 그러한 지급제시는 유효하고, 이러한 법리는 수표의 경우에도 동일하다. 대법원 1998. 4. 23. 선고 95다36466 전원합의체 판결([1] 국내어음이란 국내에서 발행되고 지급되는 어음을 말하는 것이므로 국내어음인지 여부는 어음면상의 발행지와 지급지가 국내인지 여부에 따라 결정될 것이지만, 어음면상에 발행지의 기재가 없다고 하더라도 그 어음면에 기재된 지급지와 지급장소, 발행인과 수취인, 지급할 어음금액을 표시하는 화폐, 어음문구를 표기한 문자, 어음교환소의 명칭 등에 의하여 그 어음이 국내에서 어음상의 효과를 발생시키기 위하여 발행된 것으로 여겨지는 경우에는 발행지를 백지로 발행한 것인지 여부에 불구하고 국내어음으로 추단할 수 있다. [2] **[다수의견]** 어음에 있어서 발행지의 기재는 발행지와 지급지가 국토를 달리하거나 세력을 달리하는 어음 기타 국제어음에 있어서는 어음행위의 중요한 해석 기준이 되는 것이지만 국내에서 발행되고 지급되는 이른바 국내어음에 있어서는 별다른 의미를 가지지 못하고, 또한 일반의 어음거래에 있어서 발행지가 기재되지 아니한 국내어음도 어음요건을 갖춘 완전한 어음과 마찬가지로 당사자간에 발행 · 양도 등의 유통이 널리 이루어지고 있으며, 어음교환소와 은행 등을 통한 결제 과정에서

도 발행지의 기재가 없다는 이유로 지급거절됨이 없이 발행지가 기재된 어음과 마찬가지로 취급되고 있음은 관행에 이른 정도인 점에 비추어 볼 때, 발행지의 기재가 없는 어음의 유통에 관여한 당사자들은 완전한 어음에 의한 것과 같은 유효한 어음행위를 하려고 하였던 것으로 봄이 상당하므로, 어음면의 기재 자체로 보아 국내어음으로 인정되는 경우에 있어서는 그 어음면상 발행지의 기재가 없는 경우라고 할지라도 이를 무효의 어음으로 볼 수는 없다. **[보충의견]** 일반적으로 모든 법은 법규정의 본질을 바꾸는 정도의 것이 아닌 한도에서 이를 합리적으로 해석함으로써 뒤쳐진 법률을 앞서가는 사회현상에 적응시키는 일방 입법기관에 대하여 법률의 개정 등을 촉구하는 것은 법원의 임무에 속하는 일이라 할 것이고, 그 뒤쳐진 법규정의 재래적 해석 · 적용이 부당한 결과를 초래한다는 것을 알면서도 법률 개정이라는 입법기관의 조치가 있을 때까지는 이를 그대로 따를 수밖에 없다고 체념해 버리는 것은 온당치 않은 태도이다. 어음법이 강행법 · 기술법적 성질을 가지고 있음에 비추어 볼 때 어음법에서 정한 어음요건은 이를 엄격하게 해석함이 원칙일 것이나, 이러한 엄격해석의 요청은 이를 자의로 해석함으로써 어음거래 당사자에게 불이익하게 법률을 적용하는 것을 막자는 데에 있는 것이지 입법취지를 해하지 않는 범위 내에서 합리적으로 해석하는 것까지도 절대적으로 금지하려는 것은 아니다. 따라서 어음면의 기재 자체에 의하여 국내어음으로 인정되는 경우에 단지 발행지의 기재가 없다는 이유로 이를 무효의 어음이라고 보는 것은 지나치게 형식논리에 치우친 해석이라고 하지 않을 수 없을 뿐만 아니라 어음 유효해석의 원칙에 비추어 보더라도 타당한 해석이 아니므로, 국내어음에 한하여는 발행지의 기재가 없다고 하더라도 이를 무효의 어음으로 볼 수 없다고 해석함이 상당하며, 이러한 해석은 국내어음에 한하는 것으로서 국제어음에 있어서는 발행지의 기재가 없으면 그 어음은 무효라는 입장을 견지하고 있으므로 위 해석에 의하더라도 발행지를 어음요건의 하나로 규정하고 있는 어음법의 조항을 완전히 사문화시키는 것은 아니며, 법원의 법률해석권의 범위를 일탈하는 것도 아니다. **[반대의견]** 재판할 사항에 대하여 적용할 법규가 있고 그 의미 내용 역시 명확하여 달리 해석할 여지가 없는 경우에는 다른 것을 다르게 취급하여야 한다는 정의의 요청(이른바 목적론적 축소해석의 경우) 또는 합헌적인 해석의 요청(이른바 헌법합치적 해석의 경우)에 의하여, 그 법규의 적용 범위를 예외적으로 제한하여 해석할 필요가 있는 등의 특별한 사정이 없는 한, 설사 명문의 규정이 거래의 관행과 조화되지 아니하는 점이 있다고 하더라도, 법원으로서는 모름지기 국회의 입법 작용에 의한 개정을 기다려야 할 것이지 명문의 효력규정의 적용 범위를 무리하게 벗어나거나 제한하는 해석을 하여서는 아니 될 것인바, 어음법은 발행지의 기재가 없는 어음에 관하여 그 효력이 없다고 명문으로 규정하고 있는 한편, 이 명문의 규정에 관하여는 정의의 요청 또는 합헌적인 해석의 요청에 의하여 그 적용 범위를 예외적으로나마 제한하여 해석할 만한 아무런 특별한 사정이 있다고 할 수 없으므로, 다수의견과 같이 위 어음법의 명문규정이 이른바 국내어음에는 적용되지 아니한다고 하는 것은 법원이 어음법에도 없는 단서 조항, 즉 발행지에 관하여 국내어음의 경우에는 그러하지 아니하다라는 규정을 신설하는 셈이고, 이는 명문의 규정에 반하는 법형성 내지 법률수정을 도모하는 것으로서 법원의 법률해석권의 범위를 명백하게 일탈한 것이라는 비난을 면하기 어렵다) ; 대법원 1999. 8. 19. 선고 99다23383 전원합의체 판결([1] 국내수표란 국내에서 발행되고 지급되는 수표를 말하는 것이므로 국내수표인지 여부는 수표면상의 발행지와 지급지가 국내인지 여부에 따라 결정될 것이지만, 수표면상에 발행지의 기재가 없다고 하더라도 그 수표면에 기재된 지급지와 지급장소, 발행인, 지급할 수표금액을 표시하는 화폐, 수표문구를 표기한 문자, 어음교환소의 명칭 등에 의하여 그 수표가 국내에서 수표상의 효과를 발생시키기 위하여 발행된 것으로 여겨지는 경우에는 발행지를 백지로 발행한 것인지 여부에 불구하고 국내수표로 추단할 수 있다. [2] **[다수의견]** 수표면의 기재 자체로 보아 국내수표로 인정되는 경우에 있어서는 발행지의 기재는 별다른 의미가 없는 것이고, 발행지의 기재가 없는 수표도 완전한 수표와 마찬가지로 유통 · 결제되고 있는 거래의 실정 등에 비추어, 그 수표면상 발행지의 기재가 없는 경우라고 할지라도 이를 무효의 수표로 볼 수는 없다. **[반대의견]** 재판할 사항에 대하여 법규가 있고 그 의미 내용 역시 명확하여 달리 해석할 여지가 없는 경우에는, 다른 것을 다르게 취급하여야 한다는 정의의 요청(이 이상과 같은 사실관계 하에서, 박양운은 H사에게 제1어음금액 1억 5백만원, 제2어음금액과 제3어음금액 각 1억원 등 본건 어음들의 어음금액 합계액인 총 3억 5백만원(이하, "본건 어음금액")의 지급을 청구할 권리를 가지는가?

(1) 문제의 소재

본 사례의 경우에, H사는 1995. 8.경 현조호에게 어음할인을 의뢰하면서 발행일과 액면, 지급기일 및 수취인을 각 백지로 하고, 발행지 및 지급지 각 서울, 지급장소 H은행 논현동지점으로 된 약속어음 3장을 발행하였고, 현조호는 위 각 약속어음의 백지부분을 보충하여 약속어음 1장에는 발행일 1995. 9. 12., 액면 금 1억 5백만원, 지급기일 1996. 12. 18.로 기재하고, 나머지 약속어음 2장에는 발행일 각 1995. 10. 5., 액면 각 금 1억원, 지급기일 1996. 12. 19. 및 같은 달 26.로 각 기재하였으며, 또한 박양운은 현조호로부터 박양운에게로 배서의 기재가 되어 있는 본건 어음들을 소지하고 있다가 지급기일에 지급장소에서 지급제시하였고, 박양운은 본건 어음들의 수취인란에 '현조호'라고 보충 기재하였으므로, 특별한 사정이 없는 한 H사는 박양운에게 본건 어음금액을 지급할 의무가 있다고 할 것이다.

그러나 위와 같은 특별한 사정과 관련하여 본 사례의 경우에, H사는, 각 백지 약속어음이 현조호에 의해 부당보충되었다는 점 및 박양운에게 부당보충된 본건 어음들을 취득함에 있어서 악의 또는 중대한 과실이 있었다는 점 등을 항변하여 박양운의 본건 어음금액 지급청구를 거절할 수 있겠는지의 여부가 문제된다.

른바 목적론적 축소해석의 경우) 또는 합헌적인 해석의 요청(이른바 헌법합치적 해석의 경우)에 의하여 그 법규의 적용범위를 예외적으로 제한하여 해석할 필요가 있는 등의 특별한 사정이 없는 한, 법원으로서는 명문의 효력규정의 적용범위를 무리하게 벗어나거나 제한하는 해석을 하여서는 아니 될 것인바, 수표법 제1조 제5호 및 제2조에 관하여는 정의의 요청 또는 합헌적인 해석의 요청에 의하여 그 적용범위를 예외적으로나마 제한하여 해석할 만한 아무런 특별한 사정이 있다고 할 수 없으므로, 다수의견과 같이 위 수표법의 명문규정이 이른바 국내수표에는 적용되지 아니한다고 하는 것은 법원이 수표법에도 없는 단서 조항, 즉 발행지에 관하여 국내수표의 경우에는 그러하지 아니하다라는 규정을 신설하는 셈이 되고, 이는 명문의 규정에 반하는 법형성 내지 법률 수정을 도모하는 것으로서 법원의 법률해석권의 범위를 명백하게 일탈한 것이다).

(2) 설문의 해결

본 쟁점과 관련하여, 어음법 제77조(환어음에 관한 규정의 준용) 제2항[10]의 규정에 의하여 백지 약속어음에 대하여 준용되는 어음법 제10조(백지어음)는 다음과 같이 규정하고 있으므로, 먼저 관련 법리를 살펴본다.[11]

어음법 제10조(백지어음)

미완성으로 발행[12]한 환어음에 미리 한 합의와 다른 보충을 한 경우에는 그 위반으로써 소지인에게 대항하지 못한다. 그러나 소지인이 악의 또는 중대한 과실[13,14]로 인하여 환어음을 취득한 때에는 그러하지 아니하다.

---

10. 어음법 제77조(환어음에 관한 규정의 준용) 제2항: [약속어음에 관하여는 제3자방에서 또는 지급인의 주소지가 아닌 지(地)에서 지급할 환어음에 관한 제4조 및 제27조, 이자의 약정에 관한 제5조, 어음금액의 기재의 차이에 관한 제6조, 어음채무를 부담하게 할 수 없는 기명날인 또는 서명의 효과에 관한 제7조, 대리권한 없는 자 또는 대리권한을 초과한 자의 기명날인 또는 서명의 효과에 관한 제8조, 백지환어음에 관한 제10조를 준용한다].

11. 백지수표의 경우에도 법리가 동일하다. 수표법 제13조(백지수표): [미완성으로 발행한 수표에 미리 합의한 사항과 다른 내용을 보충한 경우에는 그 합의의 위반을 이유로 소지인에게 대항하지 못한다. 그러나 소지인이 악의 또는 중대한 과실로 인하여 수표를 취득한 경우에는 그러하지 아니하다] ; 대법원 1995. 8. 22. 선고 95다10945 판결[어음법 제10조 소정의 중대한 과실에 관하여 "어음금액이 백지로 된 백지어음을 취득한 자가 그 어음의 발행인에게 보충권의 내용에 관하여 직접 조회하지 않았다면 특별한 사정이 없는 한 취득자에게 중대한 과실이 있는 것이라고 보아야 한다"고 판시한 대법원판결(1978. 3. 14. 선고 77다2020)은, 비록 백지약속어음에 관한 것이기는 하지만, 백지수표에 관한 수표법 제13조의 규정과 백지어음에 관한 어음법 제10조의 규정은 백지수표와 백지어음의 보충권의 남용 내지 부당보충에 관하여 동일한 법리를 규정하고 있으므로, 백지어음의 부당보충에 관한 위 판결이 취하고 있는 견해는 백지수표에 관하여도 그대로 적용되어야 한다].

12. 백지발행도 가능하므로, 본 규정에서의 발행은 교부로 이해함이 타당하다. 정찬형, 『상법강의(하)』, 제132면.

13. 악의 또는 중과실이 인정된 사례는 다음과 같다. 대법원 1995. 12. 8. 선고 94다18959 판결(수표의 권면액은 수표에서 가장 중요한 부분으로서 그것이 백지로 되어 있는 경우란 그리 흔한 것이 아니고, 더욱이 가계수표의 경우에는 통상 수표 표면에 발행 한도액이 기재되어 있는 데다가 그 이면에는 그 한도액을 넘는 수표는 발행인이 직접 은행에 제시하지 아니하는 한 지급은행으로부터 지급을 받을 수 없다는 취지가 기재되어 있으며, 나아가 그 한도액을 넘는 발행의 경우에는 발행인으로서도 거래은행으로부터 거래정지 처분을 당하는 등의 불이익을 받게 되어 있으므로, 그 수표의 취득자가 발행인 아닌 제3자에 의하여 그 액면이 표면에 기재된 한도액을 넘는 금액으로 보충된 점을 알면서 이를 취득하는 경우에는 그 취득자로서는 발행인에게 조회하는 등의 방법으로 그 제3자에게 그러한 보충 권한이 있는지 여부를 확인함이 마땅하고, 만약 이를 확인하지 아니한 채 수표를 취득하였다면 이는 특별한 사정이 없는 한 중대한 과실에 의한 취득이라고 보지 아니할 수 없다).

14. 부당보충 후의 선의의 피배서인은 보호된다. 대법원 1966. 4. 6. 선고 66다276 판결(백지어음을 교부

요컨대, 어음법 제10조가 규정하는 [악의로 어음을 취득한 때]라 함은 소지인이 백지어음이 부당보충되었다는 사실과 이를 취득할 경우 어음채무자를 해하게 된다는 것을 알면서도 어음을 양수한 때를 말하고, [중대한 과실로 인하여 어음을 취득한 때]라 함은 소지인이 조금만 주의를 기울였더라면 백지어음이 부당보충되었다는 사실을 알 수 있었음에도 불구하고 그와 같은 주의도 기울이지 아니하고 부당보충된 어음을 양수한 때를 말한다.[15]

한편, 어음금액란의 기재는 대단히 중요한 사항이므로 어음금액란을 백지로 하는 어음을 발행하는 경우에 발행인은 통상적으로 그 보충권의 범위를 한정한다고 봄이 상당하다 할 것이다.[16]

본 사례에 관하여 검토컨대 첫째, 박양운은 본건 어음들을 취득할 당시에 본건 어음들이 어음 금액란을 백지로 발행되어 현조호가 이를 보충하였음을 알고 있었고, 둘째, 종전에 현조호가 H사 발행의 액면금 1천만원 내지 2천만원 정도의 어음에 대하여 박양운에게 할인을 의뢰한 일이 있었을 뿐 H사로부터 본건 각 어음들과 같은 거액의 약속어음을 취득한 일이 없었음에도 본 사례에서는 현조호가 본건 어음들을 취득하여 박양운에 대한 자신의 채무 변제를 위하여 박양운에게 양도하였다는 사실 및 박양운이 현조호의 자금사정 등을 잘 알고 있었음에도 불구하고 H사에 대하여 현조호에게 어느 금액 범위 안에서 본건 각 약속어음의 어음금액란을 보충할 권한을

받은 자가 수취인란을 당초의 약정에 반하여 부당 또는 불법하게 보충한 경우에도 그 발행인은 보충 후의 선의의 피배서인에 대하여는 그 보충의 부당 또는 불법을 가지고 대항할 수 없다).

15. 대법원 1995. 6. 30. 선고 95다10600 판결(어음법 제77조 제2항, 제10조 소정의 "악의 또는 중대한 과실로 어음을 취득한 때"란, 소지인이 백지어음의 부당보충사실을 알고 있고 이를 취득할 경우 어음채무자를 해하게 된다는 것을 인식하면서도 어음을 양수하거나, 조금만 주의를 기울였어도 백지어음의 부당보충사실을 알 수 있었음에도 불구하고 만연히 부당 보충된 어음을 취득한 것을 말한다").

16. 대법원 1978. 3. 14. 선고 77다2020 판결("금액란이 부당보충된 본건의 경우에는 어음법상 보충권의 남용에 해당되고 어음법상의 어음의 위조에 해당되는 것이 아니라고 판단한 원심의 조처도 정당하다. 왜냐하면 어음의 위조라고 하는 것은 어음행위자의 명의를 조작하는 것을 말하는데 백지어음의 부당보충의 경우에는 그 보충으로 인하여 완성된 어음행위의 주체는 의연히 당초의 어음행위자 그대로이고 다만 합의된 내용과 상이한 기재가 이루어진 것에 불과한 것이어서 어음의 위조와 보충권의 남용은 그 개념이 서로 다르기 때문이며", "백지어음의 백지부분을 두 가지 유형으로 나누어 보면 하나는 어음금액이 백지로 된 경우와 같이 가장 중요한 사항인 어음금액에 관하여 또 그 범위가 한정되는 것이 통상적인 사항이 백지로 된 경우이고, 또 하나는 그다지 중요하지 아니한 사항으로서 한정되지 않는 것이 통상적인 그밖의 사항 특히 수취인이 백지로 된 경우 등인바, 어음금액이 백지로 된 전자의 백지어음을 본건의 경우처럼 원고가 그를 취득할 당시에 위 김경열의 지시에 의하여 원고자신이 본건 어음금액란을 보충한 경우에 있어서 원고가 보충권의 내용에 관하여 본건 어음의 기명날인자(피고)에게 직접 조회하지 않았다면 특별한 사정이 없는 한 취득자인 원고에게 중대한 과실이 있는 것이라고 보아야 할 것이고").

부여하였는지 전혀 확인하지 않고 3장을 동시에 취득하였으며, 셋째, 본건 어음들에 기재된 지급기일이 그 각 발행일로부터 1년 이상의 장기간이었고, 넷째, 박양운이 조금만 주의를 기울였다면 제1어음과 제3어음의 지급기일의 연도가 1995.에서 1996.으로 고쳐졌다는 것을 육안으로도 쉽게 알아차릴 수 있었으며, 다섯째, 현조호는 본건 어음들의 양도 이전에 박양운으로부터 수회에 걸쳐 많은 돈을 차용하여 가는 등 자금사정이 어려웠는데 박양운은 현조호와 잘 아는 사이로서 현조호의 자금사정, 사업규모 등에 대하여 어느 정도 알고 있었음이 각각 인정된다.

그렇다면 본 사례에서 박양운이 조금만 주의를 기울였더라면 본건 어음들이 부당보충되었다는 사실을 알 수 있었음에도 불구하고 그와 같은 주의도 기울이지 아니하고 부당보충된 본건 어음들을 양수하였다고 할 수 있으므로, 결국 H사는 각 백지약속어음이 현조호에 의해 부당보충되었다는 점 및 박양운에게 부당보충된 본건 어음들을 취득함에 있어서 중과실이 있었다는 점 등을 항변하여 일응 박양운의 본건 어음금액 지급청구를 거절할 수 있다고 할 것이다.

그러나 또 다른 한편으로, 비록 소지인이 악의 또는 중과실로 부당보충된 어음을 취득하였다 하더라도 발행인은 자신이 유효하게 보충권을 수여한 범위 내에서는 당연히 어음상의 책임을 져야 할 것이다.[17]

따라서 본 사례에서 H사가 현조호에게 금 1천만원 내지 2천만원 정도의 어음할인을 의뢰하면서 어음금액란이 백지인 약속어음 3장을 발행하고, 현조호로 하여금 제3자로부터 할인할 돈을 받으면서 그 금액에 맞추어 본건 각 약속어음의 어음금액란을 보충하도록 한 것은 사실이므로, H사가 현조호에게 어음금액란 보충권을 수여한 범위 내에서는 박양운의 H사에 대한 어음금 청구가 인용될 수 있을 것이다.[18,19]

---

17. 본 사례에 관한 대법원 1999. 2. 9. 선고 98다37736 판결 참조.

18. 다만, H사가 현조호에게 어떠한 범위의 어음금액란 보충권을 수여했는지는 사실관계의 문제인데, 본 사례에서 주어진 사실관계에서는 이 부분에 대한 더 이상의 설명은 없으므로, 더 이상 논의하지는 않는다. 이상의 결론에 대해서는 본 사례에 관한 대법원 1999. 2. 9. 선고 98다37736 판결 참조.

19. 백지어음은 완전한 어음이 아니므로, 본 사례와는 달리 백지를 보충하지 않고서 어음상의 권리를 행사하는 것은, 상환의무자에 대한 상환청구권을 보전하는 효력이 없는 등 어음상의 효과가 발생하지 않으나, 최근의 판례에 의하면 소멸시효 중단의 효과는 인정된다. 대법원 1971. 2. 9. 선고 70다602 판결(수취인란이 백지로 된 어음의 소지인은 수취인란을 보충하지 아니하고는 어음의 소지인으로서의 권리를 행사할 수 없다) ; 대법원 1992. 3. 10. 선고 91다28313 판결(수취인은 어음요건의 하나로서 그 기재를 결한 어음은 완성된 어음으로서의 효력이 없어 어음상의 권리가 적법하게 성립되지 않으므로, 이러한 미완성 어음으로 지급제시를 하였다고 하여도 적법한 지급제시의 효력이 없어 발행인을 이행지체

참고로 본 사례와는 무관하게, 백지어음에서 백지를 보충하지 않고 어음금을 청구하더라도 어음상 청구권에 관한 소멸시효가 중단되고, 어음상 청구권이 존속하는 한 보충권도 존속한다는 최근의 주목할 만한 대법원판례가 있어서 이를 소개한다.

▌대법원 2010. 5. 20. 선고 2009다48312 전원합의체 판결

만기는 기재되어 있으나 지급지, 지급을 받을 자 등과 같은 어음요건이 백지인 약속어음의 소지인이 그 백지 부분을 보충하지 않은 상태에서 어음금을 청구하는 것은 어음상의 청구권에 관하여 잠자는 자가 아님을 객관적으로 표명한 것이고 그 청구로써 어음상의 청구권에 관한 소멸시효는 중단된다. 이 경우 백지에 대한 보충권은 그 행사에 의하여 어음상의 청구권을 완성시키는 것에 불과하여 그 보충권이 어음상의 청구권과 별개로 독립하여 시효에 의하여 소멸한다고 볼 것은 아니므로 어음상의 청구권이 시효중단에 의하여 소멸하지 않고 존속하고 있는 한 이를 행사할 수 있다.

에 빠뜨릴 수 없다) ; 대법원 1994. 9. 9. 선고 94다12098,94다12104 판결(약속어음의 발행일은 어음요건의 하나이므로 그 기재가 없는 상태에서는 어음상의 권리가 적법하게 성립할 수 없고, 따라서 이러한 미완성 어음으로 지급을 위한 제시를 하였다 하여도 적법한 지급제시가 될 수 없으며 사실심 변론종결일까지도 그 백지부분이 보충되지 아니한 경우에는 그 어음소지인은 발행인에 대하여 이행기에 도달된 약속어음금 채권을 가지고 있다고 볼 수 없다) ; 대법원 1994. 9. 30. 선고 94다8754 판결[수표의 발행인은 환어음의 인수인이나 약속어음의 발행인이 어음금을 절대적으로 지급할 의무를 부담하는 것과는 달리 수표금의 지급을 담보하는 책임을 지는 것으로서(수표법 제12조) 수표가 지급거절된 경우 소구의무를 부담할 뿐인바(수표법 제39조), 수표의 소지인이 발행인에 대하여 소구권을 행사하기 위하여는 수표법 제1조 소정의 법정기재사항이 기재된 수표에 의하여 적법한 기간 내에 지급제시할 것을 요하고, 위 법정기재사항의 일부라도 기재되지 아니한 수표에 의하여 한 지급제시는 수표법 제2조의 규정에 의하여 구제되지 않는 한 적법한 지급제시로서의 효력이 없는 것이므로 그와 같은 경우에는 소구권을 상실한다] ; 대법원 1995. 9. 15. 선고 95다23071 판결(약속어음의 발행지는 어음요건의 하나이므로 그 기재가 없는 상태에서 아무리 보충권이 수취인 내지 소지인에게 주어졌다 하더라도 완성된 어음으로서의 효력이 없는 것이어서 어음상의 권리자에 의한 완성행위(백지어음의 보충권의 행사) 없이는 어음상의 권리가 적법하게 성립할 수 없고, 따라서 소지인이 이러한 미완성 어음으로 지급을 위한 제시를 하였다 하여도 적법한 지급제시가 될 수 없으므로 배서인은 소지인에 대하여 소구의무를 부담하지 아니한다).

[사례 34]

지급을 담보하기 위한 어음의 수수

다음과 같은 사실관계 하에서, 아래의 각 질의에 대해 답하시오.[1]

(1) 1994. 10. 10.(할부대금 추심업무 위임 약정의 체결)

한염보는 주방기구를 소비자들에게 할부로 판매하고 그 할부대금을 추심업자에게 맡겨 이를 추심하여 오던 중, 1994. 10. 10. D상사라는 상호로 할부대금 추심업을 하게 된 김미곤에게 한염보가 판매한 주방기구 등의 할부대금 추심권한을 위임하면서, 추심하는 금액의 70% 상당액만을 김미곤으로부터 인도받고 나머지 금액은 김미곤의 보수로 김미곤이 가지기로 내용으로 할부대금 추심업무 위임 약정(이하, "본건 약정")을 체결하였다.

(2) 1994. 10. 10.(선급금의 지급 및 이에 대한 담보로 약속어음 교부)

한염보는 본건 약정을 체결하는 날에 김미곤으로부터 김미곤이 한염보에게 지급할 추심금의 선급금으로 약속어음 5장(액면 합계 금 3,500만원, 이하 "본건 선급금")을 발행·교부받고, 이에 대한 담보로 김미곤에게 약속어음 4장(액면 합계 금 3,500만원, 이하, "본건 어음들")을 발행·교부하면서, 각 어음금은 거래 종료시에 정산하기로 약정하였다.

(3) 1994. 11. 4.~1994. 11. 9.(한염보의 김미곤으로부터의 차입)

한염보는 1994. 11. 4. 및 1994. 11. 9. 두 차례에 걸쳐 김미곤으로부터 약속어음 2장(액면 합계 금 1,500만원, 이하 "본건 차용금")을 차용하고, 그 어음금 역시 상호간의 거래 종료시에 정산하기로 약정하였다.

(4) 그 후, 본건 선급금과 본건 차용금에 관한 어음금의 지급완료

한염보가 위와 같이 김미곤으로부터 발행·교부받은 어음들은 모두 유통되어 그 최종소지인들에게 그 어음금이 모두 지급되었다.

(5) 그 후, 추심금의 일부 지급

김미곤은 본건 약정에 따라 1994. 10. 11.부터 1994. 12. 19.까지 한염보로부터 할부대

---

1. 본 사례는 대법원 1999. 7. 9. 선고 98다47542 판결을 기초로 하여 작성된 것이다.

금카드 600장 합계 금 9천만원 상당의 물품판매카드를 넘겨받았다가 이 중 89장 합계 금 1천만원 상당을 한염보에게 반송하고, 나머지 카드에 대하여 한염보에게 인도할 추심금 5,600만원[(9천만원 - 1천만원) × 0.7] 중 지금까지 금 5천만원을 지급하였다.

(6) 1994. 12. 19.(거래의 종료)

김미곤과 한염보 간의 거래는 1994. 12. 19. 종료되었다.

이상과 같은 사실관계 하에서, 김미곤이 한염보에게 본건 선급금(3,500만원)과 본건 차용금(1.500만원)의 합계액인 금 5,000만원에서 한염보에게 아직 지급하지 않은 물품대금 추심금 600만원(5,600만원 - 5,000만원)을 공제한 나머지 금 4,400만원(이하, "본건 정산금")의 지급을 청구하는 것과 관련하여, 다음의 질의들에 대하여 답하시오.

설문 1 김미곤이 한염보에게 본건 정산금의 지급을 청구하는 경우, 한염보는 어떠한 권리를 주장해 볼 수 있는가?

설문 2 김미곤이 한염보에게 본건 정산금의 지급을 청구하였는데 한염보가 김미곤에게 본건 정산금의 지급을 지체하는 경우, 한염보는 그에 대하여 지연손해금을 부담하는가?

[설문 1] 동시이행 항변권[2]

(1) 문제의 소재

본 사례에서, 한염보는 본건 약정을 체결하는 날에 김미곤으로부터 본건 선급금(금 3,500만원)을 발행 · 교부받고 이에 대한 담보로 김미곤에게 본건 어음들을 발행 · 교부하였는바, 김미곤이 한염보에게 본건 정산금의 지급을 청구하는 경우, 한염보는 김미곤에게 본건 어음들의 반환을 청구할 수 있는 것과 관련하여 어떠한 권리를 주

2. 민법 제536조 (동시이행의 항변권): [제1항: 쌍무계약의 당사자일방은 상대방이 그 채무이행을 제공할 때까지 자기의 채무이행을 거절할 수 있다. 그러나 상대방의 채무가 변제기에 있지 아니하는 때에는 그러하지 아니하다. 제2항: 당사자일방이 상대방에게 먼저 이행하여야 할 경우에 상대방의 이행이 곤란할 현저한 사유가 있는 때에는 전항 본문과 같다].

장할 수 있는지가 문제된다.

(2) 설문의 해결

요컨대, 채무자가 채권자에게 기존채무의 이행에 관하여 어음이나 수표를 교부할 때 당사자의 의사는 (1) 기존의 원인채무를 소멸시키고 새로운 어음, 수표채무만을 존속시키고자 할 경우로서 "지급에 갈음하여" 또는 "변제에 갈음하여"하는 경우, (2) 어음, 수표를 기존원인채무에 대한 지급수단 그 자체로서 주고 받고자 하는 경우로서 "지급을 위하여" 또는 "지급의 방법으로"하는 경우, (3) 기존원인채무의 지급을 담보하기 위하여 그에 덧붙여 어음, 수표상의 권리를 부여하고자 할 경우로서 "지급확보를 위하여" 또는 "담보를 위하여"하는 경우의 3가지 형태가 있다고 할 것이다.[3]

한편, 기존채무의 이행에 관하여 어음, 수표를 교부하는 목적은 원칙적으로 당사자의 의사를 기준으로 하여 판단하여야 할 것이므로 당사자 사이에 약정이 있는 경우에는 그에 따르면 되고, 특약이 없는 경우에는 "지급을 위하여" 또는 "지급확보를 위하여" 교부된 것으로 추정할 것이고, 따라서 특별한 사정이 없는 한 기존의 원인채무는 소멸하지 아니하고 어음, 수표상의 채무와 병존한다고 보아야 한다.[4]

그리고 기존의 원인채권과 어음, 수표채권이 병존하는 경우에 채권자가 원인채권을 행사함에 있어서는 어음, 수표의 반환이 필요하고, 이는 채무자의 채무이행과 동시이행의 관계에 있다고 할 것이고, 따라서 채무자는 어음, 수표와 상환으로 지급하겠다고 하는 항변으로 채권자에게 대항할 수 있고, 이와 같은 항변이 있을 때에는 법원은 어음, 수표와 상환으로 지급하라는 취지의 상환이행의 판결을 하여야 할 것이다.[5]

---

3. 대법원 1993. 11. 9. 선고 93다11203,11210(반소) 판결 참조.

4. 대법원 1990. 3. 27. 자 89다카14110 결정(기존채무의 변제를 위하여 약속어음을 교부한 경우에 당사자 사이에 특별한 의사표시가 없으면 기존채무의 변제를 확보하거나 또는 그 지급방법으로 이를 교부한 것으로 추정되는 데 불과하므로 그 약속어음에 관하여 강제집행수락의 공정증서가 작성되어 있다거나 어음금청구소송의 승소판결이 확정된 바 있다는 사유만으로는 기존채무의 이행이 있은 것으로 볼 수 없다) ; 대법원 1970. 6. 30. 선고 70다517 판결(상품대금에 대하여 약속어음을 발행하였다고 하여 현금수수와 같은 효과가 있는 것으로 볼 수 없다) ; 대법원 1964. 6. 23. 선고 63다1162 판결(채무자가 채권자에게 수표를 교부한 경우에 있어 그로써 기존채무의 변제에 갈음하기로 하는 특약이 없는 한 기존채무의 변제를 확보 또는 변제의 방법으로 교부된 것으로 보아야 할 것이다).

5. 대법원 1985. 11. 26. 선고 85다카848 판결(금원을 차용하고 그 이행확보를 위하여 약속어음과 당좌수

본 사례의 경우에 검토컨대, 한염보는 본건 약정을 체결하는 날에 김미곤으로부터 본건 선급금(금 3,500만원)을 발행 · 교부받고 이에 대한 담보로 김미곤에게 본건 어음들을 발행 · 교부하는 것으로 김미곤과 약정하였으므로, 기존 원인채무의 지급을 담보하기 위하여 본건 어음들이 교부되었다는 당사자 사이에 특약이 있다고 할 수 있다.

따라서 첫째, 특별한 사정이 없는 한 기존의 원인채무는 소멸하지 아니하고 어음, 수표상의 채무와 병존한다고 보아야 할 것이고, 둘째, 채권자인 김미곤이 원인채권인 본건 선급금채권을 행사함에 있어서는[6] 본건 어음들의 반환이 필요한바 이는 채무자인 한염보의 채무이행과 동시이행의 관계에 있다고 할 것이며, 셋째, 이에 따라 채무자인 한염보는 본건 어음들과 상환으로 본건 선급금을 지급하겠다고 하는 항변으로 채권자인 김미곤에게 대항할 수 있고, 넷째, 한염보의 이와 같은 항변이 있을 때에는 법원은 본건 어음들과 상환으로 지급하라는 취지의 상환이행의 판결을 하여야 할 것이다.

즉, 김미곤과 한염보 사이의 상거래가 1994. 12. 19. 종료됨에 따라 한염보는 김미곤에게 본건 정산금을 지급할 의무가 있는 반면, 김미곤은 한염보에게 한염보로부터 담보조로 교부받아 둔 본건 어음들을 반환할 의무가 있고, 이와 같은 한염보의 김미곤에 대한 본건 정산금 중 금 3,500만원의 지급의무와 김미곤의 한염보에 대한 본

표를 교부한 후 위 차용금채무에 대한 대물변제로서 부동산에 대하여 매매계약을 체결한 경우, 특단의 사정이 없는 한 위 어음 등의 반환과 위 대물변제의 이행과는 동시이행의 관계에 있다) ; 대법원 1970. 10. 23. 선고 70다2042 판결(채무의 이행확보를 위하여 약속어음이 교부되었을 경우에는 그 약속어음의 반환을 받지 않는 한 그 채무이행을 거절할 수 있다) ; 대법원 1969. 12. 30. 선고 69다1934 판결(채무자가 기본채무의 이행확보를 위하여 채권자에게 제3자 명의의 약속어음을 교부한 경우에는 채무자는 그 교부된 약속어음이 반환되기까지 그 기본채무의 이행을 거절할 수 있다).

6. 어음이 기존 원인채무의 지급을 담보하기 위하여 수수된 경우나 지급을 위하여 수수된 경우, 채권자는 원인채권에 아무런 영향이 없이 어음상의 권리를 먼저 행사할 수도 있고, 본 사례에서 문제되는 상황과 같이 원인채권을 먼저 행사할 수도 있다. 대법원 1976. 11. 23. 선고 76다1391 판결(이미 존재하는 금전대차 등 채권채무에 관하여 그 채무자가 발행한 약속어음은 특별한 사정이 없는 한 그 채무의 확보 또는 그 지급을 위하여 발행한 것이라 할 수 있고 그 경우 채권자는 수표상의 권리와 일반채권의 그 어느 것이나 행사할 수 있는 것이라 할 것인바 수표상의 권리가 시효 따위로 인하여 소멸하였다 하여 다른 일반채권도 당연히 소멸하는 것이 아니다) ; 대법원 2000. 2. 11. 선고 99다56437 판결(기존 채무의 지급을 위하여 또는 지급확보를 위하여 어음이 교부되어 기존 채권과 어음채권이 병존하는 경우 어음채권이 변제나 상계 등에 의하여 소멸하면 기존 채권 또한 그 목적이 달성되어 소멸하는 것이고, 이러한 법리는 채권자가 어음을 제3자에게 배서 · 양도한 후 그 어음소지인과 채무자 사이에서 어음채권의 변제나 상계 등이 이루어진 경우에도 마찬가지이다).

건 어음들의 반환의무는 동시이행의 관계에 있으므로, 결국 한염보는 김미곤에게 이러한 금 3,500만원의 한도 내에서 동시이행 항변권을 주장할 수 있다고 할 것이다.[7]

[설문 2] 지연손해금

(1) 문제의 소재

김미곤이 한염보에게 본건 정산금의 지급을 청구하였는데 한염보가 김미곤에게 본건 정산금의 지급을 지체하는 경우, 한염보는 김미곤에게 [설문 1]에서 살펴본 바와 같이 금 3,500만원의 한도 내에서 동시이행 항변권을 주장할 수 있으므로, 그러한 금액의 한도 내에서, 그리고 김미곤이 한염보에게 본건 어음들의 반환을 하기 전까지는 지연손해금을 부담하지 않는지의 여부가 문제된다.[8]

(2) 설문의 해결

요컨대, 채무자가 어음의 반환이 없음을 이유로 원인채무의 변제를 거절할 수 있는 것은 채무자로 하여금 무조건적인 원인채무의 이행으로 인한 2중지급의 위험을 면하게 하려는 데에 그 목적이 있는 것이지, 기존의 원인채권에 터잡은 이행청구권과 상대방의 어음 반환청구권이 민법 제536조(동시이행의 항변권)에서 정하는 쌍무계약상의 채권채무관계나 그와 유사한 대가관계가 있어서 그러는 것은 아니므로,[9,10] 본

7. 이상의 결론에 대해서는 본 사례에 관한 대법원 1999. 7. 9. 선고 98다47542 판결 참조.

8. 지연손해금에 관한 근거조문은 다음과 같다. 민법 제387조(이행기와 이행지체): [제1항: 채무이행의 확정한 기한이 있는 경우에는 채무자는 기한이 도래한 때로부터 지체책임이 있다. 채무이행의 불확정한 기한이 있는 경우에는 채무자는 기한이 도래함을 안 때로부터 지체책임이 있다. 제2항: 채무이행의 기한이 없는 경우에는 채무자는 이행청구를 받은 때로부터 지체책임이 있다].

9. 특히, 이 부분[민법 제536조(동시이행의 항변권)에서 정하는 쌍무계약상의 채권채무관계나 그와 유사한 대가관계가 있어서 그러는 것은 아니라는 점]의 설명에 유의해야 한다. 왜냐하면, 민법 제536조(동시이행의 항변권)에서 정하는 쌍무계약상의 채권채무관계나 그와 유사한 대가관계가 있어서 채무자가 어음의 반환이 없음을 이유로 원인채무의 변제를 거절할 수 있는 경우라면 아래의 각주에서 설명하는 바와 같이 동시이행항변권을 행사하지 않더라도 동시이행항변권이 인정된다는 존재 자체만으로도 채무자는 이행지체책임을 지지 않게 되기 때문이다.

10. 한편, 민법 제536조상의 동시이행의 항변권은, 별개의 약정상의 채무관계나 비쌍무계약상의 채무관계

사례와 같이 한염보의 원인채무 이행의무와 김미곤의 어음 반환의무가 동시이행의 관계에 있다 하더라도 이는 어음의 반환과 상환으로 하지 아니하면 지급을 할 필요가 없으므로 이를 거절할 수 있다는 것을 의미하는 것에 지나지 아니하는 것이다.

따라서 채무자가 어음의 반환이 없음을 이유로 원인채무의 변제를 거절할 수 있는 권능을 가진다고 하여 채권자가 어음의 반환을 제공하지 아니하면 채무자에게 적법한 이행의 최고를 할 수 없다고 할 수는 없고, 채무자는 원인채무의 이행기를 도과하면 원칙적으로 이행지체의 책임을 지고, 채권자로부터 어음의 반환을 받지 아니하였다 하더라도 어음을 반환하지 않음을 이유로 위와 같은 항변권을 행사하여 그 지급을 거절하고 있는 것이 아닌 한 이행지체의 책임을 면할 수 없다고 보아야 할 것이다.[11]

에도 인정될 수 있고, 그리고 동시이행관계에 있는 어느 1개의 채무가 이행불능이 됨으로 발생한 손해배상채무에서도 인정되는 등, 공평의 원칙상 견연적으로 이행시킴이 마땅한 경우에 폭넓게 인정되고 있다. 대법원 1999. 4. 23. 선고 98다53899 판결(동시이행의 항변권은 공평의 관념과 신의칙에 입각하여 각 당사자가 부담하는 채무가 서로 대가적 의미를 가지고 관련되어 있을 때 그 이행에 있어서 견련관계를 인정하여 당사자 일방은 상대방이 채무를 이행하거나 이행의 제공을 하지 아니한 채 당사자 일방의 채무의 이행을 청구할 때에는 자기의 채무이행을 거절할 수 있도록 하는 제도이다) ; 대법원 1990. 4. 13. 선고 89다카23794 판결(당사자 쌍방이 각각 별개의 약정으로 채무를 부담하게 된 경우에는 당사자간의 특약으로 그 채무이행과 상대방의 어떤 채무이행과를 견련시켜 동시이행을 하기로 특약한 사실이 없는 한 상대방이 자기에게 이행할 채무가 있다 하더라도 동시이행의 항변권이 생긴다고 할 수는 없다) ; 대법원 2000. 10. 27. 선고 2000다36118 판결(원래 쌍무계약에서 인정되는 동시이행의 항변권을 비쌍무계약에 확장함에 있어서는 양 채무가 동일한 법률요건으로부터 생겨서 공평의 관점에서 보아 견련적으로 이행시킴이 마땅한 경우라야 한다) ; 대법원 2000. 2. 25. 선고 97다30066 판결(동시이행의 관계에 있는 쌍방의 채무 중 어느 한 채무가 이행불능이 됨으로 인하여 발생한 손해배상채무도 여전히 다른 채무와 동시이행의 관계에 있다) ; 대법원 2007. 12. 28. 선고 2005다38843 판결(쌍무계약이 무효로 되어 각 당사자가 서로 취득한 것을 반환하여야 할 경우, 어느 일방의 당사자에게만 먼저 그 반환의무의 이행이 강제된다면 공평과 신의칙에 위배되는 결과가 되므로 각 당사자의 반환의무는 동시이행관계에 있다) ; 대법원 2001. 7. 10. 선고 2001다3764 판결(매매계약이 취소된 경우에 당사자 쌍방의 원상회복의무는 동시이행의 관계에 있다).

11. 그러나 이와는 달리, 민법 제536조(동시이행의 항변권)에 기하여 동시이행항변권이 인정되는 경우에는 동시이행항변권을 행사하지 않더라도 동시이행항변권이 인정된다는 존재 자체만으로도 채무자는 이행지체책임을 지지 않는다. 대법원 2001. 7. 10. 선고 2001다3764 판결(쌍무계약에서 쌍방의 채무가 동시이행관계에 있는 경우 일방의 채무의 이행기가 도래하더라도 상대방 채무의 이행제공이 있을 때까지는 그 채무를 이행하지 않아도 이행지체의 책임을 지지 않는 것이며, 이와 같은 효과는 이행지체의 책임이 없다고 주장하는 자가 반드시 동시이행의 항변권을 행사하여야만 발생하는 것은 아니므로, 동시이행관계에 있는 쌍무계약상 자기채무의 이행을 제공하는 경우 그 채무를 이행함에 있어 상대방의 행위를 필요로 할 때에는 언제든지 현실로 이행을 할 수 있는 준비를 완료하고 그 뜻을 상대방에게 통지하여 그 수령을 최고하여야만 상대방으로 하여금 이행지체에 빠지게 할 수 있는 것이다).

그렇다면 본 사례에 있어서도 한염보는 본건 선급금과 관련하여 교부된 본건 어음들의 반환을 요구할 권능을 가지고 있으나, 김미곤이 본건 어음들을 한염보에게 반환받지 않았다 하더라도 한염보가 당연히 본건 정산금 중 금 3,500만원의 부분에 대하여 이행기의 도과로 인한 이행지체의 책임을 지지 않는다고 할 수는 없고, 또한 김미곤이 본건 정산금 중 금 3,500만원의 한도 내에서의 지급을 최고[12]함에 있어 한염보에게 본건 어음들의 반환의 제공을 하지 아니하였다 하더라도 그 최고가 적법한 최고로서의 효력이 없다고 할 수도 없다.[13]

즉, 한염보의 원인채무 이행의무와 김미곤의 본건 어음들의 반환의무가 동시이행의 관계에 있다는 이유만으로 원인채무 원금 3,500만원에 대한 김미곤의 지연손해금청구가 배척되는 것은 아니고, 한염보가 본건 어음들을 반환되지 않았음을 이유로 동시이행 항변권을 행사하여 본건 정산금 중 금 3,500만원의 지급을 거절하고 있는 것인지의 여부에 따라서 결론이 달라진다고 할 것이다.[14]

---

12. 최고란 채무자에게 이행할 것을 청구하는 것을 말한다. 채무이행의 확정기한이 있는 경우에는 기한이 도래한 때로부터, 채무이행의 불확정 기한이 있는 경우에는 채무자가 기한이 도래함을 안 때로부터, 채무이행의 기한이 없는 경우에는 이행청구를 받은 때로부터, 각각 지체책임이 발생한다(민법 제387조).

13. 대법원 1993. 11. 9. 선고 93다11203,11210 판결(채무자가 어음, 수표의 반환이 없음을 이유로 원인채무의 변제를 거절할 수 있는 것은 채무자로 하여금 무조건적인 원인채무의 이행으로 인한 이중지급의 위험을 면하게 하려는데 그 목적이 있는 것이지 기존의 원인채권에 터잡은 이행청구권과 상대방의 어음, 수표의 반환청구권이 민법 제536조에 정하는 쌍무계약상의 채권채무관계나 그와 유사한 대가관계가 있어서 그러는 것은 아니므로, 원인채무의 이행과 어음, 수표의 반환이 동시이행의 관계에 있다 하더라도 이는 어음, 수표의 반환과 상환으로 하지 아니하면 지급을 할 필요가 없으므로 이를 거절할 수 있다는 것을 의미하는 것에 지나지 아니한다고 할 것이다. 따라서 채무자가 어음, 수표의 반환이 없음을 이유로 원인채무의 변제를 거절할 수 있는 권능을 가진다고 하여 채권자가 어음, 수표의 반환을 제공을 하지 아니하면 채무자에게 적법한 이행의 최고를 할 수 없다고 할 수는 없고, 채무자는 원인채무의 이행기를 도과하면 원칙적으로 이행지체의 책임을 지고, 채권자로부터 어음, 수표의 반환을 받지 아니하였다 하더라도 이 어음, 수표를 반환하지 않음을 이유로 위와 같은 항변권을 행사하여 그 지급을 거절하고 있는 것이 아닌 한 이행지체의 책임을 면할 수 없다고 보아야 할 것이다).

14. 이상의 결론에 대해서는 본 사례에 관한 대법원 1999. 7. 9. 선고 98다47542 판결 참조.

사례 35

환배서(還背書)/기한후배서

다음과 같은 사실관계 하에서, 아래의 각 질의에 대해 답하시오.[1]

(1) 1997. 1. 3. ~ 1997. 1. 10.(약속어음의 발행 및 배서 · 양도)

한이영은 1997. 1. 3. 이현진에게 액면금 2,750만원(이하, "본건 어음금"), 지급지 부산시, 지급장소 H은행 남부민동지점, 발행일 같은 날, 지급기일 1997. 3. 28.[2]로 된 약속어음 1장(이하, "본건 어음")을 발행하였고, 이현진은 1997. 1. 10. 본건 어음을 지급거절증서작성의무 면제 하에 한오경에게 배서 · 양도하여 한이영으로부터 할인받았다.

(2) 1997. 3. 28.(지급거절 등)

한오경은 본건 어음을 이현진으로부터 배서 · 양도받은 후, 1997. 3. 20. 본건 어음에 피배서인을 백지로 하여 자신의 농업협동조합중앙회 모라동지점의 받을어음추심수탁통장에 보관하여 두었으나 그 지급기일(1997. 3. 28.)에 지급이 거절되었다. 이에 한오경은 본건 어음금을 받아 주겠다는 전진수에게 본건 어음을 교부하였고, 전진수는 다시 이를 이현진에게 교부하였다.

(3) 그 후, 이현진의 어음금청구소송 제기 및 패소판결

본건 어음을 교부받은 이현진은 한이영을 상대로 본건 어음금의 지급을 구하는 소송(이하, "이현진 소송")을 제기하였으나, 법원은 1998. 12. 8. 그 변론을 종결한 다음 본건 어음의 원인관계인 동업계약이 해제되었다는 한이영의 주장을 받아들여, 1998. 12. 22. 이현진의 청구를 기각하는 판결을 선고하였고 그 판결은 1999. 1. 9. 확정되었다.

---

1. 본 사례는 대법원 2002. 4. 26. 선고 2000다42915 판결을 기초로 하여 작성된 것이다.

2. 따라서 본건 어음은 확정일출급어음에 해당된다. 어음법 제33조(만기의 종류) 제1항: [환어음은 다음 각 호의 어느 하나로 발행할 수 있다. 1. 일람출급 2. 일람 후 정기출급 3. 발행일자 후 정기출급 4. 확정일출급] ; 어음법 제77조(환어음에 관한 규정의 준용) 제1항: [약속어음에 대하여는 약속어음의 성질에 상반되지 아니하는 한도에서 다음 각 호의 사항에 관한 환어음에 대한 규정을 준용한다. 2. 만기(제33조부터 제37조까지)].

(4) 한오경의 본건 어음의 소지 및 본건 어음금 지급청구

이현진 소송의 제기 후, 한오경은 위와 같이 지급기일에 이미 부도가 된 본건 어음을 이현진으로부터 교부받아 소지하게 되어, 1999. 1. 13. 한오경은 한이영을 상대로 본건 어음금의 지급을 청구하는 내용의 소송(이하, "한오경 소송")을 제기하였고 2000. 7. 6.[3] 현재시점까지 계속하여 본건 어음을 소지하고 있다.

위와 같은 사실관계 하에서, 2000. 7. 6. 현재시점 기준으로, 한오경은 한이영에게 본건 어음금의 지급을 청구할 권리를 가지는가?(즉, 한오경 소송에서 한오경은 승소할 수 있겠는가?)

(1) 문제의 소재

본건 어음이 지급기일에 지급제시되었으나 그 지급이 거절되었으므로, 본건 어음의 소지인인 한오경이 본건 어음의 발행인인 한이영에 대하여 본건 어음금의 지급을 청구할 권리를 가지는지의 여부가 문제된다.

(2) 설문의 해결

먼저, 본 사례의 쟁점 중의 하나인 환배서(역배서, reindorsement)와 기한후배서(후배서, negotiation of an overdue bill)에 대하여 살펴본다.

환배서(역배서, reindorsement)란 어음채무자를 피배서인으로 하는 배서[4]를 말하는데,[5] 환배서에 의해 어음채무자가 어음상의 권리를 취득하면 어음상의 권리와 의무

---

3. 본 사례에 관한 항소심 판결(부산지법 2000. 7. 20. 선고 2000나2174 판결)에서의 변론종결 시점이다.

4. 배서의 방식은 다음과 같다. 어음법 제13조(배서의 방식): [제1항: 배서는 환어음이나 이에 결합한 보충지(보전)에 적고 배서인이 기명날인하거나 서명하여야 한다. 제2항: 배서는 피배서인을 지명하지 아니하고 할 수 있으며 배서인의 기명날인 또는 서명만으로도 할 수 있다(백지식 배서). 배서인의 기명날인 또는 서명만으로 하는 백지식 배서는 환어음의 뒷면이나 보충지에 하지 아니하면 효력이 없다].

5. 관련 조문은 다음과 같다. 어음법 제11조(당연한 지시증권성) 제3항: [배서는 다음 각 호의 자에 대하여 할 수 있으며, 다음 각 호의 자는 다시 어음에 배서할 수 있다. 1. 어음을 인수한 지급인 2. 어음을 인수하지 아니한 지급인 3. 어음의 발행인 4. 그 밖의 어음채무자]; 어음법 제77조(환어음에 관한 규정의 준용) 제1항: [약속어음에 대하여는 약속어음의 성질에 상반되지 아니하는 한도에서 다음 각 호의 사

가 동일인에게 귀속되어, 민법의 일반원칙에 따르면 혼동의 법리에 의해 채권, 채무가 소멸되지만,[6] 어음법은 환배서에 의한 피배서인이 다시 어음에 배서할 수 있음을 명백히 규정하여 혼동의 법리를 배제하고 있다.

한편, 기한후배서(후배서)란 지급거절작성 후 또는 지급거절증서작성기간[7] 경과 후의 배서를 말하는데, 유통기간 후의 배서이므로 어음채무자를 보호하기 위하여 어음법은 지명채권양도의 효력만이 있다고 규정하고 있는바, 이러한 기한후배서(후배서)는 만기후배서의 개념과는 구별된다.[8]

요컨대, 약속어음 발행인(한이영)으로부터 인적항변[9]의 대항을 받는 어음소지인(이현진)은 당해 어음을 제3자(한오경)에게 배서 · 양도한 후 환배서에 의하여 이를 다시 취득하여 소지하게 되었다고 할지라도 발행인(한이영)으로부터 여전히 위 항변의 대항을 받는다고 할 것이고, 한편 기한후배서는 보통의 배서와는 달리 지명채권양도의 효력밖에 없어 그것에 의하여 이전되는 권리는 배서인(이현진)이 배서 당시 가지고 있던 범위의 권리라 할 것이므로[10] 어음채무자(한이영)는 그 배서 당시 이미 발생한 배서인

항에 관한 환어음에 대한 규정을 준용한다. 1. 배서(제11조부터 제20조까지)]. 다만, 위 제2호(어음을 인수하지 아니한 지급인)의 경우에는 어음채무자가 아니므로 환배서가 아니나, 어음법은 편의상 환배서와 함께 규정하고 있다. 정찬형, 『상법강의(하)』, 제280면.

6. 민법 제507조(혼동의 요건, 효과): [채권과 채무가 동일한 주체에 귀속한 때에는 채권은 소멸한다. 그러나 그 채권이 제3자의 권리의 목적인 때에는 그러하지 아니하다].

7. 어음법 제44조(상환청구의 형식적 요건) 제3항: [확정일출급, 발행일자 후 정기출급 또는 일람 후 정기출급 환어음의 지급거절증서는 지급을 할 날 이후의 2거래일 내에 작성시켜야 한다. 일람출급 어음의 지급거절증서는 인수거절증서 작성에 관한 제2항에 따라 작성시켜야 한다] ; 어음법 제77조(환어음에 관한 규정의 준용) 제1항: [약속어음에 대하여는 약속어음의 성질에 상반되지 아니하는 한도에서 다음 각 호의 사항에 관한 환어음에 대한 규정을 준용한다. 4. 지급거절로 인한 상환청구(제43조부터 제50조까지, 제52조부터 제54조까지)].

8. 어음법 제20조(기한후배서): [제1항: 만기 후의 배서는 만기전의 배서와 같은 효력이 있다. 그러나 지급거절증서가 작성된 후에 한 배서 또는 지급거절증서 작성기간이 지난 후에 한 배서는 지명채권 양도의 효력만 있다. 제2항: 날짜를 적지 아니한 배서는 지급거절증서 작성기간이 지나기 전에 한 것으로 추정한다] ; 어음법 제77조(환어음에 관한 규정의 준용) 제1항: [약속어음에 대하여는 약속어음의 성질에 상반되지 아니하는 한도에서 다음 각 호의 사항에 관한 환어음에 대한 규정을 준용한다. 1. 배서(제11조부터 제20조까지)].

9. 어음법 제17조(인적 항변의 절단): [환어음에 의하여 청구를 받은 자는 발행인 또는 종전의 소지인에 대한 인적 관계로 인한 항변으로써 소지인에게 대항하지 못한다. 그러나 소지인이 그 채무자를 해할 것을 알고 어음을 취득한 경우에는 그러하지 아니하다].

10. 대법원 2002. 4. 26. 선고 2001다59033 판결(채권양도는 구 채권자인 양도인과 신 채권자인 양수인 사이에 채권을 그 동일성을 유지하면서 전자로부터 후자에게로 이전시킬 것을 목적으로 하는 계약을 말한다 할 것이고, 채권양도에 의하여 채권은 그 동일성을 잃지 않고 양도인으로부터 양수인에게 이전된

(이현진)에 대한 모든 항변사실을 피배서인(한오경)에 대하여도 대항할 수 있다 할 것인데,[11] 이러한 이치는 환배서인 기한후배서라도 마찬가지라고 할 것이다.

본 사례에 관하여 검토컨대, 이현진이 한이영을 상대로 '이현진 소송'을 제기한 후 한오경이 이현진으로부터 본건 어음을 교부받았고, 이현진이 '이현진 소송'에서 패소판결을 선고받은 날(1998. 12. 22.)의 후인 1999. 1. 13. 한오경은 한이영을 상대로 본건 어음금의 지급을 청구하는 내용의 '한오경 소송'을 제기하였고 2000. 7. 6. 현재시점까지 계속하여 본건 어음을 소지하고 있다.

결국 한오경은 지급기일에 이미 부도가 된 약속어음인 본건 어음을 이현진으로부터 교부받은 것이고, 또한 한이영이 이현진에 대하여 원인관계의 해제의 항변을 하여 1999. 1. 9. 승소확정판결을 받아았으므로[즉, 한오경은 지급기일에 이미 부도가 된 약속어음을 이현진으로부터 교부받은 것인데, 한이영은 이현진에 대하여 원인관계(동업계약) 해제의 항변을 가지고 있으므로] 한이영은 이러한 항변으로써 한오경에게도 대항할 수 있다고 할 것이다.

즉, 약속어음의 소지인(한오경)이 그 어음이 지급기일에 지급거절되자 자기의 전자(이현진)에게 피배서인이 백지인 배서가 되어 있는 상태로 교부하여 전자(이현진)가 그 어음발행인(한이영)을 상대로 어음금청구의 소를 제기하였으나 인적항변의 대항을 받아 패소하자 다시 그 어음을 교부받아 그 어음발행인(한이영)을 상대로 어음금청구의 소를 제기한 경우, 그 어음발행인(한이영)은 전자(이현진)에 대한 인적항변으로 그 어음소지인(한오경)에게 대항할 수 있다고 할 것이다.

그렇다면 위와 같은 사실관계 하에서, 2000. 7. 6. 현재시점 기준으로, 한오경은 한이영에게 본건 어음금의 지급을 청구할 권리를 가지지 못한다고 할 것이다.[12]

다 할 것이며, 가압류된 채권도 이를 양도하는 데 아무런 제한이 없다 할 것이나, 다만 가압류된 채권을 양수받은 양수인은 그러한 가압류에 의하여 권리가 제한된 상태의 채권을 양수받는다고 보아야 할 것이고, 이는 채권을 양도받았으나 확정일자 있는 양도통지나 승낙에 의한 대항요건을 갖추지 아니하는 사이에 양도된 채권이 가압류된 경우에도 동일하다).

11. 대법원 1982. 4. 13. 선고 81다카353 판결(기한후배서에 지명채권양도의 효력만이 있다 함은 그 배서 당시 이미 발생한 배서인에 대한 항변사실을 피배서인에 대하여도 대항할 수 있다는 것이고 배서 후 비로소 발생한 배서인에 대한 사유까지도 피배서인에 대하여 이를 주장할 수 있다는 것은 아니다) ; 대법원 1994. 1. 25. 선고 93다50543 판결(기한후배서는 보통의 배서와는 달리 지명채권양도의 효력밖에 없어 그것에 의하여 이전되는 권리는 배서인이 배서 당시 가지고 있던 범위의 권리라 할 것이므로 어음채무자는 그 배서 당시 이미 발생한 배서인에 대한 항변사실을 피배서인에 대하여도 대항할 수 있으나 그 배서 후 비로소 발생한 배서인에 대한 사유는 피배서인에 대하여 주장할 수 없다).

12. 이상의 결론에 대해서는 본 사례에 관한 대법원 2002. 4. 26. 선고 2000다42915 판결 참조.

[사례 36]

수표 지급인의 조사의무

다음과 같은 사실관계 하에서, 아래의 각 질의에 대해 답하시오.[1]

(1) 1998. 11. 24.(횡령의 공모 및 그 준비행위)

박강준은 전국적인 조직인 B운송사업조합연합회(이하, "B연합회")의 충남지부 총무과장으로 재직하면서 자금관리 등의 업무를 담당하여 오던 중 그의 친구이자 건설회사인 D사(이하, "D사")의 대표이사인 윤하주와 공모하여 B연합회의 예금을 인출 횡령하는 범죄행위를 하기로 공모하였다.

이에 따라, 윤하주는 1998. 11. 24. 자신의 친구로서 H은행 (대전)역전지점에서 근무하다 퇴직한 김용무에게 "D사가 아파트공사를 재개하려고 하는데 밀린 임금 등의 지급을 위하여 서울에서 내려오는 자금인 고액의 수표를 현금으로 바꾸려고 하니 H은행 직원을 소개하여 달라"고 부탁하고 그의 소개로 H은행 은행동 지점장과 대리 및 H은행 대흥동지점 대리를 각각 만나 "며칠 뒤에 고액의 수표를 현금으로 바꾸려고 하니 현금을 준비하여 줄 것"을 요청한 뒤 위 두 지점에 D사 명의의 예금계좌를 개설하여 두었다.

(2) 1998. 11. 30. 10:00경(자기앞 수표 20억원의 발행, 인출)

박강준은 마침 1998. 11. 30. 위 충남지부 부지부장 강선문으로부터 H은행 (대전)역전지점에 예치된 B연합회의 정기예금(이하, "본건 정기예금") 중 만기가 된 20억원을 인출하여 다른 은행에 10억원씩 나누어 예금하라는 지시를 받게 되자 그 날 10:00경 위 역전지점에서 위 20억원에 해당하는 액면 1억원씩의 자기앞 수표[2] 20장(이하, "본건 수

1. 본 사례는 대법원 2002. 2. 26. 선고 2000다71494,71500 판결을 기초로 하여 작성된 것이다.

2. 발행인 자신을 지급인으로 하여 발행된 수표를 말하는데(수표법 제6조 제3항), 우리나라에서는 은행의 자기앞수표를 흔히 보증수표, 보수라고 부르고 있다. 현재 우리나라에서는 당좌수표(사업을 하는 자가 은행과 당좌거래계약을 체결하고 은행에 있는 수표자금의 범위 내에서 발행하는 수표)의 소지인이, 지급은행에 대하여 지급보증을 청구한 때에, 지급은행은 지급보증을 하는 대신에 수표발행인의 당좌계정으로부터 그 금액을 공제하고 지급은행의 자기앞 수표를 발행하고 있다. 우리나라에서는 수표의 지급보증은 지

표")을 발행받아 인출하였다.

윤하주는 위와 같은 본건 수표의 발행 및 인출 후 즉시 박강준을 만나, 그로부터 본건 수표를 건네 받은 후, H은행 대전지점을 찾아가 입출금 통장을 개설하고 사고수표인지 여부의 확인을 거쳐 본건 수표를 입금처리한 뒤 이를 액면 금 5억원, 3억원, 1천만원권의 자기앞수표로 발행하여 줄 것을 요구하였으나, 위 대전지점측의 사정으로 윤하주의 요구대로 되지 아니하자 원래의 본건 수표를 다시 반환받게 되었는데, 그 과정에서 자기앞수표 1장의 표면에 전산결제사실이 찍히게 되자 그 자기앞수표 대신 위 대전지점 발행의 자기앞수표 1장을 새로이 발행받았다.

(3) 1998. 11. 30. 11:37경～12:10경(현금 20억원으로 교환, 인출)

이어서 윤하주는 H은행 은행동지점과 대흥동지점을 차례로 방문하여 본건 수표를 현금으로 교환하게 되었는데, 위 각 지점은 1998. 11. 24. 김용무로부터 수표를 현금으로 교환할테니 현금을 준비하여 달라는 연락을 미리 받아 현금을 준비하고 있었으므로, H은행 은행동지점은 윤하주로부터 제출받은 자기앞수표 17장이 사고수표인지 여부를 전산으로 확인한 뒤 1998. 11. 30. 11:37경 이를 일단 D사의 예금계좌에 입금시켰다가 바로 현금 17억원으로 인출하여 윤하주에게 지급하였으며, H은행 대흥동지점 역시 윤하주로부터 제출받은 자기앞수표 3장이 사고수표인지 여부와 윤하주의 실명 여부를 전산으로 확인한 뒤 그 1998. 11. 30. 12:10경 현금으로 3억원을 윤하주에게 지급하여, 윤하주는 총 금 20억원(이하, "본건 수표금")을 H은행으로부터 지급받았는데, 이 과정에서 윤하주는 H은행 은행동지점과 대흥동지점에게 각각 "소액인 10만원권의 자기앞수표도 전혀 포함되지 않기를 희망한다"는 의사를 표시하였다.

(4) 그 후, 횡령금액 중 일부 금액의 회수

위 박강준은 위 돈을 횡령한 이후 해외로 도주하였으나, 위 윤하주는 도피 도중 체포되었고, 위와 같이 횡령한 돈 중 금 15억은 회수되어 현재 미회수금(이하, "본건 미회수금")은 금 5억원이다.

한편, 본 사례와 관련하여 추가적으로 밝혀진 사실관계는 다음과 같다.

(1) D사나 윤하주와는 종전에 전혀 거래관계가 없었고 본건 수표금 지급으로 처음 거래

급은행의 자기앞수표에 한정되고 있으므로, 수표법상의 지급보증 제도는 사실상 사문화되어 있다. 정찬형, 『상법강의(하)』, 제49면.

관계를 맺게 된 것이어서 D사의 사업자등록증을 확인한 것 이외에는 그들의 신용이 나 재산상태, 영업현황 등에 관하여 전혀 파악한 바가 없다.

(2) 본건 수표의 발행지점(역전지점)과 본건 수표금의 지급지점(은행동지점, 대흥동지점)은 같은 대전시내에 있으면서 서로 거리도 멀지 않은 곳에 위치해 있고, 또한 본건 수표의 발행지점(역전지점)과 B연합회의 충남지부는 같은 건물의 1층과 3층에 각각 위치하고 있다.

(3) H은행 발행의 자기앞수표는 어느 지점 발행인지 여부를 불문하고 H은행의 각 지점에서 즉시 현금교환이 가능하다.

이상과 같은 사실관계 하에서, B연합회는 H은행에게 본건 미회수금의 지급을 청구할 수 있는 권리를 가지는가?

(1) 문제의 소재

본 사례의 경우에, B연합회는, H은행은 B연합회로부터 본건 정기예금을 예치받았으므로 선량한 관리자의 주의의무로서 B연합회의 예금이 부정하게 인출되지 않도록 최대한 노력하여야 하고, H은행 대전지점, 대흥동지점, 은행동지점은 윤하주가 가져 온 H은행 역전지점 발행의 액면금 1억원의 자기앞수표 20장인 본건 수표를 다른 수표로 교환하여 주거나 현금으로 교환하여 줌에 있어 윤하주가 자기앞수표의 적법한 소지인인지를 의심할 만한 사정이 있었으므로 본건 수표의 발행지점인 위 역전지점에 확인만 하였다면, 윤하주가 무권리자임을 쉽게 알 수 있었음에도 이를 게을리 한 잘못으로 인하여, 박강준, 윤하주에 의하여 B연합회의 예금이 부정하게 본건 수표로 인출되었다가 현금으로 교환되어 이들이 본건 수표금을 횡령하게 된 것이라고 주장하여, H은행은 위 지점 직원의 사용자로서 이로 인하여 B연합회가 입은 손해인 본건 미회수금을 배상할 책임이 있음을 주장할 권리를 가지는지의 여부가 문제된다.

(2) 설문의 해결

본 사례의 경우에, H은행이 대전지점, 대흥동지점, 은행동지점의 직원들의 사용자로서 이로 인하여 B연합회가 입은 손해인 본건 미회수금을 배상할 책임이 있는지의 여부와 관련해서는, H은행에게 민법 제756조 소정의 사용자책임이 성립하여야 하는바, 다음에서 보는 바와 같이 H은행 대전지점, 대흥동지점, 은행동지점의 직원들이 윤하주가 가져 온 H은행 역전지점 발행의 액면금 1억원의 자기앞수표 20장인 본건 수표를 다른 수표로 교환하여 주거나 현금으로 교환하여 줌에 있어 과실이 인정되기만 하면 H은행에게 민법 제756조 소정의 사용자책임이 성립하는 것에는 문제가 없다.[3]

민법 제756조(사용자의 배상책임) **제1항**

타인을 사용하여[4] 어느 사무[5]에 종사하게 한 자는 피용자가 그 사무집행에 관하여[6] 제3자[7]에게 가한 손해[8]를 배상할 책임이 있다. 그러나 사용자가 피용자의 선임 및 그 사무감독에 상

3. 본 사례에 관한 대법원 2002. 2. 26. 선고 2000다71494,71500 판결에서도, H은행 대전지점, 대흥동지점, 은행동지점의 직원들의 과실 유무를 제외한 사용자책임의 나머지 성립요건들에 대해서는 쟁점으로 다루어지지 않았다.

4. 실질적으로 지휘 · 감독하는 관계에 있어야 한다. 대법원 1999. 10. 12. 선고 98다62671 판결(… 중간 생략 … 사용자책임이 성립하려면 사용자와 불법행위자 사이에 사용관계, 즉 사용자가 불법행위자를 실질적으로 지휘 · 감독하는 관계에 있어야 한다).

5. 사무의 개념은 폭넓게 인정된다. 대법원 1989. 10. 10. 선고 89다카2278 판결(민법 제756조가 규정하고 있는 사용자책임의 요건으로서의 사용자의 사무라 함은 법률적 · 계속적인 것에 한하지 않고 사실적 · 일시적 사무라도 무방한 것이므로 … 이하 생략 …).

6. 사무집행관련성은 외형이론에 따른다. 대법원 1984. 2. 28. 선고 82다카1875 판결(민법 제756조 소정의 "피용자가 그 사무집행에 관하여"라 함은 사용자의 사업집행 자체 또는 이에 필요한 행위뿐만 아니라 이에 상당한 견련관계에 있는 행위도 포함되는 것이고, 또 피용자가 사용자의 이익을 도모할 의사 없이 사리를 취하기 위하여 그 권한을 남용하여 한 행위라도 외형상 피용자의 직무범위에 속한다고 볼 수 있는 경우에는 이에 포함된다고 할 것이다).

7. 피해자에게 고의 또는 중과실이 있으면 피해자는 본조에 따른 책임을 청구할 수 없다. 대법원 2003. 1. 10. 선고 2000다34426 판결(피용자의 불법행위가 외관상 사무집행의 범위 내에 속하는 것으로 보이는 경우에도 피용자의 행위가 사용자나 사용자에 갈음하여 그 사무를 감독하는 자의 사무집행 행위에 해당하지 않음을 피해자 자신이 알았거나 또는 중대한 과실로 알지 못한 경우에는 사용자 또는 사용자에 갈음하여 그 사무를 감독하는 자에 대하여 사용자책임을 물을 수 없다 할 것인데, … 이하 생략 …).

8. 사용자책임이 성립하려면, 피용자의 제3자에 대한 민법 제750조 소정의 불법행위 책임요건을 충족해야 한다. 대법원 1981. 8. 11. 선고 81다298 판결[책임무능력자(국민학교 1학년생)의 대리감독자(담임교사)에게 민법 제755조 제2항에 의한 배상책임이 있다고 하여 위 대리감독자의 사용자 또는 사용자에 갈음한 감독자(위 학교를 설립 경영하는 지방자치단체)에게 당연히 민법 제756조에 의한 사용자책임이 있다고 볼 수는 없으며, 책임무능력자의 가해행위에 관하여 그 대리감독자에게 고의 또는 과실이 인정됨으로써 별도로 불법행위의 일반 요건을 충족한 때에만 위 대리감독자의 사용자 또는 사용자에 갈음한 감독자는 민법 제756조의 사용자책임을 지게 된다] ; 민법 제750조(불법행위의 내용) : [고의 또는 과실로 인한 위법행위로 타인에게 손해를 가한 자는 그 손해를 배상할 책임이 있다].

당한 주의를 한 때 또는 상당한 주의를 하여도 손해가 있을 경우[9]에는 그러하지 아니하다.

한편, H은행 대전지점, 대흥동지점, 은행동지점의 직원들이 본건 수표금의 지급과 관련하여 주의의무를 다하지 못한 과실이 있는지와 관련해서는, 수표법 제35조(지급인의 조사의무)가 쟁점으로 제기되는바, 그와 관련된 법리에 대하여 살펴본다.

수표법 제35조[10]

제1항: 배서로 양도할 수 있는 수표의 지급인은 배서의 연속[11]이 제대로 되어 있는지를 조

9. 이 점에 대해서는 사용자가 주장 및 입증책임을 부담한다. 대법원 1998. 5. 15. 선고 97다58538 판결(민법 제756조 제1항 및 제2항의 책임에 있어서 사용자나 그에 갈음하여 사무를 감독하는 자는 그 피용자의 선임과 사무감독에 상당한 주의를 하였거나 상당한 주의를 하여도 손해가 있을 경우에는 손해배상의 책임이 없으나, 이러한 사정은 사용자 등이 주장 및 입증을 하여야 한다).

10. 어음의 경우에는 다음과 같이 규정하고 있다. 어음법 제40조(지급의 시기 및 지급인의 조사의무): [제1항: 환어음의 소지인은 만기 전에는 지급을 받을 의무가 없다. 제2항: 만기 전에 지급을 하는 지급인은 자기의 위험부담으로 하는 것으로 한다. 제3항: 만기에 지급하는 지급인은 사기 또는 중대한 과실이 없으면 그 책임을 면한다. 이 경우 지급인은 배서의 연속이 제대로 되어 있는지를 조사할 의무가 있으나 배서인의 기명날인 또는 서명을 조사할 의무는 없다. 제4항: 제38조 제3항에 따른 지급 제시의 경우 지급인 또는 지급인으로부터 지급을 위임받은 금융기관은 제3항 후단에 따른 배서의 연속이 제대로 되어 있는지에 대한 조사를 제시금융기관에 위임할 수 있다] ; 어음법 제77조(환어음에 관한 규정의 준용): [제1항: 약속어음에 대하여는 약속어음의 성질에 상반되지 아니하는 한도에서 다음 각 호의 사항에 관한 환어음에 대한 규정을 준용한다. 3. 지급(제38조부터 제42조까지)].

11. 이를 수표소지인의 형식적 자격이라고 하는데, 현재의 소지인에 이르기까지 배서가 중단됨이 없이 연속되어 있는 것을 말한다. 한편, 각 배서가 형식에 있어서 유효하여 연속되어 있고 수취인(또는, 피배서인)과 배서인의 표시가 순차적인 동일성이 인정되면 되므로, 실질에 있어서 무효, 취소의 사유가 있더라도 배서의 연속은 인정된다. 대법원 1971. 4. 30. 선고 71다455 판결(어음의 배서연속은 형식상 존재함으로써 족하고 또 형식상 존재함을 요한다) ; 대법원 1971. 5. 24. 선고 71다570 판결(어음배서의 연속은 형식상 존재함으로써 족하고 어음의 기재 자체에 의하여 배서의 연속이 증면되면 족하다) ; 대법원 1973. 12. 26. 선고 73다1436 판결(회사나 기타 법인이 어음행위를 하려면 대표기관이 그 법인을 위하여 하는 것임을 표시하고 자기성명을 기재하여야 하는 것은 대표기관 자신이 직접 어음행위를 하는 경우이고 대리인이 어음행위를 하려면 어음상에 대리관계를 표시하여야 하는바, 그 표시방법에 대하여 특별한 규정이 없으므로 어음상에 대리인 자신을 위한 어음행위가 아니고 본인을 위하여 어음행위를 한다는 취지를 인식할 수 있을 정도의 표시가 있으면 대리관계의 표시로 보아야 할 것인바, 본건에 있어 "연합실업주식회사 이사 김용식"이라는 표시는 동 회사의 대리관계의 표시로써 적법한 표시로 인정하여야 할 것이고 또 배서의 연속이란 그 배서가 형식적으로 연속되어 있으면 실질적으로는 연속되어 있지 아니하더라도 배서의 연속이 있는 어음이라 할 것이니 위 이사 김용식이 진정한 대리인인지의 여부에 불구하고 피배서인인 원고 등은 배서의 연속이 있는 어음의 적법한 소지인으로서의 추정을 받는다 할것임에도 불구하고) ; 대법원 1973. 6. 22. 선고 72다2026 판결(약속어음의 점유자가 배서의 연속에 의하여 그 권리를 증명하는 때에는 이를 적법한 소지인으로 추정하게 되어 있고 배서의 연속은 오로지 어음의 외관상 배서 연속이 되어 있으면 되는 것이며 중간에 허무인이 배서인으로 개재하더라도 무방

사할 의무가 있으나 배서인의 기명날인 또는 서명[12]을 조사할 의무는 없다.[13]

한 바이니) ; 대법원 1974. 9. 24. 선고 74다902 판결(약속어음의 배서가 위조된 경우에도 배서의 연속이 흠결된 것이라고 할 수 없으므로 피배서인은 배서가 위조되었는지의 여부에 관계없이 배서의 연속이 있는 약속어음의 적법한 소지인으로 추정되며 다만 발행인은 소지인이 악의 또는 중대한 과실로 취득한 사실을 주장 · 입증하여 발행인으로서의 어음채무를 면할 수 있을 뿐이다) ; 대법원 1995. 9. 15. 선고 94다54856 판결(정당한 어음소지인이 자신의 배서 앞뒤에 임의의 사람을 중간 배서인으로 기재하여 어음을 양도한 경우, 약속어음을 양도한 자가 정당한 소지인인 이상 그 양수인은 적법하게 어음상의 권리를 이전받는다) ; 대법원 1995. 6. 9. 선고 94다33156 판결[원심은 피고(합병 전의 합자회사 풍산건업을 말한다. 이하 같다)는 1992. 3. 28. 소외 백종덕에게 액면 금 20,000,000원, 지급기일 같은 해 7. 10. 지급지 대전, 지급장소 국민은행 대전 유천동지점, 수취인 소외 한국상사로 된 약속어음 1매를 발행하였고, 소외 주식회사 한국상사 대표이사 백종덕은 같은 날 원고 은행 대전지점을 피배서인으로 하여, … 중간 생략 … 배서를 한 사실 … 중간 생략 … 을 각 인정한 다음, 위 인정사실에 의하면 이 사건 약속어음의 수취인인 한국상사라 함은 개인 백종덕을 지칭하는 것으로 보아야 할 것이고 제1배서인인 주식회사 한국상사 대표이사 백종덕은 법인인 위 회사를 의미하는 것이므로 그 동일성이 인정된다고 할 수 없어 위 약속어음은 수취인과 제1배서인 사이의 배서의 연속이 흠결되었다고 할 것이며 따라서 위 백종덕과 위 주식회사 한국상사간의 실질적인 권리승계 사실에 관한 주장 · 입증이 없는 이상 원고는 위 어음상의 권리를 행사할 수 없다는 이유로 원고의 이 사건 어음금청구를 배척하였다. 그러나 어음의 배서연속은 형식상 존재함으로써 족하고 또 형식상 존재함을 요한다고 할 것인바 이 사건 약속어음의 수취인란과 제1배서인란의 각 기재가 원심이 확정한 바와 같다면 양자의 표시는 형식적으로 동일인이라고 인정함이 상당하다 할 것이고, 따라서 이 사건 약속어음의 배서는 연속되어 있다고 보아야 할 것이다] ; 대법원 1995. 9. 15. 선고 95다7024 판결[어음에 있어서의 배서의 연속은 형식상 존재함으로써 족하고 또 형식상 존재함을 요한다 할 것이나(대법원 1995. 6. 9. 선고 94다33156 판결 참조), 형식상 배서의 연속이 끊어진 경우에 딴 방법으로 그 중단된 부분에 관하여 실질적 관계가 있음을 증명한 소지인이 한 어음상의 권리행사는 적법하다 할 것이다(대법원 1969. 12. 9. 선고 69다995 판결 참조). 원심판결 이유에 의하면 원심은, 그 판시와 같은 사실을 인정한 다음, 이 사건 각 약속어음의 배서에 있어 전 배서의 피배서인 "박찬희"와 다음 배서의 배서인 "주식회사 우전상사 대표이사 박찬희"의 기재나 전 배서의 피배서인 "김왕근"과 다음 배서의 배서인 "주식회사 우전상사 대표이사 김왕근"의 기재는 형식상 동일성이 인정되지 아니하여 형식상 그 배서의 연속은 없으나, 소외 김왕근이 피고의 승낙을 얻어 상호를 "우전상사", 대표자를 피고 명의로 하여 사업자등록을 하고 그 명의를 사용하여 영업을 하면서 거래처와의 관계에 있어서 피고 또는 위 김왕근의 명칭을 실재하지도 아니하는 "주식회사 우전상사 회장 박찬희" 또는 "대표이사 김왕근"으로 사용하여 온 점 등에 비추어 이 사건 각 약속어음의 배서에 배서인을 "주식회사 우전상사 대표이사 박찬희" 또는 "대표이사 김왕근"이라고 기명 · 날인하여 한 위 각 배서는 피고 또는 김왕근 개인을 표시하는 것이라고 봄이 상당하므로 이 사건 각 약속어음의 배서는 개인 명의로 연속된다고 판단하였는바, 이를 기록과 대조하여 살펴보면 원심의 위와 같은 판단은 옳다고 여겨지고].

12. 배서인의 기명날인 또는 서명이나, 수표 소지인이 적법한 원인에 기하여 수표를 취득하였는지 등을, 수표소지인의 실질적 자격이라고 한다.

13. 수표발행인과 지급은행 간에 면책특약이 있는 경우에, 그러한 면책특약이 제한적으로 해석된다는 점을 유의해야 한다. 대법원 1975. 3. 11. 선고 74다53 판결(피고은행이 원고가 제출한 인감 명판 등을 대조하여 취급상 보통의 주의로써 상위 없음을 인정하고 지급을 필한 수표는 위조 변조 등 기타의 사유로 인하여 손해가 생길지라도 피고은행은 그 책임을 지지 아니한다는 취지의 약정이 있음을 알 수 있으나 위 약정에 금액란의 변조여부 식별 조항이 기입되지 아니하였다 하여 은행이 수표금을 지급함에 있어

제2항: 제31조 제2항[14]에 따른 지급제시의 경우 지급인은 제1항에 따른 배서의 연속이 제대로 되어 있는지에 대한 조사를 제시은행에 위임할 수 있다.

검토컨대, 본 사례의 설문에 대하여는 다음과 같은 견해가 제기될 수도 있을 것이다.

[박강준은 B연합회의 자금을 관리하면서 예금인출업무를 수행하여 왔고, 본건 정기예금 20억원을 자기앞수표로 인출하였던 것은 B연합회 충남지부 부지부장의 지시에 따른 것이므로 이러한 예금인출과정에서 H은행 역전지점의 직원들에게 어떠한 과실이 있었다고 볼 수는 없고, 일반적으로 자기앞수표는 그 소지인의 실명확인만으로 현금과 같이 유통되고 현금으로 교환되는 것이므로, 소지인의 실질적 무권리성을 의심하게 할 만한 특별한 사정이 없는 이상 고액의 자기앞수표라고 하여 그 소지에 이르게 된 실질적인 자격 여부까지 심사할 의무는 없다 할 것이다.

그런데 윤하주는 건설회사인 D사의 대표이사로서 본건 수표를 교환하기 6일 전부터 H은행의 직전 행원이던 김용무를 통하여 미리 H은행의 은행동지점과 대흥동지점에 밀린 임금 등의 지급을 위하여 필요하니 현금을 준비하여 줄 것을 부탁하면서, D사 명의로 예금계좌까지 개설하였고, 교환 당일 위 은행동지점에서는 그 계좌로 자기앞수표를 입금한 뒤 이를 현금으로 인출하였던 이상, H은행으로서는 윤하주가 무권리자임을 의심할 만한 특별한 사정이 있었다고는 볼 수 없다 할 것이다.

따라서 H은행 은행동지점 및 대흥동지점의 직원들은 본건 수표를 현금으로 교

서 인감이나 필적(명판) 등이 변조되었는지의 여부에만 주의할 것이 아니라 그 이외의 기재인 금액란 등이 변조되였는지의 여부도 선량한 관리자의 주의로써 식별하여야 할 은행이 가지는 고유의 주의의무의 일부가 면제되었다 할 수 없고 또 위 약정에 표시된 보통의 주의의무란 수표 등을 취급하는 은행원으로서 지녀야 할 통상적 주의를 뜻하는 것으로서 그 내용은 다만 육안으로 식별하는 데 그칠 것이 아니고 은행이 보편적으로 간편하게 사용할 수 있는 기기 등을 이용하는 등 성실한 업무처리로 그 진위의 식별에 임하여야 할 주의의무를 뜻한다 할 것이니 이는 은행이 금융순환의 중추적 역할을 담담하고 있으므로 인하여 반드시 지녀야 할 은행업무의 공신력 유지를 위하여 당연한 귀결이라 할 것이다. 그렇다면 위 약정에 있어서 보통의 주의라는 문언을 은행이 중과실 있을 경우에만 책임지고 경과실로 인하여 위조 변조사실을 식별치 못한 경우에는 은행이 책임을 지지 아니한 다는 취지로 판단할 수는 없다 할 것이다).

14. 수표법 제31조(어음교환소에서의 제시): [제1항: 어음교환소에서 한 수표의 제시는 지급을 받기 위한 제시로서의 효력이 있다. 제2항: 소지인으로부터 수표의 추심을 위임받은 은행(이하 제35조 제2항 및 제39조 제2호에서 "제시은행"이라 한다)이 그 수표의 기재사항을 정보처리시스템에 의하여 전자적 정보의 형태로 작성한 후 그 정보를 어음교환소에 송신하여 그 어음교환소의 정보처리시스템에 입력되었을 때에는 제1항에 따른 지급을 받기 위한 제시가 이루어진 것으로 본다].

환하여 줌에 있어 사고수표인지 여부의 확인 내지 실명확인을 거침으로써 자신들의 주의의무를 다하였다고 할 것이고, 또한 H은행 대전지점 직원이 본건 수표를 위와 같은 경위로 윤하주에게 반환하는 마당에 굳이 본건 수표의 발행인이 H은행 역전지점이라는 이유만으로 역전지점에 윤하주가 본건 수표의 적법한 소지인인지 여부를 확인하여야 할 주의의무가 있다고 볼 수도 없으므로 H은행의 직원들에게 과실이 있음을 전제로 하는 B연합회의 본건 미회수금 지급 청구는 타당하지 못하다].[15]

그러나 요컨대 수표법 제35조의 취지에 의하면, 수표지급인인 은행이 수표상 배서인의 기명날인 또는 서명, 혹은 수표 소지인이 적법한 원인에 기하여 수표를 취득하였는지 등 실 권리관계를 조사할 의무는 없다고 할 것이지만, 수표금 지급사무를 처리하는 은행에게 선량한 관리자로서의 주의를 기울여 그 사무를 처리할 의무가 있다고 할 것인 이상, 통상적인 거래기준이나 경험에 비추어 당해 수표가 분실 혹은 도난 · 횡령되었을 가능성이 예상되거나 또는 수표소지인이 수표를 부정한 방법으로 취득하였다고 의심할 만한 특별한 사정이 존재하는 때에는 그 실질적 자격에 대한 조사의무를 진다고 할 것이다.[16]

위와 같은 법리에 근거하여 본 사례를 살펴보면, 먼저 윤하주가 박강준으로부터 액면 1억원의 자기앞수표 20장을 건네 받아 H은행 은행동지점과 대흥동지점에서 이를 현금으로 바꾸어 지급받음에 있어, H은행 위 지점들은 비록 사전에 자기 은행의 퇴직 직원을 통하여 윤하주가 고액의 수표를 현금으로 인출하려고 하니 이를 준비하여 줄 것을 요청받은 바 있었음이 인정된다.

그러나 그렇다고 하더라도 첫째, D사나 윤하주와는 종전에 전혀 거래관계가 없었고 본건 수표금 지급으로 처음 거래관계를 맺게 된 것이어서 D사의 사업자등록증을 확인한 것 이외에는 그들의 신용이나 재산상태, 영업현황 등에 관하여 전혀 파악한 바가 없었고, 둘째, 당초 서울에서 자금이 내려온다고 하던 말과 달리 현금 인출을 위하여 제시된 것은 H은행 대전 지역의 지점에서 당일 아침 불과 1시간 전에 발행된 자기앞수표였을 뿐만 아니라, 셋째, 그 발행지점(역전지점)이 같은 시내(더구나 거리도 멀지 않은 곳)에 있음에도 발행 당일 이에 인접한 은행동지점과 대흥동지점에 액면 1억원의 자기앞수표 17장과 3장을 일거에 전액 현금으로, 그것도 소액인 10만원

15. 이상의 견해는, 본 사례에 관한 항소심 판결(대전고등법원 2000. 11. 16. 선고 99나6607 판결)에서의 결론인데, 의미를 손상하지 않는 범위 내에서 문구를 약간 편집하여 기재하였다.

16. 본 사례에 관한 대법원 2002. 2. 26. 선고 2000다71494,71500 판결의 입장이다.

권의 자기앞수표도 전혀 포함되지 않기를 희망하는 의사표시를 하면서 인출하겠다고 요청한 사실이 각각 인정된다.

그렇다면 이러한 사정과 위 두 지점에 지급요청한 금액의 규모와 현금으로 인출할 때의 엄청난 부피, 용도, 취급에 있어서의 번잡과 위험부담 등을 종합적으로 고려할 때, 이와 같은 고액 수표의 전액 현금 지급요청은 정상적인 자기앞수표 소지인이라면 매우 이례적인 것이어서 그 수표가 혹시 분실 · 도난 · 횡령된 것이거나 혹은 수표제시자가 그 수표를 부정한 방법으로 취득하였다고 의심할 만한 사유가 있었다고 할 것이다.

따라서 이처럼 초면의 내방객으로부터 고액의 현금 지급을 요청받은 위 두 지점 직원으로서는 마땅히 발행지점(역전 지점)에 본건 수표의 발행경위와 발행의뢰인 등을 확인하고 다시 그 확인된 발행 의뢰인(B연합회)에게 직접 또는 발행지점을 통하여 본건 수표를 사용하거나 타에 양도한 경위 등에 관하여 파악하려는 노력을 기울여 보았어야 할 것인데, 이러한 점은 특히 위 발행지점과 B연합회의 충남지부는 같은 건물의 1층과 3층에 각각 위치하고 있다는 점을 고려하면 더욱 그러하다.

그런데 본 사례의 경우에는, 그러한 확인이나 파악, 노력을 전혀 기울이지 않은 채 단지 사고수표인지 여부와 실명 여부만을 확인하여 고액의 현금을 지급한 것은, B은행은 본건 수표금 지급에 있어서의 지급인으로서의 수표법 제35조 소정의 주의의무를 다하지 못한 과실이 인정되고, 사용자책임의 나머지 성립요건의 충족에도 문제가 없으므로, 결국 B연합회는 H은행에게 사용자책임을 물어 본건 미회수금의 지급을 청구할 수 있는 권리를 가진다고 할 것이다.[17]

---

17. 이상의 결론에 대해서는 본 사례에 관한 대법원 2002. 2. 26. 선고 2000다71494,71500 판결 참조.

사례 37

재소구(再遡求)

다음과 같은 사실관계 하에서, 아래의 각 질의에 대해 답하시오.[1]

(1) 약속어음의 발행 및 교부

S주식회사(이하, "S사")는 1995. 12. 10. 액면금 1,500만원, 지급기일 1996. 2. 5., 발행지 및 지급지 각 용인시, 지급장소 D은행 신갈동지점으로 된 약속어음 1장(이하, "본건 제1어음")을, 1995. 12. 15. 액면금 940만원, 지급기일 1996. 2. 15., 발행지 및 지급지 각 용인시, 지급장소 D은행 신갈동지점으로 된 약속어음 1장(이하, "본건 제2어음"이라 하고, 본건 제1어음 및 본건 제2어음을 집합적으로 "본건 어음들"이라 함)을 각 발행하여 Y주식회사(이하, "Y사")에게 교부하였다.

(2) 그 후, 백지식 배서, 단순교부, 백지식 배서

Y사는 본건 제1어음 및 본건 제2어음을 피배서인을 백지로 한 백지식 배서[2]에 의하여 이를 장호영에게 각 양도하였으며, 장호영은 그 배서의 백지를 보충하지 아니한 채 본건 제1어음을 장상수에게, 본건 제2어음을 유호전에게 단순히 교부[3]함으로써 이를 각 양

---

1. 본 사례는 대법원 1998. 8. 21. 선고 98다19448 판결을 기초로 하여 작성된 것이다.
2. 피배서인의 기재가 있으면 기명식 배서, 없으면 백지식 배서라고 하는데, 백지식 배서에 의한 어음취득자는 백지의 피배서인란을 보충하지 않은 상태에서 배서를 하지 않고 단순한 교부만에 의하여 어음을 양도할 수 있으므로, 배서에 의한 소구의무를 부담하지 않기를 희망하는 어음취득자로부터 쉽게 어음할인을 받을 수 있는 장점이 있다. 즉, 배서를 하지 않고 양도하는 경우여서 어음상에 양도인의 기명날인, 서명이 없으므로 양도인은 담보책임을 부담하지 않는다. 대법원 1968. 12. 24. 선고 68다2050 판결(약속어음을 배서하면서 피배서인을 백지로 한 경우에 그 어음의 소지인이 어음상의 권리를 행사하려면 반드시 자기를 피배서인으로 기재할 필요는 없고 이를 보충하지 아니한 채로 청구한다 할지라도 적법하다).
3. 어음이나 수표의 경우에 백지식배서에 의한 어음취득자가 단순 교부에 의해 어음을 양도할 수 있다는, 즉 이 경우에 권리이전적 효력이 있다는 근거조문은 다음과 같다. 어음법 제14조(배서의 권리이전적 효력) 제2항: [배서가 백지식인 경우에 소지인은 다음 각 호의 행위를 할 수 있다. 1. 자기의 명칭 또는 타인의 명칭으로 백지(白地)를 보충하는 행위 2. 백지식으로 또는 타인을 표시하여 다시 어음에 배서하는 행위 3. 백지를 보충하지 아니하고 또 배서도 하지 아니하고 어음을 교부만으로 제3자에게 양도하는 행

도하였다.

그 후, 장상수는 본건 제1어음을 정구민에게, 유호전은 본건 제2어음을 J주식회사(이하, "J사")에게 각 백지식 배서[4]에 의하여 양도하였다.

(3) 그 후, 지급제시 및 지급거절

그 후 본건 제1어음 및 본건 제2어음은 모두 정구민 및 J사에 의해 각각 지급기일에 지급제시되었으나 각 지급거절되었다.

(4) 그 후, 소구(遡求) 및 장호영의 어음환수

그 이후 본건 제1어음에 대하여는 정구민이 장상수에게, 장상수는 장호영에게 차례로 소구하였고, 본건 제2어음에 대하여는 J사가 유호전에게, 유호전은 장호영에게 차례로 소구함으로써, 장호영이 각 어음금을 상환하고 본건 어음들을 환수하여 소지하고 있다.

한편, 본 사례와 관련하여 추가적으로 밝혀진 사실관계는 다음과 같다.

(1) 장호영은 D상사라는 상호로 운동용품 도매업과 함께 사채업을 하면서 1995. 12. 10. Y사의 대표이사였던 김택조로부터 본건 제1어음을, 1995. 12. 16. 본건 제2어음을 각 백지식으로 배서 · 양도받고 할인[5]해 주었다.

위] ; 어음법 제77조(환어음에 관한 규정의 준용) 제1항 : [약속어음에 대하여는 약속어음의 성질에 상반되지 아니하는 한도에서 다음 각 호의 사항에 관한 환어음에 대한 규정을 준용한다. 1. 배서(제11조부터 제20조까지)] ; 수표법 제17조(배서의 권리이전적 효력) 제2항] : [배서가 백지식인 경우에 소지인은 다음 각 호의 행위를 할 수 있다. 1. 자기의 명칭 또는 타인의 명칭으로 백지(白地)를 보충하는 행위 2. 백지식으로 또는 타인을 표시하여 다시 수표에 배서하는 행위 3. 백지를 보충하지 아니하고 또 배서도 하지 아니하고 수표를 교부만으로 제3자에게 양도하는 행위].

4. 어음이나 수표의 경우에 최후의 배서가 백지식인 경우, 그 어음의 소지인은 단순한 소지만으로도 형식적 자격을 갖게 되어 적법한 권리자로 추정된다(권리추정력). 어음법 제16조(배서의 자격 수여적 효력 및 어음의 선의취득) 제1항 : [환어음의 점유자가 배서의 연속에 의하여 그 권리를 증명할 때에는 그를 적법한 소지인으로 추정한다. 최후의 배서가 백지식인 경우에도 같다. 말소한 배서는 배서의 연속에 관하여는 배서를 하지 아니한 것으로 본다. 백지식 배서의 다음에 다른 배서가 있는 경우에는 그 배서를 한 자는 백지식 배서에 의하여 어음을 취득한 것으로 본다] ; 어음법 제77조(환어음에 관한 규정의 준용) 제1항 : [약속어음에 대하여는 약속어음의 성질에 상반되지 아니하는 한도에서 다음 각 호의 사항에 관한 환어음에 대한 규정을 준용한다. 1. 배서(제11조부터 제20조까지)] ; 수표법 제19조(배서의 자격 수여적 효력) : [배서로 양도할 수 있는 수표의 점유자가 배서의 연속에 의하여 그 권리를 증명할 때에는 그를 적법한 소지인으로 추정한다. 최후의 배서가 백지식인 경우에도 같다. 말소한 배서는 배서의 연속에 관하여는 배서를 하지 아니한 것으로 본다. 백지식 배서의 다음에 다른 배서가 있는 경우에는 그 배서를 한 자는 백지식 배서에 의하여 수표를 취득한 것으로 본다].

5. 어음할인이 대출에 해당하는지 어음의 매매에 해당하는지는 약정의 내용과 거래의 실태 등을 종합적으

(2) 그 후 장호영은 다시 본건 제1어음은 위 D상사에 운동용품 금속장식을 납품하던 장상수에게 물품대금 명목으로 배서 없이 백지식으로 교부·양도하였고, 장상수는 이

로 고려하여 결정한다. 대법원 2002. 4. 12. 선고 2001다55598 판결([1] 통상 어음할인이라 함은, 아직 만기가 도래하지 아니한 어음의 소지인이 상대방에게 어음을 양도하고 상대방이 어음의 액면금액에서 만기까지의 이자 기타 비용을 공제한 금액을 할인의뢰자에게 교부하는 거래를 말하는 것인데, 수표의 경우에는 만기가 없으므로 어음할인과 같은 엄격한 의미에서의 수표할인은 존재할 수 없으나 특정기일 전까지 지급제시를 하지 않기로 하고 수표금액에서 그 기간까지의 이자를 공제하는 방법에 의한 수표할인은 가능한바, 그와 같은 형태의 어음 또는 수표의 할인이 금융기관이 아닌 사인 간에 이루어진 경우 그 성질이 소비대차에 해당하는 것인지 아니면 어음의 매매에 해당하는 것인지의 여부는 그 거래의 실태와 당사자의 의사에 의하여 결정되어야 할 것이다. [2] 금융기관이 아닌 사인이 거래관계로 알게 된 상대방으로부터 자금의 융통을 요청받고는 거의 대부분 그 상대방이 발행인으로 된 융통어음과 수표를 교부받으면서 그 액면금액에서 만기 등까지의 이자를 공제한 나머지의 금액을 그 상대방에게 교부하였고, 소외 회사가 발행한 어음에 대하여도 그 상대방이 발행한 어음이나 수표와 같은 형태로 할인거래가 이루어졌다면 그 사인으로서는 그 어음 또는 수표 자체의 가치에 중점을 두고 이를 매수한 것이 아니라 어음 또는 수표의 할인의뢰인인 그 상대방의 신용이나 자력을 믿고서 그 상대방에게 어음 또는 수표를 담보로 금전을 대여하여 주었다고 봄이 상당하므로 그 사인과 그 상대방 간에는 어음 및 수표의 액면 상당 금액에 대한 원인관계인 계약이 체결되고, 그 어음 및 수표는 그와 같은 각 계약상의 채무를 담보하기 위하여 교부된 것으로 볼 여지가 많아 보인다고 한 사례). 대법원 2008. 1. 18. 선고 2005다10814 판결{"어음할인이 대출에 해당하는지 어음의 매매에 해당하는지는 약정의 내용과 거래의 실태 등을 종합적으로 고려하여 결정하여야 할 것이다(대법원 2002. 4. 12. 선고 2001다55598 판결 등 참조). 원심은 그 채용증거에 의하여, 그 고려종금이 1995. 2. 24. 부산종합터미널로부터 어음할인 기타 어음거래로 인한 채무, 채무자의 채무불이행으로 인한 손해금 및 기타 각종의 원인으로 인하여 부산종합터미널이 고려종금에 대하여 현재 부담하거나 또는 장래 부담하게 될 모든 채무를 담보하기 위하여 이 사건 근저당권을 설정받고 어음거래를 하여 온 사실, 고려종금은 1996. 12. 26. 부산종합터미널과 어음한도액을 129억원으로 한 어음거래약정을 체결한 사실, 그 약정서 제2조에는 "① 부산종합터미널이 발행, 배서, 인수, 참가인수 또는 보증한 어음에 의하여 차용을 받은 경우에는 어음 또는 차용금채권의 어느 것에 의하여 고려종금이 이행청구를 받더라도 이의를 제기하지 않겠다. ② 본 약정서에 의하여 고려종금이 취득한 부산종합터미널이 발행, 배서, 인수, 참가인수 또는 보증한 어음의 효력에 관하여 하자가 있는 경우라도 부산종합터미널은 어음상의 금액을 보통차용금으로서 고려종금이 지시하는 바에 따라 변제하겠다"고 되어 있고, 약정서 제4조 제2항에는 부산종합터미널이 고려종금에 대한 채무를 이행하지 않을 경우에는 고려종금에 지급하여야 할 금액에 대하여 연 21%의 비율에 의한 손해금을 지급하겠다고 되어 있는 사실, 고려종금은 위 어음거래약정에 따라 부산종합터미널이 발행한 5장의 기업어음(CP, 이하 '이 사건 어음들'이라고 한다) 액면금 합계 95억원 상당을 할인하여 주고, 다시 위 어음들에 대하여 지급보증을 하여 다른 금융기관에 매도한 사실 등을 인정한 다음, 고려종금이 부산종합터미널로부터 이 사건 어음을 할인하여 취득한 것을 대출에 해당하는 것으로 보아 부산종합터미널은 고려종금에 대하여 어음금채무와 대출금채무를 동시에 부담한다고 판단하였다. 기록에 의하여 살펴보면 원심의 사실인정과 판단은 정당한 것으로 수긍이 가고", "어음할인이 대출에 해당하는 경우, 채권자가 그 어음을 다른 사람에게 매도하거나 배서양도하여 그 대가를 얻었다고 하더라도, 채권자가 그 어음의 재할인이나 배서양도와 관련한 책임을 면하지 못하는 한 대출금채권이 당연히 소멸되는 것이라고는 할 수 없다"}.

를 다시 정구민에게 배서·양도하였는데 본건 제1어음이 지급거절되자 정구민은 장상수에게, 장상수는 장호영에게 각 소구하여 장호영이 이를 환수하였다.

(3) 한편 장호영은 본건 제2어음도 유호전에게 물품대금으로 배서 없이 백지식으로 교부·양도하였고, 유호전은 J사에 배서·양도하였는데, 본건 제2어음이 지급거절되자 J사는 유호전에게, 유호전은 장호영에게 소구하여 장호영이 이를 환수하였다.

이상과 같은 사실관계 하에서, 장호영은 Y사에게 본건 제1어음과 본건 제2어음의 각 어음금의 합계액(금 2,440만원)(이하, "본건 어음금")의 지급을 청구할 권리를 가지는가? 만약 그러하다면, 장호영의 Y사에 대한 본건 어음금 지급청구에 대하여 Y사는 장호영에게 어떠한 주장을 해볼 수 있는가?

(1) 문제의 소재

본 사례에서, 장호영이 Y사의 당시 대표이사였던 김택조로부터 본건 각 약속어음을 백지식으로 배서·양도받아 그중 본건 제1어음을 장상수에게, 본건 제2어음을 유호전에게 각 물품대금 명목으로 교부하였는데, 본건 각 어음에 대한 지급거절 후 그 소지인으로부터 각 소구를 당한 장상수 및 유호전이 장호영에게 위 각 어음에 대한 지급을 요구해 옴에 따라 장호영은 이를 각 지급한 후 본건 어음들을 환수하여 소지하고 있으므로, Y사는 본건 어음들에 대한 각 배서인으로서 장호영에게 본건 어음금(금 2,440만원)을 지급할 의무가 있는 것이 아닌지의 여부와 만약 그렇다면 장호영의 본건 어음금 지급청구에 대하여 Y사는 장호영에게 어떠한 주장을 해볼 수 있는지가 문제된다.

(2) 설문의해결

요컨대, 어음소지인 또는 자기의 후자에 대하여 소구의무를 이행하고 어음을 환수한 자가 다시 자기의 전자에 대하여 소구를 하는 것을 의미하는 재소구권[6] 행사가

6. 재소구를 재상환청구라고도 하고, 소구를 상환청구라고도 한다. 한편, 재소구의 관련 조문은 다음과 같다. 어음법 제47조(어음채무자의 합동책임): [제2항: 소지인은 제1항의 어음채무자에 대하여 그 채무부

가능하기 위해서 첫째, 실질적 요건으로서 소구의무자[7,8]가 소구권자[9,10]에게 소구의

담의 순서에도 불구하고 그중 1명, 여러 명 또는 전원에 대하여 청구할 수 있다. 제3항: 어음채무자가 그 어음을 환수한 경우에도 제2항의 소지인과 같은 권리가 있다] ; 어음법 제49조(재상환청구금액): [환어음을 환수한 자는 그 전자에 대하여 다음 각 호의 금액의 지급을 청구할 수 있다. 1. 지급한 총금액 2. 제1호의 금액에 대하여 연 6퍼센트의 이율로 계산한 지급한 날 이후의 이자 3. 지출한 비용] ; 어음법 제77조(환어음에 관한 규정의 준용) 제1항: [약속어음에 대하여는 약속어음의 성질에 상반되지 아니하는 한도에서 다음 각 호의 사항에 관한 환어음에 대한 규정을 준용한다. 4. 지급거절로 인한 상환청구(제43조부터 제50조까지, 제52조부터 제54조까지)].

7. 따라서 소구의무자가 아닌 자(예: 무담보배서인이나, 백지식배서에 의하여 어음을 양수한 후 단순한 교부만에 의하여 어음을 양도한 자)는, 비록 어음소지인의 소구에 응하였다고 하더라도 재소구권을 취득하지 못한다. 어음법 제15조(배서의 담보적 효력) 제1항: [배서인은 반대의 문구가 없으면 인수와 지급을 담보한다] ; 어음법 제77조(환어음에 관한 규정의 준용) 제1항: [약속어음에 대하여는 약속어음의 성질에 상반되지 아니하는 한도에서 다음 각 호의 사항에 관한 환어음에 대한 규정을 준용한다. 1. 배서(제11조부터 제20조까지)] ; 수표법 제18조(배서의 담보적 효력) 제1항: [배서인은 반대의 문구가 없으면 지급을 담보한다] ; 대법원 1990. 10. 26. 선고 90다카9435 판결(소구의무를 부담하지 않는 자가 어음소지인의 상환요구에 응하여 어음금을 지급하고 어음을 취득한 경우에는 전 배서인에 대하여 재소구할 수 없다).

8. 본건 어음들과 같이 약속어음의 경우의 소구의무자는 배서인 및 이를 위한 보증인, 그리고 소구의무자의 무권대리인이고, 발행인은 주채무자이지 소구의무자는 아니다. 어음법 제77조(환어음에 관한 규정의 준용) 제2항: [약속어음에 관하여는 제3자방에서 또는 지급인의 주소지가 아닌 지(地)에서 지급할 환어음에 관한 제4조 및 제27조, 이자의 약정에 관한 제5조, 어음금액의 기재의 차이에 관한 제6조, 어음채무를 부담하게 할 수 없는 기명날인 또는 서명의 효과에 관한 제7조, 대리권한 없는 자 또는 대리권한을 초과한 자의 기명날인 또는 서명의 효과에 관한 제8조, 백지환어음에 관한 제10조를 준용한다] ; 어음법 제8조(어음행위의 무권대리) ; [대리권 없이 타인의 대리인으로 환어음에 기명날인하거나 서명한 자는 그 어음에 의하여 의무를 부담한다. 그 자가 어음금액을 지급한 경우에는 본인과 같은 권리를 가진다. 권한을 초과한 대리인의 경우도 같다].

9. 따라서 무권리자에게 소구의무를 이행한 경우에는 재소구권을 취득하지 못한다. 대법원 1990. 10. 26. 선고 90다카9435 판결(지급거절증서 작성의무를 면제하고 약속어음을 배서 · 양도한 배서인 갑으로서는 어음소지인의 소구에 대하여 거절증서 작성이 없다는 이유로 청구를 거절할 수 없으므로, 갑으로부터 어음을 취득한 을이 지급거절증서작성의무를 면제하지 아니하고 최후소지인인 병에게 위 어음을 배서 · 양도 하였음에도 병에 대하여 거절증서작성 유무를 확인하지 아니하고 그 소구청구에 응하였다고 하더라도 그 점을 탓할 수 없을 것이므로 을의 소구를 거절할 수 없고, 어음의 배서인은 어음소지인의 소구에 응하였거나 기타의 사유로 어음을 회수한 경우에는 자기의 배서를 말소할 수 있고 그렇게 되면 그 배서는 배서의 연속에 관한 한 없는 것으로 보게 되어 있으므로 병이 적기에 거절증서를 작성하지 아니하였다 하여 갑의 을에 대한 소구의무에 어떠한 영향을 미친다고 할 수 없다).

10. 본건 어음들과 같이 약속어음의 경우의 소구권자는 1차적으로는 최후의 정당한 어음소지인이고, 제2차적으로는 소구의무를 이행하고 어음을 환수하여 새로이 어음소지인이 된 자이다. 어음법 제77조(환어음에 관한 규정의 준용) 제1항: [약속어음에 대하여는 약속어음의 성질에 상반되지 아니하는 한도에서 다음 각 호의 사항에 관한 환어음에 대한 규정을 준용한다. 4. 지급거절로 인한 상환청구(제43조부터 제50조까지, 제52조부터 제54조까지)] ; 어음법 제43조(상환청구의 실질적 요건): [만기에 지급이 되지 아니한 경우 소지인은 배서인, 발행인, 그 밖의 어음채무자에 대하여 상환청구권을 행사할 수 있다. 다음 각 호의 어느 하나에 해당하는 경우에는 만기 전에도 상환청구권을 행사할 수 있다] ; 어음법 제

무를 유효하게 이행할 것이 요구되고, 둘째, 형식적 요건으로서 소구의무자는 유효한 어음, 거절증서 및 영수를 증명하는 기재를 한 계산서[11]를 소구권자로부터 교부받아 소지하고 있어야 한다.[12]

검토컨대, 먼저 본 사례의 설문에 대하여는 다음과 같은 견해가 제기될 수도 있을 것이다.

[장호영이 재소구권에 의하여 어음금을 청구하기 위해서는 소지인이 지급기일에 지급제시를 하였다가 지급되지 아니하여야 할 뿐만 아니라, 소구의무자인 배서인 등이 지급제시 당시 확정되어야 하며, 그 소구의무자가 소구의무를 이행하고 어음을 환수한 경우여야 하므로, 이른바 백지식 배서에 의하여 약속어음을 취득하였다가 직접 타인 명의로 보충하여 교부하거나, 아무런 보충도 않은 채 단순히 교부에 의하여 그 어음을 양도한 자는 배서를 한 바도 없으므로 어음관계에서 완전히 이탈하고 담보책임을 부담하지도 않을 것이므로, 설사 소지인의 소구에 응하여 상환을 하고 어음을 환수하였다 할지라도 재소구권을 취득하지 못한다 할 것이다.

그런데 본 사례의 경우에는 첫째, 장호영은 D상사라는 상호로 운동용품 도매업과 함께 사채업을 하면서 1995. 12. 10. Y사의 대표이사였던 김택조로부터 본건 제1어음을, 1995. 12. 16. 본건 제2어음을 각 백지식으로 배서 · 양도받고 할인해 주었고, 둘째, 그 후 장호영은 다시 본건 제1어음은 위 D상사에 운동용품 금속장식을 납품하던 장상수에게 물품대금 명목으로 배서 없이 백지식으로 교부 · 양도하였고, 장상수는 이를 다시 정구민에게 배서 · 양도하였는데 본건 제1어음이 지급거절되자 정구민은 장상수에게, 장상수는 장호영에게 각 소구하여 장호영이 이를 환수하으며, 셋째, 장호영은 본건 제2어음도 유호전에게 물품대금으로 배서 없이 백지식으로 교부 ·

47조(어음채무자의 합동책임): [제1항: 환어음의 발행, 인수, 배서 또는 보증을 한 자는 소지인에 대하여 합동으로 책임을 진다. 제2항: 소지인은 제1항의 어음채무자에 대하여 그 채무부담의 순서에도 불구하고 그중 1명, 여러 명 또는 전원에 대하여 청구할 수 있다. 제3항: 어음채무자가 그 어음을 환수한 경우에도 제2항의 소지인과 같은 권리가 있다] ; 어음법 제49조(재상환청구금액): [환어음을 환수한 자는 그 전자에 대하여 다음 각 호의 금액의 지급을 청구할 수 있다].

11. 어음법 제50조(상환의무자의 권리) 제1항: 상환청구를 받은 어음채무자나 받을 어음채무자는 지급과 상환으로 거절증서, 영수를 증명하는 계산서와 그 어음의 교부를 청구할 수 있다.

12. 재소구의 경우에도 소구의 경우와 마찬가지로, 순차적 소구(소구의무자의 채무부담의 순서에 따라 소구하는 것)와 비약적 소구(소구의무자의 채무부담의 순서에 관계없이 소구하는 것)이 인정되고(어음법 제47조 제2항 전단, 제77조 제1항 제4호, 수표법 제43조 제2항 전단), 또한 변경권(특정한 소구의무자에게 청구하였다가, 다시 다른 소구의무자에 대하여 소구하는 것)도 인정된다(어음법 제47조 제4항, 제77조 제1항 제4호, 수표법 제43조 제4항).

양도하였고, 유호전은 J사에 배서 · 양도하였는데, 본건 제2어음이 지급거절되자 J사는 유호전에게, 유호전은 장호영에게 소구하여 장호영이 이를 환수하였음이, 각각 인정된다.

그렇다면 장호영은 이른바 백지식 배서에 의하여 Y사로부터 본건 어음들을 취득하였다가 보충이나 배서 없이 본건 어음들을 그대로 장상수 또는 유호전에게 교부하였으므로 장호영은 위 각 어음관계에서 완전히 이탈하였다고 할 것이므로 장상수, 유호전에게 소구의무를 이행하고 위 각 그 어음을 환수하였다 하더라고 소구의무 없는 자가 어음을 환수한 것이므로 재소구권이 없다 할 것이므로, 결국 장호영은 Y사에게 본건 어음금의 지급을 청구할 권리가 없다고 할 것이다].[13]

그러나 요컨대, 백지식 배서에 의하여 어음을 양수한 다음 단순히 교부에 의하여 이를 타인에게 양도한 자(장호영)가 소지인(장상수, 유호전)의 소구에 응하여 상환을 하고 어음을 환수한 경우, 그 전의 배서인(Y사)에 대하여 당연히 재소구권을 취득하는 것은 아니라고 하더라도, 상환을 받은 소지인(장상수, 유호전)이 그 전의 배서인(Y사)에 대하여 가지는 소구권을 민법상의 지명채권 양도[14]의 방법에 따라 취득하여 행사할 수 있는 것으로 보아야 하고, 다만 그 소구의무자(Y사)는 이에 대하여 양도인(장상수, 유호전)에 대한 모든 인적 항변으로도 양수인(장호영)에게 대항할 수 있을 뿐이라고 할 것이다.

그렇다면 장호영은, 장호영 자신이 직접 재소구권을 취득했다고 주장하는 근거가 아니라, 장상수, 유호전이 어음의 최후소지인(정구민, J사)에게 소구의무를 이행함으로써 Y사에 대한 재소구권을 취득하였는데, 장호영이 장상수, 유호전에 대하여 어음금을 상환하고 어음을 환수함으로써 그들(장상수, 유호전)로부터 Y사에 대한 재소구권을 양도받았다고 주장하는 근거에 의해서, Y사에게 일응 본건 어음금의 지급을 청구할 권리를 가진다고 할 것이다.

---

13. 이상의 견해는, 본 사례에 관한 항소심 판결(대전지방법원 1998. 3. 27. 선고 97나7941 판결)에서의 결론인데, 의미를 손상하지 않는 범위 내에서 문구를 약간 편집하여 기재하였다.

14. 관련 조문은 다음과 같다. 민법 제449조(채권의 양도성): [제1항: 채권은 양도할 수 있다. 그러나 채권의 성질이 양도를 허용하지 아니하는 때에는 그러하지 아니하다. 제2항: 채권은 당사자가 반대의 의사를 표시한 경우에는 양도하지 못한다. 그러나 그 의사표시로써 선의의 제3자에게 대항하지 못한다] ; 민법 제450조(지명채권양도의 대항요건): [제1항: 지명채권의 양도는 양도인이 채무자에게 통지하거나 채무자가 승낙하지 아니하면 채무자 기타 제3자에게 대항하지 못한다. 제2항: 전항의 통지나 승낙은 확정일자 있는 증서에 의하지 아니하면 채무자 이외의 제3자에게 대항하지 못한다].

한편, 이와 같은 장호영의 본건 어음금 지급청구에 대하여 Y사는 그가 장상수, 유호전에 대하여 가지는 모든 인적항변[15]으로 장호영에게 대항할 수 있다고 할 것이다.[16]

15. 모든 어음소지인에 대하여 대항할 수 있는 항변을 물적항변이라고 하는 반면에, 특정의 어음소지인에 대하여만 대항할 수 있는 항변을 인적항변이라고 한다. 물적항변의 예로는 위조, 변조의 항변, 배서불연속의 항변, 제권판결에 의한 항변 등을 들 수 있고, 인적항변의 예로는 어음 외의 특약의 항변, 융통어음의 항변 등을 들 수 있다. 정찬형, 『상법강의(하)』, 제369면 내지 제373면. 대법원 1987. 12. 22. 선고 86다카2769 판결(특정채권담보용으로만 사용한다는 조건으로 갑이 을에게 약속어음을 발행하고 어음소지인인 병 역시 그러한 사정을 알면서 특정채무의 담보용으로만 사용한다는 조건으로 수취인인 을로부터 위 약속어음을 배서 · 양도받았다가 위 약속어음으로 담보된 채무가 모두 이행되어 피담보채권이 모두 소멸되었다면 병은 특단의 사정이 없는 한 을에게 그 어음을 반환할 의무가 있을 뿐, 갑에게 어음상의 권리를 행사할 수 없다 할 것이므로 이러한 사유는 갑도 병에게 대항할 수 있는 항변사유가 된다고 할 것이다) ; 대법원 1995. 9. 15. 선고 94다54856 판결(융통어음을 발행한 자는 피융통자에 대하여 어음상의 책임을 부담하지 아니하지만, 그 어음을 양수한 제3자에 대하여는 달리 특별한 사정이 없는 한 선의 · 악의를 묻지 아니하고 대가 없이 발행한 융통어음이었다는 항변으로 대항할 수 없다).

16. 이상의 결론에 대해서는 본 사례에 관한 대법원 1998. 8. 21. 선고 98다19448 판결 참조.

[사례 38]

융통어음의 항변/어음의 선의취득

다음과 같은 사실관계 하에서, 아래의 각 질의에 대해 답하시오.[1]

(1) 1993. 2.경(본건 어음의 발행)

박형지는 이민구에게 박형지 발행의 약속어음을 할인의뢰하고, 이민구는 다시 어민서에게 위 약속어음의 할인의뢰를 하여 어민서가 은행 등으로부터 위 약속어음을 할인받으면 그로부터 그 할인금을 교부받는 방법으로 자금융통을 해오고 있었다.

그러던 중, 박형지는 1993. 2.경 이민구에게 지급지 서울특별시, 지급장소 H은행 여의도지점, 액면금, 수취인, 발행일, 지급기일은 모두 백지로 된 약속어음 1매(이하, "본건 어음")를 발행·교부하면서 할인을 의뢰하였고, 이민구는 어민서에게 본건 어음을 교부하고 할인을 의뢰하면서 어음금액란에 금 2천만원까지 기입할 수 있는 보충권을 수여하였다.

(2) 그 후, 본건 어음의 보충(補充), 할인(割引)

어민서는 본건 어음의 발행일을 1993. 2. 25., 액면금 1,991만원(이하, "본건 어음금"), 지급기일 1993.5. 3., 수취인 삼조기계 이보규라고 보충한 후, 어민서를 피배서인으로 하는 이보규 명의의 제1배서를 임의로 기재하고, 이어 이여중을 피배서인으로 하는 어민서 명의의 제2배서를 한 다음, 어지순을 피배서인으로 하는 이여중 명의의 제3배서를 임의로 기재하고, 다시 S상호신용금고를 피배서인으로 하는 어지순 명의의 제4배서를 임의로 기재하고서 S상호신용금고에게 본건 어음을 양도하고 어음할인을 받았다.

(3) 그 후, 어민서의 할인금(割引金) 횡령(橫領)

그 후 어민서는 박형지에게 위 할인금을 교부하지 않고서 횡령한 후 도주하였다.

(4) 그 후, 본건 어음의 지급거절

한편, S상호신용금고는 1993. 5. 3. 본건 어음을 지급장소인 H은행 여의도지점에 지급제시하였으나, 피사취를 이유로 지급거절되었다.

---

1. 본 사례는 대법원 1995. 9. 15. 선고 94다54856 판결을 기초로 하여 작성된 것이다.

한편, 본 사례와 관련하여 추가적으로 밝혀진 사실관계들은 다음과 같다.

(1) 융통어음의 할인을 금지하고 있는 상호신용금고 업무운용준칙이나 상호신용금고의 대출및어음할인규정의 각 규정은 모두 단속규정에 불과하고 효력규정이라고 볼 수 없으므로 그 규정에 위반한 어음취득의 사법적 효력은 여전히 유효로 인정된다.[2]
(2) 박형지는, S상호신용금고가 어민서에게 융통어음인 본건 어음을 할인해 주고 이를 양도받음에 있어서, 융통어음의 할인의 방지를 위하여 요구되는 어음관련업체의 사업자등록증과 어음거래의 원인이 된 세금계산서 등을 어민서로부터 징구하지 않았으므로, S상호신용금고의 본건 어음금 지급 청구는 부당하다고 주장하고 있다.
(3) 박형지는, S상호신용금고가 박형지를 해할 의사로 어민서, 어지순 등과 공모하여 본건 어음을 취득하였다고 주장하나, 이와 같은 사실은 인정되지 않는다.

위와 같은 사실관계 하에서, 본건 어음의 최종소지인인 S상호신용금고가 본건 어음의 발행인인 박형지에게 본건 어음금의 지급을 청구하는 경우, 박형지가 다음의 설문들과 같은 주장을 하면서 그 지급을 거절하는 것은 법적으로 타당한가?

---

2. 단속규정이란 일정한 행위를 금지 또는 제한하지만 그 위반이 당연히 법률행위의 효력에 영향을 미치지 못하는 단순한 행정상의 금지법규를 말한다. 지원림, 『민법강의』, 제197면. 한편, 단속규정인지 효력규정인지의 구별기준으로는, 그러한 규정을 위반하는 것이 "사법상의 효력을 부인하여야 할 정도로 현저히 반사회성, 반도덕성을 지닌 것"인지 여부 등이라고 할 수 있다. 대법원 1988. 11. 22. 선고 87다카1836 판결(융통어음의 할인을 금하는 은행법과 금융통화경영위원회의 각 규정은 단속규정에 지나지 않고 효력규정이라고 볼 수 없으므로 위 규정에 위반하였다고 하여 어음할인대출의 사법상 효력까지 부인할 수는 없다) ; 대법원 2007. 10. 26. 선고 2005다33121 판결(농수산물유통 및 가격안정에 관한 법률 제32조가 도매시장법인은 도매시장에서 농수산물을 경매 또는 입찰의 방법으로 매매한다고 규정한 취지는 산지에서 도매시장으로 출하하는 세력과 도매시장에서 소비자 쪽으로 분산하는 세력을 분리시키고 양 세력의 경쟁을 통하여 농수산물 거래의 공정성과 투명성을 확보하기 위한 것이지만, 위 규정에 의하더라도 도매시장법인은 농림부령 또는 해양수산부령이 정하는 특별한 사유가 있는 경우에는 정가 또는 수의매매를 할 수 있고, 위 규정에 위반한 정가 또는 수의매매가 그 사법상의 효력을 부인하여야 할 정도로 현저히 반사회성, 반도덕성을 지닌 것이라고 할 수 없을 뿐만 아니라 위 규정을 이른바 효력규정으로 보아 이에 위반되는 수의매매 등을 무효로 본다면 오히려 농수산물의 원활한 유통을 저해할 우려가 있으므로 위 규정은 이른바 단속규정으로 볼 것이다) ; 특히 알려진 판례로는 대법원 1993. 1. 26. 선고 92다39112 판결(가. 주택건설촉진법상 국민주택에 관하여는 분양한 때로부터 일정한 기간 동안 전매행위가 금지되어 있기는 하나 이는 매수인이 국민주택사업주체인 분양자에게 전매사실로써 대항할 수 없다는 것이지 전매당사자 사이의 전매계약의 사법상 효력까지 무효로 한다는 취지는 아니다. 나. 부동산등기특별조치법상 조세포탈과 부동산투기 등을 방지하기 위하여 위 법률 제2조 제2항 및 제8조 제1호에서 등기하지 아니하고 제3자에게 전매하는 행위를 일정 목적범위 내에서 형사처벌하도록 되어 있으나 이로써 순차매도한 당사자 사이의 중간생략등기합의에 관한 사법상 효력까지 무효로 한다는 취지는 아니다).

설문 1 "S상호신용금고는 본건 어음을 선의취득 하지 못했다"는 주장
설문 2 "본건 어음이 융통어음이다"라는 주장

[설문 1] 어음의 선의취득

(1) 문제의 소재

본 사례에서 박형지가, 어민서가 본건 어음의 제1배서인으로 기재된 이보규 명의의 배서, 제3배서인으로 기재된 이여중 배서 및 제4배서인으로 기재된 어지순 명의의 배서를 각 위조하였으므로 어민서 내지 최종배서인인 어지순은 본건 어음의 정당한 권리자라고 할 수 없는데, S상호신용금고는 어민서 내지 어지순이 무권리자라는 점을 알면서 또는 어음발행인이나 그 배서인들에게 본건 어음의 진정여부를 확인하지 않고, 어음할인에 있어서 필요한 어음관련업체의 사업자등록증과 어음거래의 원인이 된 세금계산서 등을 어민서 내지 어지순으로부터 징구하지 않는 등의 중대한 과실로 이를 알지 못한 채 어민서로부터 본건 어음을 양도받았으므로 본건 어음상의 권리를 선의취득하지 못하였다고 주장하는 경우, 이와 같은 주장이 법적으로 타당한지의 여부가 문제된다.

(2) 설문의 해결

본 쟁점과 관련하여 어음법 제16조(배서의 자격수여적 효력 및 어음의 선의취득) 제2항은 다음과 같이 규정하고 있으므로, 먼저 관련 법리를 살펴본다.

❙ 어음법 제16조 제2항[3]

어떤 사유로든[4] 환어음의 점유를 잃은 자[5]가 있는 경우에 그 어음[6]의 소지인[7]이 제1항에 따라[8] 그 권리를 증명할 때에는 그 어음을 반환할 의무가 없다.[9,10,11] 그러나 소지인이 악의[12] 또는 중대한 과실[13,14,15]로 인하여 어음을 취득한 경우에는 그러하지 아니하다.

---

3. 이 규정은 환어음에 관한 규정이나 약속어음의 경우에도 준용되고 있다. 어음법 제77조(환어음에 관한 규정의 준용) 제1항: [약속어음에 대하여는 약속어음의 성질에 상반되지 아니하는 한도에서 다음 각

호의 사항에 관한 환어음에 대한 규정을 준용한다. 1. 배서(제11조부터 제20조까지)]. 한편, 수표의 경우에도 선의취득이 유사하게 인정되고 있다. 수표법 제21조(수표의 선의취득): [어떤 사유로든 수표의 점유를 잃은 자가 있는 경우에 그 수표의 소지인은 그 수표가 소지인출급식일 때 또는 배서로 양도할 수 있는 수표의 소지인이 제19조에 따라 그 권리를 증명할 때에는 그 수표를 반환할 의무가 없다. 그러나 소지인이 악의 또는 중대한 과실로 인하여 수표를 취득한 경우에는 그러하지 아니하다] ; 수표법 제19조(배서의 자격 수여적 효력): [배서로 양도할 수 있는 수표의 점유자가 배서의 연속에 의하여 그 권리를 증명할 때에는 그를 적법한 소지인으로 추정(推定)한다. 최후의 배서가 백지식인 경우에도 같다. 말소한 배서는 배서의 연속에 관하여는 배서를 하지 아니한 것으로 본다. 백지식 배서의 다음에 다른 배서가 있는 경우에는 그 배서를 한 자는 백지식 배서에 의하여 수표를 취득한 것으로 본다].

4. 따라서 도품, 유실물의 경우에도 어음의 선의취득이 인정되는데, 이 점은 동산의 선의취득에는 도품, 유실물의 경우에 원칙적으로 선의취득이 인정되지 않는 점과 구별된다. 민법 제250조(도품, 유실물에 대한 특례): [전조의 경우에 그 동산이 도품이나 유실물인 때에는 피해자 또는 유실자는 도난 또는 유실한 날로부터 2년 내에 그 물건의 반환을 청구할 수 있다. 그러나 도품이나 유실물이 금전인 때에는 그러하지 아니하다] ; 민법 제251조(도품, 유실물에 대한 특례): [양수인이 도품 또는 유실물을 경매나 공개시장에서 또는 동종류의 물건을 판매하는 상인에게서 선의로 매수한 때에는 피해자 또는 유실자는 양수인이 지급한 대가를 변상하고 그 물건의 반환을 청구할 수 있다].

5. 양도인이 무권리자인 경우 이외에 대리권의 흠결이나 하자의 경우에도, 선의취득이 인정된다. 대법원 1995. 2. 10. 선고 94다55217 판결[그러나 소외 회사 명의의 배서는 그 총무부장이던 소외 1이 위조하였고, 원고들은 소외 1으로부터 이 사건 어음들을 할인의 방법으로 취득한 사실을 인정한 다음, 원고들의 선의취득 항변에 대하여, 어음의 선의취득으로 인하여 치유되는 하자의 범위, 즉 양도인의 범위는 양도인이 무권리자인 경우뿐만 아니라 이 사건과 같이 대리권의 흠결이나 하자 등의 경우도 포함된다는 입장에서(당원 1993. 9. 24. 선고 93다32118 판결 참조), … 중간 생략 … 또한 원고들이 어음할인의 방법으로 이를 취득함에 있어 양도인의 실질적인 무권리성을 의심하게 할 만한 뚜렷한 사정도 엿볼 수 없는 이 사건에 있어서 위 각 어음 문면상의 제1배서인인 소외 회사에게 연락을 취하여 소외 회사 명의의 배서가 진정한지 여부를 알아보는 등 그 유통과정을 조사 확인하여야 할 주의의무까지 있다고는 할 수 없으므로(위 각 어음의 액면금이 다소 고액이라는 점과 원고들과 소외 회사 사이에 이전에 어음거래를 한 적이 없었던 사정을 덧붙인다 해도 원고들에게 중대한 과실을 인정하기는 어렵다) 원고들이 이 사건 각 어음을 선의취득하였다고 판단하였는바, 원심의 위와 같은 사실 인정과 판단은 옳게 수긍이 가고].

6. 백지어음의 경우에도 선의취득이 인정된다. 정찬형, 『상법강의(하)』, 제307면.

7. 어음법적 양도방법(예: 배서나 교부)에 따라 취득한 경우에 한정된다. 따라서 상속, 합병, 유증, 지명채권양도, 전부명령의 경우에는 선의취득이 인정되지 않고, 배서의 경우라 하더라도 기한후배서나 추심위임배서의 경우에도 선의취득이 인정되지 않는다(통설). 정찬형, 『상법강의(하)』, 제307면.

8. 어음취득자가 형식적 자격은 구비해야 함을 뜻하는바, 구체적으로, 배서에 의해 양도되는 경우에는 배서의 연속을, 교부만에 의해 양도되는 경우(예: 최후의 배서가 백지식인 경우)에는 단순한 소지를 각각 구비해야 한다. 정찬형, 『상법강의(하)』, 제308면.

9. 따라서 분실자는 어음상의 권리를 상실하고, 취득자는 어음상이 권리를 원시취득한다(통설). 정찬형, 『상법강의(하)』, 제311면.

10. 어음의 선의취득(제16조)과 어음의 인적 항변의 절단(제17조)는 서로 별개의 제도이다. 따라서 어음의 항변의 부착을 알아도 선의취득 요건을 구비하면(예: 양도인이 무권리자임에 대하여 선의·무중과실인 경우), 항변이 부착된 어음을 선의취득한다(통설). 정찬형, 『상법강의(하)』, 제312면.

11. 분실, 도난당한 자가 제권판결을 받은 경우, 제권판결 취득자와 선의취득자 간의 우열관계에 대해서는 다음의 판결들을 참조하기 바란다. 대법원 1993. 11. 9. 선고 93다32934 판결(약속어음에 관한 제권판

결의 효력은 그 판결 이후에 있어서 당해 어음을 무효로 하고 공시최고 신청인에게 어음을 소지함과 동일한 지위를 회복시키는 것에 그치는 것이고, 공시최고 신청인이 실질상의 권리자임을 확정하는 것은 아니나, 취득자가 소지하고 있는 약속어음은 제권판결의 소극적 효과로서 약속어음으로서의 효력이 상실되는 것이므로 약속어음의 소지인은 무효로 된 어음을 유효한 어음이라고 주장하여 어음금청구를 할 수는 없는 것이다. 따라서 이와 같은 견해에 터잡아 원고의 이 사건 약속어음금청구를 배척한 원심의 조처는 정당하고, 거기에 어음의 선의취득과 제권판결에 관한 법리를 오해한 위법이 있다고 할 수 없고, 원고가 공시최고 전에 선의취득하여 소송을 제기하였다고 하여 달리 볼 것이 아니다) ; 대법원 1982. 10. 26. 선고 82다298 판결(약속어음에 관하여 제권판결이 있으면 제권판결의 소극적 효과로서 그 약속어음은 약속어음으로서의 효력을 상실하고 약속어음의 정당한 소지인이라 할지라도 그 약속어음상의 권리를 행사할 수 없고, 일단 제권판결이 선고된 이상 약속어음상의 실질적 권리자는 제권판결의 효력을 소멸시키기 위하여 불복의 소를 제기하여 취소판결을 얻지 않는 한 약속어음상의 권리를 주장할 수 없다) ; 대법원 1979. 3. 13. 선고 79다4 판결(수표에 관한 제권판결이 있으면 그 선고와 동시에 형식적 확정력이 생기어 그 소극적 효과로써 그 수표는 수표로서의 효력을 상실하여 정당한 소지인이라 할지라도 그 수표상의 권리를 행사할 수 없으며, 제권판결의 신청인이 정당한 소지인을 알고 있었거나 수표금 청구소송을 당하고 있으면서 제권판결 신청을 하였다 할지라도, 일단 제권판결이 선고된 이상, 그 판결이 불복의 소에 의하여 취소되지 않는 한 당연무효로 되는 것은 아니다).

12. 어음의 취득시점을 기준으로 하여, 어음취득자의 직전의 양도인만을 기준으로 판단한다. 정찬형, 『상법강의(하)』, 제310면.

13. 따라서 경과실인 경우에는 어음의 선의취득이 인정되는데, 이 점은 동산의 선의취득에 선의 · 무과실이 요구되는 점과 구별된다. 민법 제249조(선의취득): [평온, 공연하게 동산을 양수한 자가 선의이며 과실없이 그 동산을 점유한 경우에는 양도인이 정당한 소유자가 아닌 때에도 즉시 그 동산의 소유권을 취득한다].

14. 의심할 만한 상황에 있는지, 그 경우에 조사의무를 인정함이 타당한지가 관건이 된다. 중과실이 인정된 예를 들면 다음과 같다. 대법원 1997. 5. 28. 선고 97다7936 판결([1] 어음, 수표를 취득함에 있어서 통상적인 거래기준으로 판단하여 볼 때 양도인이나 그 어음, 수표 자체에 의하여 양도인의 실질적 무권리성을 의심하게 할 만한 사정이 있는 데도 불구하고 이에 대하여 상당하다고 인정될 만한 조사를 하지 아니하고 만연히 양수한 경우에는 중대한 과실이 있다. [2] 은행이 어음을 담보취득함에 있어, 어음이 일반적으로 법인 발행의 어음에 비하여 지급이 불확실한 개인 발행의 어음이고, 발행인이나 배서인이 당해 은행과 아무런 거래실적이 없는 자이며, 지급 은행의 소재지와 다른 곳에 거주하는 배서인이 타지에서 담보제공하는 것이었고, 개인이 발행한 어음으로서는 비교적 고액이었으며, 특히 당시 어음의 지급기일 등 어음요건이 대부분 불비되어 있는 데다가 은행이 어음을 취득할 당시에 배서인이 어음을 발행인으로부터 공사대금조로 교부받았다고 하였다면 경험칙상 발행인이 지급기일 조차도 기재하지 않는다는 것은 극히 이례에 속하는 경우인 점에서 그 양도인의 실질적 무권리성을 의심하게 할 만한 사정이 있었다고 보여짐에도 불구하고 어음의 발행인에게 그 발행 경위에 관하여 확인하거나 지급 은행에 구체적인 정보조회를 하여 이의 의심을 해소할 만한 상당한 조사를 하여 보지도 아니한 채 이를 취득한 데에는 중대한 과실이 있다고 한 사례) ; 대법원 1981. 6. 23. 선고 81다167 판결(자칭 남원 거주의 면식없는 사람으로부터 이리 발행의 자기앞수표를 서울에서 취득함에 있어서 그 소지인의 인적 사항을 확인하지 아니하였음은 일반거래상의 중대한 과실이 있으므로 동 수표를 선의취득하였다고 할 수 없다) ; 대법원 1984. 11. 27. 선고 84다466 판결(상인이 물품판매대금으로 수표를 취득함에 있어 수표 이면에 적힌 전화번호에 전화를 걸어 확인하였더라면 그 수표가 절취품이라는 사실을 쉽게 알 수 있었을 경우에 그 확인전화를 하지 아니한 것은 수표취득에 있어 중대한 과실이 있다고 볼 것이다) ; 대법원 1980. 2. 12. 선고 79다2108 판결(원고가 액면 금 100만원의 수표 1매의 절취범인으로부터 일요일에 그 수표

‖ 어음법 제16조 제1항

환어음의 점유자가 배서의 연속에 의하여 그 권리를 증명할 때에는 그를 적법한 소지인으로 추정한다. 최후의 배서가 백지식인 경우에도 같다. 말소한 배서는 배서의 연속에 관하여는 배서를 하지 아니한 것으로 본다. 백지식 배서의 다음에 다른 배서가 있는 경우에는 그 배서를 한 자는 백지식 배서에 의하여 어음을 취득한 것으로 본다.

요컨대, 수취인란이 백지식인 어음을 정당하게 교부받은 어음소지인이 백지를 보충하여 타인에게 양도함에 있어 수취인란을 임의로 기재한 다음, 그 수취인을 제1배서의 배서인으로, 자신을 그 피배서인으로 하는 제1배서를 임의로 기재하고, 이어 자

를 받고 시계를 판 후 그 차액을 현금으로 지급하면서 그 수표 이면에 기재되어 있는 전화번호에 전화를 걸어 확인하지 아니한 경우에는 수표취득에 있어서 중대한 과실이 있다) ; 대법원 1990. 11. 13. 선고 90다카23394 판결(금은방 경영자 갑이 손님 을로부터 금 199돈의 십자가상의 제작을 주문받고 선금으로 받은 액면 금 1,000,000원의 자기앞수표가 결제되자 을을 신임하게 되어 5일 후 21:20경 그로부터 잔대금조로 액면 금 7,300,000원의 자기앞수표를 교부받으면서도 아무런 의심 없이 주민등록증도 확인하지 아니한 채 수표의 뒷면에 전화번호와 서명만을 기재하도록 하고는 다음 날 19:30경에야 위 전화번호로 전화를 걸어 보고 불통임을 알게 되었으며, 한편 위 수표에는 상단에 검은색 스탬프로 발행일자가 "APR.13.89"로 날인되어 있고, 중간부분에는 붉은색 스탬프로 발행일자가 "1989. 5. 24."로 중복날인되어 있었는데도 갑이 이를 유의하지 않은 채 위 수표를 취득한 것이라면 갑은 위 수표를 취득함에 있어 중대한 과실이 있었다 할 것이다) ; 대법원 1990. 12. 21. 선고 90다카28023 판결(갑이 수표거래가 처음인 잡화상 을에게 시계를 판매하고 자기앞수표 2장 액면 합계 8,000,000원을 교부받음에 있어 이미 발행은행에 도난신고가 되어 있어 수표의 진정여부에 대하여 전화확인 등 간단한 방법으로 이를 확인할 수 있었음에도 불구하고 이를 하지 않았고 수표 뒷면에 을의 명판만을 압날해 받았는데 을의 사업자등록이 그 다음 날 직권말소된 것으로 밝혀진 경우 갑은 위 수표를 취득함에 있어 중대한 과실이 있었다 할 것이다) ; 대법원 1993. 9. 24. 선고 93다32118 판결(회사의 직원이 약속어음의 회사 명의 배서를 위조함에 있어 날인한 회사의 인장이 그 대표자의 직인이 아니라 그 대표자 개인의 목도장이고, 그 어음금액이 상당히 고액인 점 등에 비추어, 위 약속어음을 할인의 방법으로 취득한 자에게 배서의 진정 여부를 확인 않은 중대한 과실을 인정한 사례).

15. 중과실이 부정된 예를 들면 다음과 같다. 대법원 1996. 11. 26. 선고 96다30731 판결([1] 상호신용금고가 상업어음만을 할인하여야 하는 규정에 위반하여 담보용으로 발행된 어음이나 융통어음을 잘못 할인하였다고 하여 곧바로 악의 또는 중대한 과실로 어음을 취득한 때에 해당한다고는 볼 수 없다. [2] 약속어음의 수취인 회사의 직원이 제3자와 공모하여 수취인 회사 명의의 배서를 위조하고 제3자 명의의 배서를 거쳐 상호신용금고로부터 어음할인을 받은 사안에서, 배서상 기재의 문제점이 있는 어음에 대하여는 상호신용금고의 어음취득상의 중대한 과실을 인정하고, 배서상 기재의 문제점이 없는 어음에 대하여는 중대한 과실을 인정하지 않은 사례) ; 대법원 1985. 5. 28. 선고 85다카192 판결(최후의 배서가 백지식으로 된 어음은 단순한 교부만으로 양도가 가능한 것이므로 원고가 어음할인의 방법으로 이를 취득함에 있어서는 양도인의 실질적인 무권리성을 의심하게 할 만한 특별한 사정이 없는 이상 어음문면상의 최후배서인에게 연락을 취하여 누구에게 양도하였는지를 알아보는 등 그 유통과정을 조사확인하지 아니하였다 하여 이를 가지고 그 어음취득에 있어서 중대한 과실이 있다고 할 수 없고, 이는 원고가 사채업자라 하여도 또한 같다).

신을 제2배서의 배서인으로, 임의의 사람을 그 피배서인으로 하는 제2배서를 하고, 그 임의의 사람을 제3배서의 배서인으로, 다른 임의의 사람을 그 피배서인으로 하는 제3배서를, 그 제3피배서인을 제4배서인으로, 어음의 양수인을 그 피배서인으로 하는 제4의 배서를 각 임의로 기재하는 방법으로 양도하였다고 하더라도, 어음의 양도인이 양도 당시 정당한 소지인인 이상 그 양수인은 적법하게 어음상의 권리를 이전받는다고 할 것이다.[16]

위의 법리를 중심으로 본 사례의 경우를 검토컨대, 어민서는 이민구로부터 수취인 등이 백지인 본건 어음의 할인을 의뢰받아 이를 교부받은 정당한 소지인이었으므로, 어민서가 이보규를 수취인 및 제1배서의 배서인으로, 어민서를 그 피배서인으로 하는 이보규 명의의 제1배서를 임의로 기재하고, 이어 이여중을 피배서인으로 하는 어민서 명의의 제2배서를 한 다음, 어지순을 피배서인으로 하는 이여중 명의의 제3배서를, S상호신용금고를 피배서인으로 하는 어지순 명의의 제4배서를 각 임의로 기재하여 S상호신용금고에게 본건 어음을 양도하고 어음할인을 받았다고 하더라도, S상호신용금고는 정당한 어음소지인이던 어민서로부터 본건 어음을 양도받은 것으로서 적법하게 본건 어음상의 권리를 취득하였다고 할 것이고, 이와 같이 S상호신용금고가 본건 어음상의 권리를 어민서로부터 적법하게 이전받은 이상, 어민서는 어음법 제16조 제2항 소정의 점유를 잃은 자에 해당하지 않으므로, 본 사례의 경우에는 어음법 제16조 제2항 소정의 선의취득제도 자체가 적용될 여지가 없다고 할 것이다.

따라서 본 사례의 경우에 박형지가, S상호신용금고에게 고의 또는 중대한 과실이 있어 S상호신용금고가 본건 어음상의 권리를 선의취득할 수 없다고 주장하면서 S상호신용금고의 본건 어음금 지급청구를 거절하는 것은 법적으로 타당하지 못하다 (즉, 정당한 어음소지인이 자신의 앞뒤에 임의의 사람을 중간 배서인으로 기재하여 어음을 양도한 경우, 어음양수인은 적법하게 권리를 취득한다고 할 것이다).[17]

---

16. 대법원 1993. 12. 10. 선고 93다35261 판결(수취인란이 백지식인 어음을 정당하게 교부받은 어음소지인이 백지를 보충하여 타에 양도함에 있어 수취인란을 임의로 기재한 다음, 그 수취인을 제1배서의 배서인으로, 자신을 그 피배서인으로 하는 제1배서를 임의로 기재하고 이어 자신을 제2배서의 배서인으로, 임의의 사람을 그 피배서인으로 하는 제2배서를 한 다음, 그 제2피배서인을 제3배서의 배서인으로, 어음의 양수인을 그 피배서인으로 하는 제3배서를 임의로 기재하는 방법으로 양도하였다고 하더라도, 어음의 양도인이 양도 당시 정당한 소지인인 이상 그 양수인은 적법하게 어음상의 권리를 이전받는다).

17. 이상의 결론에 대해서는 본 사례에 관한 대법원 1995. 9. 15. 선고 94다54856 판결 참조.

[설문 2] 융통어음의 항변

(1) 문제의 소재

본 사례에서, 박형지가, S상호신용금고가 어민서에게 융통어음인 본건 어음을 할인해 주고 이를 양도받음에 있어서, 융통어음의 할인의 방지를 위하여 요구되는 어음관련업체의 사업자등록증과 어음거래의 원인이 된 세금계산서 등을 어민서로부터 징구하지 않았으므로, S상호신용금고의 본건 어음금 지급청구는 부당하다고 주장하여 S상호신용금고가 본건 어음금의 지급청구를 거절하는 것이 법적으로 타당한지의 여부가 문제된다.

이는 요컨대 융통어음의 항변으로 어음양수인인 제3자에게 대항할 수 있는지 여부의 문제로 귀착된다.

(2) 설문의 해결

본 쟁점과 관련하여 어음법 제17조(인적 항변의 절단)는 다음과 같이 규정하고 있으므로, 먼저 관련 법리를 살펴본다.

어음법 제17조(인적 항변의 절단)[18,19]
환어음에 의하여 청구를 받은 자는 발행인 또는 종전의 소지인에 대한 인적관계로 인한 항변으로써 소지인에게 대항하지 못한다. 그러나 소지인이 그 채무자를 해할 것을 알고[20,21] 어음을 취득한 경우에는 그러하지 아니하다.[22]

---

18. 이 규정은 환어음에 관한 규정이나 약속어음의 경우에도 준용되고 있다. 어음법 제77조(환어음에 관한 규정의 준용) 제1항 : [약속어음에 대하여는 약속어음의 성질에 상반되지 아니하는 한도에서 다음 각 호의 사항에 관한 환어음에 대한 규정을 준용한다. 1. 배서(제11조부터 제20조까지)].
19. 융통어음의 항변에 대하여 우리나라의 통설 및 판례는 어음법 제17조에 해당하는 인적항변으로 보고, 융통어음이 제3자에게 양도된 경우에 제3자가 그러한 사정을 알았더라도 그것은 어음법 제17조의 해할 것을 알고 취득한 것이라고 볼 수 없으므로, 어음채무자는 지급을 거절할 수 없다고 설명하고 있다. 정찬형, 『상법강의(하)』, 제375면. 대법원 1979. 10. 30. 선고 79다479 판결[타인의 금융 또는 채무담보를 위하여 약속어음(이른바 융통어음)을 발행한 자는 피융통자에 대하여 어음상의 책임을 부담하지 아니하나, 그 어음을 양수한 제3자에 대하여는 선의이거나 악의이거나, 또한 그 취득이 기한후배서에 의한 것이었다 하더라도 대가 없이 발행된 융통어음이었다는 항변으로 대항할 수 없다].
20. 알고의 의미는 채무자가 해를 입는다는 사실까지도 알아야 한다는 것이고, 따라서 악의의 항변이 아니

라 해의의 항변이라고 부르는 것이 보다 정확하다. 정찬형, 『상법강의(하)』, 제378면. 대법원 1996. 5. 14. 선고 96다3449 판결(이른바 악의의 항변이라 함은 항변사유의 존재를 인식하는 것만으로는 부족하고 자기가 어음을 취득함으로써 항변이 절단되고 채무자가 해를 입는다는 사실까지도 알아야 한다) ; 대법원 1996. 5. 28. 선고 96다7120 판결([1] 어음법 제17조 단서에서 규정하는 채무자를 해할 것을 알고 어음을 취득하였을 때라 함은, 단지 항변사유의 존재를 아는 것만으로는 부족하고 자기가 어음을 취득함으로써 항변이 절단되고 채무자가 손해를 입게 될 사정이 객관적으로 존재한다는 사실까지도 충분히 알아야 한다. [2] 갑회사가 수입대금의 결제를 목적으로 을회사에게 발행한 어음을 을회사의 대표이사가 은행으로부터 할인받은 다음 그 대금을 을회사 발행의 수표금 결제에 사용한 경우, 수입조건의 결제를 조건으로 발행되었다는 점에 대한 갑회사의 통지사실이 인정되지 않으며 나아가 은행이 그 어음을 할인하여 대금을 을회사의 당좌구좌에 입금하여 준 이후에도 을회사와의 어음할인 거래가 계속된 점에 비추어, 을회사가 그 어음할인 대금을 임의로 사용하였다고 하더라도 그러한 점만으로는 은행이 갑회사를 해할 것을 알고 어음을 취득하였다고 보기는 어렵다고 한 사례).

21. 소지인에게 중과실이 있는 경우에는 소지인이 보호된다. 대법원 1996. 3. 22. 선고 95다56033 판결(어음채무자는 소지인이 그 채무자를 해할 것을 알고 어음을 취득한 경우가 아닌 한, 소지인이 중대한 과실로 그러한 사실을 몰랐다고 하더라도 종전 소지인에 대한 인적항변으로써 소지인에게 대항할 수 없다).

22. 어음이 A, B, C의 순차적으로 양도되어 C가 소지인이 된 경우, C가 취득시에 자기의 전전자(A)에 대한 항변에 대하여 해의가 있었다고 하더라도, 양도인(자기의 전자, 즉 B)가 그러한 항변에 대하여 해의가 없이 A로부터 취득했다면 B에 대하여 이미 인적항변이 절단되고, C는 B의 그러한 권리를 승계취득하므로 C에게 해의가 인정되더라도 어음채무자는 C에게 인적항변을 할 수 없는데, 이를 shelter rule(엄폐물의 법칙)이라고 한다. 대법원 2001. 4. 24. 선고 2001다5272 판결(백지식 배서에 의하여 어음을 양수한 사람은 백지를 보충하지 아니하고 인도에 의하여 어음을 양도하면 배서인으로서의 소구의무를 부담하지 아니하지만 현재의 어음소지인의 앞사람으로서 권리를 양도한 어음상의 권리자였다는 지위에는 변함이 없으므로, 어음상 배서인으로 나타나 있지는 않지만 현재의 어음소지인에게 어음을 양도한 사람이 어음취득 당시 선의였기 때문에 그에게 대항할 수 없었던 사유에 대하여는 현재의 어음소지인이 비록 어음취득 당시 그 사유를 알고 있었다고 하여 그것으로써 현재의 어음소지인에게 대항할 수 없고, 현재의 어음소지인이 지급거절증서 작성 후 또는 지급거절증서 작성기간 경과 후에 어음을 양도받았다고 하더라도 마찬가지이다) ; 대법원 1995. 1. 20. 선고 94다50489 판결(어음의 양도 전에 배서를 하였다가 이를 말소한 채로 다시 어음을 양도한 자도 배서인으로서의 소구의무를 부담하는 것은 아니나 현재의 어음소지자의 전자로서의 권리를 양도한 어음상의 권리자였다는 점에는 변함이 없다 할 것이고, 현재의 어음소지인에게 어음을 양도한 자가 어음취득 당시 선의였기 때문에 그에게 대항할 수 없었던 사유에 대하여는 현재의 어음소지인이 비록 어음취득 당시 그 사유를 알고 있었다고 하여 그것으로써 현재의 어음소지인에게 대항할 수는 없다) ; 대법원 1994. 5. 10. 선고 93다58721 판결(어음상 배서인으로서 나타나고 있지는 않지만 현재의 어음소지인에게 어음을 양도한 자가 어음취득 당시 선의였기 때문에 그에게 대항할 수 없었던 사유에 대하여는 현재의 어음소지인이 비록 어음취득 당시 그 사유를 알고 있었다고 하여 그것으로써 현재의 어음소지인에게 대항할 수는 없고, 이는 현재의 어음소지자가 지급거절증서 작성 후 또는 지급거절증서 작성기간 경과 후에 어음을 양도받았다고 하더라도 마찬가지이다) ; 대법원 1990. 4. 25. 선고 89다카20740 판결(어음채무자는 기한후배서의 피배서인에 대하여는 그 배서의 배서인에 대한 인적항변을 가지고 대항할 수가 있지만, 특단의 사정이 없는 한 그 배서인의 전자에 대한 항변사유를 가지고는 피배서인에게 대항할 수 없는 것이고, 따라서 배서인이 어음취득 당시 선의였기 때문에 배서인에게 대항할 수 없었던 사유에 대하여는 피배서인이 비록 어음취득 당시 그 사유를 알고 있었다 하여도 그것으로써 피배서인에게 대항할 수는 없는 것이므로, 피고 갑이 소외 을에게 발행한 약속

요컨대, 상거래가 원인이 되어 발행되는 어음(즉, 상업어음 또는 진성어음)이 아니라, 어음발행의 원인에 현실적인 상거래가 없이 오직 자금융통의 목적을 위하여(즉, 타인[23]에게 신용을 줄 목적으로 또는 피융통자로 하여금 자금을 융통할 수 있도록 하기 위하여) 발행된 어음(소위, 융통어음, 타인의 금융 또는 채무담보를 위하여 어음)이 발행된 경우,[24] 융통어음을 발행한 자는 피융통자에 대하여 어음상의 채무를 부담하지 아니하나,[25] 그 어음을 양수한 제3자에 대하여는 선의이거나 악의이더라도 대가 없이 발행된 융통어음이었다는 항변으로 대항할 수 없다.[26]

어음을 소외 을이 소외 병에게 배서 · 양도하여 병이 지급기일에 지급제시하였으나 지급거절된 후 다시 원고 정에게 배서 · 양도한 경우, 원고 정의 피고 갑에 대한 어음금청구에 대하여 피고 갑이 위 어음이 융통어음이고 이에 대한 담보로 받은 을 발행의 동액의 담보어음이 지급거절되었다는 주장을 하더라도 이에 대한 병의 악의를 주장, 입증하지 못하는 한 피고 갑은 병에 대하여 이로써 대항할 수가 없고, 따라서 이를 승계한 원고 정에 대하여 그의 선의 · 악의에 불구하고 위 사유로써 대항할 수 없다).

23. 따라서 자기가 자금을 융통하기 위하여 대가관계 없이 발행 또는 양도하는 어음은, 융통어음이 아니다. 대법원 1996. 5. 14. 선고 96다3449 판결([1] 융통어음이라 함은 타인으로 하여금 어음에 의하여 제3자로부터 금융을 얻게 할 목적으로 수수되는 어음을 말하는 것이고, 이러한 융통어음에 관한 항변은 그 어음을 양수한 제3자에 대하여는 선의 · 악의를 불문하고 대항할 수 없는 것이므로 어떠한 어음이 위에서 말하는 융통어음에 해당하는지 여부는 당사자의 주장만에 의할 것은 아니고 구체적 사실관계에 따라 판단하여야 하는데, 어음의 발행인이 할인을 의뢰하면서 어음을 교부한 경우, 이는 원인관계 없이 교부된 어음에 불과할 뿐이고, 악의의 항변에 의한 대항을 인정하지 아니하는 이른바 융통어음이라고 할 수는 없다. [3] 갑이 을에게 할인의 목적으로 어음을 교부하고 병이 그 사실을 알면서 을의 어음할인 부탁에 따라 그 어음을 취득한 후 을의 대출금채무에 대한 담보로 처리한 경우, 그 어음은 아무런 원인관계 없이 병에게 교부된 것이므로 갑으로서는 이러한 원인관계에 대한 인적 항변으로 병에게 대항 가능하다고 한 사례).

24. 기업이 상업어음을 취득한 경우에는 보통 자기의 거래은행으로부터 할인을 받아 자금화하는데, 이때 보통은 그 상업어음의 발행인 등의 신용에 따라 할인율이 달라지고, 한편 그 거래은행은 중앙은행으로부터 다시 재할인을 받는다. 그러나 기업이 융통어음을 취득하더라고 융통어음으로써 자기의 거래은행으로부터 할인을 받을 수 없다. 정찬형, 『상법강의(하)』, 제44면.

25. 이 경우, 입증책임은 어음채무자가 부담한다. 대법원 2001. 8. 24. 선고 2001다28176 판결(약속어음금 청구에 있어 어음의 발행인이 그 어음이 융통어음이므로 피융통자에 대하여 어음상의 책임을 부담하지 아니한다고 항변하는 경우 융통어음이라는 점에 대한 입증책임은 어음의 발행자가 부담한다).

26. 즉, 이 경우에는 인적항변이 언제나 절단되는 결과와 같다. 대법원 1979. 10. 30. 선고 79다479 판결 [타인의 금융 또는 채무담보를 위하여 약속어음(이른바 융통어음)을 발행한 자는 피융통자에 대하여 어음상의 책임을 부담하지 아니하나, 그 어음을 양수한 제3자에 대하여는 선의이거나 악의이거나, 또한 그 취득이 기한후배서에 의한 것이었다 하더라도 대가 없이 발행된 융통어음이었다는 항변으로 대항할 수 없다) ; 대법원 1994. 5. 10. 선고 93다58721 판결(피융통자가 융통어음과 교환하여 그 액면금과 같은 금액의 약속어음을 융통자에게 담보로 교부한 경우에 있어서는 융통어음을 양수한 제3자가 그 어음이 융통어음으로 발행되었고 이와 교환으로 교부된 담보어음이 지급거절되었다는 사정을 알고 있었다면, 융통어음의 발행자는 그 제3자에 대하여 융통어음의 항변으로 대항할 수 있다].

본 사례에 관하여 검토컨대, 본건 어음은 박형지가 자금융통을 위하여 이민구에게 발행·교부하고, 이민구는 역시 같은 목적을 위하여 어민서에게 양도한 것으로서 대가 없이 발행된 소위 융통어음이라고 할 것이나, S상호신용금고는 피융통자인 어민서로부터 본건 어음을 할인해 주고 이를 양도받은 제3자라고 할 것이므로, 결국 박형지는 S상호신용금고가 선의인지, 악의인지를 불문하고 본건 어음이 융통어음이라는 항변으로 S상호신용금고에게 대항할 수 없다고 할 것이니, 박형지의 "본건 어음이 융통어음이다"라는 주장은 타당하지만 그렇더라도 이를 이유로 S상호신용금고의 본건 어음금 지급청구를 거절할 수는 없다고 할 것이다.

(즉, 융통어음을 발행한 자는 피융통자에 대하여 어음상의 책임을 부담하지 아니하지만, 그 어음을 양수한 제3자에 대하여는 달리 특별한 사정이 없는 한 선의·악의를 묻지 아니하고 대가 없이 발행한 융통어음이었다는 항변으로 대항할 수 없다.)

그렇다면 위의 [설문 1]과 [설문 2]에서 검토한 바와 같이 박형지의 2가지 주장 모두 다 법적으로 타당하지 못하므로, 본건 어음의 최종소지인인 S상호신용금고는 본건 어음의 발행인인 박형지에게 본건 어음금의 지급을 청구할 수 있다고 할 것이다.[27]

27. 이상의 결론에 대해서는 본 사례에 관한 대법원 1995. 9. 15. 선고 94다54856 판결 참조.

사례 39

융통어음의 항변/악의의 항변

다음과 같은 사실관계 하에서, 아래의 각 질의에 대해 답하시오.[1]

(1) 1992. 5. 20.(약속어음의 발행 · 교부)

유자호는 자금융통을 위하여 1992. 5. 20.경 친구이며 같은 계원인 이철순에게 액면금 700만원, 지급기일 1992. 8. 5., 지급지, 발행지 각 대구시, 지급장소 C은행 대신동지점, 발행일 1992. 5. 20.로 된 약속어음 1매(이하, "본건 제1어음")와 액면금 2천만원, 지급기일 1992. 8. 30., 지급지, 발행지, 지급장소, 발행일 각 위와 같은 약속어음 1매(이하, "본건 제2어음"이라 하고, "본건 제1어음"과 "본건 제2어음"을 집합적으로 "본건 어음"이라 함)를 각 발행 · 교부하였고, 이철순은 이에 대한 담보로 유자호에게 자신이 대표이사로 있는 K주식회사(이하, "K사") 발행의 어음, 수표 7매(이하, "본건 담보어음 등")를 발행 · 교부하였다.

(2) 그 후, 본건 담보어음 등의 부도(不渡)

K사가 부도처리됨에 따라 유자호는 본건 담보어음 등에 대하여 어음, 수표금을 지급받지 못하였다.

(3) 그 후, 순차적(順次的)인 배서 · 양도 및 지급거절

이철순은 본건 어음에 자신과 K사 명의의 배서를 순차적으로 한 후 본건 어음을 주식회사 S상호신용금고(이하, "S금고")에게 배서 · 양도하여 할인을 받았고, S금고는 본건 어음에 배서를 하였다가 다시 말소한 채로 이중오로부터 본건 어음금을 변제받고 본건 어음을 이중오에게 양도하였다.

한편, 이중오가 본건 어음의 최종소지인으로서 본건 제1어음에 대해서는 그 지급기일에 이은 2거래일 이내인 1992. 8. 7.에, 본건 제2어음에 대해서는 그 지급기일에 이은 2

---

1. 본 사례는 대법원 1995. 1. 20. 선고 94다50489 판결을 기초로 하여 작성된 것이다.

거래일을 경과한 1992. 9. 2.에, 각 지급장소에서 지급제시[2]하였으나 각각 지급거절되었다.

한편, 본 사례와 관련하여 추가적으로 밝혀진 사실관계는 다음과 같다.

(1) 이중오의 전자로서 본건 어음의 종전소지인인 S금고가, 본건 어음을 양수할 당시 본건 어음이 융통어음이고 이와 교환으로 발행된 본건 담보어음 등이 지급거절되었다는 사정을 알고 있었다는 증거는 없다.

이상과 같은 사실관계 하에서, 이중오가 본건 어음의 적법한 소지인임을 내세워 발행인인 유자호에게 본건 제1어음의 액면금 700만원과 본건 제2어음의 액면금 2천만원의 합계액(이하, "본건 어음금")의 지급을 청구하는 경우, 유자호는 이중오가 본건 어음의 채무자인 유자호를 해할 것을 알고 본건 어음을 악의취득 하였으므로 이중오의 청구에 응할 수 없다고 항변할 수 있겠는가?

(1) 문제의 소재

융통어음의 경우에, 현재의 어음소지인에게 어음을 양도한 자가 어음취득 당시 선의였기 때문에 어음채무자가 그에게 대항할 수 없었던 사유에 대하여 현재의 어음

---

2. 어음의 지급제시기간은 다음과 같고, 초일은 산입하지 않으며, 어음채무자를 위하여 은혜로서 지급유예를 해 주는 것[은혜일(恩惠日)]은 인정되지 않는다. 어음법 제70조(시효기간) 제1항: [인수인에 대한 환어음상의 청구권은 만기일부터 3년간 행사하지 아니하면 소멸시효가 완성된다] ; 어음법 제38조(지급제시의 필요) 제1항: [확정일출급, 발행일자 후 정기출급 또는 일람 후 정기출급의 환어음 소지인은 지급을 할 날 또는 그날 이후의 2거래일 내에 지급을 받기 위한 제시를 하여야 한다] ; 어음법 제34조(일람출급어음의 만기): [제1항: 일람출급의 환어음은 제시된 때를 만기로 한다. 이 어음은 발행일부터 1년 내에 지급을 받기 위한 제시를 하여야 한다. 발행인은 이 기간을 단축하거나 연장할 수 있고 배서인은 그 기간을 단축할 수 있다. 제2항: 발행인은 일정한 기일 전에는 일람출급의 환어음의 지급을 받기 위한 제시를 금지한다는 내용을 적을 수 있다. 이 경우 제시기간은 그 기일부터 시작한다] ; 어음법 제73조(기간의 초일 불산입): [법정기간 또는 약정기간에는 그 첫날을 산입하지 아니한다] ; 어음법 제74조(은혜일의 불허): [은혜일은 법률상으로든 재판상으로든 인정하지 아니한다] ; 어음법 제77조(환어음에 관한 규정의 준용) 제1항: [약속어음에 대하여는 약속어음의 성질에 상반되지 아니하는 한도에서 다음 각 호의 사항에 관한 환어음에 대한 규정을 준용한다. 8. 시효(제70조와 제71조) 9. 휴일, 기간의 계산과 은혜일의 인정 금지(제72조부터 제74조까지)].

소지인이 어음취득 당시 그 사유를 알고 있었다면 어음채무자는 그것으로써 현재의 어음소지인에게 대항할 수는 있는지의 여부가 문제된다.

(2) 설문의 해결

본 쟁점과 관련하여 어음법 제17조(인적 항변의 절단)는 다음과 같이 규정하고 있으므로, 먼저 관련 법리를 살펴본다.

▌어음법 제17조(인적 항변의 절단)[3,4]

환어음에 의하여 청구를 받은 자는 발행인 또는 종전의 소지인에 대한 인적관계로 인한 항변으로써 소지인에게 대항하지 못한다. 그러나 소지인이 그 채무자를 해할 것을 알고[5,6] 어음을 취득한 경우에는 그러하지 아니하다.[7]

---

3. 이 규정은 환어음에 관한 규정이나 약속어음의 경우에도 준용되고 있다. 어음법 제77조(환어음에 관한 규정의 준용) 제1항: [약속어음에 대하여는 약속어음의 성질에 상반되지 아니하는 한도에서 다음 각 호의 사항에 관한 환어음에 대한 규정을 준용한다. 1. 배서(제11조부터 제20조까지)].

4. 융통어음의 항변에 대하여 우리나라의 통설 및 판례는 어음법 제17조에 해당하는 인적항변으로 보고, 융통어음이 제3자에게 양도된 경우에 제3자가 그러한 사정을 알았더라도 그것은 어음법 제17조의 해할 것을 알고 취득한 것이라고 볼 수 없으므로, 어음채무자는 지급을 거절할 수 없다고 설명하고 있다. 정찬형, 『상법강의(하)』, 제375면. 대법원 1979. 10. 30. 선고 79다479 판결[타인의 금융 또는 채무담보를 위하여 약속어음(이른바 융통어음)을 발행한 자는 피융통자에 대하여 어음상의 책임을 부담하지 아니하나, 그 어음을 양수한 제3자에 대하여는 선의이거나 악의이거나, 또한 그 취득이 기한후배서에 의한 것이었다 하더라도 대가 없이 발행된 융통어음이었다는 항변으로 대항할 수 없다].

5. 알고의 의미는 채무자가 해를 입는다는 사실까지도 알아야 한다는 것이고, 따라서 악의의 항변이 아니라 해의의 항변이라고 부르는 것이 보다 정확하다. 정찬형, 『상법강의(하)』, 제378면. 대법원 1996. 5. 14. 선고 96다3449 판결(이른바 악의의 항변이라 함은 항변사유의 존재를 인식하는 것만으로는 부족하고 자기가 어음을 취득함으로써 항변이 절단되고 채무자가 해를 입는다는 사실까지도 알아야 한다) ; 대법원 1996. 5. 28. 선고 96다7120 판결([1] 어음법 제17조 단서에서 규정하는 채무자를 해할 것을 알고 어음을 취득하였을 때라 함은, 단지 항변사유의 존재를 아는 것만으로는 부족하고 자기가 어음을 취득함으로써 항변이 절단되고 채무자가 손해를 입게 될 사정이 객관적으로 존재한다는 사실까지도 충분히 알아야 한다. [2] 갑회사가 수입대금의 결제를 목적으로 을회사에게 발행한 어음을 을회사의 대표이사가 은행으로부터 할인받은 다음 그 대금을 을회사 발행의 수표금 결제에 사용한 경우, 수입조건의 결제를 조건으로 발행되었다는 점에 대한 갑회사의 통지사실이 인정되지 않으며 나아가 은행이 그 어음을 할인하여 대금을 을회사의 당좌구좌에 입금하여 준 이후에도 을회사와의 어음할인 거래가 계속된 점에 비추어, 을회사가 그 어음할인 대금을 임의로 사용하였다고 하더라도 그러한 점만으로는 은행이 갑회사를 해할 것을 알고 어음을 취득하였다고 보기는 어렵다고 한 사례).

6. 소지인에게 중과실이 있는 경우에는 소지인이 보호된다. 대법원 1996. 3. 22. 선고 95다56033 판결(어음채무자는 소지인이 그 채무자를 해할 것을 알고 어음을 취득한 경우가 아닌 한, 소지인이 중대한 과실로 그

요컨대, 상거래가 원인이 되어 발행되는 어음(즉, 상업어음 또는 진성어음)이 아니라, 어음발행의 원인에 현실적인 상거래가 없이 오직 자금융통의 목적을 위하여(즉, 타인[8]

러한 사실을 몰랐다고 하더라도 종전 소지인에 대한 인적항변으로써 소지인에게 대항할 수 없다).

7. 어음이 A, B, C의 순차적으로 양도되어 C가 소지인이 된 경우, C가 취득시에 자기의 전전자(A)에 대한 항변에 대하여 해의가 있었다고 하더라도, 양도인(자기의 전자, 즉 B)가 그러한 항변에 대하여 해의가 없이 A로부터 취득했다면 B에 대하여 이미 인적항변이 절단되고, C는 B의 그러한 권리를 승계취득하므로 C에게 해의가 인정되더라도 어음채무자는 C에게 인적항변을 할 수 없는데, 이를 shelter rule(엄폐물의 법칙)이라고 한다. 대법원 2001. 4. 24. 선고 2001다5272 판결(백지식 배서에 의하여 어음을 양수한 사람은 백지를 보충하지 아니하고 인도에 의하여 어음을 양도하면 배서인으로서의 소구의무를 부담하지 아니하지만 현재의 어음소지인의 앞사람으로서 권리를 양도한 어음상의 권리자였다는 지위에는 변함이 없으므로, 어음상 배서인으로 나타나 있지는 않지만 현재의 어음소지인에게 어음을 양도한 사람이 어음취득 당시 선의였기 때문에 그에게 대항할 수 없었던 사유에 대하여는 현재의 어음소지인이 비록 어음취득 당시 그 사유를 알고 있었다고 하여 그것으로써 현재의 어음소지인에게 대항할 수 없고, 현재의 어음소지인이 지급거절증서 작성 후 또는 지급거절증서 작성기간 경과 후에 어음을 양도받았다고 하더라도 마찬가지이다) ; 대법원 1995. 1. 20. 선고 94다50489 판결(어음의 양도 전에 배서를 하였다가 이를 말소한 채로 다시 어음을 양도한 자도 배서인으로서의 소구의무를 부담하는 것은 아니나 현재의 어음소지자의 전자로서의 권리를 양도한 어음상의 권리자였다는 점에는 변함이 없다 할 것이고, 현재의 어음소지인에게 어음을 양도한 자가 어음취득 당시 선의였기 때문에 그에게 대항할 수 없었던 사유에 대하여는 현재의 어음소지인이 비록 어음취득 당시 그 사유를 알고 있었다고 하여 그것으로써 현재의 어음소지인에게 대항할 수는 없다) ; 대법원 1994. 5. 10. 선고 93다58721 판결(어음상 배서인으로서 나타나고 있지는 않지만 현재의 어음소지인에게 어음을 양도한 자가 어음취득 당시 선의였기 때문에 그에게 대항할 수 없었던 사유에 대하여는 현재의 어음소지인이 비록 어음취득 당시 그 사유를 알고 있었다고 하여 그것으로써 현재의 어음소지인에게 대항할 수는 없고, 이는 현재의 어음소지자가 지급거절증서 작성 후 또는 지급거절증서 작성기간 경과 후에 어음을 양도받았다고 하더라도 마찬가지이다) ; 대법원 1990. 4. 25. 선고 89다카20740 판결(어음채무자는 기한후배서의 피배서인에 대하여는 그 배서의 배서인에 대한 인적항변을 가지고 대항할 수가 있지만, 특단의 사정이 없는 한 그 배서인의 전자에 대한 항변사유를 가지고는 피배서인에게 대항할 수 없는 것이고, 따라서 배서인이 어음취득당시 선의였기 때문에 배서인에게 대항할 수 없었던 사유에 대하여는 피배서인이 비록 어음취득 당시 그 사유를 알고 있었다 하여도 그것으로써 피배서인에게 대항할 수는 없는 것이므로, 피고 갑이 소외 을에게 발행한 약속어음을 소외 을이 소외 병에게 배서 · 양도하여 병이 지급기일에 지급제시하였으나 지급거절된 후 다시 원고 정에게 배서 · 양도한 경우, 원고 정의 피고 갑에 대한 어음금청구에 대하여 피고 갑이 위 어음이 융통어음이고 이에 대한 담보로 받은 을 발행의 동액의 담보어음이 지급거절되었다는 주장을 하더라도 이에 대한 병의 악의를 주장, 입증하지 못하는 한 피고 갑은 병에 대하여 이로써 대항할 수가 없고, 따라서 이를 승계한 원고 정에 대하여 그의 선의 · 악의에 불구하고 위 사유로써 대항할 수 없다).

8. 따라서 자기가 자금을 융통하기 위하여 대가관계 없이 발행 또는 양도하는 어음은, 융통어음이 아니다. 대법원 1996. 5. 14. 선고 96다3449 판결([1] 융통어음이라 함은 타인으로 하여금 어음에 의하여 제3자로부터 금융을 얻게 할 목적으로 수수되는 어음을 말하는 것이고, 이러한 융통어음에 관한 항변은 그 어음을 양수한 제3자에 대하여는 선의 · 악의를 불문하고 대항할 수 없는 것이므로 어떠한 어음이 위에서 말하는 융통어음에 해당하는지 여부는 당사자의 주장만에 의할 것은 아니고 구체적 사실관계에 따라 판단하여야 하는데, 어음의 발행인이 할인을 의뢰하면서 어음을 교부한 경우, 이는 원인관계 없이 교부된 어음에 불과할 뿐이고, 악의의 항변에 의한 대항을 인정하지 아니하는 이른바 융통어음이라고 할 수는

에게 신용을 줄 목적으로 또는 피융통자로 하여금 자금을 융통할 수 있도록 하기 위하여) 발행된 어음(소위, 융통어음, 타인의 금융 또는 채무담보를 위하여 어음)이 발행된 경우,[9] 융통어음을 발행한 자는 피융통자에 대하여 어음상의 채무를 부담하지 아니하나,[10] 그 어음을 양수한 제3자에 대하여는 선의이거나 악의이더라도 대가 없이 발행된 융통어음이었다는 항변으로 대항할 수 없다.[11]

다만 피융통자가 융통어음과 교환하여 그 액면금과 같은 금액의 약속어음을 융통자에게 담보로 교부한 경우에 있어서는 융통어음을 양수한 제3자가 양수 당시 그 어음이 융통어음으로 발행되었고 이와 교환으로 교부된 담보어음이 지급거절되었다는 사정을 알고 있었다면, 융통어음의 발행자는 그 제3자에 대하여도 융통어음의 항변으로 대항할 수 있다고 할 것이다.[12]

한편, 어음의 양도전에 배서를 하였다가 이를 말소한 채로 다시 어음을 양도한 자도 배서인으로서의 소구의무를 부담하는 것은 아니나 현재의 어음소지자의 전자로서의 권리를 양도한 어음상의 권리자였다는 점에는 변함이 없다 할 것이고, 현재의 어음소지인에게 어음을 양도한 자가 어음취득 당시 선의였기 때문에 그에게 대항할 수 없었던 사유에 대하여는 현재의 어음소지인이 비록 어음취득 당시 그 사유를 알고 있

없다. [3] 갑이 을에게 할인의 목적으로 어음을 교부하고 병이 그 사실을 알면서 을의 어음할인 부탁에 따라 그 어음을 취득한 후 을의 대출금채무에 대한 담보로 처리한 경우, 그 어음은 아무런 원인관계 없이 병에게 교부된 것이므로 갑으로서는 이러한 원인관계에 대한 인적 항변으로 병에게 대항 가능하다고 한 사례).

9. 기업이 상업어음을 취득한 경우에는 보통 자기의 거래은행으로부터 할인을 받아 자금화하는데, 이때 보통은 그 상업어음의 발행인 등의 신용에 따라 할인율이 달라지고, 한편 그 거래은행은 중앙은행으로부터 다시 재할인을 받는다. 그러나 기업이 융통어음을 취득하더라고 융통어음으로써 자기의 거래은행으로부터 할인을 받을 수 없다. 정찬형, 『상법강의(하)』, 제44면.

10. 이 경우, 입증책임은 어음채무자가 부담한다. 대법원 2001. 8. 24. 선고 2001다28176 판결(약속어음금 청구에 있어 어음의 발행인이 그 어음이 융통어음이므로 피융통자에 대하여 어음상의 책임을 부담하지 아니한다고 항변하는 경우 융통어음이라는 점에 대한 입증책임은 어음의 발행자가 부담한다).

11. 즉, 이 경우에는 인적항변이 언제나 절단되는 결과와 같다. 대법원 1979. 10. 30. 선고 79다479 판결[타인의 금융 또는 채무담보를 위하여 약속어음(이른바 융통어음)을 발행한 자는 피융통자에 대하여 어음상의 책임을 부담하지 아니하나, 그 어음을 양수한 제3자에 대하여는 선의이거나 악의이거나, 또한 그 취득이 기한후배서에 의한 것이었다 하더라도 대가 없이 발행된 융통어음이었다는 항변으로 대항할 수 없다) ; 대법원 1994. 5. 10. 선고 93다58721 판결(피융통자가 융통어음과 교환하여 그 액면금과 같은 금액의 약속어음을 융통자에게 담보로 교부한 경우에 있어서는 융통어음을 양수한 제3자가 그 어음이 융통어음으로 발행되었고 이와 교환으로 교부된 담보어음이 지급거절되었다는 사정을 알고 있었다면, 융통어음의 발행자는 그 제3자에 대하여 융통어음의 항변으로 대항할 수 있다].

12. 대법원 1994. 5. 10. 선고 93다58721 판결, 1990. 4. 25. 선고 89다카20740 판결 참조.

었다고 하여 그것으로써 현재의 어음소지인에게 대항할 수는 없다고 할 것이다.[13]

이상의 법리를 토대로 본 사례의 경우를 검토컨대, 이철순은 유자호로부터 자금융통을 위하여 유자호 발행의 이 본건 어음을 교부받고, 담보로 유자호에게도 자신이 대표이사로 있는 K사 발행의 본건 담보어음 등을 발행 · 교부한 다음, 본건 어음에 자신과 K사 명의의 배서를 순차로 한 후, 본건 어음을 S금고에게 배서 · 양도하여 할인을 받았으나, 자신발행의 본건 담보어음 등은 부도처리됨에 따라 유자호는 K사 발행의 본건 담보어음 등을 지급받지 못하였다.

한편, S금고는 이중오로부터 본건 어음금을 변제받고 자신의 배서를 말소한 채 본건 어음을 이중오에게 양도하였고, 이중오는 지급기일 2, 3일 후에 이를 각 지급제시하였으나 지급거절되었다.

그렇다면 본건 어음상에는 S금고의 배서가 말소되어 있기는 하나, 이중오의 전자로서 본건 어음의 종전소지인인 S금고가, 본건 어음을 양수할 당시 본건 어음이 융통어음이고 이와 교환으로 발행된 본건 담보어음 등이 지급거절되었다는 사정을 알고 있었다는 증거는 없는 상황이므로, 유자호의 융통어음항변은 절단되어 유자호는 위와 같은 사정을 들어 S금고에게 대항할 수는 없고, 따라서 S금고로부터 본건 어음을 양수한 이중오가 위와 같은 사정을 알고 있었다고 하더라도 유자호는 위와 같은 사유를 들어 이중오에 대하여도 대항할 수 없다고 할 것이다.

즉, 이중오가 본건 어음의 적법한 소지인임을 내세워 발행인인 유자호에게 본건 제1어음의 액면금 700만원과 본건 제2어음의 액면금 2천만원의 합계액인 본건 어음금의 지급을 청구하는 경우, 유자호는 이중오가 본건 어음의 채무자인 유자호를 해할 것을 알고 본건 어음을 악의취득하였으므로 이중오의 청구에 응할 수 없다고 항변할 수는 없다.[14]

13. 대법원 1994. 5. 10. 선고 93다58721 판결, 1990. 4. 25. 선고 89다카20740 판결 참조.

14. 이상의 결론에 대해서는 본 사례에 관한 대법원 1995. 1. 20. 선고 94다50489 판결 참조.

사례 40

이득상환청구권

다음과 같은 사실관계 하에서, 아래의 각 질의에 대해 답하시오.[1]

(1) 1962. 1. 16.(주식매매 및 본건 제1어음 수령)

조신우는, 1962. 1. 16. S법인에게 조신우 소유의 D주식회사의 발행 주식(3만주. 이하 "본건 주식")을 매매대금 170만원에 매도하는 내용의 주식매매계약(이하, "본건 계약")을 체결하였고, 그 체결일에 계약금(이하, "본건 계약금")으로 금 80만원(현금 30만원 및 액면금 50만원 지급기일 1962. 4. 30., 지급지 및 발행지 모두 광주시로 된 1962. 1. 16. S법인 발행의 약속어음 1매. 이하 "본건 제1어음")을 S법인으로부터 수령하였다.

(2) 1962. 1. 25(본건 제2어음 수령)

조신우는 1962. 1. 25. 잔대금 90만원[금 5만원의 수표(이하, "본건 수표") 및 액면금 85만원, 지급기일 1962. 10. 30., 지급지 및 발행지 모두 광주시로 된 1962. 2. 18. S법인 발행의 약속어음 1매(이하 "본건 제2어음")]을 S법인으로부터 수령하였다.

(3) 1962. 2. 17. 특약의 체결

그 후 1962. 2. 17. 조신우와 S법인은 본건 수표나 본건 제1어음 또는 본건 제2어음 중 어느 것이라도 각 지급기일에 지급되지 않을 경우에는 본건 계약금을 무효로 하여 (본건 계약 자체를 해제 또는 무효로 한다는 취지도 포함된 것으로 봄) 본건 주식을 무조건 반환하기로 하는 내용의 특약(이하, "본건 특약")을 하였다(따라서 본건 계약은 본건 특약의 범위 내에서 변경된 것으로 봄).

(4) 본건 제1어음 및 본건 제2어음의 지급거절 등

그러나 본건 제1어음 및 본건 제2어음은 각 지급기일에 지급되지 않았다.

---

1. 본 사례는 대법원 1970. 3. 10. 선고 69다1370 판결을 기초로 하여 작성된 것이다.

한편, 1969. 6. 10.[2]을 기준시점으로 하여 본 사례와 관련하여 추가적으로 밝혀진 사실관계는 다음과 같다.

(1) 본건 제1어음(액면금: 50만원)과 본건 제2어음(액면금: 85만원)상의 어음상의 채무는 소멸시효의 완성으로 인하여 각 소멸하였다.
(2) 조신우는 1969. 6. 10. 현재까지 금 40만원을 지급받았음을 자인하고 있다.
(3) 조신우는 1969. 6. 10. 현재 본건 제1어음 및 본건 제2어음을 소지하고 있으나, 다만 본건 제1어음은 조신우가 그 소멸시효 완성으로 인하여 어음상의 권리가 소멸된 후인 1965. 5. 5. 조유석으로부터 배서·양도받음으로서 다시 그 소지인이 되었다.

위와 같은 사실관계 하에서, 1969. 6. 10.을 기준시점으로 하여, 조신우는 본건 제1어음과 본건 제2어음의 액면금 합계액(금 135만원)에서 지급받았음을 자인하고 있는 금액(금 40만원)을 공제한 나머지 금액(금 95만원. 이하 "본건 청구금액")에 대하여 이득상환청구권의 법리로써 발행인인 S법인에게 지급을 청구할 권리를 가지는가?

(1) 문제의 소재

본 사례에서, 조신우가 본건 제1어음 및 본건 제2어음의 어음상의 권리가 소멸시효 완성으로 인하여 각 소멸하였고 또한 자신이 각 약속어음의 소지인이므로 이득상환청구권의 법리로써 발행인인 S법인에게 본건 청구금액의 지급을 청구할 권리를 가지는지의 여부가 문제된다.

(2) 설문의 해결

본 쟁점과 관련하여 어음법 제79조(이득상환청구권)[3]는 다음과 같이 규정하고 있으

2. 본 사례에 관한 판례의 사실심 변론종결 시점이다.
3. 이득상환청구권은 형평의 관념에서 법이 특별히 인정한 지명채권의 일종이고, 따라서 선의취득의 대상이 될 수 없다. 대법원 1970. 3. 10. 선고 69다1370 판결(이득상환청구권은 법률의 직접 규정에 의하여 어음의 효력소멸 당시의 소지인에게 부여된 지명채권에 속하므로 지명채권 양도의 방법에 의하여 양도할 수 있는 것이고 약속어음상의 권리가 소멸된 이후에 배서·양도만으로서는 양도의 효력이 없다 할 것

므로, 관련 법리를 살펴본다.

어음법 제79조[4]

환어음 또는 약속어음에서 생긴 권리가 절차의 흠결로 인하여 소멸한 때나 그 소멸시효가 완성[5]한 때라도[6] 소지인[7]은 발행인, 인수인 또는 배서인[8]에 대하여 그가 받은 이익[9]의 한도 내에서 상환을 청구[10]할 수 있다.

이다) ; 대법원 1980. 5. 13. 선고 80다537 판결(이득상환청구권은 선의취득의 대상이 될 수 없다).

4. 수표의 경우에도 동일한 법리가 적용된다. 수표법 제63조(이득상환청구권): [수표에서 생긴 권리가 절차의 흠결로 인하여 소멸한 때나 그 소멸시효가 완성한 때라도 소지인은 발행인, 배서인 또는 지급보증을 한 지급인에 대하여 그가 받은 이익의 한도 내에서 상환을 청구할 수 있다].

5. 절차의 흠결이나 시효완성의 경우에 한정되므로, 그 이외의 경우에는 이득상환청구권이 인정되지 않는다.

6. 어음소지인이 모든 어음채무자에 대한 관계에서 어음상의 권리가 소멸하고, 또한 타에 민법상의 구제수단까지 가지지 못하게 된 경우에만, 이득상환청구권이 인정되는데, 이는 수표의 경우에도 동일하다. 대법원 1959. 9. 10. 선고 4291민상717 판결(약속어음상의 권리가 절차의 흠결 또는 시효에 의하여 소멸되었다 하더라도 이와 공존하는 민법상의 채권을 행사할 수 있는 이상 이득상환청구를 할 수 없다) ; 대법원 1970. 3. 10. 선고 69다1370 판결(이득상환 청구권이 발생하는 데 있어서는 모든 어음상의 또는 민법상의 채무자에 대하여 각 권리가 소멸되었음을 요한다) ; 대법원 1965. 12. 28. 선고 65다2163 판결(수표소지자의 그 발행자에 대한 이득상환청구권은 수표채무자들에 대하여 수표상 및 민사상의 권리가 소멸되고 그 이외의 다른 자들에 대하여도 민사상의 청구권이 없게 된 때에 비로소 발생하는 권리라 할 것이다).

7. 어음상의 권리가 소멸할 당시의 적법한(즉, 어음상 권리를 행사할 수 있었던) 소지인, 즉 형식적으로나 실질적으로나 완전한 어음상의 권리를 취득하고 있었던 소지인만을 말한다. 정찬형, 『상법강의(하)』, 제398면, 제400면. 대법원 1962. 12. 20. 선고 62다680 판결(다음에 논지는 증인 이△환과 증인 최◇은의 증언에 의하면 원고가 본건 어음에 관한 권리의 소멸에 의하여 이득을 보고 있는 사실이 뚜렷하므로 이득상환청구권이 인정되어야 한다고 주장하나 이미 위에서 설명한 바와 같이 본건 약속어음은 그 지급기일인 1958. 6. 30.로부터 법정시효기간인 3년이 지난 1961. 6. 30. 당시에도 아직 피고가 본건 어음의 이른바 수취인으로서 보충권을 행사하고 있지 않았던 사실이 명백하므로 피고는 필경 본건 어음에서 생긴 권리가 시효로 인하여 소멸할 당시에도 아직 어음상의 청구권을 가지고 있지 않았다 할 것이다. 그렇다면 본건 어음으로 인한 이득이 있건 없건 피고로서는 이득상환청구권을 행사할 수 있는 요건을 갖추고 있지 못하였다 할 것이므로 이 점에 관한 논지로 이유 없다).

8. 이득상환의무자는 보통은 발행인(환어음의 경우에는 인수인, 수표의 경우에는 지급보증인)인데, 배서인이 의무자가 되는 경우는 보통의 양도배서에서는 발생하지 않고, 형식적으로는 배서인이지만 실질적으로는 발행인과 같은 지위에 있는 경우에 발생한다(예: 어음의 발행인이 배서인의 어음채무를 보증하는 의미로 어음을 발행하고, 동 어음의 수취인 겸 발행인이 동 어음을 제3자에게 배서하여 대가를 취득한 경우). 정찬형, 『상법강의(하)』, 제399면. 대법원 2000. 5. 26. 선고 2000다10376 판결(원인관계상의 채무를 담보하기 위하여 어음이 발행되거나 배서된 경우에는 어음채권이 시효로 소멸되었다고 하여도 발행인 또는 배서인에 대하여 이득상환청구권은 발생하지 않는다고 할 것인바, 이러한 이치는 그 원인관계상의 채권 또한 시효 등의 원인으로 소멸되고 그 시기가 어음채무의 소멸시기 이전이든지 이후이든지 관계없이 마찬가지이다).

요컨대, 위에서 살펴본 바와 같이, 이득상환청구권은 형평의 관념에서 법이 특별히 인정한 지명채권의 일종으로서 그 권리를 취득하는 자는 어음상의 권리가 소멸할 당시의 적법한(즉, 어음상 권리를 행사할 수 있었던) 소지인, 즉 형식적으로나 실질적으로나 완전한 어음상의 권리를 취득하고 있었던 소지인만을 말한다.

또한, 어음법에 약속어음의 소지인의 발행인에게 대한 이득상환청구권을 인정함은 소지인이 타에 어음상 또는 민법상 하등의 구제방법이 없을 경우에 발행인으로 하여금 그 이득을 취득시킴은 불공평하다는 원칙에서 나온 것이므로, 이득상환청구권이 발생하는 데 있어서는 모든 어음상 또는 민법상의 채무자에 대하여 각 권리가 소멸되었음을 요한다.[11]

본 사례의 경우에 검토컨대, 비록 본건 제1어음과 본건 제2어음상의 어음상의 채무가 소멸시효의 완성으로 인하여 각 소멸하였다고 하더라도, 조신우는 본건 특약에 따른 주식반환청구권(그 이행불능시에는 손해배상청구권) 또는 주식매매대금 청구권 등(채무불이행으로 인한 손해배상청구권 또는 부당이득반환청구권이 인정될 경우도 있을 것임) 민법상의 청구권을 아직 가지고 있다고 할 것이므로,[12] 특별한 사유가 없는 한 조신우는 민법

---

9. 어음채무자가 어음채무를 면한 것을 의미하는 것이 아니라 실질관계에서 현실로 발생한 재산상이익을 말하는데, 이는 적극적으로 대가, 자금을 취득한 경우뿐만 아니라 소극적으로 기존채무를 면한 경우를 포함한다. 정찬형, 『상법강의(하)』, 제401면. 법원 1993. 7. 13. 선고 93다10897 판결(어음법 제79조에서 말하는 "받은 이익"이라는 것은 어음채무자가 어음상의 권리의 소멸에 의하여 어음상의 채무를 면하는 것 자체를 말하는 것이 아니라 어음수수의 원인관계 등 실질관계(기본관계)에 있어서 현실로 받은 재산상의 이익을 말하는 것이다) ; 대법원 1992. 3. 31. 선고 91다40443 판결(원인관계에 있는 채권의 지급을 확보하기 위하여 어음이 발행된 경우에는 어음채권이 시효로 인하여 소멸하였다 하더라도 이득상환청구권이 발생하지 않는 것이고 이러한 이치는 어음채권이 시효소멸하기 전에 먼저 원인관계에 있는 채권이 시효 등 별개의 원인으로 소멸하였다 하더라도 마찬가지라 할 것이다) ; 대법원 1993. 3. 23. 선고 92다50942 판결(어음법에 의한 이득상환청구권이 발생하기 위하여는 모든 어음상 또는 민법상의 채무자에 대하여 각 권리가 소멸되어야 하는 것인바, 원인관계에 있는 채권의 지급을 확보하기 위하여 발행된 약속어음이 전전양도되어 최후의 소지인이 어음상의 권리를 상실한 경우라도 원인채무는 그대로 존속하는 것이므로 발행인이 바로 어음금액 상당의 이득을 얻고 있다고는 할 수 없다) ; 대법원 1993. 10. 22. 선고 93다26991 판결(원인관계에 있는 채권의 지급을 확보하기 위하여 어음이 발행된 경우에는 어음채권이 시효로 인하여 소멸하였다 하더라도 이득상환청구권이 발생하지 않는다).

10. 이득상환청구권의 발생에 대해서는 청구권자가 입증해야 한다. 대법원 1994. 2. 25. 선고 93다50147 판결(어음채무자에게 어음법 제79조 소정의 "받은 이익"이 있음과 그 한도에 관하여는 어음소지인인 이득상환청구권자가 이를 주장 · 입증하여야 한다).

11. 대법원 1959. 9. 10. 선고 4291민상717 판결.

12. 이러한 민법상의 권리들에 대한 원칙적인 소멸시효기간은 10년이다. 민법 제162조(채권, 재산권의 소멸시효) 제1항: [채권은 10년간 행사하지 아니하면 소멸시효가 완성한다].

상의 권리를 행사할 수 있는 이상 이득상환청구권을 행사할 수 없다고 할 것이다.

그렇다면 조신우가 본건 제1어음 및 본건 제2어음의 어음상의 권리가 소멸시효 완성으로 인하여 각 소멸하였고 또한 자신이 각 약속어음의 소지인인 것을 주장하더라고 이득상환청구권의 법리로써 발행인인 S법인에게 본건 청구금액의 지급을 청구할 권리를 가지지는 못한다고 할 것이다.

(더욱이 이득상환청구권은 법률의 직접규정에 의하여 어음의 효력소멸 당시의 소지인에게 부여된 지명채권에 속하므로 지명채권 양도의 방법[13]에 의하여 양도할 수 있는 것이고 약속어음상의 권리가 소멸된 이후에 배서 · 양도만으로서는 양도의 효력이 없다 할 것이므로, 특히 본건 제1어음은 조신우가 그 소멸시효 완성으로 인하여 어음상의 권리가 소멸된 후인 1965. 5. 5. 조유석으로부터 배서 · 양도받음으로서 다시 그 소지인이 되었으므로 본건 제1어음에 대해서는 조신우는 적법한 소지인이라고도 할 수 없다.)[14]

13. 관련 규정은 다음과 같다. 민법 제449조(채권의 양도성): [제1항: 채권은 양도할 수 있다. 그러나 채권의 성질이 양도를 허용하지 아니하는 때에는 그러하지 아니하다. 제2항: 채권은 당사자가 반대의 의사를 표시한 경우에는 양도하지 못한다. 그러나 그 의사표시로써 선의의 제3자에게 대항하지 못한다] ; 민법 제450조(지명채권양도의 대항요건): [제1항: 지명채권의 양도는 양도인이 채무자에게 통지하거나 채무자가 승낙하지 아니하면 채무자 기타 제3자에게 대항하지 못한다. 제2항: 전항의 통지나 승낙은 확정일자 있는 증서에 의하지 아니하면 채무자 이외의 제3자에게 대항하지 못한다].

14. 이상의 법리 및 결론에 대해서는 본 사례에 관한 대법원 1970. 3. 10. 선고 69다1370 판결 참조.

사례 41

선의취득자와 제권판결취득자의 우열/이득상환청구권

다음과 같은 사실관계 하에서, 아래의 각 질의에 대해 답하시오.[1]

(1) 본건 약속어음의 발행 및 지급거절(1992. 9. 30. ~ 1993. 1. 5.)

오선구는 1992. 9. 30. 액면금 1,400만원(이하, "본건 어음금"), 지급기일 1993. 1. 5. 발행지 및 지급지 각 서울특별시, 지급장소 S은행 무교동지점인 약속어음 1매(이하, "본건 어음")를 물품대금의 지급을 위하여 수취인 권지우에게 발행·교부하였고, 한편 같은 날인 1992. 9. 30. D사는 본건 어음의 수취인인 권지우로부터 물품대금의 지급을 위하여 김이석에게 배서·양도하였고, 역시 같은 날 물품대금의 지급을 위하여 김이석으로부터 D주식회사(이하, "D사")에게 배서·양도되었다.

한편, D사는 순차 지급거절증서 작성의무의 면제 하에[2] 배서의 기재가 되어 있는 본건 어음을 소지하고 있다가 1993. 1. 5. 지급제시하였으나 지급거절되었다.

---

1. 본 사례는 대법원 1994. 10. 11. 선고 94다18614 판결을 기초로 하여 작성된 것이다.
2. 어음법 제77조(환어음에 관한 규정의 준용) 제1항: [약속어음에 대하여는 약속어음의 성질에 상반되지 아니하는 한도에서 다음 각 호의 사항에 관한 환어음에 대한 규정을 준용한다. 4. 지급거절로 인한 상환청구(제43조부터 제50조까지, 제52조부터 제54조까지)] ; 어음법 제46조(거절증서 작성 면제): [제1항: 발행인, 배서인 또는 보증인은 다음 각 호의 어느 하나에 해당하는 문구를 환어음에 적고 기명날인하거나 서명함으로써 소지인의 상환청구권 행사를 위한 인수거절증서 또는 지급거절증서의 작성을 면제할 수 있다. 제2항: 1. 무비용상환 2. 거절증서 불필요 3. 제1호 및 제2호와 같은 뜻을 가진 문구. 제2항: 제1항 각 호의 문구가 있더라도 소지인의 법정기간 내 어음의 제시 및 통지 의무가 면제되는 것은 아니다. 법정기간을 준수하지 아니하였음은 소지인에 대하여 이를 원용(援用)하는 자가 증명하여야 한다. 제3항: 발행인이 제1항 각 호의 문구를 적은 경우에는 모든 어음채무자에 대하여 효력이 있고, 배서인 또는 보증인이 이 문구를 적은 경우에는 그 배서인 또는 보증인에 대하여만 효력이 있다. 발행인이 이 문구를 적었음에도 불구하고 소지인이 거절증서를 작성시켰으면 그 비용은 소지인이 부담하고, 배서인 또는 보증인이 이 문구를 적은 경우에 거절증서를 작성시켰으면 모든 어음채무자에게 그 비용을 상환하게 할 수 있다].

(2) 공시최고신청(公示催告申請) 및 제권판결(除權判決) 선고(1993. 2. 18.~1993. 6. 5.)
오선구는 1993. 2. 18. 법원에 본건 어음에 관하여 공시최고의 신청을 하였는데 위 공시최고절차에서 정한 기간까지 권리 신고를 한 자가 없었으므로, 법원이 1993. 6. 5. 제권판결(이하, "본건 제권판결")로 본건 어음의 무효를 선고하였고, 현재까지 본건 제권판결에 대하여 불복의 소가 제기되어 취소판결이 선고된 적이 없다.

이상과 같은 사실관계 하에서, D사가 오선구를 상대로 본건 어음금의 지급을 청구하면서 다음과 같은 주장들을 하는 경우, 그러한 주장들은 법률적으로 타당한 주장인가?

설문 1 "본건 제권판결은 절차적으로 하자가 있어 효력이 없으므로 어음상권리를 행사할 수 있다"는 주장
설문 2 "본건 어음을 이미 선의취득하였으므로 어음상권리를 행사할 수 있다"는 주장
설문 3 "이득상환청구권을 행사할 수 있다"는 주장

[설문 1] 제권판결의 절차 · 효력

(1) 문제의 소재

D사가, 본건 제권판결의 전제가 되는 공시최고의 신청인은 본건 어음의 최종소지인이어야 한데, 본건 어음의 발행인에 불과한 오선구의 공시최고신청에 의하여 본건 제권판결이 선고되었으므로, 본건 어음의 채무자인 발행인이 자신을 상대로 제권판결을 받은 셈이 되어 본건 제권판결은 아무런 효력이 없다는 취지로 주장하는 경우, 그러한 주장이 법률적으로 타당한지의 여부가 문제된다.

(2) 설문의 해결

요컨대, 약속어음[3]에 관한 제권판결[4]의 효력은 그 판결 이후에 있어서 당해 어음

3. 민사소송법 제492조(증권의 무효선고를 위한 공시최고): [제1항: 도난 · 분실되거나 없어진 증권, 그 밖에 상법에서 무효로 할 수 있다고 규정한 증서의 무효선고를 청구하는 공시최고절차에는 제493조 내지

을 무효로 하고[5] 공시최고[6] 신청인에게 어음을 소지함과 동일한 지위를 회복시키는 것에 그치는 것이고,[7] 공시최고 신청인이 실질상의 권리자임을 확정하는 것은 아니나, 취득자가 소지하고 있는 약속어음은 제권판결의 소극적 효과로서 약속어음으로서의 효력이 상실되는 것이므로 약속어음의 소지인은 무효로 된 어음을 유효한 어음이라고 주장하여 어음금을 청구할 수 없는 것이고, 이러한 이치는 공시최고의 신청인이 발행인인 경우와 발행인이 아닌 소지인(어음상의 권리자)인 경우에 따라 구별되어 해석되어야 할 만한 아무런 합리적인 근거가 없다고 할 것이다.[8]

또한, 오히려 약속어음의 발행인이 그 어음상의 채무를 면하기 위하여 어음의 도

제497조의 규정을 적용한다. 제2항: 법률상 공시최고를 할 수 있는 그 밖의 증서에 관하여 그 법률에 특별한 규정이 없으면 제1항의 규정을 적용한다].

4. 민사소송법 제487조(제권판결): [제1항: 법원은 신청인이 진술을 한 뒤에 제권판결신청에 정당한 이유가 없다고 인정할 때에는 결정으로 신청을 각하하여야 하며, 이유가 있다고 인정할 때에는 제권판결을 선고하여야 한다. 제2항: 법원은 제1항의 재판에 앞서 직권으로 사실을 탐지할 수 있다].

5. 이를, 제권판결의 소극적 효과라고 한다. 민사소송법 제496조(제권판결의 선고): [제권판결에서는 증권 또는 증서의 무효를 선고하여야 한다].

6. 민사소송법 제493조(증서에 관한 공시최고신청권자): [무기명증권 또는 배서로 이전할 수 있거나 약식배서가 있는 증권 또는 증서에 관하여는 최종소지인이 공시최고절차를 신청할 수 있으며, 그 밖의 증서에 관하여는 그 증서에 따라서 권리를 주장할 수 있는 사람이 공시최고절차를 신청할 수 있다] ; 민사소송법 제494조(신청사유의 소명): [제1항: 신청인은 증서의 등본을 제출하거나 또는 증서의 존재 및 그 중요한 취지를 충분히 알리기에 필요한 사항을 제시하여야 한다. 제2항: 신청인은 증서가 도난·분실되거나 없어진 사실과, 그 밖에 공시최고절차를 신청할 수 있는 이유가 되는 사실 등을 소명하여야 한다] ; 민사소송법 제495조(신고최고, 실권경고): [공시최고에는 공시최고기일까지 권리 또는 청구의 신고를 하고 그 증서를 제출하도록 최고하고, 이를 게을리하면 권리를 잃게 되어 증서의 무효가 선고된다는 것을 경고하여야 한다].

7. 이를, 제권판결의 적극적 효과라고 한다. 민사소송법 제497조(제권판결의 효력): [제권판결이 내려진 때에는 신청인은 증권 또는 증서에 따라 의무를 지는 사람에게 증권 또는 증서에 따른 권리를 주장할 수 있다].

8. 대법원 1990. 4. 27. 선고 89다카16215 판결(제권판결의 소극적 효력으로서 그 어음이 어음으로서의 효력을 상실하여 무효로 되는 이치가, 공시최고의 신청인이 발행인인 경우와 발행인이 아닌 소지인(어음상의 권리자)인 경우에 따라 구별되어 해석되어야 할 만한 아무런 합리적인 근거가 없으며, 도리어 약속어음의 발행인이 그 어음상의 채무를 면하기 위하여 어음의 도난·분실 등을 이유로 공시최고의 신청을 할 수 있다고 해석하여야 할 것이므로, 어음 발행인의 신청에 의하여 제권판결이 선고된 경우에도 그 소극적 효력에 의해 그 어음이 효력을 상실하게 됨은 마찬가지이다) ; 대법원 1993. 11. 9. 선고 93다32934 판결(약속어음에 관한 제권판결의 효력은 그 판결 이후에 있어서 당해 어음을 무효로 하고 공시최고 신청인에게 어음을 소지함과 동일한 지위를 회복시키는 것에 그치는 것이고, 공시최고 신청인이 실질상의 권리자임을 확정하는 것은 아니나, 취득자가 소지하고 있는 약속어음은 제권판결의 소극적 효과로서 약속어음으로서의 효력이 상실되는 것이므로 약속어음의 소지인은 무효로 된 어음을 유효한 어음이라고 주장하여 어음금청구를 할 수 없다).

난 및 분실 등을 이유로 공시최고의 신청을 할 수도 있다고 보아야 할 것이니,[9] 결국 본 사례의 경우에 D사가 본건 제권판결에 절차적으로 하자가 있어 본건 제권판결은 효력이 없으므로 어음상권리를 행사할 수 있다고 주장하는 것은 법률적으로 타당하지 않다고 할 것이다.[10]

[설문 2] 선의취득과 제권판결의 관계

(1) 문제의 소재

D사가, 본건 제권판결이 적법한 절차에 의하여 이루어진 것이라 하더라도 D사는 본건 어음의 공시최고신청 전인 1992. 9. 30. 본건 어음을 권지우, 김이석을 거쳐 순차 배서 · 양도받아 이를 이미 선의취득하였으므로 D사가 위 공시최고기간까지 권리 신고를 하지 아니하였다 하더라도 실질적인 권리가 상실되는 것은 아니므로 어음상의 권리를 행사할 수 있다는 주장을 하는 경우, 그러한 주장이 법률적으로 타당한지의 여부가 문제된다.

(2) 설문의 해결

본 쟁점과 관련하여 어음법 제16조(배서의 자격수여적 효력 및 어음의 선의취득) 제2항은 다음과 같이 규정하고 있으므로, 먼저 관련 법리를 살펴본다.

어음법 제16조 제2항[11]

어떤 사유로든[12] 환어음의 점유를 잃은 자[13]가 있는 경우에 그 어음[14]의 소지인[15]이 제1항에 따라[16] 그 권리를 증명할 때에는 그 어음을 반환할 의무가 없다.[17,18] 그러나 소지인이 악의[19] 또는 중대한 과실[20,21,22]로 인하여 어음을 취득한 경우에는 그러하지 아니하다.

---

9. 대법원 1990. 4. 27. 선고 89다카16215 판결 참조.

10. 이상의 결론에 대해서는 본 사례에 관한 대법원 1994. 10. 11. 선고 94다18614 판결 참조.

11. 이 규정은 환어음에 관한 규정이나 약속어음의 경우에도 준용되고 있다. 어음법 제77조(환어음에 관한 규정의 준용) 제1항: [약속어음에 대하여는 약속어음의 성질에 상반되지 아니하는 한도에서 다음 각 호의 사항에 관한 환어음에 대한 규정을 준용한다. 1. 배서(제11조부터 제20조까지)]. 한편, 수표의 경우에도 선의취득이 유사하게 인정되고 있다. 수표법 제21조(수표의 선의취득): [어떤 사유로든 수표의 점

유를 잃은 자가 있는 경우에 그 수표의 소지인은 그 수표가 소지인출급식일 때 또는 배서로 양도할 수 있는 수표의 소지인이 제19조에 따라 그 권리를 증명할 때에는 그 수표를 반환할 의무가 없다. 그러나 소지인이 악의 또는 중대한 과실로 인하여 수표를 취득한 경우에는 그러하지 아니하다] ; 수표법 제19조(배서의 자격 수여적 효력): [배서로 양도할 수 있는 수표의 점유자가 배서의 연속에 의하여 그 권리를 증명할 때에는 그를 적법한 소지인으로 추정한다. 최후의 배서가 백지식인 경우에도 같다. 말소한 배서는 배서의 연속에 관하여는 배서를 하지 아니한 것으로 본다. 백지식 배서의 다음에 다른 배서가 있는 경우에는 그 배서를 한 자는 백지식 배서에 의하여 수표를 취득한 것으로 본다].

12. 따라서 도품, 유실물의 경우에도 어음의 선의취득이 인정되는데, 이 점은 동산의 선의취득에는 도품, 유실물의 경우에 원칙적으로 선의취득이 인정되지 않는 점과 구별된다. 민법 제250조(도품, 유실물에 대한 특례): [전조의 경우에 그 동산이 도품이나 유실물인 때에는 피해자 또는 유실자는 도난 또는 유실한 날로부터 2년 내에 그 물건의 반환을 청구할 수 있다. 그러나 도품이나 유실물이 금전인 때에는 그러하지 아니하다] ; 민법 제251조(도품, 유실물에 대한 특례): [양수인이 도품 또는 유실물을 경매나 공개시장에서 또는 동종류의 물건을 판매하는 상인에게서 선의로 매수한 때에는 피해자 또는 유실자는 양수인이 지급한 대가를 변상하고 그 물건의 반환을 청구할 수 있다].

13. 양도인이 무권리자인 경우 이외에 대리권의 흠결이나 하자의 경우에도, 선의취득이 인정된다. 대법원 1995. 2. 10. 선고 94다55217 판결[그러나 소외 회사 명의의 배서는 그 총무부장이던 소외 1이 위조하였고, 원고들은 소외 1으로부터 이 사건 어음들을 할인의 방법으로 취득한 사실을 인정한 다음, 원고들의 선의취득 항변에 대하여, 어음의 선의취득으로 인하여 치유되는 하자의 범위, 즉 양도인의 범위는 양도인이 무권리자인 경우뿐만 아니라 이 사건과 같이 대리권의 흠결이나 하자 등의 경우도 포함된다는 입장에서(당원 1993. 9. 24. 선고 93다32118 판결 참조), … 중간 생략 … 또한 원고들이 어음할인의 방법으로 이를 취득함에 있어 양도인의 실질적인 무권리성을 의심하게 할 만한 뚜렷한 사정도 엿볼 수 없는 이 사건에 있어서 위 각 어음 문면상의 제1배서인인 소외 회사에게 연락을 취하여 소외 회사 명의의 배서가 진정한지 여부를 알아보는 등 그 유통과정을 조사 확인하여야 할 주의의무까지 있다고는 할 수 없으므로(위 각 어음의 액면금이 다소 고액이라는 점과 원고들과 소외 회사 사이에 이전에 어음거래를 한 적이 없었던 사정을 덧붙인다 해도 원고들에게 중대한 과실을 인정하기는 어렵다) 원고들이 이 사건 각 어음을 선의취득하였다고 판단하였는바, 원심의 위와 같은 사실 인정과 판단은 옳게 수긍이 가고].

14. 백지어음의 경우에도 선의취득이 인정된다. 정찬형, 『상법강의(하)』, 제307면.

15. 어음법적 양도방법(예: 배서나 교부)에 따라 취득한 경우에 한정된다. 따라서 상속, 합병, 유증, 지명채권양도, 전부명령의 경우에는 선의취득이 인정되지 않고, 배서의 경우라 하더라도 기한후배서나 추심위임배서의 경우에도 선의취득이 인정되지 않는다(통설). 정찬형, 『상법강의(하)』, 제307면.

16. 어음취득자가 형식적 자격은 구비해야 함을 뜻하는바, 구체적으로 배서에 의해 양도되는 경우에는 배서의 연속을, 교부만에 의해 양도되는 경우(예: 최후의 배서가 백지식인 경우)에는 단순한 소지를, 각각 구비해야 한다. 정찬형, 『상법강의(하)』, 제308면.

17. 따라서 분실자는 어음상의 권리를 상실하고, 취득자는 어음상이 권리를 원시취득한다(통설). 정찬형, 『상법강의(하)』, 제311면.

18. 어음의 선의취득(제16조)과 어음의 인적 항변의 절단(제17조)는 서로 별개의 제도이다. 따라서 어음의 항변의 부착을 알아도 선의취득 요건을 구비하면(예: 양도인이 무권리자임에 대하여 선의 · 무중과실인 경우), 항변이 부착된 어음을 선의취득한다(통설). 정찬형, 『상법강의(하)』, 제312면.

19. 어음의 취득시점을 기준으로 하여, 어음취득자의 직전의 양도인만을 기준으로 판단한다. 정찬형, 『상법강의(하)』, 제310면.

20. 따라서 경과실인 경우에는 어음의 선의취득이 인정되는데, 이 점은 동산의 선의취득에 선의 · 무과실이 요구되는 점과 구별된다. 민법 제249조(선의취득): [평온, 공연하게 동산을 양수한 자가 선의이며 과실

없이 그 동산을 점유한 경우에는 양도인이 정당한 소유자가 아닌 때에도 즉시 그 동산의 소유권을 취득한다].

21. 의심할 만한 상황에 있는지 그 경우에 조사의무를 인정함이 타당한지가 관건이 된다. 중과실이 인정된 예를 들면 다음과 같다. 대법원 1997. 5. 28. 선고 97다7936 판결([1] 어음, 수표를 취득함에 있어서 통상적인 거래기준으로 판단하여 볼 때 양도인이나 그 어음, 수표 자체에 의하여 양도인의 실질적 무권리성을 의심하게 할 만한 사정이 있는데도 불구하고 이에 대하여 상당하다고 인정될 만한 조사를 하지 아니하고 만연히 양수한 경우에는 중대한 과실이 있다. [2] 은행이 어음을 담보취득함에 있어, 어음이 일반적으로 법인 발행의 어음에 비하여 지급이 불확실한 개인 발행의 어음이고, 발행인이나 배서인이 당해 은행과 아무런 거래실적이 없는 자이며, 지급 은행의 소재지와 다른 곳에 거주하는 배서인이 타지에서 담보제공하는 것이었고, 개인이 발행한 어음으로서는 비교적 고액이었으며, 특히 당시 어음의 지급기일 등 어음요건이 대부분 불비되어 있는 데다가 은행이 어음을 취득할 당시에 배서인이 어음을 발행인으로부터 공사대금조로 교부받았다고 하였다면 경험칙상 발행인이 지급기일 조차도 기재하지 않는다는 것은 극히 이례에 속하는 경우인 점에서 그 양도인의 실질적 무권리성을 의심하게 할 만한 사정이 있었다고 보여짐에도 불구하고 어음의 발행인에게 그 발행 경위에 관하여 확인하거나 지급 은행에 구체적인 정보조회를 하여 이의 의심을 해소할 만한 상당한 조사를 하여 보지도 아니한 채 이를 취득한 데에는 중대한 과실이 있다고 한 사례) ; 대법원 1981. 6. 23. 선고 81다167 판결(자칭 남원 거주의 면식 없는 사람으로부터 이리 발행의 자기앞수표를 서울에서 취득함에 있어서 그 소지인의 인적 사항을 확인하지 아니하였음은 일반거래상의 중대한 과실이 있으므로 동 수표를 선의취득하였다고 할 수 없다) ; 대법원 1984. 11. 27. 선고 84다466 판결(상인이 물품판매대금으로 수표를 취득함에 있어 수표 이면에 적힌 전화번호에 전화를 걸어 확인하였더라면 그 수표가 절취품이라는 사실을 쉽게 알 수 있었을 경우에 그 확인전화를 하지 아니한 것은 수표취득에 있어 중대한 과실이 있다고 볼 것이다) ; 대법원 1980. 2. 12. 선고 79다2108 판결(원고가 액면 금 100만원의 수표 1매의 절취범인으로부터 일요일에 그 수표를 받고 시계를 판 후 그 차액을 현금으로 지급하면서 그 수표 이면에 기재되어 있는 전화번호에 전화를 걸어 확인하지 아니한 경우에는 수표취득에 있어서 중대한 과실이 있다) ; 대법원 1990. 11. 13. 선고 90다카23394 판결(금은방 경영자 갑이 손님 을로부터 금 199돈의 십자가상의 제작을 주문받고 선금으로 받은 액면 금 1,000,000원의 자기앞수표가 결제되자 을을 신임하게 되어 5일 후 21:20경 그로부터 잔대금조로 액면 금 7,300,000원의 자기앞수표를 교부받으면서도 아무런 의심 없이 주민등록증도 확인하지 아니한 채 수표의 뒷면에 전화번호와 서명만을 기재하도록 하고는 다음 날 19:30경에야 위 전화번호로 전화를 걸어 보고 불통임을 알게 되었으며, 한편 위 수표에는 상단에 검은색 스탬프로 발행일자가 "APR.13.89"로 날인되어 있고, 중간부분에는 붉은색 스탬프로 발행일자가 "1989. 5. 24."로 중복날인되어 있었는데도 갑이 이를 유의하지 않은 채 위 수표를 취득한 것이라면 갑은 위 수표를 취득함에 있어 중대한 과실이 있었다 할 것이다) ; 대법원 1990. 12. 21. 선고 90다카28023 판결(갑이 수표거래가 처음인 잡화상 을에게 시계를 판매하고 자기앞수표 2장 액면 합계 8,000,000원을 교부받음에 있어 이미 발행은행에 도난신고가 되어 있어 수표의 진정여부에 대하여 전화확인 등 간단한 방법으로 이를 확인할 수 있었음에도 불구하고 이를 하지 않았고 수표 뒷면에 을의 명판만을 압날해 받았는데 을의 사업자등록이 그 다음 날 직권말소된 것으로 밝혀진 경우 갑은 위 수표를 취득함에 있어 중대한 과실이 있었다 할 것이다) ; 대법원 1993. 9. 24. 선고 93다32118 판결(회사의 직원이 약속어음의 회사 명의 배서를 위조함에 있어 날인한 회사의 인장이 그 대표자의 직인이 아니라 그 대표자 개인의 목도장이고, 그 어음금액이 상당히 고액인 점 등에 비추어, 위 약속어음을 할인의 방법으로 취득한 자에게 배서의 진정 여부를 확인 않은 중대한 과실을 인정한 사례).

22. 중과실이 부정된 예를 들면 다음과 같다. 대법원 1996. 11. 26. 선고 96다30731 판결([1] 상호신용금고가 상업어음만을 할인하여야 하는 규정에 위반하여 담보용으로 발행된 어음이나 융통어음을 잘못 할인

‖ 어음법 제16조 제1항

환어음의 점유자가 배서의 연속에 의하여 그 권리를 증명할 때에는 그를 적법한 소지인으로 추정한다. 최후의 배서가 백지식인 경우에도 같다. 말소한 배서는 배서의 연속에 관하여는 배서를 하지 아니한 것으로 본다. 백지식 배서의 다음에 다른 배서가 있는 경우에는 그 배서를 한 자는 백지식 배서에 의하여 어음을 취득한 것으로 본다.

요컨대, 어음이나 수표를 분실, 도난당한 자가 제권판결을 받은 경우, 대법원은 제권판결 취득자와 선의취득자 간의 우열관계에 대해서 다음과 같은 입장을 보이고 있다.[23]

‖ 대법원 1993. 11. 9. 선고 93다32934 판결

약속어음에 관한 제권판결의 효력은 그 판결 이후에 있어서 당해 어음을 무효로 하고 공시최고 신청인에게 어음을 소지함과 동일한 지위를 회복시키는 것에 그치는 것이고, 공시최고 신청인이 실질상의 권리자임을 확정하는 것은 아니나, 취득자가 소지하고 있는 약속어음은 제권판결의 소극적 효과로서 약속어음으로서의 효력이 상실되는 것이므로 약속어음의 소지인은 무효로 된 어음을 유효한 어음이라고 주장하여 어음금청구를 할 수는 없는 것이다. 따라서 이와 같은 견해에 터잡아 원고의 이 사건 약속어음금청구를 배척한 원심의 조처는 정당하고, 거기에 어음의 선의취득과 제권판결에 관한 법리를 오해한 위법이 있다고 할 수 없고, 원고가 공시최고 전에 선의취득하여 소송을 제기하였다고 하여 달리 볼 것이 아니다.

하였다고 하여 곧바로 악의 또는 중대한 과실로 어음을 취득한 때에 해당한다고는 볼 수 없다. [2] 약속어음의 수취인 회사의 직원이 제3자와 공모하여 수취인 회사 명의의 배서를 위조하고 제3자 명의의 배서를 거쳐 상호신용금고로부터 어음할인을 받은 사안에서, 배서상 기재의 문제점이 있는 어음에 대하여는 상호신용금고의 어음취득상의 중대한 과실을 인정하고, 배서상 기재의 문제점이 없는 어음에 대하여는 중대한 과실을 인정하지 않은 사례) ; 대법원 1985. 5. 28. 선고 85다카192 판결(최후의 배서가 백지식으로 된 어음은 단순한 교부만으로 양도가 가능한 것이므로 원고가 어음할인의 방법으로 이를 취득함에 있어서는 양도인의 실질적인 무권리성을 의심하게 할 만한 특별한 사정이 없는 이상 어음문면상의 최후배서인에게 연락을 취하여 누구에게 양도하였는지를 알아보는 등 그 유통과정을 조사확인하지 아니하였다 하여 이를 가지고 그 어음취득에 있어서 중대한 과실이 있다고 할 수 없고, 이는 원고가 사채업자라 하여도 또한 같다).

23. 이러한 판례의 태도에 대해서는, "우리나라의 판례는 제권판결의 적극적 효력에 관한 해석(형식적 자격의 회복)에도 충실하면서, 결과적으로는 제권판결을 취득한 자를 우선하는 판결을 하고 있다"고 설명하기도 하고(정찬형, 『상법강의(하)』, 제415면), "우리 대법원판례는 선의취득자우선설을 취함을 명백히 하고 있다"고 설명하기도 한다(정동윤, 『어음 · 수표법』, 제210면).

‖ 대법원 1982. 10. 26. 선고 82다298 판결

약속어음에 관하여 제권판결이 있으면 제권판결의 소극적 효과로서 그 약속어음은 약속어음으로서의 효력을 상실하고 약속어음의 정당한 소지인이라 할지라도 그 약속어음상의 권리를 행사할 수 없고, 일단 제권판결이 선고된 이상 약속어음상의 실질적 권리자는 제권판결의 효력을 소멸시키기 위하여 불복의 소[24]를 제기하여 취소판결을 얻지 않는 한 약속어음상의 권리를 주장할 수 없다.

‖ 대법원 1979. 3. 13. 선고 79다4 판결[25]

수표에 관한 제권판결이 있으면 그 선고와 동시에 형식적 확정력이 생기어 그 소극적 효과로써 그 수표는 수표로서의 효력을 상실하여 정당한 소지인이라 할지라도 그 수표상의 권리를 행사할 수 없으며, 제권판결의 신청인이 정당한 소지인을 알고 있었거나 수표금 청구소송을 당하고 있으면서 제권판결 신청을 하였다 할지라도, 일단 제권판결이 선고된 이상, 그 판결이 불복의 소에 의하여 취소되지 않는 한 당연무효로 되는 것은 아니다.

그렇다면 본 사례에 관하여 검토컨대, D사가 본건 제권판결 이전에 본건 어음을 정당하게 취득하였고 본건 어음상의 권리를 적법하게 행사하였다 하더라도 이미 제권판결이 선고된 이상 그 제권판결의 소극적 효과로서 본건 어음은 이미 무효가 되었으므로, D사로서는 본건 제권판결의 효력을 소멸시키기 위하여 본건 제권판결에 대한 불복의 소를 제기하여 취소판결을 받지 아니하는 한 본건어음상의 권리를 그대로 행사할 수 없다고 할 것이다.[26]

따라서 D사가 본건 어음을 이미 선의취득하였으므로 D사가 공시최고기간까지 권리 신고를 하지 아니하였다 하더라도 실질적인 권리가 상실되는 것은 아니므로 어

---

24. 민사소송법 제490조(제권판결에 대한 불복소송): [제1항: 제권판결에 대하여는 상소를 하지 못한다. 제2항: 제권판결에 대하여는 다음 각호 가운데 어느 하나에 해당하면 신청인에 대한 소로써 최고법원에 불복할 수 있다. 1. 법률상 공시최고절차를 허가하지 아니할 경우일 때 2. 공시최고의 공고를 하지 아니하였거나, 법령이 정한 방법으로 공고를 하지 아니한 때 3. 공시최고기간을 지키지 아니한 때 4. 판결을 한 판사가 법률에 따라 직무집행에서 제척된 때 5. 전속관할에 관한 규정에 어긋난 때 6. 권리 또는 청구의 신고가 있음에도 법률에 어긋나는 판결을 한 때 7. 거짓 또는 부정한 방법으로 제권판결을 받은 때 8. 제451조 제1항 제4호 내지 제8호의 재심사유가 있는 때].

25. 어음이 아니라 수표에 관한 판례이기는 하나, 법리는 동일하다고 할 것이다.

26. 대법원 1990. 4. 27. 선고 89다카16215 판결(약속어음에 관하여 제권판결이 선고되면 제권판결의 소극적 효력으로서 그 약속어음은 약속어음으로서의 효력을 상실하게 되어 약속어음의 정당한 소지인이라고 할지라도 그 약속어음상의 권리를 행사할 수 없게 되는 것이므로, 일단 제권판결이 선고된 이상 약속어음상의 실질적 권리자라고 하더라도 제권판결의 효력을 소멸시키기 위하여 제권판결에 대한 불복의 소를 제기하여 취소판결을 받지 아니하는 한 그 약속어음상의 권리를 주장할 수 없다).

음상의 권리를 행사할 수 있다는 주장을 하는 경우, 그러한 주장은 법률적으로 타당하지 않다고 할 것이고, 이는 D사가 공시최고 전에 선의취득하였다고 하여 달리 볼 것이 아니다.[27,28]

[설문 3] 이득상환청구권

(1) 문제의 소재

D사가, 오선구는 물품대금의 지급을 위하여 권지우에게 본건 어음을 발행·교부하였고 권지우는 김이석에게, 김이석은 D사에게 역시 물품대금의 지급을 위하여 이를 각 배서·양도하였으므로, 설령 본건 어음이 본건 제권판결로 인하여 효력을 상실하였다 하더라도 어음소지인인 D사는 오선구에 대하여 본건 어음에 대한 이득상환청구권을 행사할 수 있다고 주장을 하는 경우, 그러한 주장이 법률적으로 타당한지의 여부가 문제된다.

(2) 설문의 해결

본 쟁점과 관련하여 어음법 제79조(이득상환청구권)[29]는 다음과 같이 규정하고 있으므로, 관련 법리를 살펴본다.

어음법 제79조[30]

환어음 또는 약속어음에서 생긴 권리가 절차의 흠결로 인하여 소멸한 때나 그 소멸시효가 완

---

27. 대법원 1993. 11. 9. 선고 93다32934 판결 참조.
28. 이상의 결론에 대해서는 본 사례에 관한 대법원 1994. 10. 11. 선고 94다18614 판결 참조.
29. 이득상환청구권은 형평의 관념에서 법이 특별히 인정한 지명채권의 일종이고, 따라서 선의취득의 대상이 될 수 없다. 대법원 1970. 3. 10. 선고 69다1370 판결(이득상환청구권은 법률의 직접 규정에 의하여 어음의 효력소멸 당시의 소지인에게 부여된 지명채권에 속하므로 지명채권 양도의 방법에 의하여 양도할 수 있는 것이고 약속어음상의 권리가 소멸된 이후에 배서양도만으로서는 양도의 효력이 없다 할 것이다") ; 대법원 1980. 5. 13. 선고 80다537 판결(이득상환청구권은 선의취득의 대상이 될 수 없다).
30. 수표의 경우에도 동일한 법리가 적용된다. 수표법 제63조(이득상환청구권): [수표에서 생긴 권리가 절차의 흠결로 인하여 소멸한 때나 그 소멸시효가 완성한 때라도 소지인은 발행인, 배서인 또는 지급보증

성[31]한 때라도[32] 소지인[33]은 발행인, 인수인 또는 배서인[34]에 대하여 그가 받은 이익[35]의 한도 내에서 상환을 청구[6]할 수 있다.

을 한 지급인에 대하여 그가 받은 이익의 한도 내에서 상환을 청구할 수 있다].

31. 절차의 흠결이나 시효완성의 경우에 한정되므로, 그 이외의 경우에는 이득상환청구권이 인정되지 않는다.

32. 어음소지인이 모든 어음채무자에 대한 관계에서 어음상의 권리가 소멸하고, 또한 타에 민법상의 구제수단까지 가지지 못하게 된 경우에만, 이득상환청구권이 인정되는데, 이는 수표의 경우에도 동일하다. 대법원 1959. 9. 10. 선고 4291민상717 판결(약속어음상의 권리가 절차의 흠결 또는 시효에 의하여 소멸되었다 하더라도 이와 공존하는 민법상의 채권을 행사할 수 있는 이상 이득상환청구를 할 수 없다) ; 대법원 1970. 3. 10. 선고 69다1370 판결(이득상환 청구권이 발생하는 데 있어서는 모든 어음상의 또는 민법상의 채무자에 대하여 각 권리가 소멸되었음을 요한다) ; 대법원 1965. 12. 28. 선고 65다2163 판결(수표소지자의 그 발행자에 대한 이득상환청구권은 수표채무자들에 대하여 수표상 및 민사상의 권리가 소멸되고 그 이외의 다른 자들에 대하여도 민사상의 청구권이 없게 된 때에 비로소 발생하는 권리라 할 것이다).

33. 어음상의 권리가 소멸할 당시의 적법한(즉, 어음상 권리를 행사할 수 있었던) 소지인, 즉 형식적으로나 실질적으로나 완전한 어음상의 권리를 취득하고 있었던 소지인만을 말한다. 정찬형, 『상법강의(하)』, 제398면, 제400면. 대법원 1962. 12. 20. 선고 62다680 판결(다음에 논지는 증인 이△환과 증인 최◇은의 증언에 의하면 원고가 본건 어음에 관한 권리의 소멸에 의하여 이득을 보고 있는 사실이 뚜렷하므로 이득상환청구권이 인정되어야 한다고 주장하나 이미 위에서 설명한 바와 같이 본건 약속어음은 그 지급기일인 1958. 6. 30.로부터 법정시효 기간인 3년이 지난 1961. 6. 30. 당시에도 아직 피고가 본건 어음의 이른바 수취인으로서 보충권을 행사하고 있지 않았던 사실이 명백하므로 피고는 필경 본건 어음에서 생긴 권리가 시효로 인하여 소멸할 당시에도 아직 어음상의 청구권을 가지고 있지 않았다 할 것이다. 그렇다면 본건 어음으로 인한 이득이 있건 없건 피고로서는 이득상환청구권을 행사할 수 있는 요건을 갖추고 있지 못하였다 할 것이므로 이점에 관한 논지로 이유 없다).

34. 이득상환의무자는 보통은 발행인(환어음의 경우에는 인수인, 수표의 경우에는 지급보증인)인데, 배서인이 의무자가 되는 경우는 보통의 양도배서에서는 발생하지 않고, 형식적으로는 배서인이지만 실질적으로는 발행인과 같은 지위에 있는 경우에 발생한다(예: 어음의 발행인이 배서인의 어음채무를 보증하는 의미로 어음을 발행하고, 동 어음의 수취인 겸 발행인이 동 어음을 제3자에게 배서하여 대가를 취득한 경우). 정찬형, 『상법강의(하)』, 제399면. 대법원 2000. 5. 26. 선고 2000다10376 판결(원인관계상의 채무를 담보하기 위하여 어음이 발행되거나 배서된 경우에는 어음채권이 시효로 소멸되었다고 하여도 발행인 또는 배서인에 대하여 이득상환청구권은 발생하지 않는다고 할 것인바, 이러한 이치는 그 원인관계상의 채권 또한 시효 등의 원인으로 소멸되고 그 시기가 어음채무의 소멸 시기 이전이든지 이후이든지 관계없이 마찬가지이다).

35. 어음채무자가 어음채무를 면한 것을 의미하는 것이 아니라 실질관계에서 현실로 발생한 재산상이익을 말하는데, 이는 적극적으로 대가, 자금을 취득한 경우뿐만 아니라 소극적으로 기존채무를 면한 경우를 포함한다. 정찬형, 『상법강의(하)』, 제401면. 법원 1993. 7. 13. 선고 93다10897 판결(어음법 제79조에서 말하는 "받은 이익"이라는 것은 어음채무자가 어음상의 권리의 소멸에 의하여 어음상의 채무를 면하는 것 자체를 말하는 것이 아니라 어음수수의 원인관계 등 실질관계(기본관계)에 있어서 현실로 받은 재산상의 이익을 말하는 것이다) ; 대법원 1992. 3. 31. 선고 91다40443 판결(원인관계에 있는 채권의 지급을 확보하기 위하여 어음이 발행된 경우에는 어음채권이 시효로 인하여 소멸하였다 하더라도 이득상환청구권이 발생하지 않는 것이고 이러한 이치는 어음채권이 시효소멸하기 전에 먼저 원인관계에 있는

요컨대 위에서 살펴본 바와 같이, 이득상환청구권은 형평의 관념에서 법이 특별히 인정한 지명채권의 일종으로서 그 권리를 취득하는 자는 어음상의 권리가 소멸할 당시의 적법한(즉, 어음상 권리를 행사할 수 있었던) 소지인, 즉 형식적으로나 실질적으로나 완전한 어음상의 권리를 취득하고 있었던 소지인만을 말한다.

본 사례의 경우에 검토컨대, 본건 어음에 관하여 제권판결이 선고되어 D사가 소지하고 있는 본건 어음이 이미 무효로 된 이상 적법한 어음소지인임을 전제로 한 이득상환청구권도 발생하지 않게 되었다 할 것이므로, D사의 위 주장 역시 법률적으로 타당하지 않다고 할 것이다.[37]

그렇다면 D사의 [설문 1], [설문 2], [설문 3]과 같은 주장들은 모두 다 법률적으로 타당하지 못하므로, 결국 D사는 오선구를 상대로 본건 어음금의 지급을 청구할 수 없다고 할 것이다.

채권이 시효 등 별개의 원인으로 소멸하였다 하더라도 마찬가지라 할 것이다) ; 대법원 1993. 3. 23. 선고 92다50942 판결(어음법에 의한 이득상환청구권이 발생하기 위하여는 모든 어음상 또는 민법상의 채무자에 대하여 각 권리가 소멸되어야 하는 것인바, 원인관계에 있는 채권의 지급을 확보하기 위하여 발행된 약속어음이 전전양도되어 최후의 소지인이 어음상의 권리를 상실한 경우라도 원인채무는 그대로 존속하는 것이므로 발행인이 바로 어음금액 상당의 이득을 얻고 있다고는 할 수 없다) ; 대법원 1993. 10. 22. 선고 93다26991 판결(원인관계에 있는 채권의 지급을 확보하기 위하여 어음이 발행된 경우에는 어음채권이 시효로 인하여 소멸하였다 하더라도 이득상환청구권이 발생하지 않는다).

36. 이득상환청구권의 발생에 대해서는 청구권자가 입증해야 한다. 대법원 1994. 2. 25. 선고 93다50147 판결(어음채무자에게 어음법 제79조 소정의 "받은 이익"이 있음과 그 한도에 관하여는 어음소지인인 이득상환청구권자가 이를 주장 · 입증하여야 한다).

37. 이상의 결론에 대해서는 본 사례에 관한 항소심 판결인 서울지방법원 1994. 2. 24. 선고 93나37242 판결 참조.

사례 42

선일자 수표(先日字 手票)

다음과 같은 사실관계 하에서, 아래의 각 질의에 대해 답하시오.[1]

(1) 선일자 수표의 추심(推尋) 위임(1983. 10. 19.)

C주식회사(이하, "C사")는 K은행 면목동지점과 1983. 5.경부터 당좌거래를 하면서 어음이나 수표 등의 추심업무도 의뢰하여 왔는데 1983. 10. 19. C사가 황부민 발행의 액면금 1천만원, 발행일자 1983. 10. 23., 지급지 제주시, 지급장소 J은행 제주지점으로 된 선일자 수표 1매(이하, "본건 제1수표")와 액면금 1천만원, 발행일자 1983. 10. 31., 지급지 제주시, 지급장소 J은행 제주지점으로 된 선일자 수표 1매(이하, "본건 제2수표") 등 선일자 수표 2매(이하, "본건 제1수표"와 "본건 제2수표"를 집합적으로 "본건 수표"라 함)를 K은행에게 추심을 위임하였는데, 이와 같은 추심 위임시에 본건 수표를 발행일자 전에는 추심하지 말 것을 부탁하였다.

(2) 지급제시 및 지급거절(1983. 11. 1.)

K은행 면목동 지점에서는 C사로부터 추심위임 받은 본건 수표가 모두 발행인과 지급지가 동일하여 다같이 1983. 10. 27. 지급제시를 위하여 K은행 제주지점에 발송하였고, K은행 제주지점은 1983. 10. 31. 제주어음교환소를 통해 발행일이 지난 1983. 11. 1 지급장소(J은행 제주지점)에 각 지급제시하였으나 모두 예금부족으로 지급거절되었다.

한편, 본 사례와 관련하여 추가적으로 밝혀진 사실관계는 다음과 같다.

(1) 본건 수표의 발행인인 황부민의 J은행 제주지점과의 당좌계좌에 관한 대월잔액은 1983. 10. 31까지는 충분하였고, 따라서 1983. 10. 31까지 지급제시된 수표나 어음은 모두 결제되었다.

---

1. 본 사례는 대법원 1985. 5. 28. 선고 84다카2451 판결을 기초로 하여 작성된 것이다.

(2) 본건 수표의 발행인인 황부민은 그가 발행한 수표 등이 예금부족으로 부도된 후 무자력인 상황이 계속되어, C사는 황부민에 대한 소구권 행사로 인한 어떠한 금원도 수령하지 못했다.

(3) 본 사례에서의 지급거절의 전후의 제반사정을 고려하더라도, C사의 과실을 인정할 만한 자료는 없다.

이상과 같은 사실관계 하에서, C사는 본건 수표가 부도된 것은 K은행이 추심업무를 처리하는 자로서 선량한 관리자로서의 주의의무에 위반한 것에 기인한 것이므로, K은행은 C사가 입은 본건 제1수표 액면금(1천만원)과 본건 제2수표 액면금(1천만원)의 합계액(2천만원) 상당의 손해를 배상할 의무가 있다고 주장한다. 이러한 주장은 법률적으로 타당한가?

(1) 문제의 소재

본 사례에서 C사가 1983. 10. 19. 황부민 발행의 본건 수표의 추심을 K은행에게 위임하고 K은행이 이에 따라 업무를 처리하였으므로 양 당사자 사이에는 위임계약이 체결되었는바,[2] 이에 따라 수임인인 K은행은 위임인인 C사에 대하여 선량한 관리자로서의 주의의무를 부담하게 된다.[3]

그렇다면 C사가, 본건 수표가 부도된 것은 K은행이 추심업무를 처리하는 자로서 선량한 관리자로서의 주의의무에 위반한 것에 기인한 것이므로 K은행은 C사가 입은 본건 수표 액면금 상당의 손해[4]를 배상할 의무가 있다고 주장하는 것이 법률적

2. 관련 조문은 다음과 같다. 민법 제680조(위임의 의의): [위임은 당사자 일방이 상대방에 대하여 사무의 처리를 위탁하고 상대방이 이를 승낙함으로써 그 효력이 생긴다].

3. 관련 조문은 다음과 같다. 민법 제681조(수임인의 선관의무): [수임인은 위임의 본지에 따라 선량한 관리자의 주의로써 위임사무를 처리하여야 한다].

4. 관련 조문은 다음과 같다. 민법 제390조(채무불이행과 손해배상): [채무자가 채무의 내용에 좇은 이행을 하지 아니한 때에는 채권자는 손해배상을 청구할 수 있다. 그러나 채무자의 고의나 과실 없이 이행할 수 없게 된 때에는 그러하지 아니하다]; 민법 제393조(손해배상의 범위): [제1항: 채무불이행으로 인한 손해배상은 통상의 손해를 그 한도로 한다. 제2항: 특별한 사정으로 인한 손해는 채무자가 그 사정을 알았거나 알 수 있었을 때에 한하여 배상의 책임이 있다]; 민법 제394조(손해배상의 방법): [다른 의사표시가 없으면 손해는 금전으로 배상한다].

으로 타당한지의 여부가 문제된다.

(2) 설문의 해결

먼저, 본 사례의 쟁점인 선일자 수표에 관한 법리부터 살펴보기로 한다.[5]

선일자 수표(또는 연수표)란 수표상에 기재하는 발행일자를 현실의 발행일자보다 후일의 일자로 한 수표를 말하는데, 수표의 지급제시기간을 사실상 연장하거나, 현실의 발행 당시에는 자금이 없으나 수표에 기재된 발행일자까지는 자금이 마련될 수 있어 기재된 발행일자까지의 기간 동안 단기신용을 얻고자 경우, 또는 자금은 있으나 지급은행에 지급할 이자를 경감하고자 하는 경우(당좌대월의 경우) 등에 이용된다.

수표법 제28조(수표의 일람출급성) 제2항은 "기재된 발행일이 도래하기 전에 지급을 받기 위하여 제시된 수표는 그 제시된 날에 이를 지급하여야 한다"라고 규정하여 선일자 수표의 유효성을 간접적으로 인정하고 있고 수표의 일람출급성(수표법 제28조 제1항: 수표는 일람출급으로 한다. 이에 위반되는 모든 문구는 적지 아니한 것으로 본다)을 관철시키고 있는바, '기재된 발행일이 도래하기 전에 지급을 받기 위하여 제시된 수표'에 대하여, 지급인이 지급을 하면 지급인은 그 경제적 효과를 발행인에게 돌릴 수 있고, 만약 지급인이 지급을 거절하면 소지인은 전자에 대하여 소구할 수 있을 뿐만 아니라,[6] 그 지급거절의 이유가 발행인의 예금부족 등이었다면 발행인은 부정수표단속법에 의해 처벌을 받고[7] 또한 수표법상 과태료[8]의 처분을 받게 된다.

---

5. 아래의 설명에 대한 보다 상세한 내용에 대해서는, 정찬형, 『상법강의(하)』, 제450면 이하 참조.

6. 수표법 제39조(상환청구의 요건): [적법한 기간 내에 수표를 제시하였으나 지급받지 못한 경우에 소지인이 다음 각 호의 어느 하나의 방법으로 지급거절을 증명하였을 때에는 소지인은 배서인, 발행인, 그 밖의 채무자에 대하여 상환청구권을 행사할 수 있다. 1. 공정증서(거절증서) 2. 수표에 제시된 날을 적고 날짜를 부기한 지급인(제31조 제2항의 경우에는 지급인의 위임을 받은 제시은행)의 선언 3. 적법한 시기에 수표를 제시하였으나 지급받지 못하였음을 증명하고 날짜를 부기한 어음교환소의 선언].

7. 부정수표단속법 제2조(부정수표 발행인의 형사책임): [제1항: 다음 각 호의 어느 하나에 해당하는 부정수표를 발행하거나 작성한 자는 5년 이하의 징역 또는 수표금액의 10배 이하의 벌금에 처한다. 1. 가공인물의 명의로 발행한 수표 2. 금융기관(우체국을 포함한다. 이하 같다)과의 수표계약 없이 발행하거나 금융기관으로부터 거래정지처분을 받은 후에 발행한 수표 3. 금융기관에 등록된 것과 다른 서명 또는 기명날인으로 발행한 수표. 제2항: 수표를 발행하거나 작성한 자가 수표를 발행한 후에 예금부족, 거래정지처분이나 수표계약의 해제 또는 해지로 인하여 제시기일에 지급되지 아니하게 한 경우에도 제1항과 같다].

8. 수표법 제67조(위법한 발행에 대한 벌칙): [수표의 발행인이 제3조의 규정에 위반한 때에는 50만원 이하의 과태료에 처한다] ; 수표법 제3조(수표자금, 수표계약의 필요): [수표는 제시한 때에 발행인이 처분할

한편, 선일자 수표에 기재된 발행일자는 지급제시기간의 기산점,[9] 지급위탁취소기간의 기산점,[10] 시효의 기산점[11]을 정하는 표준이 되고 있다.

이상과 같은 선일자 수표에 관한 법리에 근거하여 본 사례에 접근해 보면 다음과 같다.

요컨대, 별다른 조건 없이 수표의 추심을 위임받은 은행으로서는 그 수표의 지급제시기간[12] 내에 지급을 위한 제시를 한 이상 수임인으로서 위임의 본지에 따라 위

수 있는 자금이 있는 은행을 지급인으로 하고, 발행인이 그 자금을 수표에 의하여 처분할 수 있는 명시적 또는 묵시적 계약에 따라서만 발행할 수 있다. 그러나 이 규정을 위반하는 경우에도 수표로서의 효력에 영향을 미치지 아니한다].

9. 수표법 제29조(지급제시기간) 제4항: [제1항부터 제3항까지의 기간은 수표에 적힌 발행일부터 기산한다]. 한편, 수표법 제29조 제1항 및 제4항에 대해 헌법재판서는 합헌이라고 판시하였다. 헌재 2001. 1. 18, 2000헌바29 결정(수표법 제29조 제1항, 제4항은 1931년 제네바수표법통일조약에 따라 선일자 수표의 제시기간을 실제발행일이 아닌 수표에 기재된 발행일자로부터 10일임을 규정함으로써 수표의 문언증권상을 확인하여 그 유통성을 확보하고 경제거래상 지급수단으로서의 수표제도의 한 내용을 형성한 것일 뿐, 가사 이로 인하여 장기간의 결제기간이 허용되어 청구인이 오랫동안 지급의무를 부담하는 불안에 빠진다고 하더라도 이는 청구인이 스스로 이러한 결제수단을 선택함으로써 신용을 누림에 따르는 부담을 자초한 것이지, 국가가 청구인의 기본권을 제한한다던가, 또는 사인간의 경제활동에 대하여 규제 등 간섭을 하는 것이라 할 수 없다. 또한 이로써 수표가 지급증권임을 벗어나 신용증권화할 우려가 있다고 하더라도 이는 그 자체가 경제적 효용과 유용성을 가지고 이용되는 것일 뿐 그 유효성을 인정하는 것이 자유시장 경제질서를 기본으로 하여 사회정의와 경제민주화를 추구하는 우리 헌법의 경제질서나 기타 헌법질서에 저촉되는 것이라고 볼 수 없다).

10. 수표법 제32조(지급위탁의 취소) 제1항: [수표의 지급위탁의 취소는 제시기간이 지난 후에만 그 효력이 생긴다].

11. 수표법 제51조(시효기간) 제1항: [소지인의 배서인, 발행인, 그 밖의 채무자에 대한 상환청구권은 제시기간이 지난 후 6개월간 행사하지 아니하면 소멸시효가 완성된다] ; 대법원 1963. 7. 25. 선고 63다305 판결(수표의 소구권의 소멸시효는 법정제시기간인 10일이 지난 다음 날부터 진행한다).

12. 국내수표의 경우에는 '발행일로부터 10일'인데 이때 실제로 발행된 날이 아니라 수표에 기재된 발행일의 다음 날부터 기산한다. 수표법 제29조(지급제시기간): [제1항: 국내에서 발행하고 지급할 수표는 10일 내에 지급을 받기 위한 제시를 하여야 한다. 제2항: 지급지의 국가와 다른 국가에서 발행된 수표는 발행지와 지급지가 동일한 주에 있는 경우에는 20일 내에, 다른 주에 있는 경우에는 70일 내에 이를 제시하여야 한다. 제3항: 제2항에 관하여는 유럽주의 한 국가에서 발행하여 지중해 연안의 한 국가에서 지급할 수표 또는 지중해 연안의 한 국가에서 발행하여 유럽주의 한 국가에서 지급할 수표는 동일한 주에서 발행하고 지급할 수표로 본다. 제4항: 제1항부터 제3항까지의 기간은 수표에 적힌 발행일부터 기산한다] ; 수표법 제61조(기간과 초일 불산입): [이 법에서 규정하는 기간에는 그 첫날을 산입하지 아니한다] ; 대법원 1982. 4. 13. 선고 81다1000,81다카552 판결(수표법 제29조 제4항은 수표의 지급 제시기간을 수표에 기재된 발행일자부터 기산하도록 규정하고 같은 법 제61조는 본법에 규정하는 기간에는 그 초일을 산입하지 아니한다고 규정하고 있어 지급제시기간을 산출함에 있어 수표에 기재된 발행일자를 초일로 할 것인가 또는 그 다음 날부터 기산할 것인가에 관하여 위 두 규정의 해석상 의문이 있을 수 있으나 위 수표법 제29조 제4항의 규정은 수표가 실제로 발행된 날과 수표에 발행일로 기재된 날

임사무를 처리한 것이라 할 것이고, 혹 지급제시기간 중 일찍 제시하였더라면 지급을 받을 수 있었는데 늦게 제시를 하였기 때문에 발행인의 자금사정이 악화되어 예금부족으로 지급거절이 되었다 하여도 추심위임을 받은 은행이 위와 같은 자금사정의 악화로 인한 예금부족을 예견하거나 예견할 수 있었음에도 불구하고 늦게 제시하였다는 등 특단의 사정이 없는 한 지급제시기간 내에 제시한 은행에게 수임인으로서 선량한 관리자의 주의를 게을리 한 책임이 있다고 할 수 없다.

즉, 수표소지인이 선일자 수표의 추심을 위임하면서 발행일자 이전의 지급제시를 금하는 외에 별다른 조건을 붙이지 않았다면 그 위임을 받은 은행으로서는 그 수표의 지급제시기간 내에 지급을 위한 제시를 한 이상 수임인으로서 위임의 본지에 따라 위임사무를 처리한 것이라고 할 것이다.

본 사례의 경우에 검토컨대, 수표소지인인 C사는 선일자 수표의 추심을 K은행에 위임하면서 발행일자 이전의 지급제시를 금하는 외에 별다른 조건을 붙이지 않았고, 위임을 받은 K은행은 본건 제1수표에 대해서는 발행일자(1983. 10. 23.)로부터 며칠이 지난 후인 1983. 11. 1.에 그리고 본건 제2수표에 대해서는 발행일자(1983. 10. 31.)의 다음 날인 1983. 11. 1.에 지급제시를 하였으나, 본건 수표 모두에 대해서 지급제시기간(발행일로부터 10일) 내에 지급제시를 한 것은 사실이다.

그러나 비록 K은행이 지급제시기간 중 일찍(즉, 본건 수표의 발행인인 황부민의 J은행 제주지점과의 당좌계좌에 관한 대월잔액이 충분하여 결제가 원만히 이루어졌던 1983. 10. 31까지) 지급제시하였더라면 지급을 받을 수 있었는데 늦게 지급제시를 하였기 때문에 발행인(황부민)의 자금사정이 악화되어 예금부족으로 지급거절된 것은 사실이지만, 본 사례의 주어진 사실관계로는 K은행이 본건 수표의 발행인인 황부민의 J은행 제주지점과의 당좌계좌에 관한 대월잔액의 부족을 예견하거나 예견할 수 있었음에도 불구하고 늦게 제시하였다는 등의 특단의 사정은 없는 것으로 파악된다.

그렇다면 본건 수표 모두에 대해서 지급제시기간 내에 제시한 K은행에게 C사의 수임인으로서 선량한 관리자의 주의를 게을리 한 책임이 있다고 할 수 없고, 따라서 본건 수표가 부도된 것은 K은행이 추심업무를 처리하는 자로서 선량한 관리자로서의 주의의무에 위반한 것에 기인한 것이므로, K은행은 C사가 입은 본건 제1수표 액

이 서로 다른 경우에 그 수표 제시기간을 기산함에 있어서 수표에 기재된 발행일을 기준으로 한다는 원칙을 밝힌 것으로 기간의 계산은 위 수표법 제61조의 일반 원칙적 규정에 따라 수표에 발행일로 기재된 날은 초일로 산입하지 아니하고 그 다음 날부터 기산한다고 풀이할 것이며).

면금(1천만원)과 본건 제2수표 액면금(1천만원)의 합계액(2천만원) 상당의 손해를 배상할 의무가 있다고 하는 C사의 주장은 법률적으로 타당하지 않다고 할 것이다.[13,14,15]

---

13. 이상의 결론에 대해서는 본 사례에 관한 대법원 1985. 5. 28. 선고 84다카2451 판결 참조.

14. 한편, 본 사례의 주요쟁점은 아니나, 본건 수표가 부도됨으로써 C사가 발행인(황부민)에 대해 소구권을 행사할 수 있음은 분명하지만 이로써 K은행의 C사에 대한 위임본지에 따른 주의의무 위반으로 인한 손해배상책임에 어떠한 영향을 미치는 것은 아니라고 할 것이고, 더욱이 본건 수표의 발행인(황부민)은 그가 발행한 수표 등이 예금부족으로 부도된 후 무자력인 상황이 계속되어 C사는 발행인(황부민)에 대한 소구권 행사로 인한 어떠한 금원도 수령하지 못한 상황이므로, 결국 C사가 발행인(황부민)에 대해 소구권을 행사할 수 있는지의 여부와 C사가 수임인(K은행)에게 채무불이행(위임계약사의 선관주의의무 위반)에 따른 손해배상을 청구할 수 있는지의 여부는 직접적인 관련은 없다고 할 것이다. 이 점에 대해서는 본 사례에 관한 항소심 판결인 서울고등법원 1984. 11. 13. 선고 84나1749 판결 참조.

15. 그리고 C사의 본 사례에서와 같은 주장 자체가 법률적인 타당성이 없으므로, "지급거절의 전후의 제반사정을 고려하더라도 C사의 과실을 인정할 만한 자료는 없다"는 본 사례에서의 사실관계는 결과적으로 큰 의미가 없다고 할 것이다. 즉, C사의 과실이 있는지의 여부는 K은행에게 채무불이행에 따른 손해배상책임이 인정된다는 전제하에서, K은행이 C사의 과실 있음을 주장하여 과실상계 주장을 하는 상황에서 법률적 의미가 있다고 할 것이다. 민법 제396조(과실상계): [채무불이행에 관하여 채권자에게 과실이 있는 때에는 법원은 손해배상의 책임 및 그 금액을 정함에 이를 참작하여야 한다].

[사례 43]

위험 변경 · 증가의 통지의무/보험설계사

다음과 같은 사실관계 하에서, 아래의 각 질의에 대해 답하시오.[1]

(1) 보험계약의 체결(2009. 12. 20.)

조임도는 반월 안산공단의 화학단지에서 3개동의 공장을 소유하면서 공장을 분할하여 임대하는 사업을 하는 자인데, 2009. 12. 20. H사와 제1공장 건물(이하, "본건 건물") 및 기계에 관하여 H보험 주식회사[2](이하, "H사")와 화재보험계약(이하, "본건 보험계약")을 체결하였는데, 본건 보험계약의 내용을 이루는 화재보험보통약관(이하, "본건 약관")의 주요 내용은 다음과 같다. 한편 본건 보험계약을 체결할 당시 조임도는, 본건 건물을 금속가공 및 의장, 기계부품류 가공업에 종사하는 업체들에 임대하고 있어, 보험목적물의 영위업종을 금속가공업으로 고지하여 이러한 업종을 기준으로 한 보험료율[3]이 적용되었다.

제10조(계약 후 알릴 의무)

계약을 맺은 후 보험의 목적을 양도하거나 보험의 목적 또는 보험의 목적을 수용하는 건물의 용도를 변경함으로써 위험이 증가하는 등의 경우에는 보험계약자나 피보험자는 지체없이 서면으로 보험자에 알리고 보험증권[4]에 확인을 받아야 한다.

---

1. 본 사례는 대법원 2006. 6. 30. 선고 2006다19672 판결을 기초로 하여 작성된 것이나, 보험업법의 개정에 따른 법적용의 불필요한 혼동을 방지하기 위하여, 2009년 내지 2010년에 발생된 사실관계로 연도를 바꾸어서 사례를 구성하였다.

2. 보험업을 영위하기 위해서는 금융위원회의 허가를 득해야 한다. 보험업법 제4조(보험업의 허가) 제1항: [보험업을 경영하려는 자는 다음 각 호에서 정하는 보험종목별로 금융위원회의 허가를 받아야 한다].

3. 보험료(premium)란 보험계약에서 보험자의 보험금지급의무에 대한 대가로서 보험계약자가 지급하는 금액을 말하고, 보험금액(insurance money)이란 보험자가 보험사고가 발생한 때에 피보험자(손해보험) 또는 보험수익자(인보험)에게 지급해야 할 금액을 말한다. 상법 제638조(의의): [보험계약은 당사자 일방이 약정한 보험료를 지급하고 상대방이 재산 또는 생명이나 신체에 관하여 불확정한 사고가 생길 경우에 일정한 보험금액 기타의 급여를 지급할 것을 약정함으로써 효력이 생긴다].

4. 보험증권(insurance policy)란 보험계약의 성립과 동시에 그 내용을 증명하기 위하여 계약의 내용을 기재하고 보험자가 기명날인(서명)하여 보험계약자에게 교부하는 증권인데, 증거증권, 면책증권, 상환증권

제12조(계약의 해지)

보험자는 보험계약자나 피보험자가 뚜렷한 위험의 변경 또는 증가와 관련된 제10조에 정한 계약 후 알릴의무를 이행하지 아니하는 등의 경우에 이 계약을 해지할 수 있다. 그러나 그 사실을 보험자가 안 때로부터 1개월이 지났거나 보험자의 중대한 과실로 알지 못한 때에는 계약을 해지할 수 없다.[5]

(2) 본건 건물 중 일부의 임대(2010. 4. 2.)

조임도는 2010. 4. 2. 보험목적물인 본건 건물 중 일부인 182평(이하, "본건 업소")을 박화학에게 임대하였고, 박화학은 2010. 6. 초경부터 본건 업소에서 세녹스 등 유사 석유화학제품의 제조업을 운영하였다.

(3) 본건 보험사고의 발생(2010. 7. 21. 09:55 경)

2010. 7. 21. 09:55경 본건 업소에서 화재가 발생하여 본건 업소 내부가 완전히 연소되고, 인근의 '천지산업'의 창호, 내·외벽 일부 등이 소손되는 사고(이하, "본건 보험사고")가 발생하였다.

(4) 본건 보험계약의 해지 통지(2010. 8. 13.)

H사는, 2010. 8. 13. 조임도에 대하여 보험기간 중 영위업종을 금속가공업에서 휘발성 용액 생산으로 변경하여 사고발생의 위험이 현저하게 증가되어 조임도는 본건 약관 제10조와 상법 제652조에 의해 이를 H사에게 통지할 의무가 있음에도 불구하고 이를 해

의 성질을 가진다. 정찬형, 『상법강의(하)』, 제557면.

5. 기타, 본건 약관의 주요 조항은 다음과 같다.

제17조(지급보험금의 계산)

① 보험자가 일반물건에 생긴 손해에 대하여 지급할 보험금은 아래에 따라 계산한다. 다만, 재고자산(원부재료, 재공품, 반제품, 제품, 부산물과 상품 및 이와 유사한 것을 의미한다)에 대하여는 제2항에 따른다.

1. 보험가입금액이 보험가액의 80% 해당액과 같거나 이상일 때: 보험가입금액을 한도로 손해액 전액. 다만 보험가입금액이 보험가액보다 많을 때에는 보험가액을 한도로 한다.
2. 보험가입금액이 보험가액의 80% 해당액보다 적을 때: 손해액×보험가입금액/보험가액의 80% 해당액

② 보험자가 공장건물에 생긴 손해에 대하여 지급할 보험금은 아래에 따라 계산한다.

1. 보험가입금액과 보험가액이 같을 때: 손해액 전액
2. 보험가입금액이 보험가액보다 많을 때: 보험가액을 한도로 손해액 전액
3. 보험가입금액이 보험가액보다 적을 때: 손해액×보험가입금액/보험가액

제18조(보험금의 지급)

보험자는 손해발생 통지를 받은 후 지체없이 지급할 보험금을 결정하고 지급할 보험금이 결정되면 10일 이내에 지급한다. 그러나 보험금 지급에 필요한 조사를 짧은 시일 내에 마칠 수 없고 계약자 또는 피보험자의 청구가 있을 경우에는 보험자가 추정하는 보험금의 50% 상당액을 가지급보험금으로 지급한다.

태하였음을 이유로, 본건 약관 제12조에 의하여 본건 보험계약을 해지한다는 통지(이하, "본건 해지통지")를 하였고, 본건 해지통지는 그 무렵 조임도에게 도달하였다.

한편, 본 사례와 관련하여 추가적으로 밝혀진 사실관계는 다음과 같다.

(1) H사의 안산영업소 보험설계사인 김모집은 1달에 2~3회 본건 건물을 방문하여 조임도에게 임대업체들의 보험가입을 부탁하곤 하였고, 김모집의 형이 본건 건물에서 임가공업체를 운영하고 있어 자주 드나들었던 관계로 본건 건물에 입주하여 있는 업체들의 업종 등에 대하여 자세히 알고 있었고, 조임도의 직원으로서 본건 건물의 관리를 담당하고 있는 최직완은 2009. 12. 20. 본건 건물을 위해 찾아온 김모집의 보험모집행위에 의해 조임도를 적법하게 대리하여 H사와 사이에 본건 보험계약을 체결하였으며, 김모집은 2010. 5.경 최직완로부터, 박화학이 화학계통의 공장으로 사용하기 위하여 조임도로부터 본건 건물 일부를 임차하였다는 얘기를 듣고, 여러 차례 박화학에게 보험가입을 권유하기 위하여 본건 건물을 방문하였고, 2010. 5. 말경에는 박화학이 본건 건물 마당에 기름탱크를 설치한 것도 직접 확인하였다.

(2) 조임도는 1998년경부터 위와 같은 부동산 임대를 목적으로 하는 사업체를 운영하여 왔고, 조임도의 직원인 최직완은 본건 보험계약을 체결하기 이전에도, J보험주식회사와 사이에 화재보험계약을 체결한 경험이 있으며, 본건 업소는 본건 건물 1층 중 1/4 가량의 면적을 차지하고 있으면서, 본건 건물 마당의 본건 업소 입구 부근에 약 지상 2층 높이의 기름탱크를 설치하여 사용하고 있었다.

위와 같은 사실관계 하에서, 조임도가 다음과 같은 주장들을 하여 본건 해지통지가 법적으로 효력이 없음을 주장하면서 H사에게 본건 보험계약에 따른 보험금의 지급을 청구하는 경우, 그러한 주장들은 법적으로 타당한가?

설문 1 "본건 보험계약 체결 당시 H사로부터 통지의무에 대한 설명을 듣지 못하였으므로, 통지의무 자체가 인정되지 않는다"는 주장

설문 2 "H사의 보험대리인인 김모집에게 박화학의 임차사실을 알려 주어, 김모집이 이를 잘 알고 있었으므로, H사에게 통지의무를 이행하였다"는 주장

설문 3 "설령 통지의무를 이행하지 않았다고 하더라도, H사는 김모집을 통하여 업종 변경 사실을 알았거나 또는 중대한 과실로 몰랐다"라는 주장

[설문 1] 약관의 명시 · 설명 의무

(1) 문제의 소재

본 사례에서, 조임도가 "본건 보험계약 체결 당시 H사로부터 통지의무에 대한 설명을 듣지 못하였으므로, 통지의무 자체가 인정되지 않는다"는 주장을 하여 본건 해지통지가 법적으로 효력이 없음을 주장하면서 H사에게 본건 보험계약에 따른 보험금의 지급을 청구하는 경우, 그러한 주장들은 법적으로 타당한지 여부가 문제된다.

(2) 설문의 해결

본건 쟁점과 관련하여 상법 제638조의3(보험약관의 교부 · 명시 의무) 및 약관의 규제에 관한 법률 제3조(약관의 작성 및 설명의무 등) 제2항 내지 제4항은 각각 다음과 같이 규정하고 있으므로, 관련 법리를 살펴본다.[6]

| 상법 제638조의3

제1항: 보험자는 보험계약을 체결할 때에 보험계약자에게 보험약관[7]을 교부하고 그 약관의 중요한 내용을 알려주어야 한다.

---

6. 보험자의 명시 · 설명 의무 위반으로 인하여 보험계약자가 고지의무를 위반한 경우, 보험자는 보험계약자의 고지의무위반을 이유로 보험계약을 해지할 수 없다. 그만큼, 보험자의 명시 · 설명 의무 위반의 효과는 중대하다고 할 수 있다. 상법 제651조(고지의무 위반으로 인한 계약해지) ; [보험계약 당시에 보험계약자 또는 피보험자가 고의 또는 중대한 과실로 인하여 중요한 사항을 고지하지 아니하거나 부실의 고지를 한 때에는 보험자는 그 사실을 안 날로부터 1월 내에, 계약을 체결한 날로부터 3년 내에 한하여 계약을 해지할 수 있다. 그러나 보험자가 계약당시에 그 사실을 알았거나 중대한 과실로 인하여 알지 못한 때에는 그러하지 아니하다] ; 대법원 1992. 3. 10. 선고 91다31883 판결(보험자 및 보험계약의 체결 또는 모집에 종사하는 자는 보험계약의 체결에 있어서 보험계약자 또는 피보험자에게 보험약관에 기재되어 있는 보험상품의 내용, 보험료율의 체계 및 보험청약서상 기재사항의 변동사항 등 보험계약의 중요한 내용에 대하여 구체적이고 상세한 명시 · 설명 의무를 지고 있다고 할 것이어서 보험자가 이러한 보험약관의 명시 · 설명 의무에 위반하여 보험계약을 체결한 때에는 그 약관의 내용을 보험계약의 내용으로 주장할 수 없다 할 것이므로 보험계약자나 그 대리인이 그 약관에 규정된 고지의무를 위반하였다 하더라도 이를 이유로 보험계약을 해지할 수는 없다).

7. 보험약관은 중요서류이므로 허가신청시에 첨부서류로서 금융위원회에 제출된다. 보험업법 제5조(허가신청서 등의 제출): [제4조 제1항에 따라 허가를 받으려는 자는 신청서에 다음 각 호의 서류를 첨부하여 금융위원회에 제출하여야 한다. 다만, 보험회사가 취급하는 보험종목을 추가하려는 경우에는 제1호의 서

제2항: 보험자가 제1항의 규정에 위반한 때에는 보험계약자는 보험계약이 성립한 날부터 1월 내에 그 계약을 취소[8,9]할 수 있다.

약관의 규제에 관한 법률 제3조

제2항: 사업자는 계약을 체결할 때에는 고객에게 약관의 내용을 계약의 종류에 따라 일반적으로 예상되는 방법으로 분명하게 밝히고, 고객이 요구할 경우 그 약관의 사본을 고객에게 내주어 고객이 약관의 내용을 알 수 있게 하여야 한다. 다만, 다른 법률에 따라 행정관청의 인가를 받은 약관으로서 신속한 거래를 위하여 필요하다고 인정되어 대통령령으로 정하는 약관에 대하여는 그러하지 아니하다.

제3항: 사업자는 약관에 정하여져 있는 중요한 내용을 고객이 이해할 수 있도록 설명하여야 한다. 다만, 계약의 성질상 설명하는 것이 현저하게 곤란한 경우에는 그러하지 아니하다.

류는 제출하지 아니할 수 있다. 3. 경영하려는 보험업의 보험종목별 사업방법서, 보험약관, 보험료 및 책임준비금의 산출방법서(이하 "기초서류"라 한다) 중 대통령령으로 정하는 서류].

8. 교부 · 명시 의무 등을 위반한 경우, 보험계약자는 본항에 따른 계약을 취소할 수 있고, 또한 보험자는 당해 약관을 계약의 내용으로 주장할 수도 없다. 즉, 상법 제638조의3의 규정과 약관의 규제에 관한 법률 제3조는 중첩적으로 적용된다. 대법원 1998. 11. 27. 선고 98다32564 판결([1] 일반적으로 특별법이 일반법에 우선한다는 원칙은 동일한 형식의 성문법규인 법률이 상호 모순 · 저촉되는 경우에 적용되는 것이고 법률이 상호 모순 · 저촉되는지 여부는 법률의 입법목적, 적용범위 및 규정사항 등을 종합적으로 검토하여 판단하여야 하는데, 약관의규제에관한법률 제30조 제3항에서 다른 법률에 특별한 규정이 있는 경우에 그 규정이 우선 적용되는 것으로 규정하고 있는 것도 위와 같은 법률의 상호 모순 · 저촉시의 특별법 우선 적용의 원칙이 약관에 관하여도 적용됨을 밝히고 있는 것이라고 할 것이다. [2] 상법 제638조의3 제2항은 보험자의 설명의무 위반의 효과를 보험계약의 효력과 관련하여 보험계약자에게 계약의 취소권을 부여하는 것으로 규정하고 있으나, 나아가 보험계약자가 그 취소권을 행사하지 아니한 경우에 설명의무를 다하지 아니한 약관이 계약의 내용으로 되는지 여부에 관하여는 아무런 규정도 하지 않고 있을 뿐만 아니라 일반적으로 계약의 취소권을 행사하지 아니하였다고 바로 계약의 내용으로 되지 아니한 약관 내지 약관 조항의 적용을 추인 또는 승인하였다고 볼 근거는 없다고 할 것이므로, 결국 상법 제638조의3 제2항은 약관의규제에관한법률 제16조에서 약관의 설명의무를 다하지 아니한 경우에도 원칙적으로 계약의 효력이 유지되는 것으로 하되 소정의 사유가 있는 경우에는 예외적으로 계약 전체가 무효가 되는 것으로 규정하고 있는 것과 모순 · 저촉이 있다고 할 수 있음은 별론으로 하고, 약관에 대한 설명의무를 위반한 경우에 그 약관을 계약의 내용으로 주장할 수 없는 것으로 규정하고 있는 약관의규제에관한법률 제3조 제3항과의 사이에는 아무런 모순 · 저촉이 없으므로, 따라서 상법 제638조의3 제2항은 약관의규제에관한법률 제3조 제3항과의 관계에서는 그 적용을 배제하는 특별규정이라고 할 수가 없으므로 보험약관이 상법 제638조의3 제2항의 적용 대상이라 하더라도 약관의규제에관한법률 제3조 제3항 역시 적용이 된다).

9. 대법원 1996. 4. 12. 선고 96다4893 판결(상법 제638조의3 제2항에 의하여 보험자가 약관의 교부 및 설명의무를 위반한 때에 보험계약자가 보험계약 성립일로부터 1월 내에 행사할 수 있는 취소권은 보험계약자에게 주어진 권리일 뿐 의무가 아님이 그 법문상 명백하므로, 보험계약자가 보험계약을 취소하지 않았다고 하더라도 보험자의 설명의무 위반의 법률효과가 소멸되어 이로써 보험계약자가 보험자의 설명의무 위반의 법률효과를 주장할 수 없다거나 보험자의 설명의무 위반의 하자가 치유되는 것은 아니다).

제4항: 사업자가 제2항 및 제3항을 위반하여 계약을 체결한 경우에는 해당 약관을 계약의 내용으로 주장할 수 없다.[10]

요컨대, 화재보험에 있어서는 보험목적물인 건물의 구조와 용도, 그 영위업종에 따라 보험의 인수 여부와 보험료율이 달리 정하여지는 것이므로, 그 보험목적물인 건물의 구조와 용도, 그 영위업종이 변경되어 보험사고 발생의 위험이 현저하게 증가되는 경우에는, 그러한 사항이 계약 체결 당시에 존재하고 있었다면 보험자가 보험계약을 체결하지 않았거나 적어도 그 보험료로는 보험을 인수하지 않았을 것으로 인정되는 사실에 해당하여, 상법 제652조 및 본건 약관 제10조에서 정한 통지의무의 대상이 된다 할 것이고, 보험계약자나 피보험자가 이를 해태할 경우 보험자는 위 규정에 의하여 보험계약을 해지할 수 있다고 할 것이다.

본 사례의 경우에 검토컨대, 본건 보험계약을 체결할 당시 조임도는, 본건 건물을 금속가공 및 의장, 기계부품류 가공업에 종사하는 업체들에 임대하고 있어, 보험목적물의 영위업종을 금속가공업으로 고지하여 이러한 업종을 기준으로 한 보험료율이 적용되었고, 조임도는 2010. 4. 2. 본건 업소를 박화학에게 임대하였고, 박화학은 2010. 6. 초경부터 본건 업소에서 세녹스 등 유사 석유화학제품의 제조업을 운영하였는바, 이러한 보험목적물의 영위업종 변경은 그 변경 또는 증가된 위험이 보험계약의 체결 당시에 존재하고 있었다면 보험자인 H사가 보험계약을 체결하지 않았거나 적어도 그 보험료로는 보험을 인수하지 않았을 것으로 인정되는 사실로서 상법 및 본건 약관의 규정에 따른 통지의무의 대상이 된다고 할 것이다.

한편, 본건 약관 제10조의 통지의무 규정은 그 기재 사항이 거래상 일반적이고 공통된 것이어서 보험계약자가 별도의 설명 없이도 충분히 예상할 수 있는 것이거나, 이미 법령에 의하여 정하여진 것을 되풀이하거나 부연하는 정도에 불과한 경우로서, 보험자인 H사에게 그 약관규정의 명시 · 설명 의무가 있다고 볼 수 없으므로,[11] 비록

---

10. 대법원 1998. 11. 27. 선고 98다32564 판결(일반적으로 보험자 및 보험계약의 체결 또는 모집에 종사하는 자는 보험계약의 체결에 있어서 보험계약자 또는 피보험자에게 보험약관에 기재되어 있는 보험상품의 내용, 보험료율의 체계 및 보험청약서상 기재사항의 변동사항 등 보험계약의 중요한 내용에 대하여 구체적이고 상세한 명시 · 설명 의무를 지고 있으므로 보험자가 이러한 보험약관의 명시 · 설명 의무에 위반하여 보험계약을 체결한 때에는 그 약관의 내용을 보험계약의 내용으로 주장할 수 없다).

11. 대법원 1998. 11. 27. 선고 98다32564 판결([4] 보험자에게 보험약관의 명시 · 설명 의무가 인정되는 것은 어디까지나 보험계약자가 알지 못하는 가운데 약관에 정하여진 중요한 사항이 계약 내용으로 되어 보험계약자가 예측하지 못한 불이익을 받게 되는 것을 피하고자 하는 데 그 근거가 있다고 할 것이므

H사가 본건 약관 제10조의 통지의무에 대하여 명시 · 설명하지 않았다 하더라도 위 약관의 내용은 본건 보험계약의 내용에 속한다고 할 것이므로, 조임도는 위 규정에 따라 본건 보험계약의 목적물인 본건 건물의 용도를 변경함으로써 그 위험이 증가하는 경우에는 지체없이 보험자인 H사에게 이를 알릴 의무가 있다고 할 것이다.

따라서 조임도의 "본건 보험계약 체결 당시 H사로부터 통지의무에 대한 설명을 듣지 못하였으므로, 통지의무 자체가 인정되지 않는다"는 주장은 법적으로 타당하지 못하다고 할 것이다.[12]

[설문 2] 통지의무의 이행

(1) 문제의 소재

본 사례에서, 조임도가 "H사의 보험대리인인 김모집에게 박화학의 임차사실을 알려 주어, 김모집이 이를 잘 알고 있었으므로, H사에게 통지의무를 이행하였다"는 주장을 하면서 H사에게 본건 보험계약에 따른 보험금의 지급을 청구하는 경우, 그러한 주장은 법적으로 타당한지 여부가 문제된다.

(2) 설문의 해결

본 쟁점과 관련하여 상법 제652조(위험변경증가의 통지와 계약해지)[13] 등과 보험업법

로, 보험약관에 정하여진 사항이라고 하더라도 거래상 일반적이고 공통된 것이어서 보험계약자가 별도의 설명 없이도 충분히 예상할 수 있었던 사항이거나 이미 법령에 의하여 정하여진 것을 되풀이하거나 부연하는 정도에 불과한 사항이라면 그러한 사항에 대하여서까지 보험자에게 명시 · 설명 의무가 인정된다고 할 수 없다. [7] 자동차종합보험계약에 적용되는 보험약관에서 보험계약을 체결한 후 피보험자동차의 구조변경 등의 중요한 사항에 변동이 있을 때 또는 위험이 뚜렷이 증가하거나 적용할 보험료에 차액이 생기는 사실이 발생한 때에는 보험계약자 또는 피보험자는 지체없이 이를 보험자에게 알릴 의무를 규정하고 있다고 하더라도 이는 상법 제652조에서 이미 정하여 놓은 통지의무를 자동차보험에서 구체적으로 부연한 정도의 규정에 해당하여 그에 대하여는 보험자에게 별도의 설명의무가 인정된다고 볼 수가 없다).

12. 이상의 결론은, 본 사례에 관한 항소심 판결인 서울고등법원 2006. 2. 8. 선고 2005나39527 판결 참조.

13. 보험계약은 보험자의 보험금지급이 우연한 보험사고의 발생에 달려 있어 사행계약에 해당하는바, 도박

제2조(정의)는 각각 다음과 같이 규정하고 있으므로, 관련 법리를 살펴본다.

| 상법 제652조

제1항: 보험기간 중에 보험계약자 또는 피보험자가 사고발생의 위험이 현저하게 변경 또는 증가된 사실[14,15]을 안 때에는 지체없이 보험자[16]에게 통지[17]하여야 한다. 이를 해태한 때에

화를 방지하기 위해서 당사자의 선의(good-faith) 또는 최대선의(utmost good faith)에 기초를 둘 것이 요구된다. 이를 보험계약의 선의계약성이라고 하는데 상법에는 이를 반영하여 본조를 규정하고 있고 그 이외에도 제651조(고지의무 위반으로 인한 계약해지), 제653조(보험계약자 등의 고의나 중과실로 인한 위험증가와 계약해지), 제659조(보험자의 면책사유), 제680조(손해방지의무) 등을 규정하고 있다. 정찬형, 『상법강의(하)』, 제522면.

14. 대법원 1998. 11. 27. 선고 98다32564 판결([5] 상법 제652조 제1항에서 보험계약자 또는 피보험자의 통지의무의 대상으로 규정된 '사고발생의 위험이 현저하게 변경 또는 증가된 사실'이란 그 변경 또는 증가된 위험이 보험계약의 체결 당시에 존재하고 있었다면 보험자가 보험계약을 체결하지 않았거나 적어도 그 보험료로는 보험을 인수하지 않았을 것으로 인정되는 사실을 말한다. [6] 자동차보험에 있어서는 피보험자동차의 용도와 차종뿐만 아니라 그 구조에 따라서도 보험의 인수 여부와 보험료율이 달리 정하여지는 것이므로 보험계약 체결 후에 피보험자동차의 구조가 현저히 변경된 경우에는 그러한 사항이 계약 체결 당시에 존재하고 있었다면 보험자가 보험계약을 체결하지 않았거나 적어도 그 보험료로는 보험을 인수하지 않았을 것으로 인정되는 사실에 해당하여 상법 제652조 소정의 통지의무의 대상이 되고, 따라서 보험계약자나 피보험자가 이를 해태할 경우 보험자는 바로 상법 규정에 의하여 자동차보험계약을 해지할 수 있다).

15. 실무적으로 문제되는 것 중의 하나는, 생명보험계약(또는 상해보험계약) 체결 후 다른 생명보험(또는 상해보험)에 다수 가입한 경우인데, 이는 통지의무의 대상이 아니다. 대법원 2001. 11. 27. 선고 99다33311 판결([4] 보험계약 체결 당시 다른 보험계약의 존재 여부에 관하여 고지의무가 인정될 수 있는 것과 마찬가지로 보험계약 체결 후 동일한 위험을 담보하는 보험계약을 체결할 경우 이를 통지하도록 하고, 그와 같은 통지의무의 위반이 있으면 보험계약을 해지할 수 있다는 내용의 약관은 유효하다고 할 것이다. 그러나 그와 같은 경우에도 보험자가 통지의무위반을 이유로 보험계약을 해지하기 위하여는 고지의무위반의 경우와 마찬가지로 보험계약자 또는 피보험자가 그러한 사항에 관한 통지의무의 존재와 다른 보험계약의 체결 사실에 관하여 이를 알고도 고의로 또는 중대한 과실로 인하여 이를 알지 못하여 통지를 하지 않은 사실이 우선 입증되어야 할 것이다. [5] 생명보험계약 체결 후 다른 생명보험에 다수 가입하였다는 사정만으로 상법 제652조 소정의 사고발생의 위험이 현저하게 변경 또는 증가된 경우에 해당한다고 할 수 없다) ; 대법원 2004. 6. 11. 선고 2010다18494 판결(상법 제652조 제1항 소정의 통지의무의 대상으로 규정된 '사고발생의 위험이 현저하게 변경 또는 증가된 사실'이라 함은 그 변경 또는 증가된 위험이 보험계약의 체결 당시에 존재하고 있었다면 보험자가 보험계약을 체결하지 아니하였거나 적어도 그 보험료로는 보험을 인수하지 아니하였을 것으로 인정되는 사실을 말하는 것으로서, 상해보험계약 체결 후 다른 상해보험에 다수 가입하였다는 사정만으로 사고발생의 위험이 현저하게 변경 또는 증가된 경우에 해당한다고 할 수 없다).

16. 통지의 상대방은, 보험자와 그를 위한 통지수령권을 갖는 대리인에 한정된다. 따라서 통지수령권이 없는 보험중개인이나 보험설계사는 상대방이 될 수 없다. 정찬형, 『상법강의(하)』, 제581면. 본 사례에 관한 대법원 2006. 6. 30. 선고 2006다19672 판결 참조.

17. 통지의 방법은 서면 또는 구두 등 특별한 제한 없이 인정된다. 정찬형, 『상법강의(하)』, 제581면.

는 보험자는 그 사실을 안 날로부터 1월 내에 한하여 계약을 해지[18]할 수 있다.

제2항: 보험자가 제1항의 위험변경증가의 통지를 받은 때에는 1월 내에 보험료의 증액을 청구하거나 계약을 해지할 수 있다.

▌상법 제655조(계약해지와 보험금액청구권)

보험사고가 발생한 후에도 보험자가 제650조, 제651조, 제652조와 제653조의 규정에 의하여 계약을 해지한 때에는 보험금액을 지급할 책임이 없고 이미 지급한 보험금액의 반환을 청구할 수 있다. 그러나 고지의무에 위반한 사실 또는 위험의 현저한 변경이나 증가된 사실이 보험사고의 발생에 영향을 미치지 아니하였음이 증명[19]된 때에는 그러하지 아니하다.[20]

▌보험업법 제2조

이 법에서 사용하는 용어의 뜻은 다음과 같다.

제9호: "보험설계사"란 보험회사 · 보험대리점 또는 보험중개사에 소속되어 보험계약의 체결을 중개하는 자[법인이 아닌 사단과 재단을 포함한다]로서 제84조[21]에 따라 등록된 자를 말한다.[22]

---

18. 대법원 2000. 1. 28. 선고 99다50712 판결(보험계약의 해지권은 형성권이고, 해지권 행사기간은 제척기간이며, 해지권은 재판상이든 재판 외이든 그 기간 내에 행사하면 되는 것이나 해지의 의사표시는 민법의 일반원칙에 따라 보험계약자 또는 그의 대리인에 대한 일방적 의사표시에 의하며, 그 의사표시의 효력은 상대방에게 도달한 때에 발생하므로 해지권자가 해지의 의사표시를 담은 소장 부본을 피고에게 송달함으로써 해지권을 재판상 행사하는 경우에는 그 소장 부본이 피고에게 도달할 때에 비로소 해지권 행사의 효력이 발생한다 할 것이어서, 해지의 의사표시가 담긴 소장 부본이 제척기간 내에 피고에게 송달되어야만 해지권자가 제척기간 내에 적법하게 해지권을 행사하였다고 할 것이고, 그 소장이 제척기간 내에 법원에 접수되었다고 하여 달리 볼 것은 아니다).

19. 입증책임은 보험계약자가 부담한다. 대법원 1992. 10. 23. 선고 92다28259 판결(위와 같은 고지의무 위반사실과 보험사고 발생과의 인과관계가 부존재하다는 점에 관한 입증책임은 보험계약자측에 있다 할 것이므로, 만일 그 인과관계의 존재를 조금이라도 규지할 수 있는 여지가 있으면 위 단서는 적용되어서는 안 될 것이다).

20. 그러하지 아니하다의 의미는 계약을 해지할 수 없다는 것을 뜻한다. 대법원 1994. 2. 25. 선고 93다52082 판결(보험계약을 체결함에 있어 고지의무 위반사실이 보험사고의 발생에 영향을 미치지 아니하였다는 점, 즉 보험사고의 발생이 보험계약자가 불고지하였거나 불실고지한 사실에 의한 것이 아니라는 것이 증명된 때에는 상법 제655조 단서의 규정에 의하여 보험자는 위 불실고지를 이유로 보험계약을 해지할 수 없는 것이지만).

21. 보험업법 제84조(보험설계사의 등록) 제1항: [보험회사 · 보험대리점 및 보험중개사(이하 이 절에서 "보험회사 등"이라 한다)는 소속 보험설계사가 되려는 자를 금융위원회에 등록하여야 한다].

22. 보험설계사는 계약체결권 및 고지수령권이 없다. 보험자는 보험설계사가 보험계약자에게 가한 손해에 대하여 보험업법 제102조에 기해 사용자책임을 지는데, 이 규정은 민법 제756조에 우선하여 적용되는 특칙이라고 할 수 있다. 보험업법 제102조(모집을 위탁한 보험회사의 배상책임): [제1항: 보험회사는 그 임직원 · 보험설계사 또는 보험대리점(보험대리점 소속 보험설계사를 포함한다. 이하 이 조에서 같다)

검토컨대 본 사례의 경우에, H사의 안산영업소 보험설계사인 김모집은 1달에 2~3회 본건 건물을 방문하여 조임도에게 임대업체들의 보험가입을 부탁하곤 하였고, 김모집의 형이 본건 건물에서 임가공업체를 운영하고 있어 자주 드나들었던 관계로 본건 건물에 입주하여 있는 업체들의 업종 등에 대하여 자세히 알고 있었고, 조임도의 직원으로서 본건 건물의 관리를 담당하고 있는 최직완은 2009. 12. 20. 본건 건물을 위해 찾아온 김모집의 보험모집행위에 의해 조임도를 적법하게 대리하여 H사와 사이에 본건 보험계약을 체결하였으며, 김모집은 2010. 5.경 최직완로부터, 박화학이 화학계통의 공장으로 사용하기 위하여 조임도로부터 본건 건물 일부를 임차하였다는 얘기를 듣고, 여러 차례 박화학에게 보험가입을 권유하기 위하여 본건 건물을 방문하였고, 2010. 5. 말경에는 박화학이 본건 건물 마당에 기름탱크를 설치한 것도 직접 확인하였으므로, 이러한 인정사실에 의하면, H사의 보험설계사 김모집은 본건 건물에 본건 업소가 입주하여 업종변경이 생긴 사실을 잘 알고 있었다고 할 것이다.

그러므로 조임도가 김모집과 같은 보험설계사에게 영위업종변경을 알린 것이 H사에게 이를 통지한 것으로 볼 수 있는지가 문제될 수 있는데, 보험거래의 실무상 보험설계사의 안내, 권유에 의하여 대부분 보험계약이 체결되고, 보험계약자의 입장에서는 보험설계사에 대한 통지로서 통지의무를 이행하였다고 인식할 가능성이 높으므로 정형적인 보험계약관계에서는 보험설계사에 대하여 통지수령권을 인정할 실제적인 필요성이 크다.

그러나 보험업법상의 보험설계사는 특정 보험자를 위하여 보험계약의 체결을 중개하는 자일 뿐 보험자를 대리하여 보험계약을 체결할 권한이 없고 보험계약자 또는 피보험자가 보험자에 대하여 하는 고지나 통지를 수령할 권한도 없으므로,[23] 보험설

이 모집을 하면서 보험계약자에게 손해를 입힌 경우 배상할 책임을 진다. 다만, 보험회사가 보험설계사 또는 보험대리점에 모집을 위탁하면서 상당한 주의를 하였고 이들이 모집을 하면서 보험계약자에게 손해를 입히는 것을 막기 위하여 노력한 경우에는 그러하지 아니하다. 제2항: 제1항은 해당 임직원·보험설계사 또는 보험대리점에 대한 보험회사의 구상권(求償權) 행사를 방해하지 아니한다. 제3항: 제1항에 따라 발생한 청구권에 관하여는 「민법」 제766조를 준용한다] ; 대법원 1979. 10. 30. 선고 79다1234 판결(소론은 보험가입을 권유하던 피고회사 외무사원 지선례에게 위 기왕병력을 말하였다는 것이나 보험가입을 권유하는 사람에게 말한 것으로는 피고에의 고지라 할 수 없을 뿐 아니라) ; 대법원 1998. 6. 23. 선고 98다14191 판결(보험사업자의 직원이 보험모집을 함에 있어서 보험계약자에게 손해를 가한 경우, 그 직원의 소속 보험사업자의 배상책임을 규정하고 있는 보험업법 제158조는 사용자책임에 관한 일반규정인 민법 제756조에 우선하여 적용되어야 한다) ; 본 사례에 관한 대법원 2006. 6. 30. 선고 2006다19672 판결 참조.

계사가 통지의무의 대상인 '보험사고발생의 위험이 현저하게 변경 또는 증가된 사실'을 알았다고 하더라도 이로써 곧 보험자가 위와 같은 사실을 알았다고 볼 수는 없다.

그렇다면 본건 보험목적 건물에서 영위하고 있는 업종이 변경된 사실을 보험설계사인 김모집이 알았다고 하더라도 보험자인 H사가 이러한 사실을 알았다고 볼 수도 없고, 또한 조임도가 H사에게 위와 같은 업종변경사실을 통지한 것으로 볼 수도 없다고 할 것이다.

따라서 조임도의 "H사의 보험대리인인 김모집에게 박화학의 임차사실을 알려 주어, 김모집이 이를 잘 알고 있었으므로, H사에게 통지의무를 이행하였다"는 주장은 법적으로 타당하지 못하다고 할 것이다.[24]

〖설문 3〗 보험자의 악의 · 중과실

(1) 문제의 소재

본 사례에서, 조임도가 "설령 통지의무를 이행하지 않았다고 하더라도, H사는 김모집을 통하여 업종변경 사실을 알았거나 또는 중대한 과실로 몰랐다"라는 주장을 하여 본건 해지통지가 법적으로 효력이 없음을 주장하면서 H사에게 본건 보험계약에 따른 보험금의 지급을 청구하는 경우, 그러한 주장이 법적으로 타당한지의 여부가 문제된다.

---

23. 대법원 1998. 11. 27. 선고 98다32564 판결[따라서 원심이 인정한 바와 같이 피고 회사의 상무인 정우현이나 실제 보험계약 체결을 담당한 최형이 원고 회사의 보험모집인에 불과한 이경님에게 이 사건 트럭에 크레인을 장착할 예정이라는 사실을 알려주었을 뿐이라면, 일반적으로 보험모집인이 독자적으로 보험자를 대리하여 보험계약을 체결할 권한이 없을 뿐만 아니라 고지 내지 통지의 수령권한도 없는 점(대법원 1979. 10. 30. 선고 79다1234 판결, 1997. 5. 16. 선고 97다9109 판결 등 참조)에 비추어 볼 때].

24. 이상의 결론에 대해서는 본 사례에 관한 대법원 2006. 6. 30. 선고 2006다19672 판결 참조.

(2) 설문의 해결

본 사례에서, 본건 약관 제12조(계약의 해지)는 "보험자는 보험계약자나 피보험자가 뚜렷한 위험의 변경 또는 증가와 관련된 제10조에 정한 계약 후 알릴의무를 이행하지 아니하는 등의 경우에 이 계약을 해지할 수 있다. 그러나 그 사실을 보험자가 안 때로부터 1개월이 지났거나 보험자의 중대한 과실로 알지 못한 때에는 계약을 해지할 수 없다"라고 규정하고 있다.

본 사례에 관하여 검토컨대, 위에서 살펴본 바와 같이 보험설계사인 김모집에게 통지수령권한이 인정되지 않는 이상, 김모집이 영위업종변경에 관하여 알고 있었다는 사정만으로 H사가 악의로 되었다고 볼 수 없고, 나아가 본 사례에 관한 사실관계들을 검토하여도 H사가 이러한 사정을 알지 못한 데에 중대한 과실이 있었다고 볼 증거도 없는 것으로 파악된다.

그렇다면 조임도의 "설령 통지의무를 이행하지 않았다고 하더라도, H사는 김모집을 통하여 업종변경 사실을 알았거나 또는 중대한 과실로 몰랐다"라는 주장은 법적으로 타당하지 못하다고 할 것이다.

결국, 본건 보험계약은 H사의 2010. 8. 13.자 해지통지 및 조임도에게의 도달에 의하여 적법하게 해지되었다고 할 것이고, 따라서 본건 보험계약에 기한 H사의 조임도에 대한 보험금지급의무는 존재하지 아니한다고 할 것이다.[25]

---

25. 이상의 결론에 대해서는 본 사례에 관한 대법원 2006. 6. 30. 선고 2006다19672 판결 참조.

[사례 44]

보증보험/고지의무 위반

다음과 같은 사실관계 하에서, 아래의 각 질의에 대해 답하시오.[1]

(1) 1차 도급계약(都給契約)의 체결(1997. 10. 6.)

B개발 주식회사(이하, "B사")는 1997. 10. 6. Y건설 주식회사(이하, "Y사")와 사이에 골프연습장 신축공사(이하, "본건 공사")에 관하여 착공일을 1997. 10. 6., 준공일을 1998. 5. 20., 공사대금을 23억원으로 하여 Y사가 본건 공사를 시공하기로 하는 내용의 공사도급계약(이하, "1차 도급계약")을 체결하였다.

(2) 그 후

본건 공사는 당초 다른 공사업자가 1997. 6. 10.부터 착공하였던 것으로서 위 공사업자의 부도로 인하여 공사가 중단되자 B사는 새로운 공사업자를 물색하는 과정에서 시간에 쫓긴 나머지 Y사에게 시공능력이 있을 것이라는 다른 사람의 말만 믿고 Y사와 1차 도급계약을 체결하였던 것인데, 계약체결 당시에는 공사의 이행보증에 관한 아무런 대책도 강구하지 않았다가, 계약체결 이후에야 비로소 B사도 Y사가 골프연습장 공사에 대한 경험이 없어 시공능력이 충분치 못하였음을 알게 되었다(즉, 1차 도급계약에 대해서는 Y사가 B사에게 계약이행보증서를 제출하지 않았음).

(3) 2차 도급계약의 체결(1997. 12. 29.)

B사와 Y사는 본건 공사가 진행되던 도중이던 1997. 12. 29.에 1차 도급계약의 내용 중 착공일을 1997. 12. 29.로 변경하고, 공사기간을 1997. 12. 29.부터 1998. 5. 20.로 하며, 본건 공사의 내역 중에서 기계시설공사를 제외하는 것으로 하여 공사대금을 18억 7,000만원으로 감액하는 내용의 2차 도급계약을 새로이 체결하였다.

---

1. 본 사례는 대법원 2002. 7. 26. 선고 2001다36450 판결을 기초로 하여 작성된 것이다.

(4) 이행보증계약의 체결(1998. 1. 8.)

Y사는 1998. 1. 8. 건설공제조합[2]에게 본건 공사의 실제 착공일이 1997. 10. 6.임을 알리지 아니한 채 마치 본건 공사가 1997. 12. 29.부터 착공된 것 같은 내용의 2차 도급계약을 제시하고, 건설공제조합과 사이에 보증금액 1억 8,700만원(이하, "본건 보증금"), 보증기간은 1997. 12. 29.부터 1998. 5. 20.까지(이하, "본건 보증기간"), 보증사고(이하, "본건 보증사고")는 본건 공사의 중단으로 하는 내용의 이행보증계약(이하, "본건 이행보증계약")을 체결한 다음, 건설공제조합으로부터 계약보증서를 발급받아 이를 B사에게 교부하였다.

(5) Y사의 부도(不渡) **및 공사포기**(1998. 4. 29.~1998. 5. 1.)

그런데 Y사가 1998. 4. 29. 부도를 내고 위 공사를 중단하면서 1998. 5. 1.자로 공사를 포기한다는 내용의 공사포기각서를 B사에게 제출함에 따라, B사는 1998. 5. 12. 건설공제조합에게 본건 보증금의 지급을 청구하였다.

(6) 추가적으로 밝혀진 사실들

한편, 본 사례와 관련하여서는, 본건 보증사고가 본건 보증기간 전의 원인으로 인하여 발생한 것은 아니고, Y사가 본건 보증기간 개시 전에 이미 부도의 징후를 보인 것은 아니며, 기타 본건 이행보증계약의 체결은 건설공제조합에 적용되는 관련 법령 등을 위반한 것이 아님이 각각 밝혀졌다.

이상과 같은 사실관계 하에서, 건설공제조합은 실제 공사의 진행상황을 알지 못한 채 착오로 본건 이행보증계약을 체결하였음을 주장하여 민법 제109조(착오로 인한 의사표시)에 근거하여 본건 이행보증계약을 취소할 수 있는가?

(1) 문제의 소재

본 사례와 같이 이행보증보험의 보험계약자(Y사건)가 보험자(건설공제조합)에게 공사의 실제 착공일이 1997. 10. 6.임을 알리지 아니한 채 마치 본건 공사가 1997. 12.

2. 조합원에게 필요한 보증과 자금의 융자 및 공제 사업 등을 행함으로써 조합원의 자주적인 경제활동과 경제적 지위향상을 도모하여 건설업의 건전한 발전을 기함을 목적으로 하여 설립된 기관이다(건설공제조합의 홈페이지 참조).

29.부터 착공된 것 같은 내용의 2차 도급계약을 제시하여 이행보증보험계약이 체결되는 경우, 보험자(건설공제조합)는 상법 제651조(고지의무 위반으로 인한 계약해지)에 따른 본건 이행보증계약의 해지와는 별도로 민법 제109조(착오로 인한 의사표시)에 근거한 본건 이행보증계약을 취소를 할 수 있는지 여부가 문제된다.

(2) 설문의 해결

먼저 이해의 편의를 위하여, 본 사례의 관련 쟁점에 관한 규정들인 상법 제651조(고지의무 위반으로 인한 계약해지) 등의 법리에 대하여 살펴본다.

상법 제651조(고지의무[3] 위반으로 인한 계약해지)
보험계약 당시[4]에 보험계약자 또는 피보험자가 고의 또는 중대한 과실[5]로 인하여 중요한 사항[6]을 고지[7]하지 아니하거나 부실의 고지를 한 때에는[8] 보험자는 그 사실을 안 날로부터 1월 내에, 계약을 체결한 날로부터 3년 내에 한하여 계약을 해지[9,10]할 수 있다. 그러나 보험자[11]가 계약당시에 그 사실을 알았거나 중대한 과실로 인하여 알지 못한 때에는 그러하지 아니하다.

---

3. 이는, 보험계약자 등이 자기의 불이익을 방지하기 위한 자기의무이고, 또한 보험계약의 효과로서 부담하는 의무가 아니고 단지 보험계약의 전제요건으로서 지는 간접의무에 불과하다(통설). 정찬형, 『상법강의(하)』, 제542면.

4. 고지의 시기는 보험계약의 청약시가 아니라 성립시이므로, 청약 후 성립시까지 발생, 변경한 사항도 고지사항에 포함된다. 정찬형, 『상법강의(하)』, 제544면.

5. 예컨대, 실무상 이용되고 있는 청약서상의 질문표(Questionaire)를 한번도 읽어보지 않고 그곳에 기재된 질문사항에 불고지한 경우를 들 수 있을 것이다. 정찬형, 『상법강의(하)』, 제547면.

6. 대법원 1997. 9. 5. 선고 95다25268 판결(상법 제651조에서 정한 중요한 사항이란, 보험자가 보험사고의 발생과 그로 인한 책임부담의 개연율을 측정하여 보험계약의 체결 여부 또는 보험료나 특별한 면책조항의 부가와 같은 보험계약의 내용을 결정하기 위한 표준이 되는 사항으로서, 객관적으로 보험자가 그 사실을 안다면 그 계약을 체결하지 않든가 적어도 동일한 조건으로는 계약을 체결하지 않으리라고 생각되는 사항을 말하고, 어떠한 사실이 이에 해당하는가는 보험의 종류에 따라 달라질 수밖에 없는 사실인정의 문제로서 보험의 기술에 비추어 객관적으로 관찰하여 판단되어야 한다) ; 대법원 1992. 10. 23. 선고 92다28259 판결(소외인이 피고 회사와의 사이에 이 사건 직장인상해보험계약을 체결함에 있어, 피보험자인 자신의 직업이 접대부이면서도 이를 가사(主婦)라고 허위고지한 것은 중요한 사항의 고지의무를 위반한 경우에 해당하는 것임은 원심이 적절하게 인정한 바와 같다).

7. 고지의 방법에는 특별한 제한이 없으나, 실무적으로는 청약서에 질문표(Questionaire)을 두어 그에 기재하게 하고 있다.

8. 고지의 상대방, 즉 고지수령권이 있는 자는 계약체결대리권이 있는 자에 한정된다. 따라서 보험설계사(구 보험모집인)나 보험중개인은 고지수령권이 없다. 다만, 생명보험에서 피보험자의 신체검사를 하는 보험의는 계약체결대리권은 없으나 고지수령권은 있다. 정찬형, 『상법강의(하)』, 제544면. 대법원 1979.

▎상법 제651조의2(서면에 의한 질문의 효력)

보험자가 서면[12]으로 질문한 사항은 중요한 사항으로 추정한다.

---

10. 30. 선고 79다1234 판결(보험가입청약서에 기왕병력을 기재하지 아니하고 보험회사의 외무사원에게 이를 말한 것만으로는 위 기왕병력을 보험회사에 고지하였다고 볼 수 없다) ; 대법원 2006. 6. 30. 선고 2006다19672,19689 판결(구 보험업법(2003. 5. 29. 법률 제6891호로 전문 개정되기 전의 것)상의 보험모집인은 특정 보험자를 위하여 보험계약의 체결을 중개하는 자일 뿐 보험자를 대리하여 보험계약을 체결할 권한이 없고 보험계약자 또는 피보험자가 보험자에 대하여 하는 고지나 통지를 수령할 권한도 없으므로, 보험모집인이 통지의무의 대상인 '보험사고발생의 위험이 현저하게 변경 또는 증가된 사실'을 알았다고 하더라도 이로써 곧 보험자가 위와 같은 사실을 알았다고 볼 수는 없다).

9. 해지를 할 수 있는 성립요건이 충족되었다는 점에 대해서는, 해지하고자 하는 보험자가 입증책임을 진다. 대법원 2004. 6. 11. 선고 2003다18494 판결(보험자가 다른 보험계약의 존재 여부에 관한 고지의무 위반을 이유로 보험계약을 해지하려면 보험계약자 또는 피보험자가 다른 보험계약의 존재를 알고 있는 외에 그것이 고지를 요하는 중요한 사항에 해당한다는 사실을 알고도, 또는 중대한 과실로 알지 못하여 고지의무를 다하지 아니한 사실을 입증하여야 한다).

10. 해지의 상대방은 보험계약자나 그의 대리인(상속인)에 한정된다. 따라서 피보험자나 보험수익자는 원칙적으로 해지의 상대방이 될 수 없다. 정찬형, 『상법강의(하)』, 제549면. 대법원 1989. 2. 14. 선고 87다카2973 판결[생명보험계약에 있어서 고지의무위반을 이유로 한 해지의 경우에는 계약의 상대방 당사자인 보험계약자나 그의 상속인(또는 그들의 대리인)에 대하여 해지의 의사표시를 하여야 하고, 타인을 위한 보험에 있어서도 보험금 수익자에게 해지의 의사표시를 하는 것은 특별한 사정(보험약관상의 별도기재 등)이 없는 한 효력이 없다] ; 대법원 2002. 11. 8. 선고 2000다19281 판결[보증보험계약에 있어서 보험계약자의 고지의무 위반을 이유로 한 해지의 경우에 계약의 상대방 당사자인 보험계약자나 그의 상속인(또는 그들의 대리인)에 대하여 해지의 의사표시를 하여야 하고, 보험금 수익자에게 해지의 의사표시를 하는 것은 특별한 사정(보험약관상의 별도기재 등)이 없는 한 효력이 없다고 할 것이며, 이러한 결론은 그 보증보험계약이 상행위로 행하여졌다거나 혹은 보험계약자의 소재를 알 수 없다는 이유만으로 달라지지는 않는다].

11. 여기에서의 보험자에는 고지수령권권이 있는 보험대리점, 보험의를 포함하므로(정찬형, 『상법강의(하)』, 제551면), 보험자의 개념을 보험자측으로 이해할 수 있을 것이다. 대법원 2001. 1. 5. 선고 2000다40353 판결(여기에서 말하는 보험자의 악의나 중대한 과실에는 보험자의 그것뿐만 아니라 이른바 보험자의 보험의를 비롯하여 널리 보험자를 위하여 고지를 수령할 수 있는 지위에 있는 자의 악의나 중과실도 당연히 포함된다고 할 것이나, 보험자에게 소속된 의사가 보험계약자 등을 검진하였다고 하더라도 그 검진이 위험측정자료를 보험자에게 제공하는 보험자의 보조자로서의 자격으로 행해진 것이 아니라면 그 의사가 보험자에게 소속된 의사라는 사유만으로 그 의사가 검진 과정에서 알게 된 보험계약자 등의 질병을 보험자도 알고 있으리라고 보거나 그것을 알지 못한 것이 보험자의 중대한 과실에 의한 것이라고 할 수는 없다고 할 것이며, 이와 같이 해석하는 것이 환자에 대한 비밀의 누설이나 기록의 공개를 원칙적으로 금지하고 있는 의료법의 취지에도 부합한다).

12. 실무상 이용되고 있는 청약서상의 질문표(Questionaire)도 이에 포함된다. 대법원 2004. 6. 11. 선고 2003다18494 판결[보험자가 서면으로 질문한 사항은 보험계약에 있어서 중요한 사항에 해당하는 것으로 추정되고(상법 제651조의2), 여기의 서면에는 보험청약서도 포함될 수 있으므로, 보험청약서에 일정한 사항에 관하여 답변을 구하는 취지가 포함되어 있다면 그 사항은 상법 제651조에서 말하는 중요한 사항으로 추정된다].

▍상법 제655조(계약해지와 보험금액청구권)

보험사고가 발생한 후에도 보험자가 제650조, 제651조, 제652조와 제653조의 규정에 의하여 계약을 해지한 때에는 보험금액을 지급할 책임이 없고 이미 지급한 보험금액의 반환을 청구할 수 있다. 그러나 고지의무에 위반한 사실 또는 위험의 현저한 변경이나 증가된 사실이 보험사고의 발생에 영향을 미치지 아니하였음이 증명[13]된 때에는 그러하지 아니하다.[14]

다음으로, 본 사례의 주요 쟁점에 관한 규정인 민법 제109조(착오로 인한 의사표시)의 법리에 대하여 살펴본다.

▍민법 제109조(착오로 인한 의사표시)

제1항: 의사표시는 법률행위의 내용의 중요부분[15,16]에 착오[17]가 있는 때에는 취소할 수 있다.[18] 그러나 그 착오가 표의자의 중대한 과실[19]로 인한 때에는 취소하지 못한다.

제2항: 전항의 의사표시의 취소는 선의의 제3자에게 대항하지 못한다.

---

13. 입증책임은 보험계약자가 부담한다. 대법원 1992. 10. 23. 선고 92다28259 판결(위와 같은 고지의무 위반사실과 보험사고 발생과의 인과관계가 부존재하다는 점에 관한 입증책임은 보험계약자측에 있다 할 것이므로, 만일 그 인과관계의 존재를 조금이라도 규지할 수 있는 여지가 있으면 위 단서는 적용되어서는 안 될 것이다).

14. 그러하지 아니하다의 의미는 계약을 해지할 수 없다는 것을 뜻한다. 대법원 1994. 2. 25. 선고 93다52082 판결(보험계약을 체결함에 있어 고지의무 위반사실이 보험사고의 발생에 영향을 미치지 아니하였다는 점, 즉 보험사고의 발생이 보험계약자가 불고지하였거나 불실고지한 사실에 의한 것이 아니라는 것이 증명된 때에는 상법 제655조 단서의 규정에 의하여 보험자는 위 불실고지를 이유로 보험계약을 해지할 수 없는 것이지만).

15. 착오의 대상에는 현재의 사실뿐만 아니라 장래의 불확실한 사실도 포함된다. 대법원 1994. 6. 10. 선고 93다24810 판결(부동산의 양도가 있은 경우에 그에 대하여 부과될 양도소득세 등의 세액에 관한 착오가 미필적인 장래의 불확실한 사실에 관한 것이라도 민법 제109조 소정의 착오에서 제외되는 것은 아니다).

16. 중요부분인지 여부는, 표의자의 주관적인 의도 및 일반인의 객관적 기준, 양자의 기준을 모두 다 충족해야 하고, (소위, 2중기준설), 구체적 사정을 고려하여 판단한다. 또한, 착오로 인한 취소가 가능하기 위해서는, 착오와 의사표시 간에 인과관계가 인정되어야 한다. 지원림, 『민법강의』, 제256면. 대법원 1999. 4. 23. 선고 98다45546 판결(법률행위의 중요 부분의 착오라 함은 표의자가 그러한 착오가 없었더라면 그 의사표시를 하지 않으리라고 생각될 정도로 중요한 것이어야 하고 보통 일반인도 표의자의 처지에 섰더라면 그러한 의사표시를 하지 않았으리라고 생각될 정도로 중요한 것이어야 한다) ; 대법원 2003. 4. 11. 선고 2002다70884 판결(법률행위 내용의 중요부분에 착오가 있다고 하기 위하여는 표의자에 의하여 추구된 목적을 고려하여 합리적으로 판단하여 볼 때 표시와 의사의 불일치가 객관적으로 현저하여야 하는바, 재건축아파트 설계용역에서 건축사 자격이 가지는 중요성에 비추어 볼 때, 재건축조합이 건축사 자격이 없이 건축연구소를 개설한 건축학 교수에게 건축사 자격이 없다는 것을 알았더라면 재건축조합만이 아니라 객관적으로 볼 때 일반인으로서도 이와 같은 설계용역계약을 체결하지 않

검토컨대, 상법상의 고지의무 위반의 사실이 동시에 민법상의 보험자의 착오(민법 제109조)나 보험계약자의 사기(민법 제110조)[20]에 해당하는 경우가 있는데, 이 경우에

았을 것으로 보이므로, 재건축조합측의 착오는 중요부분의 착오에 해당한다) ; 대법원 2008. 1. 17. 선고 2007다74188 판결(착오를 이유로 의사표시를 취소하는 자는 법률행위의 내용에 착오가 있었다는 사실과 함께 그 착오가 의사표시에 결정적인 영향을 미쳤다는 점, 즉 만약 그 착오가 없었더라면 의사표시를 하지 않았을 것이라는 점을 증명하여야 한다) ; 대법원 1985. 4. 23. 선고 84다카890 판결(의사표시의 착오가 법률행위의 내용의 중요부분에 착오가 있는 이른바 요소의 착오이냐의 여부는 그 각 행위에 관하여 주관적 · 객관적 표준에 쫓아 구체적 사정에 따라 가려져야 할 것이고 유상적 · 일률적으로 이를 가릴 수는 없다고 할 것인바, 토지매매에 있어서 시가에 관한 착오는 토지를 매수하려는 의사를 결정함에 있어 그 동기의 착오에 불과할 뿐 법률행위의 중요부분에 관한 착오라 할 수 없다).

17. 착오의 의미 및 동기의 착오에 관한 대법원의 기본적인 입장에 대해서는 다음의 판례를 참조하기 바란다. 대법원 1985. 4. 23. 선고 84다카890 판결(착오라는 것은 의사표시의 내용과 내심의 의사가 일치하지 않는 것을 표시자가 모르는 것이므로) ; 대법원 2000. 5. 12. 선고 2000다12259 판결(동기의 착오가 법률행위의 내용의 중요부분의 착오에 해당함을 이유로 표의자가 법률행위를 취소하려면 그 동기를 당해 의사표시의 내용으로 삼을 것을 상대방에게 표시하고 의사표시의 해석상 법률행위의 내용으로 되어 있다고 인정되면 충분하고 당사자들 사이에 별도로 그 동기를 의사표시의 내용으로 삼기로 하는 합의까지 이루어질 필요는 없지만, 그 법률행위의 내용의 착오는 보통 일반인이 표의자의 입장에 섰더라면 그와 같은 의사표시를 하지 아니하였으리라고 여겨질 정도로 그 착오가 중요한 부분에 관한 것이어야 한다) ; 대법원 1997. 8. 26. 선고 97다6063 판결(경계선을 침범하였다는 상대방의 강력한 주장에 의하여 착오로 그간의 경계 침범에 대한 보상금 내지 위로금 명목으로 금원을 지급한 경우, 진정한 경계선에 관한 착오는 위의 금원 지급 약정을 하게 된 동기의 착오이지만 그와 같은 동기의 착오는 상대방의 강력한 주장에 의하여 생긴 것으로서 표의자가 그 동기를 의사표시의 내용으로 표시하였다고 보아야 하고, 또한 표의자로서는 그와 같은 착오가 없었더라면 그 의사표시를 하지 아니하였으리라고 생각될 정도로 중요한 것이고 보통 일반인도 표의자의 처지에 섰더라면 그러한 의사표시를 하지 아니하였으리라고 생각될 정도로 중요한 것이라고 볼 수 있으므로, 위 금원 지급 의사표시는 그 내용의 중요부분에 착오가 있는 것이 되어 이를 취소할 수 있다고 본 사례).

18. 다만, 신의칙에 의해 취소권이 배제될 수도 있다. 대법원 1995. 3. 24. 선고 94다44620 판결(토지의 매수인이 개인인지 법인인지, 법인이라도 주택건설사업자인지 및 주택건설사업자라도 양도소득세 면제신청을 할 것인지 여부 등은 매도인이 부담하게 될 양도소득세액 산출에 중대한 영향을 미치게 되어 이 점에 관한 착오는 법률행위의 내용의 중요부분에 관한 것이라고 할 수 있으나, 소득세법 및 같은 법시행령의 개정으로 1989. 8. 1. 이후 양도한 것으로 보게 되는 거래에 대하여는 투기거래의 경우를 제외하고는 법인과의 거래에 있어서도 개인과의 거래와 마찬가지로 양도가액을 양도 당시의 기준시가에 의하도록 변경된 점에 비추어 볼 때, 매매계약의 체결에 위와 같은 착오가 있었다 하더라도 소득세법상의 양도시기가 1989. 8. 1. 이후로 보게 되는 관계로 매도인은 당초 예상한 바와 같이 기준시가에 의한 양도소득세액만 부담하면 족한 것으로 확정되어 위 착오로 인한 불이익이 소멸되었으므로, 그 후 이 사건 소송계속 중에 준비서면의 송달로써 한 취소의 의사표시는 신의성실의 원칙상 허용될 수 없다고 한 사례).

19. 대법원 2000. 5. 12. 선고 2000다12259 판결(착오에 의한 의사표시에서 취소할 수 없는 표의자의 중대한 과실이라 함은 표의자의 직업, 행위의 종류, 목적 등에 비추어 보통 요구되는 주의를 현저히 결여하는 것을 의미한다) ; 대법원 2005. 5. 12. 선고 2005다6228 판결(민법 제109조 제1항 단서에서 규정하는 착오한 표의자의 중대한 과실 유무에 관한 주장과 입증책임은 착오자가 아니라 의사표시를 취소하게 하지 않으려는 상대방에게 있는 것인바).

보험자가 상법 제651조에 의해 보험계약을 해지만을 할 수 있는지, 아니면 민법 제109조나 제110조에 의해 보험계약을 취소할 수도 있는지에 대해서는 상법만이 적용된다는 견해(상법 단독적용설), 민법과 상법이 모두 적용된다는 견해(중복적용설, 동시적용설), 착오의 경우에는 민법 적용이 배제되나 사기의 경우에는 민법도 적용된다는 견해(절충설, 착오배제 사기적용설)가 대립되고 있다.[21,22]

이러한 논의는, 상법만이 적용되어 보험계약을 해지할 수 있다고 하면 그 보험계약은 원칙적으로 해지한 때부터 장래[23]에 대해서만 무효가 되고 보험자는 상법상의 제척기간이 경과하면 해지할 수 없으나, 민법도 동시에 적용된다고 보면 보험자는 민법에 의해 보험계약을 취소하면 그 보험계약은 소급하여(처음부터)[24] 무효가 되고 보험자는 상법상의 제척기간이 경과한 후에도 보험계약을 취소하여 무효로 할 수 있다는 점에서, 그 실익이 있다고 할 수 있다.[25]

---

20. 민법 제110조(사기, 강박에 의한 의사표시): [제1항: 사기나 강박에 의한 의사표시는 취소할 수 있다. 제2항: 상대방 있는 의사표시에 관하여 제3자가 사기나 강박을 행한 경우에는 상대방이 그 사실을 알았거나 알 수 있었을 경우에 한하여 그 의사표시를 취소할 수 있다. 제3항: 전2항의 의사표시의 취소는 선의의 제3자에게 대항하지 못한다].

21. 상법단독 적용설의 논거: [상법의 규정은 보험계약의 단체성, 기술성의 특성에 기인하여 소급효를 제한하고자 한 것으로 민법에 대한 특칙이다]; 중복적용설의 논거: [상법규정과 민법규정은 근거, 요건, 효과 등에서 완전히 다르므로, 양자는 다 같이 적용되어야 한다]; 절충설의 논거: [착오의 경우에는 보험계약자측을 보호하기 위해 상법만이 적용되고, 사기의 경우에는 보험계약자측의 위법행위에 대하여 보험계약자측을 보호하는 것은 보험제도의 원리에 맞지 않는다]. 정찬형, 『상법강의(하)』, 제554면.

22. 대법원은, 사기의 경우에는 중복적용을 긍정하고 있고, 착오의 경우에는 본 사례에 관한 이행보증보험계약에 관한 판결에서 중복적용을 긍정하고 있다. 대법원 1991. 12. 27. 선고 91다1165 판결(보험계약을 체결함에 있어 중요한 사항에 관하여 보험계약자의 고지의무 위반이 사기에 해당하는 경우에는 보험자는 상법의 규정에 의하여 계약을 해지할 수 있음은 물론 민법의 일반원칙에 따라 그 보험계약을 취소할 수 있다).

23. 민법 제550조(해지의 효과): [당사자 일방이 계약을 해지한 때에는 계약은 장래에 대하여 그 효력을 잃는다].

24. 민법 제141조(취소의 효과): [취소한 법률행위는 처음부터 무효인 것으로 본다. 그러나 무능력자는 그 행위로 인하여 받은 이익이 현존하는 한도에서 상환할 책임이 있다].

25. 다만, 예외적으로 초과보험의 경우에는 사기에 의해 보험계약을 취소하더라도 보험자는 그 사실을 안 때까지의 보험료를 청구할 수 있으므로, 그러한 점에서는 보험계약을 해지한 경우와 효과가 동일하다고 할 수 있다. 정찬형, 『상법강의(하)』, 제556면. 상법 제669조(초과보험): [제1항: 보험금액이 보험계약의 목적의 가액을 현저하게 초과한 때에는 보험자 또는 보험계약자는 보험료와 보험금액의 감액을 청구할 수 있다. 그러나 보험료의 감액은 장래에 대하여서만 그 효력이 있다. 제2항: 제1항의 가액은 계약 당시의 가액에 의하여 정한다. 제3항: 보험가액이 보험기간 중에 현저하게 감소된 때에도 제1항과 같다. 제4항: 제1항의 경우에 계약이 보험계약자의 사기로 인하여 체결된 때에는 그 계약은 무효로 한다. 그러나 보험자는 그 사실을 안 때까지의 보험료를 청구할 수 있다].

한편, 보증보험계약은 보험계약자인 채무자의 채무불이행으로 인하여 채권자가 입게 되는 손해의 전보를 보험자가 인수하는 것을 내용으로 하는 타인을 위한 손해보험계약이고,[26] 그중에서 특히 이행보증보험계약은 계약상의 채무이행을 보증하는 것으로서 그 보험기간의 범위 내에서 주계약에서 정한 채무의 이행기일에 채무를 이행하지 아니함으로써 발생한 피보험자가 입은 손해를 보상하기로 하는 보험계약을 말한다.[27]

한편, 보증보험계약의 법적 성질에 대해서는 보험인지, 아니면 보증인지에 대하여 논란이 되고 있는데, 이에 대한 대법원의 입장은 다음과 같다.

▮ 대법원 2000. 12. 8 선고 99다53483 판결

보증보험이란 피보험자와 어떠한 법률관계를 가진 보험계약자(주계약상의 채무자)의 채무 불이행으로 인하여 피보험자(주계약상의 채권자)가 입게 될 손해의 전보를 보험자가 인수하는 것을 내용으로 하는 손해보험으로 형식적으로는 채무자의 채무불이행을 보험사고로 하는 보험계약이나 실질적으로는 보증의 성격을 가지고 보증계약과 같은 효과를 목적으로 하는 것이므로, 보증보험계약은 주계약 등의 법률관계를 전제로 하고 보험계약자가 주계약에 따른 채무를 이행하지 아니함으로써 피보험자가 입게 되는 손해를 약관의 정하는 바에 따라 그리고 그 보험계약금액의 범위 내에서 보상하는 것이다.

▮ 대법원 1999. 6. 8 선고 98다53707 판결

보증보험은 채무자의 채무불이행으로 인하여 채권자가 입게 될 손해의 전보를 보험자가 인수하는 것을 내용으로 하는 손해보험으로서 형식적으로는 채무자의 채무불이행을 보험사고로 하는 보험계약이나 실질적으로는 보증의 성격을 가지고 보증계약과 같은 효과를 목적으로 하므로 민법의 보증에 관한 규정이 준용되고, 따라서 보증보험이 담보하는 채권이 양도되면 당사자 사이에 다른 약정이 없는 한 보험금청구권도 그에 수반하여 채권양수인에게 함께 이전된다고 보아야 한다.

요컨대, 공사도급계약과 관련하여 체결되는 이행(계약)보증보험계약이나 지급계약보증보험에 있어 그 보험사고에 해당하는 수급인의 채무불이행이 있는지 여부는

---

26. 보험업법 제2조(정의) 제2호 나.목: [손해보험 상품: 위험보장을 목적으로 우연한 사건(다.목에 따른 질병·상해 및 간병은 제외한다)으로 발생하는 손해(계약상 채무불이행 또는 법령상 의무불이행으로 발생하는 손해를 포함한다)에 관하여 금전 및 그 밖의 급여를 지급할 것을 약속하고 대가를 수수하는 계약으로서 대통령령으로 정하는 계약].

27. 대법원 2002. 11. 8. 선고 2000다19281 판결 참조.

그 보험계약의 대상으로 약정된 도급공사의 공사금액, 공사내용 및 공사기간과 지급된 선급금 등을 기준으로 판정하여야 하므로, 이러한 보증보험계약에 있어 공사계약 체결일이나 실제 착공일, 공사기간도 공사대금 등과 함께 그 계약상 중요한 사항으로서 수급인측에서 이를 허위로 고지함으로 말미암아 보험자가 그 '실제 공사의 진행상황'을 '알지 못한 채' 보증보험계약을 체결한 경우에는 이는 법률행위의 중요한 부분에 관한 착오로 인한 것으로서 민법의 일반원칙에 따라 보험자가 그 보험계약을 취소할 수 있다 할 것이다.[28]

---

28. 대법원 1987. 6. 9. 선고 86다카216 판결(공사도급계약에 대한 이행보증보험계약을 체결하는 경우에 공사금액과 공사기간 등은 일반적으로 그 이행보증의 대상이 되는 도급공사의 내용을 특정하고 보험사고의 발생여부를 판정하는 기준으로서 고지의무의 대상이 되는 중요사항에 해당한다) ; 대법원 1998. 6. 12. 선고 97다53380 판결[그러나 공사도급계약에 관한 이행(계약)보증보험 및 지급계약보증보험인 이 사건 보증보험계약에 있어서도 공사기간이나 선급금액 및 그 지급 여부는 계약상 중요한 사항에 해당할 뿐만 아니라, 기록에 의하여 살펴보면, 소외 회사(주: 수급인)가 이 사건 도급계약상의 당초 준공기한인 1994. 7. 30.로부터 불과 2, 3개월 전까지도 지하 3개층의 구체공사를 마친 데 그쳐(기록 141면), 원고(주: 도급인)측의 사정으로서는 그 기성 비율이 23.59%에 불과하였던 탓으로(기록 485면) 공사기간이 1995. 7. 30.까지로 1년 더 연장되었던 것으로 보이고, 이와 같이 공사진행이 늦어진 것은 공사대금과 관련한 다툼과 설계변경 등의 사유와 함께 수급인인 소외 회사가 도급한도 금 550,000,000원(기록 706면)의 급조된 영세건설업체로서(기록 574면) 이 사건 건물의 신축공사가 그 공사능력상 쉽게 감당할 수 없었던 점도 그 한 요인이 되었던 것으로 보여지므로, 이러한 점을 감안하면 소외 회사(주: 수급인)가 이 사건 보증보험계약 체결시 공사의 시기가 1994. 4. 25.로 된 을 제11호증을 피고(주: 보증보험 주식회사)에게 제출한 것은 이미 공사기간이 상당 기간 지났으나 공사진행 정도가 그 공사능력 등의 사정으로 예정에 크게 미달한 상태에 있으면서도 마치 공사를 새로이 시작하는 것으로 고지한 결과가 되므로, 이는 단순히 피고(주: 보증보험 주식회사)에게 불이익하지 아니한 사소한 사항에 관한 부실고지가 아니라 계약상 중요한 사항에 관한 부실고지로서 기망행위에 해당한다고 할 수가 있고, 이 사건 보증보험계약 체결시 피고(주: 보증보험 주식회사)측에서 현장확인을 하여 그 공사의 시기를 직접 확인하지 아니한 점에 관하여 별도의 책임을 묻는 것은 별론으로 하고, 소외 회사(주: 수급인)측의 위와 같은 행위가 기망행위가 되는 데에 무슨 영향을 미치는 것은 아니라 할 것이다. 또한 … 중간 생략 … 오히려 1차 계약이나 이 사건 도급계약시 선급금의 의미를 계약체결시 선급하는 공사대금의 의미로 사용하였다고 볼 수 있을 뿐만 아니라, 원심이 판시한 바와 같이 이 사건 보증보험계약 중 지급계약보증보험이 장차 공사완료시까지 지급될 선급금의 반환을 금 900,000,000원의 한도에서 보장하는 것이라고 하더라도 이미 지급된 선급금액은 장차 지급될 선급금의 반환채무의 이행가능성과 관련하여 중요한 사항이라 할 것인데, 원심이 인정한 바에 의하더라도 원고(주: 도급인)는 1차 계약시 이미 금 2,000,000,000원을 소외 회사(주: 수급인)에 지급한 상태인데도 소외 회사(주: 수급인)는 그 후에 이 사건 보증보험계약을 체결하면서 선급금은 금 900,000,000원이라는 내용의 을 제11호증을 제출하였다는 것이므로, 이는 결국 이미 고액의 선급금을 지급받고 공사를 진행하던 중이면서도 그에 훨씬 미달하는 금액의 선급금으로 공사를 새로이 시작한다고 고지한 것이어서 이 점에서도 역시 기망행위가 성립된다고 할 것이다].

| 참고 판례: 대법원 1991. 12. 27. 선고 91다1165 판결

소외 회사(주: 토지 매수인)가 새로운 매매계약서를 작성함에 있어 잔대금이 총매매대금의 50퍼센트 미만이 되어야 보험인수가 가능한 피고(주: 보증보험 주식회사)의 영업지침에 부합되게끔 계약내용을 고친 점과 보험청약에 앞서 피고(주: 보증보험 주식회사)의 대리점을 경영하는 소외 조규성이 소외 회사(주: 토지 매수인)와 보험청약에 관하여 상의한 사실이 엿보이는 점 등의 사정에 비추어 볼 때, 소외 회사(주: 토지 매수인)는 피고 회사(주: 보증보험 주식회사)측으로부터 계약내용의 구체적인 사항까지는 아니더라도 잔대금의 비율조정에 관하여는 그 변경의 필요성을 통보받았을 것으로 보이기는 하나, 한편 이 사건 보증보험의 목적은 잔대금지급의 이행보증으로서 그 잔대금의 액수나 지급방법은 보험계약상 핵심적인 사항에 관한 것으로써 건물분양으로 잔금지급에 갈음하는 방법은 보험사고의 위험이 현금지급의 경우보다 훨씬 적은 것이어서 피고(주: 보증보험 주식회사)가 보험을 인수함에 있어서 상당한 영향을 주는 사항으로 보아야 할 것이고, 소외 회사(주: 토지 매수인)가 잔대금 지급 방법에 관한 계약내용을 고친 것이 피고(주: 보증보험 주식회사)측의 지시나 요구에 의한 것이라거나 그와 같은 변경사실을 피고(주: 보증보험 주식회사)가 알았다는 점에 관한 아무런 주장이나 입증이 없는 이 사건에서 가사 소외 회사(주: 토지 매수인)가 피고 회사(주: 보증보험 주식회사)로부터 잔대금의 비율이 피고(주: 보증보험 주식회사)의 영업지침에 맞도록 계약내용을 고칠 것을 요구받았다 하더라도 이에 더 나아가 보험계약의 중요부분인 잔대금의 지급방법을 위와 같이 고치고 이를 피고(주: 보증보험 주식회사)에게 알리지 않았다면 보험계약을 체결함에 있어 중요한 사실에 관하여 보험자(주: 보증보험 주식회사)를 속인 것이라 아니할 수 없다.

이와 같이 보험계약자(주: 토지 매수인)의 고지의무위반이 사기에 해당하는 경우에는 보험자(주: 보증보험 주식회사)는 상법의 규정에 의하여 계약을 해지할 수 있음은 물론 민법의 일반원칙에 따라 그 보험계약을 취소할 수 있는 것이라고 할 것이다.

본 사례의 경우에 검토컨대, B사는 1997. 10. 6. Y사와 본건 공사에 관하여 착공일을 1997. 10. 6. 등으로 하여 1차 도급계약을 체결하였는데, 사실은 본건 공사는 당초 다른 공사업자가 1997. 6. 10.부터 착공하였던 것으로서 위 공사업자의 부도로 인하여 공사가 중단되자, B사는 Y사에게 시공능력이 있을 것이라는 다른 사람의 말만 믿고 Y사와 1차 도급계약을 체결하였고, 계약체결 이후에야 비로소 Y사가 시공능력이 충분치 못하였음을 알게 되었다.

한편, B사와 Y사는 본건 공사가 진행되던 도중이던 1997. 12. 29.에 1차 도급계약의 내용 중 착공일을 1997. 12. 29.로 변경하는 등의 내용의 2차 도급계약을 새로이 체결하는데, Y사는 1998. 1. 8. 건설공제조합에게 본건 공사의 실제 착공일이

1997. 10. 6.임을 알리지 아니한 채 마치 본건 공사가 1997. 12. 29.부터 착공된 것 같은 내용의 2차 도급계약을 제시하고, 건설공제조합과 본건 보증금, 본건 보증기간, 본건 보증사고를 내용으로 하는 본건 이행보증계약을 체결하였다.

그렇다면 Y사는 1997. 10. 6. B사와 본건 공사에 관한 1차 도급계약을 체결한 다음 그 무렵부터 본건 공사를 시공하기 시작하였다고 할 것인데, Y사가 건설공제조합에게 실제 도급계약 체결일과 착공일을 건설공제조합에게 알리지 아니한 채 변경된 2차 도급계약만을 제시한 결과 건설공제조합은 본건 공사의 실제 진행상황을 알지 못한 채 본건 이행보증계약을 체결하게 된 것이므로, 건설공제조합이 본건 이행보증계약을 체결하게 된 것은 법률행위의 중요한 부분에 관한 착오로 인한 것으로 평가된다.

따라서 본 사례의 경우에, 건설공제조합은 상법 제651조(고지의무 위반으로 인한 계약해지)에 따른 본건 이행보증계약의 해지와는 별도로 민법 제109조 제1항 본문에 의거하여 본건 이행보증계약을 취소할 수 있고 이러한 취소를 가지고 B사의 본건 보증금 지급청구를 거절할 수 있다고 할 것이다.[29,30]

---

29. 이상의 결론에 대해서는 본 사례에 관한 대법원 2002. 7. 26. 선고 2001다36450 판결 참조. 한편, 본 사례의 경우에 이상과 같은 결론이 도출되기 위해서는, "민법 제109조 제1항 단서 소정의 취소를 방해할 만한 사정(건설공제조합의 중과실)이 없고 또한 B사가 민법 제109조 제2항 소정의 선의의 제3자에 해당하지 않는다면"이라는 조건이 필요할 것인데, 본 대법원판결에서는 건설공제조합의 중과실 유무나 B사의 선의의 제3자 해당여부는 쟁점이 되지 아니하였다.

30. 본 사례에 관한 대법원판결의 태도에 대해서, "그러나 이는 보증보험계약에 관한 것으로 보증보험계약의 법적 성질이 보험이냐 또는 보증이냐에 관하여 논란이 있다는 점에서, 이 판결만을 근거로 우리 대법원이 착오로 인한 고지의무 위반에 대하여 민·상법적용설(중복적용설 또는 동시적용설)을 취한 것으로 단정할 수는 없다고 본다"고 설명하는 견해가 있다. 정찬형, 『상법강의(하)』, 제556면.

사례 45

제3자에 대한 보험자대위

다음과 같은 사실관계 하에서, 아래의 각 질의에 대해 답하시오.[1]

(1) 1995. 8. 28. 20:30경(교통사고의 발생)

D보험회사는 김재란과 사이에 동인 소유의 소나타 승용차(이하, "본건 가해차량")에 관하여 무면허운전 면책약관부(면책약관부) 자동차종합보험계약(이하, "본건 보험계약")을 체결하였는데, 어머니 김재란과 아버지 최송옥의 아들로서 운전면허를 받지 아니한 최소훈이, 보험계약기간 중인 1995. 8. 28. 20:30경 김재란이 외출한 사이에 화장대 안 손가방 속에 넣어 둔 열쇠를 꺼내어 자신의 집 대문 앞에 주차되어 있던 본건 가해 차량에 여자친구를 태우고 운행하다가 중앙선을 침범한 과실로, 김재란 소유의 본건 가해 차량을 운전하여 원주시 소재의 강변도로를 진행하던 중 반대차로에서 마주오던 승용차(이하, "본건 피해차량")와 충돌하여(이하, "본건 사고") 그 탑승객들(이하, "본건 피해자들")로 하여금 사망하거나 상해를 입게 하였다.

(2) 그 후, 보험금 지급 및 구상금 지급

이에 따라, 본건 피해차량에 관하여 자동차종합보험계약을 체결한 S보험회사는 본건 피해자들에게 합계 3억 8천만원을 보험금으로 지급한 후, D보험회사를 상대로 3억 8천만원에 대한 구상금청구소송을 제기하였다.

위와 같은 구상금청구소송에서, D보험회사는 최소훈이 무면허운전을 하였으므로 무면허 면책약관에 따라 D보험회사의 책임이 없다고 다투었으나, 최소훈의 무면허운전이 보험계약자나 피보험자의 명시적 또는 묵승인 하에 이루어졌다고 볼 수 없다는 이유로 받아들여지지 아니하여 S보험회사가 승소하였고, 이에 따라 D보험회사는 S보험회사에게 3억 8천만원(이하, "본건 구상금")을 구상금으로 지급하였다.

---

1. 본 사례는 대법원 2002. 9. 6. 선고 2002다32547 판결을 기초로 하여 작성된 것이다.

한편, 본 사례와 관련하여 추가적으로 밝혀진 사실관계는 다음과 같다.

(1) 김재란은 평소에 최소훈에게 본건 가해 차량의 운전을 허용한 적이 없었고, 최소훈의 무면허운전이 보험계약자나 피보험자의 명시적 또는 묵시적 승인 하에 이루어졌다고 볼 증거는 없다.

(2) D보험회사는, 최소훈은 본건 사고를 직접 일으킨 불법행위자이고, 최송옥은 최소훈의 아버지로서 미성년자인 최소훈이 무면허로 자동차를 운전하지 못하도록 그를 보호·감독할 의무가 있음에도 이를 게을리한 과실로 본건 사고를 야기한 것이므로, 최소훈과 최송옥(이하, "본건 가해자들")은 각자 본건 사고로 인하여 본건 피해자들이 입은 모든 손해를 배상할 책임이 있다 할 것이어서,[2] D보험회사가 본건 피해자들에

---

2. 미성년자가 불법행위(민법 제750조)를 저지를 경우의 관련 법리는 첫째, 미성년자가 책임변제지능이 "없는" 경우에는 그 미성년자는 불법행위책임(민법 제750조)을 지지 않으나 법정감독의무자(예: 친권자)나 대리감독자(예: 교사, 학원원장)는 감독의무를 해태한 과실이 있으면 불법행위책임(민법 제755조)을 지고, 둘째, 미성년자가 책임변제지능이 "있는" 경우에는 그 미성년자는 불법행위책임(민법 제750조)을 지고 또한 법정감독의무자(예: 친권자)나 대리감독자(예: 교사, 학원원장)도 감독의무를 해태한 과실이 있으면 역시 불법행위책임(민법 제750조)을 지며 이때 양자의 관계는 부진정연대책임이다. 민법 제750조(불법행위의 내용): [고의 또는 과실로 인한 위법행위로 타인에게 손해를 가한 자는 그 손해를 배상할 책임이 있다] ; 민법 제753조(미성년자의 책임능력): [미성년자가 타인에게 손해를 가한 경우에 그 행위의 책임을 변식할 지능이 없는 때에는 배상의 책임이 없다] ; 민법 제755조(책임무능력자의 감독자의 책임): [제1항: 전2조의 규정에 의하여 무능력자에게 책임 없는 경우에는 이를 감독할 법정의무 있는 자가 그 무능력자의 제3자에게 가한 손해를 배상할 책임이 있다. 그러나 감독의무를 해태하지 아니한 때에는 그러하지 아니하다. 제2항: 감독의무자에 갈음하여 무능력자를 감독하는 자도 전항의 책임이 있다] ; 대법원 1994. 2. 8. 선고 93다13605 판결(미성년자가 책임능력이 있어 그 스스로 불법행위책임을 지는 경우에도 그 손해가 당해 미성년자의 감독의무자의 의무위반과 상당인과관계가 있으면 감독의무자는 일반불법행위자로서 손해배상책임이 있고 이 경우에 그러한 감독의무위반사실 및 손해발생과의 상당인과관계의 존재는 이를 주장하는 자가 입증하여야 한다) ; 대법원 1997. 6. 27. 선고 97다15258 판결(초등학교의 교장이나 교사는 학생을 보호·감독할 의무를 지는 것이나 이러한 학생에 대한 보호·감독 의무는 학교 내에서의 학생의 모든 생활관계에 미치는 것은 아니고 학교에서의 교육활동 및 이에 밀접불가분의 관계에 있는 생활관계에 한하며, 그 의무의 범위 내의 생활관계라고 하더라도 사고가 학교생활에서 통상 발생할 수 있다고 하는 것이 예측되거나 또는 예측가능성(사고발생의 구체적 위험성)이 있는 경우에만 교장이나 교사는 보호·감독 의무위반에 대한 책임을 진다고 할 것이고, 그 예측가능성에 대하여는 교육활동의 때, 장소, 가해자의 분별능력, 가해자의 성행, 가해자와 피해자의 관계, 기타 여러 사정을 고려하여 판단할 필요가 있다) ; 대법원 2007. 4. 26. 선고 2005다24318 판결(민법 제755조에 의하여 책임능력 없는 미성년자를 감독할 친권자 등 법정감독의무자의 보호·감독 책임은 미성년자의 생활 전반에 미치는 것이고, 법정감독의무자에 대신하여 보호·감독 의무를 부담하는 교사 등의 보호·감독 책임은 학교 내에서의 학생의 모든 생활관계에 미치는 것이 아니라 학교에서의 교육활동 및 이와 밀접 불가분의 관계에 있는 생활관계에 한하며, 이와 같은 대리감독자가 있다는 사실만 가지고 곧 친권자의 법정감독책임이

게 보험금을 지급한 S보험회사에게 본건 구상금을 지급함으로써 상법 제682조(제3자에 대한 보험대위)에 의하여 본건 가해자들에 대한 구상권을 취득하였으므로, 본건 가해자들에게 본건 구상금의 지급을 청구(이하, "본건 구상금청구")하고 있다.

이상과 같은 사실관계 하에서 D보험회사의 상법 제682조(제3자에 대한 보험대위)에 근거한 본건 가해자들에 대한 본건 구상금청구는 법률적으로 타당한가?

(1) 문제의 소재

본 사례의 경우에, D보험회사의 상법 제682조(제3자에 대한 보험대위)에 근거한 본건 가해자들에 대한 본건 구상금청구가 법률적으로 타당한지와 관련해서는, 특히 본건 가해자들이 본건 보험계약의 피보험자인 김재란의 동거친족이므로 D보험회사는 본건 가해자들에 대하여 보험자대위권을 행사할 수 없는 것은 아닌지, 그리고 동거가족이 무면허운전을 한 경우에는 "고의"에 의한 손해발생임을 이유로 상법 제682조 소정의 보험자대위를 인정해야 하는 것은 아닌지 등이 문제된다.

(2) 설문의 해결

본 사례에서의 쟁점과 관련하여서 상법 제682조(제3자에 대한 보험대위)는 다음과 같이 규정하고 있으므로, 먼저 관련 법리를 살펴본다.

❙ 상법 제682조(제3자에 대한 보험대위)[3,4]

손해가 제3자[5]의 행위[6]로 인하여 생긴 경우에 보험금액을 지급[7]한 보험자는 그 지급한 금액의 한도에서 그 제3자에 대한 보험계약자 또는 피보험자의 권리[8]를 취득[9]한다. 그러나 보험자가 보상할 보험금액의 일부를 지급한 때에는 피보험자의 권리를 해하지 아니하는 범위 내에서 그 권리를 행사할 수 있다.

면탈된다고는 볼 수 없다).

3. 예: 피보험자의 보험의 목적이 제3자의 불법행위로 인하여 멸실된 경우에 보험자가 피보험자에게 보험금을 지급하면, 보험자는 '피보험자의 제3자에 대한 불법행위에 기한 손해배상청구권'을 대위하게 된다.

요컨대, 피보험자의 동거친족에 대하여 피보험자가 배상청구권을 취득한 경우, 통상은 피보험자는 그 청구권을 포기하거나 용서의 의사로 권리를 행사하지 않은 상태로 방치할 것으로 예상되는바, 이러한 경우 피보험자에 의하여 행사되지 않는 권리를 보험자가 대위취득하여 행사하는 것을 허용한다면 사실상 피보험자는 보험금을 지급받지 못한 것과 동일한 결과가 초래되어 보험제도의 효용이 현저히 해하여진다 할 것이다.

또한, 무면허 면책약관은 보험약관에 있어서의 담보위험을 축소하고 보험료의 할인을 가능하게 하는 데 그 취지가 있는 것이기는 하나, 그 경우에도 피보험자의 명시적이거나 묵시적인 의사에 기하지 아니한 채 무면허 운전자가 피보험자동차를 운전한 경우에는 면책조항의 예외로서 보험자가 책임을 지는 점[10]에 미루어 무면허 운

정찬형, 『상법강의(하)』, 제624면.

4. 피보험자가 2중의 이익을 취득하는 것을 방지하고, 또한 보험금 지급으로 제3자가 불법행위에 기한 손해배상책임을 면하는 것을 방지함에, 그 취지가 있다. 정찬형, 『상법강의(하)』, 제624면.

5. 보험계약자와 피보험자 이외의 자를 말하는바, 1인이든 수인이든 불문한다. 정찬형, 『상법강의(하)』, 제624면.

6. 불법행위(예: 방화), 채무불이행(예: 임차인의 실화) 이외에 적법행위(예: 선장의 공동해손 처분행위. 상법 제865조)도 포함된다. 정찬형, 『상법강의(하)』, 제627면. 상법 제865조(공동해손의 요건): [선박과 적하의 공동위험을 면하기 위한 선장의 선박 또는 적하에 대한 처분으로 인하여 생긴 손해 또는 비용은 공동해손으로 한다].

7. 적법하게 지급한 것만을 의미한다. 대법원 1994. 4. 12. 선고 94다200 판결(보험약관상 보험자가 면책되는 무면허운전시에 생긴 사고에 대한 보험회사의 보험금지급은 보험약관을 위배하여 이루어진 것으로 적법하지 아니하므로, 보험자대위의 법리상 보험회사는 구상권을 대위행사할 수 없다).

8. 보통은, 피보험자가 제3자에 대해 가지는 불법행위나 채무불이행으로 인한 손해배상청구권이 되는 경우가 많다. 정찬형, 『상법강의(하)』, 제629면.

9. 법률의 규정에 의해 당연히 취득하는 것이므로, 당사자간의 별도의 의사표시나 대항요건은 불필요하다. 정찬형, 『상법강의(하)』, 제629면.

10. 대법원 1991. 12. 24. 선고 90다카23899 전원합의체 판결(위 "가"항의 약관 소정의 무면허운전 면책조항을 문언 그대로 무면허운전의 모든 경우를 아무런 제한 없이 보험의 보상대상에서 제외한 것으로 해석하게 되면 절취운전이나 무단운전의 경우와 같이 자동차보유자는 피해자에게 손해배상책임을 부담하면서도 자기의 지배관리가 미치지 못하는 무단운전자의 운전면허소지 여부에 따라 보험의 보호를 전혀 받지 못하는 불합리한 결과가 생기는바, 이러한 경우는 보험계약자의 정당한 이익과 합리적인 기대에 어긋나는 것으로서 고객에게 부당하게 불리하고 보험자가 부담하여야 할 담보책임을 상당한 이유 없이 배제하는 것이어서 현저하게 형평을 잃은 것이라고 하지 않을 수 없으며 이는 보험단체의 공동이익과 보험의 등가성 등을 고려하더라도 마찬가지라고 할 것이므로 결국 위 무면허운전면책조항이 보험계약자나 피보험자의 지배 또는 관리가능성이 없는 무면허운전의 경우에까지 적용된다고 보는 경우에는 그 조항은 신의성실의 원칙에 반하는 공정을 잃은 조항으로서 약관의규제에관한법률 제6조 제1, 2항, 제7조 제2, 3호의 각 규정에 비추어 무효라고 볼 수밖에 없기 때문에 위 무면허운전면책조항은 위와 같은

전자가 동거가족인 경우에도 보험자의 대위권 행사의 대상이 되는 것으로 해석한다면, 무면허 운전자가 가족이라는 우연한 사정에 의하여 면책약관에 위배되지 않은 보험계약자에게 사실상 보험혜택을 포기시키는 것이어서 균형이 맞지 않는 점 등에 비추어, 무면허운전 면책약관부 보험계약에서 무면허 운전자가 동거가족인 경우 특별한 사정이 없는 한 상법 제682조 소정의 "제3자"의 범위에 포함되지 않는다고 봄이 타당하다.[11]

본 사례의 경우를 검토컨대, 최소훈의 무면허운전이 보험계약자나 피보험자의 명시적 또는 묵시적 승인 하에 이루어졌다고 볼 수 없고, 본건 가해자들은 본건 보험계약의 피보험자인 김재란과 동거하고 있는 아들과 배우자이므로, 결국 본건 가해자들은 상법 제682조 소정의 "제3자"의 범위에 포함되지 않는다.

또한, 무면허운전이 형사처벌의 대상이 되는 범법행위라 할지라도 무면허운전을 한 사실만을 들어 "고의"로 사고를 야기하여 손해를 발생시킨 것이라고까지 볼 수는 없는 것이므로, 동거가족이 무면허운전을 한 경우에는 "고의"에 의한 손해발생임을 이유로 상법 제682조 소정의 보험자대위를 인정[12]할 수도 없다고 할 것이다.

그렇다면 본 사례의 경우에 D보험회사가 상법 제682조에 근거하여 본건 가해자

무효의 경우를 제외하고 무면허운전이 보험계약자나 피보험자의 지배 또는 관리 가능한 상황에서 이루어진 경우에 한하여 적용되는 조항으로 수정해석을 할 필요가 있으며 무면허운전이 보험계약자나 피보험자의 지배 또는 관리 가능한 상황에서 이루어진 경우라고 함은 구체적으로는 무면허운전이 보험계약자나 피보험자 등의 명시적 또는 묵시적 승인 하에 이루어진 경우를 말한다).

11. 대법원 2000. 6. 23. 선고 2000다9116 판결(피보험자의 동거친족에 대하여 피보험자가 배상청구권을 취득한 경우, 통상은 피보험자는 그 청구권을 포기하거나 용서의 의사로 권리를 행사하지 않은 상태로 방치할 것으로 예상되는바, 이러한 경우 피보험자에 의하여 행사되지 않는 권리를 보험자가 대위취득하여 행사하는 것을 허용한다면 사실상 피보험자는 보험금을 지급받지 못한 것과 동일한 결과가 초래되어 보험제도의 효용이 현저히 해하여진다 할 것이고, 운전자 연령 한정운전 특별약관은 보험약관에 있어서의 담보위험을 축소하고 보험료의 할인을 가능하게 하는 데 그 취지가 있는 것이므로 보험계약자의 의사는 보험료를 할인받는 대신 특약 위반시 보험혜택을 포기하는 것이라고 할 것이나, 그 경우에도 피보험자의 명시적이거나 묵시적인 의사에 기하지 아니한 채 연령 미달자가 피보험자동차를 운전한 경우에는 면책조항의 예외로서 보험자가 책임을 지는 점에 미루어 연령 미달의 임의운전자가 동거가족인 경우에도 보험자의 대위권 행사의 대상이 되는 것으로 해석한다면, 임의운전자가 가족이라는 우연한 사정에 의하여 특약에 위배되지 않은 보험계약자에게 사실상 보험혜택을 포기시키는 것이어서 균형이 맞지 않는 점 등에 비추어, 운전자연령 한정운전 특별약관부 보험계약에서 연령 미달의 동거가족의 경우 특별한 사정이 없는 한 상법 제682조 소정의 제3자의 범위에 포함되지 않는다고 봄이 타당하다).

12. 본 사례에 관한 판례에서, D보험회사는 "동거가족이 무면허운전을 한 경우에는 고의에 의한 손해발생이므로 상법 제682조 소정의 보험자대위가 인정되어야 한다"는 주장도 상고이유의 하나로 제시하였다고 하나, 그와 같이 주장한 일응의 논거는 확실하지 않다.

들에 대해 본건 구상금청구를 하는 것은 법률적으로 타당하지 못하다고 할 것이다.[13]

13. 이상의 결론에 대해서는 본 사례에 관한 대법원 2002. 9. 6. 선고 2002다32547 판결 참조.

사례 46

정기용선자의 제3자에 대한 관계

다음과 같은 사실관계 하에서, 아래의 각 질의에 대해 답하시오.[1]

(1) 1999. 6. 1.(정기용선계약의 체결)

해상화물운송업체인 J주식회사(이하, "J사")는 1999. 6. 1. 선박소유자인 김장호로부터 예인선(曳引船)(이하, "본건 예인선")을 1년간 정기용선하기로 하면서 용선기간 중 김장호가 선장을 포함한 선원 3명을 고용한 뒤 본건 예인선에 승선시켜 선원의 급여 및 선박수리비 등을 부담하고, 본건 예인선의 선원과실 및 선체결함으로 인한 사고 발생시에는 김장호가 전적으로 배상책임을 지기로 약정(이하, "본건 정기용선계약")하였다.

(2) 1999. 8. 28.~1999. 8. 30. 02:20경(본건 충돌사고의 발생)

본건 정기용선계약에 따라 김장호는 최장선(이하, "본건 선장")을 선장으로 고용하여 본건 예인선에 승선시켰고, 본건 선장은 1999. 8. 28. 경남 마산항에서 철구조물 458t을 적재한 중완호(이하, "본건 피예인선")를 예인밧줄로 본건 예인선에 연결한 뒤 이를 예인하면서 충남 태안군 대산항으로 항해하던 중 1999. 8. 30. 02:20경 전남 신안군 임자면 대노록도 북방 약 2마일 해상에 이르렀다.

그런데 그곳에는 마침 근해연승어선 장수호(이하, "본건 피해선박")가 전날 조업을 마치고 야간정박(夜間碇泊) 중이었는데, 본건 선장은 이를 회항중(回航中)인 어선으로 잘못 판단하여 충분한 안전거리를 확보하지 못한 채 항해하다가 뒤늦게 항로를 변경한 과실로 본건 피예인선으로 하여금 본건 피해선박을 충돌(이하, "본건 충돌사고")하게 함으로써 본건 피해선박이 전복(顚覆)되면서 그 선원들(이하, "본건 피해자들")이 모두 사망하였다.

---

1. 본 사례는 대법원 2003. 8. 22. 선고 2001다65977 판결을 기초로 하여 작성된 것이다. 다만, 본 판결이 선고된 이후에 선박임대차가 선체용선으로 용어가 바뀌면서 법리가 정비되었으므로, 이하에서는 본 판결의 선고내용을 인용하면서 필요한 부분은 현재의 법리에 따라 수정하였음을 밝힌다.

이상과 같은 사실관계 하에서, 본건 피해자들의 상속인들(이하, "본건 상속인들")은 선박 소유자인 김장호에게 정기용선에 관한 법리에 따라 또는 본건 선장에 대한 사용자[2]로서 피용자인 본건 선장의 과실로 인하여 발생한 본건 충돌사고로 인하여 본건 피해자들이 입은 손해를 배상하라고 청구할 수 있는가?

(1) 문제의 소재

본 사례의 경우에, 본건 상속인들이 김장호에게 정기용선에 관한 법리에 따라 또는 본건 선장에 대한 사용자로서 피용자인 본건 선장의 과실로 인하여 발생한 본건 충돌사고로 인하여 본건 피해자들이 입은 손해를 배상하라고 청구하는 경우에, 선박 소유자인 김장호는 본건 예인선은 J사에 정기용선되었으므로 J사만이 대외적인 관계에서 제3자에 대한 불법행위책임을 부담하고 자신에게는 아무런 책임이 없다고 주장할 수 있겠는지의 여부가 문제된다.

(2) 설문의 해결

먼저, 본 사례의 쟁점인 선체용선계약과 정기용선계약 및 항해용선계약의 각각의 기본적인 개념부터 살펴보기로 한다.

선체용선계약이란 용선자의 관리 · 지배 하에 선박을 운항할 목적으로 선박소유자가 용선자에게 선박을 제공할 것을 약정하고, 용선자가 이에 따른 용선료를 지급하기로 약정함으로써 그 효력이 생기는 계약을 말하는데,[3] 그 법적 성질은 임대차이

2. 민법 제756조(사용자의 배상책임): [제1항: 타인을 사용하여 어느 사무에 종사하게 한 자는 피용자가 그 사무집행에 관하여 제3자에게 가한 손해를 배상할 책임이 있다. 그러나 사용자가 피용자의 선임 및 그 사무감독에 상당한 주의를 한 때 또는 상당한 주의를 하여도 손해가 있을 경우에는 그러하지 아니하다. 제2항: 사용자에 갈음하여 그 사무를 감독하는 자도 전항의 책임이 있다. 제3항: 전2항의 경우에 사용자 또는 감독자는 피용자에 대하여 구상권을 행사할 수 있다].

3. 한편, 선박 이외에 선원도 함께 용선하는 것(상법 제847조 제2항)을 선원부 선체용선계약이라고 한다. 상법 제847조(선체용선계약의 의의): [제1항: 선체용선계약은 용선자의 관리 · 지배 하에 선박을 운항할 목적으로 선박소유자가 용선자에게 선박을 제공할 것을 약정하고 용선자가 이에 따른 용선료를 지급하기로 약정함으로써 그 효력이 생긴다. 제2항: 선박소유자가 선장과 그 밖의 해원을 공급할 의무를 지는 경우에도 용선자의 관리 · 지배 하에서 해원이 선박을 운항하는 것을 목적으로 하면 이를 선체용선계약

므로 민법의 임대차에 관한 규정이 준용되고,[4] 선체용선자가 그 선박을 항해에 사용한 때에는 선체용선의 등기유무를 불문하고 제3자에게 가한 손해배상책임은 선박소유자가 아니라 선체용선자가 부담하게 된다.[5]

한편, 정기용선계약은 용선자가 일정 기간 선박소유자의 선원부선박의 자유사용권을 얻어서 이것을 자기의 해상기업에 이용하는 내용의 계약으로서(즉, 용선자 스스로가 해상기업의 주체체로서 활동하게 됨),[6] 선주가 용선자에게 선원이 승무하고 항해장비를 갖춘 선박을 일정한 기간 동안 항해에 사용하게 할 것을 약정하고 용선자가 이에 대하여 기간으로 정한 용선료를 지급할 것을 약정하는 계약으로서 용선자가 선주에 의해 선임된 선장 및 선원의 행위를 통하여 선주가 제공하는 서비스를 받는 것을 요소로 하는 것이다.[7]

또한, 항해용선계약은 특정한 항해를 할 목적으로 선박소유자가 용선자에게 선원이 승무하고 항해장비를 갖춘 선박의 전부 또는 일부를 물건의 운송에 제공하기로 약정하고 용선자가 이에 대하여 운임을 지급하기로 약정하는 것을 말하는데(상법 제827조 제1항), 선박소유자가 해상기업의 주체로서 항해 및 운송의 사항을 모두 관장하고 용선자는 단지 이에 대하여 운임을 지급할 뿐이다.

요컨대, 타인의 선박을 빌려쓰는 용선계약에는 기본적으로 선체용선계약, 정기용선계약 및 항해용선계약이 있는데, 정기용선계약은 용선자가 일정 기간 선박소유자의 선원부선박의 자유사용권을 얻어서 이것을 자기의 해상기업에 이용하는 내용의 계약이므로, 선박 자체의 이용이 계약의 목적이 되어 선주로부터 인도받은 선박에 자기의 선장 및 선원을 탑승시켜 마치 그 선박을 자기 소유의 선박과 마찬가지로 이용할 수 있는 지배관리권을 가진 채 운항하는 선체용선계약과는 본질적으로 차이가 있

으로 본다].

4. 상법 제848조(법적 성질) 제1항: [선체용선계약은 그 성질에 반하지 아니하는 한 「민법」상 임대차에 관한 규정을 준용한다].

5. 상법 제850조(선체용선과 제3자에 대한 법률관계) 제1항: [선체용선자가 상행위나 그 밖의 영리를 목적으로 선박을 항해에 사용하는 경우에는 그 이용에 관한 사항에는 제3자에 대하여 선박소유자와 동일한 권리의무가 있다] ; 대법원 1975. 3. 31. 선고 74다847 판결(선박임차인이 상행위 기타 영리를 목적으로 항해에 사용 중 선장의 과실로 제3자에게 손해를 가하였다면 손해배상책임은 임차인에게 있고 임대인인 선박소유자에게는 없다).

6. 정찬형, 『상법강의(하)』, 제790면.

7. 상법 제842조(정기용선계약의 의의): [정기용선계약은 선박소유자가 용선자에게 선원이 승무하고 항해장비를 갖춘 선박을 일정한 기간 동안 항해에 사용하게 할 것을 약정하고 용선자가 이에 대하여 기간으로 정한 용선료를 지급하기로 약정함으로써 그 효력이 생긴다].

으며, 정기용선계약에 있어서 선박의 점유, 선장 및 선원에 대한 임면권, 그리고 선박에 대한 전반적인 지배관리권은 모두 선주에게 있고, 특히 화물의 선적, 보관 및 양하 등에 관련된 상사적인 사항과 달리 선박의 항행 및 관리에 관련된 해기적인 사항에 관한 한 선장 및 선원들에 대한 객관적인 지휘·감독권은 달리 특별한 사정이 없는 한 오로지 선주에게 있다고 할 것이다.

본 사례의 경우를 검토컨대, 본건 예인선에 대한 본건 정기용선계약은 선체용선계약과 구별되는 정기용선계약으로서의 기본 요건을 모두 갖추었다고 봄이 상당하고, 이처럼 정기용선된 선박의 선장(본건 선장)이 항행중(해기적인 사항)의 과실로 충돌사고(본건 충돌사고)를 일으켜 제3자(본건 피해자들)에게 손해를 가한 경우 용선자가 아니라 선주가 선장의 사용자로서 상법 제842조 또는 제843조[8]에 의한 배상책임을 부담하는 것이고, 따라서 선체용선자와 제3자 사이의 법률관계를 규정한 상법 제850조[9]가 유추적용될 여지는 없으며, 다만 정기용선자에게 민법상의 일반 불법행위책임 내지는 사용자책임을 부담시킬 만한 귀책사유가 인정되는 때에는 정기용선자도 그에 따른 배상책임을 별도로 부담할 수 있다 할 것이다.[10]

---

8. 상법 제842조(정기용선계약의 의의): [정기용선계약은 선박소유자가 용선자에게 선원이 승무하고 항해장비를 갖춘 선박을 일정한 기간 동안 항해에 사용하게 할 것을 약정하고 용선자가 이에 대하여 기간으로 정한 용선료를 지급하기로 약정함으로써 그 효력이 생긴다] ; 상법 제843조(정기용선자의 선장지휘권): [제1항: 정기용선자는 약정한 범위 안의 선박의 사용을 위하여 선장을 지휘할 권리가 있다. 제2항: 선장·해원, 그 밖의 선박사용인이 정기용선자의 정당한 지시를 위반하여 정기용선자에게 손해가 발생한 경우에는 선박소유자가 이를 배상할 책임이 있다].

9. 상법 제850조(선체용선과 제3자에 대한 법률관계): [제1항: 선체용선자가 상행위나 그 밖의 영리를 목적으로 선박을 항해에 사용하는 경우에는 그 이용에 관한 사항에는 제3자에 대하여 선박소유자와 동일한 권리의무가 있다. 제2항: 제1항의 경우에 선박의 이용에 관하여 생긴 우선특권은 선박소유자에 대하여도 그 효력이 있다. 다만, 우선특권자가 그 이용의 계약에 반함을 안 때에는 그러하지 아니하다].

10. 대법원 2010. 4. 29. 선고 2009다99754 판결[[1] 타인의 선박을 빌려 쓰는 용선계약에는 기본적으로 선박임대차계약, 정기용선계약 및 항해용선계약이 있는데, 이 중 정기용선계약은 선박소유자 또는 선박임차인(이하 통칭하여 선주라 한다)이 용선자에게 선원이 승무하고 항해장비를 갖춘 선박을 일정한 기간 동안 항해에 사용하게 할 것을 약정하고 용선자가 이에 대하여 기간으로 정한 용선료를 지급할 것을 약정하는 계약으로서 용선자가 선주에 의해 선임된 선장 및 선원의 행위를 통하여 선주가 제공하는 서비스를 받는 것을 요소로 하는바, 선박의 점유, 선장 및 선원에 대한 임면권, 그리고 선박에 대한 전반적인 지배관리권이 모두 선주에게 있는 점에서, 선박 자체의 이용이 계약의 목적이 되어 선주로부터 인도받은 선박에 통상 자기의 선장 및 선원을 탑승시켜 마치 그 선박을 자기 소유의 선박과 마찬가지로 이용할 수 있는 지배관리권을 가진 채 운항하는 선박임대차계약과는 본질적으로 차이가 있다. [2] 정기용선된 선박의 선장이 항행상의 과실로 충돌사고를 일으켜 제3자에게 손해를 가한 경우 그 선박소유자가 구 상법(2007. 8. 3. 법률 제8581호로 개정되기 전의 것) 제845조에 의한 손해배상책임을 부담하는바, 여기에서의 선박의 충돌이란 2척 이상의 선박이 그 운용상 작위 또는 부작위로 선박 상호 간에

그렇다면 달리 특단의 사정이 없는 한, 본건 상속인들의 청구에 대하여, 선박소유자인 김장호는 본건 예인선이 J사에 정기용선되었으므로 J사만이 대외적인 관계에서 제3자에 대한 불법행위책임을 부담하고 자신에게는 아무런 책임이 없다고 주장할 수는 없다고 할 것이다.[11]

참고로, 본 사례와 같은 항행상(해기적인 사항)의 과실로 충돌사고의 경우가 아니라, 화물의 선적, 보관 및 양하 등에 관련된 상사적인 사항의 경우에는 정기용선자가 제3자에 대하여 대외적인 책임을 부담하게 됨을 유의해야 한다.[12]

참고 판례: 대법원 1992. 2. 25. 선고 91다14215 판결

가. 당사자간에 체결된 정기용선계약이 그 계약 내용에 비추어 선박에 대한 점유권이 용선자에게 이전되는 것은 아니지만 선박임대차와 유사하게 용선자가 선박의 자유사용권을 취득하

다른 선박 또는 선박 내에 있는 사람 또는 물건에 손해를 생기게 하는 것으로 직접적인 접촉의 유무를 묻지 아니하며, 예인선과 자력항행이 불가능한 부선인 피예인선 상호간의 경우에도 마찬가지로 적용된다. [3] 예인선이 철골구조물을 실은 무동력 부선을 예인하던 중 강한 조류에 떠밀리는 바람에 철골구조물이 다리 상판과 충돌한 후 해저로 추락하고 그 과정에서 부선이 파손된 사안에서, 위 예인선 용선계약은 예인선 소유자가 영업의 일환으로 예인선을 용선자의 철골구조물 운반 작업에 제공하고 이를 위하여 자신의 피용자인 선장과 선원들로 하여금 예인선을 운항하도록 한 정기용선계약으로 봄이 상당하므로, 예인선 소유자는 예인선 선장의 항행상 과실로 인하여 파손된 부선의 손해를 배상할 책임이 있다고 한 사례] ; 대법원 2009. 6. 11. 선고 2008도11784 판결: [[1] 정기용선계약은 선박소유자 또는 선체용선자(이하 선주)가 용선자에게 선원이 승무하고 항해장비를 갖춘 선박을 일정한 기간 동안 항해에 사용하게 할 것을 약정하고 용선자가 이에 대하여 기간으로 정한 용선료를 지급할 것을 약정하는 계약으로서 용선자가 선주에 의해 선임된 선장 및 선원의 행위를 통하여 선주가 제공하는 서비스를 받는 것을 요소로 한다. 이는 선박 자체의 이용이 계약의 목적이 되어 선주로부터 인도받은 선박에 자기의 선장 및 선원을 탑승시켜 마치 그 선박을 자기 소유의 선박과 마찬가지로 이용할 수 있는 지배관리권을 가진 채 운항하는 선체용선계약과는 본질적으로 차이가 있다. 한편, 정기용선된 선박의 선장이 항행상의 과실로 충돌사고를 일으켜 제3자에게 손해를 가한 경우 용선자가 아니라 선주가 선장의 사용자로서 구 상법(2007. 8. 3. 법률 제8581호로 개정되기 전의 것) 제845조 또는 제846조에 의한 배상책임을 부담한다. 그러나 정기용선자에게 민법상의 일반 불법행위책임 내지는 사용자책임을 부담시킬 만한 귀책사유가 인정되는 때에는 정기용선자도 그에 따른 배상책임을 별도로 부담할 수 있고, 정기용선된 선박의 항해와 관련하여 용선자에게 업무상 과실이 인정되는 경우에는 그에 따른 형사책임을 부담한다. [2] 예인선 정기용선자의 현장소장 갑은 사고의 위험성이 높은 해상에서 철골 구조물 및 해상크레인 운반작업을 함에 있어 선적작업이 지연되어 정조시점에 맞추어 출항할 수 없게 되었음에도, 출항을 연기하거나 대책을 강구하지 않고 예인선 선장 을의 출항연기 건의를 묵살한 채 출항을 강행하도록 지시하였고, 예인선 선장 을은 갑의 지시에 따라 사고의 위험이 큰 시점에 출항하였고 해상에 강조류가 흐르고 있었음에도 무리하게 예인선을 운항한 결과 무동력 부선에 적재된 철골 구조물이 해상에 추락하여 해상의 선박교통을 방해한 사안에서, 갑과 을을 업무상과실일반교통방해죄의 공동정범으로 처벌한 사례].

11. 이상의 결론에 대해서는 본 사례에 관한 대법원 2003. 8. 22. 선고 2001다65977 판결 참조.

12. 즉, 대법원판례는 해사상사 구별설의 입장에 서 있다고 할 수 있다. 정찬형, 『상법강의(하)』, 제793면.

고 그에 선원의 노무공급계약적인 요소가 수반되는 것이라면 이는 해상기업활동에서 관행적으로 형성 발전된 특수한 계약관계라 할 것으로서 이 경우 정기용선자는 그 대외적인 책임관계에 있어서 선박임차인에 관한 상법 제766조[13]의 유추적용에 의하여 선박소유자와 동일한 책임을 지는 것이라 할 것이므로 정기용선자는 선장이 발행한 선하증권상의 운송인으로서의 책임을 부담한다 할 것이다.

나. 위 "가"항의 정기용선계약에 있어 그 "계약이 선박임대차로 해석되지 않는다"는 내용의 기재가 있어도 이는 용선계약의 표준약관의 일부로 포함되어 있는 것으로서 그 규정만으로 용선계약의 성질이 확정되는 것이 아니며 이는 선박소유자와 용선자 사이의 계약 내용을 규율함에 있어 해석의 기준이 될 수 있을 뿐 제3자의 보호를 주안으로 하는 정기용선계약의 해석론에는 별다른 영향을 미치는 것이 아니다.

---

13. 상법이 개정된 이후의 현재의 조문으로는 상법 제850조에 해당한다. 상법 제850조(선체용선과 제3자에 대한 법률관계): [제1항: 선체용선자가 상행위나 그 밖의 영리를 목적으로 선박을 항해에 사용하는 경우에는 그 이용에 관한 사항에는 제3자에 대하여 선박소유자와 동일한 권리의무가 있다. 제2항: 제1항의 경우에 선박의 이용에 관하여 생긴 우선특권은 선박소유자에 대하여도 그 효력이 있다. 다만, 우선특권자가 그 이용의 계약에 반함을 안 때에는 그러하지 아니하다].

사례 47

선박우선특권

다음과 같은 사실관계 하에서, 아래의 각 질의에 대해 답하시오.[1]

(1) 1972. 8. 16.(선박우선특권의 취득)
최장호는 1972. 8. 16. H주식회사(이하, "H사")에게 선박도장용 페인트를 납품하고 당시 H사의 소유이던 "진애호"라는 선박(이하, "본건 선박")의 항해 후 최후 입항 후의 보존공사로서 페인트공사를 하였으나 H사로부터 페인트대금 및 공사대금의 합계금 금 770만원(이하, "본건 대금")을 지급받지 못하고 있었다.
(2) 1972. 10. 말경(선박에 대한 소유권 취득)
그러던 중 1972. 10. 말경 S은행이 본건 선박에 대하여 담보권(擔保權)을 실행하여 경락인(競落人)이 되어 본건 선박에 대한 소유권을 적법하게 취득하였다.

위와 같은 사실관계 하에서, 최장호는 본건 대금은 상법 제777조(선박우선특권 있는 채권) 제1항 제1호에 해당하는 보존비로서 본건 선박에 대하여 우선특권을 취득하였으므로, 현재의 본건 선박의 소유자인 S은행에게 본건 대금의 지급을 청구하고자 한다.

이러한 청구는 법률적으로 타당한가?

(1) 문제의 소재

본 사례에서, 최장호에게 본건 대금에 대하여 상법 제777조(선박우선특권 있는 채권)

---

1. 본 사례는 대법원 1974. 12. 10. 선고 74다176 판결을 기초로 하여 작성된 것이다. 다만, 그 판결 선고 후에 선박우선특권에 대한 법개정이 있었으므로 관련법리는 현재의 조문에 근거하여 살펴보나, 본 사례의 결론에 있어서는 동일하다는 점을 밝혀둔다.

소정의 선박우선특권이 인정된다면, 최장호가 현재의 본건 선박의 소유자인 S은행에게 본건 대금의 지급을 직접 청구할 수 있는지의 여부가 문제된다.

(2) 설문의 해결

본 사례의 쟁점인 선박우선특권과 관련하여 상법 제777조는 다음과 같이 규정하고 있으므로, 먼저 관련 법리를 살펴본다.

| 상법 제777조(선박우선특권 있는 채권)[2]

제1항: 다음의 채권[3]을 가진 자는 선박 · 그 속구,[4] 그 채권이 생긴 항해의 운임,[5] 그 선박과 운임에 부수한 채권[6]에 대하여 우선특권이 있다.[7]

1. 채권자의 공동이익을 위한 소송비용, 항해에 관하여 선박에 과한 제세금, 도선료 · 예선

---

2. 상법 제782조(동일항해로 인한 채권에 대한 우선특권의 순위) 제1항: [동일항해로 인한 채권의 우선특권이 경합하는 때에는 그 우선의 순위는 제777조 제1항 각 호의 순서에 따른다] ; 상법 제783조(수회항해에 관한 채권에 대한 우선특권의 순위) 제1항: [수회의 항해에 관한 채권의 우선특권이 경합하는 때에는 후의 항해에 관한 채권이 전의 항해에 관한 채권에 우선한다] ; 상법 제784조(동일순위의 우선특권이 경합한 경우)} : [제781조부터 제783조까지의 규정에 따른 동일순위의 우선특권이 경합하는 때에는 각 채권액의 비율에 따라 변제한다].
3. 선박우선특권이라는 담보물권에 대한 피담보채권을 말한다.
4. "선박 · 그 속구, 그 채권이 생긴 항해의 운임, 그 선박과 운임에 부수한 채권"은 선박우선특권의 목적물을 말하는바, 피담보채권이 발생한 그 선박, 그 속구, 그 운임, 그 부수채권에 한정되므로, 예컨대 선박소유자의 다른 선박에 대해서는 선박우선특권의 효력이 미치지 않는다.
5. 상법 제779조(운임에 대한 우선특권)} : [운임에 대한 우선특권은 지급을 받지 아니한 운임 및 지급을 받은 운임 중 선박소유자나 그 대리인이 소지한 금액에 한하여 행사할 수 있다].
6. 상법 제778조(선박 · 운임에 부수한 채권): [제777조에 따른 선박과 운임에 부수한 채권은 다음과 같다. 1. 선박 또는 운임의 손실로 인하여 선박소유자에게 지급할 손해배상 2. 공동해손으로 인한 선박 또는 운임의 손실에 대하여 선박소유자에게 지급할 상금 3. 해난구조로 인하여 선박소유자에게 지급할 구조료] ; 상법 제780조(보험금 등의 제외): [보험계약에 의하여 선박소유자에게 지급할 보험금과 그 밖의 장려금이나 보조금에 대하여는 제778조를 적용하지 아니한다].
7. 이러한 우선특권은 1년의 단기 제척기간에 걸리는데, 그와 같이 단기로 규정한 이유는 첫째, 항해할 때마다 다수의 우선특권이 발생하게 될 수밖에 없는데, 우선특권이 누적되어 선박의 매매 등에 지장을 주는 것을 방지하고, 둘째, 우선특권자 입장에서도 어차피 뒤의 항해의 우선특권자가 우선하므로 굳이 오랫동안 존속시킬 필요도 없기 때문이다. 정찬형, 『상법강의(하)』, 제959면. 상법 제786조(우선특권의 소멸): [선박채권자의 우선특권은 그 채권이 생긴 날부터 1년 이내에 실행하지 아니하면 소멸한다] ; 상법 제783조(수회항해에 관한 채권에 대한 우선특권의 순위) 제1항: [수회의 항해에 관한 채권의 우선특권이 경합하는 때에는 후의 항해에 관한 채권이 전의 항해에 관한 채권에 우선한다].
8. 통상적으로, 이를 유익비 채권이라 칭한다. 정찬형, 『상법강의(하)』, 제954면.

료, 최후 입항 후의 선박과 그 속구의 보존비 · 검사비[8]

2. 선원과 그 밖의 선박사용인의 고용계약으로 인한 채권[9]
3. 해난구조로 인한 선박에 대한 구조료 채권과 공동해손의 분담에 대한 채권[10]
4. 선박의 충돌과 그 밖의 항해사고로 인한 손해, 항해시설 · 항만시설 및 항로에 대한 손해와 선원이나 여객의 생명 · 신체에 대한 손해의 배상채권[11]

제2항: 제1항의 우선특권을 가진 선박채권자는 이 법과 그 밖의 법률의 규정에 따라 제1항의 재산에 대하여 다른 채권자보다 자기채권의 우선변제를 받을 권리가 있다. 이 경우 그 성질에 반하지 아니하는 한 「민법」의 저당권에 관한 규정을 준용한다.

아래에서는, 선박우선특권이라는 담보물권의 피담보채권(위 제1호 내지 제4호)에 관한 주요 판례를 살펴본다.

대법원 1996. 5. 14 선고 96다369 판결

상법 제861조 제1항 제1호가 최후 입항 후의 선박보존비 등에 대하여 선박우선특권을 부여하는 것은, 이러한 채권이 없으면 다른 채권자들도 선박 경매대금으로부터 변제를 받기가 불가능하게 될 것이라는 점에서 이러한 비용은 경매에 관한 비용에 준하는 성질을 가지기 때문이고, 따라서 최후 입항 후라는 의미는 목적하는 항해가 종료되어 돌아온 항뿐만 아니라 선박이 항해 도중에 경매 또는 양도처분으로 항해가 중지되어 경매되는 경우의 선박보존비용도 달리 보아야 할 필요가 없으므로, 항해를 폐지한 시기에 있어서 선박이 존재하는 항도 포함하는 것으로 해석함이 상당하다.

대법원 1998. 2. 9. 자 97마2525,2526 결정

연근해를 운행하는 유류운송선이 출항 준비 중에 발생한 화재로 인한 수리를 마친 후 항해를 계속한 경우, 그 수리비는 선박의 상태 및 가치를 유지 · 보존하기 위한 비용일지라도 최후의 입항 후에 발생한 것이 아니므로 그 수리비 채권을 두고 상법 제861조 제1항 제1호 소정의 선박보존비 등에 해당한다고 볼 수 없다.

---

9. 통상적으로, 이를 임금 채권이라 칭한다. 정찬형, 『상법강의(하)』, 제955면. 상법 제781조(선박사용인의 고용계약으로 인한 채권): [제777조 제1항 제2호에 따른 채권은 고용계약 존속 중의 모든 항해로 인한 운임의 전부에 대하여 우선특권이 있다] ; 상법 제783조(수회항해에 관한 채권에 대한 우선특권의 순위) 제2항: [제781조에 따른 우선특권은 그 최후의 항해에 관한 다른 채권과 동일한 순위로 한다].

10. 통상적으로, 이를 위급 채권이라 칭한다. 정찬형, 『상법강의(하)』, 제955면. 상법 제782조(동일항해로 인한 채권에 대한 우선특권의 순위) 제2항: [제777조 제1항 제3호에 따른 채권의 우선특권이 경합하는 때에는 후에 생긴 채권이 전에 생긴 채권에 우선한다. 동일한 사고로 인한 채권은 동시에 생긴 것으로 본다].

11. 통상적으로, 이를 사고 채권이라 칭한다. 정찬형, 『상법강의(하)』, 제955면.

‖ 대법원 1978. 5. 23. 선고 77다1679 판결

상법 제861조에서 말하는 선박우선특권 있는 채권이라 함은 선주 또는 선박운항자가 선박에 관하여 같은 조 제1항 각호에 정한 노력 물품 또는 비용을 제공받고 그로 인한 채무를 이행하지 아니하는 경우에 그 선박을 담보로 하여 그로부터 다른 채권보다 우선하여 변제받을 수 있도록 하기 위하여 생기는 것이지 선주 또는 선박운항자가 같은 조 제1항 각호에 정한 노력 등에 대하여 자기의 대리인으로 하여금 그 노력 등의 제공자에게 대가를 지불하고 그 노력 등의 제공을 받는 경우에는 선박우선특권 있는 채권이 발생할 여지가 없다.

요컨대, 선박우선특권(maritime lien)이란 "일정한 법정채권(상법 제777조 제1항 제1호 내지 제4호)을 가진 채권자가 일정한 목적물(선박, 그 속구, 그 채권이 생긴 항해의 운임 및 그 선박과 운임에 부수한 채권)에 대하여 다른 채권자보다 우선하여 변제를 받을 수 있는 해상법상의 특수한 담보물권"인데, 선박소유자를 보호하는 선주유한책임과의 형평상 선박채권자를 보호할 필요가 있다는 점, 해상기업의 위험성이 크기 때문에 금융조달이 어려우므로 금융조달의 편의성[12]을 도모해 줄 필요가 있다는 점 등에 그 취지가 있다.[13]

이러한 선박우선특권은 그 성질에 반하지 않는 한 민법의 저당권 규정이 준용되는바(상법 제777조 제2항), 등기한 선박의 경우에는 선박저당권이 별도로 인정되고 선박저당권에도 역시 민법의 저당권 규정이 준용되어[14] 양 제도 사이에 유사한 점이 있지만, 선박우선특권의 경우에는 법정담보물권이고 공시(등기)되지 않으며 언제나 저당권나 질권에 선순위[15]의 효력을 가진다는 점에서 선박저당권의 경우와 다르다.

본 사례의 경우에 검토컨대, 가사 최장호가 H사에 대해 본건 선박에 대한 페인

---

12. 예컨대, 상법 제790조(건조 중의 선박에의 준용)는 "이 절의 규정은 건조 중의 선박에 준용한다"라고 하여 건조 중의 선박에도 선박우선특권이 적용됨을 규정하고 있는바, 건조 중의 선박은 원래는 상법상의 선박으로 취급할 수 없으나, 건조 중의 선박에 대한 금융조달 편의를 도모하기 위해 이러한 준용규정을 두고 있는 것이다. 정찬형, 『상법강의(하)』, 제960면.

13. 정찬형, 『상법강의(하)』, 제953면.

14. 상법 제787조(선박저당권): [제1항: 등기한 선박은 저당권의 목적으로 할 수 있다. 제2항: 선박의 저당권은 그 속구에 미친다. 제3항: 선박의 저당권에는 「민법」의 저당권에 관한 규정을 준용한다]. 한편, 건조 중의 선박에 대해서도 선박저당권의 설정이 가능한데, 이 경우에는 아직 건조 중이어서 소유권보존등기를 할 수 없으므로, 소유권의 등기 없이 저당권의 등기만을 특별등기부에 하게 된다. 정찬형, 『상법강의(하)』, 제963면. 상법 제790조(건조 중의 선박에의 준용): [이 절의 규정은 건조 중의 선박에 준용한다].

15. 상법 제788조(선박저당권 등과 우선특권의 경합): [선박채권자의 우선특권은 질권과 저당권에 우선한다].

트공사비 등의 채권을 가진 선박채권자로서 선박우선특권을 가진다고 하더라도, S은행은 본건 선박에 대해 경락으로 소유권을 가지게 된 것에 불과하고, 따라서 S은행은 위 선박우선특권의 목적물인 본건 선박을 양수한 자로서 선박우선특권의 추급권[16]에 의하여 추급당하는 위치에 놓였을 뿐 본건 대금에 관한 채권의 채무자가 된 것은 아니라고 할 것이다.

결국, 최장호는 현재의 본건 선박의 소유자인 S은행에게 본건 대금에 관한 채무의 변제를 청구할 수는 없다고 할 것이다(이 점은, 저당권에 있어서 물상보증인에게 저당채무의 지급을 청구할 수 없음과 동일하다고 할 것이다).

즉 가사 최장호의 본건 공사대금 채권이 본건 선박에 대한 우선특권 있는 채권이라고 하더라도, 선박우선특권은 담보물권으로서 본건 선박에 대하여 담보권을 실행하는 것은 별론으로 하고 원래의 채무자가 아닌 S은행에게 현재 본건 선박의 소유자이라는 이유만으로 직접 본건 대금의 지급을 청구할 수는 없다고 할 것이다.

(상법 제861조 소정의 선박우선특권을 가진 선박채권자는 선박을 양수한 사람에게 채무의 변제를 청구할 수 없고 다만 선박우선특권의 추급권에 의하여 선박이 우선특권의 목적물이 될 뿐이다.)[17]

16. 이러한 추급권은, 그 선박이 등기여부를 불문하고 인정되고, 또한 양수인이 선의·무과실인 경우에도 인정된다. 정찬형, 『상법강의(하)』, 제959면. 상법 제785조(우선특권의 추급권): [선박채권자의 우선특권은 그 선박소유권의 이전으로 인하여 영향을 받지 아니한다].

17. 이상의 결론에 대해서는 본 사례에 관한 대법원 1974. 12. 10. 선고 74다176 판결 참조.

편저자 | 이철기

서울대학교 법과대학 졸업
미국 Duke Law School (LL.M.과정) 졸업
한국 변호사, 뉴욕주 변호사.
현, 경원대학교 법과대학 조교수.

로스쿨 상법사례연습

초 판 1쇄 인쇄 2011년 12월 5일
초 판 1쇄 발행 2011년 12월 12일

편저자 이철기
펴낸이 박기남
펴낸곳 율곡미디어(주)

주소 121-872 서울 마포구 염리동 36-249
전화 02) 718-9872~3
팩스 02) 718-9874
홈페이지 http://www.yulgokbooks.co.kr
e-mail yulgokbook@naver.com
등록 제313-2008-000046호
ISBN 978-89-960893-0-8 93360

정가 30,000원